U0919134

普通高等教育“十五”国家级规划教材

数控技术

主　编　**易　红**

副主编　**朱晓春**

参　编　**仇晓黎　倪中华　汪木兰**

　　　　幸　研　程　洁

主　审　**张世琪**

机械工业出版社

全书内容是以数控加工信息流为主线顺序展开，先后阐述了数控编程的基础及方法、计算机数控装置的硬软件、数控装置的轨迹控制原理、数控机床的伺服系统工作原理，同时还叙述了数控技术的基本概念、数控机床的检测装置、数控机床的机械结构、数控机床的故障诊断、数控自动编程以及数控技术的发展等内容。

教材的特点一是符合知识理解的逻辑性，各章内容既相互联系，又相对独立成体系；二是理论联系实际，重点突出；三是强化专业基础知识，辅以案例教学；四是每章均附有设计性为主的习题。

本书内容丰富、系统、全面，主要供高等院校机电类专业师生使用，也可供从事机床数控技术的工程技术人员、研究人员参考。

图书在版编目（CIP）数据

数控技术/易红主编．—北京：机械工业出版社，2005.7（2023.7 重印）

普通高等教育“十五”国家级规划教材．

ISBN 978-7-111-17147-8

Ⅰ．数…　Ⅱ．易…　Ⅲ．数控机床-高等学校-教材　Ⅳ．TG659

中国版本图书馆 CIP 数据核字（2005）第 089431 号

机械工业出版社（北京市百万庄大街 22 号　邮政编码 100037）

责任编辑：邓海平　版式设计：霍永明　责任校对：张莉娟

封面设计：张　静　责任印制：单爱军

北京虎彩文化传播有限公司印刷

2023 年 7 月第 1 版 · 第 8 次印刷

184mm×260mm · 19.75 印张 · 484 千字

标准书号：ISBN 978-7-111-17147-8

定价：59.00 元

电话服务

客服电话：010-88361066

010-88379833

010-68326294

封底无防伪标均为盗版

网络服务

机　工　官　网：www. cmpbook. com

机　工　官　博：weibo. com/cmp1952

金　　书　　网：www. golden-book. com

机工教育服务网：www. cmpedu. com

前　　言

数控机床是制造业实现自动化、柔性化、集成化生产的基础，其水平高低和拥有量多少是衡量一个国家工业现代化的重要标志。工业发达国家把数控机床视为具有高技术附加值和高利润的重要出口产品。数控机床已成为关系到国家战略地位和体现国家综合国力的重要基础性产品。

数控机床集机械制造技术、信息技术、微电子技术和自动化技术等为一体，随着科学技术的发展而不断地发展与创新。作为一本数控机床教材如何在众多的技术内容中抓住本质、提取精华、突出重点，少而精地奉献给读者，是本书的编写难点，也是特色所在。本书编写既注重应用性，又考虑到理论基础，同时还考虑其最新技术，理论叙述力求通俗易懂。

全书内容是以数控加工信息流为主线顺序展开，先后阐述了数控编程的基础及方法、计算机数控装置的硬软件、数控装置的轨迹控制原理、数控机床的伺服系统工作原理，同时还叙述了数控技术的基本概念、数控机床的检测装置、数控机床的机械结构、数控机床的故障诊断、数控自动编程以及数控技术的发展等内容。

教材的特点一是符合知识理解的逻辑性，各章内容既相互联系，又相对独立成体系；二是理论联系实际，重点突出；三是强化专业基础知识，辅以案例教学；四是每章均附有设计性为主的习题。本书为高等学校机电类专业本科生的教材，也可供研究设计单位、企业从事数控机床开发与应用的工程技术人员参考。

本书由易红担任主编，朱晓春担任副主编。其中第一、三章由易红、倪中华编写，第二、四章由仇晓黎编写，第五章由朱晓春编写，第六章由汪木兰编写，第七章由幸研编写，第八章由程洁编写。全书由易红统稿和定稿，南京理工大学张世琪教授主审。

在本书编写中参阅了大量相关文献，在此向有关作者一并表示谢意！

限于编者水平及经验，书中谬误与不妥之处在所难免，恳请读者批评指正。

编者

于东南大学

目　　录

前言
第一章　绪论 …… 1
第一节　数控机床的基本概念 …… 1
第二节　数控机床的分类与应用 …… 7
第三节　数控机床的发展历程及发展趋势 …… 14
思考题与习题 …… 21
第二章　数控加工编程 …… 22
第一节　数控编程基础 …… 22
第二节　常用准备功能指令的编程方法 …… 35
第三节　数控加工工艺分析 …… 42
第四节　车床编程方法 …… 51
第五节　数控铣床和加工中心编程方法 …… 61
思考题与习题 …… 75
第三章　数控加工中的几何建模理论 …… 79
第一节　概述 …… 79
第二节　数控加工中常用曲线的几何参数描述 …… 79
第三节　数控加工中常用曲面的几何参数描述 …… 87
第四节　曲线曲面的计算机数学处理 …… 89
第五节　自由曲面数控加工的轨迹规划 …… 99
思考题与习题 …… 111
第四章　数控机床的机械结构 …… 112
第一节　数控机床的总体结构 …… 112
第二节　数控机床的主运动系统结构 …… 120
第三节　数控机床的进给系统结构 …… 127
第四节　数控机床的回转工作台结构 …… 138
第五节　数控机床的刀具及自动换刀系统 …… 144
第六节　其他辅助机构 …… 151
思考题与习题 …… 152
第五章　计算机数控装置 …… 154
第一节　计算机数控装置硬件 …… 154
第二节　计算机数控装置软件 …… 168
第三节　开放式数控系统 …… 197
第四节　并联机床的控制技术 …… 203
思考题与习题 …… 210
第六章　数控机床伺服系统 …… 213
第一节　数控机床伺服系统概述 …… 213
第二节　常用执行元件及其控制 …… 217
第三节　数控检测元件 …… 231
第四节　主轴伺服系统 …… 242
第五节　进给伺服系统 …… 250
思考题与习题 …… 264
第七章　数控机床的故障诊断 …… 266
第一节　数控机床故障诊断基础 …… 266
第二节　可靠性及故障分析 …… 268
第三节　人工智能在机床故障诊断技术中的应用 …… 280
第四节　现场故障诊断技术 …… 283
思考题与习题 …… 290
第八章　自动编程和 CAM 技术 …… 291
第一节　概述 …… 291
第二节　语言方式自动编程系统 …… 292
第三节　CAM 技术的原理 …… 295
第四节　CAD/CAM 软件及应用基础 …… 299
思考题与习题 …… 305
参考文献 …… 306

第一章 绪论

第一节 数控机床的基本概念

一、机床发展简介

制造业是生产物质财富的产业。各类制造业所用的各种装备，大多数是用机床加工制造出来的，因此机床（也称工作母机）是装备制造业的基础。机床工业是保证国民经济健康发展的基础工业，机床工业发展水平是一个国家工业化水平的重要标志。

自18世纪英国工业革命以来，机床经历了三个重要的发展阶段：

第一阶段（18世纪~20世纪20年代）的特点是天轴集中传动。即用机械动力代替人力，促使车削、铣削、磨削、齿轮加工等不同工艺方法相继出现，一直延续到20世纪20年代，才形成了近代制造工业。

第二个阶段的特点是采用了交流电动机驱动和齿轮变速。它导致机床机械化和自动化的迅速发展，出现了以汽车工业为代表的大批量生产的自动化生产线，在20世纪60年代达到了高峰。

第三个阶段的特点是机床的数字控制。从1954年美国麻省理工学院研制成功第一台数控机床以来，经过近半个世纪的发展。其特点是将计算机技术和电子技术与机械加工过程联系起来，机床的运动由机械传动和凸轮控制开始转变为伺服驱动和数字控制。采用交流或直流调速以及伺服驱动代替齿轮变速，大大简化了机床的机械传动系统。特别是20世纪70年代，出现了加工中心，将不同的加工工艺集成到一台机床上，促使数控机床在工业中获得广泛的应用，并成为当今机床工业的主流产品。

二、数控机床的产生

随着科学技术和社会生产力的迅速发展，对机械产品的质量和生产率提出了越来越高的要求。机械加工工艺过程的自动化成为实现上述要求的最重要措施之一。它不仅能够提高产品质量、提高生产率、降低生产成本，还能够极大地改善生产者的劳动条件。

许多企业广泛采用了自动机床、组合机床和以专用机床为主体的自动生产线，用多刀、多工位和多面同时加工，形成了大批量生产方式，实现了单一产品零件的高效率和高度自动化的生产。尽管这种生产方式需要巨大的初始投资和很长的生产准备周期，但在大批量的生产条件下，由于分摊在每一个加工零件上的加工费用很少，经济效益仍然是十分显著的，即所谓的规模效益。

但是，在机械制造工业中并不是所有的产品都具有很大的批量，单件与小批生产的零件仍然占机械加工总量的80%左右。尤其是航空、航天、船舶、机床、重型机械和军工等产品，不仅加工批量小，而且加工零件形状比较复杂，精度要求也很高，还需要经常改型。如果仍采用专用化程度很高的自动化机床加工这类产品的零件，就显得很不合理。因此，为了保持企业产品的市场份额，即便是大量生产的企业也必须改变产品长期一成不变的传统做法。这样，“刚性”的自动化生产方式即使在批量生产中也已日益暴露其不适应性。

多年来已经使用的各类仿形加工机床部分地解决了中小批量复杂零件的加工，但在更换零件时必须制造靠模和调整机床。这不但耗费了大量的手工劳动，增加了生产准备周期，而且靠模误差的影响使加工零件的精度很难达到较高的要求。

为了解决上述的问题，以实现多品种、小批量产品零件的自动化生产，20世纪40年代世界上诞生了第一台数字电子计算机，使数控技术的出现成为可能。1948年美国帕森斯公司（Parsons Co.）在研制加工直升机叶片轮廓检验样板的机床时，首先提出了用电子计算机控制机床加工复杂曲线样板的新概念，并受美国空军的委托与麻省理工学院（MIT）伺服机构研究所进行合作研制，于1952年研制成功了世界上第一台用专用电子计算机控制的三坐标立式数控铣床。研制过程中采用了自动控制、伺服驱动、精密测量和新型机械结构等方面的技术成果。以后又经过改进，于1955年实现了产业化，并批量投放市场。这种用计算机以数字指令方式控制的机床便应运而生，而且以惊人的速度向前发展，成为一种灵活的、通用的、能够适应产品频繁改型的“柔性”数字控制机床，后来发展为计算机数控（Computer Numerical control，CNC）。

三、数控机床的工作原理和组成

（一）数控机床的工作原理

数控机床是如何工作的呢？简言之就是用数字信息来控制机床的运动。机床的所有运动包括主运动、进给运动及各种辅助运动，都是由输入数控装置的数字信号来控制的。数控机床的工作过程如图1-1所示，其主要步骤是：

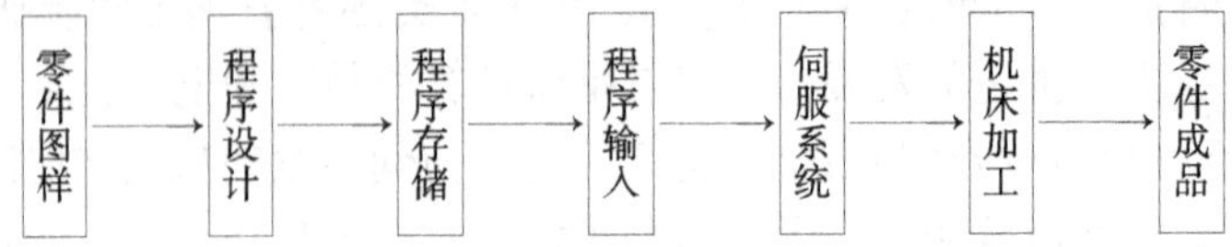

图1-1　数控机床的工作过程

1）根据被加工零件图中所规定的零件的形状、尺寸、材料及技术要求等，制定工件加工的工艺过程，刀具相对工件的运动轨迹、切削参数以及辅助动作顺序等，进行零件加工的程序设计。

2）用规定的代码和程序格式编写零件加工程序代码。

3）将加工程序的代码存储到控制介质。

4）通过输入装置把控制介质上的加工程序输入给数控装置；

5）启动机床后，数控装置根据输入的信息进行一系列的运算和控制处理，将结果以脉冲形式送往机床的伺服机构（如步进电动机、直流伺服电动机、交流伺服电动机、电液脉冲马达等）。

6）伺服机构驱动机床的运动部件，使机床按程序预定的轨迹运动，从而加工出合格的零件。

另一方面，数控机床的工作原理如图 1-2 所示。

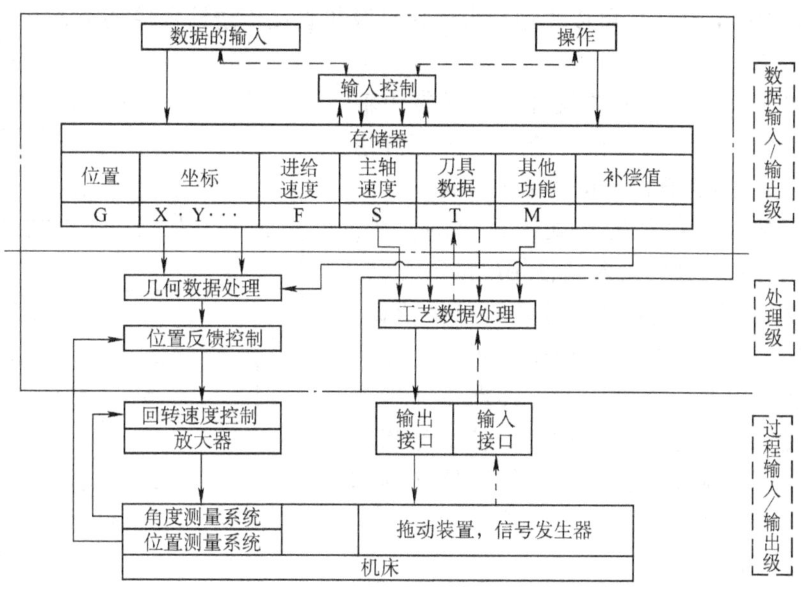

图 1-2 数控机床的工作原理

（二）数控机床的组成

数控机床通常由以下几部分组成，其原理框图如图 1-3 所示。

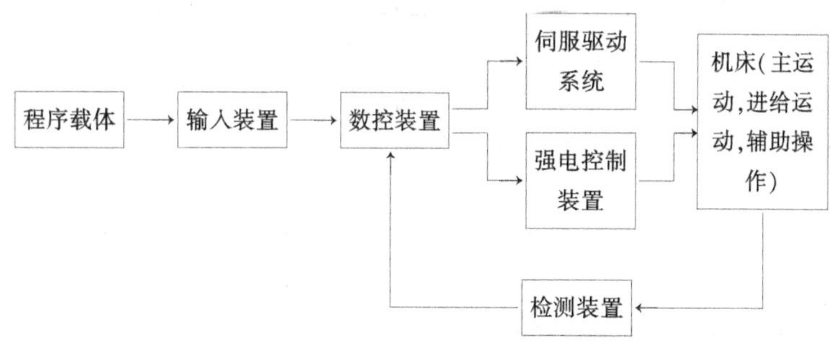

图 1-3 数控机床的组成

1. 程序载体

对数控机床进行控制，首先必须在人与机床之间建立某种联系，这种联系的中间媒介物称为程序载体。在程序载体上存储着加工零件所需要的全部几何信息和工艺信息。这些信息是在对加工工件进行工艺分析的基础上确定的，它包括工件在机床坐标系内的相对位置；刀具与工件相对运动的坐标参数；工件加工的工艺路线和顺序；主运动和进给运动的工艺参数以及各种辅助操作。然后用标准的由字母、数字和符号构成的代码，按规定的格式编制工件的加工程序单，再将程序单存储到多种程序载体。编程工作可以由人工进行，也可以由计算机辅助编程软件系统完成。

2. 输入装置

输入装置的作用是将程序载体上的数控代码信息转换成相应的电脉冲信号传送至数控装置的内存储器。输入装置最早使用光电阅读机对穿孔带进行阅读，以后大量使用磁记录原理的磁带机和软盘驱动器。还有通过数控装置控制面板上的输入键，按工件的程序清单用手工方式直接输入内存储器，也可以用通信方式由计算机直接传送给数控装置。

3. 数控装置

数控装置是数控机床的关键环节，通常由输入装置、控制器、运算器和输出装置四大部分组成。图 1-4 中虚线内包含部分即为数控装置。

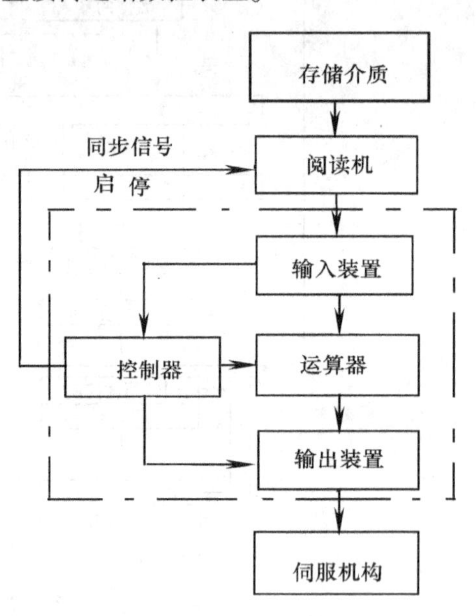

图 1-4　数控装置

输入装置接受由各种程序载体输出的代码，经过识别与译码之后分别输入到各相应的寄存器，这些指令与数据将作为控制与运算的原始依据。控制器接受输入装置的指令，根据指令控制运算器与输出装置，以实现对机床的各种操作（例如控制工作台沿某一坐标轴的运动、主轴变速和冷却液的开关等）以及控制整机的工作循环（例如程序信息录入装置的启动、停止，控制运算器的运算，控制输出信号等）。

运算器接受控制器的指令，将输入装置送来的数据进行某种运算，并不断向输出装置送出运算结果，使伺服系统执行所要求的运动。对于加工复杂零件的轮廓控制系统，运算器的重要功能是进行插补运算，所谓插补就是将每程序段输入的工件轮廓上的某起始点和终点的坐标数据送入运算器，经过运算之后在起点和终点之间进行“数据密化”，并按控制器的指令向输出装置送出计算结果。

输出装置根据控制器的指令将运算器送来的计算结果输送到伺服系统，经过功率放大驱动相应的坐标轴，使机床完成刀具相对工件的运动。

4. 强电控制装置

强电控制装置的主要功能是接受数控装置所控制的内置式可编程控制器（PLC）输出的主轴变速、换向、启动或停止，刀具的选择和更换，分度工作台的转位和锁紧，工件的夹紧或松夹，切削液的开或关等辅助操作的信号，经功率放大直接驱动相应的执行元件，诸如接触器、电磁阀等，从而实现数控机床在加工过程中的全部自动操作。

5. 伺服控制装置

伺服系统由伺服驱动电动机和伺服驱动装置组成，它是数控系统的执行部分。伺服系统接受数控系统的指令信息，并按照指令信息的要求带动机床的移动部件运动或使执行部分动作，以加工出符合要求的零件。指令信息是以脉冲信息体现的，每一个脉冲使机床移动部件产生的位移量叫做脉冲当量。机械加工一般常用的脉冲当量为0.01mm/脉冲、0.005mm/脉冲、0.001mm/脉冲。

伺服控制装置接受来自数控装置的位置控制信息，将其转换成相应坐标轴的进给运动和精确定位运动。由于伺服控制装置是数控机床的最后控制环节，它的伺服精度和动态响应特性将直接影响数控机床的生产率、加工精度和表面加工质量。

目前，常用的伺服驱动器件有功率步进电动机、直流伺服电动机和交流伺服电动机等。由于交流伺服电动机具有良好的性能价格比，成为首选的伺服驱动器件。除了三大类的电动机以外，伺服控制装置还必须包括相应的驱动电路。

6. 机床本体

机床本体是数控机床的主体，由机床的基础大件（如床身、底座）和各运动部件（如工作台、床鞍、主轴等）所组成，它是完成各种切削加工的机械部分，具有以下特点：

1）数控机床采用了高性能的主轴及伺服传动系统，机械传动结构简化，传动链较短。

2）数控机床机械结构具有较高的刚度、阻尼精度及耐磨性，热变形小。

3）更多地采用高效传动部件，如滚珠丝杠副、直线滚动导轨等。

与传统的普通机床相比，数控机床在整体布局、外部造型、主传动系统、进给传动系统、刀具系统、支承系统和排屑系统等方面有着很大的差异。这些差异是为了更好地满足数控技术的要求，并充分适应数控加工的特点。因此，必须建立数控机床设计的新概念。通常在机床的精度、静刚度、动刚度和热刚度等方面提出了更高的要求，而传动链则要求尽可能的简单。

四、数控机床的基本技术

数控机床的诞生和发展都依赖于相关技术的问世和不断进步。因此，数控机床是综合了当今世界上许多领域最新的技术成果，主要包括精密机械、计算机及信息处理、自动控制及伺服驱动、精密检测及传感和网络通讯等技术。这些技术的核心是由微电子技术向精密机械技术渗透所形成的机电一体化技术。

1. 精密机械技术

精密机械技术是数控机床的基础，它包括精密机械设计和精密机械加工两大方面。精密机械技术在众多相关技术飞速发展的今天，面临着重大的挑战。机械系统自身在结构及传动的精度、刚度、体积、质量和寿命等方面对数控机床仍具有举足轻重的影响。在制造过程所使用的机电一体化系统中，传统的机械理论与加工工艺借助于计算机辅助技术（如CAD、CAM、CAPP等）、人工智能和专家系统，形成新一代的机械制造技术，然而传统的以知识和技能形式存在的机械技术是任何其他技术所无法取代的。对一台数控机床而言，机械结构和传动占了很大比例，因此不断发展各种新的设计计算方法和新型结构，采用新型材料和新工艺，以使新一代数控机床的主机具有高精度、高速度、高可靠性、体积小、质量小、维修方便和价格低廉的机械结构。

2. 计算机及信息处理技术

计算机技术在数控机床诞生半个世纪中发生了最具革命性的进步。通常计算机技术包括计算机软件和计算机硬件技术、数据库技术，以及网络通信技术。而信息处理技术包括信息的存取、运算、判断、决策和交换，计算机作为信息处理的工具，两者之间就自然地具有极为密切的关系。数控系统中计算机指挥和管理整个系统的有序运行，信息处理的高速、及时和正确将直接影响系统的工作质量和效率。因而，计算机技术的发展已成为数控机床发展和变革的最活跃的因素。目前的数控系统还引入人工智能、专家系统、模糊控制、人工神经网络和仿真等技术。除了计算机技术自身的继续发展外，数控机床的智能化为组成柔性制造系统（Flexible Manufacturing System，FMS）提供了重要的技术保证。

3. 自动控制理论和伺服驱动技术

自动控制理论和伺服驱动技术对数控机床的功能、动态特性和控制品质具有决定性的影响。在对一个具体的控制装置或系统的设计、仿真和现场调试中，自动控制理论具有重要的理论指导作用。在伺服速度环控制中采用前馈控制，使传统的位置环偏差控制的跟踪滞后现象得到很大改善，而且增加了系统的稳定性和伺服精度。为了适应不同类型数控机床复杂的控制算法，伺服系统的位置环和速度环都采用软件控制。伺服驱动技术已经历了好几代的发展，目前交流伺服电动机驱动已逐步取代其他的伺服驱动，而且向智能化的数字伺服技术发展。与交流伺服电动机驱动技术相配套的是电力电子技术，它提供了瞬时输出很大的峰值电流和完善的保护功能。

4. 精密检测和传感技术

精密检测和传感技术一直是闭环和半闭环控制系统中的关键技术，检测和传感装置则是实现自动控制的关键环节之一。精密检测和传感的精度与功能直接影响自动控制的品质，在精度补偿方面发挥重要作用。精密检测的关键器件是传感器，数控系统要求传感器能快速、精确地获取信息，并能在各种各样的工作环境下可靠运行。智能化的传感技术伴随着计算机应用和人工智能的发展而被人们所重视，带智能的传感装置本身就具有部分“决策”功能。总体上说，与计算机技术的发展相比传感与检测技术的发展相对滞后，难以满足相关技术的需要，因此必须给予更多的关注。

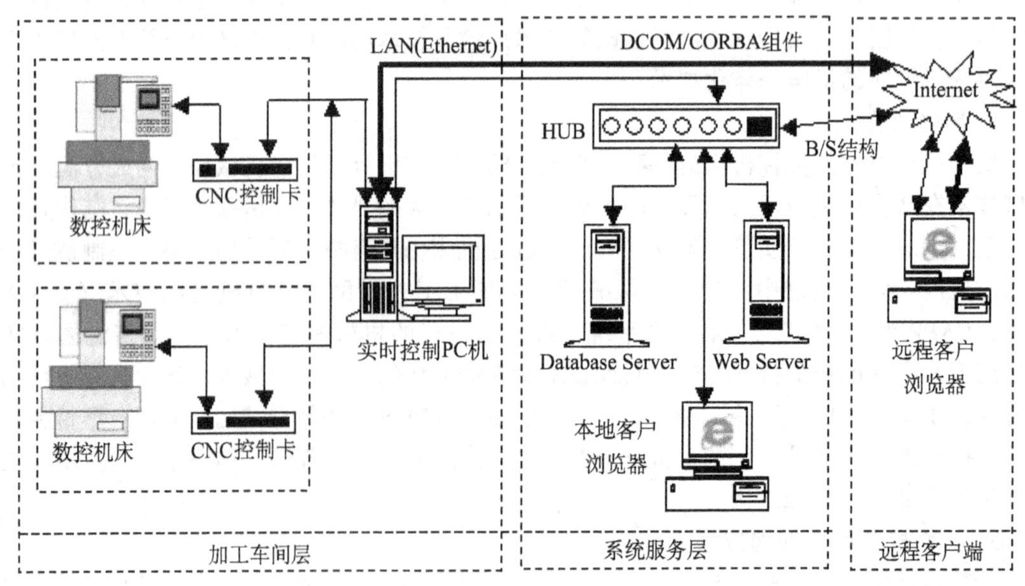

图 1-5 网络化数控系统原理框架图

5. 网络和通信技术

随着计算机网络技术在通信领域的广泛应用，正在对数控机床和以数控机床为基础的柔性制造单元（Flexible Manufacturing Cell，FMC）、柔性制造系统（FMS）乃至计算机集成制造系统（Computer Integrated Manufacturing System，CIMS）产生重大而深远的影响。通过网络仿真使零件从概念设计到数控加工的全部过程已成功地实现，在充分实现信息资源共享方面为数控机床的加工带来越来越明显的效益。通过电子邮件 E－mail 等方式进行无纸化的远程管理和监控，可以方便地进行产品的异地加工、装配和调试。图 1-5、图 1-6 展示了建立在网络化数控基础上 e-factory 的示意图、原理图和原型图。

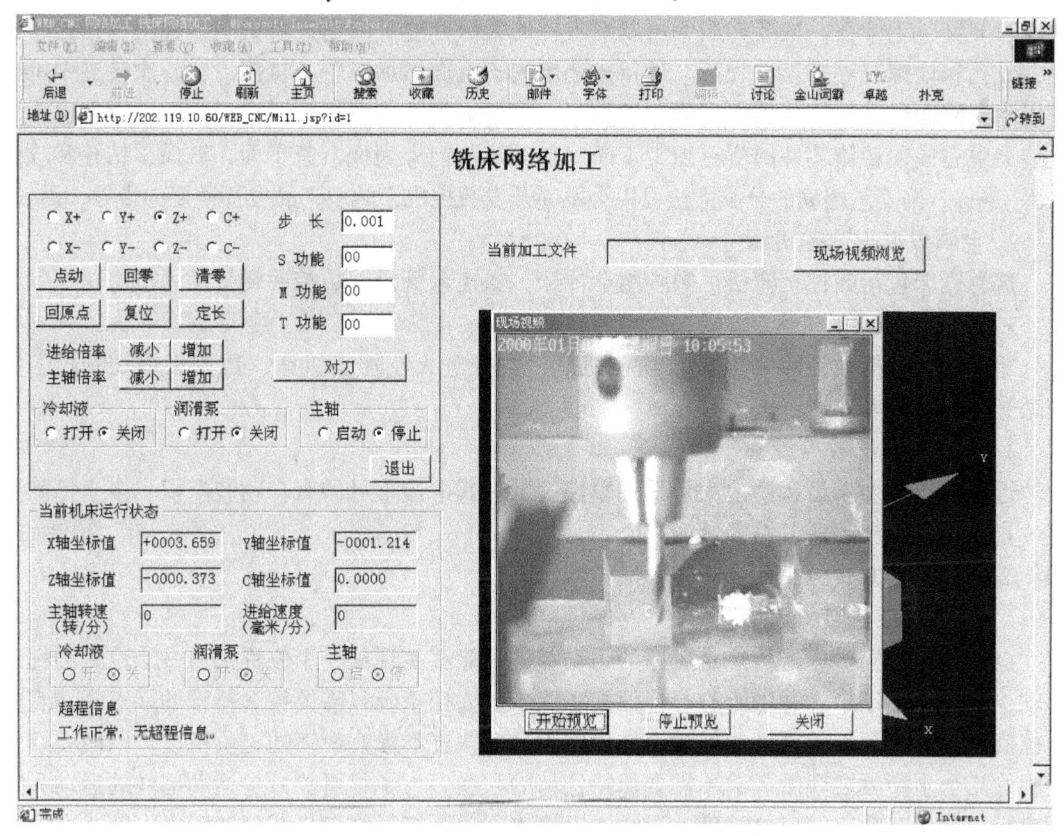

图 1-6　网络化数控系统的实现

上述这些主要专业技术领域的最新成果将为数控机床的进一步发展提供强有力的技术支撑，也将为最新型数控机床的问世奠定了坚实的基础。

第二节　数控机床的分类与应用

随着数控技术的发展，数控机床出现了许多分类方法，但通常按几个方面进行分类。

一、按工艺用途分类

1. 金属切削类数控机床

切削类数控机床发展最早，目前种类繁多，功能差异也较大，这类数控机床包括数控车床、数控钻床、数控铣床、数控磨床、数控镗床以及加工中心。尽管这些机床在加工工艺方面存在着很大差异，具体的控制方式也各不相同，但它们都适用于单件、小批量和多品种的零件加工，具有很好的加工尺寸的一致性、很高的生产率和自动化程度，以及很高的设备柔性。

由于企业对加工精度和生产率提出了更高的要求，工艺集中的原则正在被采纳，出现了各种类型的加工中心机床。加工中心不但具有一般数控机床的所有功能，而且还带有刀库和自动换刀装置，打破了在一台数控机床上只能完成一两种工艺的传统概念。以铣削加工中心为例，在数控铣床上增加了一个较大容量的刀库（一般可容纳 20 ~ 120 把各类刀具）和自动换刀装置．工件在一次装夹后，可以对零件的大部分加工表面进行铣削、镗削、钻孔、扩孔、铰孔和攻螺纹等多工艺加工。近年来还出现了五面体加工中心机床，在一次装夹中可以完成除安装面以外的箱体类所有表面的加工。车削加工中心也得到了广泛应用，它可以在一次装夹中完成回转体零件的所有加工工序（包括车削内外表面、铣平面，铣槽，钻孔和攻螺纹等工序）。按工艺用途的分类方法可以为不断开发数控机床的新产品发挥重要的指导作用。

2. 金属成型类数控机床

这类机床包括数控折弯机、数控组合冲床、数控弯管机、数控回转头压力机等。

3. 数控特种加工机床

这类机床包括数控线（电极）切割机床、数控电火花加工机床、数控火焰切割机、数控激光切割机床等。

4. 其他类型的数控设备

近年来在非加工设备中也大量采用数控技术，其中最常见的有自动装配机、多坐标测量机、自动绘图机和工业机器人等。

二、按运动方式分类

1. 点位控制

点位控制数控机床的特点是机床的运动部件只能够实现从一个位置到另一个位置的精确运动，在运动和定位过程中不进行任何加工工序。数控系统只需要控制行程的起点和终点的坐标值．而不控制运动部件的运动轨迹，因为运动轨迹不影响最终的定位精度。因而，点位控制的几个坐标轴之间的运动不需要保持任何的联系。为了尽可能减少运动部件的运动和定位时间，并保证稳定的定位精度．通常先以快速运动至接近终点坐标，然后再以低速准确运动到终点位置。最典型的点位控制数控机床有数控钻床，数控坐标镗床、数控点焊机和数控弯管机等。使用数控钻镗床加工零件可以节省大量钻模板的费用，并能达到较高的孔距精度。典型的点位控制数控钻床加工示意如图 1-7 所示。

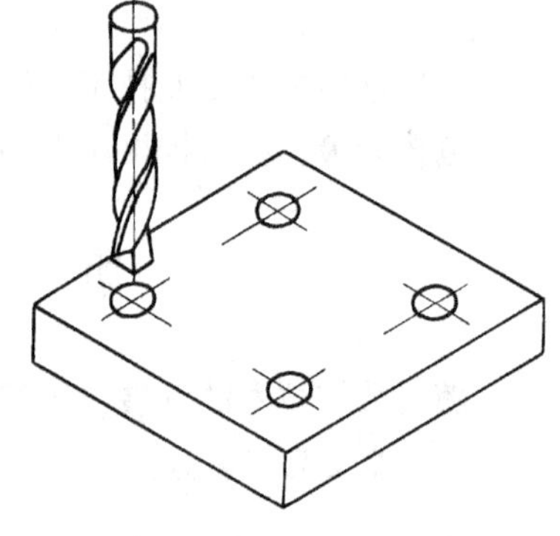

图 1-7　点位控制

2. 点位直线控制

点位直线控制的特点是机床的运动部件不仅要实现一个坐标位置到另一个坐标位置的精确移动和定位，而且能实现平行于坐标轴的直线进给运动或控制两个坐标轴实现斜线的进给运动。在数控镗床上使用点位直线控制可以扩大镗床的工艺范围，能够在一次安装中对棱柱形工件的平面与台阶进行镗削加工，然后再进行点位控制的钻孔、镗孔等加工，有效地提高了加工精度和生产率。点位直线控制还可以应用于加工阶梯轴或盘类零件的数控车床。点位直线控制数控机床加工示意如图 1-8 所示，由于只能作简单的直线运动，因此不能实现任意的轮廓轨迹加工。

3. 轮廓控制

轮廓控制（又称连续控制）数控机床的特点是机床的运动部件能够实现两个坐标轴同时进行联动控制。它不仅要求控制机床运动部件的起点与终点坐标位置，而且要求控制整个加工过程每一点的速度和位移量，即要求控制运动轨迹，将零件加工成在平面内的直线、曲线表面或在空间的曲面。轮廓控制要比点位控制更为复杂，需要在加工过程中不断进行多坐标轴之间的插补运算，实现相应的速度和位移控制。很显然轮廓控制包含了实现点位控制和点位直线控制。

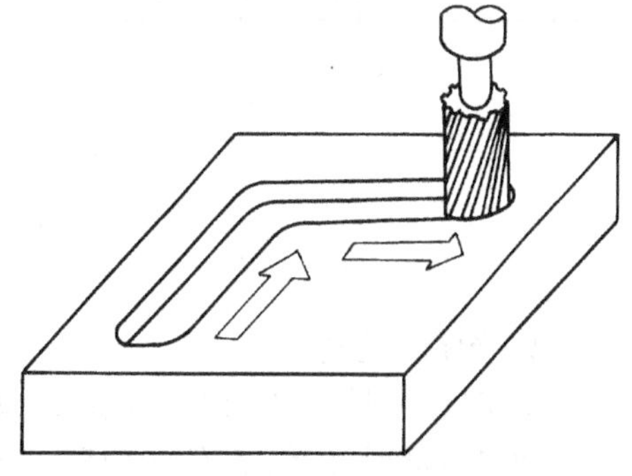

图 1-8 点位直线控制

数控铣床、数控车床、数控磨床和各类数控切割机床是典型的轮廓控制数控机床，它们取代了所有类型的仿形加工，提高了加工精度和生产率，并极大地缩短了生产准备时间。近年来，随着计算机技术的发展，软件功能的不断完善，可以通过计算机插补软件实现多坐标联动的轮廓控制。轮廓控制数控机床加工示意如图 1-9 所示。

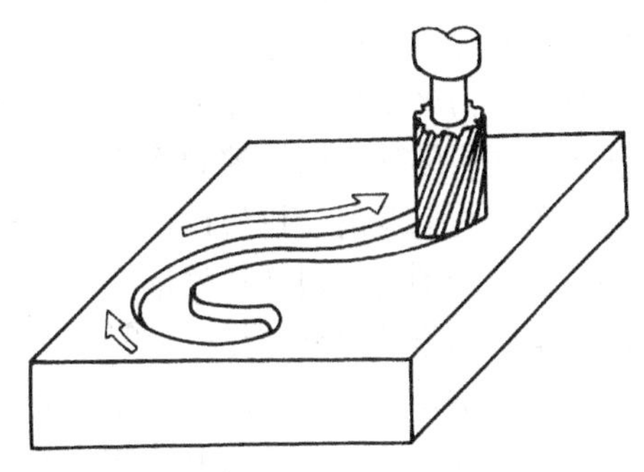

图 1-9 轮廓控制

必须指出，随着计算机数控系统的发展，实现插补功能已变得比较容易。按运动方式的分类除了系统是否提供插补功能外，还取决于数控机床的工艺需要以及机械功能部件的结构差异。

三、按控制方式分类

1. 开环控制

开环控制是指不带位置反馈装置的控制方式。由功率步进电动机作为驱动器件的运动系统是典型的开环控制。数控装置根据所要求的运动速度和位移量，向环形分配器和功率放大电路输出一定频率和数量的脉冲，不断改变步进电动机各相绕组的供电状态，使相应坐标袖的步进电动机转过相应的角位移，再经过机械传动链．实现运动部件的直线移动或转动。运动部件的速度与位移量是由输入脉冲的频率和脉冲数所决定。

开环控制具有结构简单和价格低廉等优点。但通常输出的扭矩值的大小受到了限制，而且当输入较高的脉冲频率时，容易产生失步，难以实现运动部件的快速控制。开环控制对运动部件的实际位移量是不进行检测的，因而不能进行运动误差的校正，步进电动机的步距角误差、齿轮和丝杠组成的传动链误差都将直接影响加工零件的精度。目前，开环控制已不能充分满足数控机床日益提高的对控制功率、快速运动速度和加工精度的要求。但近年来由于发展了步进电动机的细分技术，出现了专用的细分功率驱动模块，步进电动机在低扭矩、高精度、速度中等的小型设备的驱动控制中得到了广泛应用，特别是在微电子生产设备中充分发挥了它的独特的优势。开环控制的系统框图，如图 1-10 所示。

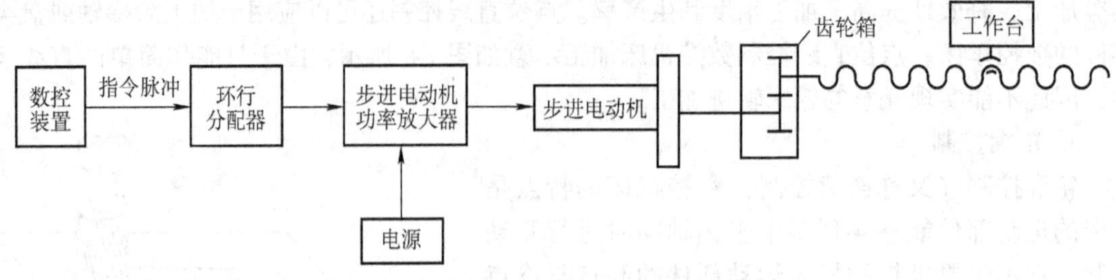

图 1-10　开环控制的系统框图

2. 半闭环控制

半闭环控制是在开环控制伺服电动机轴上装有角位移检测装置，通过检测伺服电动机的转角间接地检测出运动部件的位移（或角位移）反馈给数控装置的比较器，与输入指令进行比较，用差值控制运动部件。随着脉冲编码器的迅速发展和性能的不断完善，作为角位移检测装置可以方便地直接与直流或交流伺服电动机同轴安装，特别是高分辨率的脉冲编码器的诞生，为半闭环控制提供了一种高性能价格比的配置方案。由于惯性较大的机床运动部件不包括在该闭环之内，控制系统的调试十分方便，并具有良好的系统稳定性。甚至可以将脉冲编码器与伺服电动机设计成一个整体，使系统变得更加紧凑。但由于半闭环控制将运动部件的机械传动链不包括在闭环之内，机械传动链的误差无法得到校正或消除。所幸的是目前广泛采用的滚珠丝杠螺母机构具有很好的精度和精度保持性．而且采取了可靠的消除反向运动间隙的结构，完全可以满足绝大多数数控机床用户的需要。因此，在一般情况下，半闭环控制正在成为首选的控制方式被广泛采用。半闭环控制的系统框图，如图 1-11 所示。

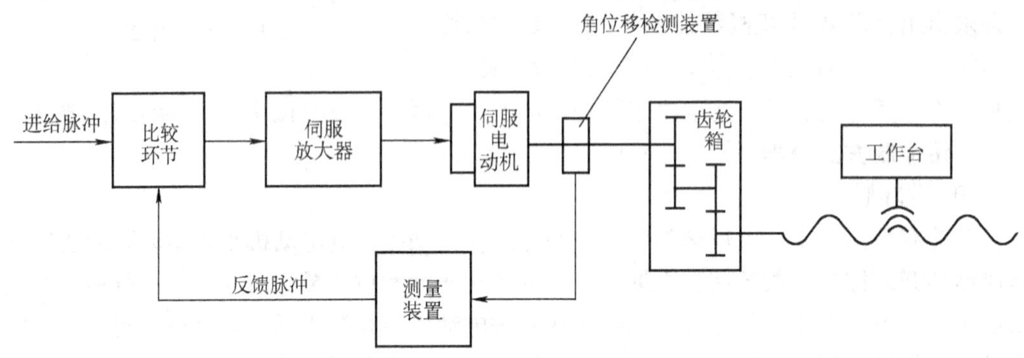

图 1-11　半闭环控制的系统框图

3. 闭环控制

闭环控制是在机床最终的运动部件的相应位置直接安装直线或回转式检测装置，将直接测量到的位移或角位移值反馈到数控装置的比较器中与输入指令位移量进行比较，用差值控制运动部件，使运动部件严格按实际需要的位移量运动。闭环控制的主要优点是将机械传动链的全部环节都包括在闭环之内，因而从理论上说，闭环控制的运动精度主要取决于检测装置的精度，而与机械传动链的误差无关。很明显其控制精度将超过半闭环系统，这就为高精度数控机床提供了技术保障。但闭环控制除了价格较昂贵之外，对机床结构及传动链仍然提出了严格的要求，传动链的刚度、间隙，导轨的低速运动特性，以及机床结构的抗振性等因素都会增加系统调试的困难，甚至使伺服系统产生振荡，降低了稳定性。闭环控制的系统框图，如图1-12所示。

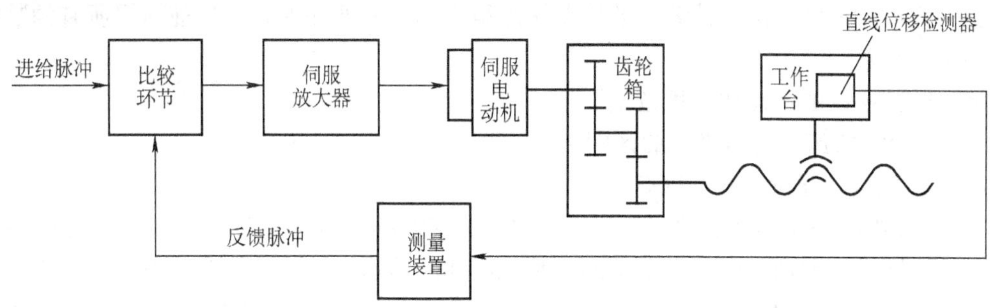

图1-12 闭环控制的系统框图

四、按数控机床的性能分类

1. 经济型数控机床

其特点是根据实际的使用要求，合理地简化系统，以降低产品价格。目前，我国把由单片机或单板机与步进电动机组成的数控系统和功能简单、价格低的系统称为经济型数控系统。它主要用于车床、线切割机床以及旧机床的数控化改造等。在我国，这类数控机床有一定的生产批量。

低档数控机床的技术指标通常为：脉冲当量0.01～0.05mm，快进速度为4～10m/min，开环步进电动机驱动，用数码管或简单CRT显示，主CPU一般为8位或16位。

2. 中档数控机床

中档数控机床的技术指标通常为：脉冲当量0.005～0.001mm，快进速度15～24m/min，伺服系统为半闭环直流或交流伺服系统，用CRT或液晶显示；可以显示字符和图形、人机对话、自诊断等，主CPU一般为16位或32位。

3. 高档数控机床

高档数控机床的技术指标通常为：脉冲当量0.001～0.0001mm，快进速度15～100m/min，伺服系统为闭环直流或交流伺服系统，CRT或液晶显示，除了具备中档的功能外，还具有三维图形显示等功能，主CPU一般为32位或64位。

五、按所用数控装置的构成方式分类

1. 硬线数控系统

硬线数控系统使用硬线数控装置，它的输入处理、插补运算和控制功能，都由专用的固定组合逻辑电路来实现，不同功能的机床，其组合逻辑电路也不相同。改变或增减控制、运算功能时，需要改变数控装置的硬件电路。因此通用性和灵活性差，制造周期长，成本高。20世纪70年代初期以前的数控机床基本上属于这种类型。

2. 软线数控系统

软线数控系统也称为计算机数控系统，它使用软线数控装置。这种数控装置的硬件电路是由小型或微型计算机再加上通用或专用的大规模集成电路制成，数控机床的主要功能几乎全部由系统软件来实现。所以不同功能的数控机床其系统软件也就不同，而修改或增减系统功能时，也不需要变动硬件电路，只需要改变系统软件。因此，具有较高的灵活性，同时由于硬件电路基本上是通用的，这就有利于大量生产、提高质量和可靠性、缩短制造周期和降低成本。从20世纪70年代中期以后，随着微电子技术的发展和微型计算机的出现，以及集成电路的集成度不断提高，计算机数控系统才得到不断发展和提高，目前几乎所有的数控机床采用了软线数控系统。

六、数控机床的特点和应用范围

（一）CNC机床与普通机床的区别

CNC机床与普通机床的区别有：

1）CNC机床一般具有手动加工、机动加工和控制程序自动加工功能，加工过程中一般不需要人工干预。普通机床只有手动加工和机动加工功能，加工过程全部由人工控制。

2）CNC机床一般具有CRT屏幕显示功能。显示加工程序、多种工艺参数、加工时间、刀具运动轨迹以及工件图形等。数控机床一般还具有自动报警显示功能，根据报警信号或报警提示，可以迅速查找机器故障，而普通机床不具备上述功能。

3）CNC机床主传动和进给传动采用直流或交流无级调速伺服电动机。它一般没有主轴变速箱和进给变速箱，传动链短。而普通机床主传动和进给传动一般采用三相交流异步电动机，由变速箱实现多级变速以满足工艺要求，机床传动链长。

4）CNC机床一般具有工件测量系统。加工过程中一般不需要进行工件尺寸的人工测量。而普通机床在加工过程中必须由人工不断地进行测量，以保证工件的加工精度。

CNC机床与普通机床最显著的区别是当对象（工件）改变时，数控机床只改变加工程序（应用软件），不需要对机床作较大的调整，即能加工出各种不同的工件。从本质上讲，实现了机床的柔性化。

（二）数控机床的特点

1. 具有良好的加工柔性

数控机床实现自动加工的控制信息是由数字化信息提供的。当加工对象改变时，除了更换相应的刀具和解决毛坯装夹方式外，只需要重新编制程序，或者手动输入程序就能实现对零件的加工。它不同于传统的机床，不需要制造、更换许多工具、夹具和模具，更不需要重新调整机床。它缩短了生产准备周期，而且节省了大量工艺装备费用。因此数控机床可以很快地从加工一种零件转变为加工另一种零件，这就为单件、小批及试制新产品提供了极大便利。

2. 加工精度高

数控机床是按以数字形式给出的指令进行加工的，由于目前数控装置的脉冲当量（即每输出一个脉冲后数控机床移动部件相应的移动量）普遍达到了0.001mm，而且进给传动链的反向间隙与丝杠螺距误差等均可由数控装置进行补偿，因此，数控机床能达到比较高的加工精度。对于中、小型数控机床，定位精度普遍可达到0.03mm，重复定位精度为0.01mm。因为数控机床传动系统与机床结构都具有很高的刚度和热稳定性，而且提高了它的制造精度，特别是数控机床的自动加工方式避免了生产者的人为操作误差，同一批加工零件的尺寸一致性好，产品合格率高，加工质量十分稳定。对于需要多道工序完成的零件特别是箱体类零件，使用加工中心一次安装能进行多道工序连续加工，减少了安装误差，使加工精度进一步提高。对于复杂零件的轮廓加工，在编制程序时已考虑到对进给速度的控制，可以做到在曲率变化时，刀具沿轮廓的切向进给速度基本不变，被加工表面就可获得较高的精度和表面质量。

3. 加工生产率高

零件加工所需要的时间包括机加工时间与辅助时间两部分。数控机床能够有效地减少这两部分时间，数控机床主轴转速和进给量的范围比普通机床的范围大，每一道工序都能选用最有利的切削用量，有效地节省了机动时间。数控机床移动部件的快速移动和定位均采用了加速和减速措施，因而消耗在快进和定位的时间要比普通机床少得多。

数控机床在更换被加工零件时几乎不要重新调整机床，而零件又都安装在简单的定位夹紧装置中，用于停机进行零件安装调整的时间可以节省不少。

4. 减轻劳动强度，改善劳动条件，取得良好的经济效益

利用数控机床进行加工，首先，按图样要求编制加工程序，然后输入程序，调试程序，安装零件进行加工，观察监视加工过程并装卸零件。除此之外，不需要进行繁重的重复性手工操作，劳动强度与紧张程度均可大为减轻，劳动条件也因此得到相应的改善。

5. 良好的经济效益

使用数控机床加工零件时，分摊在每个零件上的设备费用是较昂贵的。但在单件、小批生产情况下，可以节省许多其他费用，因此综合地看能够获得良好的经济效益。

6. 有利于生产管理的现代化

利用数控机床加工，能准确地计算零件的加工工时、并有效地简化检验、工夹具和半成品的管理，这些特点都有利于使生产管理现代化。车间自动化管理系统图，如图 1-13 所示。

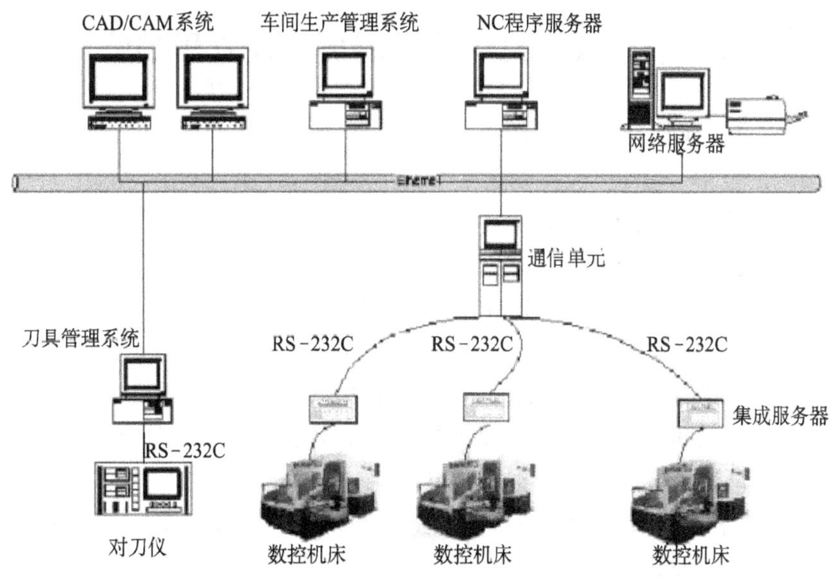

图 1-13 车间自动化管理系统图

（三）数控机床的应用范围

虽然数控机床有很多优点，但初期投资大，维修费用高，要求管理及操作人员素质也较高，因此，应合理地选择及使用数控机床，使企业获得最好的经济效益。数控机床是一种高度自动化的机床，有一般机床所不具备的许多优点，所以数控机床的应用范围在不断扩大，

但数控机床是一种高度机电一体化产品，技术含量高，成本高，使用维修都有一定难度，若从经济性方面出发，数控机床适用于加工：①多品种小批量零件；②结构较复杂，精度要求较高的零件；③需要频繁改型的零件；④价格昂贵，不允许报废的关键零件；⑤要求精密复制的零件；⑥需要最短生产周期的急需零件；⑦要求100%检验的零件。

图1-14表示了通用机床与数控机床、专用机床加工批量与综合费用的关系，以及工件复杂程度及批量大小与机床的选用关系。

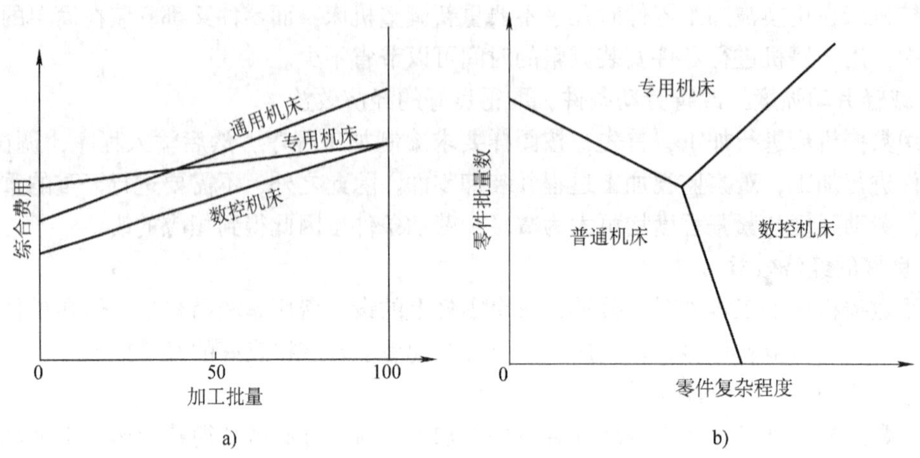

图1-14　数控机床的应用范围

第三节　数控机床的发展历程及发展趋势

一、数控机床的发展历程

1. 机床结构的发展

数控机床在发展的最初阶段，通常是在传统的机床上配备数控系统，并进行某些结构的改进而成为一台数控机床。随着对数控机床功能要求的不断提高，传统机床结构刚度、抗振性、热变形以及低速爬行等性能已不能满足数控机床的要求。这是由于数控机床是完全按照数控装置发出的指令，在没有人为干预的情况下自动进行加工的，因而数控机床在机械结构上必须要求比传统机床有更好的静刚度、动刚度和热刚度，其进给传动链也必须要有足够的刚度，并采用消除传动间隙的装置，还必须采用滚珠丝杠传动和滚动导轨以消除低速爬行，实现微量进给以保证数控机床很高的重复定位精度。

20世纪60年代初期，在一般数控机床的基础上又开发了数控加工中心机床，这是对数控机床的重大发展，数控加工中心机床至今仍然被公认为功能最完善的自动化单机。它是在一般数控机床（如镗床、铣床和车床等机床）上加装刀具数量不等的刀库和自动换刀装置。工件在一次装夹中可以连续地进行铣、镗、钻、铰以及攻螺纹等多工序的加工。与一般数控机床相比减少了机床的占地面积、机床的台数、在制品的库存量、工序间的各种辅助时间，最终有效地提高了生产率。目前刀库的刀具容量可以多达200把，自动换刀的时间仅需1～2s。更具有实际意义的是减小了工件在多次安装中的定位误差，完全可以依靠机床本身的精度保证工件的加工质量。图1-15是一台立式镗铣加工中心。

图 1-16 则是一台卧式镗铣加工中心，与一般加工中心不同的是带有两个交换工作台。在交换工作台上操作者装夹好待加工工件，当正在加工的工件完成加工后，数控系统发出指令自动交换工作台。图 1-16 的加工中心还带有自动导引小车，工件可以先装夹在标准的托盘（或称随行夹具）上，工件随托盘一起自动地送入（或退出）处于非加工位置的工作台。如果再增设托盘工作站，便构成了可以长时间无人看管的柔性制造单元（FMC）。

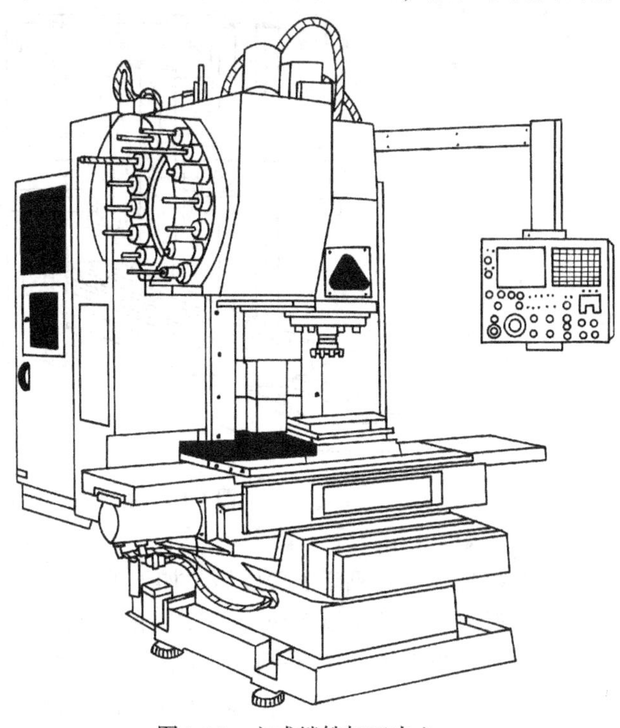
图 1-15　立式镗铣加工中心

20 世纪 80 年代后期在数控加工中心机床的基础上又发展了五面体加工中心。它的设计思想是为了在一次装夹中完成除了安装底面以外的所有表面和精密孔系加工。由于采用了刚性极好的床身、立柱等结构（有些五面体加工中心采用了龙门式框架结构）和立式/卧式转换主轴部件或立式/卧式一体化主轴部件，对于箱体零件、汽车覆盖件模具和船用柴油机缸体等工件具有很高的加工精度、机床利用率和综合经济效益。这是由于五面体加工中心使切削时间占总时间的比例成倍增加，并大幅度减少了切削准备时间和测量时间的结果。

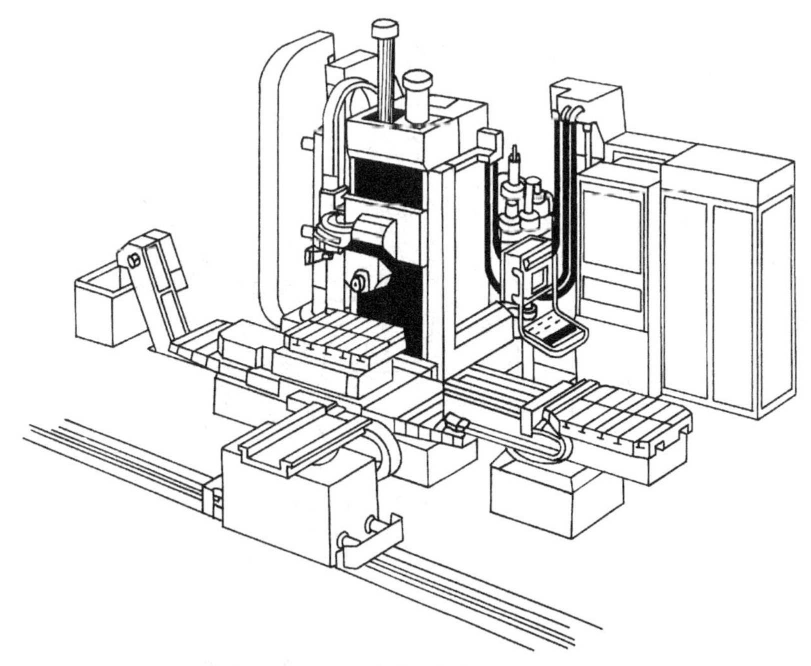
图 1-16　卧式镗铣加工中心

图 1-17 龙门式五面体加工中心（刀库及自动换刀装置未在图中表示出），其主轴部件可以自动更换为立式或卧式布局，以满足工件不同表面的加工需要。

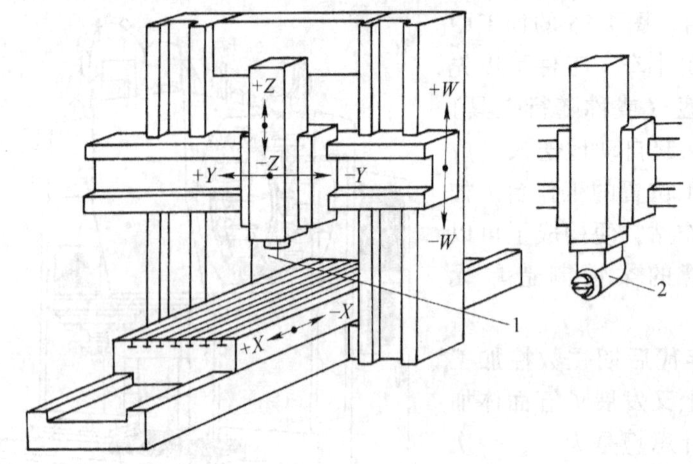

图 1-17　龙门式五面体加工中心

在数控加工中心机床出现以后，加工工序的进一步集中仍然是数控机床发展的趋势。带有工业机器人和工件交换系统（AWC）的车削加工中心和带有工件交换系统的数控齿轮加工机床已经广泛采用，还有可以自动更换电极的电火花加工中心机床。

图 1-18 是一台带有工件交换系统的数控滚齿机，该机床能够在不更换滚刀的情况下，依次加工相同模数而齿数、齿坯结构尺寸不同的、随机放置在输送料台上的圆柱齿轮毛坯。充分体现了滚齿机的柔性，并做到最少库存量的即时生产（JIT）。

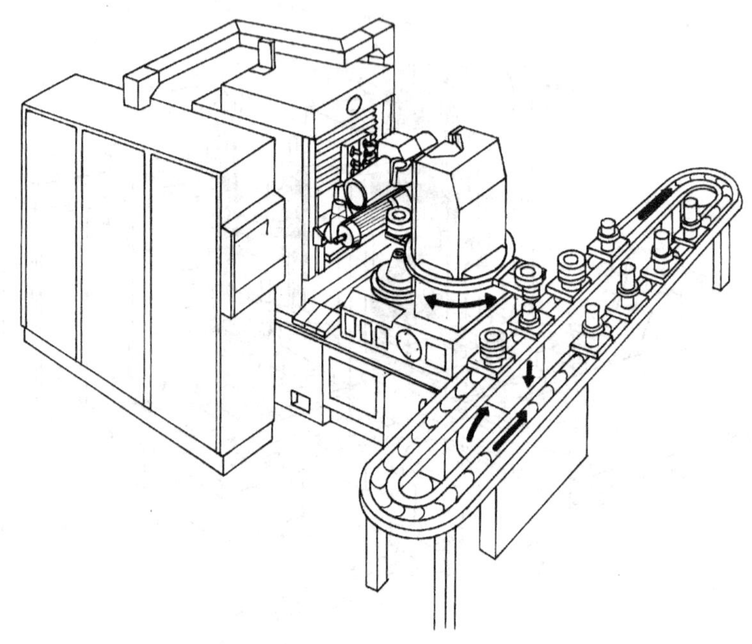

图 1-18　带有工件交换系统的数控滚齿机

在计算机数控多轴联动技术和复杂坐标快速变换运算方法发展的基础上，20 世纪 60 年代出现的 Stewart 平台概念（即同时改变六根杆子长度，实现六个自由度运动），到了 90 年代初，应用在数控机床上产生了并联机床（又称虚拟轴机床），这是 20 世纪最具革命性的机床运动结构的突破。这一数控机床结构上的重大突破，引起了普遍关注。该数控机床由基座与运动平台及其间的六根可伸缩杆件组成，每根杆件的两端通过球面支承分别将运动平台与基座相连，并由伺服电机和滚珠丝杠按数控指令实现伸缩运动，使运动平台带着主轴部件作任意轨迹的运动。工件固定在基座上，刀具相对工件作六个自由度的运动，实现所要求的空间加工轨迹。图 1-19 是 G 系列六杆加工中心示意图。所不同的是运动平台与主轴部件呈倒置式，基座由框架支撑安置在上方，有效地增大了主轴部件的运动空间。图 1-20 为运动平台与主轴部件示意图。

图 1-19 G 系列六杆加工中心示意图

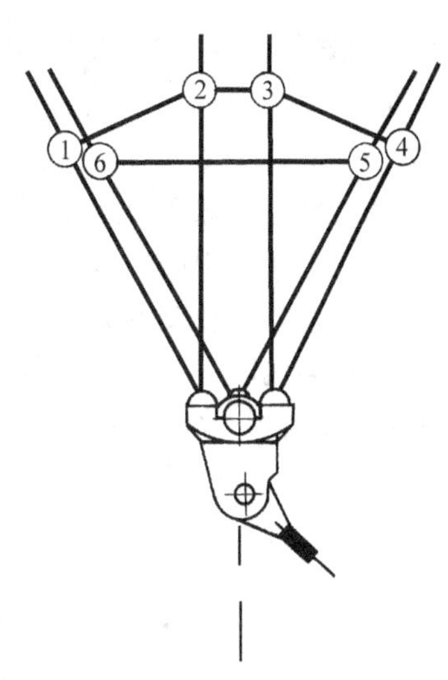

图 1-20 运动平台与主轴部件示意图

并联机床采用运动聚合原理，改变传统的机床结构和布局。重量较轻的主轴部件和切削刀具由六根杆件分摊受力，具有比传统结构更高的刚度。特别在高速运动时，由于运动部件的重量大幅度减小，改善了机床的动态特性，更显示了它的优点。并联机床还避免了传统机床的几何结构误差，六杆结构使误差平均化，因而能够达到很高的重复定位精度。由于采用虚拟轴实现刀具与工件的定位，使工件的装夹和调整大为简化。

并联机床的结构较简单，而且由六套完全相同的功能部件构成，使成本下降。由于采用了能进行高速坐标运算的计算机硬件和软件，它能够实现快速运动和精确定位。Stewart 平台式的数控机床通常都是立式布局的，近年来出现了卧式布局并联机床，改善了立式数控机床工件的可接近性和加工空间相对机床所占空间之比低的缺陷，这又是一次并联机床的重大改进。

2. 数控系统的发展

20 世纪 50 年代，随着机械制造业和控制技术的发展，诞生了数控技术，它使传统的机械制造业重放光辉。数控系统从产生到现在，主要经历了以下几个阶段：

1）第一代数控系统，以 MIT 研制的三坐标数控系统为标志，系统全部采用电子管元件，逻辑运算与控制采用硬件电路完成。

2）第二代数控系统，以晶体管元件和印刷电路板广泛应用于数控系统为标志。

3）第三代数控系统，60 年代中期，由于小规模集成电路的出现，使其体积变小、功耗降低，数控系统的可靠性得以进一步提高，推动了数控系统的进一步发展。

以上三代，都属于硬逻辑数控系统，称为 NC（Numerical Control）。

4）第四代数控系统，70 年代初，随着微电子技术的发展，小型计算机的价格急剧下降，小型计算机逐渐取代数控系统中的专用计算机，使许多控制功能可以依靠编制的专用程序来完成，实现了软件控制，不必依靠硬件电路，大大地提高了数控系统控制的灵活性和数控设备的可靠性。1970 年在芝加哥展览会上，首次展出了采用小型计算机的计算机数控 CNC（Computer Numerical Control）装置，标志着计算机数控技术的问世，数控系统发展到了第四代。

5）第五代数控系统，20 世纪 70 年代后期，中、大规模集成电路技术所取得的成就，促使价格低廉、体积更小、集成度更高、工作可靠的微处理器芯片的产生，并逐步应用于数控系统，进一步简化了 CNC 系统的硬件结构，降低了 CNC 机床的成本。至此产生了以微处理器为数控系统核心的第五代数控系统。其后 10 多年中，大规模集成电路的进一步发展，使微处理器的性能不断提高，软件功能日益增强，CNC 系统随着外围电路和接口配置的不断完善，以及软件技术在交互式人机对话中和图形显示技术方面所取得的成就而得到发展。

6）进入 90 年代以后，受通用微机技术飞速发展的影响，数控系统正朝着以个人计算机（PC）为基础，向着开放化、智能化、网络化等方面进一步发展。由于基于 PC 的开放式数控系统可以充分利用 PC 机丰富的软硬件资源和适于 PC 机的各种先进技术，已成为数控技术的发展趋势和潮流。

3. 伺服系统的发展

数控机床的伺服系统是实现机床轴运动（包括进给运动、主轴运动及位置控制）的关键的系统之一。它的性能对数控机床的重复定位精度、动态响应特性，以及最高空程运动速度具有重要影响。同时伺服系统的发展对数控机床的发展也产生了不可估量的影响。

伺服系统的发展经历了好几个阶段。20 世纪 60 年代初期，曾在数控机床上采用液压伺服系统，液压伺服系统与当时传统的直流电动机相比，响应时间短、输出相同扭矩的伺服部件的外形尺寸小。但由于液压伺服系统存在着发热量大、效率低、污染环境和不便于维修等缺点，因此逐步被步进电动机和新型伺服电动机所代替。

20 世纪 60 年代后期，小功率伺服型步进电动机和液压扭矩放大器所组成的开环系统曾一度广泛应用于数控机床。其中有代表性的是日本 FANUC 公司的电液脉冲马达伺服系统。但由于该系统结构过于复杂、可靠性差等缺点，在几年以后就被其他伺服系统所取代。

功率型步进电动机的问世，使步进电动机开始直接用于驱动数控系统的进给运动。功率型步进电动机驱动系统没有积累误差、定位精度较高、运动锁定性好，而且结构简单、便于制造，成本也比较低廉。迄今为止在运动速度较低、输出扭矩不太大的经济型数控机床上仍然得到普遍应用。

近年来步进电动机的细分控制技术和新型步进电动机驱动器的发展，成功地解决了步进电动机大细分步数的问题。获得大细分步数的途径是采用空间矢量算法求得电流对步进电动机各相绕组同时通以分级变化的电流，相应地形成了多个中间状态的磁场矢量，从而使细分步数大为增加。因此，采用细分步的步进电动机在输出扭矩较小、重复定位精度高和运动平稳性要求高的小型化精密数控设备上得到了相当广泛的应用。

20 世纪 70 年代，美国 GETTYS 公司首先研制成功了大惯量直流电动机．即通常所指的宽调速直流电动机。这种电动机的峰值转矩可以达到额定转矩的 10～15 倍，由于保持了大的扭矩/惯量比，因而大惯量直流电动机仍然具有与小惯量直流电动机相同的快速响应特性。它的调速范围很宽（0.1～2000r/min），可以直接与丝杠相连接。还由于电动机转子本身的惯量较大，极大地简化了与机床进给运动部件惯量的匹配，经折算后的被驱动部件的惯量可以忽略不计。采用电动机直接与丝杠连接的简单方式，能使各伺服轴获得良好的动态响应特性、稳定性，甚至在系统中只需要设置位置反馈，而不需要速度反馈的情况下正常运行。大惯量直流电动机的另一个优点是热容量大，当峰值电流增加数倍的情况下，仍允许电动机在很高的湿度下超载运行几十分钟。由于上述的原因，自 20 世纪 70 年代以来大惯量直流电动机一直广泛应用于各类数控机床上，并获得了良好的效果。但直流电动机由于结构上的原因必须带有整流装置，其结构显得较为复杂，通常在运行一段时间以后就会由于滑动摩擦而产生感损，影响了电动机的稳定运行，降低了系统的可靠性。因而需要经常对电动机进行保养和维修。

自 20 世纪 80 年代以来随着大规模集成电路、电力电子学、计算机控制技术的发展，特别是用计算机对交流电动机的磁场进行矢量控制技术的重大突破，使长期以来人们一直试图用交流电动机取代直流电动机应用在调速和伺服控制中的设想得以实现。虽然交流电动机具有结构简单、转速的提高限制较少、免维修和坚固耐用等优点，但是大多数普通的交流电动机是异步感应的鼠笼式电动机，其速度与扭矩不能像直流电动机那样方便地进行独立控制，以满足数控伺服的要求。因此，为了实现交流电动机的调速和伺服功能，世界各工业化国家曾投入了大量的人力和经费，直至突破了上述的关键技术，并实现了产业化，才使交流调速及其伺服电机开始广泛应用于各种类型的数控机床的主轴驱动和进给运动。交流伺服系统几乎保留了直流伺服系统的所有优点，具有调速范围宽、稳速精度高和动态响应特性好等优良的技术特性，而且继承了交流电动机本身固有的许多优良性能，因而成为迄今为止最为理想的伺服系统。交流伺服驱动不仅成功地应用于数控机床的进给控制系统、达到了很高的重复定位精度，而且广泛应用丁数控机床的主运动系统，特别是某些数控机床或加工中心要求主轴与进给系统保持严格的同步控制的螺纹切削以及为了主轴的自动刀具更换要求实现主轴高精度准停控制。因此．交流伺服电机已越来越广泛地应用于现代数控机床，正在取代直流伺服电机，成为数控机床主轴和进给系统的理想选择，对传动功率要求较大的数控机床，交流伺服系统已成为首选方案。

应该指出，由于作为检测器件的脉冲编码器的分辨率和可靠性的不断提高，将脉冲编码器与直流伺服电机或交流伺服电机组成一体的半闭环伺服电机极大地简化了数控机床的总体结构，为数控机床性能的全面提高发挥了重要作用。

二、数控机床的发展趋势

随着科学技术不断发展，数控机床的发展也越来越快，数控机床正朝着高性能、高精度、高速度、高柔性化、模块化、复合化、环保等方向发展。

1. 高速度、高精度

随着数控机床向高速度、高精度方向发展的需要，数控装置要能够高速处理输入的指令数据，计算出伺服电机的移动量，同时要求伺服电机能高速地作出反应。目前高速主轴单元转速已达15000~100000 r/min以上；进给运动部件工作进给移动速度达60 m/min以上，精密级的数控机床加工精度已由原来的0.005mm提高到0.0015mm。微处理器的迅速发展为数控系统向高速、高精度方向发展提供了保障，CPU已由20世纪80年代的16位发展到现在的32位以及64位的数控系统，CPU的频率也提高到几百兆赫、上千兆赫。由于运算速度的极大提高，使得当分辨率在0.1μm、0.01μm情况下仍能获得很高的进给速度，可达到24~240m/min。

2. 柔性化、开放式的体系结构

随着计算机控制技术和先进制造技术的发展，人们逐渐认识到专用CNC系统之间的自成一体所带来的互不兼容的弊病，迫切需要具有配置灵活、功能扩展简便、便于统一管理的数控系统；此外产品的快速更新换代及多样化需求使得市场对具有良好柔性和具有多种加工功能的制造系统的需求超过了对大型单一制造系统的需求。这些发展趋势促使了一个新的概念的产生，即模块化、可重构、可扩充的“开放式数控系统”。要求数控系统改变过去那种含有许多插件板的专用硬件系统，采用模块化的软硬件结构，提供用户扩展功能的软硬件接口以及系统的可移植性和与其他应用软件的交互操作等等。开放式数控系统已经成为数控技术发展的潮流。特别是以通用PC机为平台的开放式数控系统研究具有独特的优势，也是开放式数控系统的一个重要发展趋势。

3. 智能化

智能化是数控技术发展的另一趋势，随着人工智能在计算机领域的不断渗透与发展，为了适应现代制造业柔性化、自动化发展需要，数控设备的智能化程度也在不断提高。主要表现为：加工过程的自适应控制，检测处理加工过程中的重要信息，自动优化加工参数，改善加工条件，提高生产效率，引入专家系统，在自动编程、工艺处理和故障诊断方面发挥领域内专家级水平。

4. 网络化

网络经济时代对制造业信息化、网络化的需求，使Internet/Intranet在企业的整个运行过程中的地位越来越重要，网络化已成为新一代数控系统的重要特征。不但要求数控系统能够与底层其他现场设备进行通信，还要求能够与上层的管理计算机交换数据，与CAD/CAM/PDM/ERP等计算机辅助系统进行无缝集成，能够支持面向全球网络化制造的、基于Internet的各种远程服务功能，如远程在线编程、远程仿真、远程监控、网络数控加工、远程故障诊断和远程培训等，支持制造设备的网络共享和异地调度，实现加工过程的网络化。

5. 高可靠性

数控系统的可靠性是一个非常重要的指标，一般以平均无故障时间（MTBF）来衡量。当前的数控系统的硬件大量采用高集成度的芯片，减少了元器件数量，不仅降低了功耗，也提高了数控系统的可靠性。新型的大规模集成电路采用表面贴装技术，实现了三维高密度安装工艺，且元器件经过严格筛选，使得数控系统的平均无故障时间达到10000~36000h。

6. 复合化

复合加工技术有很大发展，产品类型广泛。工序复合和工种复合是机床集成制造技术发展的基本点，而追求的则是在一次装夹下完成零件的全部加工，这是制造技术发展的总趋势，不但可以缩短加工时间，提高加工精度，而且能缩短生产周期，实现零库存，提高生产效率。

思考题与习题

1-1 数控机床是在怎样的背景下诞生的。

1-2 简述数控机床的组成和基本原理。

1-3 简述数控机床的基本技术。

1-4 简述数控机床的分类方法。

1-5 简述数控机床的主要特点。

1-6 简述数控机床的发展趋势。

第二章 数控加工编程

第一节　数控编程基础

一、概述

(一) 数控编程的定义

普通机床上加工零件时，其加工过程是操作人员在工艺文件的指导下，控制机床的进给，从而获得理想的产品形状，普通机床加工所需要的加工工艺规程，则是由工艺人员按照设计图样事先制订好的。在工艺规程中制订了零件的加工工序、切削用量、机床的规格及刀具、夹具等内容。操作人员按工艺规程的各个步骤操作机床，例如开车、停车、改变主轴转速、改变进给速度和方向、切削液开和关等都是由工人手工操纵的。数控机床不同于普通机床，它是在数控程序的控制下自动完成加工过程的。

所谓数控程序编制，就是将零件的工艺过程、工艺参数、刀具位移量与方向以及其他辅助功能（换刀、冷却、夹紧等），按运动顺序和所用数控机床规定的指令代码及程序格式编成加工程序单，再将程序单中的全部内容记录在控制介质上，然后输入给数控装置，从而指挥数控机床加工。这种从零件图纸到控制介质的过程称为数控加工的程序编制。

(二) 数控编程的方法

生成用数控机床进行零件加工的数控程序的过程，称为数控编程（NC programming)，有时也称为零件编程（part programming)。数控编程可以手工完成，即手工编程（manual programming)，也可以由计算机辅助完成，即计算机辅助数控编程（computer aided NC programming)。采用计算机辅助数控编程需要一套专用的数控编程软件，现代数控编程软件主要分为以批处理命令方式为主的各种类型的 APT 语言和以 CAD 软件为基础的交互式 CAD/CAM—NC 编程集成系统。

一般来说，数控编程过程主要包括：分析零件图样、工艺处理、数学处理、编写程序单、输入数控系统及程序检验如图 2-1 所示。

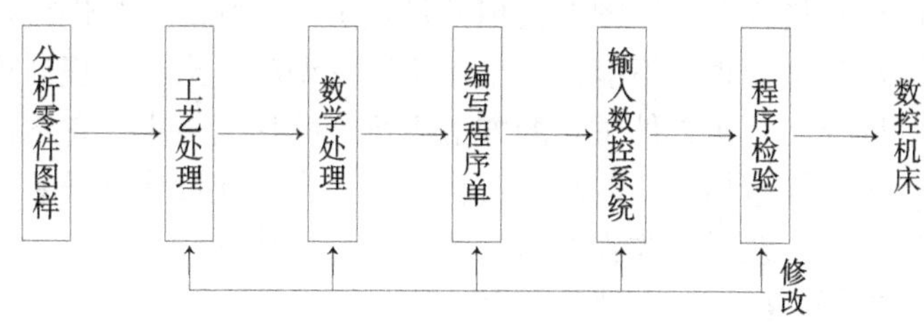

图 2-1　数控编程过程

1. 分析零件图样和工艺处理

在确定加工工艺过程时，编程人员要根据图样对零件进行工艺分析，然后选择加工方案，确定加工顺序、设计夹具、选择刀具、确定合理的走刀路线及选择合理的切削用量等。制定数控加工工艺除考虑通常的一般工艺原则外，还用考虑充分发挥所用数控机床的指令功能，要求走刀路线要短、走刀次数和换刀次数尽可能少、加工安全可靠等。由于零件加工程序是事先编制好的，每次走刀尺寸固定，因此对零件毛坯的基准面和余量应有一定要求。

2. 数学处理

数控编程中的数学处理实际是按已确定的加工路线和允许的零件加工误差，计算出所需的输入数控装置的数据。其主要内容是在规定的坐标系内，根据零件图的几何尺寸、走刀路径计算零件轮廓和刀具运动的轨迹的坐标值，诸如运动轨迹的起点和终点、圆弧的圆心等坐标尺寸；对圆心刀具，有时还要计算刀心运动轨迹的坐标；对非圆曲线，还要计算逼近线段的交点（亦称节点）坐标值，并限制在允许误差范围之内。数学处理的复杂程度取决于零件的复杂程度和数控装置功能的强弱，差别很大。对于点位控制的数控机床（如数控钻床等）加工的零件，一般不需要计算，只是当零件图样坐标系与编程坐标系不一致时，才需要对坐标进行换算。对于形状比较简单的零件（如直线和圆弧组成的零件）的轮廓加工，需要计算出几何元素的起点、终点、圆弧的圆心、两几何元素的交点或切点的坐标值，有时还要计算刀具中心的运动轨迹坐标值。对于形状比较复杂的零件（如非圆曲线、曲面组成的零件）的轮廓加工，需要用直线段或圆弧段逼近，根据要求的精度计算出其节点坐标值。

3. 编写零件程序单

加工路线、刀号、切削参数以及辅助动作、工艺参数及刀具运动轨迹的坐标值确定以后，编程人员可以根据数控装置规定使用的功能指令代码及程序段格式，逐段编写加工程序单。在程序段之前加上程序的顺序号，在其后加上程序段结束符号。此外还应填写相关的工艺文件，如数控刀具卡片、加工示意图、刀具布置图、机床调正卡、工序卡以及必要说明（如零件名称与图号、零件程序号、机床型号以及日期等等）。

4. 数控程序输入

就是把编制好的程序单上的内容记录在控制介质上，输入数控装置。控制介质有穿孔带，也有用磁带的，或者将程序单的内容直接用数控装置的键盘健入存储器。

5. 程序校验与首件试切

程序单和制备好的控制介质必须经过校验和试切削才能用于正式加工。一般采用空走刀校验、空运转画图校验以检查机床运动轨迹与动作的正确性。在具有CRT屏幕图形显示功能和动态模拟功能的数控机床上，用图形模拟刀具与工件切削的方法进行检验更为方便。但这些方法只能检查运动正确与否，不能检查出由于刀具调整不当或编程计算不准而造成的加工工件的加工精度。因此必须用首件试切的方法进行实际切削检查，它不仅可以查出程序单和控制介质的错误，还可知道加工精度是否符合要求。当发现尺寸有误差时，应分析错误的性质，采取措施加以纠正，或者修改程序单，或者进行尺寸补偿。

（三）数控编程方法的分类

数控编程的分类方法有多种（见图2-2），根据编程地点进行分类：有办公室编程和面向车间编程，都属于手工编程；根据编程计算机进行分类：CNC内部计算机编程，外部计算机编程，个人计算机（PC）和工作站编程；根据编程软件进行分类：集成CNC内部编程软件，APT语言和CAD/CAM集成数控编程软件。

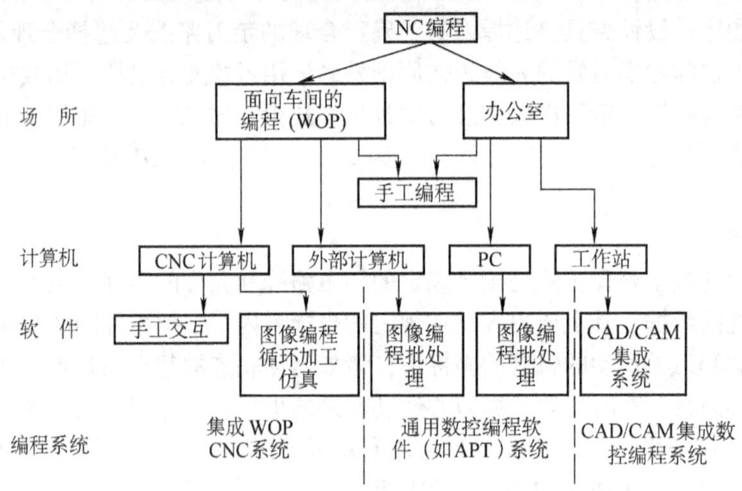

图2-2 数控编程的分类

1. 手工编程

手工编程是指编制零件数控加工程序的各个步骤，即从零件图样分析、工艺处理、确定加工路线和工艺参数、几何计算、编写零件的数控加工程序单直至程序的检验，均由人工来完成。对于几何形状不太复杂的简单零件，所需的加工程序不多，坐标计算也较简单，穿孔带不长，出错的几率小，这时用手工编程就显得经济而且节省。因此，手工编程至今仍广泛的应用于简单的点位加工及直线与圆弧组成的轮廓加工中。

但对于一些复杂零件，特别是具有非圆曲线、曲面的表面（如叶片、复杂模具），或者零件的几何元素并不复杂，但程序量很大的零件（如复杂的箱体或一个零件上有千百个矩阵钻孔），或者是需要进行复杂的工步与工艺处理的零件（如数控车削和加工中心机床的多工序集中加工），由于这些零件的编程计算相当繁琐，程序量大，手工编程就很难胜任，即使能够编程，往往耗用时间长、效率低，而且出错几率高。用手工编制这些零件的程序，其编程时间与在机床上实际加工时间之比平均为30:1，甚至由于加工程序一时编不出而影响数控机床的开动率。因此必须采用自动编程的方法编制程序。

2. 自动编程和APT语言

自动编程也称计算机辅助编程，即程序编制工作的大部分或全部由计算机来完成。如完成坐标值计算、编写零件加工程序单、自动地输出打印加工程序单和制备控制介质等。自动编程方法减轻了编程人员的劳动强度，缩短了编程时间，提高了编程质量，同时解决了手工编程无法解决的许多复杂零件的编程难题。工件表面形状越复杂，工艺过程越烦琐，自动编程的优势越明显。

自动编程的方法种类很多，发展也很迅速。根据编程信息的输入和计算机对信息的处理方式的不同，可以分为以自动编程语言为基础的自动编程方法（简称语言式自动编程）和以计算机绘图为基础的自动编程方法（简称图形交互式自动编程）。

APT 是一种自动编程工具（Automatically Programmed Tool）的简称，是一种对工件、刀具的几何形状及刀具相对于工件的运动等进行定义时所用的一种接近于英语的符号语言。把用 APT 语言书写的零件加工程序输入计算机，经计算机的 APT 语言编程系统编译产生刀位文件（CLDATA file），然后进行数控后置处理，生成数控系统能接受的零件数控加工程序的过程，称为 APT 语言自动编程。

3. CAD/CAM 集成系统数控编程

这是以待加工零件 CAD 模型为基础的一种集加工工艺规划及数控编程为一体的自动编程方法。其中零件 CAD 模型的描述方法多种多样，适用于数控编程的主要有表面模型和实体模型，其中以表面模型在数控编程中应用较为广泛。

CAD/CAM 集成系统数控编程的主要特点是零件的几何形状可在零件设计阶段采用 CAD/CAM 集成系统的几何设计模块在图形方式下进行定义、显示和修改，最终得到零件的几何模型。数控编程的一般过程包括刀具的定义或选择，刀具相对于零件表面的运动方式的定义，切削加工参数的确定，走刀轨迹的生成，加工过程的动态图形仿真显示、程序验证直到后置处理等，一般都是在屏幕菜单及命令驱动等图形交互方式下完成的，具有形象、直观和高效等优点。

二、数控编程的基础知识

（一）数控机床及数控编程的坐标系

1. 坐标轴及运动方向

我国 JB3051-1982 标准对坐标轴的部分规定为：

1）不论机床的具体结构是工件静止、刀具运动，还是工件运动、刀具静止，在确定坐标系时，一律看做是工件相对静止，刀具运动。

2）机床的直线运动 X、Y 和 Z 三个坐标轴采用右手直角坐标系，如图 2-3 所示。坐标轴定义顺序是先确定 Z 轴，然后确定 X 轴，最后按右手定律确定 Y 轴。

a）Z 轴的确定

规定平行于机床主轴（传递切削动力）的刀具运动坐标为 Z 轴，取刀具远离工件，增大工件和刀具距离的方向（或者是从工件到刀具夹持的方向）为正方向（$+Z$）。

对铣床、钻床、镗床和攻丝机床等刀具旋转的机床来说，以旋转刀具的轴称为主轴。而对车床、外圆磨床等工件旋转的机床，则以转动工件的轴称为主轴。

如果机床有一系列主轴，则其中与工件的装夹面相垂直的轴为 Z 轴。对于没有主轴的机床，则 Z 轴垂直于工件装夹面。

如果主轴能够摆动，在摆动范围内只与主坐标系中的一个坐标平行时，则这个坐标就是

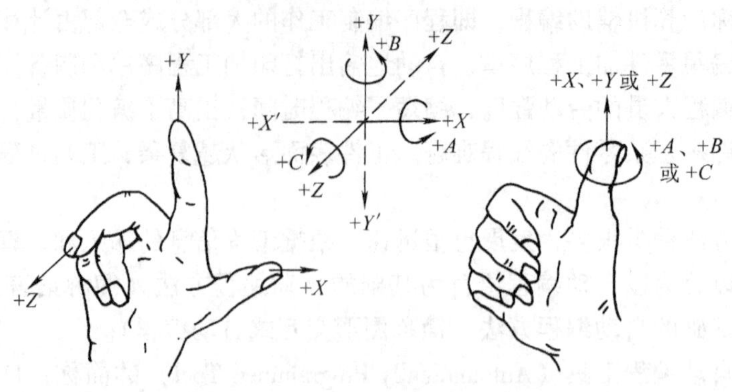

图 2-3　右手直角笛卡尔坐标系

Z 坐标。如果摆动范围内能与主坐标系中的多个坐标相平行时，则取垂直于工件装夹面的坐标作为 Z 坐标。

b）X 轴的定义

规定 X 坐标为水平方向，且垂直于 Z 轴并平行于工件的装夹面。其正方向规定为：

对车床、外圆磨床等工件旋转的机床，X 坐标的方向是在工件的径向上，且平行于横向滑座。即垂直于工件旋转轴线的方向为 X 轴，而主刀架上刀具离开工件旋转中心的方向是 X 坐标的正方向。

对铣床、钻床、镗床和攻丝机床等刀具旋转的机床，当 Z 轴为水平时，从刀具主轴后端向工件方向看，向右方向为 X 轴的正方向；当 Z 轴为垂直时，对于单立柱机床，面对刀具主轴向立柱方向看，向右方向为 X 轴的正方向。

c）Y 轴的定义

Y 轴垂直于 X、Z 坐标。在确定了 X、Z 坐标的正方向后，可按右手定则确定 Y 坐标的正方向。

d）A、B、C 坐标的定义

A、B、C 坐标分别为绕 X、Y、Z 坐标的回转运动进给坐标，在确定了 X、Y、Z 坐标的正方向后，可按右手螺旋定则前进方向来确定 A、B、C 坐标的正方向，如图 2-3 所示。

e）附加运动坐标的定义

X、Y、Z 为机床的主坐标系或第一坐标系，如除了第一坐标系外还有平行于主坐标系的其他坐标系，则称为附加坐标系。

附加的第二坐标系命名为 U、V、W。第三坐标系命名为 P、Q、R。所谓第一坐标系是指与主轴最接近的直线运动坐标系，稍远的即为第二坐标系。

若除了 A、B、C 第一回转坐标系以外，还有其他的回转运动坐标，则命名为 D、E 等。

2. 坐标系

（1）编程坐标系　正由于工件与刀具是一对相对运动，+X 与 +X′、+Y 与 +Y′、+Z 与 +Z′是等效的，所以在数控机床的程序编制中，为使编程方便，一律假定工件固定不动、全部用刀具运动的坐标系编程，亦即能用标准坐标系 X、Y、Z、A、B、C 在图样上进行编程。这样，即使编程人员在不知刀具移近工件还是工件移近刀具的情况下，也能编出正确的程序。实际编程时，正号可省略，负号不可省且紧跟在字母之后。

（2）机床坐标系与工件坐标系

1）机床坐标系与机床原点　机床坐标系是机床上固有的坐标系，并设有固定的坐标原点，其坐标和运动方向视机床的种类和结构而定。一般情况下，坐标系是利用机床机械结构的基准线来确定。

机床坐标系的原点也称为机床原点、机械原点、机床零点 *M*，机床零点 *M* 是数控机床坐标系的零点以及其他坐标系和机床内的参考点（或基准点）的出发点。它是固有的点，不能随意改变，一般在机床出厂的时候就已经设定好了的，可由机床用户使用说明书（手册）中查到。

通常车床的机床零点多在主轴法兰盘接触面的中心，即主轴前端面的中心上，如图2-4所示。主轴即为 *Z* 轴，主轴法兰盘接触面的水平面则定出 *X* 轴。正 *X* 轴和正 *Z* 轴的方向对着加工空间。

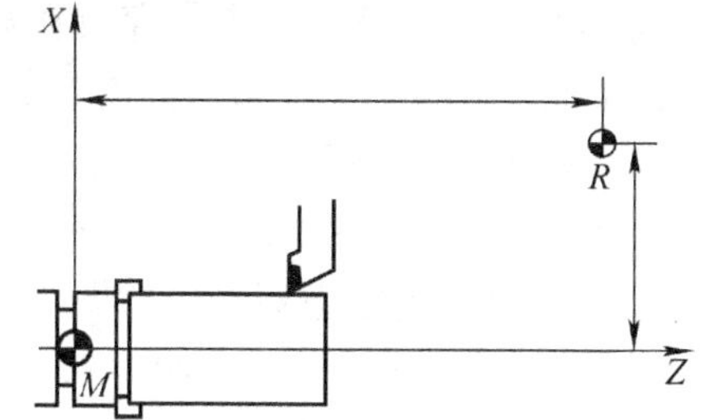

图2-4　数控车床的机床零点和参考点

数控铣床的机床零点因生产厂家而异，例如有的数控铣床的机床零点在左前上方，*X*、*Y* 的正方向对着加工区间，刀具在 *Z* 轴负方向移动接近工件，如图2-5所示。

2）工件坐标系与工件原点　数控机床坐标系是进行设计和加工的基础，但有时利用机床坐标系编制零件的加工程序并不简便。例如图2-6所示的零件，如果以机床坐标系编程，编程前必须计算出 *A*、*B*、*C*、*D* 和 *E* 点相对机床零点 *M* 的坐标，这样做较烦琐。如果选择工件某一固定点为工件零点，如图2-6中的 *W* 点，以工件零点为原点且平行于机床坐标轴 *X*、*Y*、*Z* 建立一个新的坐标系，就称工件坐标系。

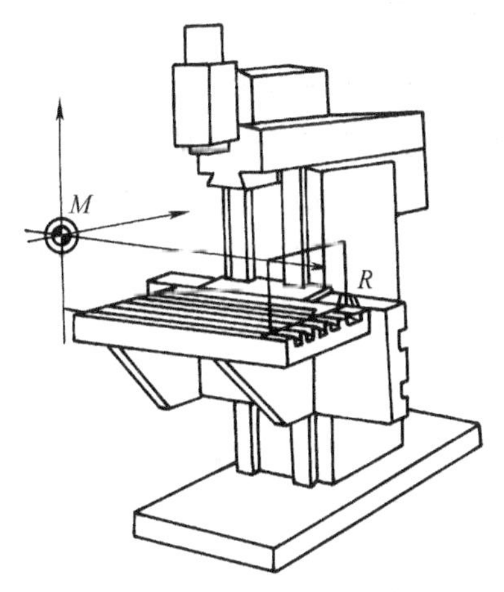

图2-5　数控铣床的机床零点和参考点

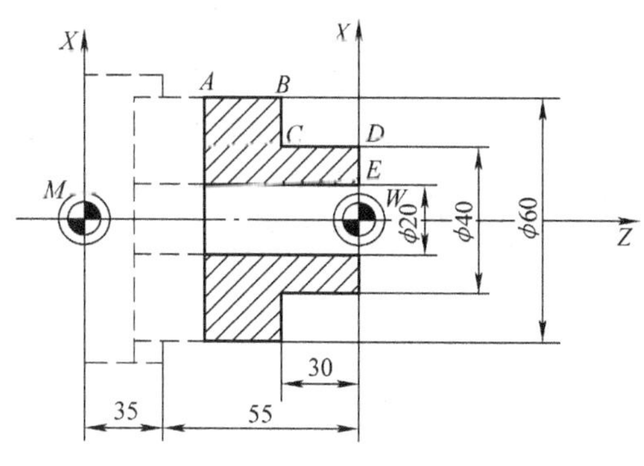

图2-6　工作坐标系

工件坐标系的原点也称为工件原点、编程原点、工件零点 *W*，它是可以用程序指令设置和改变的。在一个零件的全部加工程序中，根据需要，可以一次或多次设定或改变工件原点。

3）机床坐标系与工件坐标系的关系　机床坐标系与工件坐标系的关系如图 2-6 所示，将图中的工件零点 W 与机床零点 M 之间的坐标值输入数控系统，就可用工件坐标系按图样上标注的尺寸直接编程。数控系统根据已输入的工件零点 W 相对机床零点 M 的坐标值和编程的尺寸值，便自动计算出 A、B、C、D 和 E 各点相对机床零点的坐标值。在加工中，工件随夹具在机床上安装后，要测量工件原点与机床原点之间的坐标距离，这个距离称为工件原点偏置，这个偏置值需预存到数控系统中。在加工时，工件原点偏置值便能自动加到工件坐标系上，使数控系统可按机床坐标系确定加工时的坐标值。

4）机床参考点 R　机床参考点 R 是由机床制造厂家定义的一个点，R 和 M 的坐标位置关系是固定的，其位置参数存放在数控系统中。当数控系统启动时，都要执行返回参考点 R，由此建立各种坐标系。数控车床和铣床的参考点 R 分别如图 2-4 和 2-5 所示。

（3）绝对坐标系与增量（相对）坐标系

1）绝对坐标系　在坐标系中，所有的坐标点均以固定的坐标原点为起点确定坐标值的坐标系，称为绝对坐标系。如图 2-7 所示，A、B 两点的坐标值均以固定的坐标原点计算，其坐标值为 $X_A=10$，$Y_A=20$，$X_B=30$，$Y_B=50$。

2）增量（相对）坐标系　在坐标系中，运动轨迹（直线或圆弧）的终点坐标值是以起点开始计算的，这种坐标系称为增量（相对）坐标系。增量坐标系的坐标原点是移动的，坐标值与运动方向有关。

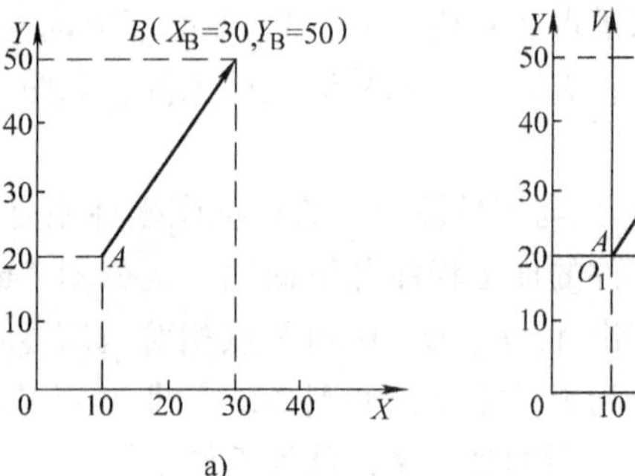

图 2-7　绝对坐标和增量坐标

增量坐标常用 U、V、W 代码表示。U、V、W 轴分别与 X、Y、Z 轴平行且同向。如图 2-7 所示，假定运动轨迹是由 A 到 B，则 A、B 点的相对坐标值分别为 $U_A=0$，$V_A=0$，$U_B=20$，$V_B=30$。U-V 坐标系即为增量坐标系。

在编程中，绝对坐标系和增量坐标系均可采用。可从加工精度要求和编程方便程度等角度来考虑合理选用坐标系的类型。例如：如图 2-8 所示，由一个固定基准给定零件的加工尺寸时，显然采用绝对坐标是方便的。而当加工尺寸是以图 2-8 的形式给出各孔之间的间距时，采用增量坐标则更方便。

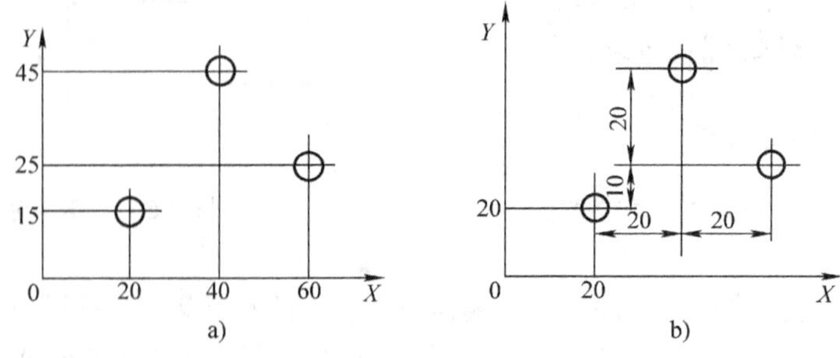

图 2-8　坐标方式的选择

（4）最小设定单位与编程尺寸的表示方法　脉冲当量或最小指令增量，是机床的最小设定单位，即数控系统能实现的最小位移量，是机床的一个重要技术指标。所谓脉冲当量，是指数控系统每发出一个脉冲，机床工作台能移动的距离，一般为0.0001～0.01mm/puls，视具体数控机床而定。

在编程时，所有的编程尺寸都应转换成与最小设定单位相对应的数量。编程尺寸有两种表示法，不同的数控机床可有不同的规定。一种是以脉冲当量为最小单位来表示。另一种是以mm为单位，以有效位小数来表示。例如某坐标点的尺寸为 $X=214.80$mm，$Z=323.326$mm，脉冲当量为0.01mm/puls，则有：

第一种方法表示为：X21480　Z32333

第二种方法表示为：X214.80　Z323.33

这两种方法在现有的数控机床上都有应用，编程时视具体情况而定。

（二）程序结构与格式

1. 字符

字符（Character）是构成数控程序的最小单元，是数控程序输给数控装置的一种符号化标记。它包括数字0～9，字母A～Z以及符号三个类别。其中，数字可以组成一个十进制数或与字母组成一个代码；26个字母称为地址字符，用作程序功能指令识别的地址；符号主要用于数学运算及穿孔带程序格式的要求。另外，有些字母字符在实际应用中还指定其他用途，如F还可指定螺纹导程或暂停参数；D、H常指定偏置号；P、Q、R可用作特殊计算参数；R还可指定圆弧半径。

2. 加工程序的构成

一个完整的加工程序由若干程序段组成，而程序段是由一个或若干字组成，每个字又由字母和数字数据组成（有时，还包括代数符号）。例如：

```
%
O020
N001   G01 X80 Z-30 F0.2 S300 T0101 M03 LF
N002   X120 Z-60                        LF
 ⋮
N125   G00 X500 Z200              M02 EM
```

上例表示一个完整的加工程序，由125条程序段按顺序排列而成。

%：表示整个程序的开始。它后面的O020表示从数控装置的存储器中调出加工程序编号为020的加工程序。

N：每个程序段的开始。

LF：每个程序段的结束。

M02、EM：作为全程序的结束。

3. 程序段格式

程序段格式就是一个程序段中字、字符、数据的表现形式。目前广泛应用字地址程序格式，也有少数数控系统采用分隔符的固定顺序格式（如线电极切割机床）。字地址程序格式如上例所示：每个字前有地址（G、X、Z、F、……），各字的先后排列并不严格；数据的位数可多可少（但不得大于规定的最大允许位数），不需要的字以及与上一 程序段相同的续效字可以不写（如上例 N002 程序段中，G01、F0.2、S300、T0101、M03 这些续效字继续有效）。

这种程序格式的优点是程序简短、直观、不易出错，故广泛应用。国际标准化组织已对这种可变程序段字—地址格式制订了 IS06982-I—1982 标准。这对数控系统的设计，特别是程序编制带来很大方便。

4. 主程序与子程序

在一个加工程序中，如果有几个连续的程序段完全相同（即一个零件中有几处的几何形状相同，或顺次加工几个相同的工件），为缩短程序，可将这些重复的程序段单独抽出，按规定的程序格式编成子程序，并存储在子程序存储器中。子程序以外的程序段为主程序，主程序在执行过程中，如需执行该子程序即可调用，并可多次重复调用，从而可大大简化编程工作。

（三）功能代码简介

在数控加工程序中，各种功能字是程序段的主要组成部分，功能字又称为功能指令或功能代码。常用的功能代码有准备功能 G 代码和辅助功能 M 代码，另外，还有进给功能 F 代码，主轴速度功能 S 代码，刀具功能 T 代码等，用以描述工艺过程的各种操作和运动。

国际上广泛应用 ISO 制订的 G 代码和 M 代码标准，我国根据 ISO 标准制订了 JB3208—1983《数控机床穿孔带程序段格式中的准备功能 G 和辅助功能 M 的代码》标准，它与 ISO1056—1975E 等效。但必须注意，有些国家或公司集团（特别是日本）所制订的 G、M 代码的功能含义与 ISO 标准不完全相同，应根据使用说明书的规定进行编程。

1. 准备功能 G 代码

准备功能 G 代码由地址 G 及其后的二位数字组成，简称 G 功能、G 指令或 G 代码。它是使机床或数控系统建立起某种加工方式的指令，如插补、刀具补偿等，从（G00 ~ G99）共一百种。表 2-1 为我国 JB3208—1983 标准中规定的 G 代码的定义。

表 2-1 准备功能 G 代码

代码 (1)	功能保持到被取消或被同样字母表示的程序指令所取消 (2)	功能仅在所出现的程序段内有作用 (3)	功能 (4)	代码 (1)	功能保持到被取消或被同样字母表示的程序指令所取消 (2)	功能仅在所出现的程序段内有作用 (3)	功能 (4)
G00	a		点定位	G10 ~ G16	#	#	不指定
G01	a		直线插补	G17	c		XY 平面选择
G02	a		顺时针方向圆弧插补	G18	c		ZX 平面选择
G03	a		逆时针方向圆弧插补	G19	c		YZ 平面选择
G04		*	暂停	G20 ~ G32	#	#	不指定
G05	#	#	不指定	G33	a		螺纹切削，等螺距
G06	a		抛物线插补	G34	a		螺纹切削，增螺距
G07	#	#	不指定	G35	a		螺纹切削，减螺距
G08		*	加速	G36 ~ G39	#	#	永不指定
G09		*	减速	G40	d		刀具补偿/刀具偏置注销

（续）

代码 （1）	功能保持到被取消或被同样字母表示的程序指令所取消 （2）	功能仅在所出现的程序段内有作用 （3）	功 能 （4）	代码 （1）	功能保持到被取消或被同样字母表示的程序指令所取消 （2）	功能仅在所出现的程序段内有作用 （3）	功 能 （4）
G41	d		刀具补偿－左	G60	h		准确定位1（精）
G42	d		刀具补偿－右	G61	h		准确定位2（中）
G43	#（d）	#	刀具偏置－正	G62	h		快速定位（粗）
G44	#（d）	#	刀具偏置－负	G63		#	攻螺纹
G45	#（d）	#	刀具偏置＋/＋	G64～G67	#	#	不指定
G46	#（d）	#	刀具偏置＋/－	G68	#（d）	#	刀具偏置，内角
G47	#（d）	#	刀具偏置－/－	G69	#（d）	#	刀具偏置，外角
G48	#（d）	#	刀具偏置－/＋	G70～G79	#	#	不指定
G49	#（d）	#	刀具偏置0/＋	G80	e		固定循环注销
G50	#（d）	#	刀具偏置0/－	G81～G89	e		固定循环
G51	#（d）	#	刀具偏置＋/0	G90	j		绝对尺寸
G52	#（d）	#	刀具偏置－/0	G91	j		增量尺寸
G53	f		直线偏移，注销	G92		#	预置寄存
G54	f		直线偏移X	G93	k		时间倒数，进给率
G55	f		直线偏移Y	G94	k		每分钟进给
G56	f		直线偏移Z	G95	k		主轴每转进给
G57	f		直线偏移XY	G96	i		恒线速度
G58	f		直线偏移XZ	G97	i		每分钟转数（主轴）
G59	f		直线偏移YZ	G98～G99	#	#	不指定

注：1. #号表示如选作特殊用途，必须在程序格式说明中说明。

2. 如在直线切削控制中没有刀具补偿，则G43～G52可指定作其他用途。

3. 在表中左栏括号中的字母（d）表示可以被同栏中没有括号的字母d所注销或代替，亦可被有括号的字母（d）所注销或代替。

4. G45～G52的功能可用于机床上任意两个预定的坐标。

5. 控制机上没有G53～G59和G63功能时，可以指定作其他用途。

G代码分为模态代码（又称续效代码）和非模态代码（又称非续效代码）两类。代码表序号（2）中的a、c……k、i各字母所对应的G代码称为模态代码（即续效代码）。它表示一经被应用（如a组中的G01），直到出现同组（a组）其他任一G代码（如G03）时才失效，否则保留继续有效，而且可省略不写。其他c、d、f等各组同理。应注意的是，在同一程序段中出现非同组的几个模态代码时，并不影响G代码的续效。同一组的模态代码在同一个程序段中不能同时出现，否则只有最后的代码有效，而非同一组的G代码可以在同一程序段中出现，表中（2）栏中没有字母的行所对应的G代码为非模态代码，它只有在有该代码的程序段中有效。G代码通常位于程序段中尺寸字之前。

表中序号（4）栏中的“不指定”代码，用作将来修改标准，指定新的功能时用。“永不指定”代码，指的是即使修改标准时，也不指定新的功能。这两类G代码可以由机床的设计者根据需要定义新的功能，但必须在机床说明书中予以说明。

常用G指令的编程方法与应用将在后续内容中详细介绍，现举例说明G代码的应用。

```
N001 G01 G17 G42  X.....  Y.....  .....LF
N002              X.....  Y.....  .....LF
N003 G03          X.....  Y.....  .....LF
N004              X.....  Y.....  .....LF
N005 G01          X.....  Y.....  .....LF
N006 G00 G40      X.....  Y.....  .....LF
```

上例中，NXXX为程序号，在N001程序段中，有3种G功能代码的要求，但它们不属同一组，故可编在同一程序段中。N002的功能与N001相同，因都为模态代码，故继续有效。N003中出现G03，同组的G01失效。

2. 辅助功能M代码

辅助功能M代码，它是控制机床开、关功能的指令。如主轴的开、停，切削液的开、闭，运动部件的夹紧与松开等辅助动作。也称M指令或M代码。它由地址码M和其他两位数字组成，从M00～M99共一百种，是非模态指令。

表2-2为我国JB3208—1983标准中规定的M代码的定义。该表第（4）栏中“*”号对应的M代码是续效代码，按其逻辑功能也分成组，例如M03、M04、M05为同一组。不同组的M代码，可以在同一程序段中同时出现。表内第（5）栏中“*”号对应的M代码是非续效代码，仅在它出现的程序段有效。表内第（2）、（3）栏中的“*”号是指明M功能代码开始执行的时间。由于M代码控制机床的辅助动作，通常与程序段中的运动指令一起配合使用。所以，M代码在程序段中是与指令运动同时执行，还是指令运动结束后执行，需要指定。

表2-2　辅助功能M代码

代码	功能开始时间		功能保持到被取消或被同样字母表示的程序指令所取消(4)	功能仅在所出现的程序段内有作用(5)	功　能
(1)	与程序段指令运动同时开始(2)	在程序段指令运动完成后开始(3)			6
M00		*		*	程序停止
M01		*		*	计划停止
M02		*		*	程序结束
M03	*		*		主轴顺时针方向
M04	*		*		主轴逆时针方向
M05		*	*		主轴停止
M06	#	#		*	换刀
M07	*		*		2号切削液开
M08	*		*		1号切削液开
M09		*	*		切削液关
M10	#	#	*		夹紧
M11	#	#	*		松开

（续）

代码 （1）	功能开始时间		功能保持到被取消或被同样字母表示的程序指令所取消（4）	功能仅在所出现的程序段内有作用 （5）	功能 6
	与程序段指令运动同时开始 （2）	在程序段指令运动完成后开始 （3）			
M12	#	#	#	#	不指定
M13	*		*		主轴顺时针方向，切削液开
M14	*		*		主轴逆时针方向，切削液开
M15	*			*	正运动
M16	*			*	负运动
M17 ~ M18	#	#	#	#	不指定
M19		*	*		主轴定向停止
M20 ~ M29	#	#	#	#	永不指定
M30		*		*	纸带结束
M31	#	#		*	互锁旁路
M32 ~ M35	#	#	#	#	不指定
M36	*		#		进给范围 1
M37	*		#		进给范围 2
M38	*		#		主轴速度范围 1
M39	*		#		主轴速度范围 2
M40 ~ M45	#	#	#	#	如有需要作为齿轮换挡，此外不指定
M46 ~ M47	#	#	#	#	不指定
M48		*	*		注销 M49
M49	*		#		进给率修正旁路
M50	*		#		3 号切削液开
M51	*		#		4 号切削液开
M52 ~ M54	#	#	#	#	不指定
M55	*		#		刀具直线位移，位置 1
M56	*		#		刀具直线位移，位置 2
M57 ~ M59	#	#	#	#	不指定
M60		*		*	更换工作
M61	*				工作直线位移，位置 1
M62	*		*		工作直线位移，位置 2
M63 ~ M70	#	#	#	#	不指定
M71	*		*		工作角度位移，位置 1
M72	*		*		工作角度位移，位置 2
M73 ~ M89	#	#	#	#	不指定
M90 ~ M99	#	#	#	#	永不指定

注：1. #号表示如选作特殊用途，必须在程序说明中说明。

2. M90 ~ M99 可指定为特殊用途。

以下对常用的 M 代码作简要说明：

M00——程序停止。在完成该程序段其他指令后，用以停止主轴转动、进给和切削液，以便执行某一固定的手动操作，如手动变速、换刀等。此后，须重新启动，才能继续执行以下程序。

M02——程序结束。它编在最后一条程序段中，用以表示加工结束。它使主轴、进给、冷却都停止，并使数控系统处于复位状态。

M03、M04、M05——分别命令主轴正转、反转和停转。所谓主轴正转是从主轴往 Z 方向看去，主轴顺时针方向旋转。逆时针方向则为反转。主轴停止旋转是在该程序段其他指令执行完成后才能停止。一般在主轴停止的同时，进行制动和关闭切削液。

M01——计划（任选）停止。它与 M00 相似，所不同的是，除非操作人员预先揿下面板上 的任选停止按钮确认这个指令，否则这个指令不起作用，继续执行以下程序。该指令常用于关键尺寸的抽样检查或有时需要临时停车。

M06——换刀指令。加工中心机床刀库换刀前的准备动作。

M07、M08——分别命令 2 号切削液（雾状）及 1 号切削液（液状）开启（冷却泵启动）。

M09——切削液停。

M10、M11——运动部件的夹紧及松开。

M19—主轴定向停止。指令主轴准停在预定的角度位置上。

M30—程序结束。和 M02 相似，但 M30 可使程序返回到开始状态（换工件时用）。

例如下列程序：

N002 G01 X30 Z50 S800 ... M03；

⋮

N015 G00 X200 Z400 ... M05；

N002 程序段中的 M03 是指在直线插补（G01）进给运动一开始就命令主轴按顺时针方向启动至每分钟 800 转（S800）；N015 程序段则在快速点定位（G00）运动至（X200，Z400）处后，M05 才命令主轴停止运转。M03 ~ M05 为模态代码。

3. F、S、T 等其他代码

(1) F 代码　F 代码为进给速度功能代码，它是续效代码，用来指定进给速度，单位一般为 mm/min。当进给速度与主轴速度有关时（如车螺纹、攻螺纹等），单位为 mm/r，F 代码常有两种表示方法：

1）编码法　即在地址符 F 后跟一串数字代码，这些数字不直接表示进给速度的大小，而是机床进给速度数列的序号（编码号），具体的进给速度需查表确定。例如：F10 在某机床中表示进给速度为 2^{10}mm/min。

2）直接指定法　即 F 后面跟的数字就是进给速度的大小。例如：F100 表示进给速度 100mm/min，这种方法较为直观，因此，现代数控机床大多采用这一方法。

(2) S 代码　S 代码为主轴转速功能代码。该代码为续效代码，用来指定主轴的转速，单位为 r/min。它以地址符 S 为首，后跟一串数字，这串数字的表示方法与 F 指令完全相同，也有编码法和直接指定法两种。

代码法用于异步电动机与齿轮传动的有级调速，现很少应用。

现代数控车床都具有车端面恒切速功能，用 G96 指定，并用 G97 注销恒切速和用 G92 限定最高转速。

辅助功能代码 M03、M04 必须与 S 指令一起使用，主轴才能产生顺时针或逆时针旋转。

主轴的实际转速常用数控机床操作面板上的主轴速度倍率开关来调整。倍率开关通常在50%～200%之间设有许多档位。编程时总是假定倍率开关指在100%的位置上。

(3) T代码　T代码为刀具功能代码。在有自动换刀功能的数控机床上，该指令用以选择所需的刀具号和刀补号。它以地址符T为首，其后跟一串数字，数字的位数和定义由不同的机床自行确定，一般用两位或四位数字来表示。辅助功能代码M06要求机床自动换刀，而所换的刀具号则由T指令来指定。例如：

T02 M06　表示将当前刀具换为02号刀具。

T0102　表示1号刀选用2号刀补值。

第二节　常用准备功能指令的编程方法

功能指令是程序段组成的基本单位，是编制加工程序的基础。本部分内容主要讨论常用的准备功能指令的编程方法与应用，且均以ISO标准为准。

一、坐标系有关指令

(一) 绝对尺寸与增量尺寸指令

在ISO代码中，绝对尺寸指令和增量尺寸指令分别用G90和G91准备功能代码指定。G90表示程序段中的尺寸字为绝对坐标值，G91则表示增量值。

如图2-9所示，*AB*和*BC*两个直线插补程序段的运动方向，由于*BC*运动的起点坐标与上一程序段*AB*运动的终点坐标一致，故对*BC*程序段只考虑*C*点的绝对值（相对于*XY*的坐标原点）或其相对值（*C*点相对于起点刀）。其程序分别为：

G90 G01 X30.0 Y40.0　　　(绝对尺寸)

G91 G01 X－50.0 Y－30.0　　(增量尺寸)

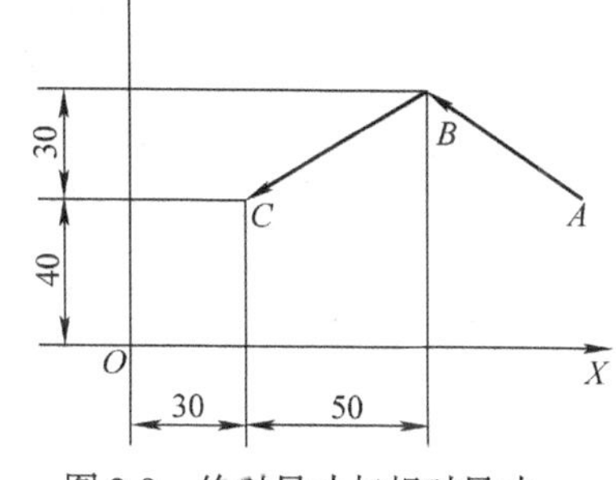

图2-9　绝对尺寸与相对尺寸

由此可以说明：

1) 绝对坐标方式编程时，终点的坐标值在绝对坐标系中确定；增量坐标方式编程时，终点的坐标值在增量坐标系中确定。

2) 也有某些机床的增量尺寸不用G91指令，而是在运动的起点建立平行于*X*、*Y*、*Z*的相对坐标系*U*、*V*、*W*。如图2-9所示，在*B*点建立*U*，*V*坐标系，其程序为：

G01 U－50.0 V－30.0　　(增量尺寸)

它与程序段G91 G01 X－50.0 Y－30.0等效，二者的应用视机床的具体规定而定。

(二) 坐标系设定指令——G92，G54～G59

当用绝对尺寸编程时，必须先建立刀具相对于工件起始位置的坐标系。即确定零件的绝对坐标原点（又称程序原点或编程原点）设定在距刀具现在位置多远的地方。也就是以程序原点为准，确定刀具起始点的坐标值，并把这个设定值记忆在数控装置的存储器内，作为后续各程序段绝对尺寸的基准。

在一个零件的全部加工程序中，根据具体需要，可以只设定一次或多次设定。G92，G54～G59为续效指令，只是在重新设定时，先前的设定才无效。

1. 用G92指令设定

G92 指令用刀架或刀具主轴在参考点位置时的起刀点建立工件坐标系。

工件坐标系原点可以设定在工件基准或工艺基准上，也可以设定在卡盘端面中心（数控车床）或工件的任意一点上。而刀具刀位点的起始位置（起刀点）可以放置在机床原点或换刀点上，也可以是任意一点。G92 指令只是设定坐标系原点位置，执行该指令后，刀具（或机床）并不产生运动，仍在原位置。所以在执行 G92 指令前，刀具必须放在程序所要求的位置上，如果刀位点与设定值有误差时，可以用刀具补偿指令补偿其差值。

如图 2-10 所示，“G92 $-X_1$ $-Y_1$”表明工件坐标系设定在距起刀点（X_1，Y_1）处，或起刀点在（$-X_1$，$-Y_1$）处。

2. 用零点偏移设定工件坐标系，常用 G54 ~ G59

又称自动设定，是将机床零点（参考点）与要设定的工件零点间的偏置坐标值事先输入系统并予以记忆，然后用 G54 ~ G59 指令统一调用。如图 2-11 所示，G54 程序的 X12 与 Y20（P_1）及 G59 程序的 X35 与 Y10（P_2）的偏置值用 MDI 方式存于系统中，并分别由 G54 和 G59 调用。G54 ~ G59 可设定六种不同的工件坐标系，适用于重复批量生产而程序不变或一个工作台上装几个工件加工的工件坐标系设定。图示程序为：

A 点程序：G90 G54 G00 X12.0 Y8.0 …；

B 点程序：G90 G59 G00 X15.0 Y7.0 …；

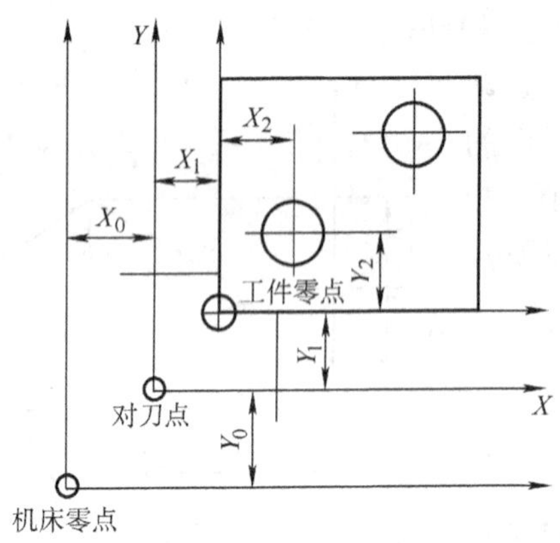

图 2-10 夹具上的对刀点

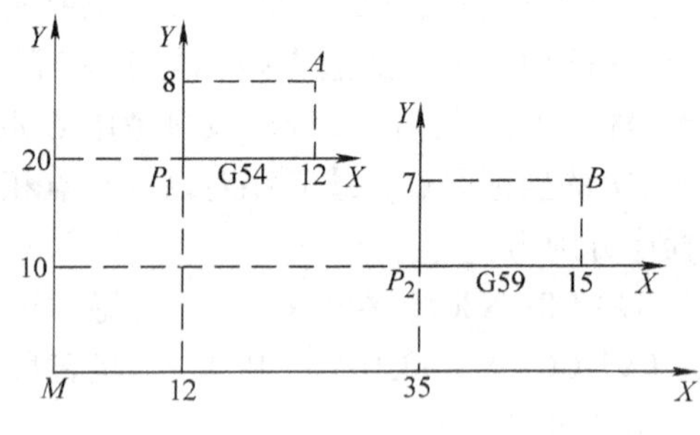

图 2-11 有零点偏移设定工件坐标系

（三）坐标平面选择指令——G17，G18，G19

G17,G18,G19 分别表示坐标平面 *XY*,*ZX*,*YZ*。对于三坐标运动的铣床和加工中心镗铣床,常用这些指令命令机床按哪一平面进行运动。特别是可以三坐标控制,任意二坐标联动的机床,即所谓 2 轴半的机床,常需用这些指令指定机床在哪一平面进行运动。由于大都运动于 *XY* 平面,故 G17 可省略。对于车床总是在 *XZ* 平面内运动,故无需编写 G18 指令。

（四）返回参考点指令

在机床接通电源后以及对刀、检验参考点时，机床须返回参考点。回参考点可用返回参考点按键，也可用返回参考点指令的程序自动返回。

二、快速点定位指令——G00

G00 命令刀具以点位控制方式从刀具所在点以最快速度移动到坐标系的另一点。它只是快速到位，而其运动轨迹根据具体控制系统的设计，可以是各种各样。应注意的是，进给速

度 *F* 对 G00 程序无效。如图 2-12 所示，从 *A* 到 *B* 有四种方式：

1）路线 *a* 是以折线方式到达 *B* 点，其初始角度是固定的，决定于各坐标的脉冲当量。

2）路线 *b* 为直线 *AB*。

3）路线 *d* 和 *c* 则分别由 *AD*、*DB* 或 *AC*、*CB* 构成。

4）当为路线 *d* 和 *c* 时，则各为两条 G00 程序。

路线 *d*、*b* 的程序段为：

G90 G00 XB YB…　　　　（绝对值）

或

G91 G00 XAB YAB…　　　（增量值）

三、直线插补指令——G01

它是直线运动指令。其特点是，两坐标（或三坐标）间以插补联动方式且按指定的 F 进给速度作任意斜率的直线运动。G01 程序中必须含有 F 指令，G01 和 F 都是续效指令。

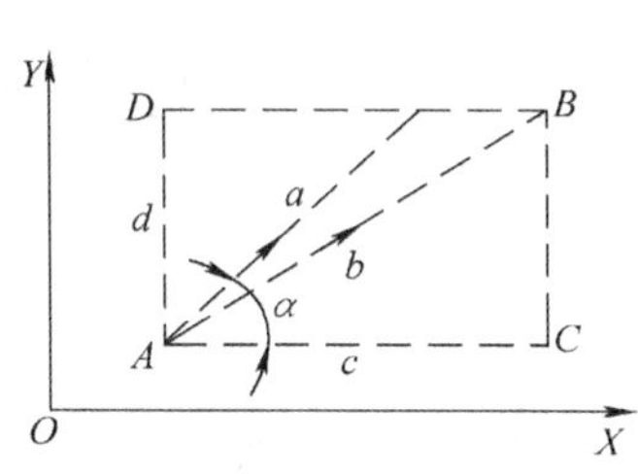

图 2-12　快速点定位

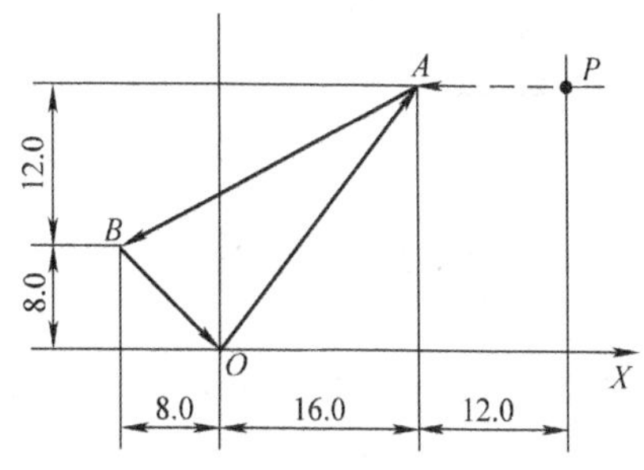

图 2-13　G01 程序示例

图 2-13 所示为 G01 程序例，*P* 点为刀具起点，刀具由 *P* 点快速至 *A* 沿 *AB*、*BO*、*OA* 切削，再快速返回 *P* 点。其程序如下：

用绝对值编程：

```
N001 G92 X28 Y20.0 LF
N002 G90 G00 X16.0 S__T__M__LF
N003     G01 X-8.0 Y8.0 F__LF
N004         X0 Y0 LF
N005         X16.0 Y20.0 LF
N006     G00 X28.0 M02 LF
```

用增量方式编程：

```
N001 G92 X28 Y20.0 LF
N002 G91 G00 X-12.0 Y0 S__T_M__LF
N003 G01 X-24.0 Y-12.0 F__LF
N004 X8.0 Y-8.0 LF
N005 X16.0 Y20.0 LF
N006 G00 X12.0 Y0.0 M02 LF
```

四、圆弧插补指令——G02，G03

G02 为顺时针圆弧，G03 为逆时针圆弧。

圆弧的顺、逆判断：沿圆弧所在平面（如 *XY*）的另一坐标轴的负方向（即—*Z*）看去，顺针方向为 G02，逆针方向为 G03，如图 2-14 所示。根据这一原则，对于最常用的数控车床的 *XZ* 平面上和数控铣床的 *XY* 平面上的顺时针圆弧 G02 和逆时针圆弧 G03 的判断方法如图 2-15b 和 2-15c 所示。因为按 ISO 标准坐标方向规定，图中车床平面 *XZ* 的 - *Y* 方向由纸面指向观察者，而铣床平面 *XY* 的 - *Z* 方向由观察者指向纸面，所以可得图示的结果。注意，数控车床的标准坐标系 *XOZ* 中，圆弧顺逆的方向与我们的习惯正好相反。

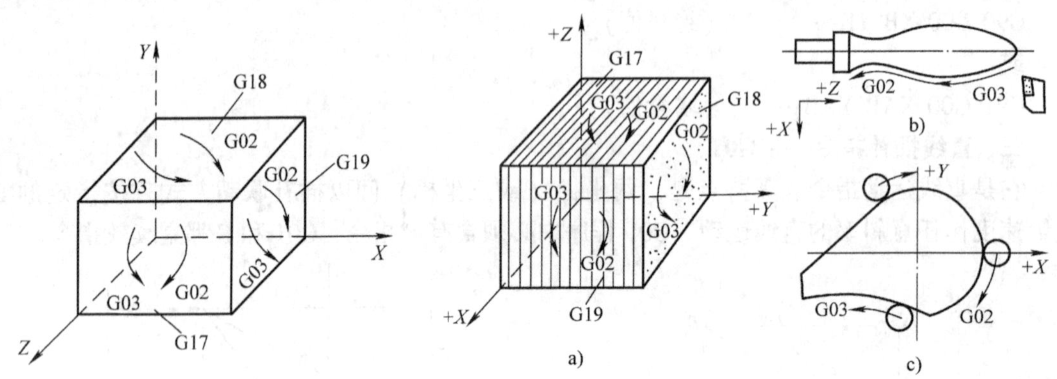

图 2-14　圆弧顺、逆的区分　　　　图 2-15　圆弧顺、逆的判断

圆弧程序应包括圆弧的顺逆、圆弧的终点坐标以及圆心坐标（或半径 R）。其程序格式为：

$$\left.\begin{matrix}G17\\G18\\G19\end{matrix}\right\}\ \left.\begin{matrix}G02\\G03\end{matrix}\right\}\ \left.\begin{matrix}I\_\ J\_\ K\_\\X\_\ Y\_\ Z\_\\R\_\end{matrix}\right\}\ F\_$$

当机床只有一个坐标平面时，平面指令可省略（如车床），当机床具有三个坐标时（如铣床），U17 可省略。终点坐标可以用绝对值，也可用终点相对于起点的增量值，决定于程序中已指定的 G90 或 G91。

圆心坐标 *I*、*J*、*K* 一般用圆心相对于圆弧起点（矢量方向指向圆心）在 *X*、*Y*、*Z* 坐标的分矢量确定，且总是为增量值，而与已指定的 G90 无关。

圆心参数也可用半径值。由于在同一半径 R 的情况下，从圆弧的起点到终点有两个圆弧的可能性，为区别二者，当 R≤180°的圆弧用 + R，R > 180°的圆弧用 - R（见后例）。用 R 参数时，不能描述整圆（原因是此时圆心角为 0°或 360°，不能确定）。

应注意的是，圆弧是由数控装置的圆弧插补器完成的，若给出的圆弧参数有误差时，圆弧的终点处必残留一个小的直线段而形成圆弧误差 Δ，一般限制 $\Delta \leqslant 10\mu m$。

如图 2-16 所示为封闭圆，只能用 I、J 编程。设刀具起点在坐标原点 *O*，快速至 *A*，按箭头方向以 F100 速度切削整圆至 *A*，再返回原点。

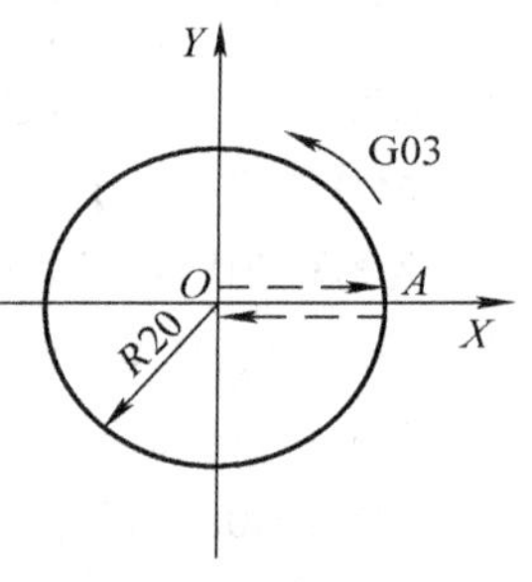

图 2-16　封闭圆

用绝对值：

G92 X0 Y0

G90 G00 X20.0 Y0

G03 X20.0 Y0 I-20.0 J0 F100

G00 X0 Y0 M02

用增量值：

G91 G00 X20.0 Y0

G03 X0 Y0 I-20.0 J0 F100

G00 X-20.0 Y0 M02

如图 2-17 所示为圆弧用 R 编程。设 A 为起刀点，从点 A 沿圆 C1、C2、C3 至 D 点停止（F100）。

用绝对值：

G92 X0 Y18.0

G90 G02 X18.0 Y0 R18.0 F100

G03 X68.0 Y0 R25.0

G02 X88.0 Y20.0 R-20.0 M02

用增量值：

G91 G02 X18.0 Y-18.0 R18.0 F100

G03 X50.0 Y0 R25.0

G02 X20.0 Y20.0 R-20.0 M02

若要求如虚线所示的 BD 弧（<180），则将上述 C3 圆程序的 -R 换成 R 即可，其余不变。

如图 2-18 所示，在车床上加工球头手柄，试写出刀尖从编程坐标原点出发，精车凸凹球面的程序段。

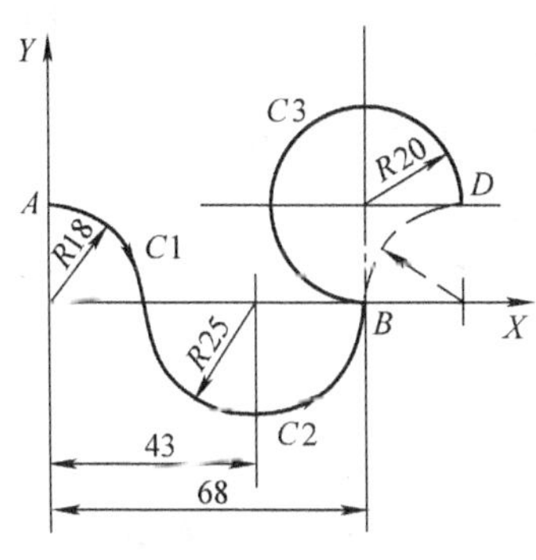

图 2-17　圆弧用 R 编程

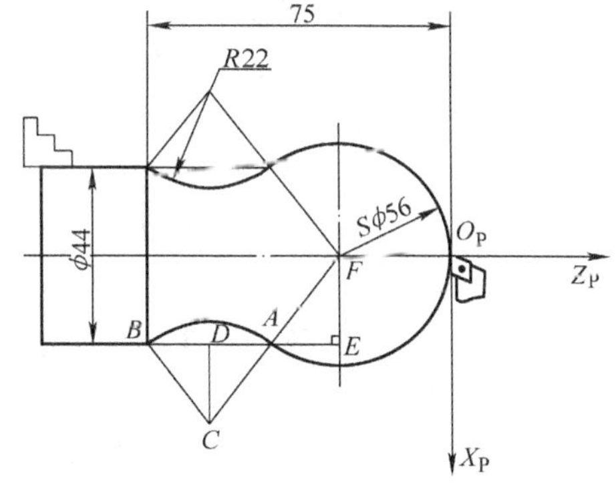

图 2-18　圆弧车削加工编程

解：编程时，先要进行圆弧方向的判断。图中，根据车床的判断方法可知，*OpA* 圆弧为逆时针圆弧，*AB* 圆弧为顺时针圆弧。注意：与我们的习惯相反。

根据图中的几何关系，计算出各点的坐标值为：

A（22，-45.32）、B（22，-75）、C（38.44，-60.16）、F（0，-28）

程序段编制如下：

绝对值方式：

N0060 G03 X22 Z－45.32 I0 K－28 F50；

N0070 G02 X22 Z－75 I16.44 K－14.84 F50；

增量值方式：

N0060 G03 U22 W－45.32 I0 K－28 F50；

N0070 G02 U0 W－29.86 I16.44 K－14.84 F50；

五、暂停（延迟）指令——G04

G04 指令可使刀具作短时间（几秒钟）的无进给光整加工，用于车槽、镗平面、锪孔等场合。例如车削环槽时，若进给完立即退刀，其环槽外形为螺旋面，用暂停程序使工件空转几秒钟，即能光整成圆。

其程序格式为　　G04 T X __ LF

符号 *T* 为地址，常用 *X*、*P* 等地址表示。"*X* __" 为停留时间（0.001—99999.999s）或工件转数，视具体机床而定。如：

G04 X5（刀具停留 5s），

G04 X6（工件空转 6 转）。

如图 2-19 所示为锪孔加工，孔底有光洁度要求，图示程序为：

N1 G91 G01 Z－7 F60 LF

N2 G04 X5 LF（刀具停留 5s）

N3 G00 Z7 M02 LF

G04 为非续效指令，只在本程序段有效。

G04 指令注意用于以下几种情况：

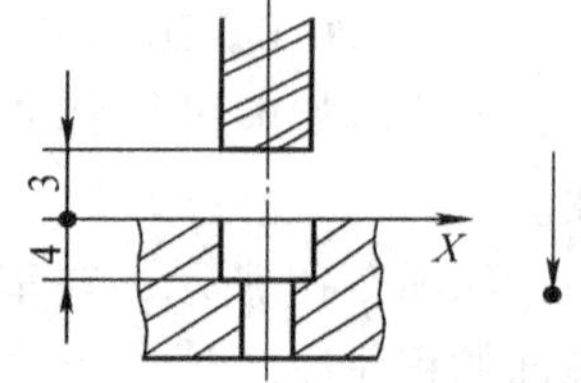

图 2-19　锪平底孔

1）不通孔作深度控制时，在刀具进给到规定深度后，用暂停指令使刀具作非进给光整切削，然后退刀，保证孔底平整。

2）镗孔完毕后要退刀时，为避免留下螺旋划痕而影响表面粗糙度，应使主轴停止转动，并暂停几秒钟，待主轴完全停止后再退刀。

3）横向车槽时，应在主轴转过几转后再退刀，可用暂停指令。

4）在车床上倒角或车顶尖孔时，为使表面平整，使用暂停指令使工件转过一转后再退刀。

六、刀具半径自动补偿指令——G41、G42、G40

当用圆形刀具编程时，利用刀具半径补偿功能，只需向系统输入刀具半径值，即可按零件轮廓尺寸编程，而不必计算刀心轨迹与按刀心轨迹编程。数控机床一般都具备刀具半径自动补偿机能，以适应用圆头刀具（如铣刀、圆头车刀）加工时，可简化程序编制。

按刀心轨迹编程时，其数据的计算有时是相当复杂的，特别是当刀具磨损、重磨以及换新刀而导致刀具直径变化时，必须重新计算，这就更加繁琐，又不易保证加工精度。

如图 2-20 所示为铣刀半径自动补偿示例。由于数控装置具备了刀具半径的自动补偿，只需按已知的起刀点 *P* 和轮廓 *A*、*B*、*C*、*D* 的图样数据进行编程。

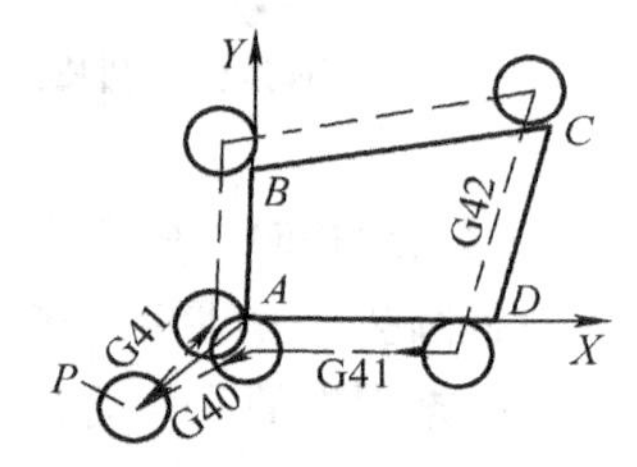

图 2-20　刀具半径自动补偿

在程序中只给出刀具偏置方向的指令 G41（左偏）或 G42（右偏）以及偏置号 *D*，而刀偏半径值由操作者根据需要输给 CNC 装置并由 D 指令调用，CNC 装置便能自动计算刀心轨迹并按刀心轨迹运动，使编程十分简便。

G41 左偏指令是指顺着刀具前进方向观察，刀具偏在工件轮廓的左边，若偏在右边则用 G42 右偏指令。G41、G42、D 为续效指令。

图示的程序如下（按绝对值编程）

P→A　G90 G01 G41 XA YA D01

A→B　XB YB

B→C　XC YC

C→D　G42 XD YD

D→A　G41 XA YA

A→P　G40 XP YP M02

G40 为注销指令。即当 G41 或 G42 程序段完成后，用 G40 程序段消去偏置值，使刀具中心与编程轨迹重合。D01 为存放输入补偿值的存储器的补偿号。

如图 2-21 所示，为刀具半径补偿示例。当机床不具 G41 与 G42 指令时，须按 A′、B′、C′…编程。具有补偿指令时，则按轮廓 A、B、C…编程。图示用绝对值编程为：

G92 X0 Y0;

G90 G00 G41 XA YA T1 D01;

G01 XB YB F _;

⋮

XA YA;

G00 G40 X0 Y0 M02;

刀具半径自动补偿机能除上述可免除刀心轨迹的人工计算外，还可利用同一加工程序（纸带不变或程序）适应不同的工况。

如刀具磨损或刀具重磨后，刀具半径变小，只要手动输入改变后的刀具半径即可，而不必修改已编好的程序。又如，用同一纸带、同一尺寸的刀具可进行粗、精加工。

粗、精加工的补偿方法：设精加工余量为 Δ。先人工输入（$r+\Delta$）的偏置量，即可进行粗加工。精加工时，输入刀具半径为 r 的偏置量，即可进行最终轮廓的加工，如图 2-22 所示。

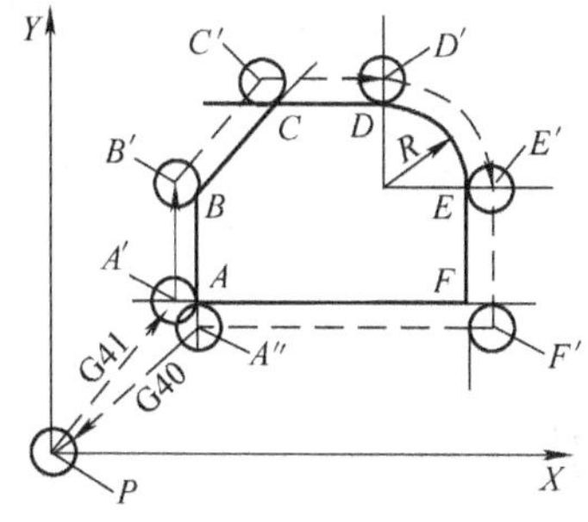

图 2-21　刀具半径补偿

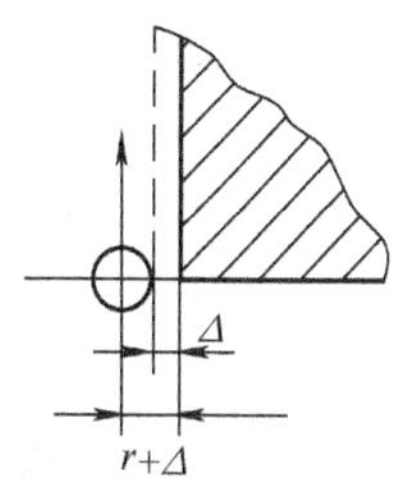

图 2-22　粗、精加工补偿法

同理，利用输入 r 值的大小，可控制轮廓尺寸的精度。刀具半径补偿指令应置于 G00 或 G01 程序段中，或于 G02、G03 程序段之前单设程序段。由于半径补偿是轮廓的法向偏置，在两几何元素转接点处可能出现刀心轨迹的不连续或干涉现象，因此可用 B 刀补、C 刀补实现程序段间尖角过渡。

七、刀具长度补偿（偏置）指令——G43、G44、G40

刀具长度补偿指令一般用于刀具轴向（Z 方向）的补偿。它可使刀具在 Z 方向上的实际位移量大于或小于程序给定值。即

实际位移量 = 程序给定值 ± 补偿值

上式中，二代数值相加“+”称正偏置，用 G43 指令表示，相减“-”称负偏置，用 G44 指令表示。给定的程序值与输入的补偿值都可正可负（$+Z$ 向为正，$-Z$ 向为负），根据需要选取。

如图 2-23 所示为钻头快速接近工件时的长度补偿例。设 A_1 为程序值且为 $-Z$ 方向（$-A$），D 为补偿值且为 $-Z$ 方向（$-D$），A_2 为实际位移值。

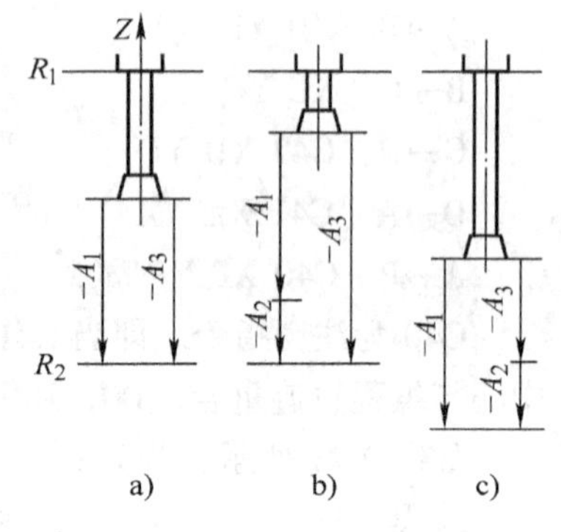

图 2-23　刀具长度偏置

图 a 用 G43 指令，b 用 G44 指令，其实际位移量及其程序分别为（用增量值）：

图 2-23a 中：$-A2 = -A1 + (-D1) = -(A1 + D1)$

G00 G91 G43 Z(-A1) D01;(补偿号 D01 中存 -D1 值)

图 2-23b 中：$-A2 = -A1 - (-D2) = -A1 + D2$

G00 G91 G44 Z(-A1) D02;(补偿号 D02 中存 -D2 值)

G43 与 G44 的注销仍用 G40 注销指令。

采用 G43 和 G44 指令后，程编人员就不一定要知道实际使用的刀具长度，可按假定的刀具长度进行编程。或者在加工过程中，若刀具长度发生了变化或更换新刀具时，不需要变更程序，只要把实际刀具长度与假定值之差值输至 CNC 系统的 D 存储器中即可。

八、固定循环指令

数控加工中，一般一个动作就要编制一条加工程序。但如钻孔，往往需要快速接近工件、慢速钻孔、钻完快速退回三个固定的动作。又如车螺纹，需要切入、切螺纹、刀具径向（或斜向）退出、再快速返回四个固定动作。

对这些典型的、固定的几个连续动作，如能用一条固定循环指令程序去执行，则程序段数就会大为减少。而对于多次重复的固定循环（如车螺纹），在程序段中加入“循环次数”指令和每次循环刀具的推进量，则程序段数更加减少。

这种固定循环程序可使程序编制既简短、方便，又能提高编程质量。在铣床中，常用 G80～G89 作为固定循环指令，而在车床中，常用 G33～G35 与 G70～G79。固定循环指令将在后续章节中详细讨论。

第三节　数控加工工艺分析

数控编程工作中的工艺处理是一个十分重要的环节，它关系到所编零件加工程序的正确

性和合理性。由于数控加工过程是在加工程序的控制下自动进行的，所以对加工程序的正确性与合理性要求极高。因此，编程人员必须对加工工艺过程、工艺路线、刀具切削用量等进行正确、合理地确定和选择。

一、数控加工工艺概述

1. 数控加工工艺的内容

数控加工工艺处理是数控编程中的一个重要流程，其内容一般包括数控加工的合理性分析、零件的工艺性分析、工艺过程和工艺路线的确定、零件安装方法的确定、选择刀具和确定切削用量等。

2. 数控加工工艺的特点

数控加工工艺的特点包括：

(1) 工艺详细　普通工艺规程最多详细到工步，数控加工工艺必须详细到每一步走刀和每一个操作的细节；凡是用数控加工的零件，不论简单、重要与否，都要有完整的加工程序，都要制定详细的工艺。

(2) 工序集中　现代数控机床具有刚性大、精度高、刀库容量大、切削参数广泛及多坐标、多工位等特点，零件可以在一次装夹中完成多种加工方法和由粗到精的过程，甚至在工作台上安装几个相同或相似的零件加工。

(3) 加工方法的特点　一般简单表面的加工方法，数控加工与普通加工无大差异。对于一些复杂表面、特殊表面或有特殊要求的表面，数控加工与传统加工有根本不同的加工方法。传统加工用划线、样板、靠模、预钻、砂轮、钳工等方法；数控加工用多坐标联动自动控制加工。

二、数控加工中的工艺分析

1. 机床上的装夹及起刀点的确定

数控机床上工件的装夹方法与普通机床一样，要合理地选择定位基准和夹紧方案。为了尽量减少辅助时间，要特别注意使用夹具保证迅速完成加工零件的定位和夹紧过程。应尽量选用已有的通用夹具，减少装夹次数；尽量做到在一次装夹中能把零件上所有要加工的表面都加工出来。工件定位基准与设计基准要尽量重合，减少定位误差对尺寸精度的影响。在选用或设计夹具时应该遵循以下原则：

1) 尽量选用组合夹具，可调整的标准化、通用化夹具，避免采用专用夹具。

2) 工件的装卸要快速、方便、可靠，常采用气动、液压夹具，以减少机床的停机时间。

3) 零件上的加工部位要外露敞开，不要因装夹工件而影响刀具进给和切削加工。

对于数控机床来说，编制程序时正确地选择对刀点很重要。“对刀点”就是在数控机床上加工零件时，刀具相当于工件运动的起点。由于程序也是从这一点开始执行，所有对刀点也叫做“程序起点”或“起刀点”。选择对刀点的原则是：

1) 选择的对刀点便于数学处理和简化程序编制。

2) 对刀点在机床上容易校准。

3) 加工过程中便于检查。

4) 引起的加工误差小。

对刀点可以设置在零件、夹具上或机床上面，尽可能设在零件的设计基准或工艺基准上，但必须与零件的定位基准有一定的尺寸关系。对于以孔定位的零件，可以取孔的中心作为对刀点。

所谓“对刀”，是指使“刀位点”与“对刀点”重合的操作。所谓“刀位点”，是指刀具的定位基准点。立铣刀的刀位点是刀具轴线与刀具底面的交点；球头铣刀球心；车刀是刀尖或刀尖圆弧中心；钻头是钻尖。如图 2-24 所示。为保证对刀精度，常采用千分表、对刀测头或对刀瞄准仪进行找正对刀。在机床坐标系采用绝对坐标编程时，第一个程序的坐标值应为对刀点在机床坐标系中的坐标值，如图 2-25 所示中的 x_0、y_0。

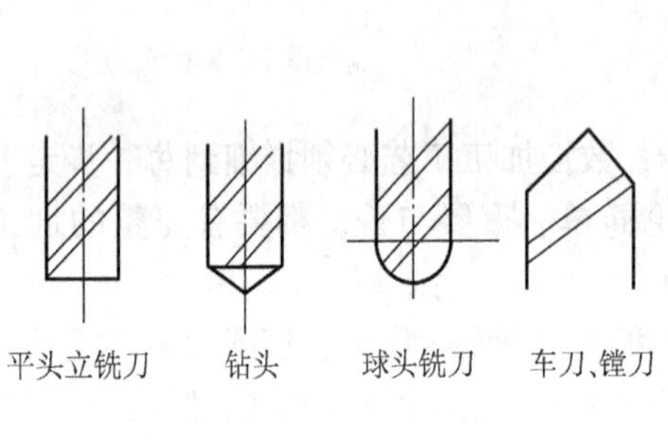

图 2-24　刀位点

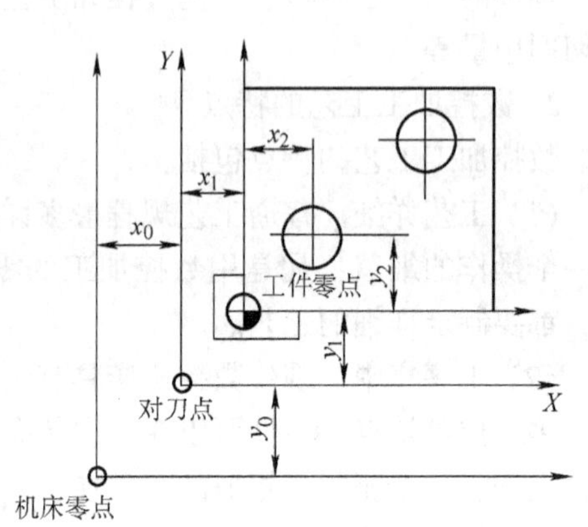

图 2-25　对刀点的坐标值

2. 进给路线分析

进给路线是指数控加工过程中刀位点相当于被加工件的运动轨迹和运动方向。编程时确定进给路线的原则是：

1）保证零件的加工精度和表面粗糙度。

2）方便数值计算，减少编程工作量。

3）缩短进给路线，减少空行行程。

4）尽量减小程序长度，减少程序段数。

如图 2-26 所示加工一张曲面可能采取的三种进给路线，即沿参数曲面的 Y 向行切，沿 X 向行切和环切。对于直母线的翼面类表面而言，采用图 2-26b 的方案显然更有利。这是因为每次沿直线进给，刀位点计算简单，程序段短，而且加工过程符合直纹面的形成规律，可以准确保证母线的直线度。图 2-26a 方案的优点是便于在加工后检验翼型的准确度。因此，实际生产中最好将这两种方案结合起来，除了整个表面采用展向进给外，在基准翼型处再增加两次弦向进给，留出样板或测量机的检测部位。图 2-26c 所示的环切方案一般应用在内槽加工中，在型面加工中由于编程麻烦，一般都

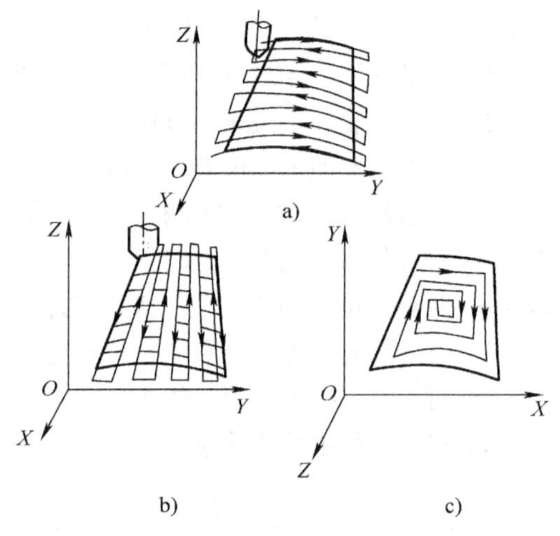

图 2-26　加工直纹面的三种进给路线

不用。当工件边界开敞时，为保证加工的表面质量，应从工件的边界外进刀和退刀，如图2-26a、b所示。

内槽是指以封闭曲线为边界的平底凹坑，多见于飞机的骨架零件，煤矿机械的壳体零件，如图2-27所示。加工内槽一律使用端面铣刀，刀具边缘部分的圆角半径应符合内槽的图纸要求。内槽的切削分两步，第一步切内腔，第二步切轮廓；切轮廓通常又分粗加工和精加工两步。粗加工的进给路线如图2-27中粗线所示，它是从内槽轮廓线向里平移一个铣刀半径 R 和一个精加工余量 δ_1，由此得出的粗加工刀位多边形是计算内腔进给路线的依据。

切削内腔时，环切和行切在生产中都有应用，两种进给的共同点都是要切净内腔中的全部面积，不留死角，不伤轮廓，同时尽量减少重复进给的搭接量。环切法的刀位点计算较复杂，需要多次向里收缩轮廓线，算法的应用局限性稍大。例如当内槽中带有局部凸台时，如图2-28所示，对于环切法就难于设计通用的算法。而在行切法中只有增加辅助边界，例如用图2-28中虚线将一个内槽分割成两个，就可以应用远离的算法处理。行切从内槽的一侧开始，交替变换进给方向，当内槽不带凸台时，行切的进给路线如图2-28所示中的粗线。为了简化行切的算法，程序中往往限制内槽的平面形状，以保证每次进给路线与轮廓的交点数不超过两个。从进给路线的长短比较，行切法要略优于环切法，但在加工小面积内槽时，环切的程序要比行切短。

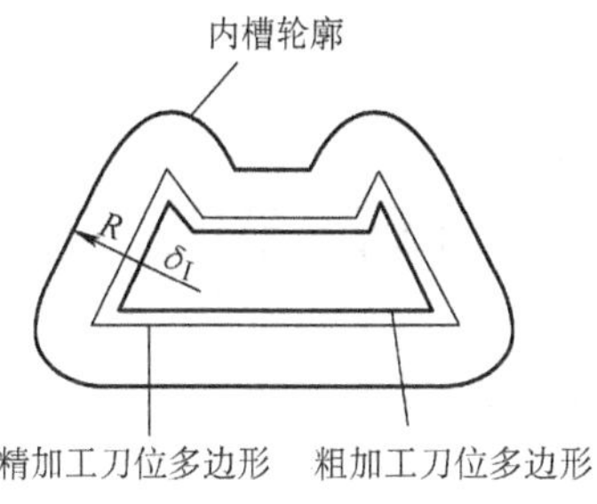

图2-27　粗加工和精加工的刀位多边形

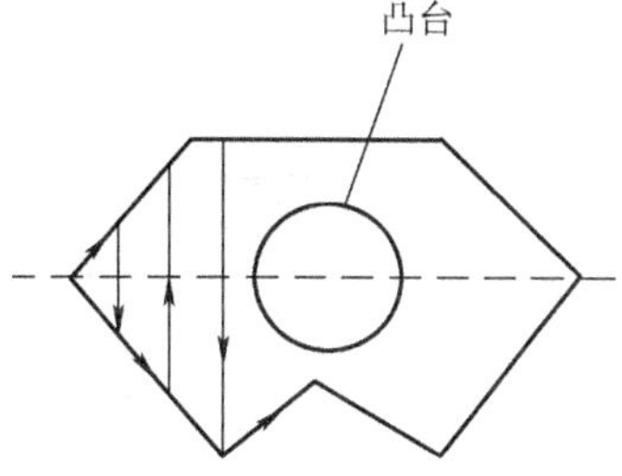

图2-28　内槽有凸台的进给路线

图2-29a是正确选择钻孔零件进给路线的例子。按照一般习惯，先加工均布于内圆上的八个孔，再加工外圈圆上的八个孔。如图2-29b所示的进给路线。但是这对于数控机床来说并不是最好的加工路线。如果进行必要的尺寸换算，求出各孔中心的相对坐标增量值，采取图2-29c的路线来加工。对上述钻孔零件加工，不但要使空行程最短，并且要考虑加工时刀具的轴向运动尺寸，该尺寸由被加工工件的孔深决定，如图2-30所示。

对于孔位置精度要求较高的零件来说，在精镗孔系时，安排镗孔的路线一定要注意各孔的定位方向一致，即采用单向趋近定位点的方法，以避免传动系统的误差或测量系统的误差对定位精度的影响。如

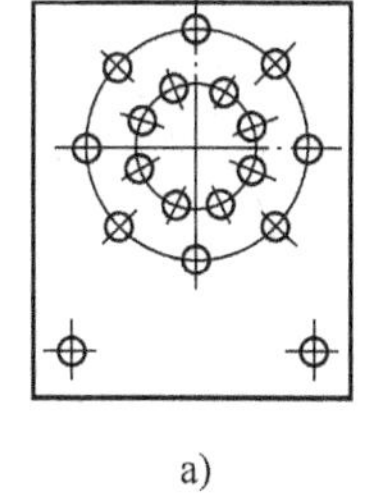

a)

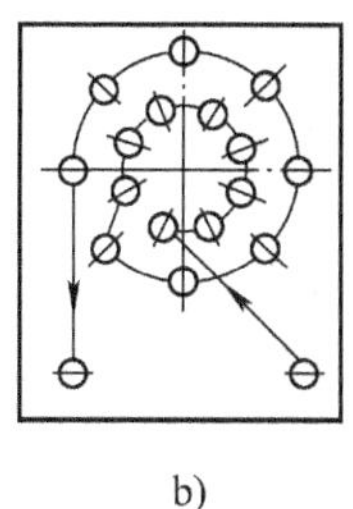

b)

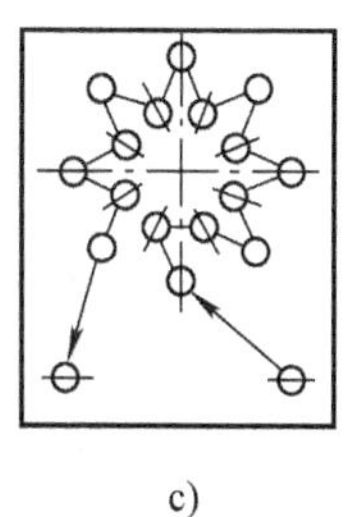

c)

图2-29　孔加工的两种进给路线

a）孔的分布　b）不好的进给路线　c）好的进给路线

图 2-31a 所示的加工路线方案 1，在加工孔Ⅳ时，X 方向的反向间隙将影响Ⅲ～Ⅳ孔的孔距精度；如按图 2-31b 所示的方案 2，可使各孔的定位方向一致，从而提高了孔距精度。

用立铣刀的侧刃铣削平面工件的外廓时，切入、切出部分应考虑外延，以保证工件轮廓的平滑过渡。如图 2-32 所示。切入时，应先与轮廓的延长线接触，然后沿轮廓曲线的切线方向切入。对于精度要求较高的零件来说，要避免法向切入零件轮廓。在轮廓铣削中，应避免进给停顿，以免刀具在进给停顿处的零件轮廓上留下切痕。

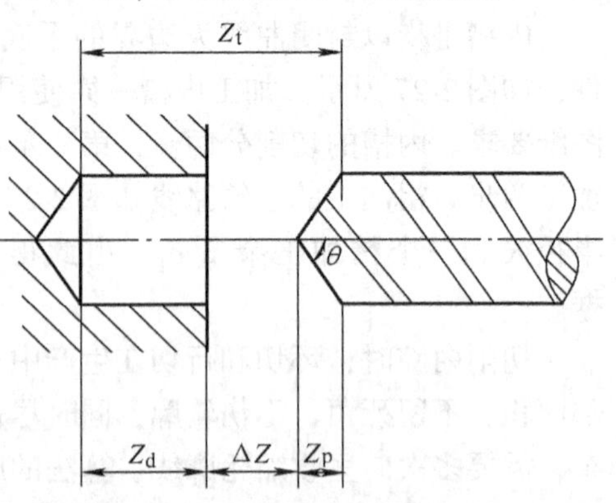

图 2-30　钻孔的轴向位移量

采用顺铣还是逆铣，对加工后表面的粗糙度也有影响。究竟采用哪种铣切方法，应根据零件加工要求、工件材料的性质特点以及具体机床刀具条件综合考虑，确定原则与普通机械加工相同。一般来说，数控机床采用的滚珠丝杠，其运动间隙极小，且顺铣优点多于逆铣，所以应尽可能采用顺铣。对于铝镁合金、钛合金和耐热合金等材料来说，最好采用顺铣，这对于减小加工表面粗糙度和提高刀具耐用度都有利。但如果零件毛坯为黑色金属锻件或铸件，表皮硬而且余量一般较大，这时采用逆铣较为有利。

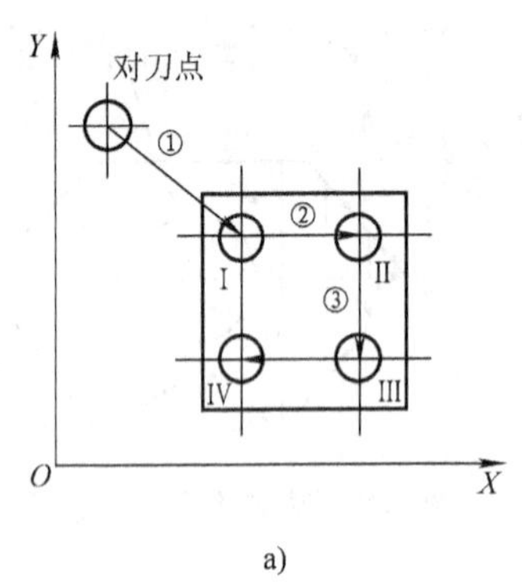

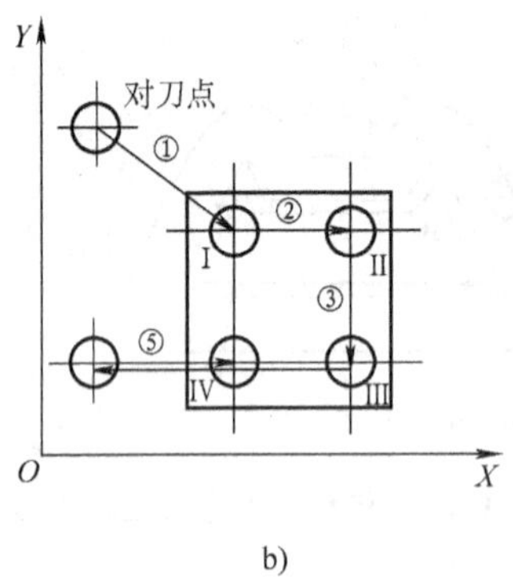

图 2-31　两种孔系加工路线方案

铣削封闭的内轮廓表面时，刀具也应遵循切线方向切入和切出的原则。如图 2-33b 所示。切出时，可多走一段圆弧，再退到起始点，这样可以降低接刀痕迹，提高孔内精度。

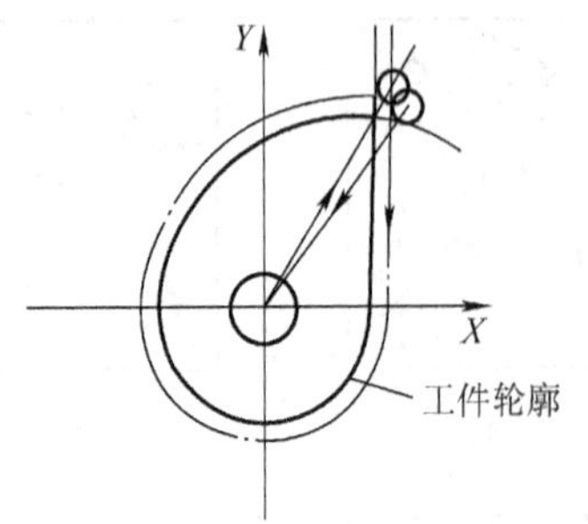

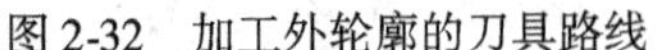

图 2-32　加工外轮廓的刀具路线

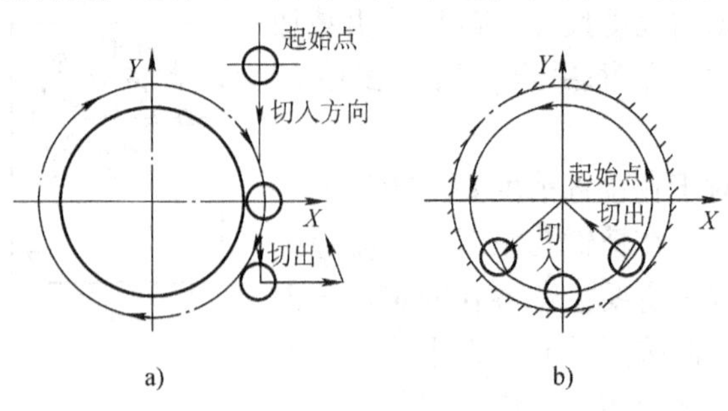

图 2-33　刀具切入切出路线

3. 数控加工工序设计及程序分段

工序设计是保证加工质量与生产效率的关键，是编写加工程序的工艺依据。数控加工的工序设计是指一个零件在一次装夹中连续自动加工直至加工结束那部分的工艺内容。包括零件的装夹方法与夹具的选用、刀具选择；工步划分及其进给路线、切削用量的选择等。根据工序确定其工步、工步顺序及每把刀具的进给路线。

首先根据该工序加工表面与毛坯的形状、尺寸以及粗、精加工要求，确定哪些表面用何种刀具加工，从而确定所需的工步；再根据一般工艺原则确定工步顺序；然后确定每把刀相对于工件的运动轨迹与方向（包括大余量切除的进给次数与工作行程、空行程）及其切削参数。

普通工艺基准选择以及“基面先行、先主后次、先粗后精、先面后孔”等原则同样适用于数控加工工序划分。

1）工序集中原则：应尽可能集中多种加工内容在一次装夹中完成。

2）零件数控加工与普通加工工序的划分。凡是用普通机床等传统方法加工的零件，都可用数控机床加工。就经济性、合理性及生产条件而言，并非所有的加工都用数控加工为好。可以插入普通机床加工工序的情况为：

a）铸、锻件毛坯的预加工。

b）粗定位基准的预加工。

c）数控加工难以完成的个别或次要部位，如排屑不畅且易断刀的小直径螺孔或深孔加工；个别如斜孔、研磨孔等部位；或刀库容量不足而无法完成的个别部位。

d）大型、复杂零件中的简单表面，如模具型腔体的外表面。

在制定零件的工艺路线时，应以工艺文件的形式明确数控工序与非数控工序在定位、加工余量、质量要求等方面的衔接问题。

3）数控加工部位的工序划分。零件的数控加工部位可在合适的机床上一次装夹中完成。可以划分成几个数控加工工序的情况为：

a）车间现有数控机床的功能不能满足一个零件的全部加工部位；批量大时，分散在几台机床加工。

b）粗加工的热或力变形较大时，将粗精加工分开。

c）程序过长，不仅容易出错，而且可能超过系统内存容量，或超过一个班，或在一个加工面的中途刀具磨损失效。此时可按刀具或加工表面划分工序。

图 2-34 所示为车刀选用及其进给路线，该零件毛坯为棒料，需 7 把刀。刀号 1 ~7 表示工步顺序和每把刀的运动轨迹和方向。刀号 1、3 为粗车，2、4 为精车，5、6、7 分别为切槽、车端面及车螺纹。加工中心机床的加工往往按所用刀具划分程序块。

三、数控加工的切削用量和工艺文件

1. 合理选用切削用量

数控加工的切削用量，包括切削深度、切削速度和进给量的选用原则与普通加工相同。由于数控机床动力参数较高、速度参数范围较大，粗加工应尽可能取较大的背吃刀量以减少进给次数。精加工可取较高切削速度和较低进给量，由于都是无级调速，有可能达到最佳加工参数。轮廓铣削时，进给速度的选取应注意内轮廓拐角处由于速度惯性而引起的“超程”现象而多切去一部分，可降低进给速度或分段进给。

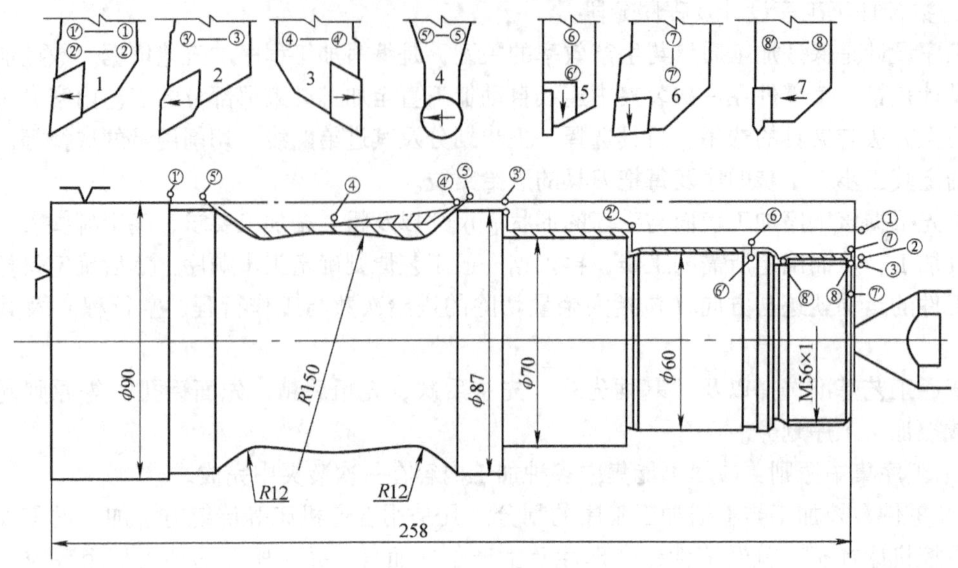

图 2-34　车刀选用及其进给路线

（1）确定切削深度 t　在机床、工件和刀具的刚度允许的情况下，t 就等于加工余量，这是提高生产率的最有效措施。有时为了保证加工精度和表面粗糙度，留一点余量最后精加工，数控机床的精加工余量可略小于普通机床。

（2）确定切削速度 v　切削速度大，也能提高生产率，但是最有效的措施还是尽可能采用大的切削深度。因为切削速度 v 与刀具耐用度的关系比较密切，随着 v 的加大，刀具耐用度将急剧降低，故 v 的选择主要决定于刀具耐用度。例如用立铣刀轮廓铣削高强度钢 30CrNiMoVA 时，v 可采用 8m/min 左右；而用同样立铣刀轮廓铣削铝合金坯料，v 可达 200m/min 以上；端铣平面 v 还可以加大。切削用量的选择可根据实际经验或参阅有关手册。

（3）进给量（mm/min）即进给速度的选择　应根据零件的加工精度和表面粗糙度要求以及刀具和工件材料来选择，加工表面粗糙度值要求低时，进给量应选择得小些。一般数控机床进给量是连续变化的，程编时选定的进给要求填入相应指令。轮廓加工中，应考虑由于惯性或工艺系统的变形而造成轮廓拐角处的“超程”或“欠程”。为此，要选择变化的进给量，即在接近拐角处应适当降低进给量，过拐角后再逐渐升高，以保证加工精度。

2. 数控加工工艺文件

为了提高工艺准备效率和连续性，使数控加工走向正规化，遵循数控加工的特点，必须建立和编制必要的数控加工工艺文件。数控加工工艺文件既是数控加工、产品验收的依据，也是操作者要遵守、执行的规范，同时也是产品零件重复生产在技术上的工艺资料积累和储备。目前数控加工工艺文件尚未指定国家同一标准，但各企业一般都根据本单位的特点指定了一些必要的工艺文件，主要有工序卡、刀具调整单、零件的加工程序单等。

（1）编程任务书　它阐明了工艺人员对数控加工工序的技术要求和工序说明以及数控加工前应保证的加工余量，它是编程员与工艺人员协调工作和编制数控程序的重要依据之一。

（2）数控加工工件安装和零点设定卡片（简称装夹图和零点设定卡）　它应表示出数控加工零件定位方法和夹紧方法，并应标明工件零点设定位置和坐标方向、使用的夹具名称和编号等。

(3) 数控加工工序卡片 工序卡一般包括详细的工步、刀具的刀号及类型与规格、刀具夹持件标准编号、切削参数等，还应附上工件加工面简图。它反映使用的辅具、刃具和切削参数、切削液等，是操作人员配合数控程序进行数控加工的主要指导性工艺资料。如果在数控机床上只加工零件的一个工步时，也可不填工序卡。

(4) 数控刀具卡片（简称刀具卡） 数控加工时要求刀具十分严格，一般要在机外对刀仪上预先调整好刀具直径和长度。刀具卡进一步说明每一把刀具各组成部分（刀片、刀柄、刀杆与接杆）的名称、规格、数量及刀具组件名称代号、简图（外形图）、刀片型号和材料与预调尺寸。刀具卡是组装刀具和调整刀具的依据。

(5) 数控刀具数据表（简称刀具表） 它是供调刀员调整刀具数据结果的记录单，也是机床操作员进行刀具数据输入的主要依据。

(6) 机床刀具运动轨迹图 它是编程员进行数值计算、编制程序、审查程序和修改程序的主要依据。对于较复杂轨迹的数控铣削和有圆弧切入和切出的铣削加工来说，应绘制轨迹图。

(7) 机床调整单 机床调整卡主要是控制面板上与速度、跳步、M01、冷却、补偿、镜像对称轴等有关的开关与调节旋钮的位置以及零件装夹等内容的说明。机床调整单是操作人员在加工零件之前调整机床的依据。机床调整单应记录机床控制面板上“开关”的位置，零件安装、定位、夹紧方法及键盘应键入的数据等。

(8) 程序卡片 按刀具轨迹图或数据处理得到的数据及有关文件，根据数控机床特定的指令代码，编写零件加工程序单。它是记录数控加工工艺过程、工艺参数、位移数据的清单，是手动数据输入（MDI），用来实现数控加工的主要依据。

四、数控机床的选用

(一) 数控机床的选用原则

根据零件的表面加工方法、精度与表面粗糙度、工件形状与尺寸、需要机床的坐标轴数等要求，并考虑现有机床条件与负荷、加工成本等因素正确选用机床。包括：

1) 对不太复杂，尺寸不大的孔系加工，选用数控钻床而不用加工中心。

2) 立式与卧式加工中心的选用：四面体并有平面的复杂孔系零件用卧式加工中心；单面的孔系或曲面的板件与端面凸轮等用立式加工中心；曲面加工如无数控铣床，也可用加工中心替代。

3) 数控机床有高档型、普通型、经济型之分。应尽可能用经济型，控制使用高档型。

4) 对于曲面加工机床，根据曲面形状、精度与生产率选用二轴半、三轴、四轴、五轴等不同坐标轴数的机床。

(二) 数控机床的选择

1. 确定典型被加工工件

考虑到数控机床品种多，而且每一种机床的性能只适用于一定的使用范围，只有在一定的条件下，加工一定的工件才能达到最佳效果，因此选购数控机床首先必须确定用户所要加工的典型工件。每一种加工机床都有其最佳加工的典型零件，如卧式加工中心适用于加工箱体、泵体、壳体等，而立式加工中心适用于加工箱盖、壳体和平面凸轮等单面加工零件。如果对箱体的侧面与顶面要求在一次装夹中加工，可选用五面体加工中心。倘若在立式加工中心上加工卧式加工中心的典型零件，则加工零件的不同加工面需要更换夹具和倒换工艺基准，这样会降低加工精度和生产率。若将立式加工中心的典型件在卧式加工中心上加工，则需要增加弯板夹具，降低工件加工工艺系统的刚性。

2. 数控机床规格的选择

数控机床的规格应根据确定的典型工件大小尺寸进行选择。数控机床的最主要规格就是工作台尺寸、几个数控坐标的行程范围和主轴电机功率。一般情况下加工件的轮廓尺寸应在机床的加工空间范围之内，工作台面的大小基本上确定了加工空间的大小。选用工作台面比典型零件稍大一些是考虑到安装夹具所需的空间，机床的三个基本直线坐标（X，Y，Z）行程反映该机床允许的加工空间。

主轴电动机功率反映了数控机床的切削效率，也从一个侧面反映了机床在切削时的刚性。功率较大的直流或交流调速电机可用于高速切削，但在低速切削中转矩受到一定限制。在选择规格时应考虑产品发展趋势，尺寸大一点，对产品开发的适应能力也强一些。对少量特殊工件仅靠三个直线坐标加工的数控机床还不能满足要求，要另外增加回转坐标（A，B，C），或附加坐标（U，V，W）等。

此外，选择数控机床时还应考虑工件与换刀空间的干涉及工作台回转时与护罩等附件干涉等一系列问题，而且还要考虑机床工作台的承载能力。

3. 数控机床精度的选择

选择机床的精度等级应根据典型零件关键部位加工精度的要求来定，批量生产的零件实际加工出的精度数值一般为机床定位精度的1.5～2倍。加工中心按精度分为普通型和精密型，如表2-3所示，为加工中心精度项目中的关键项目。普通型机床可批量加工8级精度的工件，精密型机床加工精度可达5～6级，但对使用环境要求较严格，要有恒温等工艺措施。此外，普通型数控机床进给伺服驱动机构大都采用半闭环方式，故对滚珠丝杠受温度变化引起的伸长无法检测，因此会影响工件加工精度。在一些要求较高的加工中心上，对丝杠伸长采取预拉伸措施，这不仅减少了丝杠热变形，也提高了传动刚度。

表2-3 加工中心精度

精度项目	普通型/mm	精密型/mm
直线定位精度	±0.01/全程	±0.005/全程
重复定位精度	±0.006	±0.002
铣圆精度	0.03～0.04	0.02

数控机床的直线定位精度和重复定位精度综合反映了该轴各运动元部件的综合精度。尤其是重复定位精度反映了该控制轴在行程内任意定位点的定位稳定性，这是衡量该控制轴能否稳定可靠工作的基本指标。从机床的定位精度可估算出该机床在加工时的相应有关精度。

铣圆精度是综合评价数控机床有关数控轴的伺服跟随运动特性和数控系统插补功能的指标。由于数控机床具有一些特殊功能，因此，在加工中等精度的典型工件时，一些大孔径圆柱面和大圆弧面可以采用高切削性能的立铣刀铣削。测定每台机床的铣圆精度的方法是用一把精加工立铣刀铣削一个标准圆柱试件，中小型机床圆柱试件的直径一般在$\phi200$～$\phi300$mm左右。将铣削后加工得到的标准圆柱试件放到圆度仪上，测出加工圆柱的轮廓线，取其最大包络圆和最小包络圆，两者间的半径差即为其精度。

4. 自动换刀装置和刀库容量的选择

自动换刀装置（ATC）是加工中心、车削中心和带交换冲头数控冲床的基本特征。自动换刀装置的工作质量直接关系到加工中心的整机质量，其投资往往占整机的 30% ~50%。用户在满足使用要求的前提下，尽量选用结构简单和可靠性高的 ATC，也可相应降低整机的价格。

ATC 刀库中储存刀具的数量，有十几把到 40、60、100 把等。如果选用的加工中心不准备用于柔性加工单元或 FMS 中，刀库容量不宜选得太大。用户一般应根据典型工件的工艺分析算出需用的刀具数，来确定刀库的容量。

一般加工中心的刀库只考虑能满足一种工件一次装卡所需的全部刀具（即一个独立的加工程序所需的全部刀具）。在立式加工中心上选用 20 把左右刀具容量的刀库，在卧式加工中心上选用 40 把左右刀具容量的刀库。

对于复杂工件，如果考虑一次完成全部加工则所需刀具数会超过刀库容量，但全面考虑综合工艺因素，把一个复杂工件分为两个或三个加工程序进行加工，每个程序所需刀具数就不一定超过 40 把。

如果选用的加工中心机床准备用于柔性加工单元（FMC）或柔性制造系统（FMS）中，其刀库容量应选取大容量刀库，甚至配置可交换刀库。

5. 数控系统的选择

为了能使数控系统与所需机床相匹配，在选择数控系统时应遵循以下基本原则：

1）根据数控机床类型选择相应的数控系统。数控系统有适用于车、铣、镗、磨、冲压等加工。

2）根据数控机床的设计指标选择数控系统。在可供选择的数控系统中，它们的性能高低差别很大，不宜片面地追求高水平、新系统，而应该对性能和价格等作一个综合分析，选用合适的系统。

3）根据数控机床的性能选择数控系统功能。一个数控系统具有很多功能，有的属于基本功能，有的属于选择功能。对选择功能一定要根据机床性能需要来选择，如果不加分析的都要，许多功能就用不上，会大幅度增加产品成本。

4）订购数控系统时要考虑周全。订购时把需要的系统功能一次订全，不能遗漏，避免由于漏订而造成的损失。

第四节　车床编程方法

一、车削加工编程的特点

1）在一个程序段中，根据图纸标注尺寸，可以是绝对值、或增量值、或二者混合编程。

2）由于图纸尺寸和测量都是直径值，故直径方向用绝对值编程时，X 以直径值表示。用增量值编程时，以径向实际位移量的二倍值编程；并附上方向符号（正向省略）。

3）为提高径向尺寸精度，X 向的脉冲当量取为 Z 向的一半。

4）由于毛坯常用棒料或锻件，加工余量较大，所以数控装置常具备不同形式的固定循环功能，可进行多次重复循环切削。

5）为了提高刀具寿命和减小工件表面粗糙度，车刀刀尖常磨成半径不大的圆弧。为此，当编制圆头刀程序时，需要对刀具半径进行补偿。对具有 G41、G42 自动补偿功能的机床，可直接按轮廓尺寸编程，其编程比较简单。但对不具备 G41 和 G42 功能的编程，需要人工计算补偿量，这种计算比较复杂，有时是相当繁琐的。

6）许多数控车床用 X、Z 表示绝对坐标指令，用 U、W 表示增量坐标指令，而不用 G90、G91 指令。

7）第三坐标指令 I、K 在不同的程序段中作用也不相同。I、K 在圆弧切削时表示圆心相对于圆弧的起点的坐标位置，而在有自动循环指令的程序中，I、K 坐标则用来表示每次循环的进刀量。

二、圆头车刀假想刀尖的编程特点与补偿

上节曾讨论过刀具半径自动补偿 G41、G42 的作用，目前大多数全功能数控机床都具备这种功能。这时，只要按工件轮廓尺寸编程，并人工输入一个刀具半径补偿值即可。

但在机床不具备 G41、G42 指令的情况下，当用圆头车刀车削锥面及圆弧时，就不能按工件轮廓尺寸编程，其补偿量也不是刀具半径值，而要经过复杂的补偿计算。也就是要计算假想刀尖轨迹或刀具中心轨迹并按计算出的轨迹编制程序。

所谓假想刀尖如图 2-35 所示，图 2-35b 是圆头刀具，P 点为其假想刀尖，相当于图 2-35a 尖头刀的刀尖点，是确定加工轨迹的点，常以此对刀。实际切削点 A、B 决定了 x 向和 z 向的加工尺寸。

1. 圆头车刀加工台阶面的程编与补偿

车削台阶面时，无论是外圆、端面或内孔（尖角除外），假想刀尖轨迹与工件外形一致，所以按工件尺寸编程，不需补偿，如图 2-36 所示。

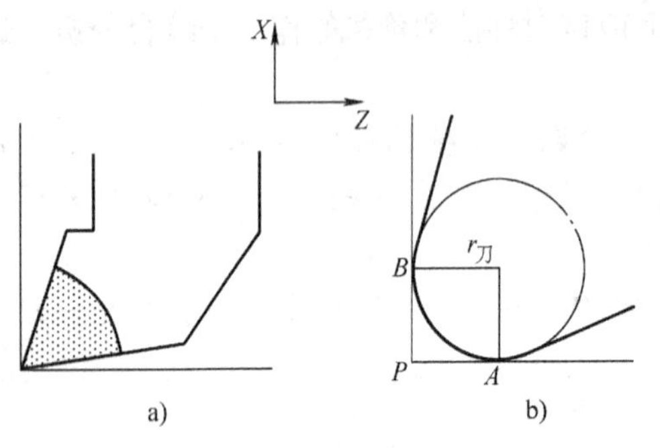

图 2-35　圆头刀假想刀尖

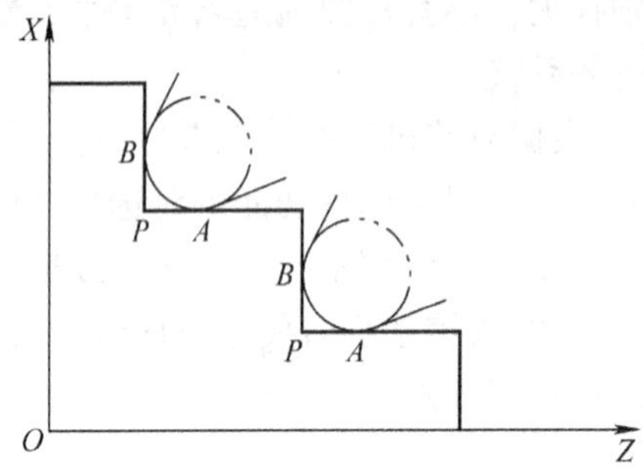

图 2-36　圆头刀加工台阶

2. 圆头车刀加工圆锥面的编程与补偿

如图 2-37a 所示，若假想刀尖 P 沿工件轮廓 AB 移动（即 P_1P_2 与 AB 重合），并按 AB 尺寸编程，则必然产生 $ABCD$ 的残留误差。为此，应如图 2-37b 所示，使圆头刀的切削点移至 AB，并沿 AB 移动，从而避免了残留误差。但这时假想刀尖点的轨迹为 P_3P_4，它与轮廓 AB 在 X 向相差 ΔX，Z 向相差 ΔZ。设刀具半径为 r，不难求得

$$\Delta Z = r\left(1 - \tan\frac{\theta}{2}\right)$$

3. 圆头车刀加工圆弧面的程编与补偿

圆头车刀加工圆弧表面的编程原理与加工锥面基本相似。如图 2-38 所示为圆头刀加工

1/4 凸凹圆弧表面，*AB*（粗实线）为工件轮廓，半径为 *R*，圆心 *O*，刀具与外轮廓起、终点的切削点分别为 *A* 和 *B*，对应的假想刀尖为 P_1 和 P_2。对图 2-38a 凸圆加工情况，P_1P_2（虚线）为假想刀尖的轨迹，其半径为（$R+r$），圆心为 O'。对图 2-38b 凹圆情况同理，则其半径为（$R-r$）。当用假想刀尖轨迹编程时，都按图中虚线所示的圆参数进行程序编制。

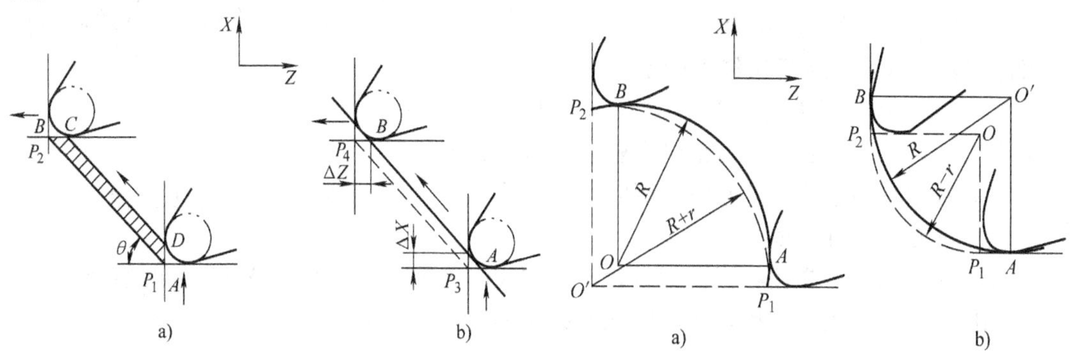

图 2-37 圆头刀加工锥度

图 2-38 圆头刀加工 90°凸凹圆

4. 圆头车刀补偿办法

当机床不具备补偿功能时，可直接按假想刀尖的轨迹编程。当机床具有刀具长度补偿器时，可输入 Δx 与 Δz，由相应刀号的补偿号调用。

当机床具有 G41、G42 功能时，除输入刀头半径外，还应输入假想刀尖相对于圆头刀中心的位置。

5. 圆头车刀综合加工例

如图 2-39 所示为圆头车刀加工圆弧、锥度的综合应用例。*ABCDE* 为工件轮廓，*AB* 圆弧的圆心为 *O*，半径 *R*。

各几何元素终点的假想刀尖点分别为 P_1（X_1，Z_1）、*P*2（X_2，Z_2）、P_3（X_3，Z_3）。设刀具半径为 *r*，则 P_1P_2 假想刀尖圆的半径为（$R+r$），圆心为 O'，其圆心坐标（圆心相对于圆弧起点 P_1）为 $I=0$，$K=R+r$。

当用假想刀尖轨迹编程时，其程序为：

```
…
G90 G01 X (X1) Z0 F
G03 X (X2) Z (Z2) I0 K (R+r)
G01 X (X3) Z (Z3)
…
```

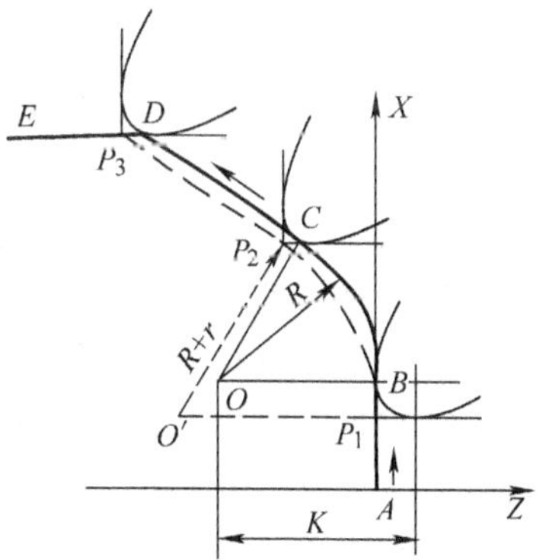

图 2-39 用假想刀尖编程

上述程序中的 X_1、Z_1、X_2、Z_2、X_3、Z_3，由简单的几何关系不难求得。

三、按刀心轨迹编程

前已述及，当机床不具备刀具半径自动补偿指令 G41、G42 时，除可用上述假想刀尖轨迹数据编程方法外，还可用刀心轨迹编程方法。

如图 2-40 所示的零件，由三个圆弧组成，可用虚线所示的三段等距圆弧编程，即 O_1 圆

的半径为 (R_1+r)，O_2 圆为 (R_2+r)，O_3 圆为 (R_3-r)，三个圆弧的终点坐标由等距圆的切点关系求得。用刀心轨迹方法编程比较直观，常被应用。

上述用假想刀尖轨迹和刀心轨迹编程方法的共同缺点是当刀头磨损或重磨时，需重新计算编程参数值，否则会产生误差。因此现代数控车床都具有 G41 和 G42 功能，刀具半径值可随时补偿输入。

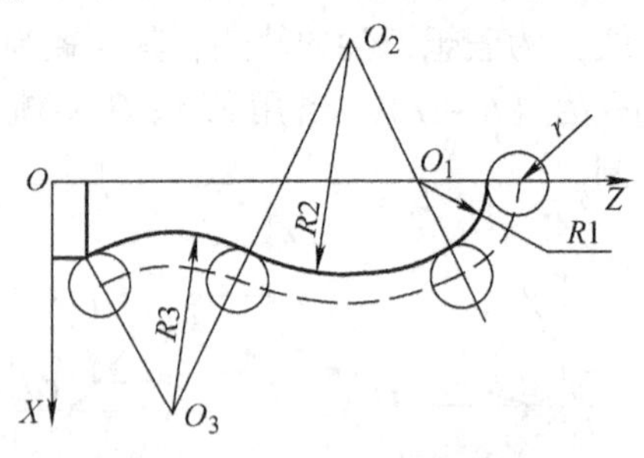

图 2-40　刀心轨迹编程

四、数控车床编程坐标系统的确定

数控车床以径向（横向）为 X 轴，纵向为 Z 轴方向。尾架位置方向是 $+Z$ 区，而指向主轴位置为 $-Z$ 方向，指向操作者的位置为 $+X$ 方向。所以按右手法则规定，Y 轴的正方向指向地面。

X 和 Z 坐标指令，在按绝对坐标编程时使用代码 X 和 Z，按增量坐标编程时使用代码 U 和 W。切削圆弧时，使用 I 和 K 表示圆弧的起点相对其圆心的坐标值，I 对应于 X 轴，K 对应于 Z 轴。

U 及 X 坐标值，在数控车床的编程中是输入的“直径值”，即按绝对坐标系编程时，X 为直径值，按增量坐标值编程时，U 为径向实际位移值的二倍，并附上方向符号（正向省略）。这时因为图样上的径向尺寸及测量时的径向尺寸都是使用的直径值。在编写工件的加工程序时，首先是设定坐标系。

1. 机床坐标系的设定

机床欲对工件的车削进行程序控制，必须首先设定机床坐标系。数控车床坐标系涉及以下几个概念：

机床原点：机床原点为机床上的一个固定点，数控车床一般将其定义在主轴前端面卡盘中心。

机床坐标系：是以机床原点为坐标原点建立的 X、Z 轴两维坐标系。Z 轴与主轴中心线重合，为纵向进刀方向；X 轴与主轴垂直，为横向进刀方向。

机床参考点：是指刀架中心退离距机床原点最远的一个固定点。该点在机床制造厂出厂时已调试好，并将数据已输入到数控系统中。

某型号数控车床的机床坐标系及机床参考点与机床原点的相对位置如图 2-41 所示。

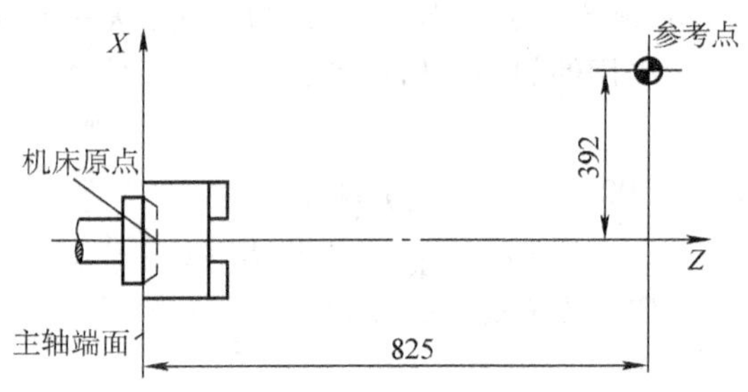

图 2-41　机床坐标系

数控车床开机时，必须先确定机床参考点，也就是刀架返回机床参考点的操作。只有机床参考点确定以后，车刀移动才有了依据，否则，不仅编程无基准，还会发生碰撞等事故。

机床参考点的位置由设置在机床 X 向、Z 向滑板上的机械挡块通过行程开关来确定。当刀架返回机床参考点时，装在 X 向和 Z 向滑板上的两挡块分别压下对应的开关，向数控系统发出信号，停止滑板运动，即完成了返回机床参考点的操作。在机床通电之后，刀架返回参考点之前，不论刀架处于什么位置，此时，CRT 屏幕上显示 X、Z 坐标值均为 0。当完成了返回机床参考点的操作后，CRT 屏幕上立即显示出刀架中心在机床坐标系中的坐标值，即建立起了机床坐标系。

机床参考点在以下三种情况下必须设定：

1）机床关机以后重新接通电源开关时。

2）机床解除急停状态后。

3）机床超程报警信号解除之后。

在上述三种情况下，数控系统失去了对机床参考点的记忆，因此必须进行返回机床参考点的操作。

2. 工件坐标系的设定

当采用绝对值编程时，必须首先设定工件坐标系，该坐标系与机床坐标系是不重合的。

工件坐标系是用于确定工件几何图形上各几何要素（如点、直线、圆弧等）的位置而建立的坐标系，是编程人员在编程时使用的。工件坐标系的原点就是工件原点，而工件原点是人为设定的。数控车床工件原点一般设在主轴中心线与工件左端面或右端面的交点处。

设定工件坐标系就是以工件原点为坐标原点，确定刀具起始点的坐标值。工件坐标系设定后，CRT 屏幕上显示的是车刀刀尖相对工件原点的坐标值。编程时，工件的各尺寸的坐标值都是相对工件原点而言的。因此，数控车床的工件原点又是程序原点。

建立工件坐标系使用 G92 准备功能指令，如图 2-42 所示。O 为工件原点，P_0 位刀具起始点，设定工件坐标系的指令为：G92　X300　Z480

工件原点是设定在工件左端面的中心还是设定在右端面的中心，主要是考虑工件图样上的尺寸能够方便地换算成坐标值，以方便编程。例如车削如图 2-43 所示的阶梯轴。

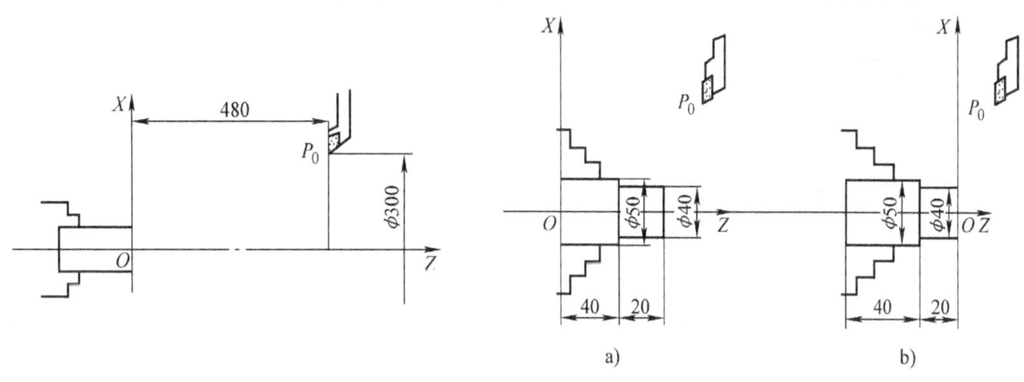

图 2-42　工件坐标系

图 2-43　工件原点的确定

同是车 φ40mm 端面和 φ40mm × 20mm 外圆，如图 2-43a 所示，将程序原点设定在工件左端面的 O 点，车 φ40mm 端面时的程序如下（不考虑 F、S、T、M 功能）：

```
⋮
N150 G00 X46.0 Z60.0;
N160 G01 X0;
⋮
```

车 φ40mm × 20mm 外圆的程序如下：

```
⋮
N150 G00 X40.0 Z62.0;
```

```
N160 G01 X40.0;
⋮
```

如图 2-43b 所示，将工件原点设定在工件右端面的 O 点，车 $\phi40$mm 端面的程序如下：

```
⋮
N150 G00 X46. Z0.0;
N160 G01 X0.;
⋮
```

车 $\phi40$mm × 20mm 外圆的程序如下：

```
⋮
N150 G00 X40. Z2.;
N160 G01 X-20.;
⋮
```

从上述两例可以看出，将工件坐标系的程序原点设定在工件的右端面要比设定在工件左端面时计算各尺寸的坐标值方便，从而给编程带来方便，故推荐采用图 2-43b 的方案，将程序原点设定在工件右端面的中心。

车床刀架的换刀点是指刀架转位换刀时所在的位置。换刀点是任意一点，可以和刀具起始点重合，它的设定原则是以刀架转位时不碰撞工件和机床上其他部位为准则。换刀点的坐标值一般用实测的方法来设定。

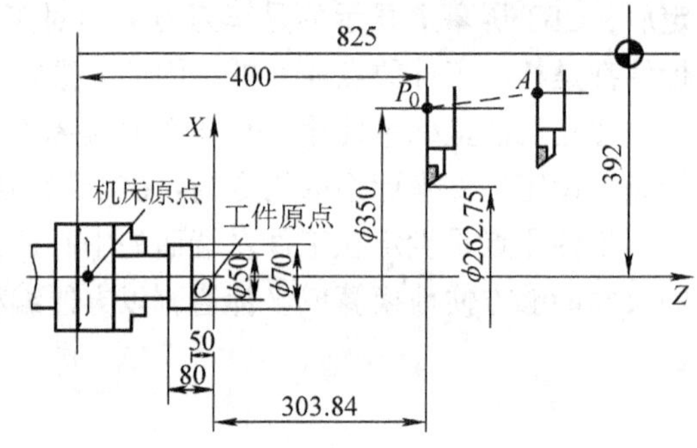

图 2-44　设定工件坐标系实例

用 G92 指令设定工件坐标系的实例：加工如图 2-44 所示的工件。

初始条件：接通电源后，机床返回参考点（建立起机床坐标系）。刀架中心位于机床坐标系中任意点 A 处。

O0010	程序号
N110 G00 X350.0 Z400.0;	在机床坐标系中，刀架中心从 A 点快速定位到 P_0 点
N120 G92 X262.75 Z303.84;	建立工件坐标系
N130 G00 X50. Z5.;	在工件坐标系中快速接近工件
……	切削过程
N200 G00 X262.75 Z303.84;	返回 P_0 点
N210 G00 X784.0 Z825.0;	返回机床参考点
N220 M30;	程序结束

五、数控车床粗精加工的实例

如图 2-45 所示为一车削零件图，其中共使用了 3 把刀，分别用于加工外圆、螺纹和切槽。

```
O1049;
N10 G92 X50 Z0;
N20 M06 T0101;
N40 G90 G00 X40 Z2;
```

```
N50 G01 X25.8 F300;
N60 G71 U1 R0.7 P70 Q100 X0.4 Z0.1 F200;
N70 G01 X8 Z2 F300;
N80     X16 Z-2 F100;
N90     X16 Z-28;
N100    X24 Z-38;
N110 G01 Z-48;
N120 G02 X24 Z-66 R15;
N130 G01 Z-80;
N140 G00 X50 Z0;
N150 T0100;
N160 M06 T0202;
N170 G00 X30 Z-28;
N180 G01 X20 F300;
N190    X12 F500;
N200    X14;
N210    X17 Z-26.5;
N220 G00 X50 Z0;
N230 T0200;
N240 M06 T0303;
N250 G00 X24 Z2;
N260 G82 X15.3 Z26.5 F1;
N270 G82 X15.1 Z26.5 F1;
N280 G82 X14.9 Z26.5 F1;
N290 G82 X14.9 Z26.5 F1;
N300 G00 X50 Z0;
N310 T0300;
N320 M02;
```

六、车削固定循环编程指令

由于车削的毛坯多为棒料或铸，锻件，因此，车削加工多为大余量多次进刀切除，所以在车床的数控装置中，总是具备各种不同形式的固定循环功能，如内或外圆柱循环，内或外锥面循环、切槽循环、端面循环、内或外螺纹循环以及各种组合面的仿形切削循环等等。

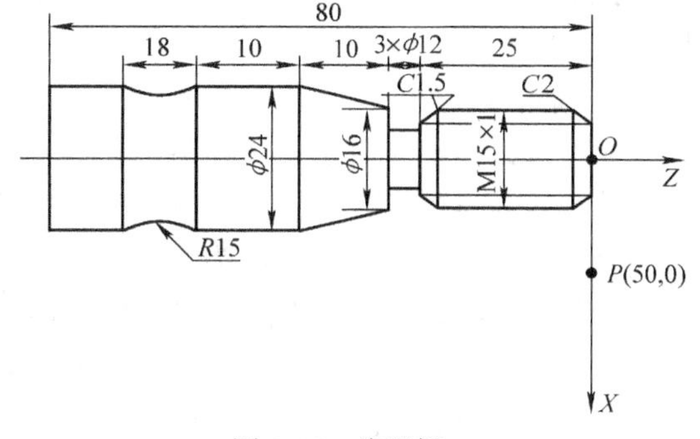

图 2-45　编程例

值得注意的是，各种数控车床设置这些循环的指令代码及其程序格式不尽完全相同，必须根据使用说明书的具体规定进行编程。以下仅对一些常用的 FANUC－0iT 循环作一般性介绍。

1. 矩形柱面循环指令 Gzz（如 G77）

该指令用于内、外圆柱面切削的矩形自动循环。如图 2-46a 所示。*ABCD* 为一次自动循环，用一个循环指令并用一个程序段表示：

N—Gzz X（U）__ Z（W）__ F __ LF

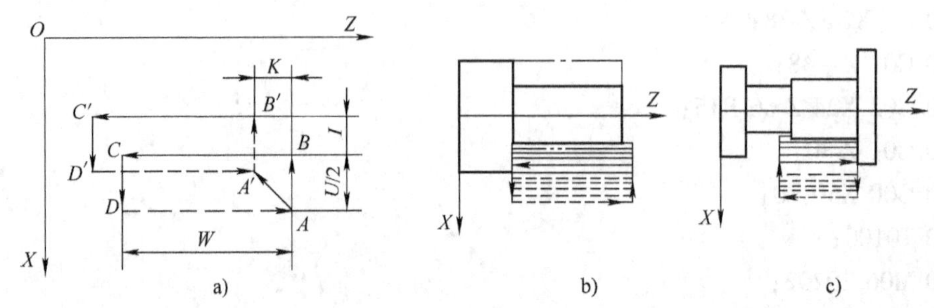

图 2-46　矩形循环

坐标值可用增量值 U、W，也可用 C 点的绝对值 X、Z，图示的 U、W 为负方向，U 用 *AB* 的二倍值编程。图中虚线为 G00，快速实线为程序中给定的 F 速，但程序中只编入 F。

当进行重复循环时，为进一步减少程序，有些数控车床采用重复循环次数代码（如 H 代码）。设每次循环完后的推进量为 I、K，则多次重复循环的动作可用一个程序段完成，即：

N __ Gzz X（U）__ Z（W）__ I __ K __ H __ F __ LF

H 代码后的数字表示重复循环次数（包括第一次循环）。X（U）和 Z（W）为第一次循环的坐标值，I 用二倍值。

根据 U、W、I、K 的不同方向（正或负）可以组成不同切削方向的自动循环（如各种纵向切削循环和各种横向切削循环）。如图 2-46b，U、W、I 均为负值，K 为零；对图 2-46c 情况，U、I 为负，W 为正，K 为零。其他情况从略。

2. 锥面循环指令 Gzz

该指令用作切削内、外锥面的自动循环，如图 2-47 所示。

锥度的斜率决定于 U、W 值。U 值为圆锥大、小头直径差（即图 2-47 中所示 U 值的二倍）。当用绝对值编程时，则取 *B* 点的 X 值与 *C* 点的 Z 值。其程序段格式与矩形循环相同。

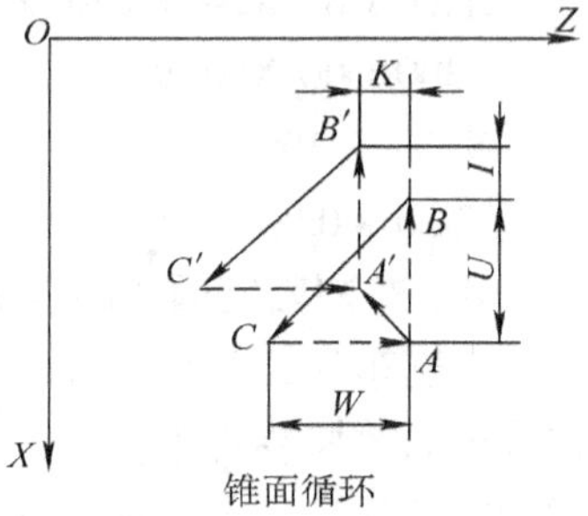

锥面循环

图 2-47　锥度循环

3. 简单螺纹循环 Gzz（如 G78）

简单螺纹循环与前述的矩形循环基本相同，只是 F 后边的进给量改为螺距值即可。但有些机床在螺纹的终点处增加斜向退刀，如图 2-48 所示中的 *CD* 动作。*CD* 在 *Z* 向的距离约为一个螺距，程序中的 U 值取大于螺纹深度的二倍值编程。

W 值应包括切入和切出的空刀行程（如图 2-49 所示），即

$$W = L + L_1 + L_2$$

L_1 和 L_2 为切入和切出的空刀行程，用以避免升降速过程影响螺纹质量。一般推荐：

$$L_1 = (3 \sim 5)F \qquad L_2 = (1 \sim 2)F$$

简单螺纹切削方式由于每次推进量 I 为定值，即每次的切削剖面不等，不是理想的螺纹切削方式，故称简单螺纹循环。

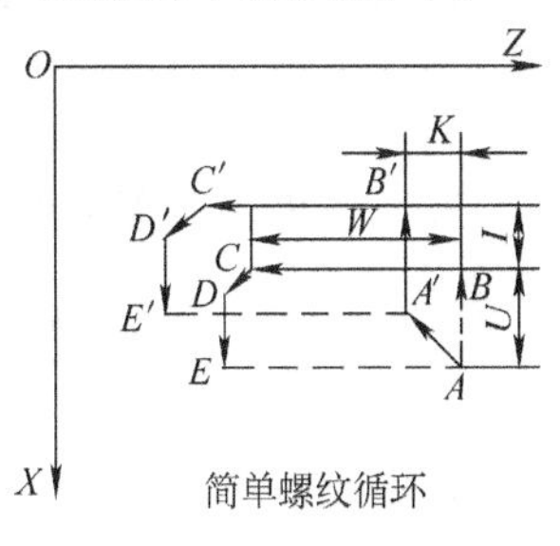

图 2-48　简单螺纹循环

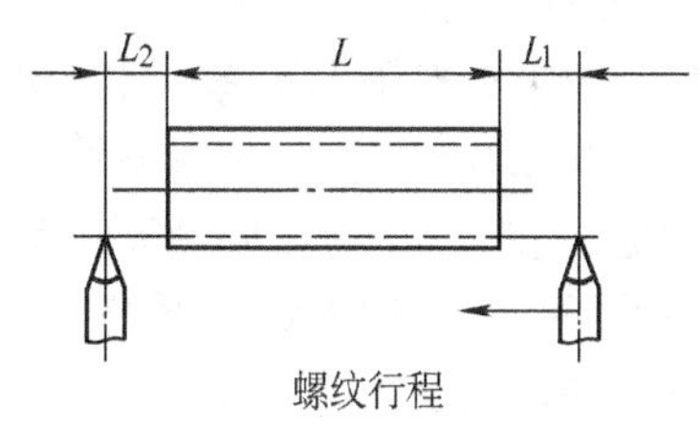

图 2-49　螺纹行程

车削多头螺纹可用退刀程序解决。图 2-49 中以 *A* 点作为第一头螺纹的起点，利用螺纹程序反复车好第一头螺纹后，再用退刀程序 *AG* 退至 *G* 点作为第二头螺纹的起点，依此类推，即可车削多头螺纹。

设导程为 F，头数为 M，则每头的退刀距离为 H = F/M，并以 H 值编制退刀程序，同时，将其后螺纹程序中的 W 值每头相应增加 H 值，以保证各头螺纹终点的一致。

锥螺纹循环基本上与如图 2-49 所示的柱螺纹循环相同，只是图中的 *BC* 段为螺纹的锥度。

4. 复杂螺纹循环 Gzz

复杂螺纹循环与简单螺纹循环相比，其主要特点是每次进刀深度递减，且按一定规律自动分配，其次是 60°刀刃切入时，基本上为单侧切削。这些特点对大螺距加工是十分有利的。

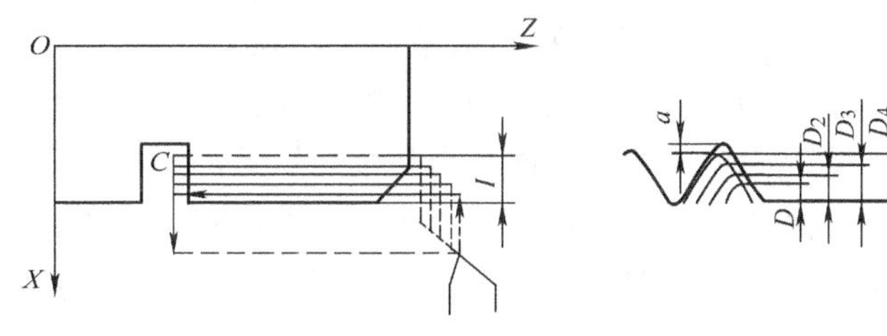

图 2-50　复杂螺纹循环示意图

复杂螺纹循环动作和程序格式多样，如图 2-50 所示为其中一种循环方式的示意图，其程序段可书写为

N __ GzzX __ Z __ I __ D __ F __ A __ LF

其中：Gzz 为该循环方式的指令代码，X、Z 为 *C* 点的绝对值，I 为螺纹深度，D 为第一次循环的切深，A 为螺纹角（如 60°）。

螺纹深度 I 减去精加工切深 a（0.1 ~ 0.6），即为粗加工总余量。每次粗切余量是递减的，递减规律决定于数控装置的内部逻辑。现列举两种递减算法：

1）如图 2-50 所示，当程序给定第一次粗切深 *D* 后，第二次以后的每次总切深顺次为 $D2=\sqrt{2}D$，$D3=\sqrt{3}D$，$D4=2D$，…。

即第二次以后每次的粗切深顺次为 $D(\sqrt{2}-1)$，$D(\sqrt{3}-\sqrt{2})$，$D(2-\sqrt{3})$ ……。

2）西德“西门子”3*T* 系统：程序中给定粗切次数 n，则第一次粗切深为 D，D：$2(I—a)/(n+1)$

第二次以后的粗切深顺次为 $D-d$、$D-2d$、$D-3d$、……。其中 $d=D/n$。

5. 纵向粗车复合固定循环 G71 及精车复合循环 G70

用棒料毛坯加工台阶轴类零件时编程。程序格式：

G71 P(ns) Q(nf) U(Δu) W(Δw) D(Δd) F __ S __ T __;

G70 P(ns) Q(nf)

其中 ns 和 nf 为精加工第一个和最后一个程序段号。

如图 2-51 所示，A'至 B 为零件表面，C 为刀具起点，A 为毛坯外径与端面的交点，Δd 为粗车背吃刀量，Δu 为径向精车余量，Δw 为轴向精车余量。

图示程序为（用 FANUC 系统）：

```
N001 G50 XC ZC;                          (坐标系设定)
N002 G00 XA ZA S __ T __ M03;            (C→A)
N003 G71 P004 Q009 U (Δu)                W (Δw) D (Δd) F0.25 S __; (粗车循环)
N004 G00 XA' S __;                       (A→A')
N005 G01 ZC F0.15;                       (A'→G)
N006 XH;                                 (G→H)
N007 XI ZI;                              (H→I)
…
N009 XB;                                 (M→B)
N010 G70 P004 Q009;                      (精车程序)
N011 M30;                                (程序结束)
```

6. 组合面（仿形）切削循环指令 Gzz

组合面切削循环又称仿形切削循环，或轮廓切削循环。

顾名思义，切削表面是由几个几何元素组成，而每次粗切削循环的轨迹基本上是这些几何元素的等距线，从而可以简化粗加工程序。这种循环方式主要用于毛坯形状与工件最终轮廓基本相似的情况，如铸，锻件毛坯的大余量分层切削。

如图 2-52 所示循环示意图为其中一例。图中：*ABCDE* 由 4 个几何元素组成，用 T1 刀三次粗加工循环，粗加工总余量为 I、K，T2 刀进行精加工，余量为 U、W。为此，加工程序中应包括：

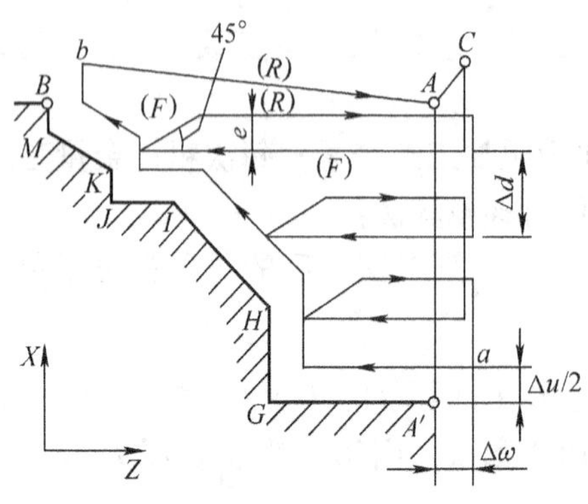

图 2-51 纵向粗车符合循环

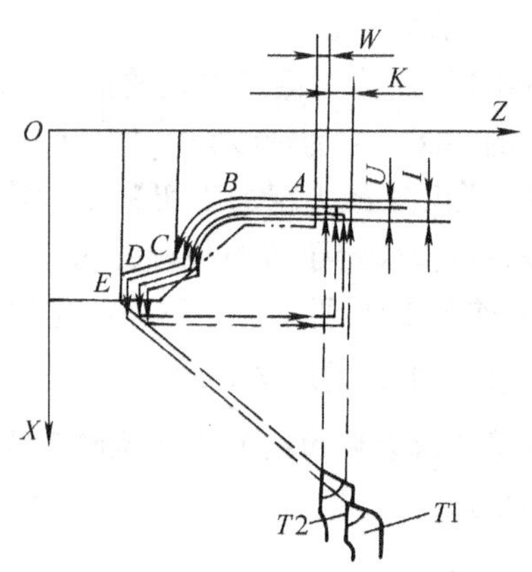

图 2-52 组合面仿型循环示意图

1) 1 个粗加工程序段，它包括 Gzz、I、K、U、W 以及粗加工循环次数和调用最终轮廓等内容，数控逻辑部件会根据最终轮廓尺寸自动分配每次进给轨迹的数据，并驱动机床进行粗切削循环。

2) 4 个精加工程序段（*AB*，*BC*，*CD*，*DE*）。如图为轮廓粗车复合固定循环（G73）的应用。格式：

G73 P(ns) Q(nf) I(Δi) K(Δk) W(Δw) D(Δd)；

其中 Δi、Δk 分别为径向和轴向粗切总余量，由系统自动分配；Δd 为循环次数。

以上扼要介绍了数控机床循环指令的基本概念。具体应用时，应根据编程说明书中的具体规定进行编程。

第五节　数控铣床和加工中心编程方法

一、数控铣床和加工中心机床编程特点

加工中心是将数控铣床、数控镗床、数控钻床的功能组合起来，并装有刀库和自动换刀装置的数控镗铣床。立式加工中心主轴轴线是垂直的，适合于加工盖板类零件及各种模具。

卧式加工中心主轴轴线是水平的，一般配备容量较大的链式刀库，机床带有一个自动分度工作台或配有双工作台以便于工件的装卸，适合于工件在一次装夹后，自动完成多面多工序的加工，主要用于箱体类零件的加工。

加工中心机床的数控程序编制中，从加工工序的确定，刀尖的选择，加工路线的安排，到数控加工程序的编制，都较复杂。加工中心编程的特点主要有：

1) 首先应进行合理的工艺分析。由于零件的工序多、刀具种类多，需周密合理安排各工序加工的顺序。

2) 数控铣床和加工中心都至少有三个控制轴（*X*、*Y*、*Z*），可同时控制二个、三个甚至更多个坐标轴联动，可以加工任意平面零件直到复杂的空间表面。

3) 根据加工批量等情况，决定采用自动换刀还是手动换刀。批量 10 件以上、刀具更换频繁时自动换刀。

4) 加工中心和数控铣床都适合箱体类零件加工，当加工中心加工比较复杂的箱体时，一般需要数十把或上百把刀具，刀具文件等工艺资料需要齐全，以利于工艺准备和产品零件重复加工。

5) 自动换刀要留出足够的换刀空间。刀具直径较大或尺寸较长时避免发生撞刀事故。

6) 都能实现点位控制加工，一般也都可以实现轮廓控制加工。

7) 为提高机床利用率，尽量采用刀具机外预调，并将测量尺寸填写到刀具卡片中，以便于操作者在运行程序前，及时修改刀具补偿参数。

8) 对于编好的程序，必须进行认真检查，并于加工前安排好试运行。手工编程比自动编程出错率高。

9) 尽量把不同工序内容的程序，分别安排到不同的子程序中。当零件加工工序较多时，为了便于程序的调试，一般将各工序内容分别安排到不同的子程序中，主程序主要完成换刀及子程序的调用。

10）在加工时，如钻孔、镗孔等动作中往往需要快速接近工件、慢速钻（镗）孔，加工完后要快速退回至原处，这些典型的、固定的几个连续动作利用一条固定循环指令（有时用子程序）去执行，可使程序段数减少。在固定循环程序段中加入“循环次数”指令则程序段数更为减少。

二、数控铣床编程中的特殊功能指令

数控铣床编程中除了需要用到常用的功能指令外，还要用到一些特殊的功能指令，以适应其工艺要求。

1. 工件坐标系设定指令

数控铣床除了可以用G92指令建立工件坐标系之外，还可以用G54～G59指令设置工件坐标系，这样设置的每一个工件坐标系自成体系。采用G54～G59指令建立的坐标系不像用G92指令那样，需要在程序段中给出工件坐标系与机床坐标系的偏置值，而是在安装工件后测量工件坐标系原点相对于机床坐标系原点在X、Y、Z各轴方向的偏置量，然后用MDI方式将其输入到数控系统的工件坐标系偏置值存储器中。系统在执行程序时，从存储器中读取数值，并按照工件坐标系中的坐标值运动。如图2-53所示为工件坐标系与机床坐标系之间的关系。使用G54设定工件坐标系的程序段为：

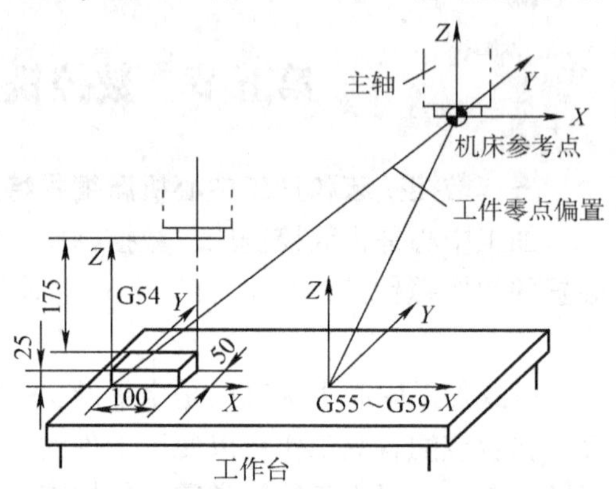

图2-53 工件坐标系与机床

N1 G90 G54 G00 X100.0 Y50.0 Z200.0；

其中G54为设定工件坐标系，其原点与机床坐标系原点的偏置值已输入数控系统的存储器中，其后执行G00 X100.0 Y50.0 Z200.0时，刀具就移到G54所设的工件坐标系中X100.0 Y50.0 Z200.0的位置上。

2. 镜像加工指令

在加工某些对称图形时，为避免反复编制相类似的程序，缩短加工程序，可采用镜像加工功能。图2-54a、b、c分别关于Y轴、X轴、原点对称的图形，编程轨迹为其中一半的图形，另一半可通过镜像加工指令完成。

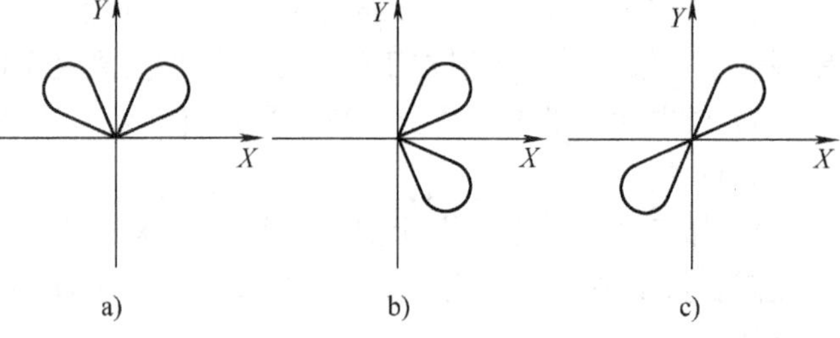

图2-54 对称图形
a）Y轴对称 b）X轴对称 c）原点对称

镜像加工指令的格式各数控系统并不一致，常见的一种指令格式为：

G11 N nnnn. mmmm. ppp

G12 N nnnn. mmmm. ppp

G13 N nnnn. mmmm. ppp

其中，nnnn表示镜像加工程序开始时程序段号；mmmm表示镜像加工程序结束时程序段号；ppp表示循环次数（1～255）。说明：

1）这组指令的作用是将本程序段所定义的两个程序段号之间的程序，分别按Y轴、X

轴、原点对称加工，并按循环次数循环若干次。

2）镜像加工完成后，下一加工程序段是镜像加工定义段的下一程序段。如某程序：

N0010　…；

N0020　…；

…

N0100　G11　N0030.0060.02；

N0110　M02；

该程序的实际加工顺序为N0010→N0020→……→N0100（将N0030 N0060之间程序按Y轴对称加工，循环两次）→N0110。

3）镜像加工指令不可作为整个加工程序的最后一段，若位于最后时，则再写一句M02程序段。

4）循环次数若为1次可省略不写。

5）G11、G12、G13所定义的镜像加工程序段号内，不得发生其他转移加工指令，如子程序、跳转移加工等。

例：如图2-55所示，刀心轨迹是Y轴、X轴、原点对称的图形，Z向深度分别为2mm，试用镜像加工指令编程。

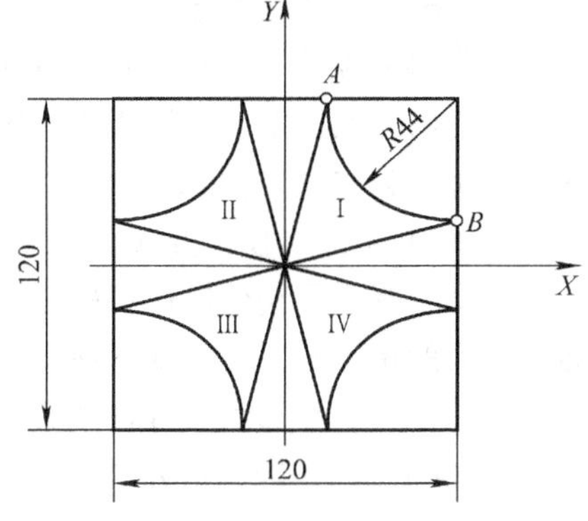

图2-55　镜像加工实例

解：

1）计算A、B两点坐标值

A点：$X=16$mm；$Y=60$mm

B点：$X=60$mm；$Y=16$mm

2）编程

O35	（程序名）
N0010 G92 X0 Y0 Z100 S1000 M03；	（设编程坐标原点O，主轴正转1000r/min）
N0020 Z2；	（刀具快进）
N0030 G01 Z-2 F100；	（刀具Z向加工至2mm）
N0040 X16 Y60；	（直线插补O→A）
N0050 G03 X60 Y16 I44 J0；	（逆圆插补A→B）
N0060 G01 X0 Y0；	（直线插补B→O）
N0070 G11 N0040.0060；	（Y轴镜像加工Ⅱ，循环一次）
N0080 G12 N0040.0060；	（X轴镜像加工Ⅳ，循环一次）
N0090 G13 N0040.0060；	（原点对称加工Ⅲ，循环一次）
N0100 G00 Z100；	（抬刀）
N0110 M02；	（程序结束）

三、FANUC-6M系统的功能指令

FANUC-0iM系统是我国采用较多的CNC系统，主要适用于铣床和加工中心，具有一定代表性。其功能指令除了常规指令之外，其他有：对称切削、单程序段操作、程序号检索、机床闭锁、辅助机能闭锁、Z轴闭锁、中断后起动、进给倍率、主轴转速倍率、定量进给、手动进给等。

（一）常用准备功能指令

1）G09——准确停止检验：非模态代码。

可加工尖锐棱角。在与包含有运动的指令同时被指令时，刀具在到达终点前减速并精确定位后才继续执行下一程序段。

2）G10——刀具偏移量设定、工件零点偏移量设定。

指令格式为 G10P __ R __；

用 P 指令偏置号，用 R 指令偏移量。

3）G45，G46，G47，G48——刀具位置偏移增加、减少或两倍增加、减少。

刀具按运动段的长度沿 X 轴或 Y 轴方向偏移一倍或两倍刀具半径补偿值，其功能可由 G41 和 G42 取代，故实际很少使用。

4）G60——单方向定位。

取代 G00 实现单方向定位，从而达到消除因间隙而引起的加工误差。定位时的方向与过冲量均由参数设定，即使指令的定位方向与设定的方向一致时刀具也要在达到终点前停一次。该指令为非续效代码。

5）G61-精确停校验方式。

该指令规定了精确停止校验方式且为续效指令。在指令了 G61 的程序段后，当遇到与运动有关的指令时，刀具到达该运动段的终点，减速到零并精确定位后执行下一个程序段。该指令工作方式在遇到 G64 时可以被自动终止。

6）G64——切削进给方式。

这种方式下，刀具在运动到指令的终点后不减速而继续执行下一个程序段，不影响 G00、G09 或 G60

（二）常用辅助功能指令

在一个程序段中只应规定一个 M 指令，出现两个以上时，以最后一个被指令的 M 代码有效。

（三）机床坐标系及其建立

以 JCS-018 立式加工中心为例。

1. 基本机床坐标系

基本机床坐标系是机床固有的坐标系，该坐标系的位置只有开机后，通过手动返回参考点的操作建立。手动返回参考点的操作是按各轴分别进行的。之后，刀具运动时机床坐标显示就跟踪刀具的移动而变化。

一般假定在完成 X、Y、Z 轴手动返回参考点的操作后，把主轴轴线与主轴前端面相交的那一点作为基本机床坐标系各轴的原点位置，即机床坐标显示中 X0.000 Y0.000 Z0.000 就代表该点的坐标。

2. 工件坐标系

工件坐标系是程编员在进行编程时使用的。

（1）工件坐标系的建立 G92　当需要把工件坐标系设定在工件上的某一个位置时，首先指令刀具或工件回到机床参考点（即回零），然后通过手动或机动方式将刀具或工件移动到工件设定的位置（即刀具起点处）。

这时工件和刀具分别移动了 X = | X | 、Y = | Y | 、Z = | Z | 的距离。工件坐标系的设定为：

G92 X| ΔX| Y| ΔY| Z| ΔZ| ；

若程序起点（原点）设在工作台的回转中心处，则程序为

G92 X| ΔX| Y| ΔY| Z| ΔZ| ；

工件坐标系中刀具从起点开始运动，程序也从起点开始运动，数控系统由 G92 指令工件坐标系知道起点坐标值。

在编程时最好将刀具的起点和程序的原点设置在同一点处，从而简化程序，减少不必要的计算。有回转工作台的数控机床，最好把程序的原点，即工件坐标系的原点，设在回转中心上，或设置在回转中心与 Z 轴连线上的适当位置上，因为这样坐标原点与回转中心的距离，可以通过刀具长度补偿弥补。

（2）工件坐标系的偏移 G54 ~ G59　G92 指定工件坐标系时只用程序指定就可以了，而用 G54 ~ G59 指定工件坐标系时要预先通过参数设定后，再用程序指定：

G54 X __ Y __ Z __；

系统知道程编员所使用的工件坐标系，是通过操作工在加工现场决定的。所做工作包括：

1）根据装夹图把工件—夹具安装在工作台上。

2）机床手动回零，即使机床建立基本机床坐标系。

3）测量所用工件坐标系（原点）对基本机床坐标系的偏置，这个偏置值叫做工件原点偏置。

4）G54 ~ G59 六个工件坐标系各有自己的工件原点偏置。

5）把所测量到的工件原点偏置值用“手动数据输入”，即 MDI 方式输到计算机中，记忆此偏置值。

（四）常用固定循环指令

在 G 代码中，常用 G80 ~ G89 作为点位加工的固定循环指令。国产一些加工中心固定循环为 G81 ~ G89，用 G80 取消固定循环。FANUC 6M 系统有 A 类和 B 类两种，A 类包括 G81，G82，G84，G85，G86 和 G89 六种固定循环，用 G80 取消；B 类包括 G73，G74，G76 和 G81 ~ G89 共十二种固定循环，用 G80 取消。如图 2-56 所示，孔加工的固定循环通常由以下动作组成：

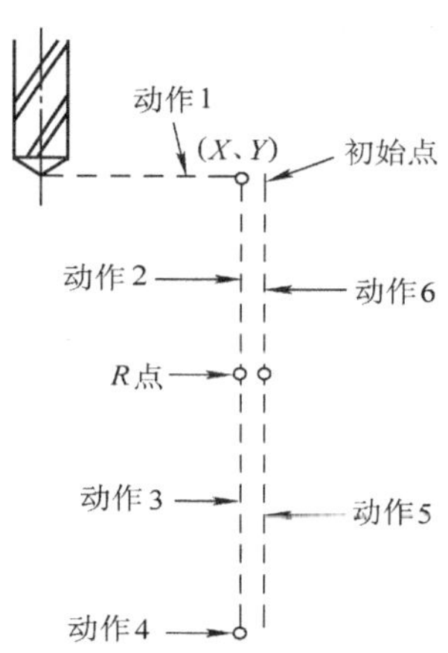

图 2-56　固定循环动作

（1）*A*→*B*　刀具快进至孔位坐标（*X*、*Y*），即循环初始点 *B*。

（2）*B*→*R*　刀具 *Z* 向快进至加工表面附近的 R 点平面。

（3）*R*→*E*　加工动作（如：钻、攻螺纹、镗等）。

（4）*E* 点　孔底动作（如：进给暂停、刀具偏移、主轴准停、反转等）。

（5）*E*→*R*　返回到 *R* 点平面。

（6）*R*→*B*　返回到初始点 *B*。

四、固定循环指令编程

1. 与孔加工循环相关的平面

（1）初始平面　如图 2-56 所示，初始平面是为安全下刀而规定的一个平面，该平面到零

件表面的距离可以任意设定在一个安全的高度上。当用一把刀加工若干孔时，只有孔间存在障碍需要跳跃或全部孔加工完了时，才使用 G98 功能使刀具返回到初始平面上的初始点。

（2）*R* 点平面　又叫做 *R* 参考平面，是刀具下刀时自快进转为工进的高度平面，一般可取距工件表面 2～5mm。使用 G99 时，刀具将返回到该平面上的 *R* 点。

（3）孔底平面　加工盲孔时孔底平面就是孔底的 *Z* 轴高度。加工通孔时一般刀具还要伸出工件底平面一段距离，主要保证全部孔深都加工到尺寸。孔加工循环与平面选择指令（G17、G18 或 G19）无关，即不管选择了哪个平面，孔加工都是在 *XY* 平面上定位并在 *Z* 轴方向上钻孔。

2. 固定循环的代码

（1）数据形式　固定循环中地址 *R* 与地址 *Z* 的数据指定与 G90 或 G91 的方式选择有关。如图 2-57 所示，选择 G90 方式时，*R* 与 *Z* 一律取其终点坐标值。选择 G91 时则 *R* 是指自初始点到 R 点的距离，*Z* 是指自 *R* 点到孔底平面上 *Z* 点的距离。

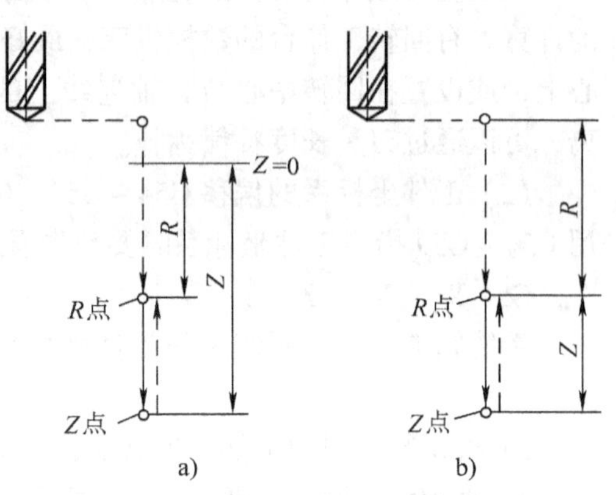

图 2-57　G90 和 G91 的坐标计算
a）G90 方式　b）G91 方式

（2）返回点平面 G98，G99　G98 指令自该程序段开始，刀具返回时是返回到初始平面；G99 则指令返回到 *R* 点平面。

（3）自动返回参考点 G27，G28，G29

1）返回参考点校验 G27　利用这条指令可以检验刀具是否能够定位到参考点上。

格式：G27 X __ Y __ Z __;

其中 X __ Y __ Z __分别代表参考点在工件坐标系中的坐标值，刀具如能达到，则相应轴的指示灯点亮。

①如不要求每次都执行该操作，应在指令前加“/”。

②如希望执行后程序停止，则程序段后加 M00 或 M01。

③刀具补偿方式中，达到的是加上补偿量的位置，不能达到指定参考点，指示灯不亮，应先取消刀补。

2）自动返回参考点（G28）　该指令可以使刀具以点位方式经中间点快速返回到参考点。

格式：G28 X __ Y __ Z __;

目的是防止返回参考点时干涉。其中 X __ Y __ Z __表示中间点的坐标，可以是绝对值也可以是增量值，取决于是用 G90 还是 G91。应注意：

①G28 通常用于自动换刀，执行前取消各种刀补。

②G28 程序段中不仅记忆移动指令坐标值，且记忆中间点的坐标值，直至被新的 G28 中对应的坐标值替换。

G90 G00 X100.0 Y200.0 Z300.0;

G28 X400.0 Y500.0;（中间点是 400.0，500.0）

G28 Z600.0;（中间点是 400.0，500.0，600.0）

3）自动从参考点返回（G29）　该指令可以使刀具从参考点出发，经过一个中间点到达由这个指令后面的 X __ Y __ Z __指定的坐标值位置。该指令与 G28 成对使用，因为其中间点是由 G28 指定的。

格式：G29 X __ Y __ Z __；

其中 X __ Y __ Z __由 G90/G91 决定是绝对值还是增量值。若为增量值，是指到达点相对于 G28 中间点的增量值。使用 G28 之后，该指令不是必须的，可以直接用 G00 定位有时更为方便。

如图 2-58 所示，加工后刀具已经定位到 *A* 点，取 *B* 点为中间点，*C* 点为执行 G29 应达到的点，则程序为：

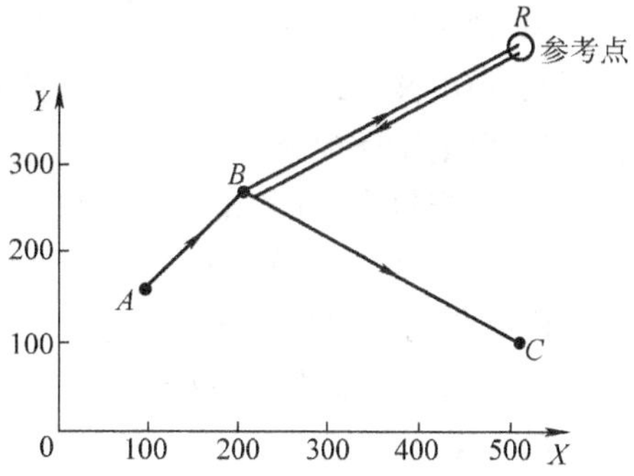

图 2-58　G28、G29 应用例

G91 G28 X100.0 Y100.0；

M06；

G29 X300.0 Y-170.0；*B* 到 *C* 点的增量坐标 X300.0 Y-170.0

执行时，刀具先从 *A* 点出发，快速点定位经 *B* 点到达参考点，换刀后执行 G29，从参考点到 *B* 再到 *C* 点。

(4) 孔加工方式 G73 ~ G89　一般格式为：

G73 ~ G89 X _ Y _ Z _ R _ Q _ P _ F _ L _；

X _ Y _：指定加工孔的位置（与 G90/G91 有关）；

Z _：指定孔底平面的位置（与 G90/G91 有关）；

R _：指定 *R* 点平面的位置（与 G90/G91 有关）；

Q _：增量值，与 G90/G91 无关，在 G73 或 G83 方式中指定每次加工深度，在 G76 或 G87 方式中规定位移量；

P _：指定刀具在孔底的暂停时间，以 ms 为单位，不使用小数点；

F _：指定孔加工切削进给时进给速度，模态代码；

L _：指定孔加工重复次数，默认为 L1，非模态。在 G90 时刀具在原来孔的位置重复加工，在 G91 时加工一条直线上的若干个等距孔。

孔加工循环方式的注意事项为：

1) 孔加工循环指令以及 Z、R、Q、P 等指令都是模态的，一旦建立，一直有效，直到被新的加工方式代替或取消补偿时才被清除。

2) 取消孔加工固定循环方式用 G80，或任何 01 组的 G 代码。

3) 孔加工固定循环指令执行前，必须先用 M 指令使主轴转动。

4) 孔加工固定循环中，刀具长度补偿指令在刀具至 *R* 点时生效。

对孔加工数据保持和取消举例如下：

N1 G91 G00 X _ M03；	先主轴正转，再按增量值方式沿 X 轴快速定位。
N2 G81 X _ Y _ Z _ R _ F _；	钻孔固定循环及原始数据。
N3 Y _；	按 Y _移动后执行下一钻孔。
N4 G82 X _ P _ L _；	先移动 X _再按 G82 钻孔重复 L 次。
N5 G80 X _ Y _ M05；	不钻孔，取消钻削参数。
N6 G85 X _ Z _ R _ P _；	再次指定 Z 和 R，P 也被存储。

N7 X _ Z _;　　移动 X 后按本段 Z 执行 G85 钻孔动作。

N8 G89 X _ Y _;　　执行 X、Y 移动后按 G89 方式钻孔。

N9 G01 X _ Y _;　　清除孔加工方式及 F 外的加工数据。

3. 固定循环指令

（1）高速深孔往复排屑钻 G73

G73 X _ Y _ Z _ R _ Q _ F _;

沿 *Z* 轴方向进给，Q 为退量。

（2）深孔往复排屑钻 G83

G83 X _ Y _ Z _ R _ Q _ F _;

与 G73 不同，在每次刀具间歇进给后回退至 *R* 点平面，Q 表示刀具间断进给每次下降时由快进转为工进的那一点至前一次切削进给下降的点之间的距离。

（3）精镗 G76

G76 X _ Y _ Z _ R _ Q _ P _ F _;

如图 2-59 所示，*P* 表示在孔底有暂停，OSS 表示主轴准停，Q 表示刀具移动量。

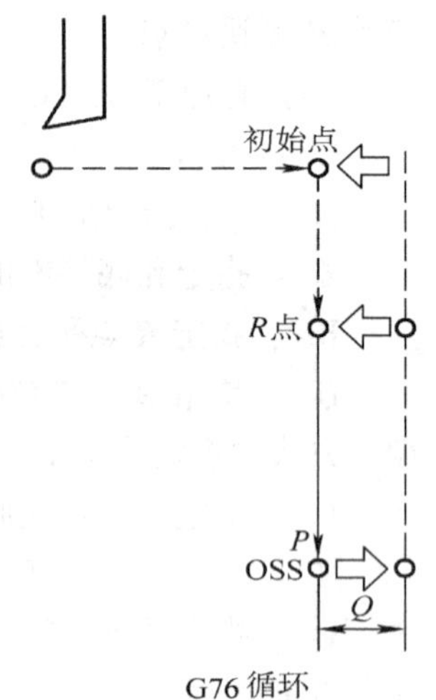

图 2-59　G76 循环

（4）钻孔 G81 与锪孔 G82

G81 X _ Y _ Z _ R _ F _;

G82 X _ Y _ Z _ R _ P _ F _;

G82 比 G81 在孔底增加了暂停

（5）精镗孔 G85 与精镗阶梯孔 G89

G85 X _ Y _ Z _ R _ F _;

G89 X _ Y _ Z _ R _ P _ F _;

加工时，刀具以切削进给的方式加工到孔底，然后又以切削进给的方式返回到 *R* 点平面，因此适用于精镗孔等情况。G89 比 G85 在孔底增加了暂停。

（6）攻右旋螺纹 G84 与攻左旋螺纹 G74

G84/G74 X _ Y _ Z _ R _ F _;

G84/G74 X _ Y _ Z _ R _ P _ F _;

需要暂停时用后一种格式。根据主轴转速与螺纹螺距计算 F 值。

G84 指令主轴在孔底反转，返回到 *R* 点平面后再正转。

G74 指令主轴在孔底正转，返回到 *R* 点平面后再反转。

如果在程序中指令了暂停并有效，则在刀具到达孔底和返回 *R* 点时先执行暂停的动作。在攻螺纹期间忽略进给倍率且不能停车，即使使用了进给保持，加工也不停止，直至完成该固定循环。

（7）镗孔 G86

指令格式与 G81 完全相同，加工到孔底后主轴停止，返回到 *R* 点平面（G99）或初始平面（G98）后，主轴再重新启动。

如果连续加工的孔间距较小，可能出现刀具已经定位到下一个孔加工的位置而主轴尚未到达规定的转速，此时可以在各孔动作之间加入暂停指令 G04，使主轴获得规定的转速。

(8) 镗孔 G88

G88 X _ Y _ Z _ R _ P _ F _;

刀具到孔底后延时，主轴停止且系统进入进给保持状态，此时可用手动操作。在这种循环方式中，只能让刀具返回到初始平面，而不能返回到 *R* 点平面，因为 *R* 点平面低于 *Z* 点平面。

(9) 反镗孔 G87

G87 X _ Y _ Z _ R _ Q _ F _;

如图 2-60 所示，*X* 轴和 *Y* 轴定位后，主轴定向停止，刀具以与刀尖相反的方向按 Q 值给定的偏移量偏移并快速定位到孔底（*R* 点）。

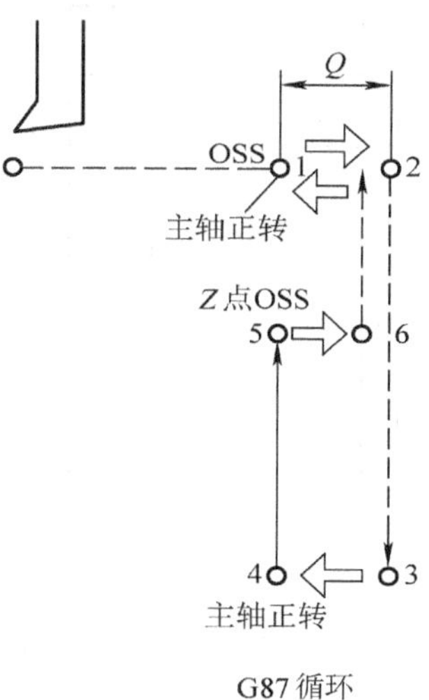

图 2-60　G87 循环

五、换刀程序

加工中心机床的自动换刀装置（ATC）可按加工要求自动选刀；目前基本上采用任选刀具的方式。

1. 刀具的选择

刀具选择是指把刀库上指令了刀号的刀具转到换刀的位置，为下次换刀作好准备。这一动作是靠选刀指令（T 功能指令 T ××）实现的。

如 JCS－018 加工中心的刀库容量为 16 把，可用 T01～T16 指令表示 16 把刀，可以将主轴上装第 17 把刀，指令为 T00。

2. 刀具交换

是指刀库上正位于换刀位置的刀具与主轴上的刀具进行自动换刀。该动作通过换刀指令 M06 实现。

3. 自动换刀程序的编制

1）在一个程序段中，同时包含 T 指令与 M06 指令：

N _ G28 Z _ T×× M06;

首先根据 G28 沿 *Z* 轴自动返回参考点，然后执行主轴准停及自动换刀动作；T 指令在 M06 之后执行，且指令下一次换刀的刀具号；本次换刀的刀具号在本程序段之前就已经提前写出。

2）在写有 T 功能指令的程序段后面，下一个程序段中紧接着写 M06 换刀指令：

N _ G28 Z _ T××;

M06;

采用这种方式编程，在 *Z* 轴返回参考点的同时，刀库也开始转位。若刀具返回参考点的动作已完成，而刀库转位尚未完成，则只有等刀库转位完成，才开始执行下一个程序段的换刀动作。这种方式换刀占用的时间最长，因此编程时不宜采用。

六、子程序

1. 子程序的概念

如图 2-61 所示，当被加工零件上有若干处具有相同的轮廓，或加工中出现具有相同轨迹的进给路线时，在编制的加工程序的若干位置上，包含有一连串在写法上完全相同的内容，为了简化程序，把这些重复的程序段单独抽出，按一定的格式编成子程序，并像主程序一样将它们存储在程序存储区中。

为了进一步简化程序，子程序调用另一个子程序，称为子程序的嵌套，如图 2-62 所示，较多的是二重嵌套。加工中心程序中，主程序中可以只有换刀和调用子程序等指令，每一个独立的工序编成一个子程序。

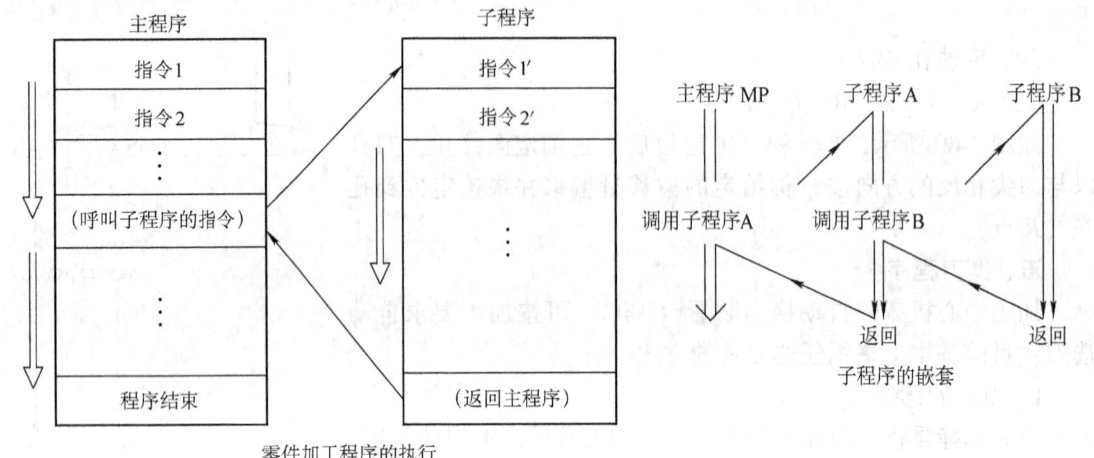

图 2-61　零件加工程序的执行　　　图 2-62　子程序的嵌套

2. 子程序的调用与执行

(1) 子程序的格式

O × × × ×；

_ _ _ _ _ _ _ _ _；

_ _ _ _ _ _ _ _ _；

……

_ _ _ _ _ _ _ _ _；

M99；

在子程序的开头，继“O”（EIA）或“:”（ISO）之后规定子程序号，由 4 位数字构成。M99 为子程序的结束，不一定单独用一个程序段。

(2) 子程序的调用

M98 P× × × × L× × × ×；

M98 是调用指令，P 后的 4 位数字为子程序号，地址 L 指令重复调用的次数，省略时为 1，最多 9999 次。

(3) 子程序的执行

主程序

O0001；

N0010 ……；

N0020 M98 P1010 L2；

N0030 ……；

N0040 M98 P1010；

```
N0050 ……;
⋮
子程序
O1010;
N1020 ……;
N1030 ……;
N1040 ……;
N1050 ……;
N1060 M99;
```

七、孔加工编程实例分析

例 1：试采用固定循环方式加工如图 2-63 所示各孔。工件材料为 HT300，使用刀具为镗孔刀，T02 为 ϕ13 钻头，T03 为锪钻。

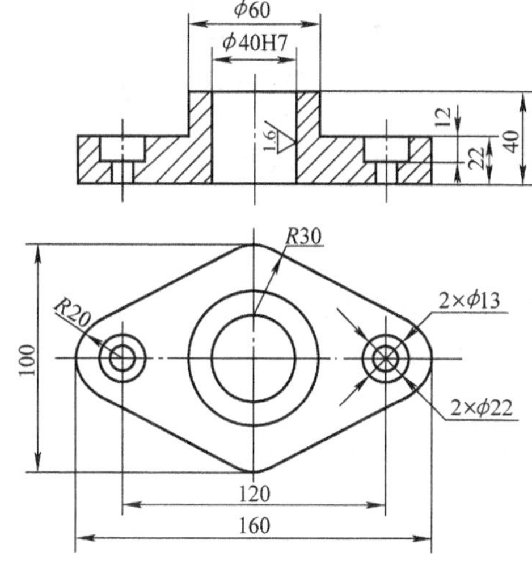

图 2-63 固定循环加工例

程序如下：

```
T01;
M06;
G90 G00 G54 X0 Y0 T02;
G43 H01 Z20. M03 S500 F30;
G98 G85 X0 Y0 R3. Z-45. ;
G80 G28 G49 Z0. M06;
G00 X-60. Y50. T03;
G43 H02 Z10. M03 S600;
G98 G73 X-60. Y0 R-15. Z-48. Q4. F40;
X60. ;
G80 G28 G49 Z0. M06;
G00 X-60. Y0. ;
```

```
G43 H03 Z10. M03 S350;
G98 G82 X-60. Y0 R-15. Z-30. P100 F25;
X60. ;
G80 G28 G49 Z0. M05;
G91 G28 X0 Y0 M30;
```

例 2：试采用重复固定循环方式加工如图 2-64 所示各孔。

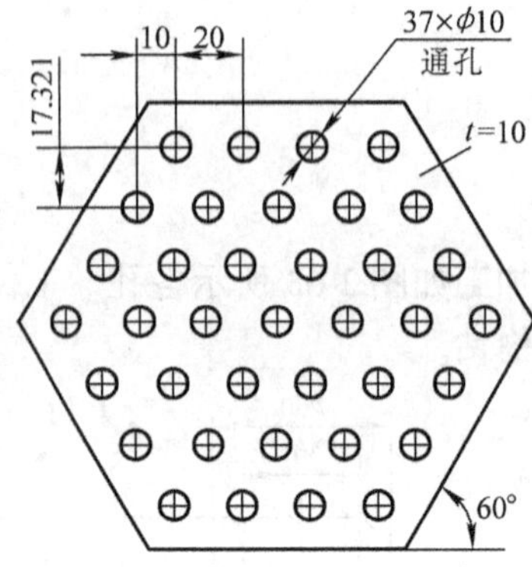

图 2-64 重复固定循环例

程序如下：

```
N01 G90 G80 G92 X0.0 Y0.0 Z100.0;
N02 G00 X-50. Y51.963 M03 S800;
N03 Z20. M08 F40;
N04 G91 G81 G99 X20.0 Z-18.0 R-17.0 L4;
N05 X10.0 Y-17.321;
N06 X-20.0 L4;
N07 X-10.0 Y-17.321;
N08 X20.0 L5;
N09 X10.0 Y-17.321;
N10 X-20.0 L6;
N11 X10.0 Y-17.321;
N12 X20.0 L5;
N13 X-10.0 Y-17.321;
N14 X-20.0 L4;
N15 X10.0 Y-17.321;
N16 X20.0 L3;
N17 G80 M09;
N18 G90 G00 Z100.0;
N19 X0.0 Y0.0 M05;
N20 M30;
```

八、加工中心编程实例分析

例：这是一个壳体零件的加工程序编制。程编员需准备的技术文件包括：工艺卡（包括工艺图，如图）；刀具卡；刀具运动轨迹略图；零件装夹简图；机床调整单；程序单。

工艺简图如图 2-65 所示，刀具运动轨迹如图 2-66 所示。该加工过程的程序如下：

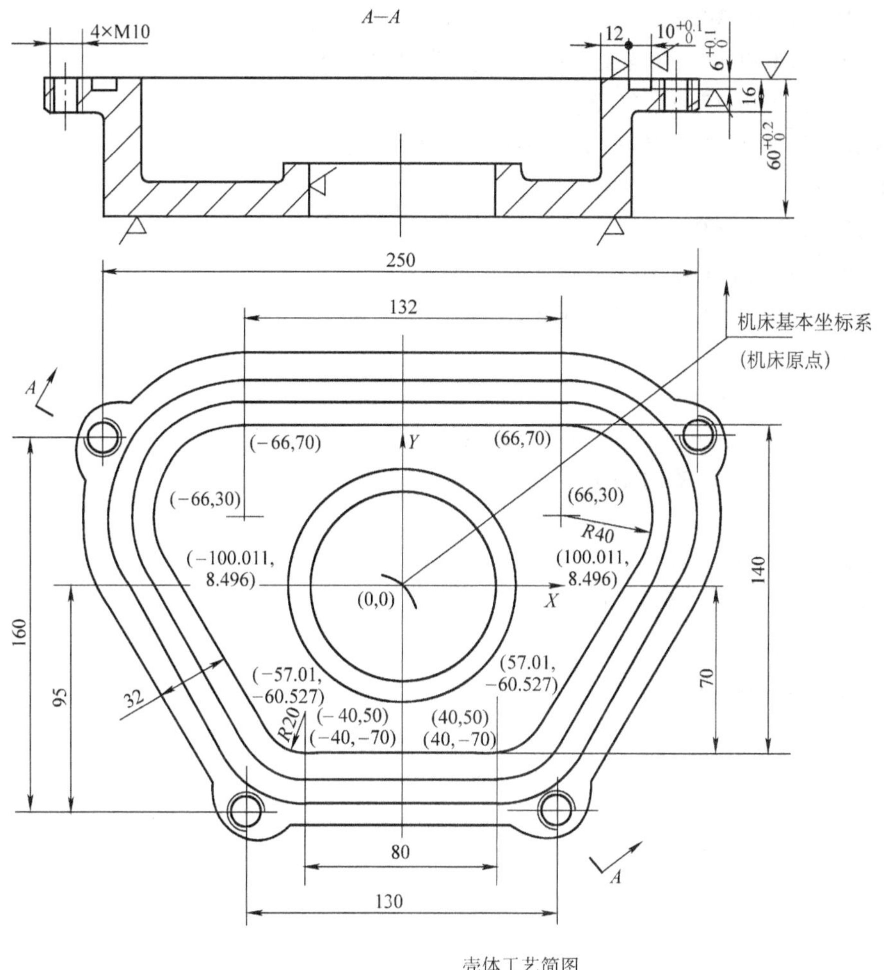

图 2-65　壳体工艺简图

```
O0001；(铣平面)
T01；
M06；
G90 G54 G00 X0 Y150.0 T02；
G43 H01 Z0 S280 M03；
G01 G41 D21 Y70.0 F56；
M98 P0100；
G49 G40 Y150.0；
G28 Z0 M06；
```

```
G00 X-65.0 Y0 T03;(打 M10 中心孔)
G43 H02 Z0 F100 S1000 M03;
G81 X-65.0 Y-95.0 R-17.0 Z-24.0;
M98 P0200;
G80 G28 G49 Z0 M06;
G43 H03 Z0 F50 S300 T04 M03;(打铣槽起点中心孔)
G81 X0 Y87.0 R-17.0 Z-25.5;
X-65.0 Y-95.0 R-17.0 Z-40.0;(钻 4×M10 底孔)
M98 P0200;
G80 G28 G49 Z0 M06;
G43 H04 Z0 S350 M03 T05;(螺纹口倒角)
G82 X-65.0 Y-95.0 R-10.0 Z-40.0;
M98 P0200;
G80 G28 G49 Z0 M06;
G43 H05 Z0 F90 S60 T06 M03;(攻螺纹)
G84 X-65.0 Y-95.0 R-10.0 Z-40.0;
M98 P0200;
G80 G28 G49 Z0 M06;
X-0.5 Y150. T00;(铣槽 10)
G41 D26 Y70;
G43 H06 Z0 S300 M03;
X0;
G01 Z-9.0 F30;
M98 P0100;
G28 G40 G49 ZO M06;
G28 X0 Y0;
M30;
```

子程序 0100 如下:

```
O0100;(子程序 0100)
X66.0 Y70.0;
G02 X100.011 Y8.946 J-40.0;
G01 X57.010 Y-60.527;
G02 X40.0 Y-70.0 I-17.010 J10.527;
G01 X-40.0;
G02 X-57.010 Y-60.527 J20.0;
G01 X-100.011 Y8.946;
G02 X-66.0 Y70. I34.011 J21.054;
G01 X0.5;
M99;
```

子程序 0200 如下：

O0200；（子程序 0200）

G90 X65.0；

X125.0 Y65.0；

X-125.0；

M99；

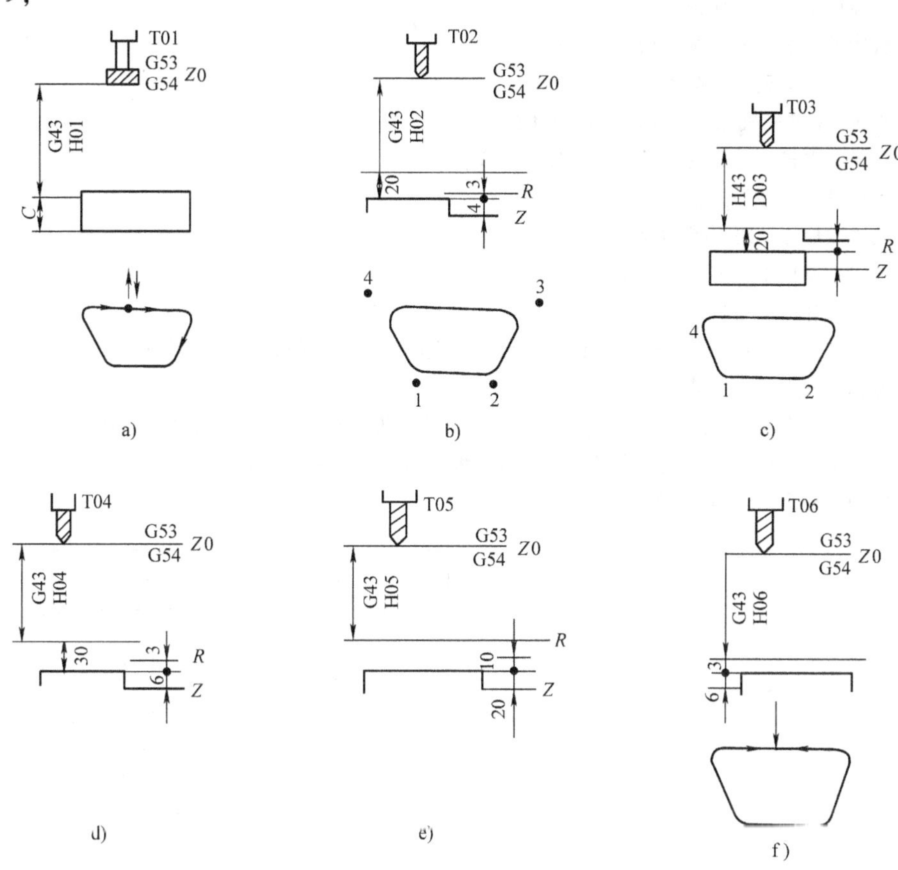

图 2-66 刀具运动轨迹略图

思考题与习题

2-1 什么是数控程序编制？

2-2 数控编程中的数学处理起什么作用？

2-3 为什么在程序校验之后还要进行首件试切？

2-4 简述机床坐标系是如何定义的？

2-5 简述机床坐标系、编程坐标系有什么区别？

2-6 数控加工工艺处理包括哪些内容？

2-7 数控加工工艺的特点有哪些？

2-8 选择对刀点的原则是什么？

2-9 什么是换刀点？

2-10　编程时确定进给路线的原则是什么？

2-11　试述切内槽的过程？

2-12　试述零件数控加工与普通加工工序的划分原则有哪些？

2-13　确定数控机床规格时，需要确定哪些参数？

2-14　中小型数控加工中心的单工序时间如何计算？

2-15　主轴电动机如何选择？

2-16　数控加工程序包括哪些内容？

2-17　试述手工编程的工作步骤。

2-18　什么是右手直角坐标系？

2-19　*Z* 轴、*X* 轴在机床上分布的原则是什么？

2-20　车床，立式、卧式铣床各坐标轴如何分布？

2-21　什么是子程序的嵌套？

2-22　试述数控加工对夹具的要求。

2-23　试述数控加工对刀具的要求。

2-24　曲面轮廓加工有哪些方法？

2-25　试述加工中心机床，刀位点、机床参考点、机床原点、编程原点等之间的关系。

2-26　整圆编程为什么不能用 *R*？

2-27　如图 2-67 所示，已知 5 个点的坐标值，并知道有两段圆弧过上述 5 个点，请编程。

2-28　自己拟订图形，使用铣刀半径补偿功能编程（可略去粗铣程序）。

2-29　如图 2-68 所示，请编程。

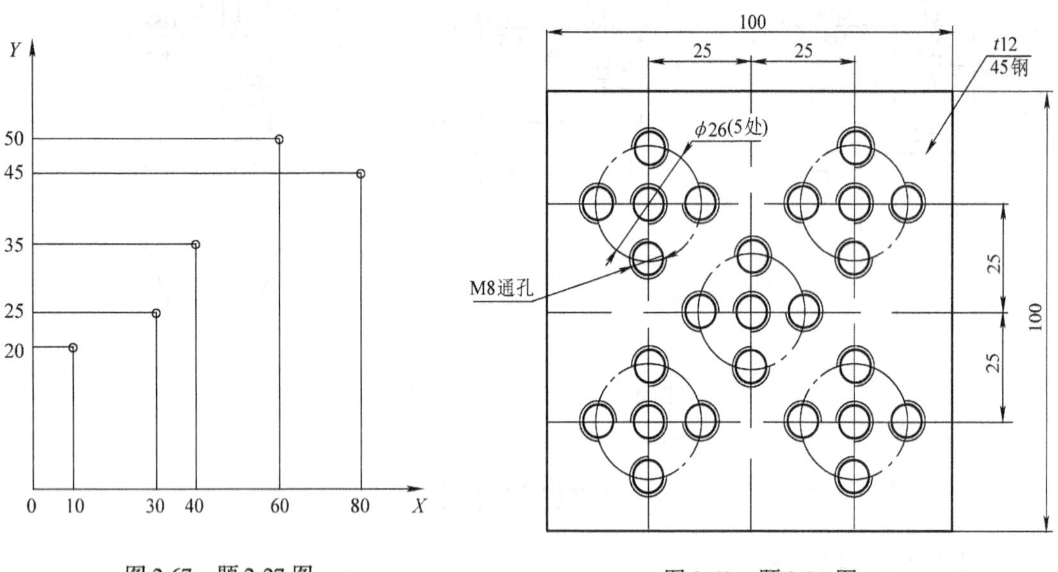

图 2-67　题 2-27 图

图 2-68　题 2-29 图

2-30　如图 2-69 所示，请编程。

2-31　试述数控车床的机床原点、机床参考点，刀具相关点，刀位点，编程原点（工作原点）之间的关系。

2-32　刀具回退到换刀点的指令有哪几个？各在什么情况下使用？

2-33　试述换刀指令的写法，含义，使用举例。

2-34　如图 2-70 所示，用 G59 确定编程原点。

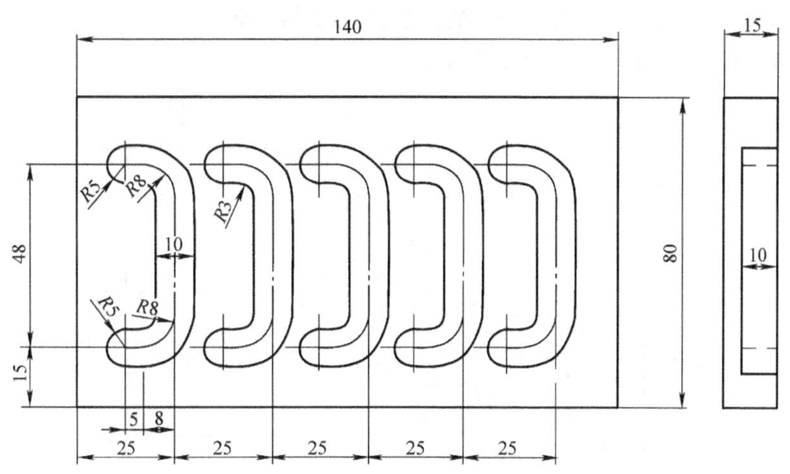

图 2-69　题 2-30 图

2-35　如图 2-71 所示，从 *S* 点到 *E* 点编程（使用绝对值，增量值，及 X，Z 和 U，W 混合编程）。进给量 0.1mm/r。

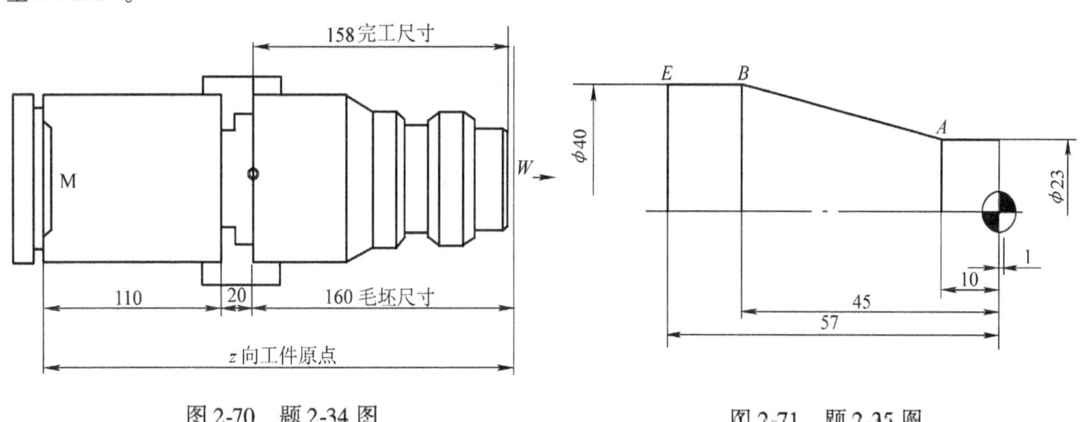

图 2-70　题 2-34 图

图 2-71　题 2-35 图

2-36　如图 2-72、图 2-73 所示，从 *S* 点到 *E* 点编程，进给量 F 自定。

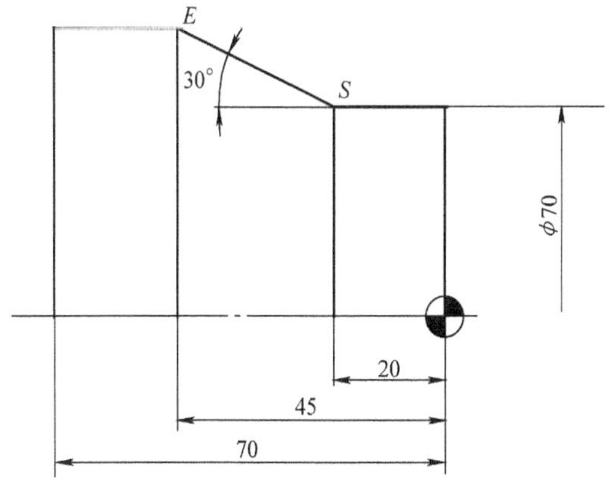

图 2-72　题 2-36 图（一）

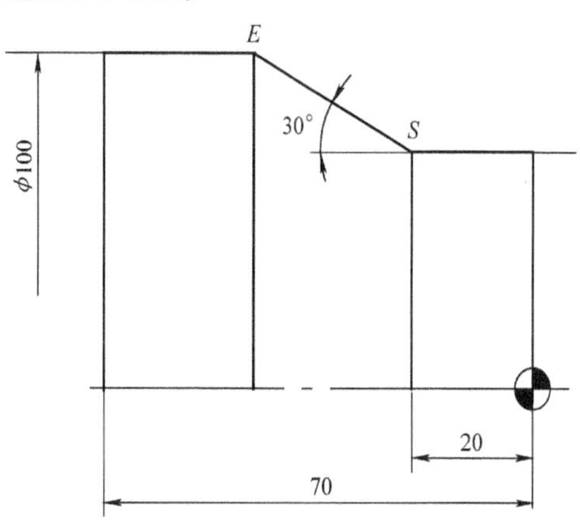

图 2-73　题 2-36 图（二）

2-37　图 2-74 所示的是一盖板零件，试编制其外轮廓铣销加工程序。

2-38　试编制图 2-75 所示的零件外轮廓的铣削精加工程序。

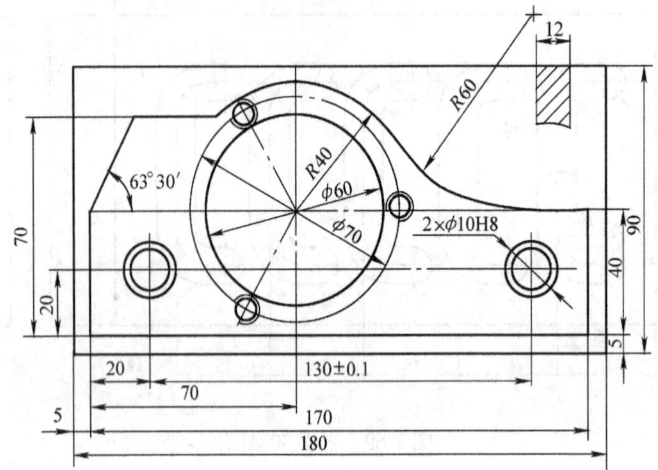

图 2-74　题 2-37 图

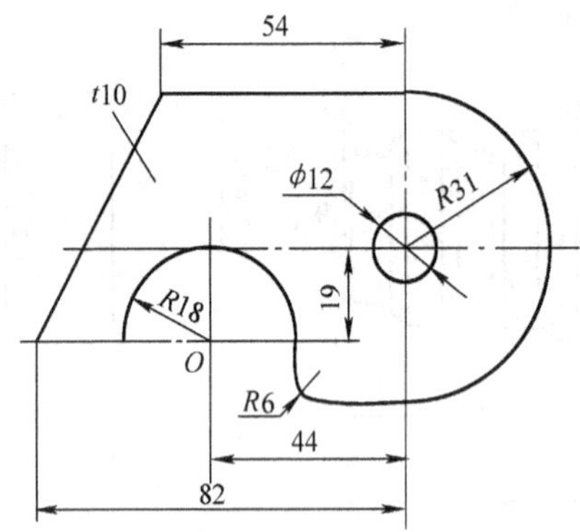

图 2-75　题 2-38 图

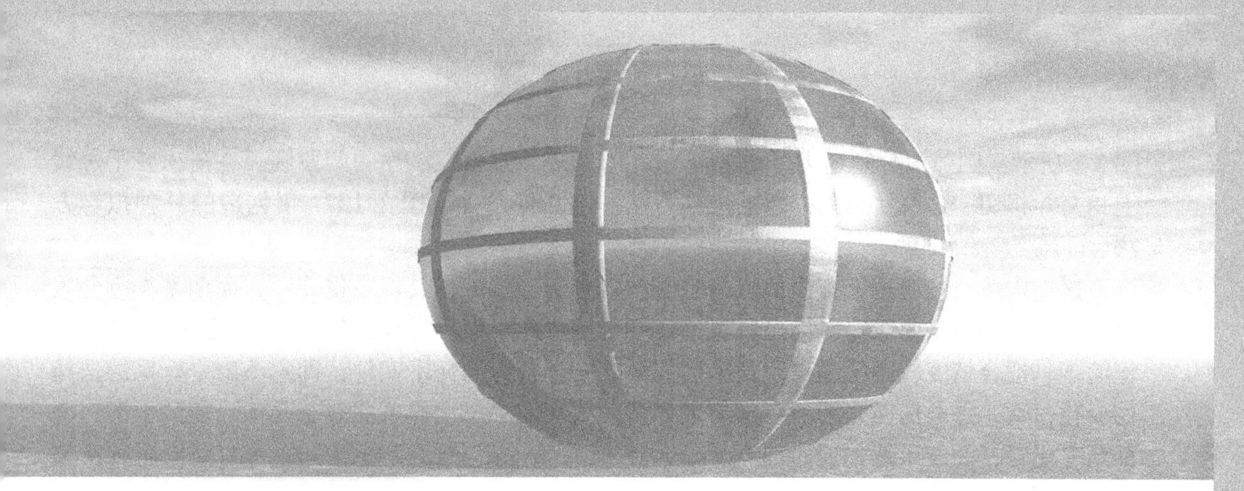

第三章 数控加工中的几何建模理论

第一节 概　　述

数控系统（或绘图）中对数学的应用从初等数学到运算微积分，乃至计算几何，涉及范围很广。一般机械加工和机器设备大多为规则形体，如直线、平面、圆、椭圆、球、椭球、螺旋线、螺旋面、渐开线、螺旋渐开面、双曲面等，这些形体都可用数学解析式表示出来。但航空、航天、汽车、船舶的一些形体设计，如飞机、汽车、船体外形、飞机机翼、汽轮机叶片等的形体是无法用解析式表示的，要实现这一类自由曲面的数控加工，必须建立符合精度要求的复杂曲线和曲面表示的数学模式。所谓复杂曲线和曲面，指的是形状比较复杂，不能用二次方程来描述的曲线和曲面，一般称之为自由曲线和曲面。因此，从计算几何学的角度来考虑，数控加工及数控编程的理论实质上是曲线曲面几何学在机械制造业中应用。

这些复杂曲线或曲面常常用一定数量的离散点来描述，这就需要用数学方法构造出能完全通过或者比较接近给定点的曲线曲面（通常这个过程称为曲线或曲面的拟合），再计算并拟合曲线或曲面上位于给定型值点之间的若干点（通常称为插值点）。现代数控加工理论涉及的曲线和曲面几何基础包括：曲线、曲面的参数描述；曲线和曲面的刀具轨迹生成；曲线和曲面的几何处理（包括求交、等距和过渡）等内容。

第二节 数控加工中常用曲线的几何参数描述

一、圆弧样条

在机械设计和加工中几乎随时都会碰到圆弧，圆弧样条是已知型值点 P_i（$i=1$，2……，n），过每一个型值点作一段圆弧，且使相邻圆弧在相邻节点（如 P_i 和 P_{i+1}）的弦平分线上相交并相切，则使整条曲线在各连接点处达到 C^0 和 C^1 阶（位置及切线）连续。如

图 3-1 所示，圆弧段分别过 P_1，P_2，…，P_{n-1}，P_n，过 P_1 及 P_2 的两段圆弧在 $\overline{P_1P_2}$ 弦平分线上相交并相切。这就是圆弧样条的构作方法。圆弧样条是我国在 1977 年创造的一种拟合方法。

这样构造出的通过所有型值点的整个曲线都是连续的，其切线也连续，而曲率具有分段为常数，这种样条曲线输出信息可直接送往数控机床，而不需要进行“后置处理”。具有计算简单、拟合精度较高等优点。此外，圆弧样条还具有几何不变性，即它不随坐标系的选择而变化，这一点与后面介绍的三次参数样条曲线不同。三次样条曲线是几何可变的，即当坐标系变化时，曲线虽然仍通过全部型值点，但在其他部分曲线则因坐标系的变化而有所差别。如图 3-2 所示。

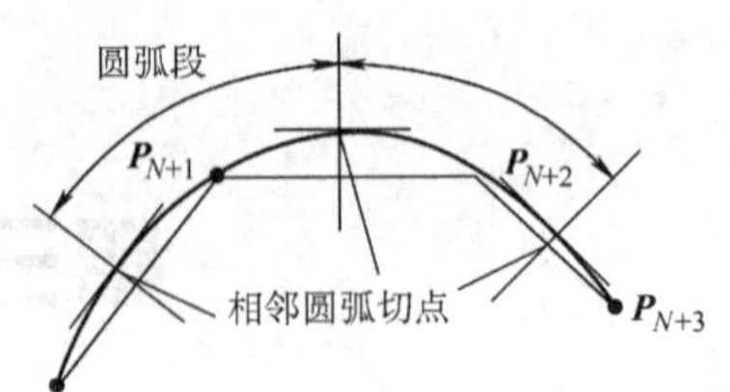

图 3-1　圆弧样条的构作方法

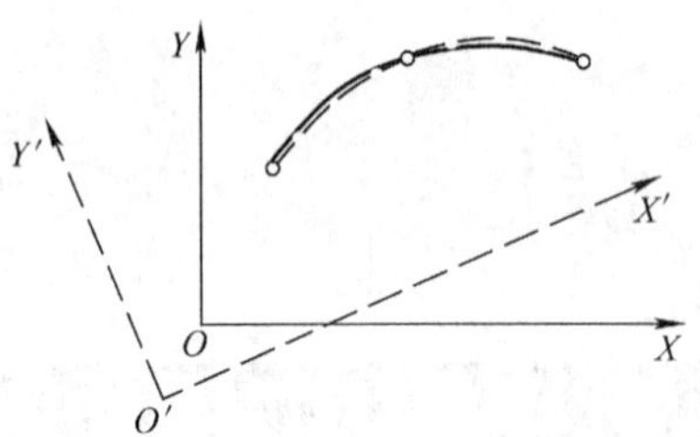

图 3-2　三次样条曲线几何可变性

（一）圆弧样条的基本算法

对于给定的 $N+1$ 个型值点 $P_0, P_1, \cdots$、P_N 建立 N 个局部坐标系，其中第 i 个坐标系以 $P_{i-1}P_i$ 所在的直线为横轴 U_i，过 P_{i-1} 点且垂直于 $P_{i-1}P_i$ 的直线为纵轴 V_i。从图 3-3 可以看出过 P_i 点的圆弧的线与弦线的夹角满足条件

$$\alpha_i + \beta_i = \varphi_i \tag{3-1}$$

弦切角 α_i、β_i 按图 3-4 中规定的符号到锐角，而过 P_i 点的两弦之间的夹角 φ_i 由型值点坐标计算。

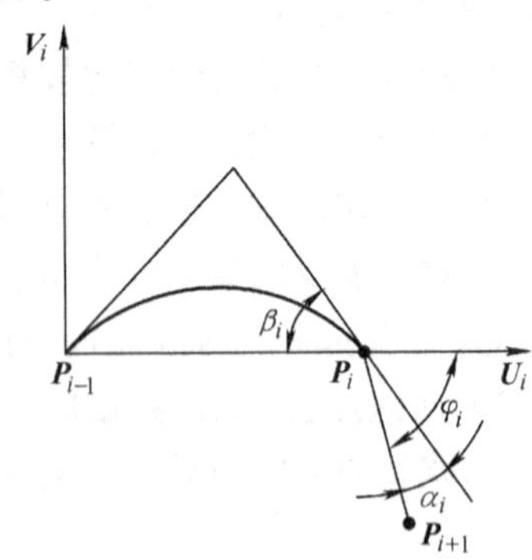

图 3-3　$P_{i-1}P_i$ 局部坐标系

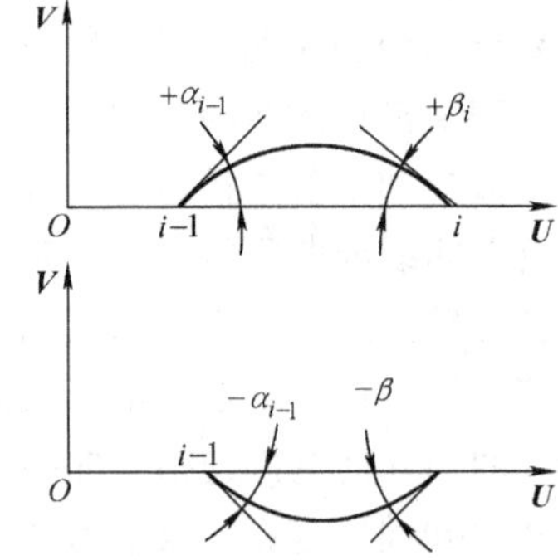

图 3-4　弦切角 α_i、β_i 符号的规定

1. 公切点的位置

若给定 α 或 β 角，可以证明公切点有无穷多个，且其轨迹是一段圆弧，当公切点取在相邻型值点 $P_{i-1}P_i$ 的中垂线上时，计算简单且各段圆弧较均匀。如图 3-5 所示，这时公切点 T 局部坐标系下的坐标为

$$
\begin{cases}
U_T = \dfrac{L_i}{2} \\
V_T = \dfrac{L_i}{2}\tan\dfrac{\alpha_{i-1}+\beta_i}{4}
\end{cases}
\tag{3-2}
$$

2. 圆心及半径

如图 3-6 所示，过型值点 P_{i-1}，P_i 及公切点 T 分别作圆弧，弦切角分别为 α_{i-1} 和 β_i，P_i 点左边（加下标“ - ”）及 P_{i-1}点处右边（加下标“ + ”）圆弧的圆心、曲率及半径分别为

$$
\begin{cases}
R_{i(-)} = \dfrac{L_i}{4}\sec\dfrac{\alpha_{i-1}-\beta_i}{4}\csc\dfrac{3\beta_i-\alpha_{i-1}}{4} \\
U_{i(-)} = L_i - R_{i(-)}\sin\beta_i \\
V_{i(-)} = -R_{i(-)}\cos\beta_i \\
\rho_{i(-)} = -1 \div R_{i(-)}
\end{cases}
\tag{3-3}
$$

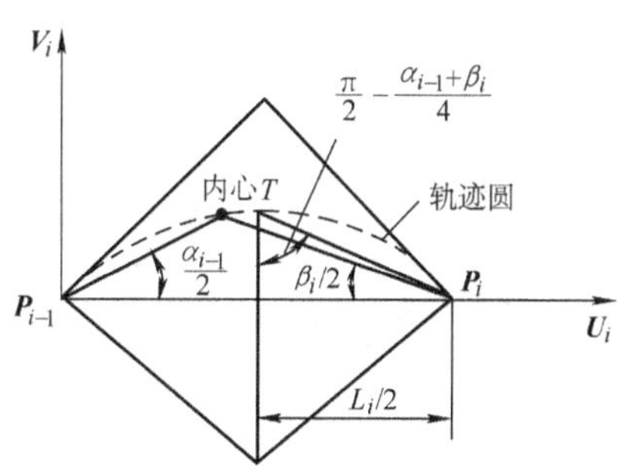

图 3-5 计算公切点 T 的局部坐标系

图 3-6 弦切角 α_i、β_i 符号的规

$$
\begin{cases}
R_{i-1(+)} = \dfrac{L_i}{4}\sec\dfrac{\alpha_{i-1}-\beta_i}{4}\csc\dfrac{3\alpha_{i-1}-\beta_i}{4} \\
U_{i-1(+)} = R_{i-1(+)}\sin\alpha_{i-1} \\
V_{i-1(+)} = -R_{i-1(+)}\cos\alpha_{i-1} \\
\rho_{i-1(+)} = -1 \div R_{i-1(+)}
\end{cases}
\tag{3-4}
$$

为保证圆弧的凸包性，曲率半径取负值。

（二）各型值点处的弦切角

以上所求公切点 T 及圆心坐标和半径都是以型值点处的弦切角 α_{i-1}、β_i 为参数，下面来确定各型值点处的弦切角。根据圆弧样条的定义，过型值点两侧是同一段圆弧，因而曲率相等，即有

$$\rho_{i(-)} = \rho_{i(+)}$$

由式(3-3)和式(3-4)可得

$$-\frac{4}{L_i}\cos\frac{\alpha_{i-1}+\beta_i}{4}\sin\frac{3\beta_i-\alpha_i}{4} = \frac{-4}{L_{i+1}}\cos\frac{\alpha_i+\beta_{i+1}}{4}\sin\frac{3\alpha_i-\beta_{i+1}}{4}$$

对上式进行恒等变换以后,可得到

$$\lambda_i\alpha_{i-1} + 3\alpha_i + (1-\lambda_i)\alpha_{i+1} = b_i + G_i \quad (i=1,2,\cdots,N-1) \tag{3-5}$$

式中

$$\lambda_i = L_{i+1}/(L_i + L_{i+1})$$
$$b_i = 3\lambda_i\varphi_i + (1-\lambda_i)\varphi_{i+1}$$
$$G_i = \lambda_i\left[(\alpha_{i-1} - 3\beta_i) - 4\cos\frac{\alpha_{i-1}+\beta_i}{4}\sin\frac{\alpha_{i-1}+3\beta_i}{4}\right] +$$
$$(1-\lambda_i)\left[3\alpha_i - \beta_{i+1} - 4\cos\frac{\alpha_i+\beta_{i+1}}{4}\sin\frac{3\alpha_i+\beta_{i+1}}{4}\right]$$

式(3-5)中只有 $N-1$ 个方程，却有 $N+1$ 个未知量，因此需根据端点边界条件来补充两个方程才能求解出式(3-5)。式中 b_i 为已知量，G_i 为修正部分。

（三）端点条件

给定两端点处的曲率 $\rho_{0(+)}$ 及 $\rho_{N(-)}$，可得到两个补充方程

$$3\alpha_0 + \alpha_1 = b_0 + G_0$$
$$-\alpha_{N-1} + 3\alpha_N = b_N + G_N \tag{3-6}$$

其中

$$b_0 = \varphi_1 - \rho_0 L_1$$
$$G_0 = 3\alpha_0 - \beta_1 - 4\cos\frac{\alpha_0+\beta_1}{4}\sin\frac{3\alpha_0-\beta_1}{4}$$
$$b_N = -\rho_N L_N$$
$$G_N = 3\alpha_N - \alpha_{N-1} - 4\cos\frac{\alpha_{N-1}+\beta_N}{4}\sin\frac{3\beta_N-\alpha_{N-1}}{4}$$

将式(3-6)与式(3-5)合并，写成矩阵式得

$$\begin{bmatrix} 3 & 1 & \cdots & 0 & 0 & 0 \\ \lambda_1 & 3 & \cdots & 1-\lambda_1 & 0 & 0 \\ \vdots & & & & \vdots & \\ 0 & 0 & \cdots & \lambda_{N-1} & 3 & 1-\lambda_{N-1} \\ 0 & 0 & \cdots & 0 & -1 & 3 \end{bmatrix}\begin{bmatrix}\alpha_0 \\ \alpha_1 \\ \cdots \\ \alpha_{N-1} \\ \alpha_N\end{bmatrix} = \begin{bmatrix} b_0 \\ b_1 \\ \cdots \\ b_{N-1} \\ b_N\end{bmatrix} + \begin{bmatrix} G_0 \\ G_1 \\ \cdots \\ G_{N-1} \\ G_N\end{bmatrix} \tag{3-7}$$

或记为

$$A\alpha = B + G(\alpha) \tag{3-8}$$

略去上式中的修正项 $G(\alpha)$，可用追赶法求解线性方程组 $A\alpha = B$，得到基本解。这时得到的圆弧样条曲线一阶光滑，但型值点左右不是同一条圆弧，若想求精确解，可将求解 $A\alpha = B$ 所得的基本解作为初值 $\alpha^{(0)}$，多次迭代求解方程

$$A\alpha^{(b)} = B + G(\alpha^{(k-1)}) \quad (k = 1,2,\cdots,m) \tag{3-9}$$

直至满足精度 $\max|\alpha_i^{(k)} - \alpha_i^{(k-1)}| < \varepsilon (i = 0,1,2,\cdots,N)$。一般情况下，迭代 2～3 次即可满足要求。

这样求出各型值点得的弦切角 $\alpha_i(i = 0,1,2,\cdots,n)$，再由式(3-1)计算出 β_i，便可计算出各型值点两侧的圆心、半径及切点，从而得到圆弧样条曲线。

（四）圆弧样条适用性及修正方法

圆弧样条曲线是由圆弧拼接而成的，如果曲线曲率较大或所给型值点较稀时，可能会出现 $(3\beta_i - \alpha_{i-1}) < 0$ 或 $(3\alpha_i - \beta_{i+1}) < 0$ 情况，根据型值点左右侧曲率计算公式可知曲率的改变会

引起符号的改变，即用圆弧样条拟合出来的曲线可能会出现拐点，产生不光顺问题。为防止这一现象，应限制 α_i 和 β_{i+1} 的比值，使 $1/3 \leqslant \alpha_i/\beta_{i+1} \leqslant 3$。如果上式不成立，则必须在 P_i 和 P_{i+1} 之间加密一点，补点可取在 $\triangle P_iP_{i+1}$ 的内心 P_i^* 上，也可取在 P_iP_{i+1} 的中垂线上前述的切点 T 处。（如图 3-7 所示）计算出补加型值点 P_i^* 后，将它插入总的值点列重新编号，再重新计算弦切角，圆心坐标及半径和曲率，即可得到光顺的圆弧样条曲线。下面是补加点在中垂线上时的计算过程。

如图 3-8 所示，在局部坐标系中，补加点只的坐标为

$$
\begin{aligned}
u_i' &= l_{i+1}/2 \\
v_i' &= u'_i \tan(\alpha_i + \beta_{i+1} \div 4)
\end{aligned}
\tag{3-10}
$$

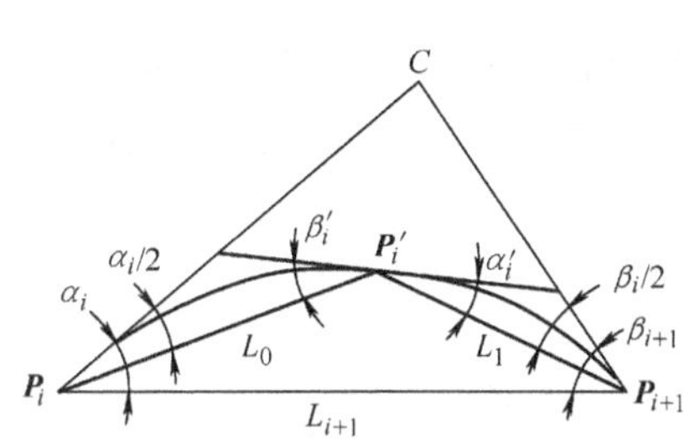

图 3-7　ΔP_iP_{i+1} 的内心 P_i^* 表示图

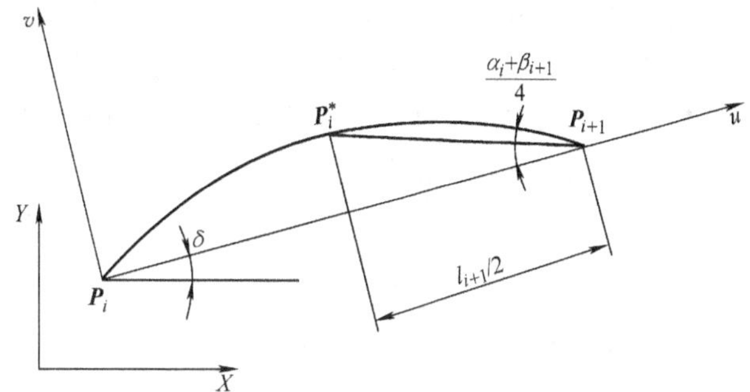

图 3-8　补加点在中垂线上时的计算图

设 $\overline{P_iP_{i+1}}$ 与参考坐标系中 X 轴的夹角为 δ 时，有

$$
\begin{aligned}
\cos\delta &= x_{i+1} - x_i \div l_{i+1} \\
\sin\delta &= y_{i+1} - y_i \div l_{i+1}
\end{aligned}
\tag{3-11}
$$

在参考坐标系中，补加点 P_i' 的坐标为

$$
\begin{aligned}
x_i' &= x_i + u_i'\cos\delta - v_i'\sin\delta \\
y_i' &= y_i + u_i'\sin\delta + v_i'\cos\delta
\end{aligned}
\tag{3-12}
$$

二、三次参数样条

在工程上常用列表点来表示曲线和曲面，当所给的点数较少时，如只用这些点构成曲线或曲面，则曲线或曲面不够光滑。为此要在给定的数据点中插入更多的点来构成曲线或曲面。如果能用一条解析曲线来拟合各点（例如用二次曲线拟合），而拟合误差又很小，这时就可用这一条解析曲线代替这些点，即可在 P_1，P_2 之间，P_2，P_3 之间插入任意多的点。

但上述用一条曲线拟合所有点时常常误差太大，这时要用分段插值的方法，即在 P_i、P_{i+1} 之间建立各自的曲线方程，并使各段曲线光滑连接。

在 P_i、P_{i+1} 之间建立曲线有许多种方法，工程上它可以保证曲线在给定点处连续，切线连续和曲线曲率连续，即光滑连接。

（一）三次参数样条曲线方程

如图 3-9 所示，如果已知两端点 P_1 和 P_2 的坐标及其切矢 P_1' 和 P_2' 则可找到一条满足上述条件的三次参数样条曲线

$$P(t)=[t^3,t^2,t]\begin{bmatrix}2 & -2 & 1 & 1\\ -3 & 3 & -2 & -1\\ 0 & 0 & 1 & 0\\ 1 & 0 & 0 & 0\end{bmatrix}\begin{bmatrix}P_1\\ P_2\\ P_1'\\ P_2'\end{bmatrix}=TB_cP_c \tag{3-13}$$

其中,t 是表示曲线始点与曲线段上任意点之间的弦长,并且 $t\in[0,1]$。式(3-13)称为三次参数样条曲线的矢量方程,将上式展开成代数式,得

$$P(t)=(2t^3-3t^3+1)P_1+(-2t^3+3t^3)P_2+(t^3-2t^2+t)P_1'+ \\ (t^3-t^2)P_2'=B_{c1}(t)P_1+B_{c2}(t)P_2+B_{c3}(t)P_1'+B_{c4}(t)P'_2 \tag{3-14}$$

其中,B_{ci} (t) $(i=1, 2, 3, 4)$ 称为三次参数样条曲线的基函数或合成函数。

根据给定点 P_1,P_2 及其切矢的 X,Y,Z 分量,用上述方程分别计算出参数 t 取不同值时曲线上各点坐标 P_X (t) P_Y (t) P_Z (t),然后画出曲线。

从曲线方程中还可以看出,参数曲线的形状由两端点的坐标及其切矢决定。当曲线的两端点相同,切矢的方向也相同但矢量长度不同时,曲线形状不同,即切矢越长,曲线在开始拐向另一端点之前拉伸的越远,如图 3-10 所示。

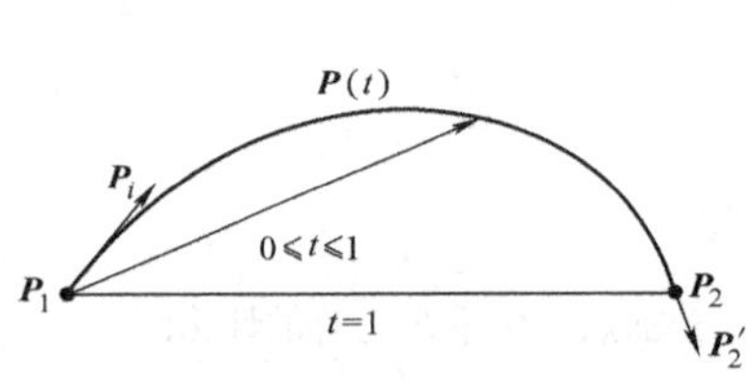

图 3-9 过 P_1P_2 的三次参数样条曲线

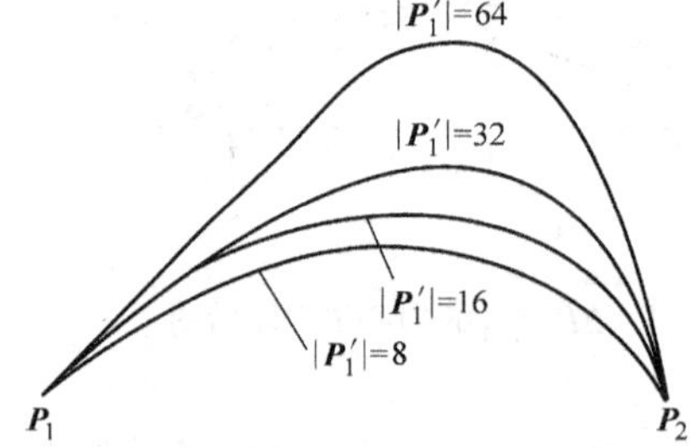

图 3-10 不同切矢长度的曲线形状

如果两端点相同,切矢长度也相同,但切线方向不同时,曲线形状差别也很大,如图 3-11 所示。

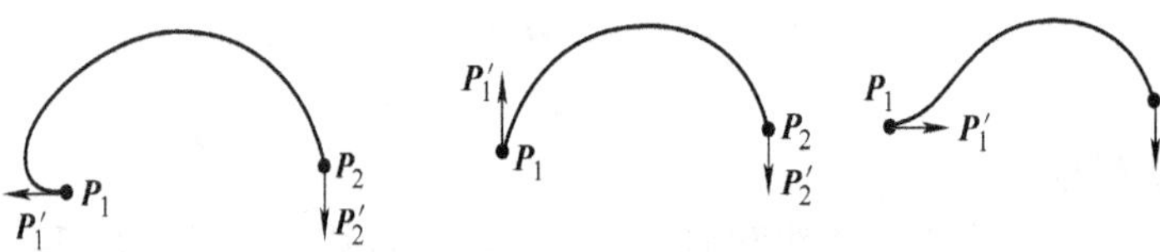

图 3-11 切矢方向不同时的曲线形状

（二）两段曲线光滑连续的条件

从式（3-13）可以看出,要构造一段三次参数样条曲线需要给出两端点的坐标和切矢,若想构造一条通过多个型值点的光滑连续曲线,就需给出所有点的坐标及其切矢,这样要求的初始条件太多。事实上,我们只要给出各型值点的坐标及两端点的切矢值就可根据曲线光滑连续条件构造出通过各型值点的光滑连续曲线,而中间各连结点的切矢可用下述方法由型值点坐标确定。

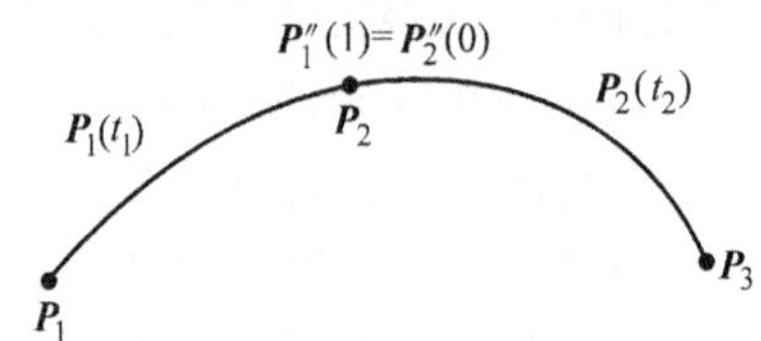

图 3-12 两段曲线在 P_2 点处光滑连续的示意图

设有通过 P_1，P_2 和 P_2，P_3 的两段曲线 P_1（t）及 P_2（t），使两段曲线在 P_2 点处光滑连续，如图 3-12 所示，即：

$$\begin{cases} P_1'(1) = P_2'(0) \\ P_1''(1) = P_2''(0) \end{cases} \tag{3-15}$$

将曲线参数方程代入式(3-15)并整理简化得

$$P_1' + 4P_2' + P_3' = 3(P_3 - P_1) \tag{3-16}$$

写成矩阵形式为

$$[1\ 4\ 1]\begin{bmatrix} P_1' \\ P_2' \\ P_3' \end{bmatrix} = 3(P_3 - P_1) \tag{3-17}$$

将式(3-17)推广到第 2、3、4 点 3、4、5 点，…，以及 $n-2$、$n-1$、n 点，则可得到

$$\begin{bmatrix} 1 & 4 & 1 & 0 & \cdots & \cdots & 0 \\ 0 & 1 & 4 & 1 & 0 & \cdots & 0 \\ \vdots & & & & & & \vdots \\ 0 & \cdots & 0 & 1 & 4 & 1 & 0 \\ 0 & \cdots & \cdots & 0 & 1 & 4 & 1 \end{bmatrix} \begin{bmatrix} P_1' \\ P_2' \\ \vdots \\ P_{N-1}' \\ P_N' \end{bmatrix} = 3 \begin{bmatrix} P_3 - P_1 \\ P_4 - P_2 \\ \vdots \\ P_{N-1} - P_{N-3} \\ P_N - P_{N-2} \end{bmatrix} \tag{3-18}$$

式（3-18）中只有 $n-2$ 个方程。却有 n 个型值点的切线矢量未知，要求解上述方程还需补充两个端点条件。

（三）端点条件

（1）夹持端　即直接给出两端点的切矢 P'_1、P'_n，这时式（3-18）只剩 $n-2$ 个未知量，便可由 $n-2$ 个方程确定

（2）自由端　自由端曲率为零，即二阶导数为零。由起始、终止两端点的曲率为零可得两个方程，加入到式（3-18）中，可得

$$\begin{bmatrix} 2 & 1 & 0 & \cdots & \cdots & 0 \\ 1 & 4 & 1 & 0 & \cdots & 0 \\ \vdots & & & & & \vdots \\ 0 & \cdots & 0 & 1 & 4 & 1 \\ 0 & \cdots & \cdots & 0 & 1 & 2 \end{bmatrix} \begin{bmatrix} P_1' \\ P_2' \\ \vdots \\ P_{N\ 1}' \\ P_N' \end{bmatrix} = 3 \begin{bmatrix} P_2 - P_1 \\ P_3 - P_2 \\ \vdots \\ P_N - P_{N-2} \\ P_N - P_{N-1} \end{bmatrix} \tag{3-19}$$

这样，只需给定 n 个点 P_1，P_2，…，P_n 的坐标，便可利用以上端点条件求出各型值点的切矢，从而得到光滑连续的三次参数样条曲线。

（四）三次参数条曲线的特点

以弦长为参数的三次参数样条曲线可以通过所有型值点，插值效果好，且计算可靠，应用较广。如美国波音公司的 FMILL 系统就是以三次参数样条曲线为基础而研制的。

（五）三次参数样条曲线的双圆弧逼近

样条曲线的双圆弧逼近的指利用已知的样条曲线型值点坐标及切矢在样条曲线的每两个相邻型值点之间作两段彼此相切的圆弧来代替原来的一段三次曲线。这样只用少量的输出数据就能保证曲线形状较好地符合产品的原有外形，且可将输出数据直接送往数控机床。

如图 3-13 所示，已知参数曲线上两型值点 P_1、P_2 及其切矢 m_1、m_2，作圆弧 P_1P 和

PP_2 相切于 P，并分别在 P_1、P_2 处与 m_1、m_2 相切。切点 P 的位置不是唯一的，其轨迹是过 P_1、P_2 及 $\triangle P_1P_2S$ 的内心的一段圆弧。当 P 点取在内心时，可求得两段圆弧的半径分别为

$$R_1=\frac{L\sin\dfrac{\theta_2}{2}}{2\sin\dfrac{\theta_1}{2}\sin\dfrac{\theta_1+\theta_2}{2}} \tag{3-20}$$

$$R_2=\frac{L\sin\dfrac{\theta_1}{2}}{2\sin\dfrac{\theta_2}{2}\sin\dfrac{\theta_1+\theta_2}{2}} \tag{3-21}$$

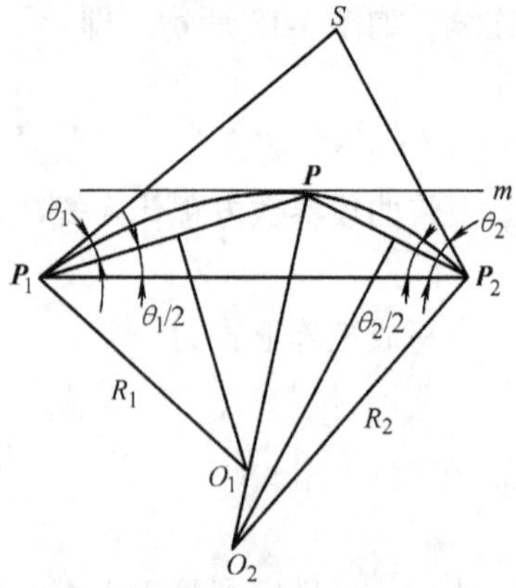

图 3-13　三次参数样条曲线的双圆弧逼近示意图

以上公式中 θ_1、θ_2 均为有向角，正负取法与前述圆弧样条相同，弦长 L 总为正，所以 R_1 和 R_2 也带有符号。顺时针的凸圆弧半径为正，反之为负。这一点与圆弧样条也相同。

根据样条曲线拟合所得到的型值点处的切矢，可求得弦切角 θ_1、θ_2 及切点 P 的坐标。再计算出圆弧半径后便可确定两段圆弧来代替原来的一段三次样条曲线。

三、Bezier 曲线

（一）Bezier 曲线方程

法国雷诺汽车公司的车身设计师 Bezier 曾经提出了这种曲线，其方程为

$$P(t)=\sum B_i(t)P_i=(1-t)^3P_0+3t(1-t)^2P_1+3t^3(1-t)P_2+t^3P_3\quad (i=0,1,2,3)\ 0\leqslant t\leqslant 1 \tag{3-22}$$

写成矩阵形式为

$$P(t)=[t^3\quad t^2\quad t\quad 1]\begin{bmatrix}-1 & 3 & -3 & 1\\ 3 & -6 & 3 & 0\\ -3 & 3 & 0 & 0\\ 1 & 0 & 0 & 0\end{bmatrix}\begin{bmatrix}P_0\\ P_1\\ P_2\\ P_3\end{bmatrix}=TB_{be}P_{be} \tag{3-23}$$

式(3-22)中系数 $B_i(t)$ $(i=1,2,3,4)$ 叫做 Bezier 曲线的基函数。从式(3-22)可知三次 Bezier 曲线通过首末两顶点，即 $P(0)=P_0$，$P(1)=P_3$，且过两端点的切矢分别为

$$\begin{cases}P'(0)=3(P_1-P_0)\\ P'(1)=3(P_3-P_2)\end{cases}$$

如图 3-14 所示，这样的 Bezier 曲线可看作是三次参数样条曲线的一个特例。

（二）Bezier 曲线段连续条件

要想用三次 Bezier 曲线段表示由多个型值点确定的曲线光滑连续需满足一定条件，如要使由 p_1、p_2、p_3、p_4 构成的曲线 $P_1(t)$ 和由 P_4、P_5、P_6、P_7 构成的曲线 $P_2(t)$ 在 P_4 点处光滑连接，第一段曲线终点的切矢方向为 P_3P_4，而第二段曲线起点的切矢方向为 P_4P_5，只要 P_3P_4 与 P_4P_5 共线。如图 3-15 所示，即

$$P_3P_4=kP_4P_5\quad (k>0) \tag{3-24}$$

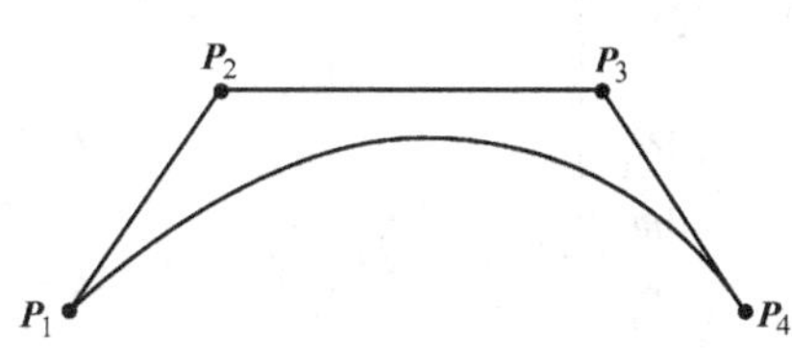

图 3-14 Bezier 曲线的构造示意图

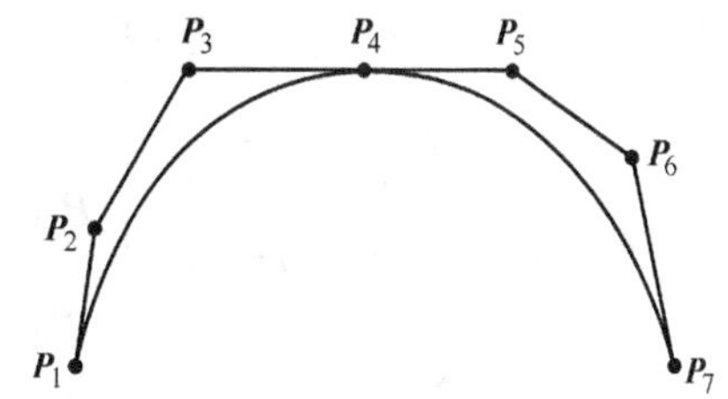

图 3-15 Bezier 曲线光滑连续的条件示意图

（三）Bezier 曲线的特点与应用

1）凸包性。Bezier 曲线位于各型值点构成的凸多边形内。

2）端点特性。Bezier 曲线通过给定型值点的首末两端点。

3）Bezier 曲线直观性好，改变少数型值点可改变曲线局部形状。法国雷诺公司以此种曲线为基础，开发了用于车身设计的自由曲线曲面造型系统 UNISURF。

第三节 数控加工中常用曲面的几何参数描述

一、双三次参数曲面（孔斯曲面）

像汽车车身这样较为复杂的自由曲面是无法用一个简单的曲面方程来描述的，但可以用沿两个方向的两组平行平面与曲面的交线来“近似”表达，这个“近似”的程度则取决于平行平面的间距。间距越小，则所得交线就越密，表示的曲面就越精确。这样，我们就可以用沿两个方向的两组曲线构成的曲线网来表达曲面。当用一片曲面难以描述某个物体的外形时，可将其划分为若干曲面片，再将这些曲面片按要求连接起来。下面我们先来研究由双参数的样条曲线构成的曲面，即孔斯曲面。

如图 3-16 所示，由四个角点 P_{00}、P_{01}、P_{10}、P_{11} 所构成的曲面片可看作是两个参数 $0 \leqslant u \leqslant 1$，$0 \leqslant w \leqslant 1$ 的参数曲面，当 w 取某一定值 w_0 时，u 从 0 到 1 连续变化则是曲面上的一条参数曲线 $P(u, w_0)$，而当 u 取其一定值 u_0 时，w 又从 0 连续变化到 1，则若干条参数曲线即构成了曲面。按此思路可推导出孔斯曲面方程矢量表达式为

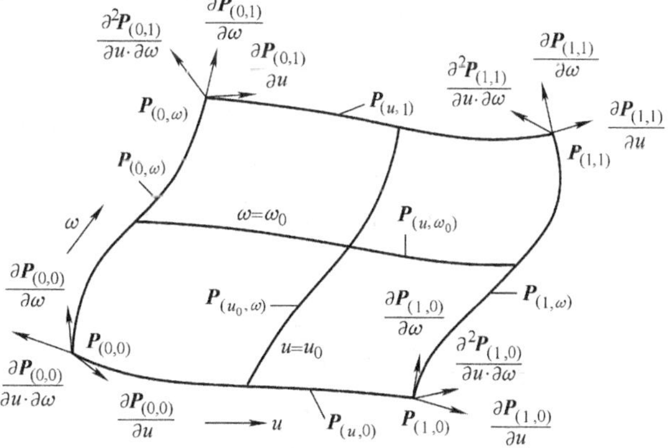

图 3-16 双三次参数曲面

$$P(u,w) = UB_c Q B_c^T W^T \quad (3\text{-}25)$$

其中

$$U = [u^3 u^2 u 1] \quad 0 \leqslant u \leqslant 1$$

$$W = [w^3 w^2 w 1] \quad 0 \leqslant w \leqslant 1$$

B_c 为三次参数样条曲线系数矩阵，见式（3-13）。

B_c^T、W^T 分别表示 B_c，W 的转置矩阵，Q 矩阵为

$$Q=\begin{bmatrix} P_{00} & P_{01} & \frac{\partial P_{00}}{\partial w} & \frac{\partial P_{01}}{\partial w} \\ P_{10} & P_{11} & \frac{\partial P_{10}}{\partial w} & \frac{\partial P_{11}}{\partial w} \\ \frac{\partial P_{00}}{\partial u} & \frac{\partial P_{01}}{\partial u} & \frac{\partial^2 P_{00}}{\partial u \partial w} & \frac{\partial^2 P_{01}}{\partial u \partial w} \\ \frac{\partial P_{10}}{\partial u} & \frac{\partial P_{11}}{\partial u} & \frac{\partial^2 P_{10}}{\partial u \partial w} & \frac{\partial^2 P_{11}}{\partial u \partial w} \end{bmatrix}$$

Q 矩阵中左上方 2×2 矩阵表示曲面片的四个角点，右上角及其左下角 2×2 矩阵分别表示四个角点沿 u、w 两个参数方向的切矢，而右下方 2×2 矩阵则表示曲面片在四个角点处所扭曲程度的矢量，也称扭矢，如图 3-20 所示。实际应用中为简化设计计算，可将扭矢取为零。

这样，只要给定曲面上各型值点的坐标值，用式（3-19）分别求出各型值点沿 u 和 w 两个参数方向的切矢，就可由式（3-49）构造出光滑连续的曲面。

二、Bezier 曲面

（一）曲面方程

同双三次参数样条曲面相类似，双参数 Bezier 曲面方程为

$$P(u,w)=UB_{be}PB_{be}^{T}W^{T} \tag{3-26}$$

其中

$$U=[u^3,u^2,u1] \quad 0\leqslant u\leqslant1$$

$$W=[w^3,w_2,w1] \quad 0\leqslant w\leqslant1$$

B_{be} 为 Bezier 曲线系数矩阵，见式(3-23)。B_{be}^{T}、W^{T} 分别表示 B_{be}、W 的转置矩阵，而矩阵

$P=\begin{bmatrix} P_{11} & P_{12} & P_{13} & P_{14} \\ P_{21} & P_{22} & P_{23} & P_{24} \\ P_{31} & P_{32} & P_{33} & P_{34} \\ P_{41} & P_{42} & P_{43} & P_{44} \end{bmatrix}$ 为由 16 个型值点构成的节点矩阵。

可以证明 Bezier 曲面通过特征网格的四个角点，如图 3-17 所示。而矩阵 P 是周围 12 个型值点定义了曲面片的四条边界曲线。

（二）两 Bezier 曲面片光滑连接的条件

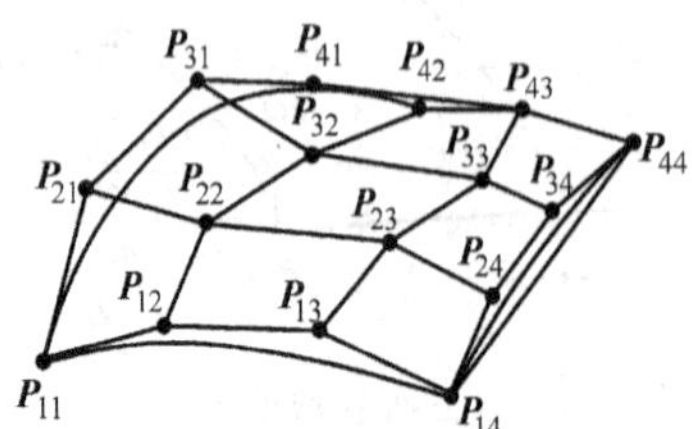

图 3-17 Bezier 曲面通过特征网格的四个角点的示意图

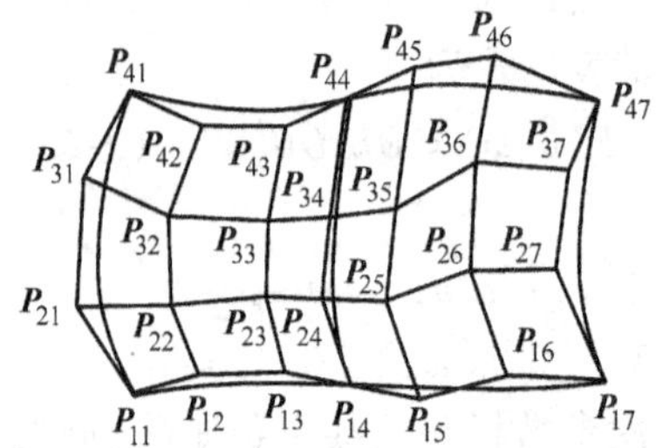

图 3-18 Bezier 曲面片光滑连接示意图

从图 3-18 中可以看出,要使两曲面片光滑地拼接在一起,必须使公共边两侧对应点共线,且共线段长度的比值为常数,即

$$P_{i3}P_{i4}=kP_{i4}P_{i5}\qquad (i=1,2,3,4;k>0)\tag{3-27}$$

第四节 曲线曲面的计算机数学处理

计算机在对列表曲线进行数学处理时要经过插值、拟合与光顺 3 个步骤。为了使大家有一个全面了解，以下介绍一些相关基础知识。

一、插值

(一) 插值的含义与基本思路

1. 插值的含义

在许多场合下，产品或工件的轮廓形状往往很难找到一个具体的数学表达式把它们描述出来，通常只能通过实验或数学计算得到一系列互不相同的离散点 $x=$ （0，1，2. …，n）上的函数值f（x_i）$=y_i$（$i=0$，1，2，…，n）即得到一张 x_i 与 y_i 对应的数据表。通常把这种用数据表格形式给出的函数 $y=f$（x）称为列表函数。由于受某些条件的限制，实验观测得到的离散点常常满足不了实际加工的需要（如离散点给得太疏远，不够用等），这时就必须在所给函数列表中再插人一些所需要的中间值，这就是通常所说的“插值”的含义。

2. 插值的基本思路

先设法对列表函数$f(x)$构造一个简单函数 $y=p(x)$作为近似表达式,然后再计算 $p(x)$的值来得到$f(x)$的近似值。以下介绍几种常用的插值方法。

(二) 拉格朗日插值

由于代数多项式具有人们所希望的插值函数尽可能简单、便于计算的优点，因此早就被人们用来近似地表达列表函数以解决实践中遇到的问题。拉格朗日插值就是一种利用代数多项式进行插值的方法。

拉格朗日插值公式实际上是从一次插值（线性插值）和二次插值（抛物线插值）基础上递推而成的。首先我们讨论最简单的两个数据点，即两点插值的情形。

已知函数 $y=f$（x）在点 x_0、x_1 的函数值，$y=f$（x_0）、$y_1=f$（x_1），根据几何学，通过平面上下重合的两点，有且只有一条直线。即可以求出唯一的一次函数 $y=p_1$（x）使之适合

$$P_1(x)=f(x_0)$$
$$P_1(x_1)=f(x_1)$$

用点斜式写出这条直线的方程为

$$p_1(x)=f(x_0)+\frac{f(x_1)-f(x_0)}{x_1-x_0}(x-x_0)\tag{3-28}$$

如图 3-19 所示，从几何图形上看，$y=P_1(x)$表示通过两点（x_0，y_0）、（x_1，y_1）的直线。因此两点插值亦称线性插值，上式称为线性插值公式。当 $|x_1-x_0|$ 很小时，线性插值也能达到一定的精度，人们查函数表时用到的就是这个公式。

如果我们给出的是三个型值点（x_0，y_0）、（x_1，y_1）、（x_2，y_2）且不在一条直线上，这时若用上式就不可能达到各点都能通过。由于 3 点的条件常常可以确定 3 个常数，而二次多

项式也恰好有 3 个常数，刚好能解决 3 点问题，这就是所谓的二次插值或抛物线插值。这种二次插值的几何意义是用通过 3 点（x_0，y_0），（x_1，y_1），（x_2，y_2）所作的抛物线来近似曲线 $y=f(x)$ 如图 3-20 所示。其插值公式为

$$p_2(x)=\frac{(x-x_1)(x-x_2)}{(x_0-x_1)(x_0-x_2)}y_0+\frac{(x-x_0)(x-x_2)}{(x_1-x_0)(x_1-x_2)}y_1+\frac{(x-x_0)(x-x_1)}{(x_2-x_0)(x_2-x_1)}y_2 \tag{3-29}$$

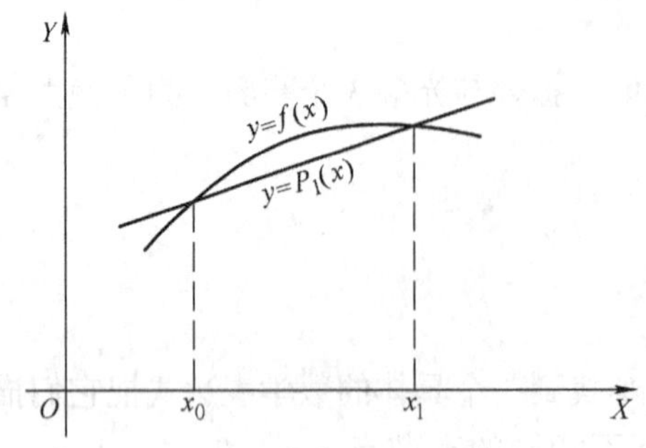

图 3-19　线性插值示意图

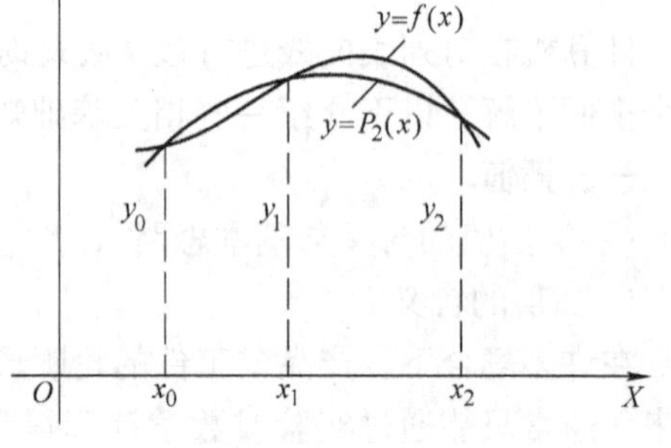

图 3-20　抛物线插值示意图

由此类推，对 4 个型值点通常要求插值多项式为 3 次，对 $n+1$ 个型值点则要求插值式为 n 次。

为进一步讨论一般形式（$n+1$ 个型值点）的插值问题，我们先对某个固定的下标作 n 次多项式 $A_k(x)$，使之适合下列简单形式的函数表达式

$$A_K(x_i)=\begin{cases}0 & i\neq k\\ 1 & i=k\end{cases}$$

第一个条件表明 $A_k(x_i)$ 应以 $x_0,x_1,\cdots,x_{k-1},x_{k+1}\cdots,x_k$ 为根，故应有下列形式

$$A_k(x)=\lambda(x-x_0)(x-x_1)\cdots(x-x_{k-1})(x-x_{k+1})\cdots(x-x_n) \tag{3-30}$$

式中 λ 是常数（待定系数），可以通过第二个条件 $A_k(x_i)=1$ 来确定它

$$\lambda=\frac{1}{(x_k-x_0)(x_k-x_1)\cdots(x_k-x_{k-1})(x_k-x_{k+1})\cdots(x_k-x_n)}$$，结果得

$$A_k(x)=\frac{(x-x_0)(x-x_1)\cdots(x-x_{k-1})(x-x_{k+1})\cdots(x-x_n)}{(x_k-x_0)(x_k-x_1)\cdots(x_k-x_{k-1})(x_k-x_{k+1})\cdots(x_k-x_n)}=\prod_{\substack{j=0\\ j\neq k}}^{n}\frac{x-x_j}{x_k-x_j} \tag{3-31}$$

式中 Π 为累乘，$\prod\limits_{\substack{j=0\\ j\neq k}}^{n}$ 表示乘积遍取 j 从 0 到 n 除了 $j=k$ 以外的全部正整数；$A_k(x)$ 为对每个下标 $k(k=0,1,2,\cdots n)$ 作出的基本插值多项式，其线性组合就是所要求的插值多项式 $p_n(x)$，将式 $A_k(x)$ 代人式中，即得所求插值多项式 $y=p_n(x)$ 的表达式

$$\begin{aligned}p_n(x)&=\sum_{k=0}^{n}\frac{(x-x_0)(x-x_1)\cdots(x-x_{k-1})\cdots(x-x_n)}{(x_k-x_0)(x_k-x_1)\cdots(x_k-x_{k-1})(x_k-x_{k+1})\cdots(x_k-x_n)}y_k\\&=\sum_{t=0}^{n}\left(\prod_{\substack{j=0\\ j\neq k}}^{n}\frac{x-x_j}{x_k-x_j}\right)y_k\end{aligned} \tag{3-32}$$

这就是拉格朗日（Language）插值公式。所谓拉格朗日插值就是以给定点 x，用插值式 $y=p_n(x)$ 计算 $y=p_n(x)$ 的值作为函数 $f(x)$ 在点 x 处的近似值。点 x 称为插值点，插值多项式的次

数称为插值的阶。当 x 在插值区间内，其插值过程称为内插，否则称为外推。

若设其列表曲线已知的型值点为 (x_k, y_k)，总点数为 $n+1$（插值多项式的次数为 n），x_p 为插值点，y_p 为插值结果，其拉格朗日插值计算框图，如图 3-21 所示。

拉格朗日插值公式在逻辑结构上表现为二重循环，内循环（j 循环）通过层乘求得系数

$$A_K(x) = \prod_{\substack{j=0 \\ j \neq k}}^{n} \frac{x - x_j}{x_k - x_j}$$

然后再通过外循环（k 循环）由累加得到结果

$$y = \sum_{k=0}^{n} A_k(x) y_k$$

这种特征也从图 3-21 中很明显地表现出来，因构造拉格朗日插值多项式的思路清晰，含义直观，形式对称，便于记忆．故被广泛应用。但其明显缺点是：对于给定 n，式中的 $n+1$ 项必须全部计算出来，哪一项也不可省。如需临时增加一个新的插值点时，不能利用原有的计算结果，而需全部重算，势必造成浪费。插值结果的误差也难以估计。

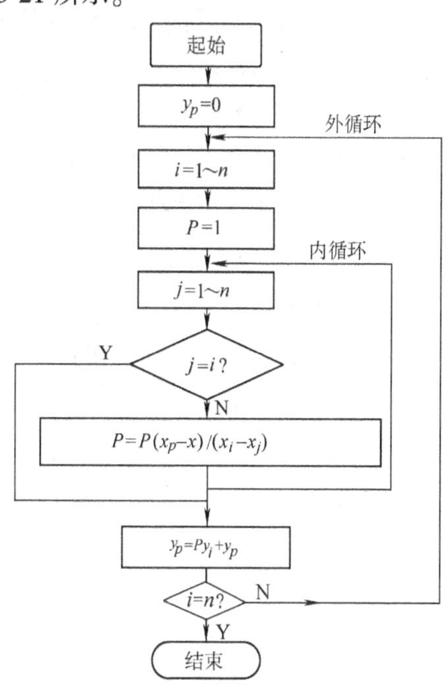

图 3-21　拉格朗日插值计算框图

（三）牛顿插值

牛顿插值也叫均差插值法，也是一种利用代数多项式进行插值的方法。先介绍均差的概念。若对一元函数 $y=f(x)$，令 $y_i=f(x_i)$，分式 $\frac{y_1-y_0}{x_1-x_0}=\frac{f(x_1)-f(x_0)}{x_1-x_0}$ 是在区间 $[x_0, x_1]$ 上函数的增量与自变量 x 的增量相比，即函数 $f(x)$ 在区间 $[x_0, x_1]$ 上的平均变化率，叫做函数 $f(x)$ 的一阶均差，记作 $f(x_1, x_2)$。例如

$$f(x_1, x_3) = \frac{y_3 - y_1}{x_3 - x_1}, f(x_3, x_4) = \frac{y_4 - y_3}{x_4 - x_3}$$

都是 $f(x)$ 的一阶均差。由等式

$$f(x_0, x_1) = \frac{y_0}{x_0 - x_1} + \frac{y_1}{x_1 - x_0} = \frac{y_1 - y_0}{x_1 - x_0} = f(x_1, x_0)$$

看出，一阶均差与点的排列次序无关，这叫做一阶均差的对称性。用上述一阶均差的概念与记号，可把上节线性插值式表达为下列形式

$$P_1(x) = f(x_0) + f(x_0, x_1)(x - x_0)$$

如果再增加一个新点 (x_2, y_2)，即在上述 $P_1(x)$ 上增加一项后，作出二次多项式

$$P_2(x) = P_1(x) + \lambda(x - x_0)(x - x_1)$$

式中，λ 是个待定常数。由上式可明显看出，在点 x_0 和 X_1 上，$P_{2(x)}$ 与 $P_1(x)$ 取值相等，分别为 y_0 与 y_1，即完全保留了 $P_1(x)$ 已适合的插值条件。只要对 $P_2(x)$ 加上新的插值条件 $P_2(x2) = y_2$ 之后，就可求得待定常数 λ_0，现在令 $x=x_2$，代入，得

$$y_2(x) = P_1(x_2) + \lambda(x_2 - x_0)(x_2 - x_1)$$

推出

$$\lambda=\frac{1}{(x_2-x_0)(x_2-x_1)}(y_2-P_1(x_2))=$$

$$\frac{1}{(x_2-x_0)(x_2-x_1)}[y_2-y_0-f(x_0,x_1)(x_2-x_0)]=\frac{f(x_0,x_2)-f(x_0,x_1)}{y_2-y_1}$$

式中，$\frac{f(x_0,x_2)-f(x_0,x_1)}{y_2-y_1}$是函数$f(x)$的一阶均差的均差。被称为函数$f(x)$的二阶均差，记着$f(x_0,x_1,x_2)$，这样可将上节二次插值多项式表达为下列形式

$$P_2(x)=f(x_0)+f(x_0,x_1)(x-x_0)+f(x_0,x_1,x_2)(x-x_0)(x-x_1)$$

经直接计算可得

$$f(x_0,x_1,x_2)=\frac{y_0}{(x_0-x_1)(x_0-x_2)}+\frac{y_1}{(x_1-x_0)(x_1-x_2)}+\frac{y_2}{(x_2-x_0)(x_2-x_1)}$$

由上式可以推知，二阶均差亦与点的排列次序无关，也具有对称性。

如再增加一个数据点(x_3,y_3)，构造3次插值多项式$P_3(x)$，步骤与上述相同，其待定常数λ是二阶均差的均差，记为$f(x_0,x_1,x_2,x_3)$，称为函数$f(x)$三阶均差。由此可以归纳出高阶均差的定义：$k-1$阶均差的均差称为k阶均差，即

$$f(x_0,x_1,\cdots,x_k)=\frac{f(x_1,x_2,\cdots,x_k)-f(x_0,x_1,\cdots,x_{k-1})}{xk-x_0}=\frac{y_0}{(x_0-x_1)(x_0-x_2)\cdots(x_0-x_k)}+$$

$$\frac{y_1}{(x_1-x_0)(x_1-x_2)\cdots(x_1-x_k)}+\cdots+\frac{y_k}{(x_k-x_0)(x_k-x_1)\cdots(x_k-x_{k-1})}$$

由上式也可以看出k阶均差也与点的排列次序无关，即同样具有对称性。

由上述各阶均差的定义与记号，就可以把满足$n+1$个型值点插值条件的n次插值多项式表达为

$$\begin{aligned}&P_n(x)=f(x_0)+f(x_0,x_1)(x-x_0)+\\&f(x_0,x_1,x_2)(x-x_0)(x-x_1)+f(x_0,x_1,x_2,x_3)(x-x_0)(x-x_1)(x-x_2)+\cdots+\\&f(x_0,x_1,\cdots,x_n)(x-x_0)(x-x_0)\cdots(x-x_{n-1})\end{aligned}\quad(3\text{-}33)$$

上式就是牛顿形式的n次插值多项式，因它用均差作系数，故常称均差插值多项式。

其优点是：多项式的系数恰好是直到n阶的均差，各项外形的规律性很强；当增加一个新的型值点后再计算某点的插值时，前次运算结果仍然有用，只要把最后一项的值算出后累加上去即可。所以计算起来较方便。实际上拉格朗日和牛顿插值多项式是相同的多项式，仅仅是形式不同罢了。

（四）样条（spline）插值

样条插值通常采用三次样条函数通过给定的型值点来进行插值，它是目前数控加工中解决列表曲线插值拟合问题时最常用的一种方法。

上面所述的拉格朗日和牛顿插值多项式虽然已经很具体地解决了有限多个型值点的插值问题，其多项式也是无穷可导的，故多项式描述的曲线也足够光滑。但问题是，型值点越多，插值多项式的次数越高（如：对于100个给定型值点，则要建立99次多项式），高次多项式不但计算复杂，速度慢，而且会使曲线发生扭摆。此外，由于多项式是解析函数，即使在局部范围内的某一微小变化也会牵动全局，使计算不稳定，而这种微小变化在工程实际中是经常遇到和允许的，所以就显得不太符合实际需要。

为克服上述缺点，人们常采用分段插值方法来降低插值曲线次数，尽量把高阶降为低阶。例如：当给定的型值点已经很密时，用分段线性插值再加密一些型值点，通过数控机床作直线插补也能加工出精密工件的曲线轮廓。当型值点不很密时，过三个型值点用拉格朗日或牛顿插值法作二次插值多项式，分段进行插值，也能使计算简化，并取得较好的逼近效果。但是，分段插值法也有其明显缺点，主要表现在段与段衔接点处的一阶导数不连续，无法保证曲线的光滑性（型值点处出现折拐现象）。这种情况对那些十分强调轮廓曲线光滑性的零部件来说是不允许的（如高速飞行的飞机机翼的零部件）。

为解决这一问题，人们在长期的生产实践中终于找到一种分段的多项式，而导数是连续的曲线，就是样条插值函数。目前在数控程编中通常采用 3 次样条插值函数作为对列表曲线的第一次逼近（插值）。3 次样条插值函数采用的是分段 3 次多项式，且一、二阶导数连续的曲线。由于其逼近性质好，在理论和实际应用方面都已经非常成熟，是目前普遍应用的一种插值方法，在此略作介绍。

1. 样条函数起源于物理样条

物理样条实际上是一种绘制模线的工具，一般采用一根富有弹性的木条或薄金属条、有机玻璃条来作为样条。人们在绘制船舶、汽车和飞机的外形放样曲线时，用压铁压在一批点上，强迫样条通过这些离散的型值点，经过调整压铁，使样条作弹性变形，当认为形状合适后，便可沿样条画出所需要的曲线（见图 3-22）。

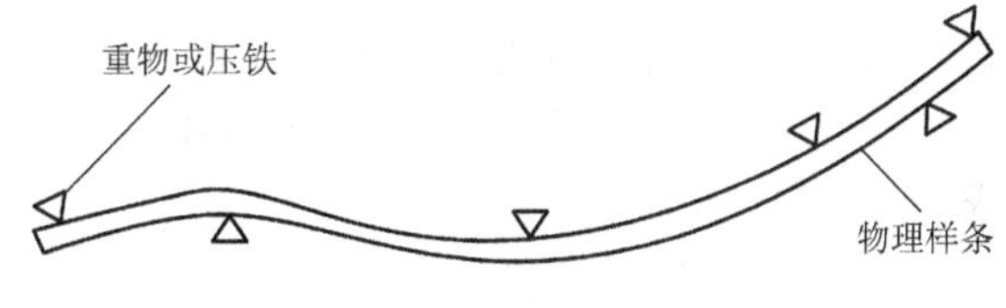

图 3-22　物理样条示意图

由于物理样条得到了适当的利用，可获得令人满意的曲线，所以也有充分理由对物理样条进行数学模拟，并用它来描述数控加工工件的外形轮廓曲线。

如果把物理样条看作弹性细梁，把压铁看成是作用在该梁的某些点上的集中载荷，则上述绘制模线的过程，在力学上可以抽象为求弹性细梁在外载作用下梁的弯曲变形。通过这一力学背景，从而建立了数学上的 3 次样条函数概念，因为它是分段描述，整体求解，故在整条曲线上逼近较好。

2. 三次样条函数的定义

设在 XOY 平面上给定 $n+1$ 个有序的型值点列

$$(x_0,y_0),(x_1,y_1),\cdots,(x_n,y_n)$$

其中 $x_0<x_1<\cdots<x_n$。若有函数 $s(x)$ 适合下列条件

1) $s(x_i)=y_i(i=0,1,2,\cdots,n)$；

2) $s(x)$ 在区间 $[x_0,x_n]$ 上二阶连续可导；

3) 在每一个子区间 $[x_{i-1},x_i]$ 上 $s(x)$ 是 x 的 3 次多项式。

则称函数 $s(x)$ 是关于型值点列的三次样条函数。简而言之，三次样条函数就是全部通过型值点，二阶连续可导的分段三次多项式函数。

3. 样条函数插值求解

简单说，样条插值过程分两步完成：

第一步，利用公式

$$\begin{cases} 2M_0+\alpha_0 M_1=\beta_0 \\ (1-\alpha_1)\ M_0+2M_1+\alpha_1 M_2=\beta_1 \\ (1-\alpha_2)\ M_1+2M_2+\alpha_2 M_3=\beta_2 \\ (1-\alpha_{n-1})\ M_{n-2}+2M_{n-1}+\alpha_{n-1}M_n=\beta_{n-1} \\ (1-\alpha_n)\ M_{n-1}+2M_n=\beta_n \end{cases} \tag{3-34}$$

上式改写为矩阵形式如下：

$$\begin{bmatrix} 2 & \alpha_0 & & & & \\ 1-\alpha_1 & 2 & \alpha_1 & & & \\ & 1-\alpha_2 & 2 & \alpha_2 & & \\ & \cdots & & & & \\ & & 1-\alpha_{n-1} & 2 & \alpha_{n-1} \\ & & & 1-\alpha_n & 2 \end{bmatrix} = \begin{bmatrix} M_0 \\ M_1 \\ M_2 \\ \cdots \\ M_{n-1} \\ M_n \end{bmatrix} = \begin{bmatrix} \beta_0 \\ \beta_1 \\ \beta_2 \\ \cdots \\ \beta_{n-1} \\ \beta_n \end{bmatrix} \tag{3-35}$$

其个系数 α_i 与 β_i 分别为

$$\alpha_i=\frac{h_{i+1}}{h_i+h_{i+1}};\ \beta_i=6\frac{\dfrac{y_{i+1}-y_i}{h_{h-1}}-\dfrac{y_i-y_{i-1}}{h_i}}{h_i+h_{i+1}}\qquad (h_i=x_i-x_{i-1})$$

可以看出，此方程组的系数矩阵是 $n+1$ 阶方阵，并且是三对角线方程组，主对角线元素都等于2（这是三次样条函数的重要特点之一），由于它具有严格的主对角优势，可证明其行列式不等于零，因而该方程组有唯一确定的解。该方程组可在计算机上用“追赶法”求出 M_0，M_1，M_2，…，M_n。

第二步，利用插值式

$$\alpha_i=\frac{h_{i+1}}{h_i+h_{i+1}};\ \beta_i=6\frac{\dfrac{y_{i+1}-y_i}{h_{h-1}}-\dfrac{y_i-y_{i-1}}{h_i}}{h_i+h_{i+1}}\qquad (h_i=x_i-x_{i-1})$$

$$s(x)=\frac{(x_i-x)^3}{6h_i}M_{i-1}+\frac{(x-x_{i-1})^3}{6h_i}M_i+(y_{i-1}-\frac{h_i^2}{6}M_{i-1})\frac{(x_i-x)}{h_i}+\left(y_i-\frac{h_i^2}{6}M_i\right)\frac{(x-x_{i-1})}{h_i} \tag{3-36}$$

来计算分段子区间上$[x_{i-1},X_i]$上的加密函数值,其中,x_i 为 $s(x)$在 x_i 点处的二阶导数。

二、拟合

拟合也称为逼近，上述插值方法实际也是对列表曲线进行逼近。在实际工程中，因实验数据常带有测试误差，上述插值方法均要求所得曲线通过所有的型值点，反而会使曲线保留着一切测试误差，特别是当个别误差较大时，会使插值效果显得不理想。因此，在解决实际问题时，可以考虑放弃拟合曲线通过所有型值点的这一要求，而采用别的方法来构造近似曲线，只要求它尽可能反映出所给数据的走势即可。如常用拟合方法之一的最小二乘法，就是寻求将拟合误差的平方和达到最小值（最优近似解）来对曲线进行近似拟合的。

这是一种较为广泛应用的逼近手段，是用一条到型值点距离平方和最小来确定拟合曲线的方法，与前种“点点通过”的插值方法有所不同。这种拟合方法往往可以与前述方法或其他方法配合使用。下面对最小二乘逼近方法作一简单介绍。

已知平面的型值点列（x_i，y_i）（$i=1\sim n$），求一条符合要求的（比如精度要求）容易

实现的曲线近似取代它。假设曲线方程为一个多项式

$$y=f(x)=\alpha_0+\alpha_1 x+\alpha_m x^m=\sum_{j=0}^{m}\alpha_j x^j \quad (m<n) \tag{3-37}$$

为了确定 $m+1$ 个系数 α_j，可将已知的型值点列坐标代入上式即可得下列线性方程组

$$\begin{cases} a_0+a_1x_1+\cdots+a_mx_1^m=y_1 \\ a_0+a_1x2+\cdots+a_mx_2^m=y_2 \\ \vdots \qquad \vdots \qquad \vdots \\ a_0+a_1x_n+\cdots+a_mx_n^m=y_n \end{cases} \tag{3-38}$$

显然方程的个数 $n \geqslant m+1$（未知数的个数），一般无解，因而给出一组 a_j（$j=0\sim m$）值，代入式（3-80）就会出现偏差，若记

$$\Delta_i=f(x_i)-y_i \tag{3-39}$$

则这些差的平方和为

$$S=\sum_{i=2}^{m}\Delta_i^2=\sum_{i=1}^{n}\left(\sum_{j=1}^{m}a_j x_i^j-y_i\right)^2 \tag{3-40}$$

我们称给出这组解 $a_0\sim a_m$ 的原则是使其误差的平方和 S 为最小，这样确定近似曲线系数的方法叫最小二乘逼近。

根据通常求极值的方法，欲使 S 最小，则它对其系数（变量）a_j（$j=0\sim m$）偏导数为 0，亦即

$$\frac{\partial S}{\partial a_k}=2\sum_{i=1}^{m}\left(\sum_{j=0}^{m}a_j x_i^j-y_i\right)x_i^k=0 \qquad (k=0\sim m)$$

则可记为

$$\begin{pmatrix} \sum_{i=1}^{n}x_i^0 & \sum_{i=1}^{n}x^i & \sum_{i=1}^{n}x_i^2 & \cdots & \sum_{i=1}^{n}x_i^m \\ \sum_{i=1}^{n}x_i & \sum_{i=1}^{n}x_i^2 & \sum_{i=1}^{n}x_i^3 & \cdots & \sum_{i=1}^{n}x_i^{m+1} \\ \vdots & & & & \vdots \\ \sum_{i=1}^{n}x^m & \cdots & \sum_{i=1}^{n}x_i^{m+1} & \cdots & \sum_{i=1}^{n}x_i^{2m} \end{pmatrix}\begin{pmatrix} a_0 \\ a_1 \\ \vdots \\ \vdots \\ a_m \end{pmatrix}=\begin{pmatrix} \sum_{i=1}^{n}y_ix_i^0 \\ \sum_{i=1}^{n}y_ix_i \\ \vdots \\ \sum_{i=1}^{n}y_ix_i^m \end{pmatrix} \tag{3-41}$$

此方程称为正规方程组。它用 $m+1$ 个方程解 $m+1$ 个未知数 a_j，即可求出近似曲线的方程。显然，当 $m\leqslant 3$ 时，此方程组易解，而当 $m>3$ 时，则需求系数矩阵的逆矩阵，或将系数矩阵变成三角阵，然后用回代法求解。

但上面提到的插值，拟合过程等，在数控加工的编程工作中一般均被称为第一次逼近（或称第一次数学描述）。由于受数控机床控制功能的限制，第一次逼近所取得的结果一般不能直接用于编程，而必须获得逼近列表曲线的直线或圆弧的数据，这一过程被称为二次逼近。除直线—圆弧外，目前也常用双圆弧样条、参数样条曲线、B 样条曲线等方法对列表曲线进行拟合插值。

三、光顺

（一）曲线光顺的概念

为了降低在流体中运动物体（如飞机、船舶、汽车等）的运动阻力，其轮廓外形不但要求做得更流线一些，而且要求美观，看上去舒服顺眼，因此就构成了光顺的概念。可见，“光顺”实际上是个工程上的概念，因光顺要求光滑，但光滑并不等于光顺，故不能与数学上的“光滑”概念等同。

光顺的必要条件包括两方面的要求，其一是光滑，至少是一阶导数连续；其二是曲线走势，其凹凸应符合设计目的。但大量实践表明，仅满足上述两必要条件，尚不能获得满意结果，故还应增加光顺的充分条件，即曲线的曲率大小变化要均匀。

上述光顺的充要条件仅指出了由一组型值点描述的曲线。原因在于，在工程实际中，设计的计算误差和实验误差常常是随机性的，可在局部范围内产生，也可在整体范围内产生，且有正有负，它将造成通过这些型值点的曲线在不该有拐点的地方出现了拐点（此外，设计数据在传递过程中，也会因人为因素产生上述问题），从而使加工出的工件轮廓形状不光顺。所以也必须在数控加工程序编制时，用光顺方法对提供的数据进行检查。

（二）曲线光顺方法

由于光顺问题是计算机辅助设计与制造（CAD/CAM）提出的专门课题，也是一个非常复杂，难度较高的问题。目前对曲线与曲面的光顺方法很多，这里仅介绍一种在数控加工实践中常用的简便方法：局部回弹法。

1. 局部回弹法的基本原理

局部回弹法的基本原理来源于用样条绘制模线时的“光顺”操作实践。这一操作过程是，当用压铁强迫样条通过各型值点后，发现样条所形成的曲线存在“不顺眼”的地方时，就把“最坏”的那点上的压铁松掉，让样条自由弹匀，再压上压铁，如此往复修正，直至基本“顺眼”为止。因这种操作过程，每次只对某一个型值点的纵坐标进行局部调整，故称为局部回弹法，它是对绘母线模线时光顺操作过程的一种数学模拟。

2. 局部回弹法光顺曲线的步骤

为满足前述曲线光顺的充要条件，局部回弹法分两步进行：第一步，满足曲线的一阶导数连续，且曲率符号符合设计要求的两个曲线光顺必要条件，称为粗光顺；第二步，满足曲线的曲率大小变化均匀的曲线光顺充分条件，被称为精光顺。

3. 粗光顺

（1）光顺判别法　先根据设计要求，把整条曲线分成单凸和单凹的区间，其分界点即为拐点（拐点的个数及位置是由设计者预先给出的），然后用计算机来计算判断，其方法如下：

用 3 次样条计算各型值点处的 y_i''，做为判别光顺的基础。设 3 次样条函数为 $y=s(x)$ 某型值点处的二阶导数

$$y_i''\partial \ = s''(x_i)$$

整条曲线按拐点分段后，光顺判别问题因在每段曲线内无拐点及凸或凹都是预先给定的而得到简化，只要满足

$$P_i y''_i < 0 \qquad (i=1,\ 2,\ \cdots,\ n)$$

的点即为不光顺的点。式中，P_i 是预先给定 y''_i 的符号（$P_i=+1$ 或 -1）。值得注意的是，当曲线很平缓时，即 $|y''_i|$ 很小，按上式判别和光顺会出现计算中迭代不止的现象。因此，在实际应用时，可把它看做是光顺的而不必修改，只有当 $P_i y''_i<0$ 且 $y''_i>\varepsilon$（通常情况下取 $\varepsilon=10^{-4}$）的点，才认为是不光顺的“坏点”。

(2) 找出最坏点　由于在一条曲线上可能会出现多个坏点，修改一个点，将影响整条曲线。如盲目修改，不但会增大工作量，而且效果也不理想，为此，应找出最坏点先进行修改。由材料力学可知，当一组力作用于梁上时，集中载荷最大处，其挠曲曲率变化最严重，即外力最大处的点为最坏。根据材料力学理论，第 i 点处的剪力跃度（外力）为：

$$N_i = y'''_{i右} - y'''_{i左}$$

式中 $y'''_{i右}$、$y'''_{i左}$为样条曲线在 i 点处的两个单边三阶导数，设坏点的下标为 i_1，i_2，…，i_j。令 $N_{ij} = \max\limits_{1 \leqslant j \leqslant k} [N_{ij}] = \max [y'''_{j右} - y'''_{i左}]$ 则三阶导数差最大的 ik 点为最坏的点，应先对该点进行修改。

(3) 修改方法　像手工光顺中将最坏点的压铁除去一样，可以先将最坏点（x_{ik}，y_{ik}）舍弃，再按其余各型值点构造新样条函数，并由新样条函数求出对应于 x_{ik} 的函数值 $\dot{y}_{ik}$，可得完全回弹时的纵坐标修改量为：$\Delta y_{ik} = (\dot{y}_{ik} - y_{ik})$。如图 3-23 所示。

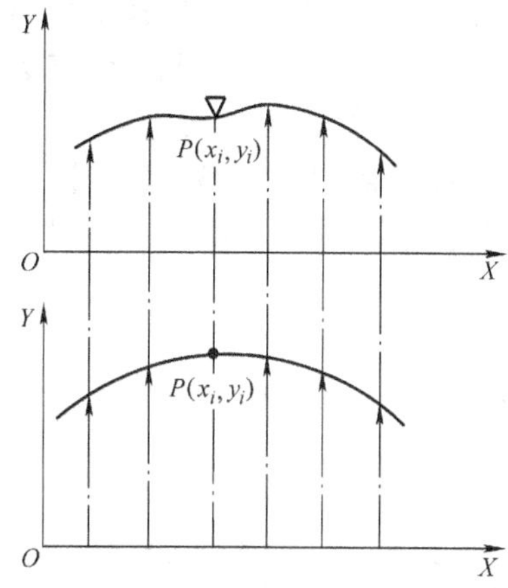

图 3-23　曲线中坏点的修正

为了使型值点的修改量不致过大，一般采用不完全回弹，即取

$$\Delta y_{ik} = \alpha(\dot{y}_{ik} - y_{ik}) \quad 0 < \alpha < 1$$

其中，α 为回弹系数，按经验通常取 $\alpha = 0.3$。但在实际计算时发现，当 $|\dot{y}_{ik} - y_{ik}|$ 较小时，迭代循环时间过长，所以当 $|\dot{y}_{ik} - y_{ik}| < 0.3\text{mm}$ 时，可取 $\alpha = 1$，即进行完全回弹。

接着取（x_{ik}，$y_{ik} + \Delta y_{ik}$）代替原型值点（x_{ik}，y_{ik}）重作样条函数，再找出坏点与最坏点，重复上述过程，直到无坏点为止，粗光顺即告完成。

4. 精光顺

(1) 光顺判别法　在对曲线进行粗光顺以后，是否需要再对曲线进行精光顺，首先须进行判断。因为对小挠度曲线来说，其二阶导数可作为曲率的近似值，所以可用函数 $y''(x)$ 的图形来判断曲率变化的均匀性。图 3-24 示出了光顺与不光顺时的二阶导数的情况，为讨论方便，以下均用二阶导数表示曲率。

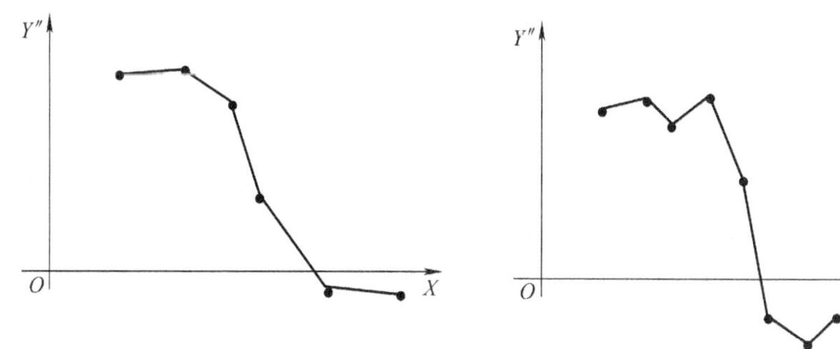

图 3-24　曲线光顺与不光顺时的二阶导数的情况

通过对小挠度曲线光顺性的观察，在 y''的同号区间内，曲线 $y''(x)$ 出现一个极值，视觉不易看出不光顺，当出现两个极值时，就会出现明显的局部不光顺的现象，即局部不光顺情况。所以，凡在二阶导数同号的区间内，当曲线上型值点的二阶导数 $y''(x_i)$ 出现两个或两个以上的

极值时,曲线就判为不光顺。因此在 y'' 同号区间内,只允许三阶导数有一次变号。因第 i 段的三阶导数为

$$y'''(x)=\frac{y''_{i+1}-y''_i}{h_{i+1}} \tag{3-42}$$

故在 y'' 的同号区间内，只允许

$$(y''_{i+1}-y''_i)\ (y''_i-y''_{i-1})\ <0$$

出现一次，若出现两次或两次以上，则这种点（x_i，y_i）为坏点。

（2）拢出最坏点　先按上式找出所有坏点，令其为（x_i，y_i），然后按粗光顺时的相同办法，即按两公式可以找出最坏点（x_{ik}，y_{ik}）。

（3）修改方法　其修改方法就是“削平”极值点，即“削平”函数 $y''(x)$ 在 $x=x_{ik}$ 处的极值。为书写方便,将最坏点(x_{ik},y_{ik})仍记为(x_i,y_i),还采用粗光顺时的同样办法,松去第 i 点(最坏点)上的压铁,使原来的 $i-1$ 点至 i 点及 i 点至 $i+1$ 点之间的两段不同的 3 次样条曲线变成从 $i-1$ 点至 $i+1$ 点一段 3 次曲线。在第 i 点处的二阶导数

$$y''=\frac{h_{i+1}y''_{i-1}+h_iy''_{i+1}}{h_{i+1}+h_i}=\lambda_iy''_{i-1}+\mu_iy''_{i+1} \tag{3-43}$$

式中

$$h_i=x_i-x_{i-1}\text{；}\ \lambda_i=\frac{h_{i+1}}{h_{i+1}+h_i}\text{；}\ \mu_i=\frac{h_i}{h_{i+1}+h_i}=1-\lambda_i$$

实际上，当去掉 i 点时，y''_{i-1}，y''_{i+1} 也应有变化，但与 y''_i 相比要小得多，为简化计算，可将 y''_{i-1}，y''_{i+1} 看作不变。由 3 次样条的基本方程组得

$$\mu_iy''_{i-1}+2y''_i+\lambda_iy''_{i+1}=d_i$$

以 $\dot{y}_1$，$\dot{y}''_i$ 分别代替 y_i 和 y''_i，得修改后的方程组

$$\mu_iy''_{i-1}+2y''_i+\lambda_iy''_{i+1}=d_i \tag{3-44}$$

式中

$$d_i=\frac{6}{h_{i+1}+h_i}\left(\frac{y_{i+1}-y_i}{h_{i+1}}-\frac{y_i-y_{i-1}}{h_i}\right)$$

上述两式相加减，整理得 $\dot{y}_i=y_i+\frac{h_ih_{i+1}}{3}\ (y''_i-\dot{y}''_i)$。

再将 y'' 代人上式，得新函数值

$$\dot{y}_i=y_i+\frac{h_ih_{i+1}}{3}\left[\lambda_i\ (y''_i-y''_{i-1})\ -\mu\ (y''_{i+1}-y''_i)\right] \tag{3-45}$$

和粗光顺一样，为使修改量尽可能小些，一段不作完全回弹而只进行部分回弹，故在上式（完全回弹）中再乘入一回弹系数（或称为松弛系数），即

$$\dot{y}_i=y_i+\frac{\omega h_ih_{i+1}}{3}\left[\lambda_i\ (y''_i-y''_{i-1})\ -\mu_1\ (y''_{i+1}-y''_i)\right] \tag{3-46}$$

式中 $0<\omega<1$，一般可取 $\omega=0.3$。

在用上式得到修正值 $\dot{y}_i$ 后，再用（x_i，$\dot{y}_i$）代替（x_i，y_i），重新构造样条，并重复上述找坏点及修改过程直到满足精光顺要求时为止。

上述方法的光顺对象仅为平面曲线，对于空间曲线，此方法也适用，但需分别对其在两或三个坐标平面内的投影曲线进行光顺。实际上一般只需要将空间曲线投影到两个平面上，

对得到的两条平面曲线分别光顺后再合成空间曲线（即将三维降为二维来处理）。实践证明，一般情况下，一条空间曲线在各坐标平面内的投影曲线是光顺的，该空间曲线也是光顺的。

第五节　自由曲面数控加工的轨迹规划

随着数控技术的迅速发展，机械制造中含有复杂曲面的构件的加工量与日俱增。这些复杂曲面一般不能由传统的非数控方法加工，或者加工效率与加工精度难以满足要求。而数控方法则是完成这些加工任务的最佳而有效的途径。

从被加工曲面的几何特性或结构特点来看，复杂曲面可以分为两类：一类是直纹面、准直纹面或螺旋曲面，如各种增压器中的叶轮、涡轮的叶片曲面，整体回转刀具的螺旋槽曲面等。另一类则是各点处的主曲率都在变化的自由曲面，如各种冲压件、铸件的模具曲面等。产品外形设计中所定义的自由曲面可用前述几种方法表示，而要将这些自由曲面加工出来，则必须找出刀具中心的轨迹和刀轴矢量，建立刀位文件。

一、数控加工刀具轨迹的规划

在复杂曲面的多坐标数控加工中，刀具轨迹的优劣直接影响其加工精度和加工效率。同一曲面加工所选刀具轨迹不同，其精度和效率有时会有很大差别。能产生优质高效加工结果的完整刀具轨迹并不可能由一种统一的算法来得到。因此，在得到局部优化的刀具轨迹后，还需要进行合理的编辑处理。

（一）刀具轨迹优劣的评价指标

好的刀具轨迹应该能在保证较高加工精度的前提下，使加工效率达到最高，具体体现在以下几方面。

（1）刀具轨迹的长度　对零件加工的刀具轨迹的总长度，其中包括刀具有效切削路径的长度和不进行切削的空行程长度。显而易见，刀具轨迹的长度越短，其加工效率则越高。锯齿形的往复式双向切削刀具轨迹或螺旋线形的环切刀具轨迹要比单向切削的刀具轨迹短。

（2）刀具轨迹的连续性　不连续的轨迹会因经常性的抬刀使得刀具往返时间增加而降低加工效率，而且被加工零件的质量也会因为系统误差而降低。因此，刀具轨迹数越少越好，即单个刀具轨迹尽可能长。

（3）刀具轨迹方向的一致性　随着加工轨迹选取的不同，其上法矢的变化幅度和变化频率有时会有很大差别，从而直接影响到加工效率和质量。轨迹方向的一致性包括刀具运动切线方向的变化情况和在某一轨迹上曲面法矢方向的变化情况。显然，刀具轨迹的规划应该沿着曲面法曲率变化较小的方向，从而使其切线方向和法矢方向的变化量尽可能小。

（二）刀具轨迹生成方法分析

参数曲面加工的刀具轨迹生成方法有多种，如等参数线法、等距截平面法、等距偏置法、等残留高度法和空间填充法等，如图 3-25 所示。

等距截平面法是用一组平行平面与曲面相截，将所得到的截线作为刀具运动的轨迹。这种方法的缺点是截平面最佳方位通常很难确定，多数情况下只好选用与某坐标轴相垂直的平面来简化计算，而求平面与曲面的交线时也要根据给定的误差范围用小三角平面来逼近曲面，因而这种方法的计算量很大。该方法虽然保证了刀具轨迹线在几何空间内的距离相等，但一般情况下在不同位置处的残留高度并不相等，平行平面的间距只能根据残留高度最大处

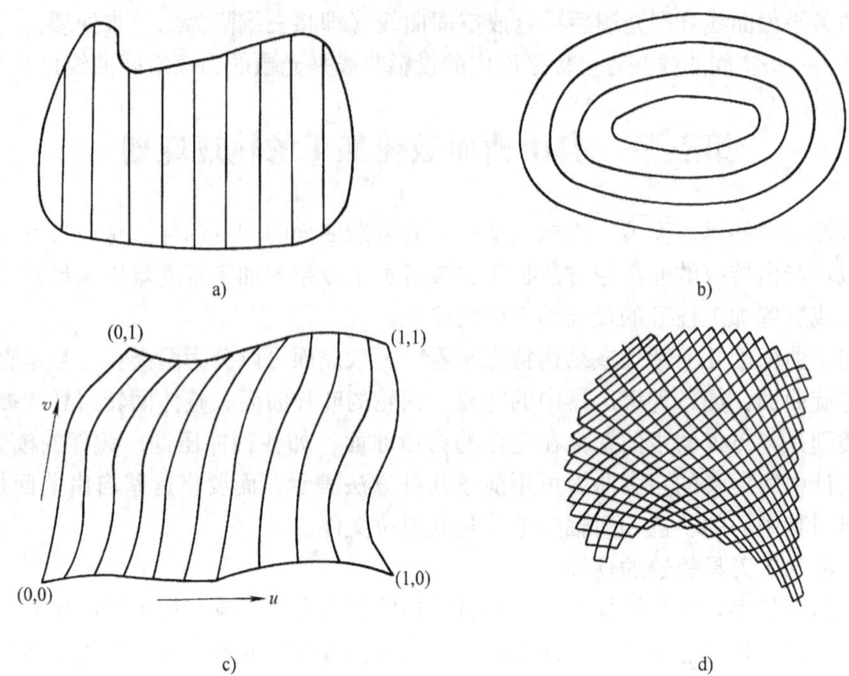

图 3-25　参数曲面加工的刀具轨迹生成方法

决定，因而加工效率有时较低。

等距偏置法是求边界曲线的等距离曲线作为刀具轨迹线，其间距也只能根据残留高度最大处决定，这种方法与等距截平面法相似，因而加工效率有时也比较低。

等参数法是最常用的一种刀具轨迹规划方法，这种方法的最大优点是算法简单，但因参数间距只能根据两相邻刀具轨迹间残留高度最大处来确定，而大多数曲面沿参数方向的几何尺寸变化较大，所以实际得到的刀具轨迹线疏密差别较大，致使加工效率较低，且被加工面的表面质量较差。

以上几种方法在确定相邻两刀具轨迹线的距离时，都是根据残留高度的最大的情况来确定的，在不同程度上存在重复切削。加工效率依赖于曲面几何形状和曲率的变化情况，实际上沿刀具轨迹方向的残留高度是变化的，而最大值不能超过许用值，因而加工效率不高。

此外，近年来有些学者尝试将空间填充曲线作为加工刀具轨迹，它具有很好的连续性和在参数区间上分布的均匀性，基本上消除了整个切削过程中的空行程，降低了刀具轨迹的总长度。但切削方向的频繁变化使表面质量在某种程度上受到了影响。

相比之下，等残留高度法则是通过控制相邻轨迹间的距离，使得轨迹间的残留高度不变，从而在已知一条加工轨迹、刀具半径和允许残留高度的前提下，下一条刀具轨迹便可以计算出来。显然这种方法是一种高效的加工方法。

二、参数线加工

曲面参数线加工方法是多坐标数控加工中生成刀具轨迹的主要方法。特点是切削行沿曲面的参数线分布，即切削行沿 u 线或 v 线分布，适用于网格比较规整的参数曲面的加工。

基于曲面参数线加工的刀具轨迹计算方法的基本思想是利用 Beizer 曲线曲面的细分特性，将加工表面沿参数线方向进行细分，生成的点位作为加工时刀具与曲面的切触点。因此，曲面参数线加工方法也称为 Bezier 曲线离散算法。

Bezier 曲线离散算法按照离散方式又可分为四叉离散算法和二叉离散算法。由于前者所占用的存储空间大，因此在刀具轨迹的计算中一般采用二叉离散算法。

在加工中，刀具的运动分为沿切削行的走刀和切削行的进给两种运动。刀具沿切削行走刀时所覆盖的一个带状曲面区域，称为加工带。二叉离散过程首先沿切削行的行进给方向对曲面进行离散，得到加工带，然后在加工带上沿走刀方向对加工带进行离散，得到切削行，如图 3-26 所示。

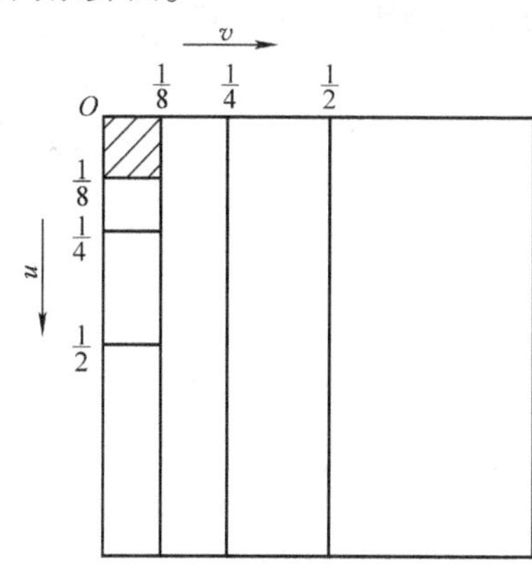

图 3-26　二叉离散算法

二叉离散算法要求先确定一个参数线方向为切削行的走刀方向，本书假定为 u 参数曲线方向，相应的另一参数曲线 v 方向即为沿切削行的行进给方向，然后根据允许的残留高度计算加工带的宽度。以此为基础，根据参数曲线的弧长计算刀具沿 v 参数曲线的走刀次数（即加工带的数量）N，加工带在 v 参数曲线方向上按等参数步长（或局部按等参数步长）分布。

基于参数线加工的刀具轨迹计算方法有多种，比较成熟的有等参数步长法、参数筛选法、局部等参数步长法、参数线的差分算法及参数线的对分算法等，下面分别进行介绍。

（一）等参数步长法

最简单的 Bezier 曲线离散算法是等参数步长法，即在整条参数线上按等参数步长计算点位。参数步长 δ 和曲面加工误差 Δ 没有一定关系，为了满足加工精度，通常 δ 的取值偏于保守且凭借经验。这样计算的点位信息比较多。由于点位信息按等参数步长计算，没有用曲面的曲率来估计步长，因此，等参数步长法没有考虑曲面的局部平坦性（在平坦的曲域只得较少的点位信息）。但这种方法计算简单，速度快，在刀位计算中常被采用。

（二）参数筛选法

按等参数步长计算离散点列 $\{P_i\}_1^n$，步长 δ 的取值使离散点足够密，然后按曲面的曲率半径、加工误差 Δ 从离散点列中筛选出点位信息 $\{Q_i\}_1^m$　$(m \leqslant n)$。过 P_{i-1}、P_i、P_{i+1} 三点作圆，用圆的半径 R_i 代替 P_i 点处密切圆的半径，如图 3-27 所示。

点位信息计算步骤如下：

1）$Q_j = P_i$，$i = j = k = 1$。

2）估计步长 $L_j = 2\sqrt{\Delta(2R_i - \Delta)}$，$d_i = L_j(1 - \Delta/R_j)$。

3）计算切向矢量与弦长的夹角　$\cos a_j = d_i/L_j = 1 - \Delta/R_i$。

4）计算多边形点列 $|P_i|_k^n$ 与伪检查平面的交点 Q，确定交点区间 k_i，从而找出该多边形在交点 Q 处的前趋点位 P_{ki}。令 $Q_{j+1} = P_{ki}$。如果找不到 P_{ki}，则说明上述等参数步长法计算点位时，参数步长 δ 的取值太大。

5）计算实际步长及密切圆在 Q_j 点处的切向矢量与弦长的夹角。

$$L'_j = Q_{j+1} - Q_i$$

$$\cos a'_j = L'_j T_j / |L'_j|$$

其中 T_j 是密切圆在 Q_j 点处的切向矢量。

6）若 $\cos a'_j \geqslant \cos a_j$，即 $a'_j \geqslant a_j$，则接受 $\vec{Q}_{j+1}$ 点，转第 7）步，否则缩小步长 $\vec{L}_j$（$=0.8\vec{L}_j$），转第 2）步计算 d_j。

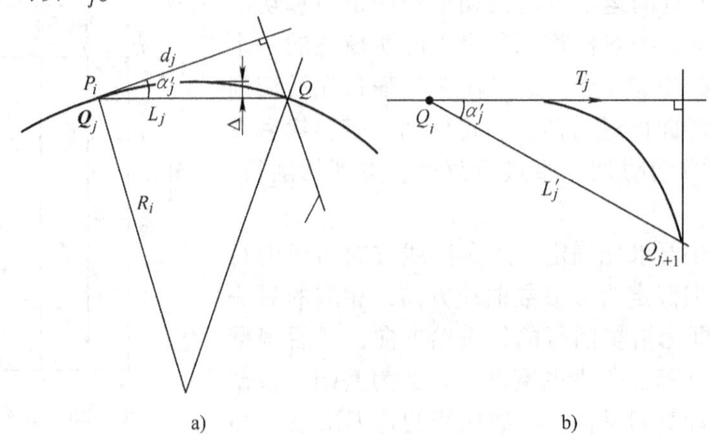

图 3-27　参数筛选法计算示意图

7）若 $k=n$，则 $Q_{j+1}=P_n$，结束。否则 $k=k_i$，$i=k$，$P_i=Q_{j+1}$，$j=j+1$，转第 2）步重新计算。若没有 6）中的条件限制，可能会发生这种情况：当参数的曲率发生急剧变化时，如参数近似由直线、圆弧组成，在直线段上曲率半径 $R_i \to \infty$，这时步长 $L_j \to \infty$，计算的 Q_{j+1} 点就是圆弧的终点，显然刀具不能从 Q_j 点走到 Q_{j+1} 点，否则曲面会被削掉一大块，造成零件报废。如图 3-35b 所示，显然 $a'_j \geqslant a_j$，因为当 $R_j \to \infty$，$\cos a_j = 1 - \Delta/R_j = 1$，即 $a_j = 0$。增加第 6）步中的条件，通过缩小步长 L_j 计算的 Q_{j+1} 点便会接近直线段和圆弧段的切点。

参数筛选法克服了等参数步长的缺点，但计算速度稍慢一些。这个方法的优点是计算的点位信息比较合理，且具有一定的通用性。

（三）局部等参数步长法

在实际应用中，也常采用局部等参数步长离散算法：即加工带在 v 参数曲线方向上按局部等参数步长（曲面片内）分布；在走刀路线上，走刀步长根据容差进行计算，方法是在每一段 u 参数曲线上，按最大曲率估计步长，然后按等参数步长进行离散。

采用局部等参数步长离散算法来求刀位点，不仅考虑了曲率的变化对走刀步长的影响，而且计算方法也比较简单，下面对此算法进行详细介绍。

1. 局部最小进给步长估计

进给步长的计算依据是控制加工误差的大小，加工精度要求越高，进给步长越小，编程速度和加工效率越低。因此，应在满足加工精度要求的前提下，尽量加大进给步长，提高编程速度和加工效率。

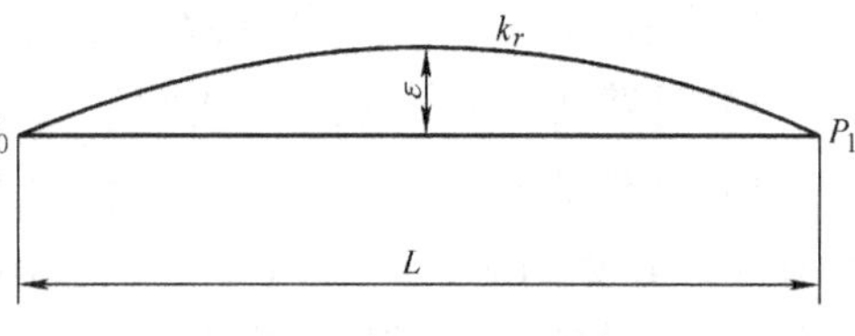

图 3-28　局部最小进给步长估计

经验表明，局部最小进给步长估计可用直线逼近误差作为控制误差的依据，如图 3-28 所示。

对任一指定的直线逼近控制误差极限 ε，当直线逼近误差 $|\delta_t| < \varepsilon$ 时，有

$$\frac{1}{8}k_f L^2 < \varepsilon$$

即局部最小走刀步长估计 L 可用下式进行计算：

$$L < 2\sqrt{2\varepsilon / k_f}$$

式中，k_f 为曲面片沿走刀参数线方向的最大法曲率。

2. 离散点数估计

从以上描述可知，在每一段进给参数曲线上，离散点数可按下述方法进行估计：$N = S/L$，式中 S 为该段参数曲线的弧长。

局部等参数步长二叉离散算法计算速度较快、省空间，但要用到堆栈。多片拼接时，堆栈也很大，控制不灵活。无论 u 向或 v 向，离散只能在原曲面片内，不能跨越曲面边界或整个曲面片，故刀位点也较多，这在一定程度上增加了后继处理的计算量。

另外，还可以采用向前差分算法加快计算速度，应用也较广泛，也可以采用对分算法，比较适用于刀具轨迹局部加密（一般在轨迹编程中使用）。

参数线加工算法是各种曲面零件数控加工编程系统中生成切削行刀具轨迹的主要方法，优点是刀具轨迹计算方法简单，计算速度快；不足之处是当加工曲面的参数线分布不均匀时，切削行刀具轨迹的分布也不均匀，加工效率也不高。如图 3-29 所示。

三、截面线加工

截面线加工方法的基本思路是指采用一组平行平面或一组曲面（如一组绕某直线旋转的回转面）去切割加工表面，截出一系列交线，刀具与加工表面的切触点就沿着这些交线运动，完成曲面的加工。一般情况下，由于曲面与曲面的求交比较困难，所选用的截面都采用平面或回转曲面。

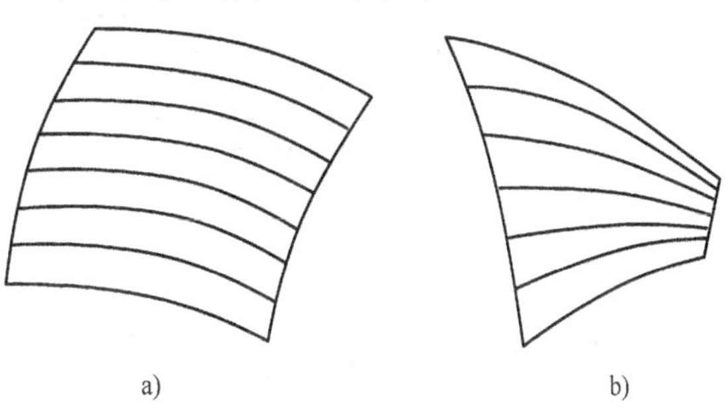

图 3-29　曲面参数线分布与切削行刀具轨迹的分布的关系

截面线加工方法一般采用球形刀加工曲面，一些特殊情况下也可以来用环形刀或平底刀，本书只针对球形刀加工曲面进行讨论。

由于采用球形刀加工曲面，刀心实际上是在加工表面的等距面上运动。因此，截面线法加工曲面也可以采用构造等距面的方法，使刀具沿截面与加工表面等距面的交线运动，完成曲面的加工。

需要指出的是，刀具沿截面与加工表面的交线运动一般为三轴联动运动方式，刀具与加工表面的切触点在同一截平面内。但由于在截面线上曲面法向矢量的转动，刀心一般并不在同一截平面内，刀具沿截面与加工表面等距面的交线运动为二轴联动运动方式。刀具与加工表面的切触点一般不在同一截平面内，但偏离截面不太远。

截面线加工方法对于曲面网格分布不太均匀及多个曲面的加工非常有效。这是因为刀具与加工表面的切触点在同一平面或同一回转面上，从而使加工轨迹分布比较均匀，可使残留高度分布比较均匀，加工效率也比较高。下面重点介绍等距面截面线加工算法。

等距曲面是指在曲面的各点 P 之法线（正向或均在负向）PP_1 上截取 $PP_1 = h$ 时，P_1 点所形成的曲面。若记曲面 Σ 的方程为 $r = r(u, v)$，则其上任一点的法向单位矢量为

$$n = r_u \times r_v / \sqrt{EG - F^2}$$

则到曲面Σ的距离为 h 的等距曲面有两个，其方程为

$$r_h = r \pm hn$$

式中，$E = r_u^2$，$F = r_u r_v$，$G = r_v^2$。

1. 截面的选择

采用一组什么样的截面去截加工表面，对于提高编程效率、加工效率、减小加工表面粗糙度是非常重要的。选取截面的原则是：

1）截面形式应尽可能简单，如一组平行平面或一组某直线旋转的回转面或某一轴线的半平面族。

2）截面的直纹方向（时间转截面而言）尽可能垂直于加工表面。

3）对组合曲面或曲面腔槽的加工，截面一般采用一组平行平面。

图 3-30 是截面选取的两个实例。

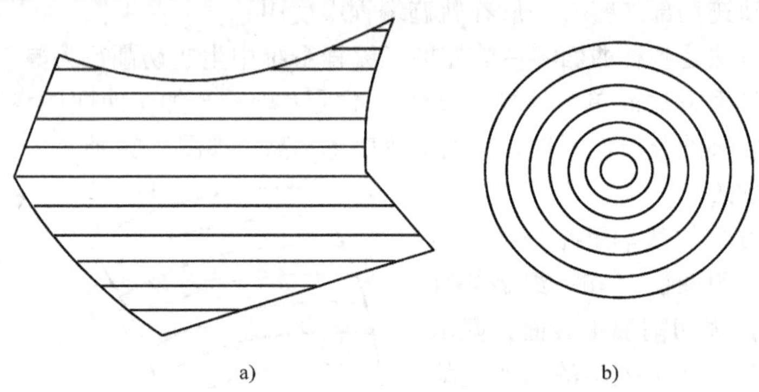

图 3-30　截面选取的两个实例

a）不太规则的零件采用平行平面　b）比较规则的回转类零件采用回转平面

2. 等距曲面的生成

对于雕塑曲面，目前还没有比较好的等距曲面表示方法。在数控编程系统中，一般都先将加工表面在一定的精度控制下进行离散，求出加工表面上所有离散点的等距点，再采用一定的数学方法（如 B 样条方法）将这些等距点拟合成等距曲面，或直接用等距点多面体代替等距面。

3. 截面与加工表面等距离求交（即刀具轨迹生成）

1）顺序取一截面 S_i（$i = 1, 2, 3, \cdots n$）。

2）求 S_i 与全部加工表面等距离的交线，C_{ij}（$j = 1, 2, \cdots, m$）

3）求交线 C_{ij}之间的交点，并对交线轨迹进行裁剪，如图 3-31 所示。

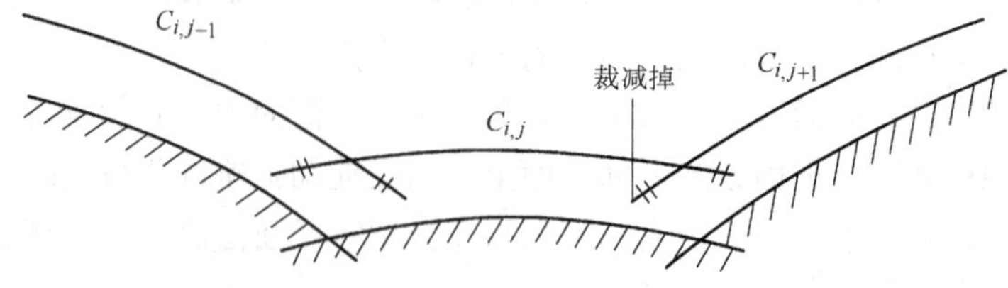

图 3-31　截面与加工表面等距离求交

4）采用参数筛选法或参数线差分算法生成刀具轨迹。

四、等残留高度的刀具轨迹算法

残留高度 h 是两切削行的间距 L_2、刀具有效切削半径 R 和曲面沿行距方向的法曲率半径 R^* 的函数。显然，两相邻切削行之间的距离越大，则残留高度就越大。反过来，若要保持残留高度值不变，则两切削行的间距就应该根据曲面在行距方向的法曲率半径来确定。实际上过曲面的给定点且垂直于已知刀具轨迹的曲线有无数条，所求的另一条刀具轨迹应该是在该点处与已知刀具轨迹线距离最短的一条曲线。根据微分几何理论可知，连接曲面上两个已知点的距离最短的曲线是短程线。因此，为了求出等残留高度的另一条刀具轨迹线，应该先求出短程线的曲率半径。

（一）短程线曲率半径计算

设被加工曲面的方程表示为

$$S(u,v)=\{x(u,v),y(u,v),z(u,v)\} \tag{3-47}$$

其上一条已知刀具轨迹为 $C(u(t)、v(t))$，如图 3-32 所示。

根据短程线的几何性质可知，曲面上在给定点处的短程线的主法矢方向是沿着曲面在该点处的法矢方向，于是可以根据曲面的第一和第二基本齐式计算出短程线的曲率半径为

$$R^*=\left|\frac{\varphi_1}{\varphi_2}\right| \tag{3-48}$$

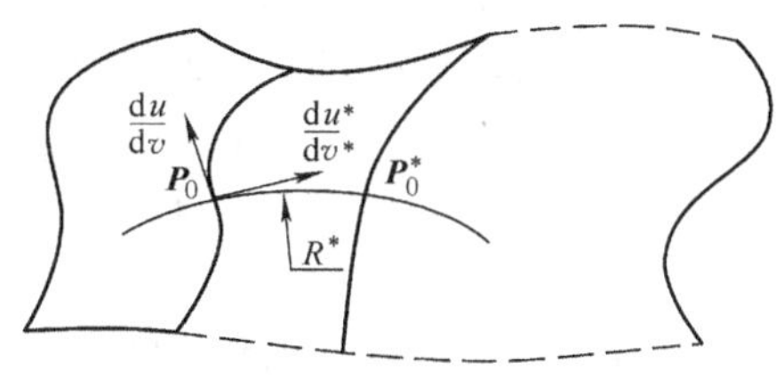

图 3-32 短程线曲率半径计算

其中，φ_1，φ_2 为第一、二基本齐式，而

$$\varphi_1=E\mathrm{d}u^2+2F\mathrm{d}u\mathrm{d}v+G\mathrm{d}v^2,\quad \varphi_2=L\mathrm{d}u^2+2M\mathrm{d}u\mathrm{d}v+N\mathrm{d}v^2$$

第一基本齐式为

$$\varphi_1=E(\mathrm{d}u^*)^2+2F\mathrm{d}u^*\mathrm{d}v^*+G(\mathrm{d}v^*)^2 \tag{3-49}$$

E，F，G 为第一类基本量，依次为

$$\begin{cases}E=C_u^2=C_{ux}^2+C_{uy}^2+C_{uz}^2\\F=C_uC_v=C_{ux}C_{vx}+C_{uy}C_{vy}+C_{uz}C_{vz}\\G=C_v^2=C_{vx}^2+C_{vy}^2+C_{vz}^2\end{cases} \tag{3-50}$$

$$D=\sqrt{EG-F^2}$$

第二基本齐式为

$$\varphi_2=L(\mathrm{d}u^*)^2+2FMu^*\mathrm{d}v^*+N(\mathrm{d}v^*)^2 \tag{3-51}$$

式中，L，M，N 为第二类基本量，依次为：

$$\begin{cases}L=(C_u,\ C_v,\ C_{uv})/D\\M=(C_u,\ C_v,\ C_{uv})/D\\N=(C_u,\ C_v,\ C_{uv})/D\end{cases} \tag{3-52}$$

而 $\mathrm{d}u^*$ 和 $\mathrm{d}v^*$ 是短程线的参数方向，它们满足下列条件

$$(C_u\mathrm{d}u+C_v\mathrm{d}v)(C_u\mathrm{d}u^*+C_v\mathrm{d}v^*)=0 \tag{3-53}$$

$$\frac{du^*}{dv^*}=\frac{F\frac{d\varphi}{dt}+G\frac{dv}{dt}}{E\frac{d\varphi}{dt}+F\frac{dv}{dt}}=a \tag{3-54}$$

将上式代入式（3-90）便可求出曲率半径，且为

$$k^*=\left|\frac{E+2Fa+Ga^2}{L+2Ma+Na^2}\right| \tag{3-55}$$

（二）等残留高度的相邻刀具轨迹线计算

设已知一条刀具轨迹 $P(u(t)、v(t))$（它可以是曲面的一条边界曲线），为了求得等残留高度的相邻刀具轨迹线，先给出下列定义。

对应刀位点：在刀具轨迹线 $P(u(t),v(t))$ 上的已知刀位点为 $P_0(u(t_0)、v(t_0))$，与 P_o 对应的刀位点 P_0^* 是指曲面上过 P_0 且垂直于 $P(u(t)、v(t))$ 的短程线上距离为 L_2 的点。

相邻轨迹线：连接刀具轨迹线 $P(u(t)、v(t))$ 上的所有刀位点的对应刀位点的连续曲线。

下面先来推导对应刀位点的计算公式：

与 P_0 距离为 L_2 的对应刀位点 P_0^* 必须满足下列条件

$$\begin{cases}(P^*-P_0)\left(P_{0u}\frac{dv}{dt}+P_{0v}\frac{dv}{dt}\right)=0\\ \|P^*-P_0\|=L_2\end{cases} \tag{3-56}$$

将 P_0^* 用泰勒公式展开，并略去二阶以上的各项，可得

$$P_0^*\approx P_0+P_{0u}\Delta u+P_{0v}\Delta v \tag{3-57}$$

将式(3-57)代入式(3-56)，并化简得

$$\begin{cases}E\Delta u\frac{du}{dt}+F\left[\Delta v\frac{du}{dt}+\Delta v\frac{du}{dt}\right]+G\Delta v\frac{dv}{dt}=0\\ E(\Delta u)^2+2F\Delta u\Delta v+G(\Delta v)^2=L_2^2\end{cases} \tag{3-58}$$

求解上述方程组，可得参数增量为

$$\begin{cases}\Delta u=\dfrac{\pm L_2\left(F\frac{du}{dt}+G\frac{dv}{dt}\right)}{\sqrt{EG-F^2}\sqrt{E\left(\frac{du}{dt}\right)^2+2F\frac{du}{dt}\frac{dv}{dt}+G\left(\frac{dv}{dt}\right)^2}}\\ \Delta v=\dfrac{\pm L_2\left(E\frac{du}{dt}+F\frac{dv}{dt}\right)}{\sqrt{EG-F^2}\sqrt{E\left(\frac{du}{dt}\right)^2+2F\frac{du}{dt}\frac{dv}{dt}+G\left(\frac{dv}{dt}\right)^2}}\end{cases} \tag{3-59}$$

连接各对应刀位点可求出与刀位轨迹线 $p(u(t),v(t))$ 相邻且残留高度为常数的另一轨迹线为

$$P^*(t)=p(u(t)+\Delta u(t),v(t)+\Delta v(t)) \tag{3-60}$$

值得指出的是，式(3-101)中的正负号需要依据加工方向来确定。如果刀位轨迹的方向选择为沿着 u 参数的方向，则 $\Delta u(t)$ 可以被忽略以简化计算，而只考虑 $\Delta u(t)$ 来维护残留高度的不变。反过来．若选择 v 参数方向为刀位轨迹方向，则 $\Delta u(t)$ 可以被忽略以简化计算，而只考虑 $\Delta u(t)$ 来维持残留高度的不变。

综合以上分析结果，可得到等残留高度的刀具轨迹生成算法如下：

1)用式(3-101)计算给定刀具轨迹线上等残留高度的对应刀位点在参数空间的值。

2)在参数空间内用三次样条曲线进行拟合。

3)将拟合后的曲线进行延伸或裁剪,使其端点在曲面的边界线上,便可得到一条新的刀具轨迹线。

4)重复上述步骤,直至达到另一边界。

(三)等残留高度法的加工效率分析

等残留高度法比其他刀具轨迹生成法具有更高的加工效率,因为其他方法在确定行距时都是按最坏的情况来考虑的,这必然造成多数区域的残留高度都小于许用值,致使加工效率不高。可以通过推理及数学归纳法来证明等残留高度法具有较高的加工效率。

五、曲面的数学处理

对数控加工工艺来说,重要的是采用什么方法把已经设计出来的曲面加工出来,而不是研究用什么方法来构造曲面(即空间曲面构造理论)。通常,提供给工艺的曲面数学模型主要有两种:一种是数学方程表达式,以二次圆锥曲线旋转而成的曲面(如:椭球面、抛物面及双曲面等)为多见;另一种是经过计算机处理过的点阵或直接从数据库存中调出的数据点阵,以网格点阵为多见,同时给出每个点的三维坐标值(见图3-33)。

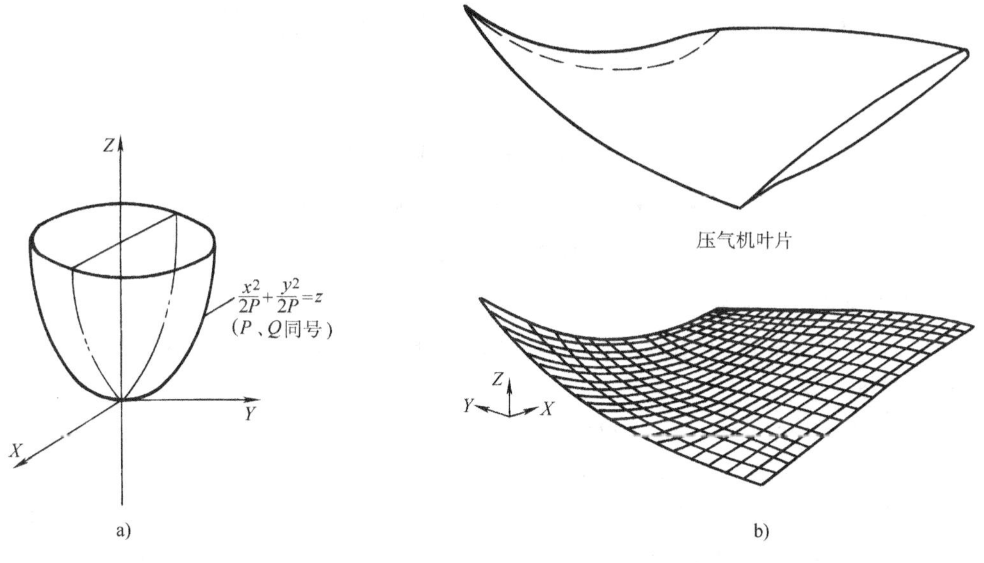

图3-33 曲面的描述

a)数学方程描述的曲面 b)网格点阵描述的曲面

(一)数控铣削空间曲面的方法

1)在$2\frac{1}{2}$坐标铣床上,两坐标联动行切加工图3-34b是按球头刀中心轨迹编程两坐标行切加工时的情况。在此情况下,球头刀中心轨迹为一平面折线,但刀刃与某行曲面的切点的连线则为一空间折线。这是由于切点在球头刀上的位置是随着曲率变化而改变的,为了避免铣切时产生“干涉”(过切),行切时要随着曲率变化情况有意识地在Z方向加一增量,其结果合在曲面上留下扭曲的沟纹。

2)在3坐标数控铣床上进行3坐标联动加工如图3-34b所示。在这种情况下,球头刀中心轨迹为一空间折线,而刀刃与某行曲面的切点连线则为一平面折线,加工后在曲面上留的是

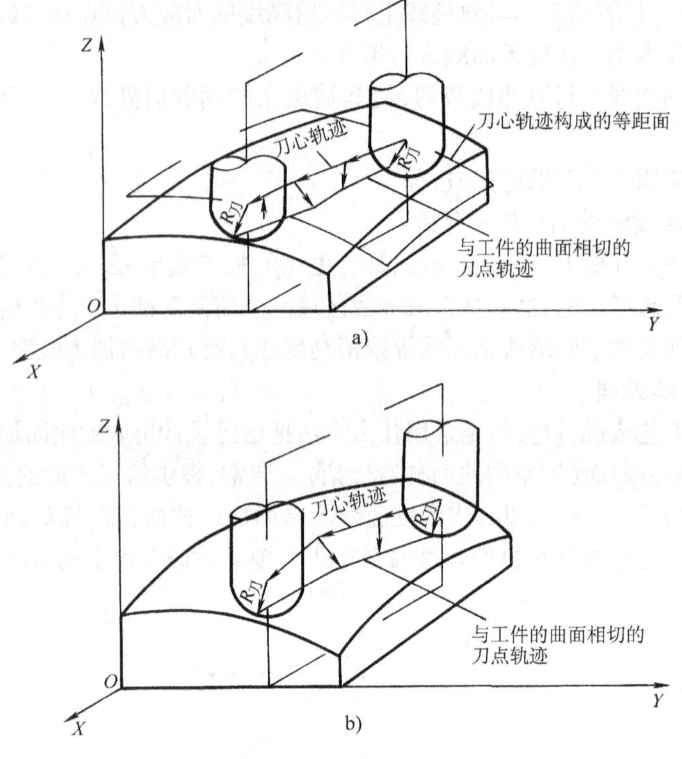

图 3-34　数控铣削空间曲面的方法

a) 按球头刀中心轨迹编程 2 $\frac{1}{2}$ 坐标行切加工曲面

b) 按球头刀中心轨迹编程 3 坐标行切加工曲面

较规则的沟纹。

对于曲率变化较平缓的曲面零件，为编程方便，通常可按轮廓编程而不采用刀具中心轨迹编程，如图 3-35 所示。

我们可以用一族平行于 ZOY 坐标平面并垂直于 X 轴的假想平面 M_1，M_2…，将曲面分为若干条窄条片（其宽度即为步长），因其剖线均为平面曲线，只要用 3 坐标中的任意两坐标联动的数控铣床就可以加工出来（编程时分别对每条平面曲线进行折线或圆弧逼近）。这样得到的曲面是由平面曲线群构成的。

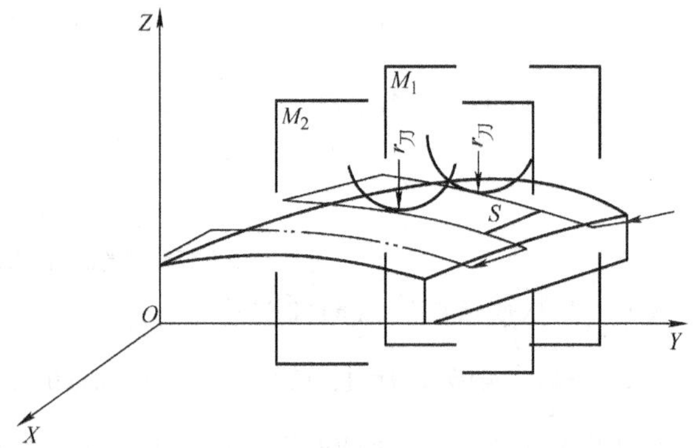

图 3-35　按轮廓编程的方法

（二）曲面数学处理的主要内容

1. 等距曲面的计算

由于数控铣削曲面时，往往要求提供出球头铣刀的中心运动轨迹，有时又由于零件的内外形（如成型模具的凹、凸模），也存在着一个料厚问题，因此，仅有曲面数据还是解决不了加工问题，常常需要在提供的原曲面数据的情况下，再建立起供编程加工用的等距曲面。建立等距曲面的关键在于求得原始曲面的法向矢量，不同形式的曲面方程算法也不同，下面介绍两种等距曲面建立的计算方法。

1）曲面方程为 $y=f(x,z)$，根据微分学，曲面上任一点的方向余弦为

$$\begin{cases}\cos\alpha = \dfrac{\partial f}{\partial x}/S \\ \cos\beta = -1/S \\ \cos\gamma = \dfrac{\partial f}{\partial z}/S\end{cases} \tag{3-61}$$

其中，$S=\pm\sqrt{1+\left(\dfrac{\partial f}{\partial x}\right)^2+\left(\dfrac{\partial f}{\partial z}\right)^2}$，其正负号按实际需要确定。

现设等距曲面的距离（料厚或铣刀半径，有时为料厚与铣刀半径之和或之差）为 δ，原始曲面上任一点 P 的坐标为 (x,y,z)，其在等距曲面上的对应点 Q 的坐标为 (u,v,w)，如图 3-36 所示。

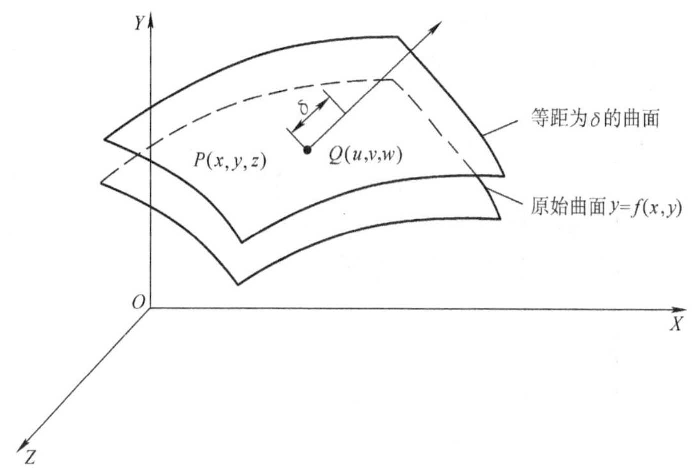

图 3-36 等距曲面的建立方法

则得到等距曲面的参数方程为

$$\begin{aligned} u &= x+\delta\cos\alpha \\ v &= y+\delta\cos\beta \\ w &= z+\delta\cos\gamma \end{aligned} \tag{3-62}$$

若 $\cos\gamma>0$，即 S 的正负号与 $\partial f/\partial z$ 一致，则 δ 值取正为原始曲面的外等距面，δ 取负为内等距面。

2）原始曲面方程为参数形式

$$\begin{cases} x = x(t,\lambda) \\ y = y(t,\lambda) \\ z = z(t,\lambda) \end{cases} \tag{3-63}$$

令原始曲面上任一点得 t 向切向矢量为 $\boldsymbol{U}$，λ 向的切向矢量为 $\boldsymbol{V}$，其法向矢量为 $\boldsymbol{N}$，则

$$\begin{aligned} \boldsymbol{U} &= (x_i, y_i, z_i) \\ \boldsymbol{V} &= (x_\lambda, y_\lambda, z_\lambda) \end{aligned} \tag{3-64}$$

式中，x_i、y_i、z_i 及 x_λ、y_λ、z_λ 分别为 x、y、z 对参数 i 及 λ 的偏导数，其法向矢量

$$N=U\times V=\begin{vmatrix} i & j & k \\ x_i & y_i & z_i \\ x_\lambda & y_\lambda & z_\lambda \end{vmatrix}$$

设 $$N=(J_x,J_y,J_z)$$

则 $J_x=\begin{vmatrix} y_i & z_i \\ y_\lambda & z_\lambda \end{vmatrix}, J_y=\begin{vmatrix} z_i & x_i \\ z_\lambda & x_\lambda \end{vmatrix}, J_z=\begin{vmatrix} x_i & y_i \\ x_\lambda & y_\lambda \end{vmatrix}$

单位法向矢量 $n=N/|N|=(J_x/S,J_y/S,J_z/S)$

式中 $$S=\sqrt{J_x^2+J_y^2+J_z^2}$$

即得等距曲面参数方程为 $$\begin{cases} u=x+\delta J_x/S \\ v=y+\delta J_y/S \\ w=y+\delta J_z/S \end{cases} \tag{3-65}$$

2. 确定行距与步长(插步段的长度)

由于空间曲面一般都采用行切法加工,故无论3坐标还是2坐标联动铣削,都必须计算或确定行距与步长。

(1)行距 S 的计算方法　由图3-37可以看出,行距 S 的大小直接关系到加工后曲面留沟纹同度 h(图3-45上为 CE)的大小,大了则表面粗糙度大,无疑将增大钳修工作难度,影响零件最终精度。但 S 选得太小,虽然能提高加工精度,减少钳修困难,但程序冗长,机加工成倍增加,效率降低。因此,行距 S 的选择应力求做到恰到好处。

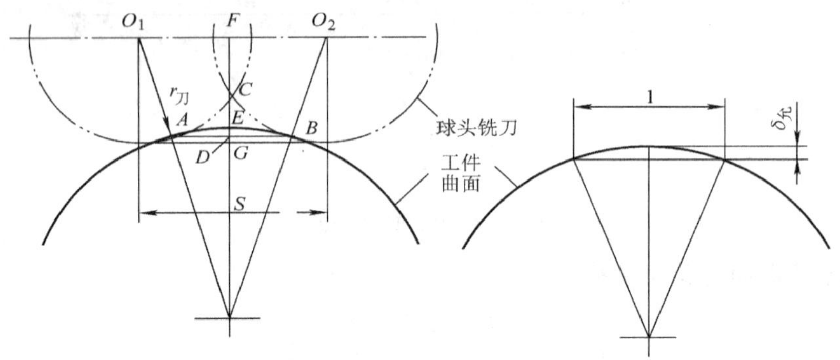

图3-37　行距与步长的计算

一般来说,行距 S 的选择取决于铣刀半径 $r_刀$ 及所要求或允许的刀峰高度 h 和曲面的变化情况。在计算时,可考虑用下列方法来进行。

取 A 点或 B 点的曲率半径作圆,近似求行距 S。

$S=2AD$,而 $AD=O_1F\dfrac{\rho}{r_刀\pm\rho}$,当球头刀半径 $r_刀$ 与曲面上曲率半径 ρ 相差较大,并达到一定的表面粗糙度要求及 h 较小时,可以取 O_1F 的近似值,即:

$$O_1F=\sqrt{r_刀^2-(FC)^2}=\sqrt{r_刀^2-(FC-CG)^2}\approx\sqrt{r_刀^2-(r_刀-h)^2}$$

则行距 $$S=2\sqrt{h(2r_刀-h)}\frac{\rho}{r_刀\pm\rho}。$$

上式中,当零件曲面在 $4B$ 段内是凸时取正号,凹时取负号。

实际编程时，如果零件曲面上各点的曲率变化不太大，可取曲率最大处作为标准，计算时为了避免曲率计算的麻烦，也不妨用下列近似公式来计算行距 S

$$S \approx 2\sqrt{2r_{刀}h}$$

如从工艺角度考虑，在粗加工时，行距 S 可选得大一些，精加工时可选得小一些。有时为了减少刀峰高度 h，也可以在原来的两行距之间（刀峰处）加密行切一次去刀峰处理，这样相当于将 S 减小一倍，实际效果更好些。

（2）确定步长 L 步长 L　的确定方法与平面轮廓曲线加工时步长的计算方法相同，取决于曲面的曲率半径与插补误差 $\delta_{允}$（其但应小于零件加工精度）。如设曲率半径为 ρ，则

$$L = 2\sqrt{\delta_{允}(2\rho - \delta_{允})} \approx 2\sqrt{2\rho\delta_{允}}$$

实际应用时，可按曲率半径最大处作近似计算，然后用等步长法编程，这样做要方便得多。此外，若能将曲面的曲率变化划分几个区域，也可以分区域确定步长，而各区插补段长不相等，这对于在一个曲面上存在着若干个凸出或凹陷面（即曲面有突变区）的情况是十分必要的。由于空间曲面一般比较复杂，数据处理工作量大，涉及的许多计算工作是人工无法承担的，通常需用计算机进行处理，采用 CAD/CAM 自动编程。

思考题与习题

3-1　试举出 1 个数控加工中的常用曲线的几何参数表达式？

3-2　试举出 1 个数控加工中的常用曲面的几何参数表达式？

3-3　数控加工中曲线的计算机数学处理由哪几个步骤组成？

3-4　数控加工中曲面数学处理的主要内容有哪些？

第四章

数控机床的机械结构

第一节　数控机床的总体结构

数控机床是按照预先编好的程序进行加工的，在加工过程中不需人工参与，故对机床的结构要求精密、完善且能够长时间稳定可靠地工作，以满足重复加工过程。在数控机床发展的最初阶段，人们通常将传统机床装备上数控装置，或将通用机床进行局部改进就认为是一台很好的数控机床。随着数控技术的发展，对数控机床的生产率、加工精度和寿命提出了更高的要求。因此，传统机床的一些弱点例如结构刚性不足，抗振性差，滑动面的摩擦阻力较大以及传动元件中的间隙等，就越来越明显，它的某些结构限制着数控机床技术性能的发挥，因此，现代数控机床在机械结构上许多地方与普通机床显著不同。

现今的数控机床有着独特的机械结构，除机床基础件外，主要由以下各部分组成：主传动系统；伺服系统；进给系统；工件实现回转、定位的装置及附件；自动换刀装置；实现某些动作和辅助功能的系统和装置，如液压、气动、润滑、冷却等系统及排屑、防护等装置；实现其他特殊功能装置如监控装置，加工过程图形显示、精度检测等。

一、数控机床的主要技术参数

数控机床的主要技术参数包括：允许最大工件回转直径；最大切削直径；最大切削长度；主轴转速范围；主轴通孔直径；刀架有效行程；快速移动速度；安装刀具数；选刀方式；主轴伺服电动机；进给伺服电动机；机床外形尺寸。

二、数控机床的结构要求

（一）数控机床加工过程的特点

1. 自动化程度高

数控机床在加工过程中，能按照数控系统的指令自动进行加工、变速及完成其他辅助功能，不必像传统机床那样由操作者进行手动调整和改变切削用量。

2. 高的加工精度及切削效率

刀具材料的发展为数控机床的高速化创造了条件，数控机床的主轴转速和进给速度比传统机床大为提高，电机功率也较传统机床的大。数控机床的定位精度和重复定位精度也相当高，且能同时进行粗加工和精加工，既能保证粗加工时高效地进行大切削量的切削，又能在精加工和半精加工中高质量地精细切削。

3. 多工序和多功能集成

在数控机床上，特别是加工中心，工件一次装夹后，能完成铣、镗、钻、攻螺纹等多道工序的加工，甚至能完成除安装面以外的各个加工表面的加工。车削中心除能加工外圆、内孔和端面外，还能在外圆和端面上进行铣、钻甚至曲面等加工。另一方面，随着数控机床向柔性制造系统方向的发展，功能集成化不仅体现在 ATC 和 APC，而且还体现在工件自动定位、机内对刀、刀具破损监控、精度检测和补偿上。

4. 高的可靠性和精度保持性

数控机床特别是在 FMS 中的数控机床，常在高负荷下长时间地连续工作，为此，数控机床通常都具有较高的可靠性和精度保持性，以充分体现数控加工的优越性。

(二) 数控机床对结构的要求

1. 高的静、动刚度及良好的抗振性能

由于数控机床是由程序控制加工的，由机床床身、导轨、工作台、刀架和主轴箱的几何精度与变形所产生的定位误差取决于它们的结构刚度。为了提高数控机床主轴的刚度，除了经常采用三支承结构以外，还可选用刚性很好的双列短圆柱滚子轴承和角接触向心推力轴承，以减小主轴的径向和轴向变形。

加强肋板的结构对机床大件的刚度有明显的影响，如图 4-1 所示为方形截面立柱加强肋板类型示意图。表 4-1 给出了立柱在加肋前后的静刚度的比值。从表中数据可以看出，立柱在增加十字形肋板之后，质量增加不多，而扭转刚度提高了 17 倍。因此在设计时必须仔细考虑加强肋板的影响。

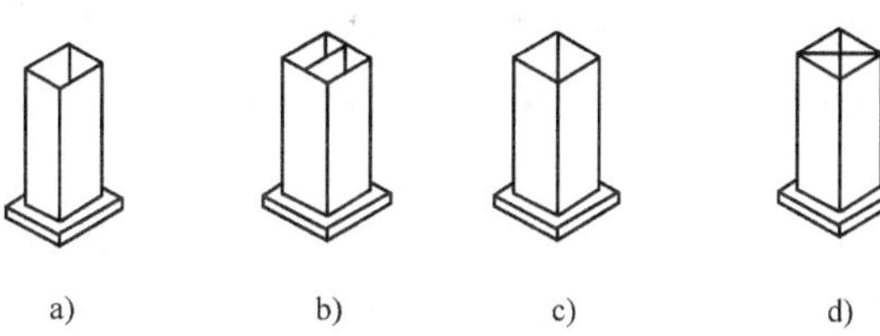

图 4-1 方形截面立柱加强肋板类型示意图

表 4-1 方形截面立柱加强肋前后的静刚度比值

加强肋类型	相对质量	相对弯曲刚度	相对扭转刚度
图 4-1a	1	1	1
图 4-1b	1.24	1.17	1.38
图 4-1c	1.34	1.21	8.86
图 4-1d	1.63	1.32	17.7

如图 4-2 所示，在大型数控机床中，利用重块平衡结构减少移动载荷给机床的变形带来的对横梁变形的影响。也可以把横梁的导轨加工成中凸形抵消变形。

如图 4-3 所示，刀架是数控车床的薄弱环节，为了能够进行稳定的重切削，需提高刀架刚度。除了注意转台大小和刀具数的合理设计外，还应尽可能减小 a/b 的数值。在刀具外伸量一定的情况下，增大刀架底座的尺寸是提高刚度的有效途径。

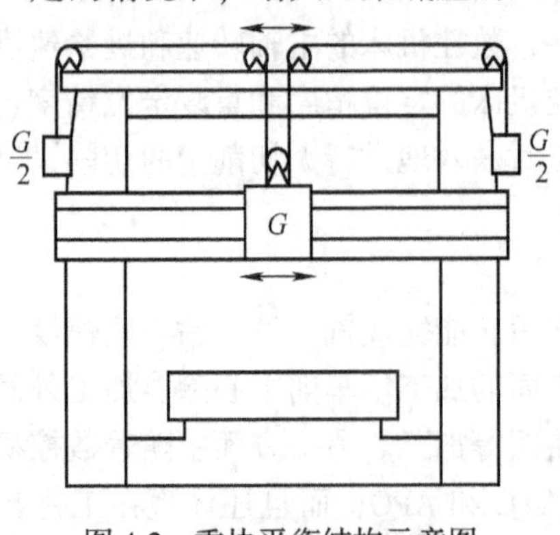

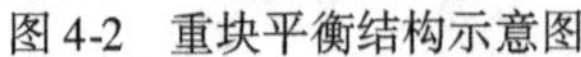

图 4-2　重块平衡结构示意图

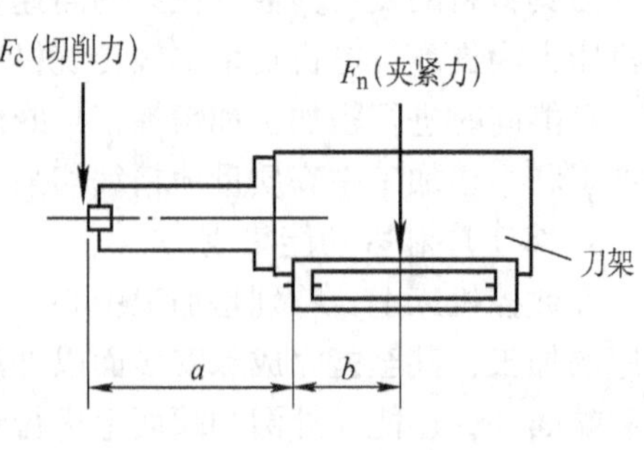

图 4-3　刀架受力图

提高机床各部件的接触刚度能够增加机床的承载能力，采用刮研的方法可以增加单位面积上的接触点。在结合面之间施加足够大的预加载荷也能够增加接触面积，提高接触刚度。数控机床的主运动功率比同类型普通机床的主运动功率大得多，在保证静刚度的前提下，还必须提高其动刚度。切削中的振动不仅直接影响工件的加工精度和表面质量，还会降低刀具寿命，甚至使加工无法继续。

改善动态特性的方法主要是：提高系统的静刚度、增加阻尼以及调整构件的质量和自身频率。钢板的焊接结构既可以增加静刚度，减小结构质量，又可以增加构件本身的阻尼。封砂铸件有利于振动的衰减，提高抗振性。设计机床构件时，还可以通过调整质量来改变系统的自振频率。数控机床中的旋转零部件应尽可能进行良好的动平衡，以减少强迫振动源；或用弹性材料将振源隔离，以减少振源对机床的影响。

2. 减少机床的热变形

数控机床在内外热源的影响下，各部件将发生不同程度的热变形，使工件与刀具之间的相对运动关系遭到破坏，也使机床精度下降。

机床热变形产生的主要原因是热源及机床各部分的温差。热源通常包括加工中的切屑、运转的电动机、液压系统、传动件的摩擦以及机床外部的热辐射等。机床零件的材料、结构、形状和尺寸的不一致也是产生热变形的重要因素。

如图 4-4a 所示，主轴箱内的传动件所产生的热量使立柱向上变形，产生偏差 ΔY_1。

如图 b 所示，在液压油泵及其他传动元件发热的影响下，床身沿纵向产生中间凸起的变形。

如图 c 所示，床身纵向的伸长使支承丝杠的轴承向左移动，产生偏差 ΔX。

如图 d 所示，由于电动机所产生热量，使立柱倾斜，造成偏差 ΔY_2。

减少机床热变形的措施有：

（1）减少发热　机床内部发热是产生热变形的主要热源，应当尽可能地将热源从主机中分离出去。主轴部件上采用精密滚动轴承；进行润滑油润滑；还可采用静压轴承；避免使用摩擦离合器。

加工时的切屑是一个热源，可以在工作台或导轨上装设隔热板；使用切削液时控制切削液的温度。

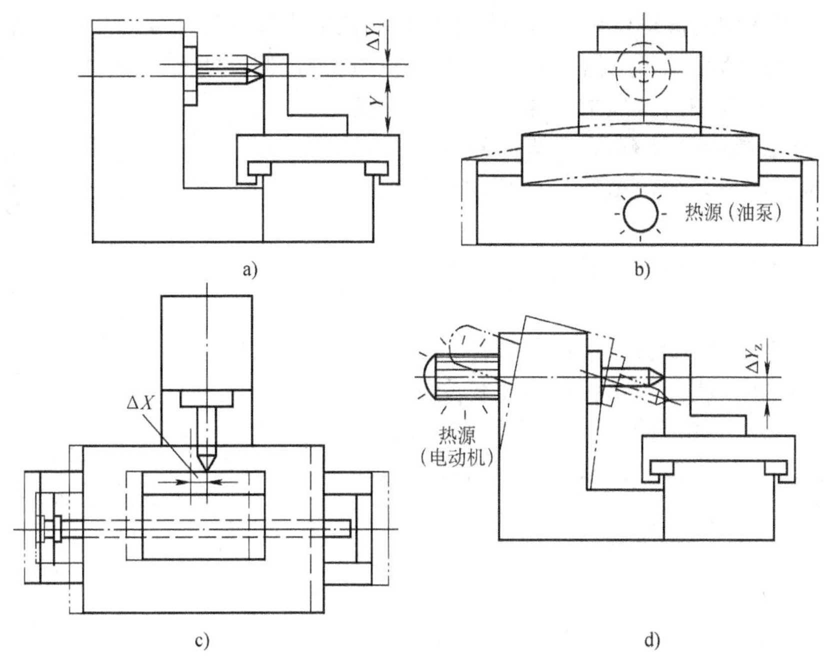

图 4-4　机床各部位热变形对加工精度的影响

润滑油在传动件之间流过，带走摩擦热，所以需要将油池移出机床，或对油池进行温度控制。

液压油泵及其油池是机床上的又一热源，需选择合理的供油量；供油量变化的系统采用变量泵。

（2）控制温升　在减少热源之后，还必须通过良好的散热和冷却来控制温升，以减少热源影响。一种方法是在机床的发热部位进行强制冷却。但制冷系统的冷却能力必须适当。方法二是，在机床低温部分通过加热的方法，使机床各点的温度趋于一致。

（3）改善机床结构　机床结构对热变形也有很大影响。数控机床过去采用的单立柱结构有可能被双立柱结构所代替。

对于数控车床的主轴箱，应尽量使主轴的热变形发生在刀具切入的垂直方向上。如图 4-5 所示，减小主轴中心与主轴箱底面的距离（尺寸 H）可以减少热变形的总量。

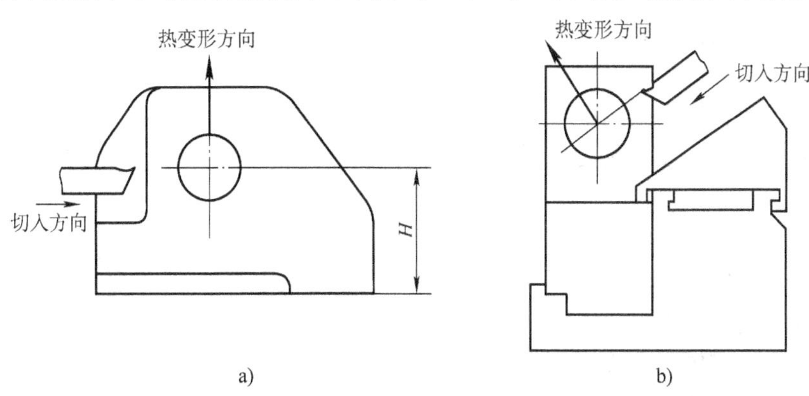

图 4-5　数控车床热变形方向应与切入方向垂直

对于数控机床中的滚珠丝杠，可以用预拉的方法减少丝杠的热变形。该方法是在加工滚珠丝杠时，使螺距略小于名义值，装配时对丝杠进行预拉伸，使其螺距达到名义值。当丝杠工作而受热时，丝杠中的拉应力补偿了热应力，既减少了热伸长的影响，又提高了丝杠的刚度。另外，还可以根据测量结果，由数控系统发出补偿脉冲加以修正。

也可以采用特殊的调节元件消除热位移，如图4-6所示。

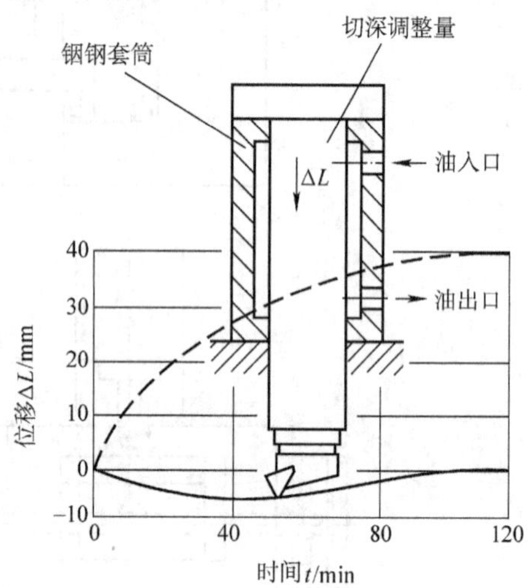

图4-6　消除热位移的刀架结构

3. 高的运动精度和低速运动的平稳性

数控机床的运动精度和定位精度不仅受到机床零部件的加工精度、装配精度、刚度及热变形的影响，而且与运动件的摩擦特性有关。要求减少运动件的摩擦和消除传动间隙。

数控机床工作台或拖板的位移量是以脉冲当量作为他的最小单位，通常要求既能以高速又能以极低的速度运动。目前使用的滑动导轨、滚动导轨和静压导轨在摩擦阻尼特性方面存在着明显的差别。

如图4-7所示为不同的摩擦力和运动速度的关系。对于图4-7a的滑动导轨，初始作用力用于克服传动元件（电动机、齿轮、丝杠、螺母等）弹性变形的能量，作用力超过静摩擦力时，弹性变形恢复，工作台突然运动，静摩擦力变为滑动摩擦力，工作台加速运动，惯性力使工作台偏离给定位置。

图4-7b和图4-7c的摩擦力较小，而且很接近于动摩擦力，加上润滑油的作用，摩擦力随着速度的提高而增大，避免了“低速爬行”，提高定位精度和运动平稳性。数控机床多采用滚动和静压导轨。

在点位直线或轮廓控制的数控机床上加工零件时，经常受变化的切削力，可以采用滑动－滚动混合导轨，改善系统的阻尼特性。

近二十多年来，广泛采用了聚四氟乙烯制成的贴塑导轨，具有更为良好的摩擦特性、耐磨性和吸振作用。

在进给系统中用滚珠丝杠代替滑动丝杠也可以收到同样的效果。用脉冲补偿装置进行螺距精度补偿。

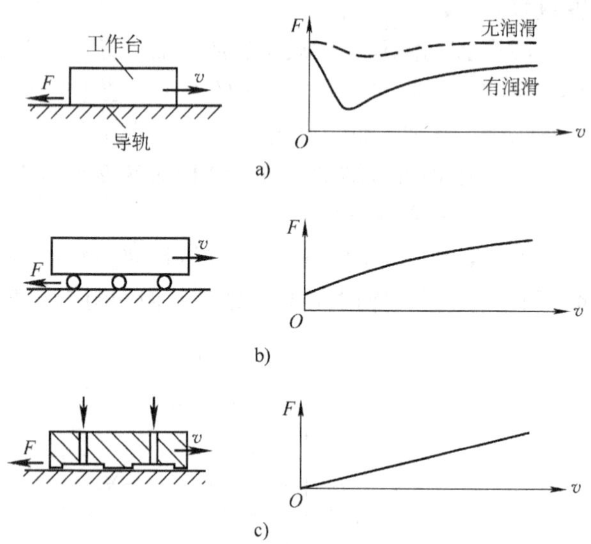

图4-7　摩擦力与运动速度关系

除了减少传动齿轮和滚珠丝杠的加工误差之外，另一个重要措施是采用无间隙传动副，用同步带传动代替齿轮传动。

4. 提高机床的寿命和精度保持性

为了缩短数控机床投资的回收时间，务必使机床保持很高的开动性（比一般通用机床高2~3倍），因此必须提高机床的寿命和精度保持性。

首先必须在设计上就充分考虑数控机床零部件的耐磨性，另外还要保证数控机床各部件的良好润滑。

5. 减少辅助时间，改善操作性，充分满足人性化的要求

在数控机床的单件加工时间中，辅助时间占有较大的比例，要进一步提高机床生产率，就必须采取措施，最大限度地压缩辅助时间。目前已经有许多数控机床采用多主轴、多刀架及自动换刀等装置，特别是加工中心，可在一次装夹下完成多工序的加工，节省大量装夹换刀时间。像这种自动化程度很高的加工设备，与传统机床的手工操作不同，其操作性能有新的含义。由于切削加工不需人工操作，故可采用封闭与半封闭加工。要有明快、干净、协调的人机界面，要尽可能改善操作者的观察，要注意提高机床各部分的互锁能力，并设有紧急停车按钮，要留有最有利于工件装夹的位置。将所有操作都集中在一个操作面板上，操作面板要一目了然，不要有太多的按钮和指示灯，以减少误操作。

由于微处理器的发展，使数控装置日趋小型化。数控机床的发展趋势是把数控装置安装到机床上，甚至把强电和弱电部分安排在一起。

数控机床是一种自动化程度很高的加工设备，在改善机床的操作性能方面已经增加了新的含意。如图4-8所示，倾斜式油盘便于切屑自动集中和排出。如图4-9所示，大切削力斜置床身，主轴反向转动，切屑落入自动排屑装置并从床身上排出。

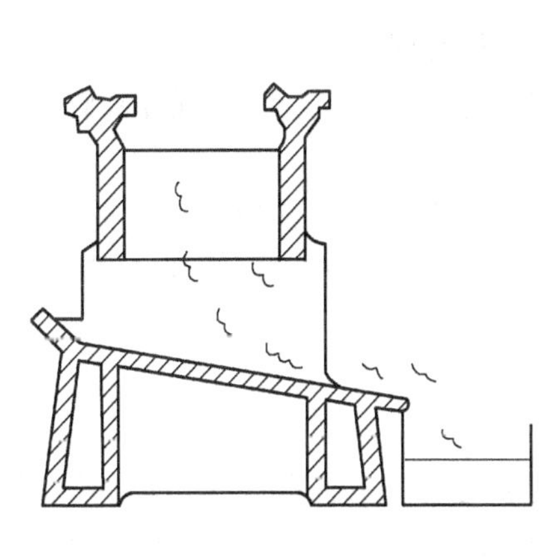

图4-8 数控车床床身结构

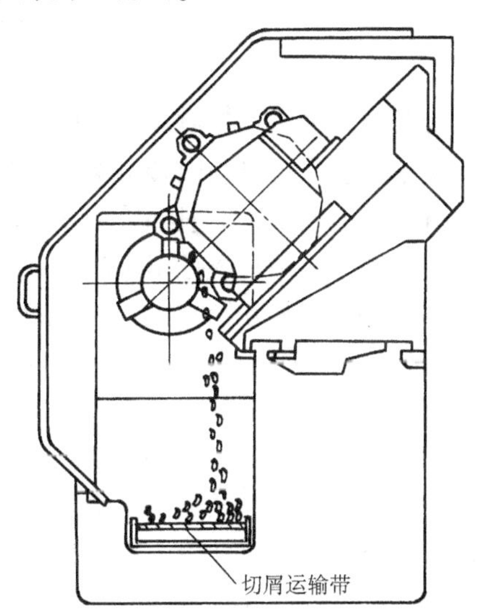

图4-9 带切屑运输带的床身结构

三、数控机床的总体布局

机床的布局对数控机床是十分重要的，它直接影响机床的结构和使用性能。数控机床的布局大都采用机、电、液、气一体化布局，全封闭或半封闭防护。另外由于电子技术和控制技术的发展，现代数控机床机械结构大大简化，制造维修都很方便，易于实现计算机辅助设计、制造和生产管理全面自动化。

（一）数控车床的总体布局结构

数控车床的床身结构和导轨有多种形式，主要有水平床身、倾斜床身以及水平床身斜滑板等（如图 4-10 所示），一般中小型数控车床多采用倾斜床身或水平床身斜滑板结构。因为这种布局结构具有机床外形美观，占地面积小，易于排屑和冷却液的排流，便于操作者操作与观察，易于安装上下料机械手，实现全面自动化等特点。倾斜床身还有一个优点是可采用封闭截面整体结构，以提高床身的刚度。床身导轨倾斜角度多为 45°、60°和 70°，但倾斜角度太大会影响导轨的导向性及受力情况。水平床身加工工艺性好，其刀架水平放置，有利于提高刀架的运动精度，但这种结构床身下部空间小，排屑困难。

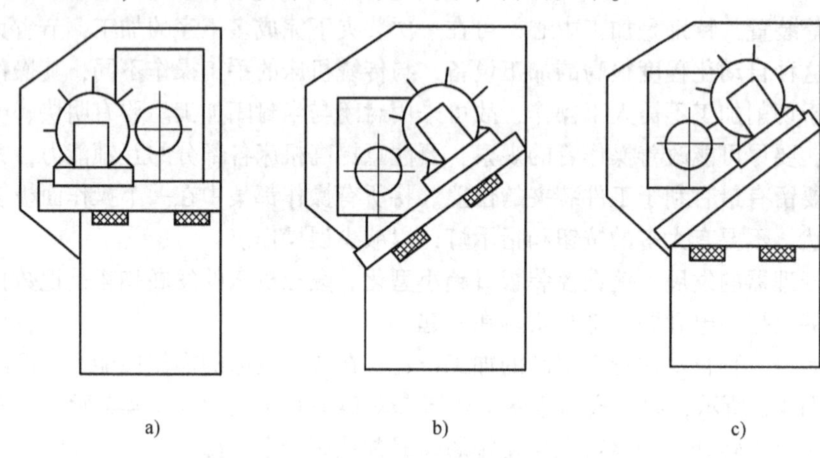

图 4-10　数控车床布局

床身导轨常采用宽支撑 V—平形导轨，丝杠位于两导轨之间。

数控车床多采用自动回转刀架来夹持各种不同用途的刀具，受空间大小的限制，刀架的工位数量不可能太多，一般都采用 6、8、10 或 12 位。

数控车削中心是在数控车床的基础上发展起来的，一般具有 C 轴控制（C 轴是绕主轴的回转轴，并与主轴互锁），在数控系统的控制下，实现 C 轴 Z 轴插补或 C 轴 X 轴插补。它的回转刀架还可安置动力刀具，使工件在一次装夹下，除完成一般车削外，还可在工件轴向或径向等部位进行钻铣等加工。

（二）加工中心的总体布局结构

加工中心的布局形式随卧式和立式、工作台做进给运动和主轴箱进给运动的不同而不同，但从总体来看，不外乎由基础部件、主轴部件、数控系统、自动换刀系统、自动交换托盘系统和辅助系统几大部分构成。

1. 卧式加工中心

卧式加工中心通常采用移动式立柱，工作台不升降，T 形床身。T 形床身可以做成一体，这样刚度和精度保持性能比较好，当然其铸造和加工工艺性差些。分离式 T 形床身的铸造和加工工艺性都大大改善，但连接部位要用定位键和专用的定位销定位，并用大螺栓紧固以保证刚度和精度。

卧式加工中心的立柱普遍采用双立柱框架结构形式，主轴箱在两立柱之间，沿导轨上下移动。这种结构刚性大，热对称性好，稳定性高。小型卧式加工中心多数采用固定立柱式结构，其床身不大，且都是整体结构。

卧式加工中心各个坐标的运动可由工作台移动或由主轴移动来完成，也就是说某一方向的运动可以由刀具固定，工件移动来完成，或者由工件固定，刀具移动来完成。如图 4-11 所示为各坐标运动形式不同组合的几种布局形式。卧式加工中心一般具有三轴联动，三、四个运动坐标。常见的是三个直线坐标 X、Y、Z 联动和一个回转坐标 B 分度，它能够在一次装夹下完成四个面的加工，最适合加工箱体类零件。

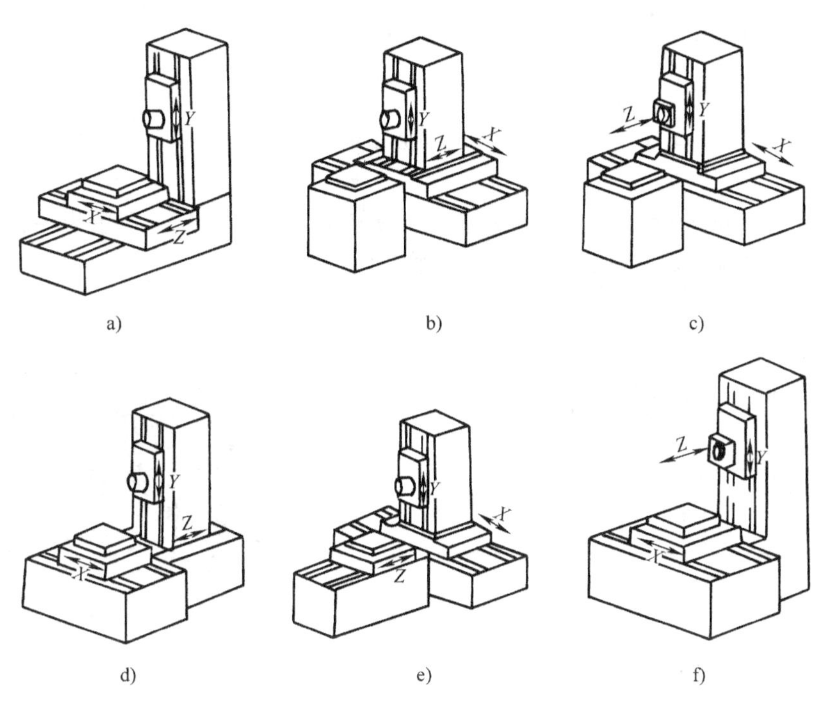

图 4-11 卧式加工中心布局

2. 立式加工中心

立式加工中心与卧式加工中心相比，结构简单，占地面积小，价格也便宜。中小型立式加工中心一般都采用固定立柱式，因为主轴箱吊在立柱一侧，通常采用方形截面框架结构、米字形或井字形筋板，以增强抗扭刚度，而且立柱是中空的，以放置主轴箱的平衡重。

立式加工中心通常也有三个直线运动坐标，由溜板和工作台来实现平面上 X、Y 两个坐标轴的移动。图 4-12 所示为立式加工中心的几种布局结构，主轴箱沿立柱导轨上下移动实现 Z 坐标运动。立式加工中心还可在工作台上安放一个第四轴 A 轴，可以加工螺旋线类和圆柱凸轮等零件。

3. 五面加工中心与多坐标加工中心

五面加工中心具有立式和卧式加工中心的功能。常见的有两种形式：一种是主轴可做 90°旋转（如图 4-13a 所示），既可像卧式加工中心那样切削，也可像立式加工中心那样切削。另一种是工作台可带着工件一起做 90°的旋转（如图 4-13b 所示），这样可在工件一次装夹下完成除安装面外的所有五个面的加工，这是适应加工复杂箱体类零件的需要，也是加工中心的一个发展方向。加工中心的另一个发展方向是五坐标，六坐标甚至更多坐标的加工中

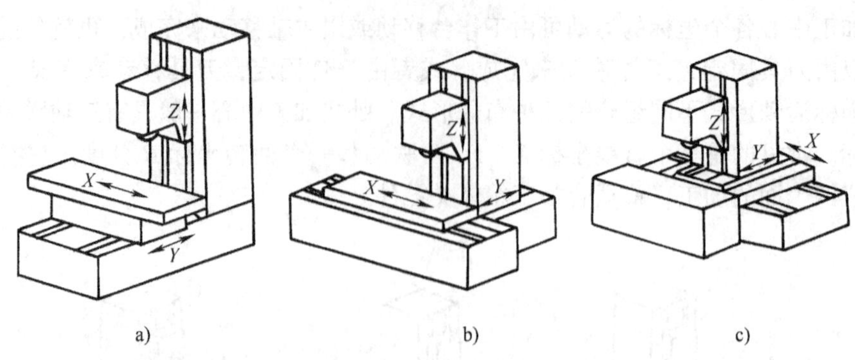

图 4-12　立式加工中心布局

心，除 *XYZ* 三个直线坐标外，还包括 *ABC* 三个旋转坐标。如图 4-14 所示为一卧式五坐标加工中心，其五个坐标可以联动，进行复杂零件的加工。

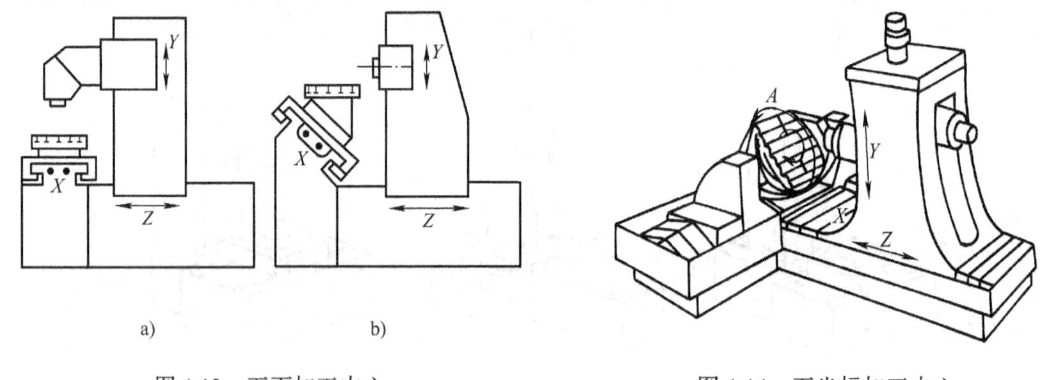

图 4-13　五面加工中心

图 4-14　五坐标加工中心

第二节　数控机床的主运动系统结构

一、数控机床的主运动的特点

在主运动方面，数控机床与普通机床比较具有以下特点：

1）转速高，功率大，它能使数控机床进行大功率切削和高速切削，实现高效率加工。

2）主轴转数的变换迅速可靠，并能自动无级变速，使切削工作始终在最佳状态下进行。

3）为实现刀具的快速或自动装卸，主轴上还必须设计有刀具自动装卸、主轴定向停止和主轴孔内的切屑清除装置。

二、数控机床的主运动变速方式

数控机床的工艺范围很宽，工艺能力强，因此主传动要求较大的调速范围和较高的最高转速，以保证加工时能选用合理的切削用量，从而获得最佳的生产率、加工精度和表面质量。现代数控机床的变速是按照控制指令自动进行的，因此变速机构必须适应自动操作的要求，故大多数数控机床采用无级变速系统。用交流调速电动机或直流调速电动机驱动，能方便地实现无级变速，且传动链短，传动件少，提高了变速的可靠性。但制造精度则要求很高。数控机床主传动系统主要有以下三种配置方式，如图 4-15 所示。

1. 带有二级齿轮变速

如图 4-15a 所示，主轴电机经过二级齿轮变速，使主轴获得低速和高速两种转速系列，这是大中型数控机床采用较多的一种配置方式。这种分段无级变速，确保低速时的大转矩，满足机床对转矩特性的要求。但有一部分小型数控机床也采用这种传动方式，以获得强力切削时所需要的转矩。滑移齿轮常用液压拨叉或电磁离合器来改变其位置。

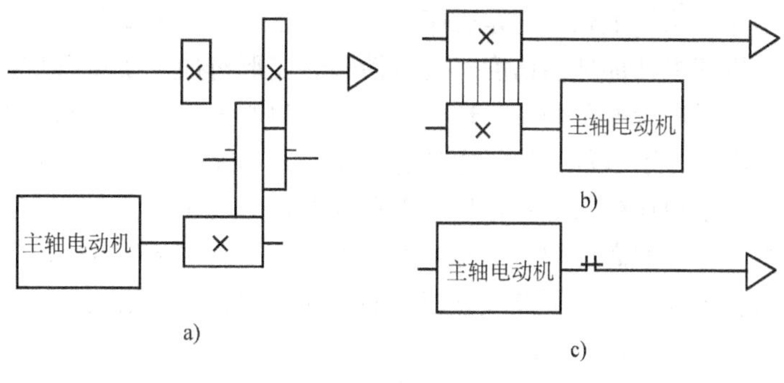

图 4-15　主传动的三种形式

2. 带有定比传动

如图 4-15b 所示，主轴电动机经定比传动传递给主轴，定比传动采用齿轮传动或带传动。带传动主要应用于小型数控机床上，可以避免齿轮传动的噪声与振动，但它只能适用于低转矩特性要求的主轴。

同步带传动是一种综合了带、链传动优点的新型传动，其结构和传动如图 4-16 所示。带的工作面及带轮外圆上均制成齿形，通过带齿与轮齿相嵌合，作无滑动的啮合传动。带内采用了承载后无弹性伸长的材料作强力层，以保持带的节距不变，使主、从动带轮可作无相对滑动的同步传动，与一般带传动相比，同步带传动具有如下优点：

1）无滑动，传动比准确。

2）传动效率高，可达 98% 以上。

3）传动平稳，噪声小。

4）使用范围较广，速度可达 50m/s，传动比可达 10 左右，传递功率由几瓦至数千瓦。

5）维修保养方便，不需要润滑。

但是，同步带传动也有许多不足之处，其安装时中心距要求严格，带与带轮制造工艺较复杂，成本高。

3. 由主轴电机直接驱动

如图 4-15c 所示，电机轴与主轴用联轴器同轴联接。这种方式大大简化了主轴结构，有效地提高主轴刚度。但主轴输出扭矩小，电机的发热对主轴精度影响大。近年来出现另外一种内装电机主轴，即主轴与电机转子合二为一。其优点是主轴部件结构更紧凑，重量轻，惯量小，可提高启动、停止的响应特性；缺点同样是热变形问题。使用这种电动机可实现纯电气定向，而且主轴

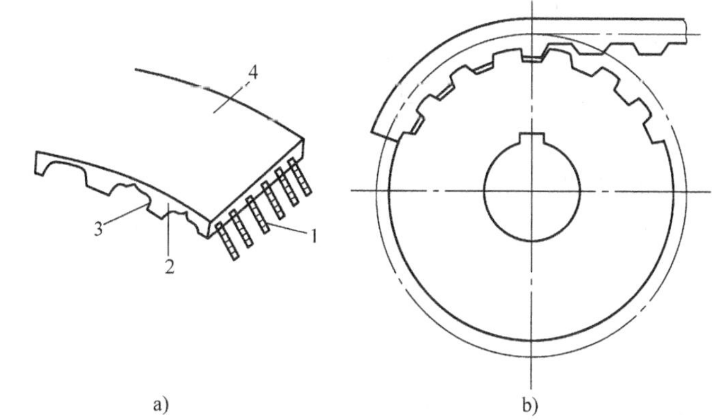

图 4-16　同步带的机构与传动

a）同步带结构　b）同步带传动

1—强力层　2—带齿　3—包布层　4—带背

的控制功能可以很容易与数控系统相连接并实现修调输入、速度和负载测量输出等。

三、数控机床的主轴部件

机床的主轴部件是机床重要部件之一，它带动工件或刀具执行机床的切削运动，因此数控机床主轴部件的精度，抗振性和热变形对加工质量有直接的影响，由于数控机床在加工过程中不进行人工调整，这些影响就更为严重。数控机床的主轴组件具有较大的刚度和较高的精度，由于多数数控机床具有自动换刀功能，其主轴具有特殊的刀具安装和夹紧结构。

主轴在结构上要处理好卡盘或刀具的装卡，主轴的卸荷，主轴轴承的定位和间隙调整，主轴部件的润滑和密封等一系列问题。对于数控镗铣床的主轴为实现刀具的快速或自动装卸，主轴上还必须设计有刀具的自动装卸，主轴定向停止和主轴孔内的切屑清除装置。

（一）主轴的支承

如图 4-17 所示为目前的数控机床主轴轴承配置三种主要形式。

1）前支承采用圆锥孔双列圆柱滚子轴承和双向推力角接触球轴承组合，后支承采用成对角接触球轴承，如图 4-17a 所示。

这种配置形式使主轴的综合刚度得到大幅度提高，可以满足强力切削的要求，所以目前各类数控机床的主轴普遍采用这种配置形式。

2）前轴承采用高精度双列向心推力球轴承，如图 4-17b 所示。

角接触球轴承具有较好的高速性能，主轴最高转速可达 4000r/min，但是这种轴承的承载能力小，因而适用于高速、轻载和精密的数控机床主轴。

3）双列圆锥滚子轴承和圆锥滚子轴承，如图 4-17c 所示。

这种轴承径向和轴向刚度高，能承受重载荷，尤其能承受较大的动载荷，安装与调整性能好。但是这种轴承配置方式限制了主轴的最高转速和精度，所以仅适用于中等精度、低速与重载的数控机床主轴。

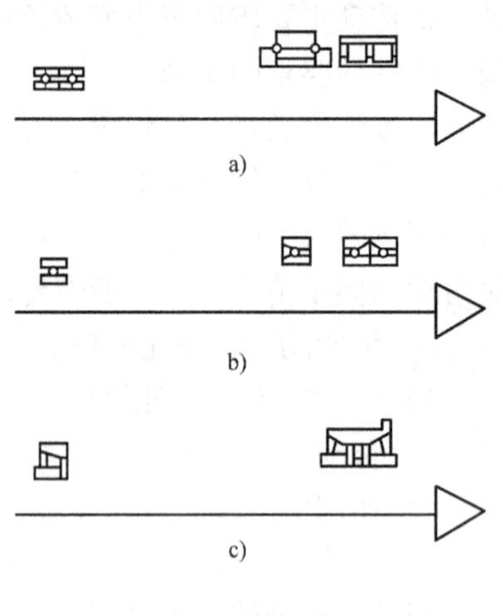

图 4-17　主轴的支承

（二）主轴的定向停止

为了将主轴准确地停在某一固定位置上，以便在该处进行换刀等动作，这就要求主轴定向控制。在加工精密的坐标孔时，由于每次都能在主轴的固定圆周位置换刀，故能保证刀尖与主轴相对位置的一致性，从而减少被加工孔的尺寸分散度，这是主轴定向准停装置带来的好处之一。

在自动换刀的数控机床上，每次自动装卸刀时，都必须使刀柄上的键槽对准主轴的端面键，这就要求主轴具有准确定位的功能。传统的做法是采用机械挡块等来定向。而现代的数控机床一般都采用电气式主轴定向，只要数控系统发出指令信号，主轴就可以准确的定向。

如图 4-18 所示，主轴的准停装置设置在主轴的尾端。交流调速电动机 11 通过多联三角带 9 和带轮 10 带动主轴旋转，当主轴需要停车换刀时，发出降速信号，主轴箱自动改变传动路线，使主轴换到最低转速运转。在时间继电器延时数秒后，开始接通无触点开关，在凸轮上的感应片对准无触点开关时，发出准停信号，立即切断主轴电动机电源，脱开与主轴的传动联系，以排除传动系统中大部分回转零件的惯性对主轴准停的影响，使主轴作低速惯性空转。位于图中带轮5左侧的永久磁铁4对准磁传感器3时，主轴准确停止，同时限位开关发出信号，表示已完成。

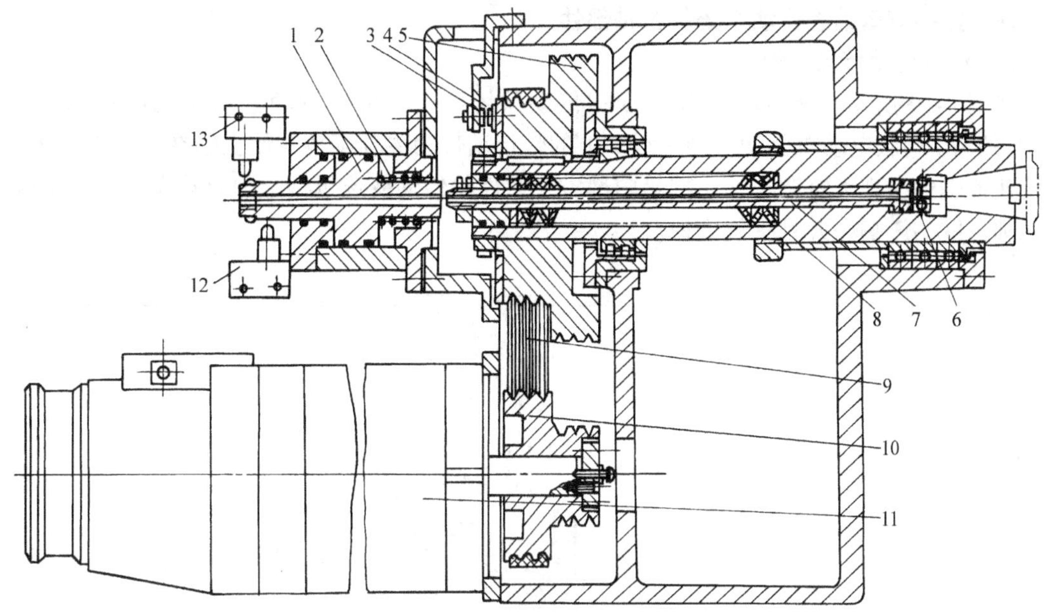

图4-18　自动换刀铣床主轴的准停、夹紧机构

电气式主轴定向控制的特点是：不需要机械部件，定向时间短、可靠性高，只需要简单的强电顺序控制，精度和刚度高。

（三）主轴内刀具的自动夹紧和切屑清除装置

在自动换刀的数控机床中为了实现刀具在主轴内的自动装卸，其主轴必须设计有刀具的自动夹紧机构，如图4-18所示。

刀杆采用7:24的大锥度锥柄，采用大锥度的锥柄既有利于定心，也为松夹带来了方便。在锥柄的尾端轴颈被拉紧的同时，通过锥柄的定心和摩擦作用将刀杆夹紧于主轴的端部。在蝶形弹簧8的作用下，拉杆7始终保持约10000N的拉力；并通过拉杆右端的钢球6将刀杆的尾部轴颈拉紧。

换刀时首先将压力油通入主轴尾部的液压缸左腔，活塞1推动拉杆7向右移动，将刀柄松开，同时使蝶形弹簧8压紧。拉杆7的右移使右端的钢球6位于套筒的喇叭口处，消除了刀杆上的拉力。当拉杆继续右移时，喷气嘴的端部把刀具顶松，使机械手方便地取出刀杆。

机械手将应换刀具装入后，电磁换向阀动作使压力油通入液压缸右腔，活塞1向左退回原位，蝶形弹簧复原又将刀杆拉紧、螺旋弹簧2使活塞1在液压缸右腔无压力油时也始终退在最左端。当活塞处于左右两个极限位置时，相应限位开关12、13发出松开和夹紧的信号。

自动清除主轴孔内的灰尘和切屑是换刀过程中的一个不容忽视的问题。如果主轴锥孔中落入了切屑、灰尘或其他污物，在拉紧刀杆时，锥孔表面和刀杆的锥柄就会被划伤，甚至会使刀杆发生偏斜，破坏了刀杆的正确定位，影响零件的加工精度，甚至会使零件超差报废。为了保持主轴锥孔的清洁，常采用的方法是使用压缩空气吹屑。

如图 4-18 所示活塞 1 的心部钻有压缩空气通道，当活塞向左移动时，压缩空气经过活塞由主轴孔内的空气嘴喷出，将锥孔清理干净。为了提高吹屑效率，喷气小孔要有合理的喷射角度，并均匀布置。

四、数控车床的主传动系统及主轴部件

（一）主运动传动系统

如图 4-19 所示为 MJ-50 数控车床的传动系统图。其中主运动传动系统由功率为 11/15kW 的 AC 伺服电动机驱动，经一级 1:1 的带传动带动主轴旋转，使主轴在 35 ~ 3500r/min 的转速范围内实现无级调速，主轴箱内部省去了齿轮传动变速机构，因此减少了原齿轮传动对主轴精度的影响，并且维修方便。

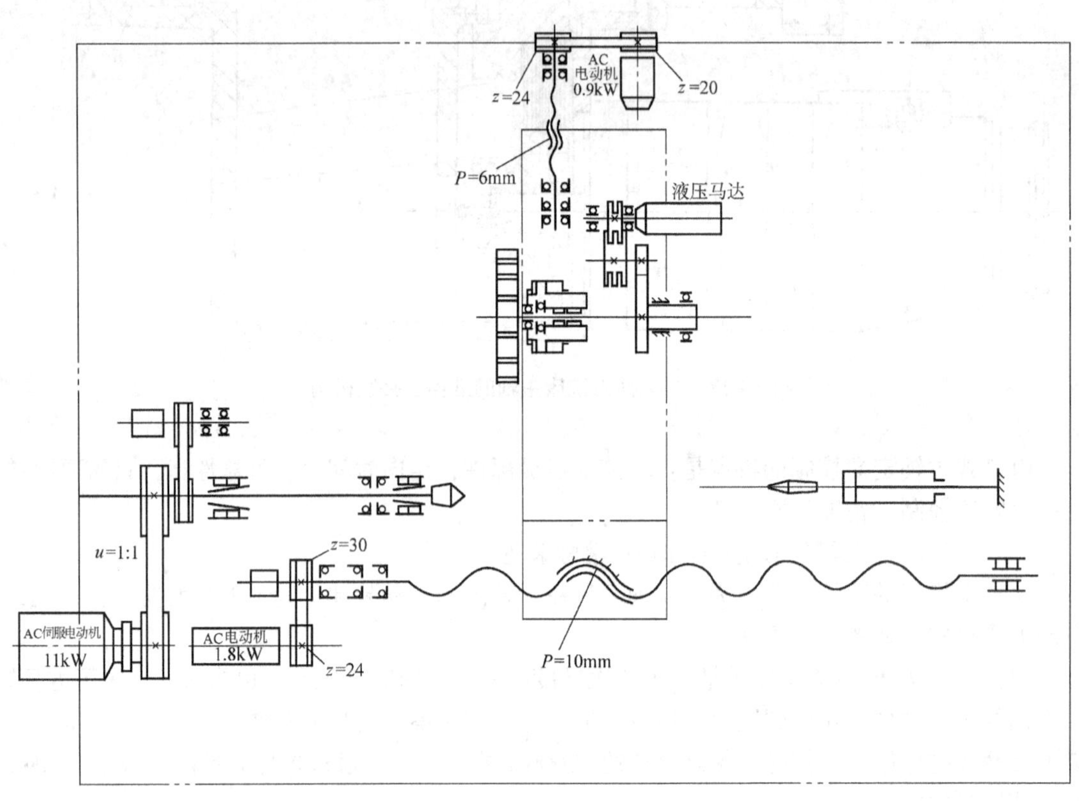

图 4-19　MJ-50 数控车床传动系统图

主轴传递的功率或扭矩与转速之间的关系如图 4-20 所示。当机床处在连续运转状态下，主轴的转速在 437 ~ 3500r/min 范围内，主轴应能传递电动机的全部功率 11kW，为主轴的恒功率区域Ⅱ（实线）。在这个区域内，主轴的最大输出转矩（245N · m）应随着主轴转速的增高而变小。主轴转速在 35 ~ 437r/min 范围内的各级转速并不需要传递全部功率，但是主轴的输出转矩不变，称为主轴的恒转矩区域Ⅰ（实线）。在这个区域内，主轴所能传递的功率随着主轴转速的降低而降低。图中虚线所示为电动机超载（允许超载 30min）时的恒功率区域和恒转矩区域，电动机的超载功率为 15kW，超载的最大输出转矩为 334N · m。

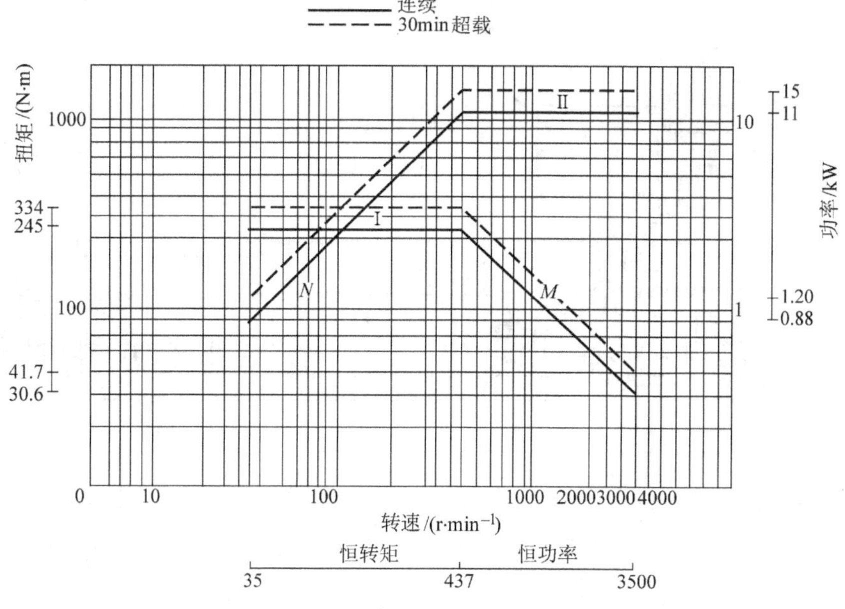

图 4-20　主轴功率转矩特性图

（二）主轴箱结构

图 4-21 所示为 MJ-50 数控车床的主轴箱结构图。主轴交流电动机通过带轮 15 把运动传给主轴 7。主轴有前后两个支承，前支承由一个圆锥孔双列圆柱滚子轴承 11 和一对角接触球轴承 10 组成，轴承 11 用来承受径向载荷，两个角接触球轴承一个大口向外（朝向主轴前端），另一个大口向里（朝向主轴后端），用来承受双向的轴向载荷和径向载荷。

前支承轴承的间隙用螺母 8 来调整，螺钉 12 用来防止螺母 8 回松。主轴的后支承为圆锥孔双列圆柱滚子轴承 14，轴承间隙由螺母 1 和 6 来调整，螺钉 17 和 13 是防止螺母 1 和 6 回松的。主轴的支承形式为前端定位，主轴受热膨胀向后伸长。

前后支承所用圆锥孔双列圆柱滚子支承的支承刚性好，允许的极限转速高。前支承中的角接触球轴承能承受较大的轴向载荷，且允许的极限转速高。主轴所采用的支承结构适宜低速大载荷的需要。主轴的运动经过同步带轮 16 和 3 以及同步带 2 带动脉冲编码器 4，使其与主轴同速运转。脉冲编码器用螺钉 5 固定在主轴箱体 9 上。

（三）液压卡盘结构

如图 4-22a 所示，液压卡盘固定安装在主轴前端，回转液压缸 1 与接套 5 用螺钉 7 连接，接套通过螺钉与主轴后端面连接，使回转液压缸随主轴一起转动。

卡盘的夹紧与松开，由回转液压缸通过一根空心拉杆 2 来驱动。拉杆后端与液压缸内的活塞 6 用螺纹连接，连接套 3 两端的螺纹分别与拉杆 2 和滑套 4 连接。

图 4-22b 为卡盘内楔形结构示意图，当液压缸内的压力油推动活塞和拉杆向卡盘方向移动时，滑套 4 向右移动，由于滑套上楔形槽的作用，使得卡爪座 11 带着卡爪 12 沿径向向外移动，则卡盘松开。反之液压缸内的压力油推动活塞和拉杆向主轴后端移动时，通过楔形机构，使卡盘夹紧工件。卡盘体 9 用螺钉 10 固定安装在主轴前端。8 为回转液压缸的箱体。

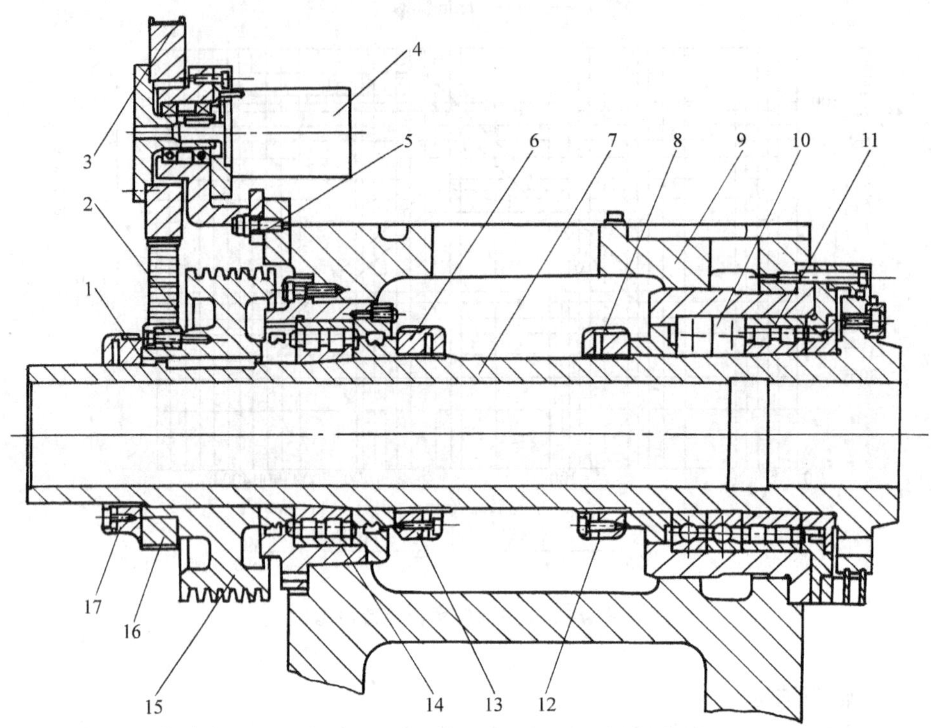

图 4-21　MJ-50 数控车床主轴箱结构简图

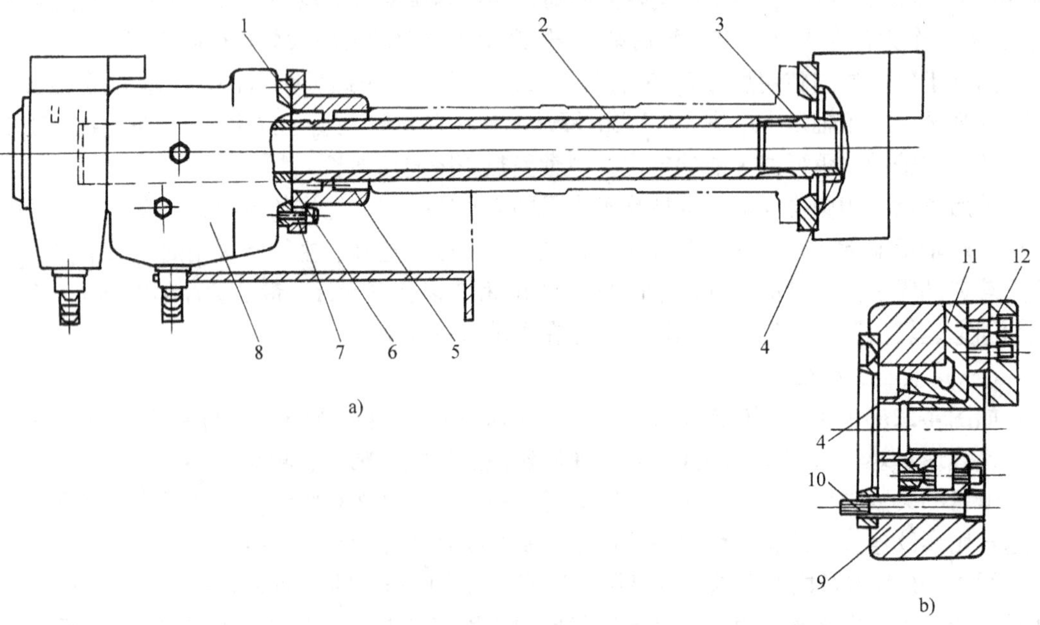

图 4-22　液压卡盘结构简图

第三节 数控机床的进给系统结构

一、数控机床进给系统的要求

数控机床的进给运动是数字控制的直接对象，被加工件的最后轮廓精度和加工精度都会受到进给运动的传动精度、灵敏度和稳定性的影响。为此，对进给系统中的传动装置和元件要求具有高的寿命，高的刚度，无传动间隙，高的灵敏度和低摩擦阻力的特点，如导轨必须具有较小的摩擦力，耐磨性要高，所以一般采用滚动导轨、静压导轨和减磨滑动导轨等。

当旋转运动被转化为直线运动时，为了提高转换效率，保证运动精度，滚珠丝杠螺母副被广泛使用。为了提高位移精度，减少传动误差，对采用的各种机械部件首先保证它们的加工精度，其次采用合理的预紧来消除轴向传动间隙。所以，在进给传动系统中广泛采用各种间隙消除措施，但是采用预紧等各种措施后仍然可能留有微量间隙。

此外由于受力的作用后产生弹性变形，也会产生间隙，所以在进给系统反向运动时仍需由数控装置发出脉冲指令进行自动补偿。综合而言，在设计进给系统时，应充分注意减少摩擦阻力、提高传动精度和刚度、消除传动间隙、减少运动部件惯量。

现代数控机床的进给伺服电动机，调速范围足够宽，其转速可以从每分钟不到一转至几千转，转矩足够大，可达到数十牛〔顿〕米，甚至百牛〔顿〕米以上，因此可以把进给伺服电动机直接装到滚珠丝杠上，不需要齿轮降速机构。这就使进给系统的机械传动机构很简单，只剩下滚珠丝杠的问题。

1. 减少运动件之间的摩擦阻力

进给系统中的摩擦阻力，会降低传动效率，并产生摩擦热，特别是会影响系统的快速响应特性。由于动静摩擦阻力之差会产生爬行现象，因此，必须有效地减少运动件之间的摩擦阻力。进给系统中虽有许多零部件，但摩擦阻力主要来自丝杠螺母和导轨，因此，对其进行滚动化，改善导轨和丝杠结构，使摩擦阻力减少是重要措施。

2. 消除传动系统中的间隙

进给系统的运动都是双向的，系统中的间隙使工作台不能马上跟随指令运动，造成系统快速响应特性变差。对于开环伺服系统，传动环节的间隙会产生定位误差。对于闭环伺服系统，传动环节的间隙会增加系统工作的不稳定性。因此，在传动系统各环节，包括滚珠丝杠、轴承、齿轮、蜗轮蜗杆、甚至联轴器和键连接，都必须采取相应的消除间隙的措施。

3. 提高传动精度和刚度

通常数控机床进给系统的直线位移精度达微米级，角位移达到秒级。进给传动系统的驱动力矩也很大，进给传动链的弹性变形会引起工作台运动时间滞后，降低系统的快速响应特性，因此提高进给系统的传动精度和刚度是首要任务。导轨结构及丝杠螺母、蜗轮蜗杆的支承结构是决定传动精度和刚度的主要部件。

1）保证进给系统中滚珠丝杠螺母、蜗轮蜗杆和支承结构的加工精度，提高传动精度和刚度。

2）在进给链中加入减速齿轮或同步带传动，减小脉冲当量，从设计角度提高传动精度。

3）采用预紧消除传动件间隙，提高传动精度。

4. 减小运动惯量，具有适当的阻尼

进给系统中每个零件的惯量对伺服系统的启动和制动特性都有直接影响，特别是高速运动的零件。在满足强度和刚度的条件下，应尽可能地合理配置各元件，使它们的惯量尽可能地小。系统中的阻尼一方面降低伺服系统的快速响应特性，另一方面能够提高系统的稳定性，因此在系统中要有适当的阻尼。

二、滚珠丝杠螺母副

滚珠丝杠传动是数控机床伺服驱动的重要部件之一，它的优点是摩擦系数小，传动精度高，传动效率高达85%~98%，是普通滑动丝杠传动的2~4倍。滚珠丝杠副的摩擦角小于1°，因此不能自锁。如果用于立式升降运动则必须有制动装置。其动、静摩擦系数之差甚小，有利于防止爬行和提高进给系统的灵敏度；采用消除反向间隙并预紧措施，有助于提高定位精度和刚度。滚珠丝杠副采用优质合金钢制成，其滚道表面淬火硬度高达60~62HRC，表面粗糙度值小，另外，因为是滚动摩擦，故磨损很小，使用寿命长。一般情况下，滚珠丝杠可以直接从专门生产厂家订购，无须自行设计制造。

（一）滚珠丝杠螺母副的特点

如图4-23所示是滚珠丝杠结构图，其工作原理是：在丝杠和螺母上加工有弧形螺旋槽，当把它们套装在一起时形成螺旋通道，并且滚道内填满滚珠。当丝杠相对于螺母旋转时，两者发生轴向位移，而滚珠则可沿着滚道流动，按照滚珠返回的方式不同可以分为内循环式和外循环式两种方式。

外循环式如图4-23a所示，螺母旋转槽的两端由回珠管连接起来，返回的滚珠不与丝杠外圆相接触，滚珠可以作周而复始的循环运动，在管道的两端还能起到挡珠的作用，用以避免滚珠沿滚道滑出。

内循环方式如图4-23b所示，带有反向器，返回的滚珠经过反向器和丝杠外圆之间返回。

但是滚珠丝杠也有如下缺点；

1）制造成本高。

2）不能实现自锁。由于其摩擦系数小不能自锁，当用于垂直位置时，为防止因突然停断电而造成主轴箱下滑，必须加有制动装置。

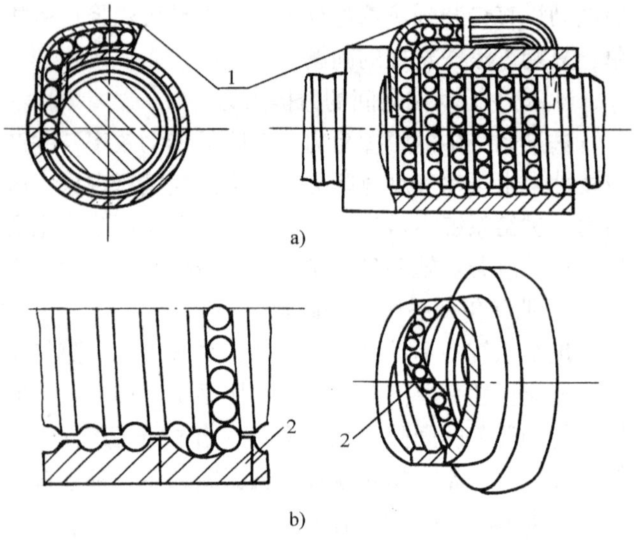

图4-23　滚珠为内、外循环式滚珠螺母的结构

（二）滚珠丝杠螺母副间隙的调整

滚珠丝杠的传动间隙是轴向间隙。轴向间隙通常是指丝杠和螺母无相对转动时，丝杠和螺母之间的最大轴向窜动量。除了结构本身所有的游隙之外，还包括施加轴向载荷后产生弹性变形所造成的轴向窜动量。为了保证反向传动精度和轴向刚度，必须消除轴向间隙。

用预紧方法消除间隙时应注意，预加载荷能够有效地减少弹性变形所带来的轴向位移，但预紧力不宜过大。过大的预紧载荷将增加摩擦力，使传动效率降低，缩短丝杠的使用寿命。所以，一般需要经过多次调整才能保证机床在最大轴向载荷下既消除了间隙又能灵活运转。

1. 双螺母垫片调隙式结构

消除间隙的方法除了少数用微量过盈滚珠的单螺母消除间隙外，常用的方法是用双螺母消除丝杠、螺母间隙。如图 4-24 所示是双螺母垫片调隙式结构，通过调整垫片的厚度使左右螺母产生轴向位移，就可达到消除间隙和产生预紧力的作用。这种方法结构简单、刚性好、装卸方便、可靠。但缺点是调整费时，很难在一次修磨中调整完成，调整精度不高，仅适用于一般精度的数控机床。

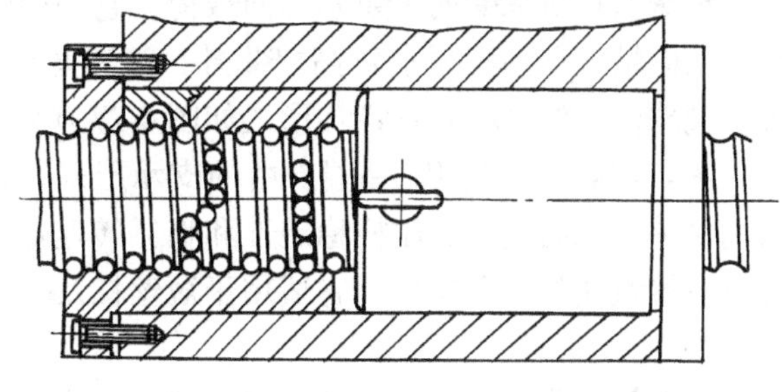

图 4-24　双螺母垫片调隙式结构

2. 双螺母齿差调隙式结构

如图 4-25 所示是双螺母齿差调隙式结构，在两个螺母 2 和 5 的凸缘上各制有一个圆柱齿轮，两个齿轮的齿数只相差一个齿，即 $z_2 - z_1 = 1$。两个内齿圈 1 和 4 与外齿轮齿数分别相同，并用螺钉和销钉固定在螺母座 3 的两端。

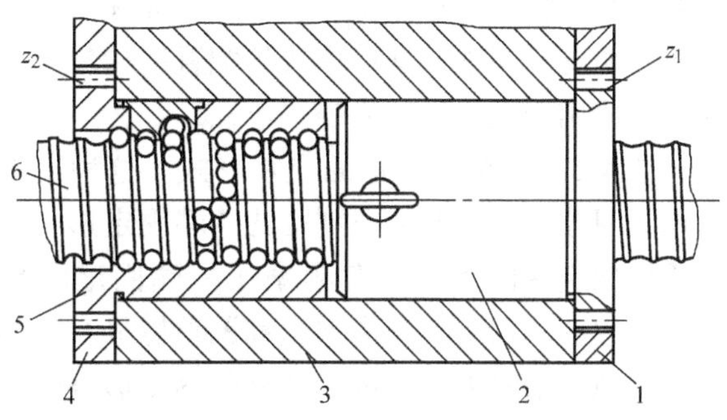

图 4-25　双螺母齿差调隙式结构

调整时先将内齿圈取下，根据间隙的大小调整两个螺母 2、5 分别向相同的方向转过一个或多个齿，使两个螺母在轴向移近了相应的距离达到调整间隙和预紧的目的。

间隙消除量 Δ 可用下式简便地计算出

$$\Delta = nP/z_1/z_2 \text{ 或 } n = \Delta z_1 z_2/P$$

式中，n 为螺母在同一方向转过的齿数；P 为滚珠丝杠的导程；z_1、z_2 为齿轮的齿数。

例如，当 $z_1 = 99$、$z_2 = 100$、$P = 10\text{mm}$ 时，如果两个螺母向相同方向各转过一个齿时，其相对轴向位移量为

$$s = P/(z_1 z_2) = 10/(100 \times 99)\text{mm} \approx 0.001\text{mm}$$

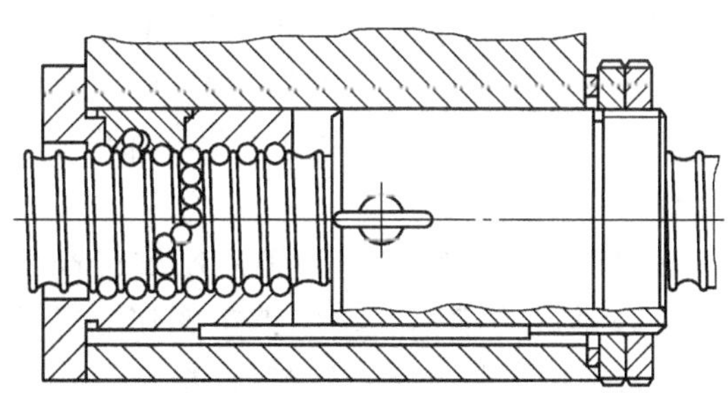

图 4-26　双螺母螺纹调隙式结构

若间隙量为 0.005mm，则相应的两螺母沿同方向转过 5 个齿即可消除。

$n = \Delta(z_1 z_2)/P = \Delta/s = 0.005/0.001 = 5$。

齿差调隙式的结构较为复杂，尺寸较大，但是调整方便，可获得精确的调整量，预紧可靠不会松动，适用于高精度传动。

3. 双螺母螺纹调隙式结构

如图4-26所示是双螺母螺纹调隙式结构，用键限制螺母在螺母座内的转动。调整时，拧动圆螺母将螺母沿轴向移动一定距离，在消除间隙之后用圆螺母将其锁紧。这种调整方法的结构简单紧凑，调整方便但调整精度较差。

（三）滚珠丝杠的安装

滚珠丝杠所承受的主要是轴向载荷，它的径向载荷主要是卧式丝杠的自重。因此滚珠丝杠的轴向精度和刚度要求较高。此外，滚珠丝杠的正确安装及其支承的结构刚度也不容忽视。滚珠丝杠的两端布置结构形式如图4-27所示。

图4-27a是一端固定一端自由的支承形式。其特点是结构简单，轴向刚度、压杆稳定性和临界转速低，故在设计时应尽量使丝杠受拉伸，它适用于短丝杠及垂直布置丝杠。

图4-27b是一端固定一端浮动的支承形式，丝杠轴向刚度与上述形式相同，而压杆稳定性及临界转速比上述形式同长度丝杠高，丝杠受热后有膨胀伸长的余地，需保证螺母与两支承同轴。这种形式的配置结构较复杂，工艺较困难，适用于较长丝杠或卧式丝杠。

图4-27c是两端固定的支承形式，这种支承结构只要轴承无间隙，丝杠的轴向刚度比一端固定形式高约4倍且无压杆稳定性问题，固有频率比一端固定的高，可预拉伸，在它的一端装有蝶形弹簧和调整螺母，这样既可对滚珠丝杠施加预紧力，又可使丝杠受热变形得到补偿保持预紧力恒定，但结构工艺都较复杂，适用于长丝杠。

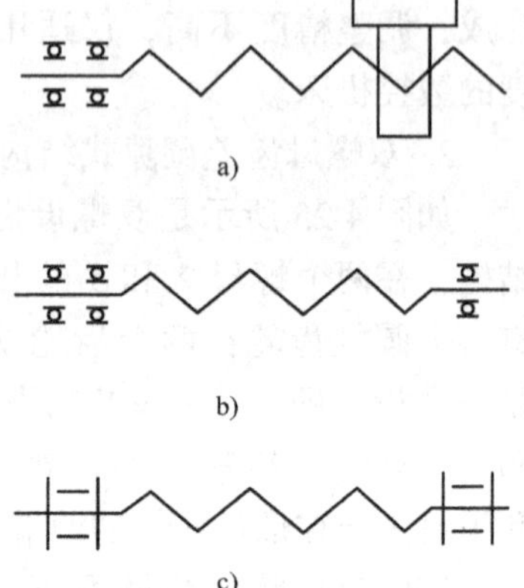

图4-27　滚珠丝杠两端支承形式
a）一端固定一端自由　b）一端固定一端浮动　c）两端固定

为了提高支承的轴向刚度，选择适当的滚动轴承也是十分重要的。目前，中小型数控机床多采用接触角为60°的双向推力角接触球轴承，如图4-28所示。这是一种能够承受很大轴向力的特殊角接触球轴承，与一般角接触球轴承相比，接触角增大到60°，这样增加了滚珠的数目并相应减小了滚珠的直径，并且采用特殊设计的尼龙成形保持架。

这种轴承比一般轴承的轴向刚度提高两倍以上，与圆锥滚子轴承、圆柱轴承相比，启动力矩小，而且使用极为方便。这种轴承产品成对出售，本身可以是背靠背、面对面或同向布置，前两种可承受双向推力，同向组合只承受一个方向推力但承载能力增高。装配时只要用螺母和端盖将内外环压紧，就能获得出厂时已经调整好的预紧力。

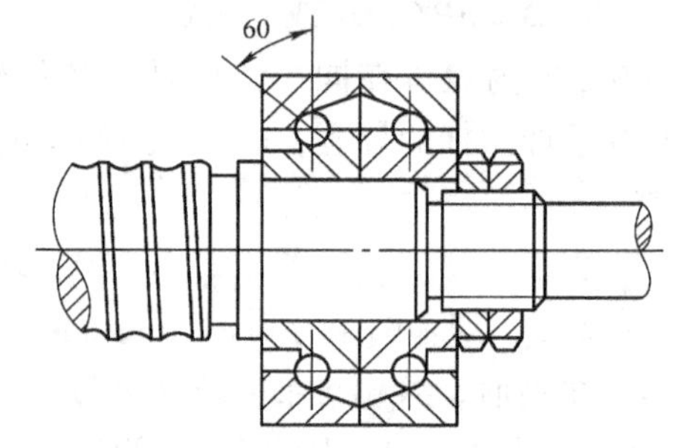

图4-28　滚珠丝杠用60°角接触球轴承

（四）滚珠丝杠的防护

滚珠丝杠副如果在滚道上落入了脏物，或使用不净的润滑油，不仅会妨碍滚珠的正常运转，而且使磨损急剧增加。对于制造误差和预紧变形量以微米计的滚珠丝杠副来说，这种磨损就特别敏感。因此有效地防护密封和保持润滑油的清洁就显得十分必要。

通常采用毛毡圈对螺母进行密封。由于密封圈直接与丝杠紧密接触，因此防尘效果较好，但也增加了滚珠丝杠副的摩擦阻力矩。为了避免产生这种摩擦阻力矩可以采用较硬质塑料制成的非接触式迷宫密封圈。对于暴露在外面的丝杠一般采用螺旋钢带、伸缩套筒、锥形套管以及折叠式防护罩，以防止尘埃和磨粒粘附到丝杠表面。这些防护罩一端连接在滚珠螺母的端面，另一端固定在滚珠丝杠的支承座上。

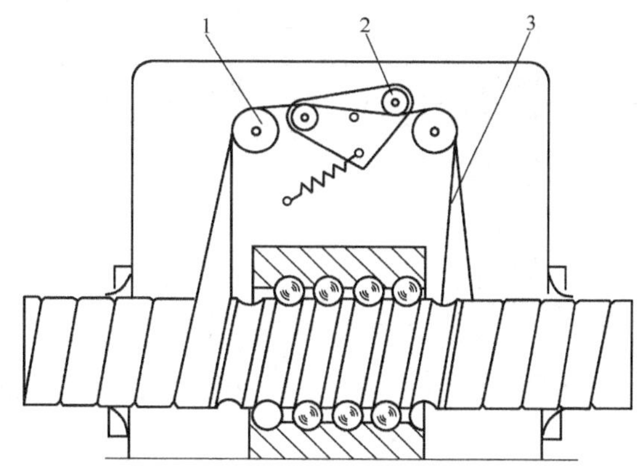

图 4-29 钢带缠卷式丝杠防护装置原理图
1—支承滚子 2—张紧轮 3—钢带

图 4-29 所示为钢带缠卷式丝杠防护装置。

（五）国产的滚珠丝杠螺母副结构类型代号

国产的滚珠丝杠螺母副结构类型代号如表 4-2 所示。

表 4-2 滚珠丝杠螺母副结构类型代号表

结构型号	表示意义	结构型号	表示意义
W	外循环单螺母式滚珠丝杠副	WID	外循环不带衬套垫片调隙式的双螺母滚珠丝杠副
WI	外循环不带衬套的单螺母滚珠丝杠副	WIL	外循环不带衬套螺纹调隙式的双螺母滚珠丝杠副
C	外循环插管形的单螺母滚珠丝杠副	CCH	插管形齿差调隙式的双螺母滚珠丝杠副
N	内循环单螺母滚珠丝杠副	CD	插管形垫片调隙式的双螺母滚珠丝杠副
WCH	外循环齿差式调隙式的双螺母滚珠丝杠副	CL	插管形螺纹调隙式的双螺母滚珠丝杠副
WICH	外循环不带衬套齿差式调隙式的双螺母滚珠丝杠副	NCH	内循环齿差调隙式的双螺母滚珠丝杠副
		ND	内循环垫片调隙式的双螺母滚珠丝杠副
WD	外循环垫片调隙式的双螺母滚珠丝杠副	NL	内循环螺纹调隙式的双螺母滚珠丝杠副

（六）滚珠丝杠副的精度等级

滚珠丝杠副的精度等级及其应用范围如表 4-3 所示。

表 4-3 滚珠丝杠的精度等级及应用范围

精度等级		应用范围
代号	名称	
P	普通级	普通机床
B	标准级	一般数控机床
J	精密级	精密机床、普通数控机床、加工中心、仪表机床
C	超精级	精密机床、精密数控机床、仪表机床、高精度加工中心

各类机床采用滚珠丝杠副的推荐精度等级如表 4-4 所示。

（七）滚珠丝杠副的标注

滚珠丝杠副的标注方法采用汉语拼音字母、数字及汉字结合标注法，如图 4-30 所示。

表 4-4 各类机床滚珠丝杠副的推荐精度等级

机床种类	坐标方向			
	X(纵向)	Y(升降)	Z(横向)	W(刀杆,臂杆)
数控车床	B,J		B	
数控磨床	J		J	
数控线切割机床	J		J	
数控钻床	B	P	B	
数控铣床	B	B	B	
数控镗床	J	J	J	
数控坐标镗床	J,C	J,C	J,C	J
加工中心	J,C	J,C	J,C	B
坐标镗床、螺纹磨床	J,C	J,C	J,C	

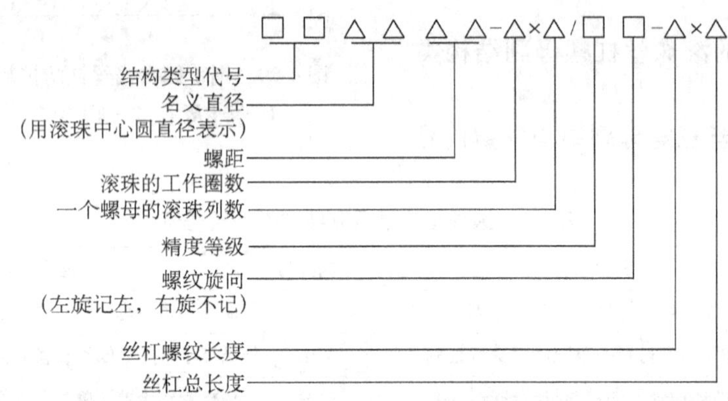

图 4-30 滚珠丝杠副的标注

例如：WD3005—3.5×1/B 左一 800×1000

它表示：外循环垫片调隙式的双螺母滚珠丝杠副；名义直径为 30mm；螺距为 5mm；一个螺母工作滚珠 3.5 圈；单列；B 级精度；左旋；丝杠的螺纹部分长度为 800mm；丝杠的总长度为 1000mm。

三、进给系统的调整

数控机床进给系统中的减速齿轮除了本身要求很高的运动精度和工作平稳性以外，尚还需尽可能消除传动齿轮副间的传动间隙。否则，齿侧间隙会造成进给系统每次反向运动滞后于指令信号，丢失指令脉冲并产生反向死区，对加工精度影响很大。因此必须采用各种方法去减小或消除齿轮传动间隙。

（一）直齿圆柱齿轮传动间隙的调整

1. 偏心套调整

如图 4-31 所示，电动机 1 通过偏心套 2 装到壳体上，通过转动偏心套就能够方便地调整两齿轮的中心距，从而消除齿侧间隙。

2. 垫片调整

如图 4-32 所示，在加工相互啮合的两个齿轮 1、2 时，将分度圆柱面制成带有小锥度的圆锥面，使齿轮齿厚在轴向稍有变化，装配时只需改变垫片 3 的厚度，使齿轮 2 作轴向移动，调整两齿轮在轴向的相对位置即可达到消除齿侧间隙的目的。

上述两种方法的特点是结构比较简单，传动刚度好，能传递较大的动力，但齿轮磨损后齿侧间隙不能自动补偿，因此加工时对齿轮的齿厚及齿距公差要求较严，否则传动的灵活性将受到影响。

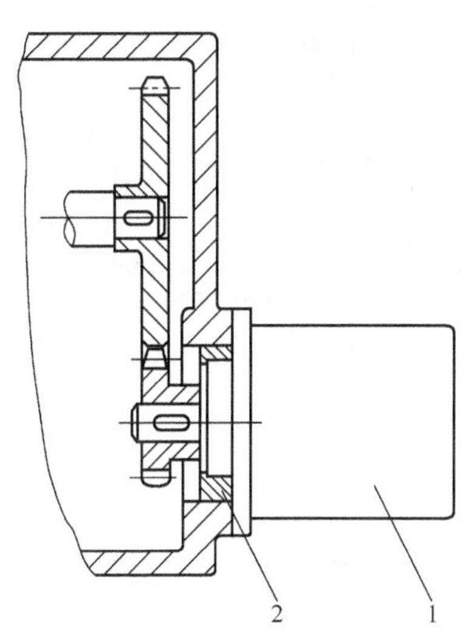

图 4-31 偏心套消除间隙

1—电动机 2—偏心套

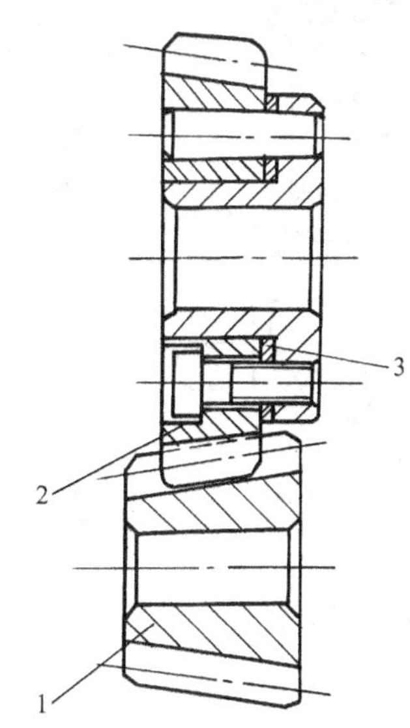

图 4-32 垫片调整消除间隙

1、2—齿轮 3—垫片

3. 双齿轮错齿调整

如图 4-33 所示，两个齿数相同的薄片齿轮 1、2 与另外一个宽齿轮啮合。薄片齿轮 1、2 套装在一起，并可作相对回转运动。每个薄片齿轮上分别开有周向圆弧槽，并在齿轮 1、2 的槽内压有装弹簧的短圆柱 3，由于弹簧 4 的作用使齿轮 1、2 错位，分别与宽齿轮的齿槽左右侧贴紧，消除了齿侧间隙。

无论正向或反向旋转因都分别只有一个齿轮承受转矩，因此承载能力受到限制，设计时须计算弹簧 4 的拉力，使它能克服最大转矩。这种调整法结构较复杂，传动刚度低，不宜传递大转矩，对齿轮的齿厚和齿距要求较低，可始终保持啮合无间隙，尤其适用于检测装置。

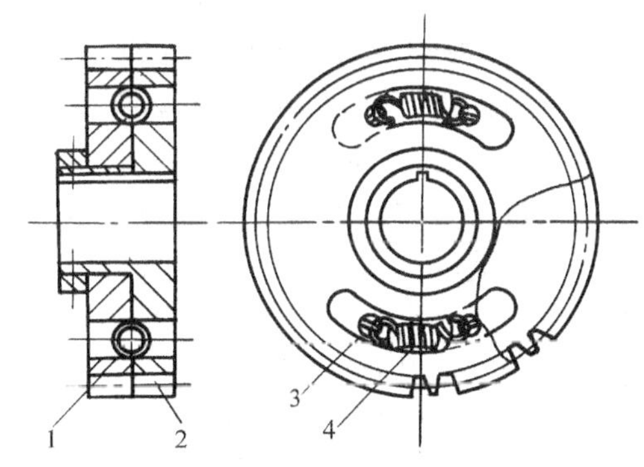

图 4-33 双齿轮错齿调整

1、2—薄齿轮 3—短圆柱 4—弹簧

（二）斜齿圆柱齿轮传动间隙的消除

1. 垫片调整

如图 4-34 所示，宽齿轮 4 同时与两个相同齿数的薄片齿轮 1 和 2 啮合，薄片齿轮经平键与轴连接，相互间无相对回转。斜齿轮 1 和 2 间加厚度为 t 的垫片。用螺母拧紧，使两齿轮 1 和 2 的螺旋线产生错位，其后两齿面分别与宽齿轮 4 的齿面贴紧消除间隙。

垫片 3 的厚度和齿侧间隙 Δ 的关系可由下式算出

$$t = \Delta \cot\beta$$

式中，β 为斜齿轮的螺旋角；Δ 为齿侧间隙；t 为增加垫片的厚度。

2. 轴向压簧调整

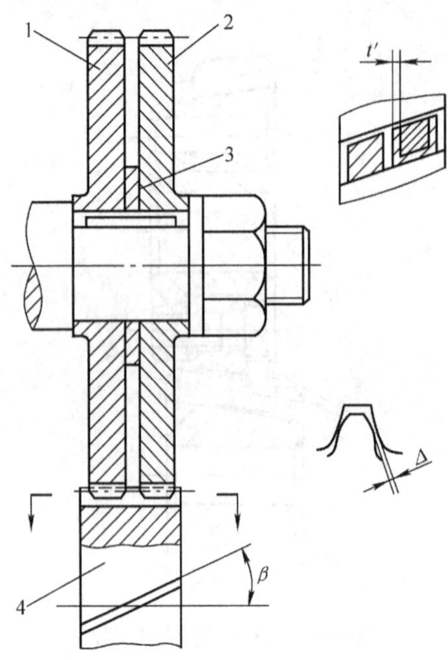

图 4-34 垫片调整消除斜齿轮间隙

1、2—薄片齿轮 3—垫片 4—宽齿轮

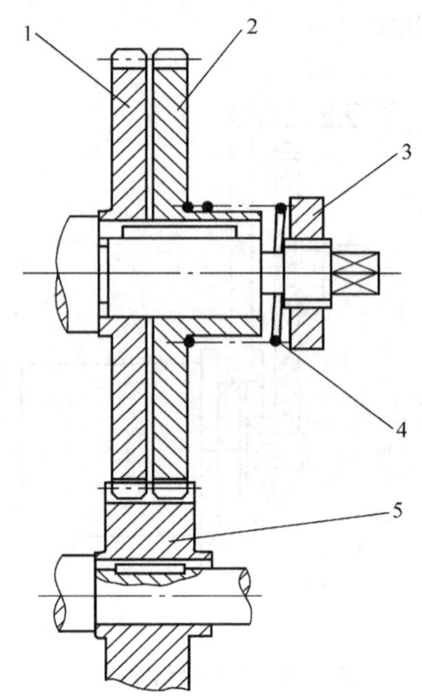

图 4-35 轴向压簧调整

1、2—薄片齿轮 3—螺母 4—弹簧 5—宽齿轮

如图 4-35 所示，斜齿轮 1 和 2 用键滑套在轴上，相互间无相对转动。斜齿轮 1 和 2 同时与宽齿轮 5 啮合，螺母 3 调节蝶形弹簧 4，使齿轮 1 和 2 的齿侧分别贴紧宽齿轮 5 的齿槽左右两侧，消除了间隙。

弹簧压力的调整大小应适当，压力过小则起不到消隙的作用，压力过大会使齿轮磨损加快，缩短使用寿命。齿轮内孔应有较长的导向长度，因而轴向尺寸较大，结构不紧凑，优点是可以自动补偿间隙。

（三）锥齿轮传动间隙的消除

1. 周向压簧调整

如图 4-36 所示，将大锥齿轮加工成 1 和 2 两部分，齿轮的外圈 1 开有三个圆弧槽 8，内圈 2 的端面带有三个凸爪 4，套装在圆弧槽内。弹簧 6 的两端分别顶在凸爪 4 和镶块 7 上，使内外齿圈 1、2 的锥齿错位与小锥齿轮啮合达到消除间隙的作用。螺钉 5 将内外齿圈相对固定是为了安装方便，安装完毕后即

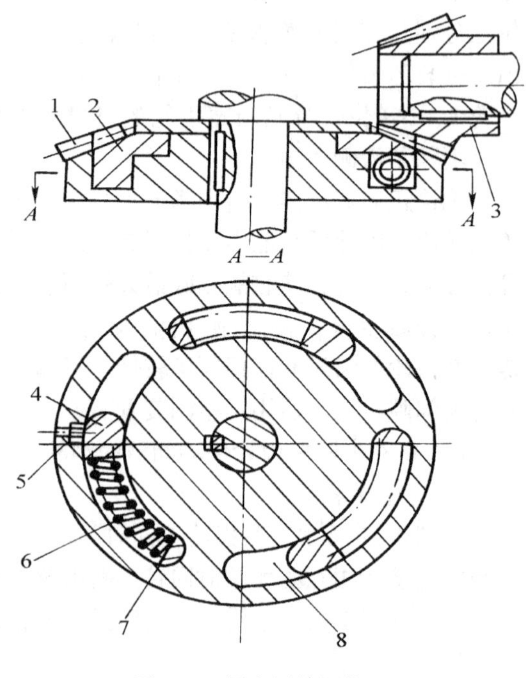

图 4-36 周向压簧调整

刻卸去。

2. 轴向压簧调整

如图 4-37 所示，锥轮 1、2 相互啮合。在锥齿轮 1 的轴 5 上装有压簧 3，用螺母 4 调整压簧 3 的弹力。锥齿轮 1 在弹力作用下沿轴向移动，可消除锥齿轮 1 和 2 的间隙。

（四）齿轮齿条传动间隙的消除

对于工作行程很大的大型数控机床，一般采用齿轮齿条传动来实现进给运动。齿轮齿条传动也同齿轮传动一样存在齿侧间隙，因此也存在消除间隙问题。当载荷较小进给力不大时，齿轮齿条可采用双片薄齿轮错齿调整，分别与齿条的齿槽左、右二侧贴紧来消除间隙。

当载荷较大所需进给力较大时，通常采用双厚齿轮的传动结构，其原理如图 4-38 所示。进给运动由轴 2 输入，通过两对斜齿轮将运动传给轴 1 和轴 3，然后由两个直齿轮 4 和 5 去传动齿条，带动工作台移动。

轴 2 上两个斜齿轮的螺旋线的方向相反，在轴 2 上作用一个轴向力 F，弹簧弹力使斜齿轮产生微量的轴向移动。这时轴 1 和轴 3 以相反的方向转过一个角度，使齿轮 4 和 5 分别与齿条的两齿面贴紧，消除了间隙。

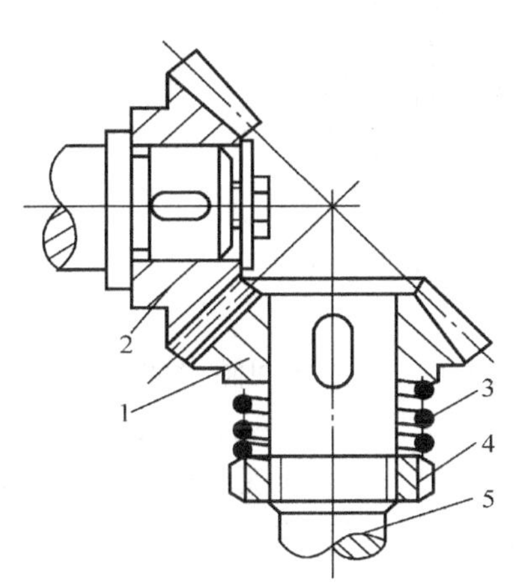

图 4-37 轴向压簧调整

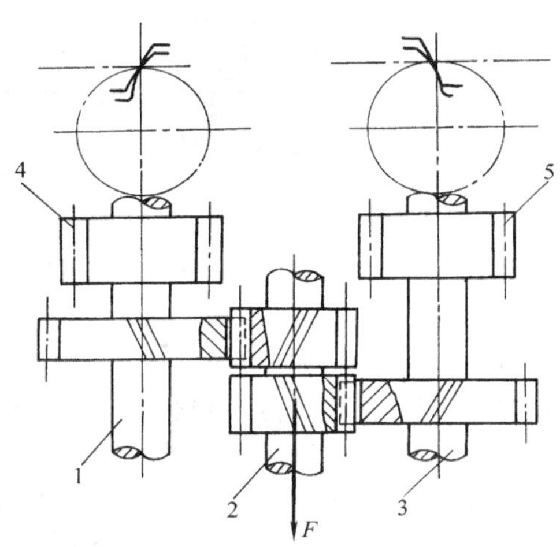

图 4-38 双齿轮消除间隙原理

四、数控机床的导轨

导轨是进给系统的重要环节，是机床的基本结构的要素之一，机床的加工精度和使用寿命很大程度上决定于机床导轨的质量，而数控机床对于导轨有着更高的要求。如高速进给时不振动，低速进给时不爬行，有高的灵敏度，能在重载下长期连续工作，耐磨性高，精度保持性要好。导轨应满足的基本要求：

1）良好的导向精度，包括运动部件的移动直线性和圆运动的真圆性。

2）良好的精度保持性，即能够长期保持原始精度。

3）足够的刚度，由于导轨承受很大负载，故必须使摩擦副具有良好的摩擦特性。

对于一般的滑动导轨，因其静摩擦力较大如果启动力不足以克服静摩擦力，这时被传动的工作台不能立即运动，作用力使一系列传动元件（如步进电动机、齿轮、丝杠及螺母等）产生弹性变形，储存了能量。当作用力超过静摩擦力时，工作台突然向前运动，静摩擦力变为动摩擦力数值明显减小，工作台产生很大加速度，由于惯性会使工作台冲过预定位置。

为了提高数控机床的定位精度和运动平稳性，目前普遍使用滚动导轨、静压导轨、塑料导轨。塑料导轨因其良好的动、静摩擦特性和耐磨性大有取代滚动导轨之势。

(一) 滚动导轨

滚动导轨是在导轨工作面之间安排滚动件，使两导轨面之间形成滚动摩擦，摩擦系数小。动、静摩擦系数相差很小，运动轻便灵活，所需功率小，精度好，无爬行。滚动导轨由标准导轨块构成，装拆方便，润滑简单。

如图 4-39 所示为滚动导轨块的应用结构示意图，这是一种滚动体循环运动的滚动导轨。移动部件运动时，滚动体沿封闭轨道作循环运动，滚动体为滚珠或滚柱。

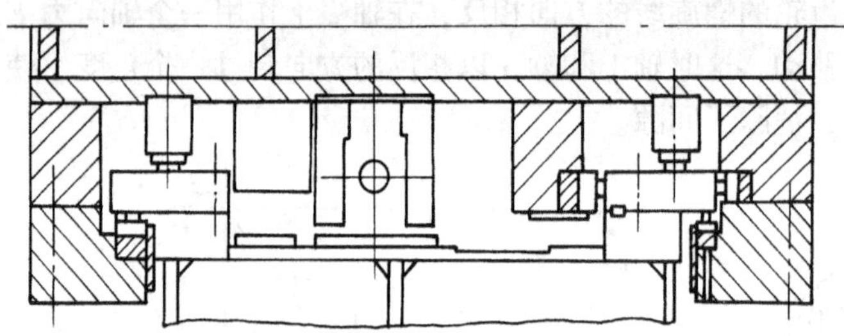

图 4-39　滚动导轨块的应用结构示意图

图 4-40 中 5 即为滚动导轨块。右导轨 6 两侧起导向作用，侧向间隙由侧面带动滚动导轨块的楔铁 3 调整。为承受颠覆力矩，两矩形导轨下方均有压板 2，并用装有滚动导轨块的楔铁 1 调整间隙。调整楔铁可使导轨块和方导轨间产生预加负载，以保证导轨副具有足够的刚性。为使导轨可以承受上下左右的载脚颠覆力矩与侧向力，可采用滚动导轨组件产品，它有四列滚珠分别配置在导轨的各个部位。

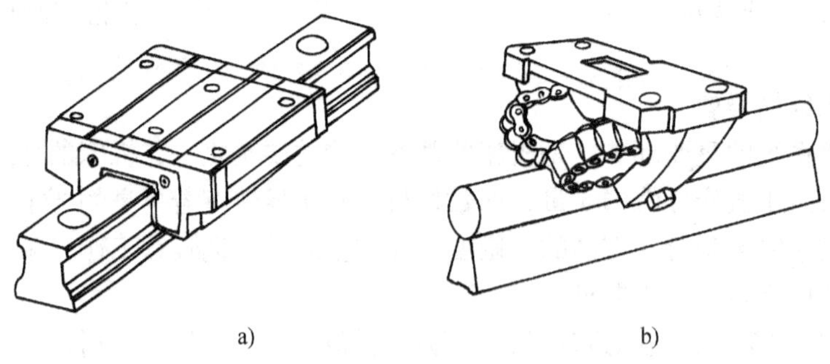

a)　　b)

图 4-40　滚动导轨组件的外形图

如图 4-40 所示为滚动导轨组件，图 4-40a 为承受倾覆力矩的中等负载的结构；图 4-40b 为不能承受倾覆力矩的重负载的结构。

如图 4-41 所示为滚动导轨组件的内部结构和滚珠循环原理图。

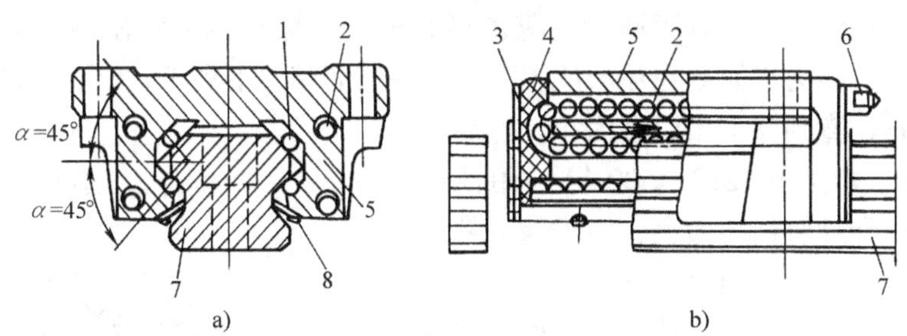

图 4-41　滚动导轨组件结构图

1—滚珠　2—回珠孔　3、8—密封垫　4—挡板　5—滑板　6—注润滑脂油嘴　7—导轨条

如图 4-42 和 4-43 所示为滚动导轨组件的固定和侧向预紧结构，具有便于安装和预紧的优点。

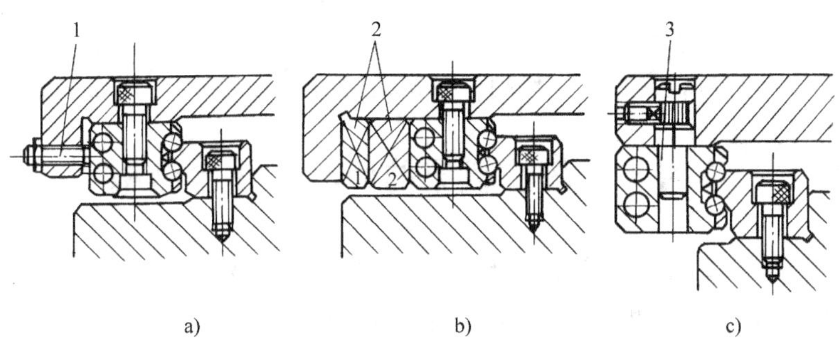

图 4-42　滚动导轨组件的侧向预紧

1—螺钉　2—垫块　3—偏心销

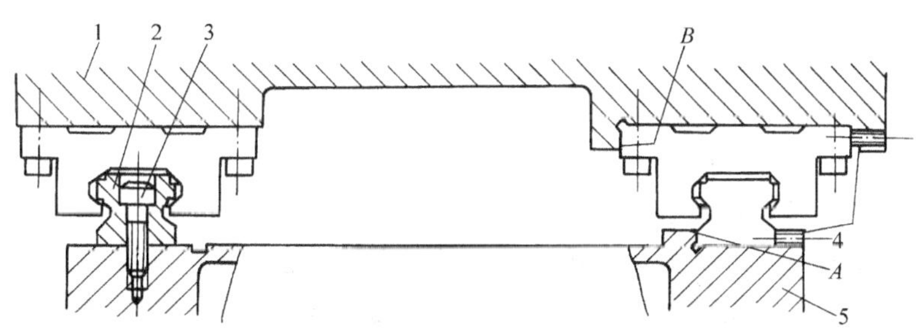

图 4-43　滚动导轨组件的固定

1—移动件　2—导轨条　3—固定螺钉　4—定位预紧螺钉　5—支承件；A、B—定位面

（二）贴塑导轨

这是一种金属对塑料的摩擦形式，属滑动摩擦导轨。导轨滑动面上贴有一层抗磨软带，导轨的另一滑动面为淬火磨削面。软带是以聚四氟乙烯为基材，添加合金粉和氧化物的高分子复合材料。

塑料导轨刚度好，动、静摩擦系数差值小，耐磨性好，无爬行，减振性好。软带应粘贴在机床导轨的短导轨面上，如图 4-44 所示。圆形导轨应粘贴在下导轨面上。

粘贴时，先用清洗剂（如丙酮、三氯乙烯和全氯乙烯）彻底清洗被粘贴导轨面，切不可用酒精或汽油，因为它们会在被清洗表面留下一层薄膜，不利于粘结。清洗后用干净的白色擦布反复擦拭，直到擦不出污迹为止。然后将配套的胶粘剂（如 101、212、502 等）用油灰刀分别涂在软带和导轨粘结面上，为了保证粘结可靠，被贴导轨面应沿纵向涂抹，而塑料软带的粘结面沿横向涂抹。粘贴时，从一端向另一端缓慢挤压，以利赶跑气泡，粘贴后在导轨面上施加一定压力加以固化。

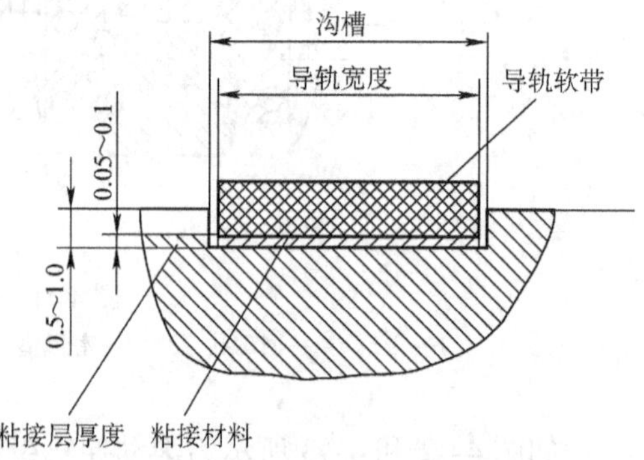

图 4-44 贴塑导轨的粘接

为保证粘结剂充分扩散和硬化，室温下，加压固化时间应为 24h 以上。粘贴好的导轨面还要进行精加工，如开油槽、刮研磨削、研磨等。注意在局部修整时，切不可用砂纸，以防砂粒脱落嵌进塑料导轨中，破坏导轨。局部修整时，要用刮刀。与粘贴导轨配对的金属导轨，硬度在 160HBS 以上，表面粗糙度 R_a 在 3.2 ~ 0.8um。有时为了使其对软带起定位作用，导轨粘贴面加工成 0.5 ~ 1mm 深的凹槽。

第四节 数控机床的回转工作台结构

为了提高数控机床的生产效率，扩大其工艺范围，对于数控机床的进给运动除了沿坐标轴 X、Y、Z 三个方向的直线进给运动之外，常常还需要有绕 X、Y、Z 轴的圆周进给运动。

通常数控机床的圆周进给运动，可以实现精确的自动分度改变工件相对于主轴的位置，以便分别加工各个表面，这对箱体零件的加工带来了便利。对于自动换刀的多工序数控机床来说，回转工作台已成为一个不可缺少的部件。数控机床中常用的回转工作台有数控回转工作台和分度工作台。

一、数控回转工作台

数控回转工作台主要用于数控镗床和铣床。从外形上看它与分度工作台没有多大差别，但在内部结构和功用上则有较大的不同。如图 4-45 所示，数控回转工作台由传动系统、间隙消除装置及蜗轮夹紧装置等组成。

数控回转工作台是由电液步进电动机 1 驱动，经齿轮 2 和 4 带动蜗轮 8，通过蜗杆 10 使工作台回转。为了尽量消除反向间隙和传动间隙，通过调整偏心环 3 来消除齿轮 2 和 4 啮合侧隙。齿轮 4 与蜗杆 9 是靠楔形拉紧圆柱销 5（A—A 剖面）来连接。这种连接方式能消除轴与套的配合间隙。蜗杆 9 采用螺距渐厚蜗杆，通过移动蜗杆的轴向位置来调节间隙。

这种蜗杆的左右两侧具有不同的螺距，因此蜗杆齿厚从头到尾逐渐增厚，但由于同一侧的螺距是相同的，所以仍能保持正确的啮合。调整时松开螺母 7 的锁紧螺钉 8 使压块 6 与调整套松开。然后转动调整套 11 带动蜗杆 9 作轴向移动。调整后锁紧调整套 11 和楔形圆柱销 5。蜗杆的左右两端都有双列滚针轴承支承，左端为自由端可以伸缩以消除温度变化的影响，右端装有两个推力球轴承能轴向定位。当工作台静止时，必须处于锁紧状态。为此，在蜗轮底部装有八对夹紧块 12 及 13，散在底座上均布着八个小液压缸 14，夹紧液压缸 14 的上腔通入压力油，使活塞向下运动，通过钢球 17 撑开夹紧块 12 及 13，将蜗轮夹紧。当工作台需要

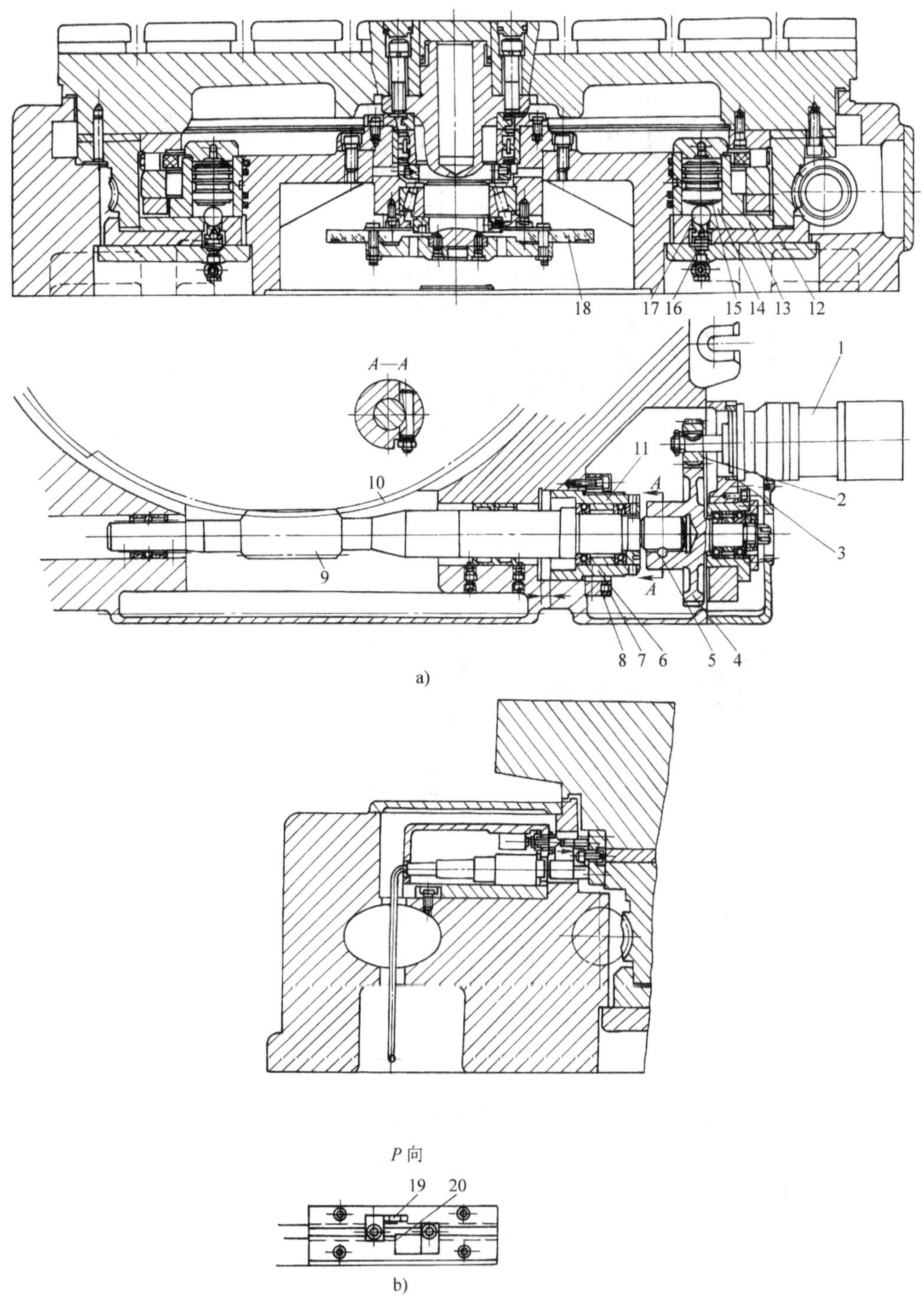

图 4-45　数控回转工作台

回转时，数控系统发出指令，夹紧液压缸 14 上腔的油流回油箱，钢球 17 在弹簧 16 的作用下向上抬起，夹紧块 12 和 13 松开蜗轮，这时蜗轮和回转工作台可按照控制系统的指令作回转运动。回转工作台的导轨面由大型滚柱轴承支承，并由圆锥滚子轴承及圆锥孔双列圆柱滚子轴承保持准确的回转中心。

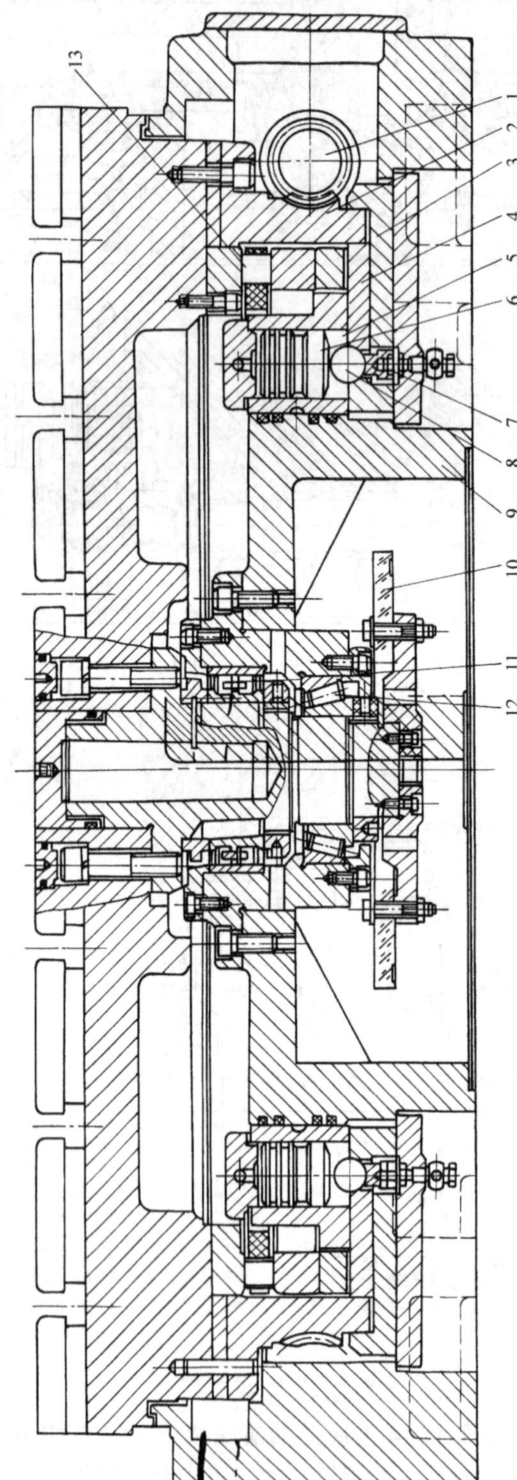

图 4-46 数控回转工作台

1—蜗杆 2—大蜗轮 3、4—夹紧瓦 5—小液压缸 6—活塞 7—弹簧 8—钢球 9—底座 10—光栅 11—双列向心圆柱滚子轴承
12—圆锥滚子轴承 13—圆柱滚子轴承

数控回转工作台的导轨面由大型滚柱轴承支承，并由圆锥滚柱轴承及双列向心圆柱滚子轴承保持回转中心的准确。数控回转工作台设有零点，当它作回零运动时首先由安装在蜗轮上的挡块碰撞限位开关。使工作台减速，然后通过感应块和无触点开关的作用使工作台准确地停在零点位置上。

数控回转工作台可作任意角度的回转和分度，可由光栅 10 进行读数控制，因此能够达到较高的分度精度。如图 4-46 所示为一个完整的数控回转工作台。

二、分度工作台

分度工作台是按照数控系统的指令，在需要分度时工作台连同工件回转规定的角度，有时也可采用手动分度。分度工作台只能够完成分度运动而不能实现圆周运动，并且它的分度运动只能完成一定的回转度数如 90°、60°或 45°等。

(一) 鼠牙盘式分度工作台

鼠牙盘式分度工作台主要由工作台面底座、夹紧液压缸、分度液压缸和鼠牙盘等零件组成，其结构如图 4-47 所示。

鼠牙盘是保证分度精度的关键零件，在每个齿盘的端面有数目相同的三角形齿。当两个齿盘啮合时，能自动确定周向和径向的相对位置。

机床需要进行分度工作时，数控装置就发出指令，电磁铁控制液压阀（图中未示出），使压力油经孔 23 进入到工作台 7 中央的夹紧液压缸下腔 10 推动活塞 6 向上移动，经推力轴承 5 和 13 将工作台 7 抬起，上下两个鼠齿盘 4 和 3 脱离啮合。与此同时，在工作台 7 向上移动过程中带动内齿轮 12 向上套入齿轮 11，完成分度前的准备工作。

当工作台 7 上升时，推杆 2 在弹簧力的作用下向上移动，使推杆 1 能在弹簧作用下向右移动，离开微动开关 S_2，使 S_2 复位，控制电磁阀（图中未示出）使压力油经油孔 21 进入分度油缸左腔 19，推动齿条活塞 8 向右移动，带动与齿条相啮合的齿轮 11 作逆时针方向转动。

由于齿轮 11 已经与内齿轮 12 相啮合，分度台也将随着转过相应的角度。回转角度的近似值将由微动开关和档块 17 控制。开始回转时，挡块 14 离开推杆 15 使微动开关 S_1 复位，通过电路互锁，始终保持工作台处于上升位置。

当工作台转到预定位置附近，挡块 17 通过 16 使微动开关 S_3 工作。控制电磁阀开启使压力油经油孔 22 进入到压紧液压缸上腔 9。活塞 3 带动工作台 7 下降，上鼠齿盘 4 与下鼠齿盘 3 在新的位置重新啮合，并定位压紧。液压缸下腔 10 的回油经节流阀可限制工作台的下降速度，保护齿面不受冲击。

当分度工作台下降时，通过推杆 2 及 1 的作用启动微动开关 S_2，分度液压缸右腔 18 通过油孔 20 进压力油，活塞齿条 8 退回。齿轮 11 顺时针方向转动时带动挡块 17 及 14 回到原处，为下一次分度工作作好准备。此时内齿轮 12 已同齿轮 11 脱开，工作台保持静止状态。

鼠齿盘式分度工作台的优点是：定位刚度好，重复定位精度高，分度精度可达 ± (0.5″~3″)，结构简单。

缺点是：鼠齿盘制造精度要求很高，且不能任意角度分度，它只能分度能除尽鼠齿盘齿数的角度。

这种工作台不仅可与数控机床做成一体，也可作为附件使用，广泛应用于各种加工和测量装置中。

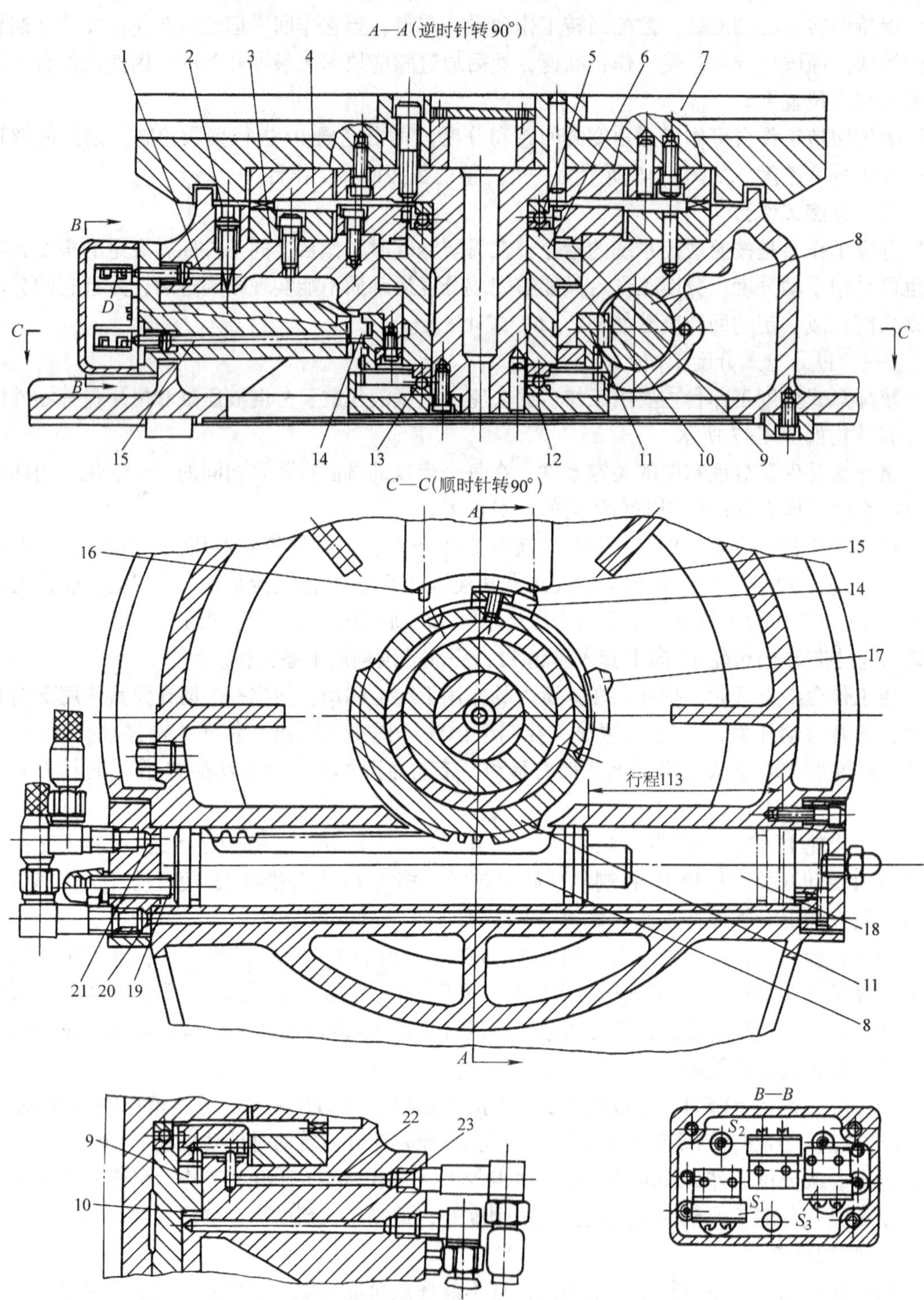

图 4-47　鼠齿盘式分度工作台

(二) 定位销式分度工作台

如图4-48所示是自动换刀数控卧式镗铣床的分度工作台。

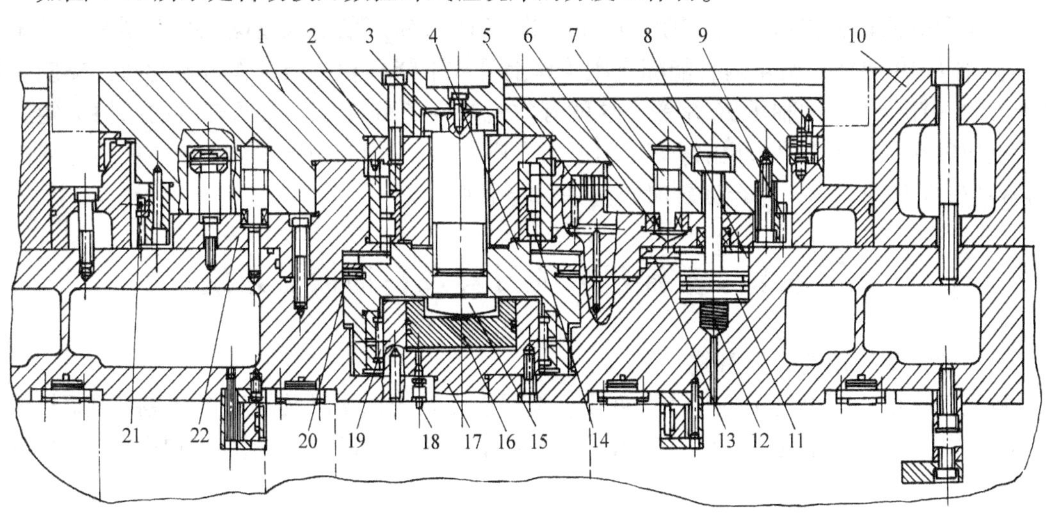

图4-48 定位销式回转工作台

分度工作台1位于长方形工作台10的中间，在不单独使用分度工作台1时，两个工作台可以作为一个整体工作台来使用。

这种工作台的定位分度主要靠定位销和定位孔来实现。在工作台1的底部均匀分布着八个削边圆柱定位销7，在工作台底座21上制有一个定位孔衬套6以及供定位销移动的环形槽。其中只能有一个定位销7进入定位衬套6中，其余七个定位销则都在环形槽中。因为八个定位销在圆周上均匀分布，之间间隔为45°，因此工作台只能作二、四、八等分的分度运动。

分度时，数控装置发出指令，由电磁阀控制下底座13上的六个均匀分布锁紧液压缸8（图中只示出一个）中的压力油经环形槽流向油箱，活塞11被弹簧12顶起，工作台1处于松开，与此同时，间隙消除液压缸5卸荷，压力油经管道18流入中央液压缸17，使活塞16上升，通过螺柱15由支座4把止推轴承20向上抬起，顶在底座21上，通过螺钉3、锥套2使工作台1抬起。固定在工作台面上的定位销7从定位套6中拔出，作好分度前的准备工作。

工作台1抬起之后，数控装置在发出指令使液压马达转动，驱动两对减速齿轮（图中未示出），带动固定在工作台1下面的大齿轮9回转，进行分度。在大齿轮9上每45°间隔设置一挡块。

分度时，工作台先快速回转，当定位销即将进入规定位置时，挡块碰撞第一个限位开关并发出信号使工作台减速，当挡块碰撞第二个限位开关时，工作台停止回转，此刻相应的定位销7正好对准定位孔衬套6。分度工作台的回转速度由液压马达和液压系统中的单向节流阀来调节。

完成分度后，数控装置发出信号使中央液压缸17卸荷，工作台1靠自重下降。相应的定位销插入定位孔衬套6中，完成定位工作。定位完毕后消除间隙液压缸5通入压力油，活塞向上顶住工作台1消除径向间隙。然后使锁紧液压缸8的上腔通入压力油，推动活塞杆11

下降，通过活塞杆上的 *T* 形头压紧工作台。至此分度工作全部完成，机床可以进行下面工序的加工。

工作台的回转轴支承是滚针轴承 19 和径向有 1∶12 锥度的加长型圆锥孔双列圆锥滚子轴承 14。轴承 19 装在支座 4 内，能随支座 4 作上升或下降移动。当工作台抬起时，支座 4 所受推力的一部分由推力轴承 20 承受，这就有效地减少了分度工作台回转时的摩擦力矩，使转动更加灵活。轴承 14 内环由螺钉 3 固定在支座 4 上，并可以带着滚柱在加长的外环内作 15mm 的轴向移动。当工作台回转时它就是回转中心。

第五节　数控机床的刀具及自动换刀系统

一、数控加工用的刀具系统

数控机床所用刀具的标准化和系列化、编程前刀具的选用以及加工前刀具的预调整等都尤为重要。数控机床能否发挥其最大效益，数控加工用刀具的正确选择和使用成为非常重要的因素。

用回转型刀具的数控加工，使用的刀具类型繁多，但通常都是由连接主轴刀柄、中间接杆和适用刀具三部分组成。回转型标准的连接主轴刀柄与主轴孔大多数是锥度为 7∶24 的锥面，如图 4-49 所示。

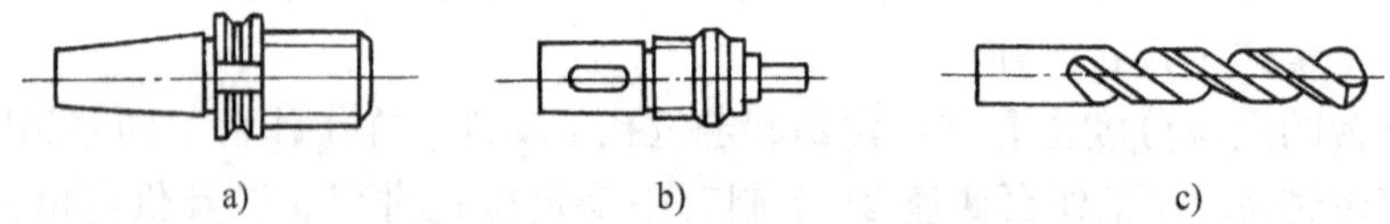

图 4-49　连接主轴刀柄、中间接杆和适用刀具组合示意图
a）连接主轴刀柄　b）中间接杆　c）适用刀具

为了便于适用的标准化刀具在加工前对其轴向尺寸进行预调整和加工不同零件时便于快速更换，可采用可调整长度的中间接杆，如图 4-50 所示。

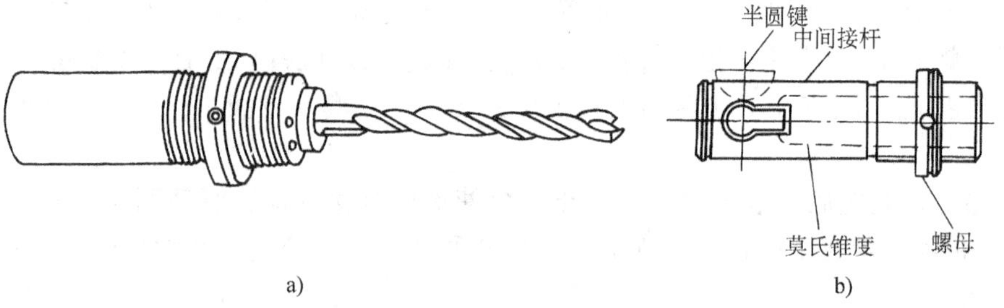

图 4-50　标准中间接杆结构

二、数控加工中的自动换刀系统

为了进一步减少非切削时间，数控机床正朝着在一台数控机床的一次装夹中完成多工序加工的方向发展。这类机床必须带有自动换刀系统，通常称为数控加工中心机床，简称加工中心。

自动换刀系统应当满足换刀时间短、刀具重复定位精度高、足够的刀具储存量、刀库占地面积小以及安全可靠等基本要求。

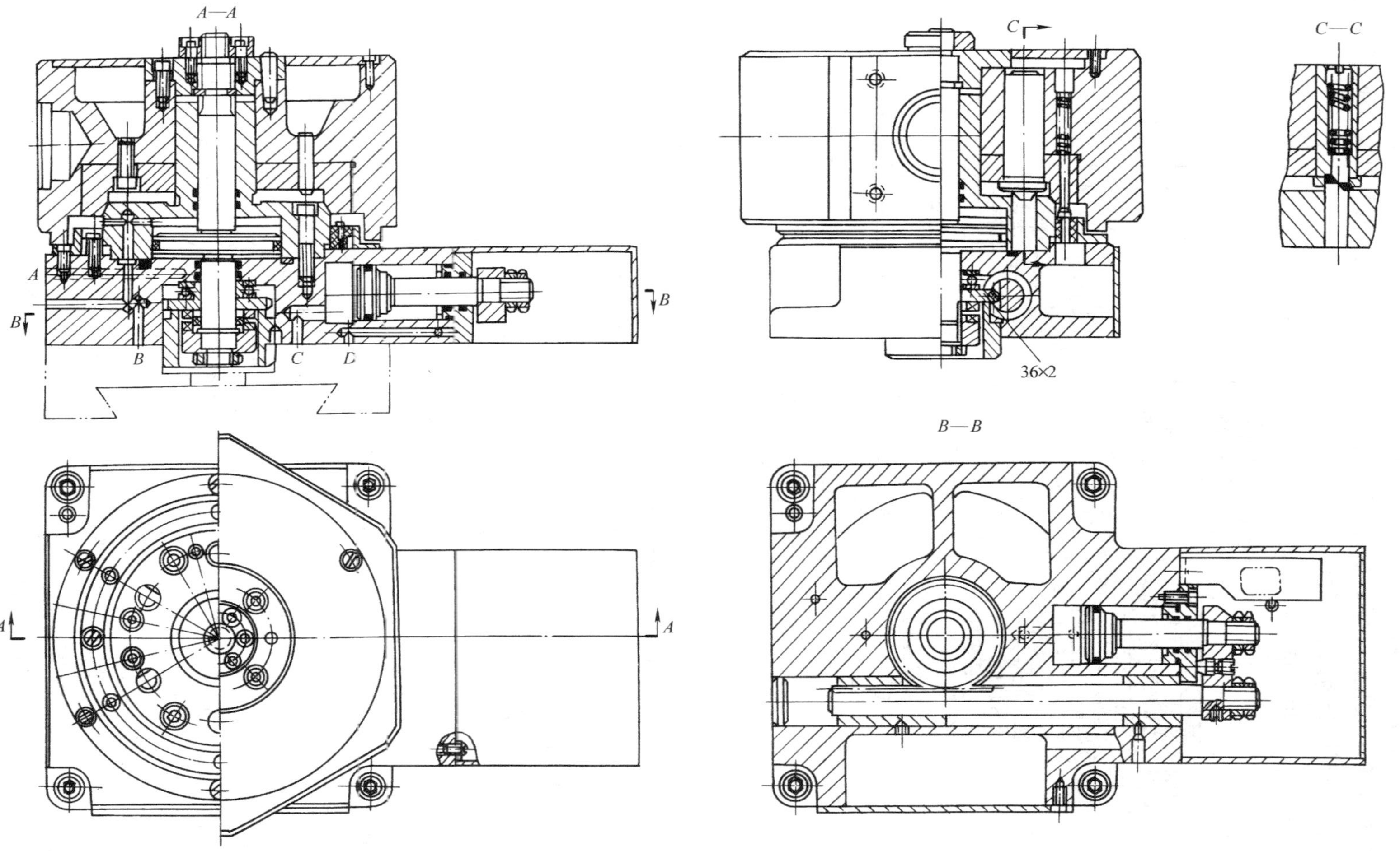

图 4-51　数控车床六角回转刀架

（一）自动换刀装置的形式

各类数控机床的自动换刀装置的结构取决于机床的型式、工艺范围及刀具的种类和数量等。这种装置主要可以分为以下几种形式：

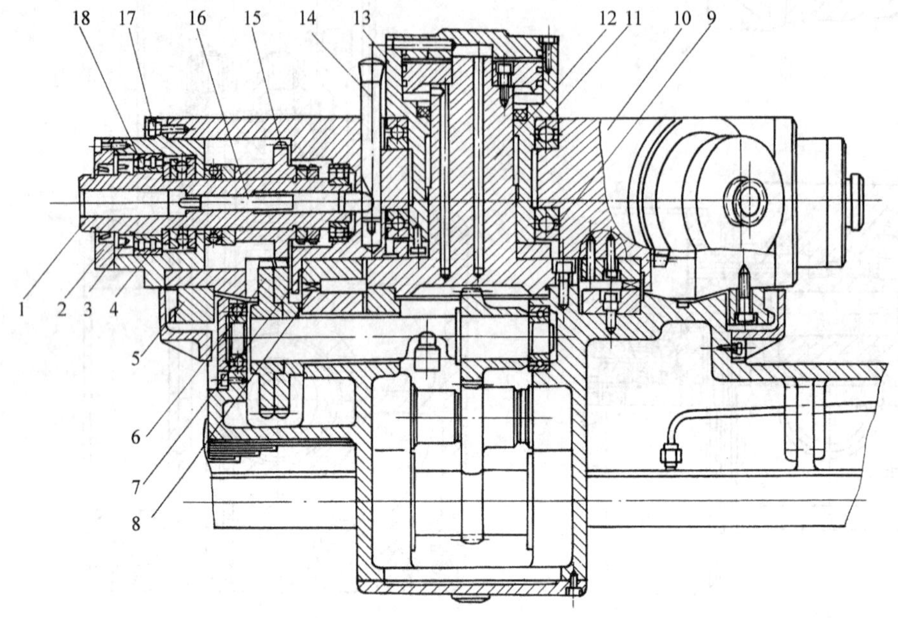

图 4-52　卧式八轴转塔头

1—主轴　2—端盖　3—螺母　4—套筒　5—大齿轮　6—移动齿轮　7、8—鼠齿盘　9、11—齿推轴承　10—转塔刀架体　12—活塞　13—中心油缸　14—操纵杆　15—主轴齿轮　16—顶杆　17—螺钉　18—主轴前轴承

1. 回转刀架换刀

这是一种最简单的自动换刀装置。回转刀架在结构上必须具有良好的强度和刚性，以承受粗加工时的切削抗力，且更有必要选择可靠的刀具定位方案和合理的定位结构，以保证回转刀架在每次转位之后，具有尽可能高的重复定位精度。

回转刀架的全部动作由液压系统通过电磁换向阀和顺序阀进行控制，它的动作分为四个步骤：①刀架抬起；②刀架转位；③刀架压紧；④转位液压缸复位。如图 4-51 所示。

2. 主轴头转位换刀

在带有旋转刀具的数控机床中，使主轴头转位是一种比较简单的换刀方式。如图 4-52 所示。车削加工中心要求在已完成加工的回转表面上，再加工出一些小平面、凹槽、孔和螺纹等，在一次装夹中全部加工。

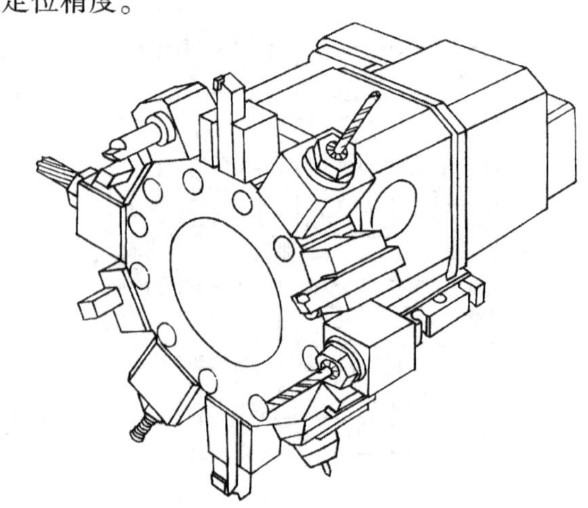

图 4-53　十工位转塔头

要求转塔头能在各个工位提供多种轴线的回转运动，如图 4-53 所示为十工位转塔

头。较先进的转塔头的转位时间可以小于1s，重复定位精度为0.002mm。

3. 带刀库的自动换刀系统

带刀库的自动换刀系统由刀库和刀具交换机构组成，目前它是加工中心机床上应用最广泛的换刀方法。为了缩短换刀时间，还出现了另一种带刀库的多主轴换刀系统，如图4-54所示。

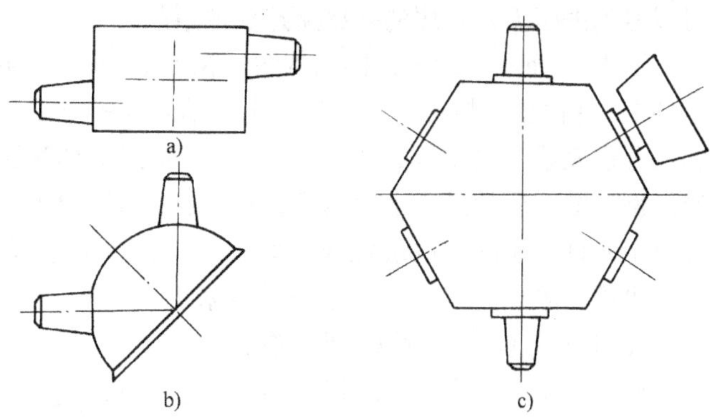

图4-54　带刀库多主轴换刀系统

(二) 刀库及刀具的选择方式

1. 刀库

刀库是自动换刀装置中最主要的部件之一，其容量、布局及具体结构对数控机床的设计有很大的影响。根据刀库所需要的容量和取刀方式，可以将刀库设计成多种形式，如图4-55所示。

在设计多工序自动换刀数控机床时，应当合理地确定刀库的容量。如图4-56所示。

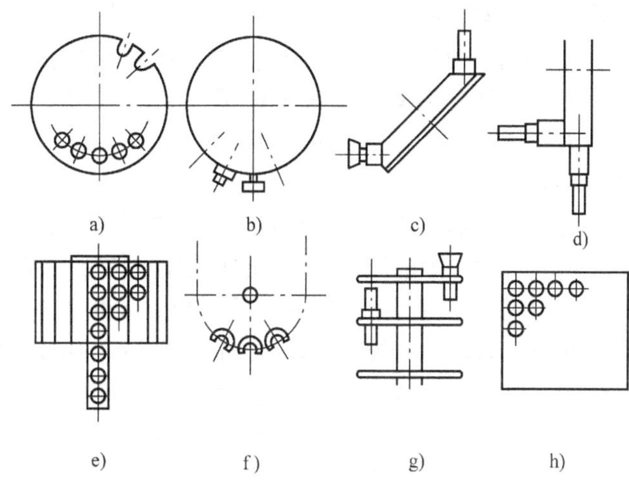

图4-55　常用的刀库形式

2. 刀具的选择方式

刀具的选择方式有顺序选择方式、刀具编码方式、刀座编码方式。

(1) 顺序选择方式　刀具的顺序选择方式是将刀具按加工工序的顺序，依次放入刀库的每一个刀座内。每次换刀时，刀库按顺序转动一个刀座的位置，并取出所需要的刀具。已经使用过的刀具可以放回到原来的刀座内，也可以按顺序放入下一个刀座内。采用这种方式的刀库，不需要刀具识别装置，而且驱动控制也比较简单，可以直接由刀库的分度机构来实现。因此，刀具的顺序选择方式具有结构简单，工作可靠等优点。但刀库中的刀具在不同的工序中不能重复使用，每更换一种加工零件，刀具就要重新放置一次，因而必须相应地增加刀具的数量和刀库的容量，这样就降低了刀具和刀库的利用率。此外，人工的装刀操作必须十分谨慎，一旦刀具在刀库中的顺序发生差错，将会造成严重事故。

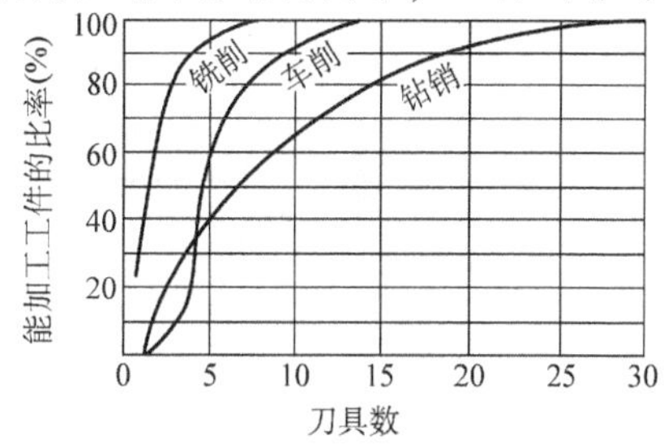

图4-56　刀库刀具数与能加工工件比率关系

(2) 刀具编码方式　刀具的编码选择方式采用了一种特殊的刀柄结构，并对每把刀具进行编码。换刀时通过编码识别装置，根据换刀指令代码，在刀库中寻找出所需要的刀具。由于每一把刀具都有自己的代码，因而刀具可以放入刀库中的任何一个刀座内，这样不仅刀库中的刀具可以在不同的工序中多次重复使用，而且换下来的刀具也不必放回原来的刀座，这对装刀和选刀都十分有利，刀库的容量也可以相应地减小。而且还可以避免由于刀具顺序的差错所造成的事故。

图 4-57 所示为编码刀柄结构图。在刀柄的尾部的拉紧螺杆 3 上套装着一组等间隔的编码环 1，并由锁紧螺母 2 将它们固定。编码环的外径有大小两种不同的规格，每个编码环的高低分别表示二进制数的“1”和“0”。通过对两种圆环的不同排列，可以得到一系列的代码。例如图中所示的 7 个编码环，就能够区别出 127（2^7-1）种刀具。通常全部为 0 的代码是不允许使用的，以避免与刀座中没有刀具的情况相混淆。为了便于操作者的记忆和识别，也可以采用“二—八”进制编码来表示。

在刀库上没有编码识别装置，当刀库中带有编码环的刀具依次通过编码识别装置时，编码环的高低就能读出每一把刀具的代码。如果读出的代码与选择刀具的代码一致时，发出信号使刀库停止回转。这时加工所需要的刀具就准确地停留在取刀位置上，然后由机械手从刀库中将刀具取出。

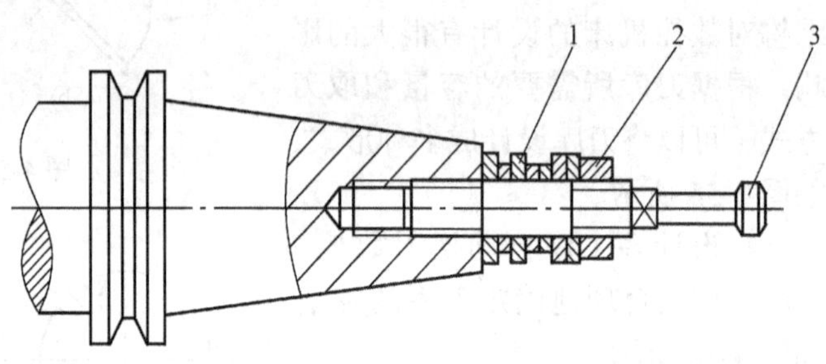

图 4-57 编码刀柄结构

1—编码环 2—锁紧螺母 3—拉紧螺杆

（3）刀座编码方式 刀座编码方式是对刀库的刀座进行编码，并将与刀座编码相对应的刀具一一放入指定的刀座中，然后根据刀座的编码选取刀具。由于这种编码方式取消了刀柄中的编码环，使刀柄的结构大为简化。因此，刀具识别装置的结构就不受刀柄尺寸的限制，而且可以放置在较为合理的位置。采用这种编码方式时，当操作者把刀具误放入与编码不符的刀座内，仍然会造成事故。而且在刀具自动交换过程中必须将用过的刀具放回原来的刀座内，增加了刀库动作的复杂性。与顺序选择方式相比较，刀座编码方式最突出的优点是刀具可以在加工过程中重复使用。

刀座编码方式可分为永久性编码和临时性编码两种，如图 4-58 所示。一般情况下，永久性编码是将一种与刀座编号相对应的刀座编码板安装在每个刀座的侧面，它的编码是固定不变的。

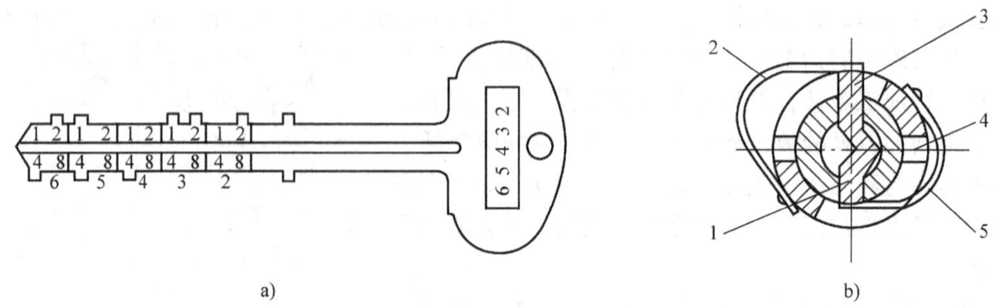

图 4-58 钥匙编码结构图

1—钥匙 2、5—接触片 3—钥匙有齿部分 4—水平槽

另一种临时性编码，也称为钥匙编码，它与前者有较大区别。它采用了一种专用的代码钥匙，如图 4-58a 所示。编码时先按加工程序的规定给每一把刀具系上表示该刀具号码的代码钥匙，在刀具任意放入刀座的同时，将对应的代码钥匙插入该刀座旁的钥匙孔内，通过钥匙把刀具的代码转记到该刀座上，从而给刀座编上了代码。

这种代码钥匙的两边最多可带有 22 个方齿，前 20 个齿组成了一个五位的二-十进制代码，四个二进制代码表示一位十进制数，以便于操作者的识别。这样，代码钥匙就可以给出从 1 到 99999 之间的任何一个号码，并将对应的号码打印在钥匙的正面。采用这种方法可以给大量的刀具编号。每把钥匙都带有最后两个方齿，只要钥匙插入刀座，就发出信号表示刀座已编上了代码。

编码钥匙孔座的结构如图 4-58b 所示。钥匙 1 对准键槽和水平槽 4 插入钥匙孔座，然后顺时针方向旋转 90°，处于钥匙有齿部分 3 的接触片 2 被撑起，表示代码“1”，处于无齿部分的接触片 5 保持原状，表示代码“0”。刀库上装有数码读取装置，它由两排成 180°分别的炭刷组成。当刀库转动选刀时，钥匙孔座的两排接触片依次地通过炭刷，一次读出刀座的代码，直到寻找到所需要的刀具。

这种编码方式称为临时性编码是因为在更换加工对象，取出刀库中的刀具之后，刀座原来的编码随着编码钥匙的取出而消失。因此，这种方式具有更大的灵活性，规格工厂可以对大量刀具中的每一种用统一的固定编码，对于程序编制和刀具管理都十分有利。而且在刀具放入刀库时，不容易发生人为的差错。但钥匙编码方式仍然必须把用过的刀具放回原来的刀座中，这是它的主要缺点。

3. 刀具交换装置

数控机床的自动换刀装置中，实现刀库与机床主轴之间传递和装卸刀具的装置称为刀具交换装置。刀具的交换方式通常分为由刀库与机床主轴的相对运动实现刀具交换和采用机械手交换刀具两类。

由刀库与机床主轴的相对运动实现刀具交换的换刀时间比较长，但该自动换刀方式的最大优点是省去了结构复杂的换刀机械手，提高了换刀的可靠性。换刀时必须首先将用过的刀具送回刀库，然后再从刀库中取出新刀具，这两个动作不可能同时进行，如图 4-59 所示。这种形式的刀库和刀具交换方式虽已很少见到，但它十分直观的工作原理有助于了解刀具交换的全过程。

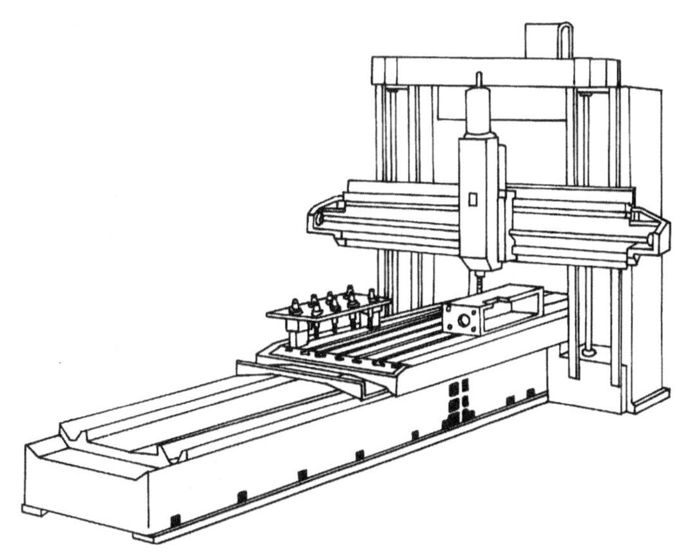
图 4-59 由刀库与机床主轴的相对运动实现刀具交换装置

采用机械手进行刀具交换的方式应用得最为广泛，这是因为机械手换刀有很大的灵活性，而且可以减少换刀时间。在各种类型的机械手中，双臂机械手集中地体现了以上优点。在刀库远离机床主轴的换刀装置中，除了机械手以外，还必须带有中间搬运装置。

双臂机械手中最常见的几种结构如图 4-60 所示。它们分别是钩手（图 4-60a）、抱手（图 4-60b）、伸缩手（图 4-60c）和叉手（图 4-60d）。这几种机械手能够完成抓刀、拔刀、回转、插刀以及返回等全部动作。为了防止刀具掉落，各机械手的活动爪都必须带有自锁机构。由于双臂回转机械手的动作比较简单，而且能够同时抓取和装卸机床主轴和刀库中的刀具，因此换刀时间可以进一步缩短。

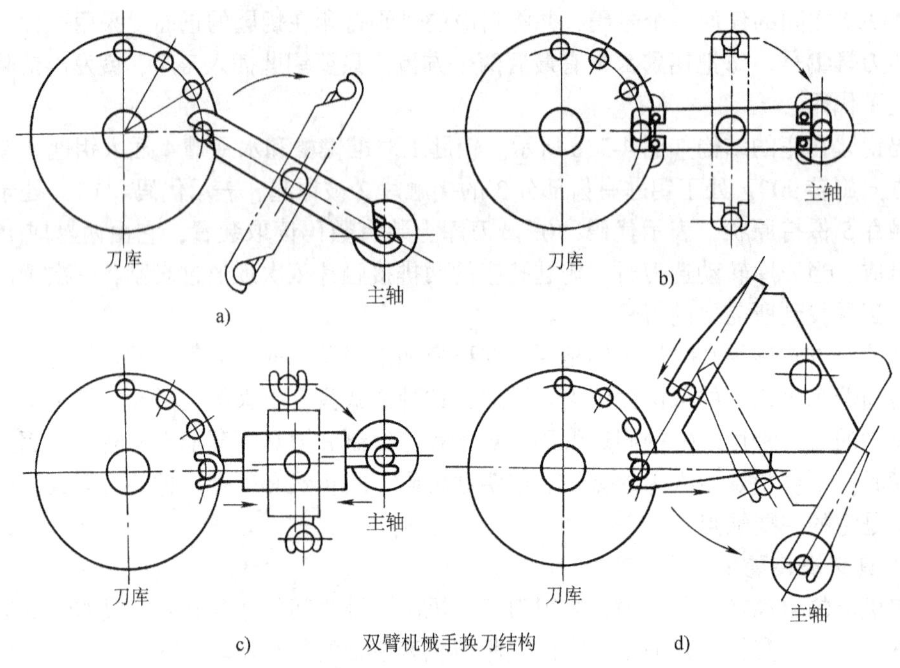

图 4-60 双臂机械手换刀结构

如图 4-61 所示为双刀库机械手换刀装置。特点是用两个单臂机械手进行工作，因而机械手的工作行程缩短，节省了换刀时间，而且刀库布局合理。

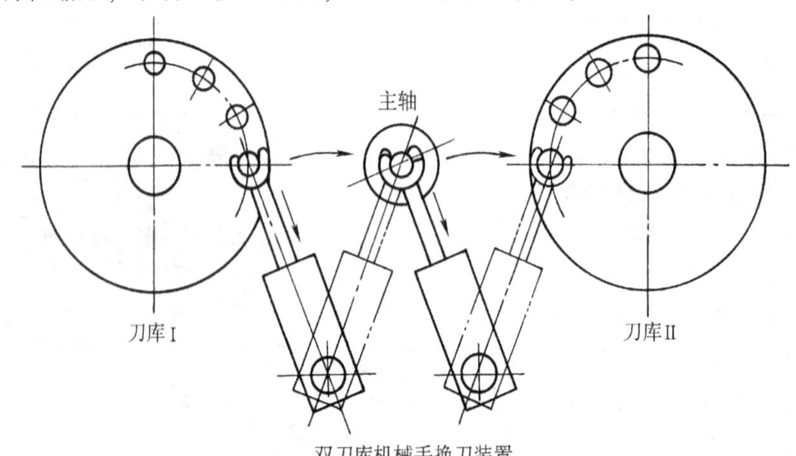

图 4-61 双刀库机械手换刀装置

自动换刀数控机床所使用的刀具的刀柄基本上都是圆锥形的。为了使机械手能够可靠地抓取刀具，刀柄必须有合理的夹持部分，而且刀柄必须标准化。V 形槽夹持结构适用于各种机械手，这是由于机械手爪的形状和 V 形槽能很好的吻合。使刀具能保持准确的轴向和径向位置，从而提高了装刀的重复定位精度。

第六节　其他辅助机构

在数控加工中，工艺装备是不可缺少的重要辅助装置，包括夹具和预调仪。

一、数控加工用夹具

数控加工中的夹具除了一般要求外，还必须注意一些特殊要求：

1）由于数控加工中的零件多为多品种小批量生产，不宜用专用夹具，而尽可能使用标准化的通用或组合夹具，以减少生产准备时间，降低生产成本。

2）夹具的定位和夹紧必须可靠，以满足数控加工的精度要求和安全生产。

3）尽可能在一次装夹中进行多个表面的多工序加工，减少零件的重新安装次数。

4）夹紧件的位置必须考虑避免与刀具的碰撞。

组合夹具是数控加工中较常用的工具装备，它是用标准化、系列化的元件拼装而成的。还可以用标准模块来组装夹具。标准模块是一些四周带 T 形槽或网格孔系的平板、长方体或立方体。

在由数控加工中心机床组成的自动生产线或柔性制造系统（FMS）中，普遍使用随行夹具，也称工件托盘。操作者将零件装夹到随行夹具之后，自动传送系统便将带有工件的随行夹具依次送入每一个加工工位。加工完毕之后，由操作者拆卸工件，清理随行夹具之后重新装上新的待加工零件。

二、刀具预调仪

刀具预调仪可以把加工前刀具的准备工作尽量不占用机床的工时，即把测定和调整刀具相对于刀架或刀柄基准尺寸的工作预先在刀具预调仪上完成。

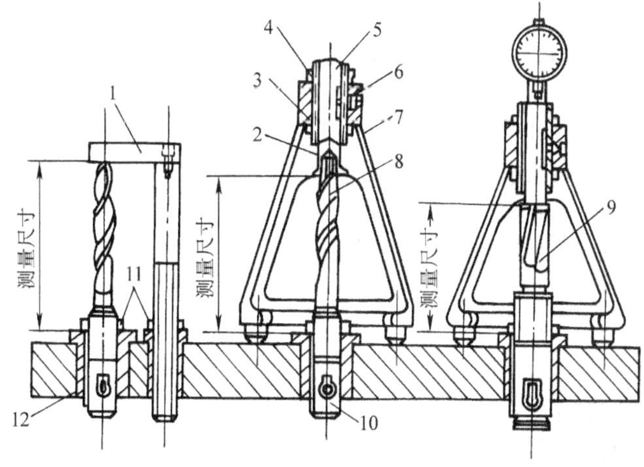

图 4-62　钻头和立铣刀预调装置

1—可调高度规　2—测量头　3—锁紧螺母　4、11—可调螺母　5、12—衬套　6—键（固定螺钉）　7—量具支架　8—复合钻头　9—立铣刀　10—可调过渡套

预调仪的测量装置有光学刻度、光栅或感应同步器等多种，其测量精度一般径向为 ±0.0005mm，轴向为 ±0.01mm。预调仪上测得的刀尖位置是在无负载的静态条件下进行的，而实际由于切削力的因素，孔加工尺寸要比测量值小 0.01 ~ 0.02mm。可以在首件试切后进行刀尖位置补偿。

如图 4-62 为用于调整钻头和立铣刀的机械式刀具预调装置。操作者可以根据工艺文件的规定，调整刀具的伸出长度，按尺寸精度的要求用量规或千分表调整刀具伸出长度。

如图 4-63 为镗刀头径向和轴向尺寸预调装置，该仪器使用了两只精密测微头进行测量。

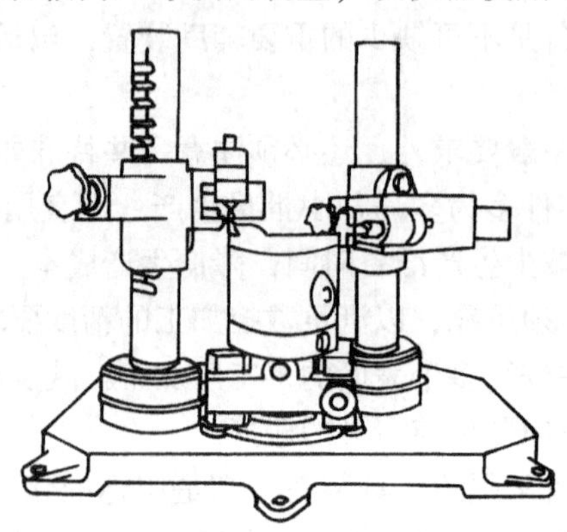

图 4-63 镗刀头预调装置

思考题与习题

4-1 机床的斜床身有哪些特点？

4-2 数控机床的主运动有哪些特点？

4-3 数控机床主传动系统主要有哪些配置方式？

4-4 数控机床的进给运动在数控加工中起什么作用？

4-5 加工中心机床与一般数控机床有何不同？加工中心机床是如何实现自动换刀？

4-6 加工中心选刀方式有哪几种？各有何特点？

4-7 滚珠丝杠的两端布置结构形式有哪些？各有什么特点？

4-8 数控机床回转工作台和分度工作台结构上有何区别？试述其工作原理及功用？

4-9 数控机床上的回转刀架是如何实现自动换刀的？

4-10 数控机床为何需专设排屑、冷却装置？

4-11 请比较一下数控回转工作台和分度工作台的区别？

4-12 回转型刀具主要由哪些部分组成？

4-13 数控机床的自动换刀装置主要有哪些结构形式？

4-14 圆锥滚子轴承具有什么特点？

4-15 主轴的定向停止起什么作用？

4-16 对数控加工中的夹具有哪些要求？

4-17 刀具预调仪有什么作用？

4-18 数控机床对主传动系统有哪些要求？

4-19 主传动系统有哪几种方式？数控机床如何实现主轴自动变速？

4-20 数控机床的加工过程有哪些特点？

4-21 数控机床对结构有哪些要求？

4-22　如何提高机床各部件的接触刚度？

4-23　数控机床没有进给箱变速，如何实现不同的进给量及进给速度？如何实现车螺纹？

4-24　加工中心主轴为何需要“准停”？如何实现“准停”？

4-25　数控机床对进给系统有哪些要求？

4-26　数控机床主要由哪几个部分组成？

4-27　改善机床动态特性的方法主要有哪些？

4-28　机床内部发热的热源主要有哪些？

4-29　齿轮传动间隙的消除有哪些措施？有何优缺点？

4-30　试述滚珠丝杠轴向间隙调整及预紧的基本原理，常用哪几种结构形式？

4-31　动压导轨、静压导轨、滚动导轨各有何特点？数控机床常采用什么导轨及导轨材料？

4-32　应该采取哪些措施提高进给系统的传动精度和刚度？

4-33　在齿差调隙式的结构中，间隙消除量如何计算？

第五章

计算机数控装置

计算机数控装置是整个数控机床的核心，它根据外部输入的数控加工程序控制机床工作台的移动和主轴的旋转，从而加工出合格的零件。

第一节　计算机数控装置硬件

一、数控系统的组成

计算机数控系统是由输入/输出装置、数控装置、伺服系统和机床电器逻辑控制装置组成。如图 5-1 所示。

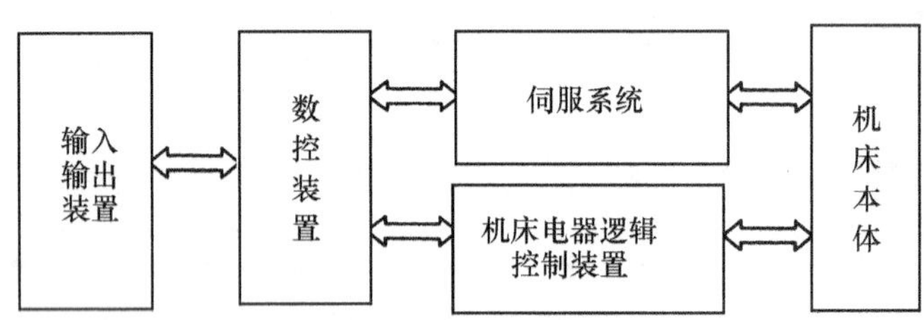

图 5-1　计算机数控系统的组成

输入/输出装置完成人与数控机床之间的人机交互，一方面将数控加工程序、机床参数等信息输入数控装置；另一方面将输入内容及数控系统工作状态进行输出供操作人员观察。

数控装置是数控系统的指挥中心，其主要功能是正确识别和解释数控加工程序，进行各种零件轮廓几何信息和命令逻辑信息的处理，并将处理结果分发给相应的单元。其形式可以基于数字逻辑电路或计算机来实现，前者称为硬件数控装置或 NC 装置，其数控功能完全由硬件电路实现，早期使用中、小规模逻辑门电路实现。后者称为计算机数控（CNC）装置，其数控功能由硬件和软件共同完成，是目前普遍采用的结构形式。数控装置将处理结果按两类控制量分别输出，一类是连续控制量，送往驱动控制装置；另一类是离散的开关控制量，送往机床电器逻辑控制装置。两类信息结合在一起控制机床各组成部分实现各种数控功能。

伺服系统位于数控装置与机床本体之间，包括进给轴伺服驱动装置和主轴伺服驱动装置。其中进给轴伺服驱动装置由位置控制单元、速度控制单元、电动机和测量反馈单元等部分组成。它按照数控装置中插补器（或软件）发出的位置控制命令和速度控制命令正确驱动机床工作台或刀具等受控部件进行相应的移动。主轴伺服驱动装置由速度控制单元、电动机和测量反馈单元等组成。它主要为机床提供切削动力。在伺服系统中使用的执行元件可以是步进电动机、直流电动机或交流电动机等。

机床电器逻辑控制装置也位于数控装置与机床本体之间，接受数控装置发出的开关命令，主要完成机床主轴选速、起停和方向控制功能、换刀功能、工件装夹功能、冷却、液压、气动、润滑系统控制功能及其他机床辅助功能。其形式可以是继电器控制线路或可编程逻辑控制器（PLC）。

数控系统的控制对象是机床本体。根据不同的加工工艺，可以是车床、铣床、钻床、镗床、磨床、加工中心及其他特种加工机床等。此外，数控机床还配有多种辅助装置，例如切削液或油液处理系统中的冷却或过滤装置、油液分离装置、吸尘吸雾装置、对刀仪、自动排屑器、物料储运及上下料装置、润滑装置及辅助主机实现传动和控制的气动、液压装置等。其作用是配合机床完成对零件的加工。

二、计算机数控装置的组成

目前的数控装置大多基于微型计算机的硬件和软件来实现，所以称之为计算机数控（CNC）装置，如图5-2所示为CNC装置硬件的基本组成。它一方面具有一般微型计算机的基本结构，如CPU、存储器、输入/输出接口等；另一方面又具有数控机床完成特有功能所需的功能模块和接口单元，如手动数据输入（MDI）接口、PLC接口、纸带阅读机接口等。

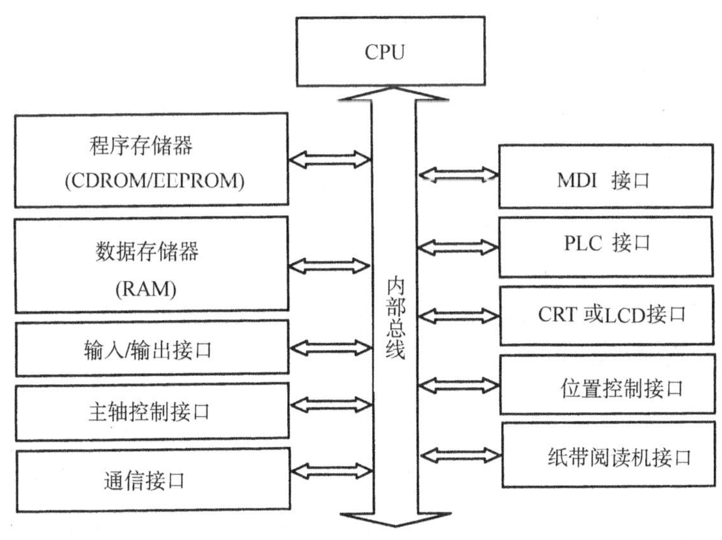

图5-2 CNC装置硬件组成

CNC装置在上述硬件基础上必须编写相应的系统软件来指挥和协调硬件的工作，两者缺一不可。CNC装置的软件由管理软件和控制软件两部分组成，前者主要为某个系统建立一个软件环境，协调各软件模块之间的关系，并处理一些实时性不太强的软件功能，如数控加工程序的输入/输出及其管理、系统显示等；后者主要完成系统中一些实时性要求较高的关键控制功能，如刀补计算、插补处理、位置控制等。

三、计算机数控装置硬件结构类型

（一）单微处理器结构和多微处理器结构

1. 单微处理器结构

单微处理器结构的CNC装置中只有一个微处理器，其他功能部件，诸如存储器、各种接口、位置控制器等都通过内部控制总线、地址总线和数据总线与微处理器相连。在这种结构的CNC装置中，所有的系统管理功能和数控功能，诸如数控加工程序的输入、数据预处理、插补计算、位置控制、人机交互处理和诊断等都由一个微处理器来完成。可见，单微处理CNC装置结构的特点是集中控制，分时处理。另一方面CNC装置的功能将受微处理器字长、数据宽度、寻址能力和运算速度等因素的影响与限制。为了增强这种CNC装置的功能，提高系统处理速度，解决时序安排紧张的矛盾，可采取下述措施：采用高性能的微处理器；采用协处理器增强运算能力；采用大规模集成电路完成一些实时性要求较高的控制任务，例如采用硬件插补器和位置控制专用芯片等；采用带微处理器的CRT或PLC等智能组件。

2. 多微处理器结构

在多微处理器结构CNC装置中含有两个或两个以上的微处理器，它们分别实现部分的数控功能，并通过某种方式实行数据交换。其特点是分散控制，并行处理。根据微处理器之间的关系又划分成分布式系统、主从式系统和总线式系统三种不同的结构形式。

在分布式多微处理器CNC装置中，各个微处理器都是一个完整而独立的系统，即都具有属于自己的存储器、输入/输出接口等部件。它们之间均通过外部的通信链路连接在一起，数据交换和资源共享都是通过网络技术来实现。

在主从式多微处理器CNC装置中，有一个微处理器称为主控微处理器，其余的则为从控微处理器，它们都是完整而独立的系统。但只有主控微处理器才能控制总线，并访问总线上的资源，然后通过该总线对从微处理器进行控制、监视、协调；从控微处理器只能被动地执行主控微处理器发来的命令，或完成一些特定的功能。它们之间的通信可以通过内部输入/输出接口进行应答，也可以采用双口RAM技术实现，即通信的双方都可通过自己的总线访问共用存储器，实现数据交换。

在总线式多微处理器CNC装置中，有一条主总线连接着多个微处理器系统，它们可以直接访问所有系统资源，同时也可以自由独立地使用各自的所有资源。由于多微处理器之间分不出主次，为了解决它们争用主总线的问题，在该系统中一般设有总线仲裁器，它分配使用主总线的优先顺序，使每一时刻只有总线优先级最高的微处理器才能使用主总线。

目前，由于计算机技术迅速发展，微处理器性能不断提高，价格不断下降，因此，CNC装置趋向于采用多微处理器结构形式。这样就可满足高运算速度、高进给速度、高精度、高效率、高可靠性、多轴控制等数控技术发展的要求。

（二）大板结构和功能模块结构

1. 大板结构

所谓大板结构 CNC 装置就是将所有或大部分硬件电路都集中设计在一块大印刷电路板上，然后在其上插槽内插入部分辅助小印刷电路板，从而构成了整个数控装置的硬件，再结合系统软件实现了预定的数控功能。

2. 功能模块结构

在功能模块结构 CNC 装置中，先将整个装置按功能的相对独立性划分为模块，然后将它们做成结构尺寸相同的印刷电路板，通过母板和某种总线协议构成整个装置。相应的控制软件也采用了模块化设计思想。常见的功能模块有 CNC 控制板、位置控制板、PLC 板、显示板和通信板等。常用的总线协议有工业 PC 总线、STD 总线、VME 总线、Multibus 总线或者自行定义的总线等。

（三）专用计算机结构和通用计算机结构

1. 专用计算机结构

专用计算机结构 CNC 装置中的硬件由各机床制造厂家专门设计和制造，布局合理，结构紧凑，专用性强，但硬件之间不兼容，通用性不太好。一般只有比较大型的数控系统专业厂家才采用这种结构形式。

2. 通用计算机结构

通用计算机结构 CNC 装置以工业 PC 机作为硬件平台，各个数控系统制造厂家根据其系统的需要，设计相应的控制卡和数控软件，从而构成一个完整的系统。这种结构形式的硬软件兼容性强，易于实现升级换代，并且具有较强的抗干扰和抗恶劣环境的能力，符合开放式数控技术发展的趋势，但制造成本相对较高。由于技术风险小，因此比较适合规模较小的制造单位和批量不大的数控设备采用。

四、计算机数控装置接口电路

（一）开关量输入/输出接口

数控机床开关量包括开关状态的闭合与断开，指示灯的亮和灭，继电器或接触器的吸合和释放，电动机的启动和停止，阀门的打开和关闭，以及脉冲、计数和定时信号等。这些信号都可转换成逻辑高电平或低电平的形式。

典型开关量输入/输出模块的电路框图如图 5-3 所示。它一般由三部分组成，即总线接口控制逻辑、输入缓冲器和输出锁存器、I/O 电气接口。

总线接口逻辑因不同的总线而异，主要完成对总线信号进行缓冲和驱动，并对输入和输出端口进行译码。输入缓冲器接收外部输入信号，并等待微处理器将这些输入信号取走；输出缓冲器锁存微处理器向外部输出的信号，并向外部输出。I/O 电气接口是信号调理电路，主要包括去抖动、滤波、电平转换、电气隔离和功率驱动等。

（二）模拟量输入/输出接口

数控机床中的被测量（如位移、速度、电流、力矩等）往往是连续变化的模拟信号，另外执行机构（如电动机等）则需要用模拟量来控制，因此模拟量输入/输出接口是数控系统中一种重要的接口电路。被测模拟量（实际位置或速度）经过信号调理后，输入模拟量接口，由 A/D 转换器转换为数字量，才能被数控装置的计算机控制电路所接受；数控系统送往执行机构的控制信号（位置命令或速度命令）应经过模拟量输出接口的 D/A 转换和信号调理后才能被执行元件所接受。

通常工业用 A/D 和 D/A 转换接口电路的输入、输出为 0～5V、0～±5V、0～±10V 电压信号或0~10mA、4~20 mA电流信号。如图5-4所示12位4路模拟量输入接口，主要由多路开关、采样保持器、A/D转换器、数据缓冲器及数控系统内部总线接口逻辑所组成。电路采用分时多路工作方式，当多路开关选择某一路信号后，经采样保持器送至A/D转换器，转换成二进制数据暂存在数据缓冲器中，供其他电路模块使用。总线接口逻辑因总线而异，和开关量I/O接口类似，它对总线信号进行缓冲和驱动，并对地址信号进行译码，实现通道的选择和缓冲器中数据的输入等。

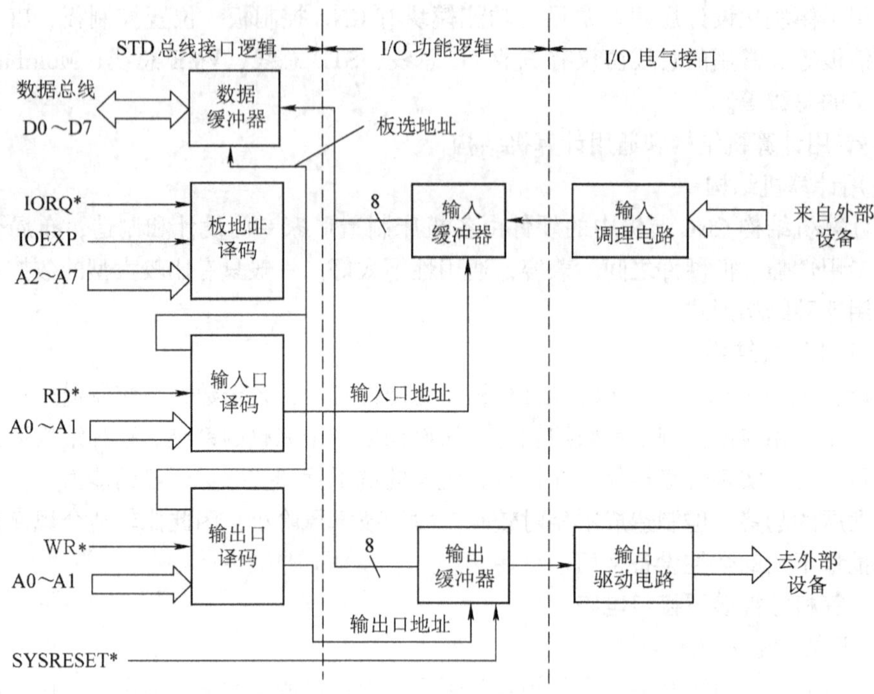

图5-3　典型开关量输入/输出模块的电路框图（*表示低电平有效）

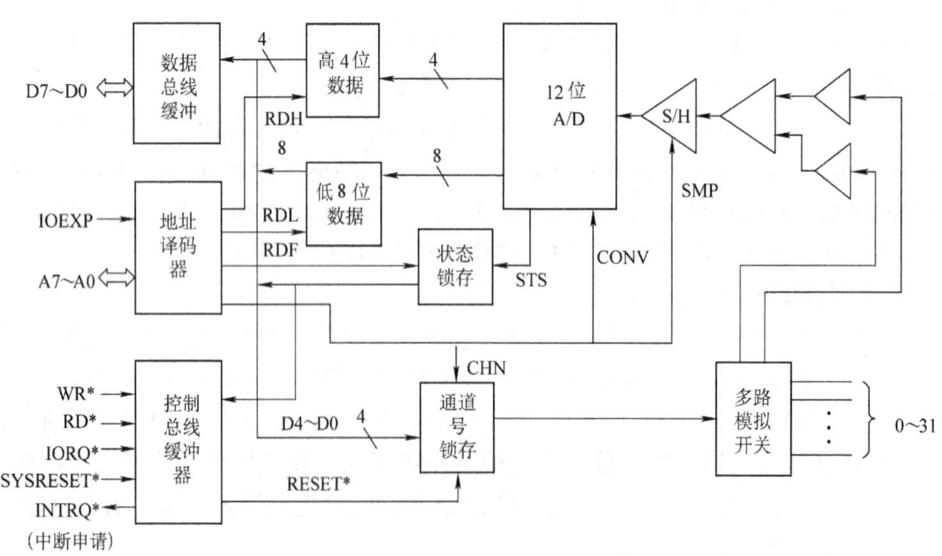

图5-4　典型12位4路模拟量输入接口电路框图

一种典型的12位D/A转换输出接口电路框图如图5-5所示，它主要由数控系统内部总线接口逻辑、通道选择器、D/A转换器和信号调理电路组成。数控系统内部总线接口电路对输出数据进行缓冲后，同时送到各路D/A转换器的输入端，由通道选择器产生的选通信号选择一个D/A转换通道，该通道数据由D/A转换为模拟量，送往信号调理电路，根据执行机构的要求对模拟信号进行各种变换，然后送给相应的执行机构。

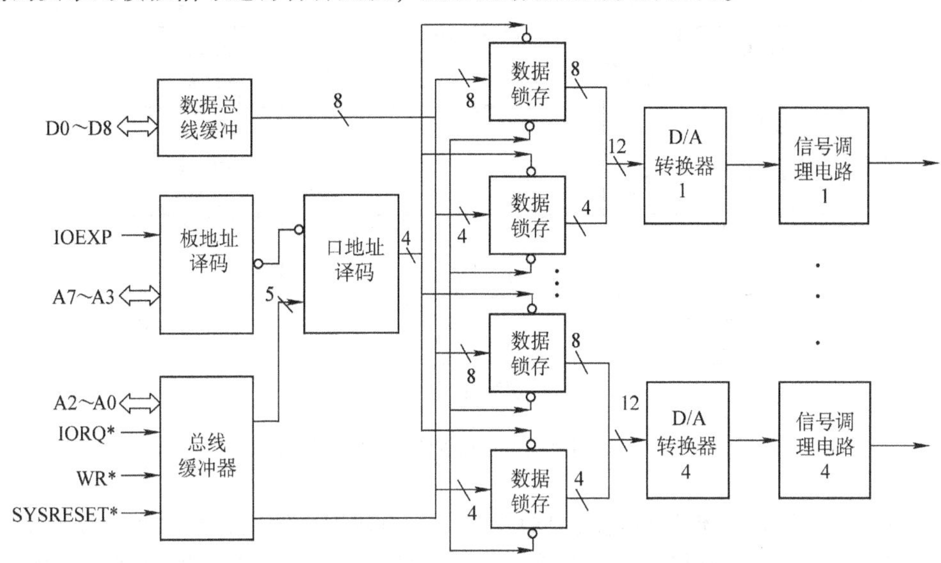

图5-5　典型12位4路模拟量输出接口电路框图

（三）通信和网络接口

在现代制造系统中，CNC装置作为分布式数控系统（DNC）、柔性制造系统（FMS）以及计算机集成制造系统（CIMS）等现代制造系统的一个组成部分，要通过计算机网络或有关的通信设备与上位机及其他控制设备相连，交换有关的控制信号和数据。

1. 串行通信接口

在数控装置的串行通信中，常采用EIA RS-232C、20mA电流环、EIA RS-422以及EIA RS-485等标准，其中RS-232C是应用最广泛的标准。RS-232C的机械特性建议使用25针的D型连接器DB-25，但也可以使用微型计算机上大多采用的9针连接器DB-9。两者引脚之间的对应关系，如表5-1所示。

表5-1　RS-232C的DB-9和DB-25两种连接器引脚信号对应关系

DB-9	信号名称	DB-25
1	接收线信号检测（DCD）	8
2	接收数据（RD）	3
3	发送数据（TD）	2
4	数据终端就绪（DTR）	20
5	信号地（SG）	7
6	数据传输设备就绪（DSR）	6
7	请求发送（RTS）	4
8	允许发送（CTS）	5
9	振铃指示（RI）	22

RS-232C 采用非平衡驱动和非平衡接收的电路连接方式。信号驱动器的输出阻抗≤300Ω，接收器输入阻抗为 3～7kΩ。信号电平－5～－15V 代表逻辑“1”，＋5～＋15V 代表逻辑“0”。在传输距离不大于 15m 时，最大速率为 19.2kbps。

为了将 RS-232C 连接器与诸如 TTL 电平的器件或装置相连，需要采用传输线驱动器 MC1488 和传输线接收器 MC1489 进行转换，如图 5-6 所示。

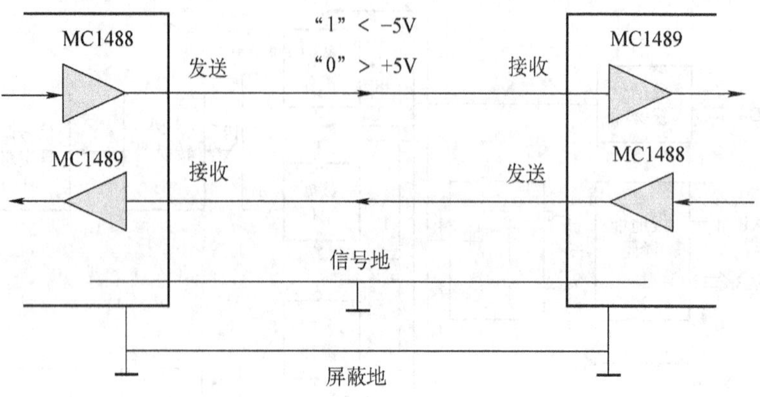

图 5-6　采用 MC1488 和 MC1489 的转换框图

RS-232C 中定义了 21 根接口连线的功能，并分为数据、控制、定时和地线共四组。但在实际应用中，并不是必须使用所有的接口连线，异步串行通信时一般只用到 11 根线，甚至最简单情况下只需三根线（RD、TD、SG）就能完成基本的通信功能。

利用 RS-232C 和调制解调器（MODEM），通过公共电话程控交换网还可以实现远程数据交换和控制功能，如图 5-7 所示。

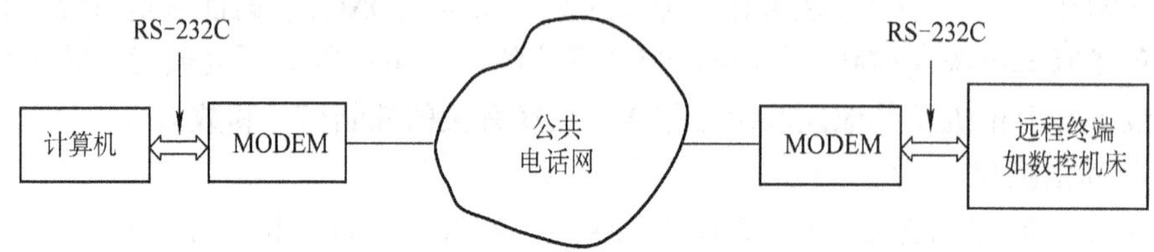

图 5-7　RS-232C 的远程控制和数据交换连接

2. 网络接口

计算机网络就是利用通信设备和线路将分布在地理位置不同的、功能独立的多个计算机系统连接起来，以功能完善的网络软件（网络通信协议及网络操作系统等）实现网络中资源共享和信息传递的系统。但当用户应用程序、文件传输信息包、数据库管理系统和电子邮件等互相通信时，它们必须事先约定一种规则（如交换信息的代码、格式以及如何交换等）。这种规则、标准或约定就称为协议。

（1）开放系统互连参考模型 OSI/RM　为了实现不同厂家生产的计算机系统之间以及不同网络之间的数据通信，国际标准化组织 ISO 对各类计算机网络体系结构进行了研究，并于 1981 年正式公布了一个网络体系结构模型作为国际标准，称为开放系统互连参考模型，即 OSI/RM 也称为 ISO/OSI。这里的“开放”表示任何两个遵守 OSI/RM 的系统都可以进行互连，当一个系统能按 OSI/RM 与另一个系统进行通信时，就称该系统为开放系统。目前，OSI/RM 仍在不断完善，一些新的网络通信协议也都按照 OSI/RM 设计。

OSI/RM 只给出了一些原则性的说明，并不是一个具体的网络。它采用结构化描述方法，将整个网络的通信功能划分成七个层次，如图 5-8 所示。OSI/RM 每层完成各自的功能，通过各层间的接口和功能组合与其相邻的层连接，从而实现两系统间、各结点间信息的传输。

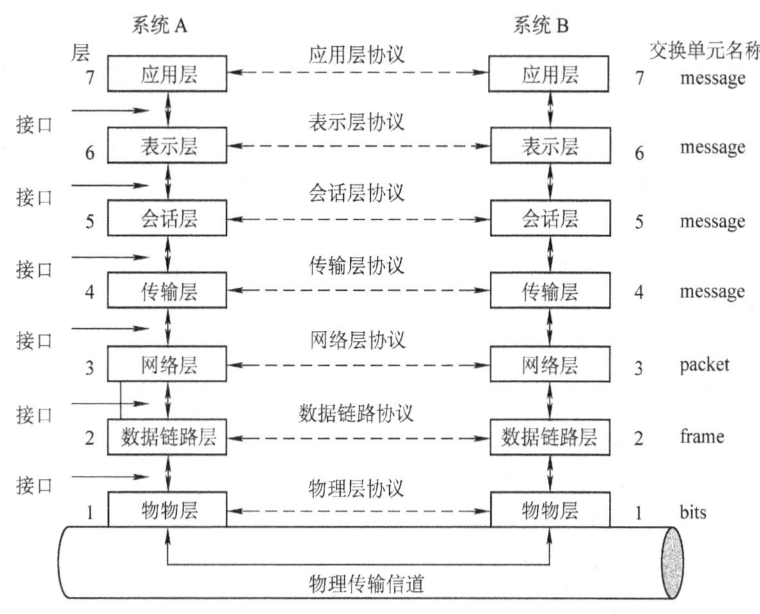

图 5-8 ISO 的 OSI/RM 及协议

OSI/RM 最高层为应用层，面向用户提供网络服务；最低层为物理层，连接通信媒体实现真正的数据通信。层与层之间的联系是通过各层之间的接口来进行的，上层通过接口向下层提出服务请求，而下层通过接口向上层提供服务。两个用户计算机通过网络进行通信时，除物理层之外，其余各对等层之间均不存在直接的通信关系，而是通过对等层的协议来进行通信，这种通信是虚拟通信。从图中可以看到，只有两物理层之间用实线连接（即通过媒体进行真正的数据通信），而其余各对等层之间是虚线连接（即虚拟通信）。

第一层：物理层，规定通信设备机械的、电气的、功能的和过程的特性，用以建立、维护和拆除物理链路连接。具体地讲，机械特性规定了网络连接时所需接插件的规格尺寸、引脚数量和排列情况等；电气特性规定了在物理连接上传输 bit 流时线路上信号电平的大小、阻抗匹配、传输速率、距离限制等；功能特性是指对各个信号线分配确切的信号含义；规程特性定义了利用信号线进行 bit 流传输的一组操作规程，是指在物理连接的建立、维护、交换信息时，通信双方在各电路上的动作序列。

第二层：数据链路层，在物理层提供 bit 流服务的基础上，建立相邻结点之间的数据链路，通过差错控制提供数据帧在信道上无差错地传输，并进行数据流量控制。

第三层：网络层，为传输层的数据传输提供建立、维护和终止网络连接的手段，把上层来的数据组织成报文分组在结点之间进行交换传送，并且负责路由控制（即传输中的路径选择控制）和拥挤控制。

第四层：传输层，为上层提供端到端（最终用户到最终用户）的透明的、可靠的数据传输服务。所谓透明的传输是指在通信过程中传输层对上层屏蔽了通信传输系统的具体细节。

第五层：会话层，为表示层提供建立、维护和结束会话连接的功能，并提供会话管理服务。

第六层：表示层，为应用层提供信息表示方式的服务，如数据格式的变换、文本压缩、加密技术等。

第七层：应用层，为网络用户或应用程序提供各种网络服务，如文件传输、电子邮件、分布式数据库、网络管理等。

（2）TCP/IP 协议　在计算机网络技术中，如何实现不同网络及计算机间的互操作是计算机联网的关键问题，传输控制协议/网际协议 TCP/IP 就是解决这些问题的众多比较完善的网络协议之一。这是一个在国际标准 ISO/OSI 尚未完全被采纳时，用户和厂家共同承认的标准，虽然它不符合 ISO/OSI 标准，但它已经成为事实上的国际标准和工业标准，同时也是支持因特网和企业内部网（Intranet，又称内特网）的协议标准，并已在现代制造业的 CIMS 开发中获得应用。

（3）IEEE802 标准　IEEE802 标准是美国电气和电子工程师协会（IEEE）的局域网络标准委员会（该委员会于 1980 年 2 月成立，故简称 IEEE802 委员会）所提出的局部网络标准。该标准制定了若干局域网络的协议，主要是针对 OSI/RM 的数据链路层，将该层划分为两个子层次，如图 5-9 所示。这样划分主要是为了将涉及硬件的部分和与硬件无关的部分分开，便于设计并使得 IEEE802 标准具有可扩充性，有利于将来接纳新的媒体访问控制方法。

图 5-9　IEEE802 标准与 OSI/RM 的对应关系

IEEE802 标准将数据链路层分为逻辑链路控制 LLC 子层和媒体访问控制 MAC 子层。LLC 子层主要提供寻址、帧的收与发、帧的顺序控制和差错控制及流量控制等功能，它的标准是 IEEE802.2 LLC 协议。MAC 子层定义了几种媒体访问控制方法，如 IEEE802.3、IEEE802.4 和 IEEE802.5 等。

（4）MAP/TOP 协议　MAP 是 Manufacturing Automation Protocol 的缩写，TOP 是 Technical and Office Protocol 的缩写。MAP 是美国通用汽车公司提出的一种用于生产自动化的局域网协议，而 TOP 是由美国波音公司开发的一种用于办公室自动化的局域网协议。于 1986 年合并成 MAP/TOP 用户协会，制定了 MAP/TOP3.0 版本的协议，形成了一套既可支持生产，又可支持办公的完整的网络体系结构（被称为 MAP/TOP 体系结构），并被广泛应用于各种不同类型的企业，也被选为支持企业 CIMS 的计算机网络标准。

如果将 CIMS 环境中各个独立的、局部的自动化系统视为自动化孤岛的话，依据 MAP/TOP 协议开发的计算机网络则架起了这些孤岛之间的桥梁，实现了从设计到制造、从生产到管理的真正沟通。

MAP/TOP 协议中相当一部分是和 ISO 的 OSI/RM 协议标准兼容，也是七层结构，但由于侧重点不同，它们在支撑环节和应用服务方面略有不同。图 5-10 和图 5-11 为 MAP 协议和 TOP 协议的结构。

图 5-10 MAP 协议

图 5-11 TOP 协议

在实际应用中，MAP 协议被分为三类：全 MAP（Full MAP）结构、简化的最小 MAP（Mini MAP）结构和性能增强型 MAP 结构（MAP/EPA），全 MAP 结构包含 OSI/RM 的七个层次，它是 MAP 协议的全集。它对于实际应用（如柔性制造系统 FMS）来说不仅成本太高、协议耗费的时间多，而且没有必要。Mini MAP 仅包含 OSI/RM 的三个层次（第一、二和七层），它是 MAP 协议的简化实现，以强调实时性为网络设计的主要目的。MAP/EPA 是互连 Full MAP 和 Mini MAP 的信关技术实现，它同时包含了 Full MAP 和 Mini MAP 结构的两种实现。

MAP 网络支持生产自动化应用，全 MAP 网络支持车间和部门之间的生产调度等，最小 MAP 网络支持生产设备和单元控制器之间的指令和响应的交换。TOP 网络支持办公室自动化应用，它可以满足办公室一级的通信要求。

3. 现场总线接口

由国际电工委员会（IEC）提出的一种连接工业底层设备的局域网——现场总线网，被广泛应用于工业自动化加工控制领域，并在分布式数控系统中现场总线网起着重要的作用。

现场总线网络体系结构通常都采用三层模型，分别对应于 ISO/OSI 中的物理层、数据链路层和应用层。现场总线是一种串行通信链路，它在现代制造系统中适用于设备控制层和执行层之间及设备控制层和单元层之间的数据通信，它的通信协议比较简单，具有可靠性高，抗干扰能力强等特点。对于通信服务要求不太高的工业现场来说，具有很好的性能价格比，现代数控系统应具有现场总线接口。

目前常见的各种现场总线及其应用场合和主要参数如表5-2所示。表中前七种为适用于设备控制层和执行层之间数据通信的现场总线，又称执行装置/传感器现场总线。后三种为适用于设备控制层和单元层之间数据通信的现场总线，又称系统现场总线。在执行装置/传感器现场总线中，SERCOS（SERial Communication System）接口是被实际现场应用证明了的、采用光纤传输数据的现场总线标准之一，它对分布式多轴运动的数字控制提供较好的应用。此标准已通过IEC认证（IEC-1491）。在系统现场总线中，由SIEMENS公司开发的Profibus现场总线通信协议在欧洲广泛流行。下面进一步介绍SERCOS和Profibus这两种现场总线。

表5-2 各种现场总线及其应用场合和主要参数

系统类型	应用场合			传输率	报文尺寸	传输距离/kft*
	过程控制	制造业	生产线			
ArcNet	★	★	★	5Mbps	507 bytes	20
CotrolNet	★	★	★	5Mbps	510 bytes	27
Genius I/O	★	★	★	450Kbaud	128 bytes	7.5
Interbus-S		★		500Kbps	288 bits	42
SERCOS	★	★		10Mbps	16 bytes	
SDS		★		125Kbps	108 bits	1.6
DeviceNet		★		500Kbaud	8 bytes	1.6
LonWorks	★	★	★	1.2Mbps	228 bytes	
Profibus	★	★		12Mbaud	256 bytes	3.9
Fieldbus	★	★	★	2.5Mbps	128 bytes	74.4

*1ft = 0.3048m，1kft = 304.8m。

（1）SERCOS数字驱动接口　SERCOS是由德国机床厂协会VDW（德语Verein Deutscher Werkzeugmaschinenfabriken e. V.）和核心电子技术与电子工业协会ZVEI（德语Zentralverband Elektrotechnikund Elektronikindustrie e. V.）共同制定的现场总线标准。它可用于数控机床的数控装置与伺服系统之间的串行数字通信，作为数控装置与伺服系统之间串行通信的数字接口。

目前，伺服系统中数字控制技术使用得越来越多，除了位置调节环外，速度调节环也可采用数字调节技术，只有电流环还常常采用模拟电路实现。利用数字技术实现的伺服系统能实现较高的调节精度，具有较高的可靠性和信号再现能力，可进一步选择优化的伺服调节和控制策略（如前馈控制和自学习控制），拓宽伺服系统的伺服控制功能，提高整个数控机床的柔性。

采用数字式接口传输，各调节器的位置比较灵活，可全部安排在伺服装置中，如图5-12所示。数控装置将位置命令由数字驱动接口SERCOS输出，通过现场总线串行传输给伺服装置，伺服装置也通过SERCOS接口接收位置命令，由伺服装置完成全部调节（位置、速度和电流调节）。也可将位置调节器安排在数控装置中，如图5-13所示。数控装置把位置调节器的速度命令由数字驱动接口SERCOS输出，通过现场总线串行传输给伺服装置，伺服装置也通过SERCOS接口接收速度命令，其他调节器（速度和电流调节）安排在伺服装置中，并将实际位置值通过现场总线反馈给数控装置内的位置调节器构成闭环，由数控装置和伺服装置共同完成伺服系统的调节任务。

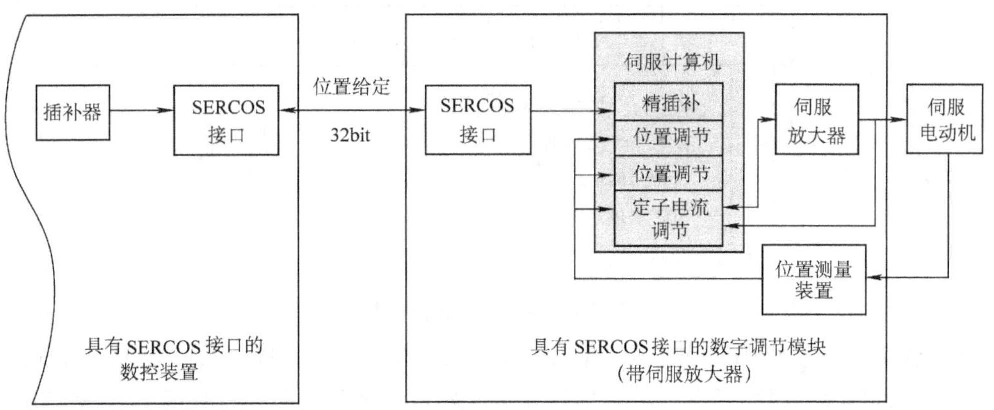

图 5-12　具有数字式位置接口的现代伺服系统结构

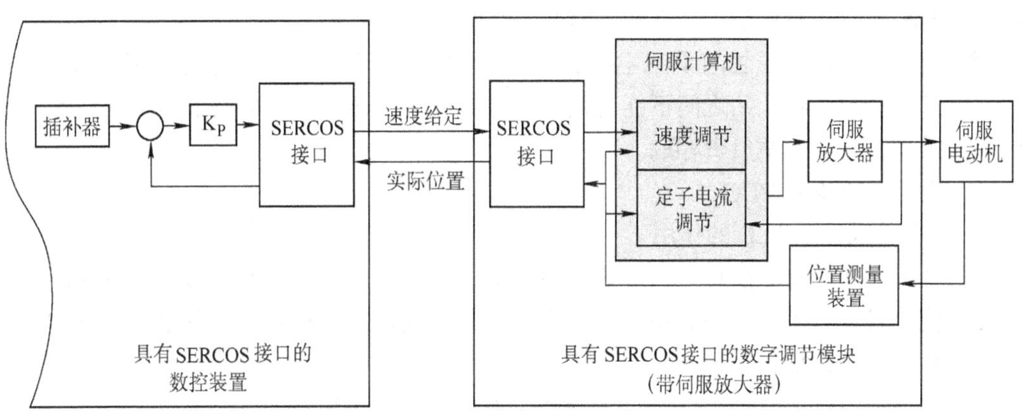

图 5-13　具有数字式速度接口的现代伺服系统结构

（2）系统现场总线 Profibus　Profibus 是一种通用系统现场总线，特别适用于各种智能控制器和设备之间的连接。使用 Profibus 时要区分主动设备（控制器，计算机）和被动设备（输入/输出模块，变频器）。图 5-14 所示为 Profibus 现场总线的结构。各主动设备组成令牌环网，发送权以令牌形式在主动设备之间循环，得到令牌的主动设备在将令牌沿环传递给下一个主动设备之前的确定的时间内，可任意发送或接收其他总线设备信息，采用数据报文进行各种信息交换。典型的 Profibus 报文结构如图 5-15 所示。

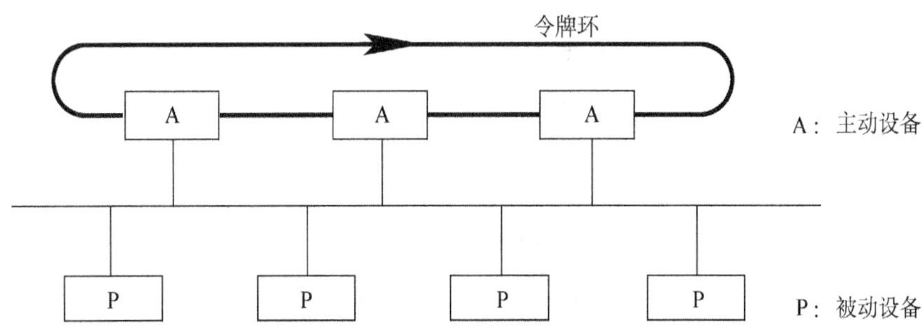

图 5-14　Profibus 现场总线的结构

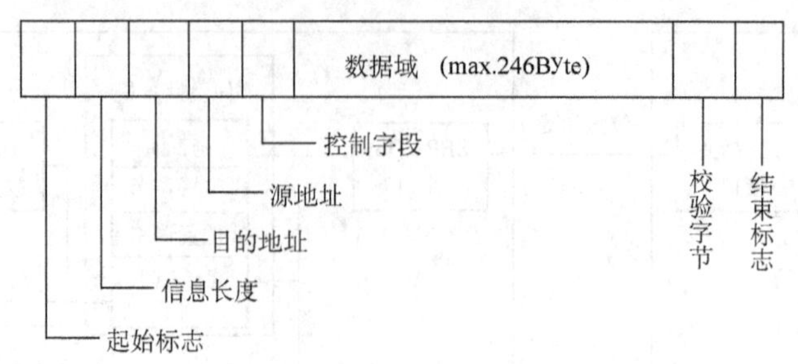

图 5-15 Profibus 报文结构

每个报文以一个字节的起始标志开始，其后的字段是信息长度、目的地址、源地址和一个字节的控制字段，控制字段包含报文类型的位编码及有关呼叫、签收或应答报文的信息，在控制字节后为数据域，发送有用数据，其长度最大为 246 个字节，由信息长度字段给定，为保证数据传输准确性，在数据域结束后跟着发送一个校验字节，它是对数据域的信息进行差错校验的校验和，最后是一个字节的报文结束标志。

主动设备和被动设备之间采用主/从媒体访问控制方法，只有主动设备可以作为主站，各被动设备为从站，各从站之间不能直接进行数据通信，必须由主站控制和检查与各从站之间的通信操作，并由主站负责存取。

五、数控系统中的 PLC

（一）数控系统中 PLC 的作用

数据系统内部处理的信息大致可分为两大类，一类是控制坐标轴运动的连续数字信息；另一类是控制刀具更换、主轴启停、换向变速、零件装卸、切削液开关和控制面板输入/输出的逻辑离散信息，如图 5-16 所示。

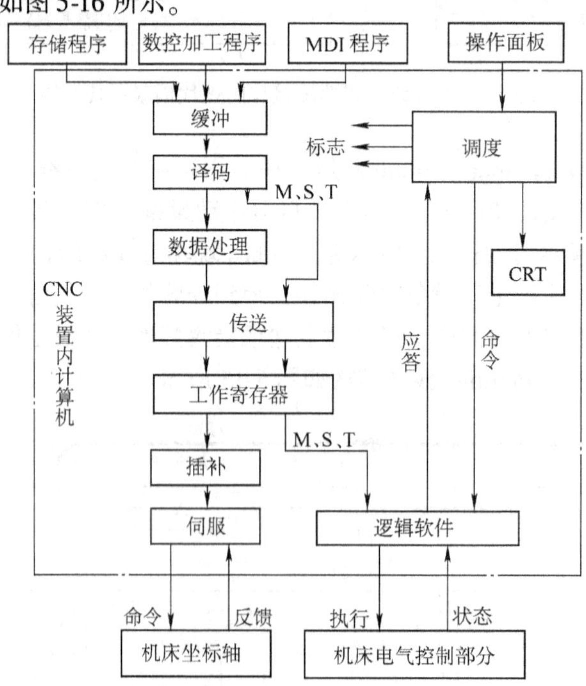

图 5-16 CNC 装置内部信息流

早期机床中有关顺序逻辑和开关信息的处理一般由厂家自行设计、制造和安装，并且大部分采用继电器逻辑来实现。但当机床品种较多，并且逻辑较复杂时，使用继电器数量很大，造成线路设计和调试都相当困难，可靠性也变差。

在20世纪70年代以后，开始采用可编程逻辑代替继电器逻辑，起初称之为可编程逻辑控制器（PLC）。后来，随着计算机的发展和渗透，PLC技术也在不断发展和完善，成为功能齐全、性能可靠、使用方便的可编程序控制器（PC）。由于PC的响应比继电器逻辑快，可靠性比继电器逻辑高得多，并且易于使用，易于编程，易于修改，成本也不高，因此很快就成为数控系统中一个重要的组成部分。另外，为了避免可编程序控制器（PC，Programmable Controller与个人计算机（Pc，Personal Computer）相混淆，这里仍沿用以前的习惯名称——PLC。

可见，PLC在数控系统中是介于数控装置与机床之间的中间环节，根据输入的离散信息，在内部进行逻辑运算，并完成输出控制功能。

（二）内装型PLC

所谓内装型PLC是指PLC内含在CNC装置内，从属于CNC装置，与CNC装置集于一体，如图5-17所示。

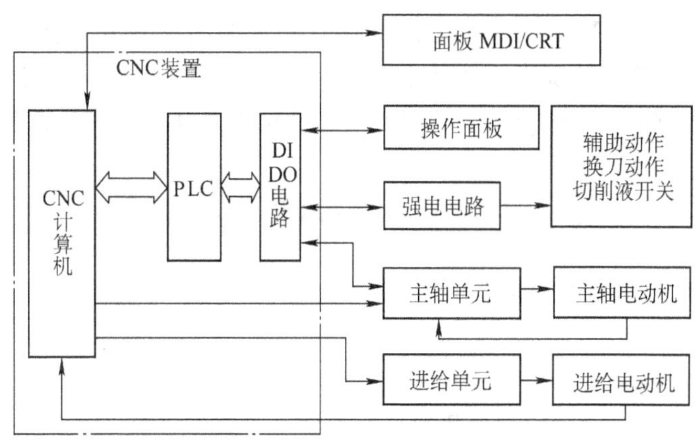

图5-17　内装型PLC的CNC系统框图

由于PLC的硬件和软件都被作为CNC系统的基本功能统一设计，并且其性能指标也由CNC系统来确定。内装型PLC与所从属CNC装置之间的信号传送均在其内部进行，并且内装型PLC一般也不单独配置I/O接口，而是通过CNC装置本身的I/O电路完成输入/输出功能。这样内装型PLC的硬件电路既可以单独设计在其自己的印制电路板内，也可安排在CNC装置的某一块电路板中。例如有的数控系统就将内装型PLC电路设计在CNC装置的CPU板上。

（三）独立型PLC

所谓独立型PLC实际上是一个通用型PLC，它完全独立于CNC装置，具有完备的硬件和软件，能独立完成CNC系统要求的控制任务，与数控机床之间的关系如图5-18所示。

可见，对于独立型PLC来讲，不但要进行机床侧的I/O连接，还要进行CNC装置侧的I/O连接，这时CNC和PLC均具有自己的I/O接口电路，并且独立型PLC（也就是通用型PLC）一般采用模块化结构，装在插板式机笼内，I/O点数和规模可通过I/O模块插板的增减灵活配置。对于数控车床、数控铣床和加工中心等单台数控设备，所需 PLC 的 I/O 点数大多在128点以下，少数复杂设备在128点以上，这时选用微型或小型 PLC 即可。而对于大型或高档数控机床，则需要选用中型或大型 PLC。

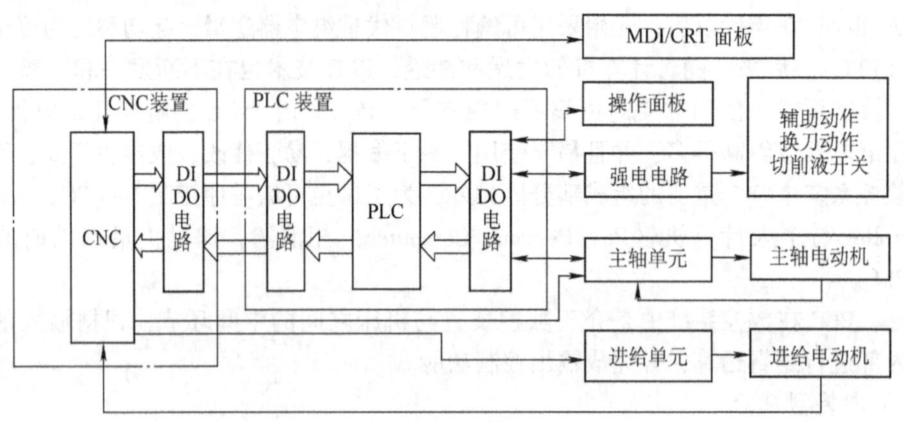

图 5-18 独立型 PLC 的数控系统框图

独立型 PLC 的造价较高，所以其性能/价格比不如内装型 PLC。总的来讲，内装型 PLC 多用于单微处理器的 CNC 系统中，而独立型 PLC 主要用于多微处理器的 CNC 系统中。但它们的作用是一样的，都是配合 CNC 装置实现刀具轨迹控制和机床顺序控制。

第二节 计算机数控装置软件

一、计算机数控装置软件分析

(一) 内部信息流转换过程

根据零件图纸和机械加工工艺编写出数控加工程序输入给 CNC 装置，在内部进行一系列的处理后，输出相应的位置控制信号给伺服系统，经过电动机和滚珠丝杠螺母副驱动工作台或刀具进行移动，最后加工出合格的零件。CNC 装置中数据转换过程如图 5-19 所示。

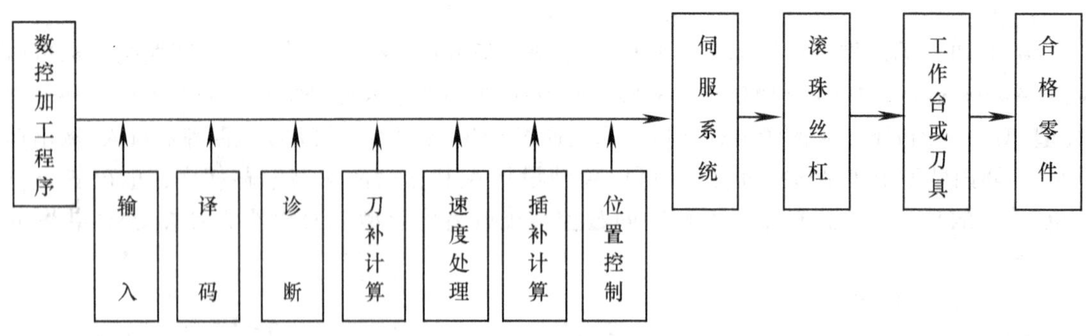

图 5-19 CNC 装置内部数据流转换过程

1. 输入

输入 CNC 装置的信息包括数控加工程序、系统控制参数和各种补偿数据等。对于其中大量的数控加工程序来讲，输入方式主要有光电式纸带阅读机输入、键盘输入、存储器输入和通信方式输入等四种。纸带阅读机输入只在早期使用过，由于其可靠性较差，目前基本不再采用。存储器输入又分内存储器输入和外存储器输入两种。所谓内存储器输入，是指将加工的数控加工程序一次且全部输入到 CNC 装置内部存储器中（如 CMOSRAM、NVRAM、EEPROM、FLASH MEMORY 等），加工时再从存储器中逐段调出程序进行处理。所谓外存储器输入是指通过软盘或硬盘将数控加工程序输入 CNC 装置中进行执行。键盘输入方式包括手动数据输入（MDI）和操作面板（PANEL）输入，它们主要输入小型或部分数控加工程序、系统控制参数、操作命令或修改程序、参数等。通信方式输入是现代数控机床使用得越来越多的一种途径，具体包括串行方式、DNC 方式和网络方式等。

一个或多个数控加工程序输入 CNC 装置后必须按某种约定的格式存储在内存中，并且还要求能对它们进行各种编辑处理，包括搜索、插入、删除、替换和修改等操作。

2. 译码

所谓“译码”就是将输入的数控加工程序段按一定规则翻译成 CNC 装置中计算机能识别的数据形式，并按约定的格式存放在指定的译码结果缓冲器中。具体来讲，译码就是从数控加工程序缓冲器或 MDI 缓冲器中逐个读入字符，先识别出其中的文字码和数字码，然后根据文字码所代表的功能，将后续数字码送到相应译码结果缓冲器单元中。

3. 诊断

在译码过程中，还要进行数控加工程序的诊断，也就是利用控制软件检查加工程序的正确性，把凡是不符合数控机床编程手册规定的加工程序找出来，通过显示器提示机床操作人员进行修改。诊断内容主要包括数控加工程序的语法错误和逻辑错误。其中语法错误主要指某个功能代码的错误，而逻辑错误主要指一个数控机床加工程序段或整个数控加工程序内各个功能代码之间互相排斥、互相矛盾的错误。这种诊断过程的实现大多是贯穿在译码软件中完成，有时也会专门设计一个诊断软件模块来完成。

在 CNC 装置中，除数控加工程序的诊断外，一般还具有对机床状态、几何精度、润滑情况、硬件配置、刀具状态、工件质量等的监测和诊断功能，并依此进行故障定位和指导修复。有关这方面的内容在本书第七章进行详细介绍。

4. 刀补计算

刀具补偿计算包括刀具长度补偿和刀具半径补偿两大类，其中刀具长度补偿计算主要针对数控钻床和数控车床等，而刀具半径补偿计算主要针对数控铣床和数控车床等。对于数控铣床来讲，由于 CNC 装置的控制对象是主轴刀具的中心轴线，而编程时使用图纸标注的零件轮廓是用刀具边缘切削形成的，它们两者之间不一致，相差一个刀具半径值。可见，刀具半径补偿计算就是将刀具边缘轨迹偏移到刀具中心。

5. 速度处理

数控加工程序中给定的进给速度 F 代码是指零件切削方向的合成线速度，CNC 装置无法对此进行直接控制。因此，速度处理实际上就是根据零件的几何轮廓信息将合成进给速度分解成各个坐标轴的分速度，然后通过各个轴的伺服系统实现相应的分速度控制，那么数控机床最终就可得到所要求的线速度。另外，数控机床所允许的最低速度、最高速度、最大加速度和最佳升降速曲线的控制，都是在这个环节中实现的。

6. 插补计算

所谓插补就是根据数控加工程序给定的零件轮廓尺寸，结合精度和工艺方面的要求，在已知的这些特征点之间插入一些中间点的过程。换句话说，就是在零件轮廓起点与终点之间的曲线上进行“数据点的密化过程”。当然，中间点的插入是根据一定的算法由数控装置控制软件或硬件自动完成，以此来协调控制各坐标轴的移动，从而获得所要求的运动轨迹。

7. 位置控制

位置控制处在伺服回路的位置环中，这部分工作可以由软件完成，也可由硬件实现。其主要任务就是根据插补结果求得命令位置值，然后与实际反馈位置相比较，利用其误差值去控制伺服电动机，驱动工作台或刀具朝着减小误差的方向运动。在位置控制中通常还要完成位置回路的增益调整、各坐标轴的零漂、反向间隙和螺距误差的补偿，以提高机床的定位精度。

（二）软件任务分析

CNC 装置是一个专用的实时多任务计算机系统，其控制软件中融合了管理和控制软件两种性质的任务。

CNC 装置的控制软件具有多任务性和实时性两大特点。如图 5-20 所示，CNC 装置中基本任务之间的并行处理关系。例如，当 CNC 装置正处于加工状态时，为了保证加工的连续性，在各程序段之间不能停顿。因此，各数控加工程序段的预处理、插补计算、位置控制和各种辅助控制任务都要及时进行。为了使操作人员及时了解和干预 CNC 系统工作状态，在执行加工任务的同时还应该及时进行一些人机交互处理，即：显示加工状态，接受操作人员通过面板输入的各种改变系统工作状态的控制命令等。为了及时检查和预报硬、软件的各种故障，系统在运行控制程序和人机交互程序的同时还要及时运行诊断程序。此外，系统还可能被要求及时完成通信等其他任务。

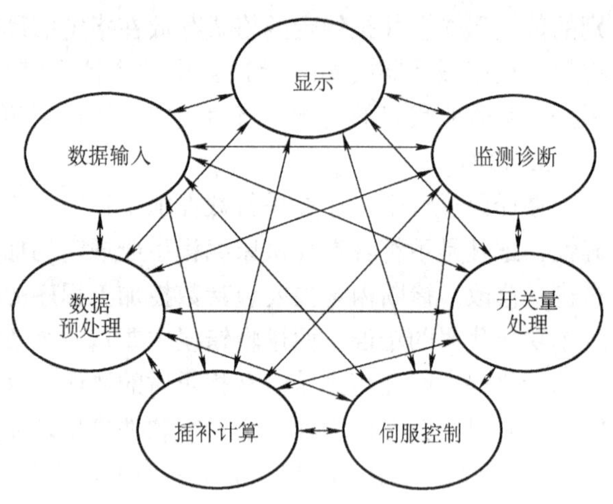

图 5-20　数控系统各基本任务之间的并行处理关系

针对数控装置软件的上述特点，可采用并行处理技术来确定整个系统软件结构。所谓并行处理就是指在同一时刻或同一时间间隔内完成两种或两种以上性质相同或不相同的工作。从硬件出发，可以采用设备重复的并行处理技术，例如多微处理器的 CNC 装置就是这种技术的典型应用。从软件出发，可以采用分时的并行处理技术和多重中断的并行处理技术，下面将对此进行更深入的介绍。

二、计算机数控装置软件结构类型

（一）前后台型软件结构

前后台型软件结构适合于集中控制的单微处理器结构的 CNC 装置。在这种软件结构中，前台程序为实时中断程序，承担了几乎全部实时功能，这些功能一般与机床动作直接相关，如位置控制、插补计算、开关量处理和面板扫描等。后台程序主要用来完成管理工作，包括输入、译码、插补准备及管理等，通常称为背景程序。背景程序是一个循环运行程序，在运行过程中不断插入实时中断服务程序，前后台程序相互配合完成加工任务。如图 5-21 所示，程序启动后，运行完初始化程序即进入背景循环程序，同时开放定时中断，每隔一个固定时间发生一次中断，执行相应中断服务程序。就这样，中断程序和背景程序有条不紊地协调工作。

如图 5-22 所示是一个简化的程序流程图。系统初始化后等待启动键的按下，然后对第一个零件程序段译码，进行预处理，完成刀补计算和速度处理，获得插补所需要的各种参数，如刀具中心轨迹的起点、终点坐标，刀具中心的位移量，圆弧插补时圆心的各坐标分量等，并将所得参数送插补缓冲存储区保存。若有辅助功能代码（M，S，T），则将其送系统工作寄存器保存。接下来设置相应系统标志（如数据交换结束标志、开始插补标志等）以供使用。标志设置之前，尽管定时中断照常发生，但并不执行插补及辅助功能处理等，仅执行一些例行的扫描、监控等功能。只有在标志设置之后，实时中断程序才能进行插补、伺服输出、辅助功能处理，同时开始对下一段程序进行译码、预处理。系统必须保证在当前程序插补过程中完成下段程序的译码和预处理，否则将会出现加工停顿现象。

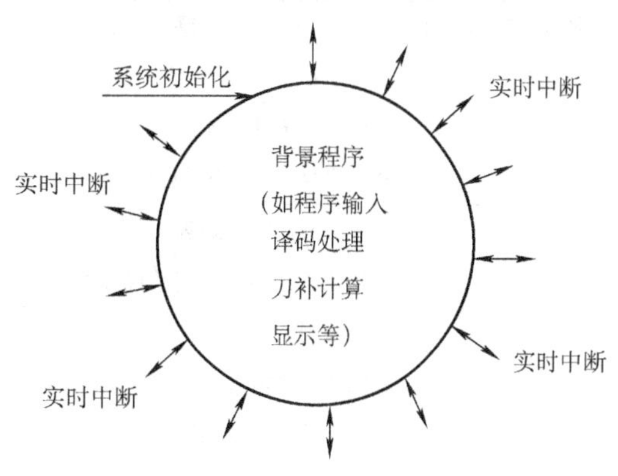

图 5-21　前后台型软件结构

上述过程表明，背景程序通过设置标志达到对实时中断程序的管理和控制。中断程序主要进行本段程序的插补及伺服输出，背景程序主要完成下一程序段的译码和预处理。亦即在一个插补周期内，实时中断程序开销一部分时间，其余的时间留给背景程序。插补、伺服输出与译码、预处理分时共享（占用）CPU，以完成多任务并行处理。

（二）多重中断型软件结构

多重中断型软件结构是根据数控功能的相对独立性，将它们分别归并入不同级别的中断服务程序中，从而组成一个嵌套的多重中断型软件系统，系统的管理功能主要通过各级中断服务程序之间的通信来实现。

在采用多重中断型软件结构的 CNC 装置中，除了开机初始化过程外，数控加工程序的输入、预处理、插补、辅助功能实现及位置伺服控制，通过键盘、机床操作面板和 CRT 等交互设备进行的数据输入、输出和显

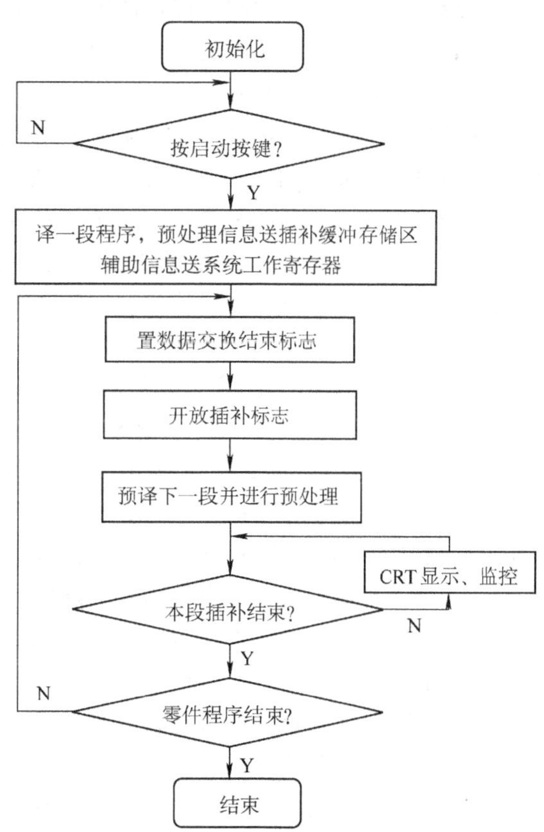

图 5-22　背景程序的调度管理功能简化程序框图

示等各种功能子程序均安排在级别不同的中断服务程序中，整个软件是一个大的中断系统。

典型 CNC 装置采用了多重中断型软件结构形式，某数控装置各级中断源安排见表 5-3。

表 5-3　典型多重中断源一览表

中断级别	主要功能	中断源
0	CRT 显示	硬件，上电初始化进入
1	工作方式选择、译码、刀补计算	软件，16ms 定时
2	PLC 控制、I/O 信号处理	软件，16ms 定时
3	键盘、操作面板处理	硬件
4	插补计算、终点判别及转段处理	软件，8ms 定时
5	位置控制	4ms 硬件时钟
6	监控和急停信号	2ms 硬件时钟
7	ROM 校验、电源断开	硬件，非屏蔽中断

表中第 1、2、4 级中断设置成软件中断，第 6 级中断设置成硬件中断，由定时器发生，每 2ms 中断一次。这样，每发生两次第 6 级中断请求就发生一次第 5 级中断，每发生四次第 5 级中断请求就发生一次第 2 级和第 1 级中断，这样便把第 1、2、4、5、6 级中断联系起来。各级中断服务程序中的功能依照中断级别的逻辑关系处理，其间的通信方式主要借助于各种标志和公共数据区约定的命令完成。

（三）功能模块型软件结构

在数控系统中为了实现实时性和并行性的控制任务，多微处理器结构越来越多地被使用，从而使数控装置功能进一步增强，处理速度更快，结构更加紧凑。它更适合于多轴控制、高进给速度、高精度和高效率的数控系统要求。

多微处理器 CNC 装置一般采用模块化结构，每个微处理器分担各自的任务，形成特定的功能模块，相应的软件也模块化，形成功能模块型软件结构，固化在对应的硬件功能模块中。各功能模块之间有明确的硬、软件接口。

许多数控系统生产厂家采用了这种功能模块型结构，如 SIEMENS 公司的 SINUMERIK 840C 系统就是这种结构的一个实例。如图 5-23 所示，CNC 单元主要由三大模块组成，即人机通信（MMC）模块，数控通信（NCK）模块和可编程控制器（PLC）模块。每个模块都是一个微处理器系统，三者可以相互通信。

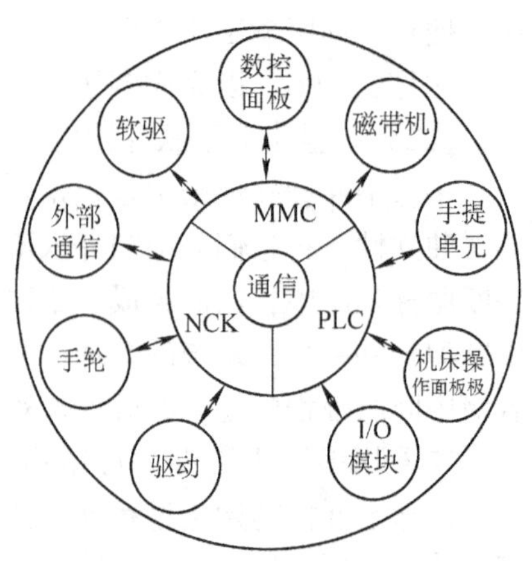

图 5-23　SINUMERIK 840C 系统结构图

MMC 模块完成与数控操作面板、软盘驱动器及磁带机之间的连接，实现操作、显示、编程、诊断、调试、加工模拟及维修等功能。面板上设有连接显示器的 RGB 插座，连接操作面板的串行口 1 插座，连接软盘驱动器的串行口 2（RS-232C/V24）插座，连接磁带机的并行口。此外，还有 VGA 监视器接口和 PC 机标准键盘接口。

NCK 模块完成程序段准备、插补、位置控制等功能，可与驱动装置、电子手轮联接，还可与外部 PC 机进行通信，实现各种数据变换，诸如 2D/3D 坐标变换，车床上的车/铣方式变换，CAD 结果的转换，及用于构成柔性制造系统时信息的传递、转换和处理等。SIEMENS 公司的许多数控装置都采用了超大规模集成电路（VLSI）多 CPU 系统，其插补功能可以由软件或专用大规模集成电路芯片实现。

PLC 模块完成机床逻辑控制，通过选用 SINECL2 或 SINECL2-DP 接口实现联网通信。可连接机床控制面板、手提操作单元（即便携式移动操作单元，上面带有各种按键、急停按钮和功能转换开关）和 I/O 模块，它带有 2 个 R-485 接口，可连接分布的机床辅助设备（DMP）端子板（每一个端子板有多达 128 点输入或 128 点输出），它还具有 8 个中断输入作为 PLC 报警处理。

三、计算机数控装置典型软件模块

（一）刀具补偿计算

在数控机床加工中，为了保证机床加工精度和编程方便。数控系统中通常应具有刀具长度补偿和刀具半径补偿功能。

1. 刀具长度补偿

在数控车床和数控钻床中，当采用不同尺寸的刀具加工同一轮廓的工件，或用同一把刀具因磨损、换刀而引起尺寸变化时为了编程方便和不改变已经编制好的程序，利用数控系统的刀具长度补偿功能，只需将刀具尺寸的变化值输入数控装置，数控系统便自动对刀具尺寸的变化进行补偿。

现以图 5-24 所示数控车床为例，说明刀具长度补偿的基本原理。设该车床的四位旋转刀架装有四把不同型号的刀具，并以 1 号刀具的刀尖点作为所有刀具的编程起点。

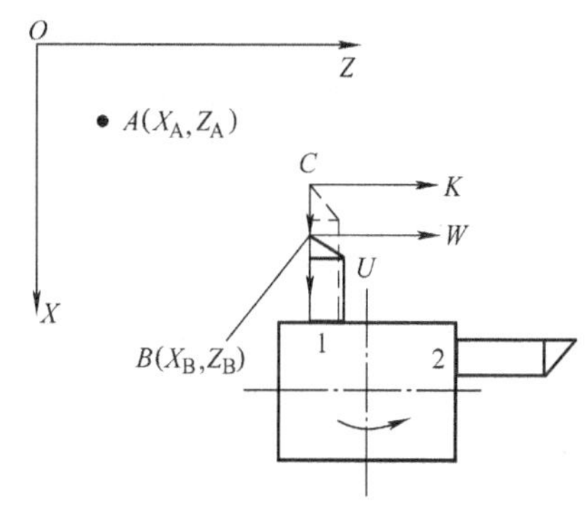

图 5-24　数控车床刀具长度补偿示意图

当 1 号刀具从 B 点运动到 A 点时其增量值为

$$\begin{cases} U_{BA} = X_A - X_B \\ W_{BA} = Z_A - Z_B \end{cases} \tag{5-1}$$

当换成 2 号刀具进行加工时，2 号刀具的刀尖在 C 点位置。将 B 点作为基准刀尖位置，则利用已知的 B 点和 C 点之间坐标差值，可以对 B 到 A 的位移量进行修正，实现从 C 到 A 的运动。为此，用以 C 点为坐标圆点的直角坐标系 I，K 表示 2 号刀的刀补量。当从点 C 到点 A 时，有

$$\begin{cases} U_{CA} = (X_A - X_B) + I_{补} \\ W_{CA} = (Z_A - Z_B) + K_{补} \end{cases} \tag{5-2}$$

式中，$I_{补}$、$K_{补}$ 分别表示 2 号刀在 X 轴、Z 轴方向的长度补偿量。

由上式可以看出，从点 C 到点 A 的增量值等于从点 B 到点 A 的增量值加上刀补量。当利用 2 号刀具加工结束，回到点 C，再换到 1 号刀时，系统需把已经补偿的刀补量撤消，因此必须用刀补值来加以修正，即

$$\begin{cases}U_{AC}=(X_B-X_A)-I_{补}=-U_{CA}\\W_{AC}=(Z_B-Z_A)-K_{补}=-W_{CA}\end{cases}\tag{5-3}$$

该过程正好和加工过程相反，把这种补偿一个相反量的过程称为刀具长度补偿的撤消。因此，刀具长度补偿的实质是用刀补值对刀补建立程序段的指令位移值进行加修正，对刀补撤消段的指令位移进行减修正。

2. 刀具半径补偿

在数控铣床的轮廓加工过程中，由于刀具总有一定的半径，刀具中心的运动轨迹并不等于所需加工零件的实际轮廓。而用户通常希望按工件轮廓编写数控加工程序，因此，刀具中心轨迹必须自动偏移轮廓一个刀具半径值，这就是数控系统刀具半径补偿功能。在进行内轮廓加工时，刀具中心需偏移零件的内表面一个刀具半径值；在进行外轮廓加工时，刀具中心要偏移零件的外表面一个刀具半径值，这种偏移称之为刀具半径补偿。根据编程规定，当刀具中心轨迹在编程轨迹前进方向左边时，称为左刀补，用 G41 表示；反之称为右刀补，用 G42 表示；当取消刀具半径补偿时用 G40 表示。

在切削过程中，刀具半径补偿的执行过程一般分为三个步骤如下：

（1）刀具半径补偿建立——刀具从起刀点接近工件过程中，根据 G41 或 G42 指定的刀补方向，控制刀具中心轨迹相对原来的编程轨迹伸长或缩短一个刀具半径值的距离。

（2）刀具半径补偿进行——控制刀具中心轨迹始终垂直偏移编程轨迹一个刀具半径的距离。

（3）刀具半径补偿撤消——在刀具撤离工作表面返回到起刀点的过程中，根据刀补撤消前 G41 或 G42 的情况，控制刀具中心轨迹相对原来的编程轨迹伸长或缩短一个刀具半径值的距离。

为了简单起见，不妨设刀具半径补偿仅在指定的二维坐标平面内进行，而平面的指定是由 G 代码 G17（*X-Y* 平面）、G18（*Y-Z* 平面）和 G19（*Z-X* 平面）实现。为习惯起见，下面的分析和计算均假设在 *X-Y* 平面内进行，并且在不混淆的情况下将刀具半径补偿简称为刀补。

由于数控系统处理的基本轮廓线型是直线和圆弧，因而根据它们的相互联接关系可组成四种连接形式，即直线接直线、直线接圆弧、圆弧接直线、圆弧接圆弧。

首先定义转接角 α 为两个相邻轮廓段交点处在工件侧的夹角，如图 5-25 所示。其变化范围为 $0°\leqslant\alpha<360°$。图中所示为直线接直线的情形，而对于圆弧轮廓来讲，只要用转接点处圆弧的切线作为角度定义的对应直线即可。现根据转接角 α 的不同和后面的作图分析过程可知，将转接点处刀具半径补偿的过渡形式划分为如下三类：

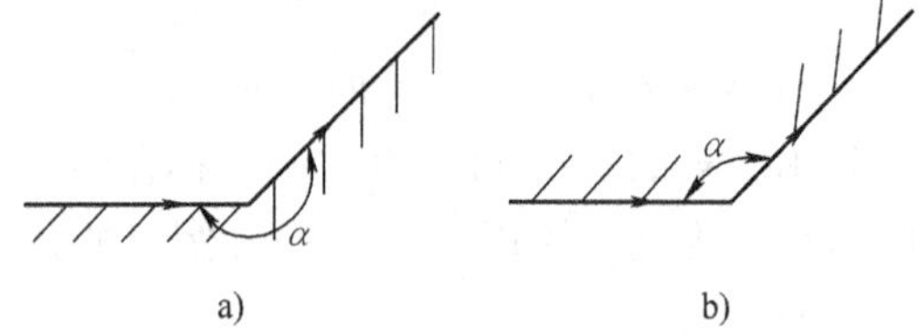

图 5-25 转接角定义示意图
a）G41 情况 b）G42 情况

1）当 $180°<\alpha<360°$ 时，属缩短型。

2）当 $90°\leqslant\alpha<180°$ 时，属伸长型。

3）当 $0°<\alpha<90°$ 时，属插入型。

在这里需要说明的是，在圆弧轮廓上一般不进行刀补的建立与撤消。另外，对于 $\alpha=0°$

和 $\alpha=180°$ 的特殊转接情况最好不归入上述三种转接类型中，而是进行针对性的单独处理，计算也很简单。

由于零件轮廓是各种各样的，根据线型、转接形式、转接角大小、顺/逆圆、左/右刀补等不同，可以组合出很多种刀补形式来。为了便于对各种编程情况进行综合分析，在刀补计算过程中均采用圆弧方向矢量和刀具半径矢量进行计算。

引入矢量概念以后，直线本身就是一个矢量，而圆弧在这里意味着将起点、终点的半径及起点到终点的弦长都看作矢量，切削刀具半径也当作矢量看待。所谓刀具半径矢量，是指在加工过程中，始终垂直于编程轨迹，大小等于刀具半径值，方向指向刀具中心的一个矢量。在加工直线轮廓过程中，刀具半径矢量始终垂直于刀具移动方向。在加工圆弧轮廓过程中，刀具半径矢量始终垂直于编程圆弧的瞬时切削点的切线，它的矢量方向随着切削的进行一直在不断地改变。

方向矢量是指与运动方向一致的单位矢量，用 $\boldsymbol{l}_d$ 表示。其求法又分直线和圆弧两种情况，如图 5-26 所示。

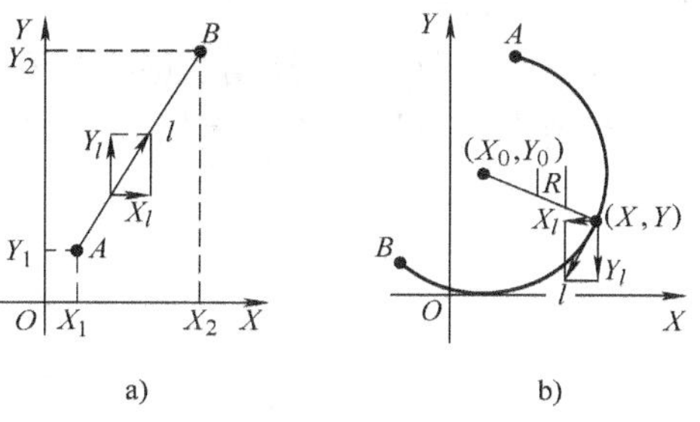

图 5-26　方向矢量的定义
a) 直线　b) 圆弧

对于图 5-26（a）所示直线 $\overline{AB}$ 而言，设起点为 $A(X_1,Y_1)$，终点为 $B(X_2,Y_2)$，则对应的方向矢量 $\boldsymbol{l}_d$ 和两坐标轴上投影分量 X_l、Y_l 分别为

$$\boldsymbol{l}_d=X_l\boldsymbol{i}+Y_l\boldsymbol{j} \tag{5-4}$$

$$\begin{aligned} X_l&=\frac{X_2-X_1}{\sqrt{(X_2-X_1)^2+(Y_2-Y_1)^2}} \\ Y_l&=\frac{Y_2-Y_1}{\sqrt{(X_2-X_1)^2+(Y_2-Y_1)^2}} \end{aligned} \tag{5-5}$$

圆弧的方向矢量是指圆弧上某一动点 (X,Y) 的切线方向上的单位矢量，进一步又分顺圆和逆圆两种情况。如图 5-26b 所示，圆心为 (X_0,Y_0)，圆弧上动点为 (X,Y)，圆弧半径为 R，则有

$$\begin{cases} X_l=\dfrac{Y-Y_0}{|R|} \\ Y_l=\dfrac{-(X-X_0)}{|R|} \end{cases} \quad \text{(顺圆/G02)} \tag{5-6}$$

$$\begin{cases} X_l=\dfrac{-(Y-Y_0)}{|R|} \\ Y_l=\dfrac{X-X_0}{|R|} \end{cases} \quad \text{(逆圆/G03)} \tag{5-7}$$

现若规定顺圆(G02)时 $R>0$，逆圆(G03)时 $R<0$，即

$$\boldsymbol{R}=\begin{cases} |R| & \text{(顺圆)} \\ -|R| & \text{(逆圆)} \end{cases} \tag{5-8}$$

则可将式(5-7)和式(5-8)合并,获得圆弧上任一点的方向矢量为

$$\boldsymbol{l_d} = X_l\boldsymbol{i} + Y_l\boldsymbol{j}$$

$$X_l = \frac{Y - Y_0}{\boldsymbol{R}}$$

$$Y_l = \frac{-(X - X_0)}{\boldsymbol{R}} \tag{5-9}$$

刀具半径矢量是指加工过程中始终垂直于编程轨迹，且大小等于刀具半径值，方向指向刀具中心的矢量，用 $\boldsymbol{r_d}$ 表示。

如图 5-27 所示,设运动轨迹相对于 x 轴的倾角为 α,直线$\overline{AB}$的方向矢量为 $\boldsymbol{l_d} = X_l\,\boldsymbol{i} + Y_l\,\boldsymbol{j}$,刀具半径为 r,刀具半径矢量为 $\boldsymbol{r_d} = X_d\,\boldsymbol{i} + Y_d\boldsymbol{j}$，根据图中几何关系可推得

$$\begin{cases} \sin\alpha = Y_l \\ \cos\alpha = X_l \end{cases} \tag{5-10}$$

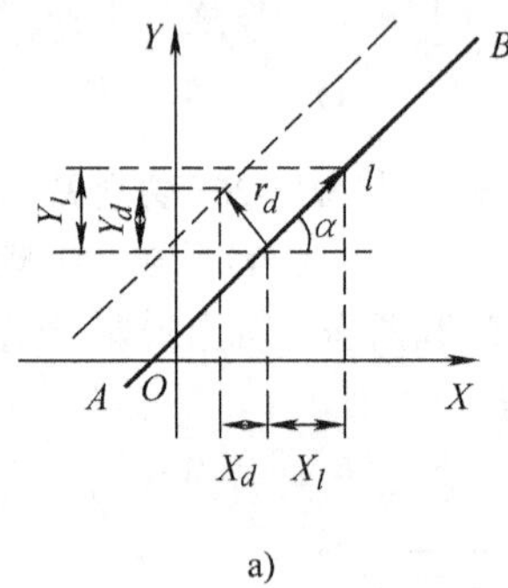

a)

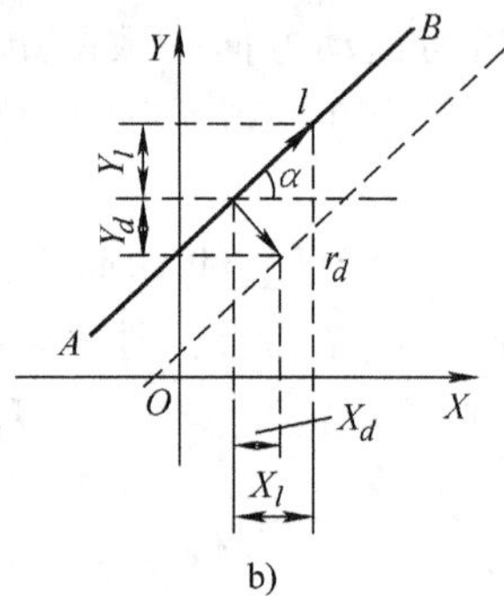

b)

图 5-27　刀具半径矢量与方向矢量

a) 左刀补　b) 右刀补

现规定左刀补（G41）时 $\boldsymbol{r}>0$，右刀补（G42）时 $\boldsymbol{r}<0$，即

$$\boldsymbol{r} = \begin{cases} |r| & (\text{左刀补}) \\ -|r| & (\text{右刀补}) \end{cases} \tag{5-11}$$

进一步可推得刀具半径矢量分量与方向矢量分量之间的关系式为

$$\begin{cases} X_d = -\boldsymbol{r}Y_l \\ Y_d = \boldsymbol{r}X_l \end{cases} \tag{5-12}$$

在上述概念基础上介绍刀具半径补偿计算，也就是运用矢量方法求出刀补轨迹上各个转接点坐标值。下面分直线接直线、直线接圆弧、圆弧接直线、圆弧接圆弧共四种情况分别讨论。这里只给出刀补进行中转接点处坐标值计算公式，而刀补建立和刀补撤消的计算公式可以仿此推得。

(1) 直线接直线　如图 5-28 所示。假设第一个直线轮廓段 l_1 起点为（X_0，Y_0），终点为（X_1，Y_1），第二个直线轮廓段 l_2 的起点为（X_1，Y_1），终点为（X_2，Y_2），则对应方向矢量的投影分量 X_{l1}、Y_{l1}、X_{l2}、Y_{l2}和直线长度 d_1、d_2 的表达式如下

$$\begin{cases} X_{l1} = \dfrac{X_1 - X_0}{d_1} = \dfrac{\Delta X_1}{d_1} \\ Y_{l1} = \dfrac{Y_1 - Y_0}{d_1} = \dfrac{\Delta Y_1}{d_1} \end{cases} \tag{5-13}$$

$$\begin{cases} X_{l2} = \dfrac{X_2 - X_1}{d_2} = \dfrac{\Delta X_2}{d_2} \\ Y_{l2} = \dfrac{Y_2 - Y_1}{d_2} = \dfrac{\Delta Y_2}{d_2} \end{cases} \tag{5-14}$$

$$\begin{cases} d_1 = \sqrt{\Delta X_1^2 + \Delta Y_1^2} = \sqrt{(X_1 - X_0)^2 + (Y_1 - Y_0)^2} \\ d_2 = \sqrt{\Delta X_2^2 + \Delta Y_2^2} = \sqrt{(X_2 - X_1)^2 + (Y_2 - Y_1)^2} \end{cases} \tag{5-15}$$

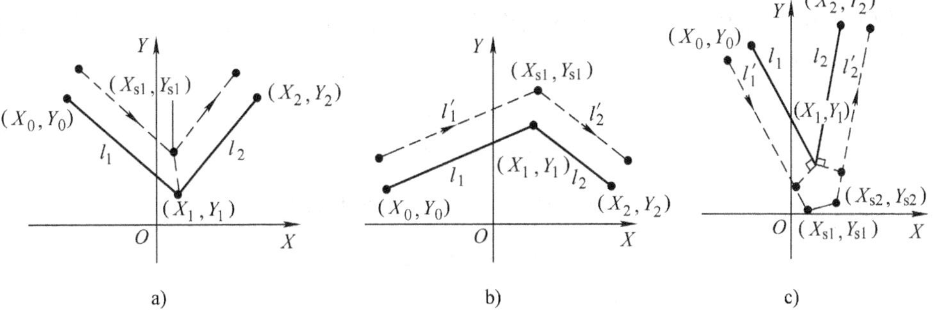

图 5-28 直线接直线刀补进行示意图

a）缩短型 b）伸长型 c）插入型

对于图 5-28（a）所示直线接直线缩短型刀补进行的情况。设程编直线轮廓 l_1 和 l_2 的单位矢量 $\boldsymbol{l}_{d1}$ 和 $\boldsymbol{l}_{d2}$ 分别为

$$\begin{cases} \boldsymbol{l}_{d1} = X_{l1}\boldsymbol{i} + Y_{l1}\boldsymbol{j} \\ \boldsymbol{l}_{d2} = X_{l2}\boldsymbol{i} + Y_{l2}\boldsymbol{j} \end{cases} \tag{5-16}$$

进一步 l_1' 和 l_2' 分别为 l_1 和 l_2 的等距线，且其间的垂直距离为 $\boldsymbol{r}$，据此可以写出 l_1' 和 l_2' 的直线方程，然后联立该二元一次方程求得交点（X_{s1}，Y_{s1}）的坐标值为

$$\begin{cases} X_{s1} = X_1 + \dfrac{(X_{l2} - X_{l1})\boldsymbol{r}}{X_{l1}Y_{l2} - X_{l2}Y_{l1}} \\ Y_{s1} = Y_1 + \dfrac{(Y_{l2} - Y_{l1})\boldsymbol{r}}{X_{l1}Y_{l2} - X_{l2}Y_{l1}} \end{cases} \tag{5-17}$$

上式是在 $X_{l1}Y_{l2} - X_{l2}Y_{l1} \neq 0$，即转接角 $180° < \alpha < 360°$ 的情况下求得的。而当 $X_{l1}Y_{l2} - X_{l2}Y_{l1} = 0$，即转换角 $\alpha = 180°$ 时，上式分母为零，则可通过几何关系求得

$$\begin{cases} X_{s1} = X_1 - \boldsymbol{r}Y_{l1} \\ Y_{s1} = Y_1 + \boldsymbol{r}X_{l1} \end{cases} \tag{5-18}$$

对于图 5-28b 所示直线接直线伸长型刀补进行的情况，这时也只需求出一个转接点（X_{s1}，Y_{s1}）的坐标值，其方法和相应公式与式（5-16）和式（5-17）完全相同。

对于图 5-28c 所示直线接直线插入型刀补进行的情况，先作出 l_1 和 l_2 的等距线 l_1'和 l_2'，然后将 l_1'顺向延长一个刀具半径值得到（X_{s1}，Y_{s1}），将 l_2'反向延长一个刀具半径值得到（X_{s2}，Y_{s2}），这时需要求出两个转接点（X_{s1}，Y_{s1}）和（X_{s2}，Y_{s2}）坐标值为

$$\begin{cases} X_{s1} = X_1 - \boldsymbol{r}Y_{l1} + |\boldsymbol{r}|X_{l1} \\ Y_{s1} = Y_1 + \boldsymbol{r}X_{l1} + |\boldsymbol{r}|Y_{l1} \end{cases} \tag{5-19}$$

$$\begin{cases} X_{s2} = X_1 - \boldsymbol{r}Y_{l2} - |\boldsymbol{r}|X_{l2} \\ Y_{s2} = Y_1 + \boldsymbol{r}X_{l2} - |\boldsymbol{r}|Y_{l2} \end{cases} \tag{5-20}$$

（2）直线接圆弧

如图 5-29 所示，假设零件的第一个直线轮廓段 l 起点为（X_0，Y_0），终点为（X_1，Y_1）。第二个圆弧轮廓段 c 起点为（X_1，Y_1），终点为（X_2，Y_2）。这时，对于圆弧轮廓来讲，只要使用转接点处该圆弧的切线参与刀具半径补偿的作图和计算即可，并保证相邻轮廓段之间的过渡段均为直线，其他情况与直线相似。另外，圆心相对圆弧起点坐标为（I，J），则第一段直线的方向矢量和直线长度定义同前面式（5-13）和式（5-15），而第二段圆弧在起点（X_1，Y_1）处的方向矢量为

$$\begin{cases} X_{l2} = -J/R \\ Y_{l2} = I/R \end{cases} \tag{5-21}$$

式中，R 的定义为

$$\boldsymbol{R} = \begin{cases} \sqrt{I^2 + J^2} & （顺圆/G02） \\ -\sqrt{I^2 + J^2} & （逆圆/G03） \end{cases} \tag{5-22}$$

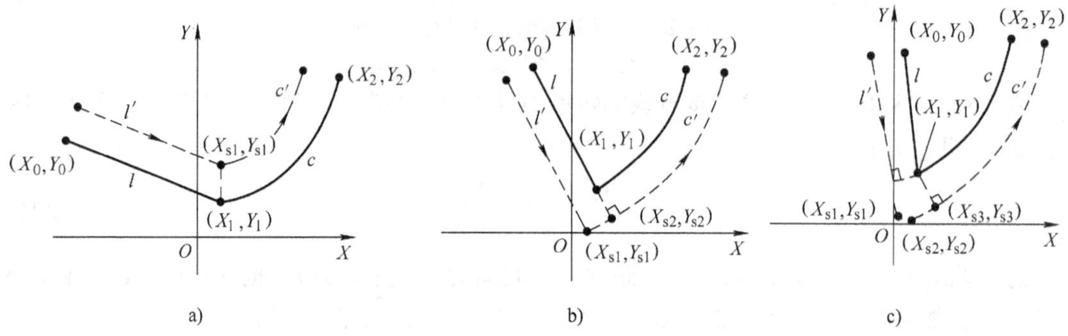

图 5-29　直线接圆弧刀补进行示意图

a）缩短型　b）伸长型　c）插入型

对于图 5-29a 所示直线接圆弧缩短型刀补进行的情况，l 表示零件的直线轮廓，c 表示零件的圆弧轮廓，l'和 c'分别对应刀补后刀具中心轨迹。联立 l'和 c'组成的二元二次方程可求得转接点（X_{s1}，Y_{s1}）坐标值为

$$\begin{cases} X_{s1} = X_1 + X_{l1}(Y_{l1}J + X_{l1}I) - \boldsymbol{r}Y_{l1} - \mathrm{sgn}(X_{l1}I + Y_{l1}J)X_{l1}f \\ Y_{s1} = Y_1 + Y_{l1}(Y_{l1}J + X_{l1}I) + \boldsymbol{r}X_{l1} - \mathrm{sgn}(X_{l1}I + Y_{l1}J)Y_{l1}f \end{cases} \tag{5-23}$$

式中

$$f = \sqrt{(\boldsymbol{R} + \boldsymbol{r})^2 - (X_{l1}J - Y_{l1}I - \boldsymbol{r})^2} \tag{5-24}$$

同理，上式也是在（$X_{l1}Y_{l2}-X_{l2}Y_{l1}$）$\neq 0$，即转接角 $180°<\alpha<360°$的情况下求得的。而对于（$X_{l1}Y_{l2}-X_{l2}Y_{l1}$）$=0$，即转接角 $\alpha=180°$时，转接点（X_{s1}，Y_{s1}）坐标值与式 5-18 相类似，下面也不再重复讨论。

对于图 5-29b 所示直线接圆弧伸长型刀补进行情况，其中（X_{s2}，Y_{s2}）为圆弧轮廓在转接点处切点（X_{s1}，Y_{s1}）为 l_1'与圆弧切线延长线的交点，因此可求得其坐标值为

$$\begin{cases} X_{s1}=X_1+\dfrac{(X_{l2}-X_{l1})\boldsymbol{r}}{X_{l1}Y_{l2}-X_{l2}Y_{l1}} \\ Y_{s1}=Y_1+\dfrac{(Y_{l2}-Y_{l1})\boldsymbol{r}}{X_{l1}Y_{l2}-X_{l2}Y_{l1}} \end{cases} \tag{5-25}$$

$$\begin{cases} X_{s2}=X_1-\boldsymbol{r}Y_{l2} \\ Y_{s2}=Y_1+\boldsymbol{r}X_{l2} \end{cases} \tag{5-26}$$

对于图 5-29c 所示直线接圆弧插入型刀补进行情况，可求出三个转接点（X_{s1}，Y_{s1}）、（X_{s2}，Y_{s2}）和（X_{s3}，Y_{s3}）的坐标值分别如下

$$\begin{cases} X_{s1}=X_1-\boldsymbol{r}Y_{l1}+|\boldsymbol{r}|X_{l1} \\ Y_{s1}=Y_1+\boldsymbol{r}X_{l1}+|\boldsymbol{r}|Y_{l1} \end{cases} \tag{5-27}$$

$$\begin{cases} X_{s2}=X_1-\boldsymbol{r}Y_{l2}-|\boldsymbol{r}|X_{l2} \\ Y_{s2}=Y_1+\boldsymbol{r}X_{l2}-|\boldsymbol{r}|Y_{l2} \end{cases} \tag{5-28}$$

$$\begin{cases} X_{s3}=X_1-\boldsymbol{r}Y_{l2} \\ Y_{s3}=Y_1+\boldsymbol{r}X_{l2} \end{cases} \tag{5-29}$$

（3）圆弧接直线　如图 5-30 所示。假设零件的第一段圆弧轮廓 c 起点为（X_0，Y_0），终点为（X_1，Y_1），圆弧半径为 R，圆心相对圆弧起点坐标为（I，J）；第二段直线轮廓 l 起点为（X_1，Y_1），终点为（X_2，Y_2），则圆弧终点（X_1，Y_1）处的方向矢量为

$$\begin{cases} X_{l1}=-Y_{01}/\boldsymbol{R} \\ Y_{l1}=X_{01}/\boldsymbol{R} \end{cases} \tag{5-30}$$

式中，R 的定义如式 5-22 所示，X_{01} 和 Y_{01} 的定义如下：

$$\begin{cases} X_{01}=X_0+I-X_1 \\ Y_{01}=Y_0+J-Y_1 \end{cases} \tag{5-31}$$

第二段直线轮廓的方向矢量如式（5-14）所示。

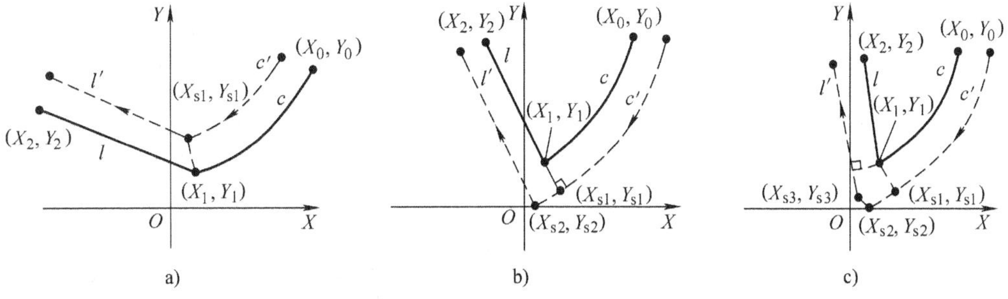

图 5-30　圆弧接直线刀补进行示意图

a）缩短型　b）伸长型　c）插入型

对于图 5-30（a）所示圆弧接直线缩短型刀补进行情况，当 $X_{l1}Y_{l2}-X_{l2}Y_{l1}\neq 0$，即转接角 $180°<\alpha<360°$时，可推算出转接点（X_{s1}，Y_{s1}）的坐标值为

$$\begin{cases}X_{s1}=X_1+X_{l2}(X_{l2}X_{01}+Y_{l2}Y_{01})-\boldsymbol{r}Y_{l2}-\mathrm{sgn}(X_{l2}X_{01}+Y_{l2}Y_{01})X_{l2}f\\Y_{s1}=Y_1+Y_{l2}(X_{l2}X_{01}+Y_{l2}Y_{01})+\boldsymbol{r}X_{l2}-\mathrm{sgn}(X_{l2}X_{01}+Y_{l2}Y_{01})X_{l2}f\end{cases}\tag{5-32}$$

式中
$$f=\sqrt{(\boldsymbol{R}+\boldsymbol{r})^2-(X_{l2}Y_{01}-Y_{l2}X_{01}-\boldsymbol{r})^2}\tag{5-33}$$

对于图 5-30b 所示圆弧接直线伸长型刀补进行的情况，可求出二个转接点（X_{s1}，Y_{s1}）和（X_{s2}，Y_{s2}）的表达式分别与式（5-25）和式（5-26）相同，只是式中方向矢量不同。

对于图 5-30c 所示圆弧接直线插入型刀补进行的情况，可求出三个转接点（X_{s1}，Y_{s1}）、（X_{s2}，Y_{s2}）和（X_{s3}，Y_{s3}）坐标值公式分别如式（5-27）、式（5-28）和式（5-29）所示。

（4）圆弧接圆弧　如图 5-31 所示。假设第一个圆弧轮廓段 c_1 的起点为（X_0，Y_0），终点为（X_1，Y_1），半径为 $\boldsymbol{R}_1$，圆心相对起点坐标为（I_1，J_1）。第二个圆弧轮廓段 c_2 的起点为（X_1，Y_1），终点为（X_2，Y_2），半径为 $\boldsymbol{R}_2$，圆心相对起点坐标为（I_2，J_2）。

同样根据前面的约定，则第一段圆弧在交点（X_1，Y_1）处方向矢量的投影分量为

$$\begin{cases}X_{l1}=-\dfrac{Y_{01}}{\boldsymbol{R}_1}\\Y_{l1}=\dfrac{X_{01}}{\boldsymbol{R}_1}\end{cases}\tag{5-34}$$

第二段圆弧在交点（X_1，Y_1）处方向矢量的投影分量为

$$\begin{cases}X_{l2}=-\dfrac{Y_{02}}{\boldsymbol{R}_2}\\Y_{l2}=\dfrac{X_{02}}{\boldsymbol{R}_2}\end{cases}\tag{5-35}$$

式中，$\boldsymbol{R}_1$ 和 $\boldsymbol{R}_2$ 的定义如前面式 5-22 所示，（X_{01}，Y_{01}）和（X_{02}，Y_{02}）的定义如下

$$\begin{cases}X_{01}=(X_0+I_1)-X_1\\Y_{01}=(Y_0+J_1)-Y_1\end{cases}\tag{5-36}$$

$$\begin{cases}X_{02}=(X_1+I_2)-X_1=I_2\\Y_{02}=(Y_1+J_2)-Y_1=J_2\end{cases}\tag{5-37}$$

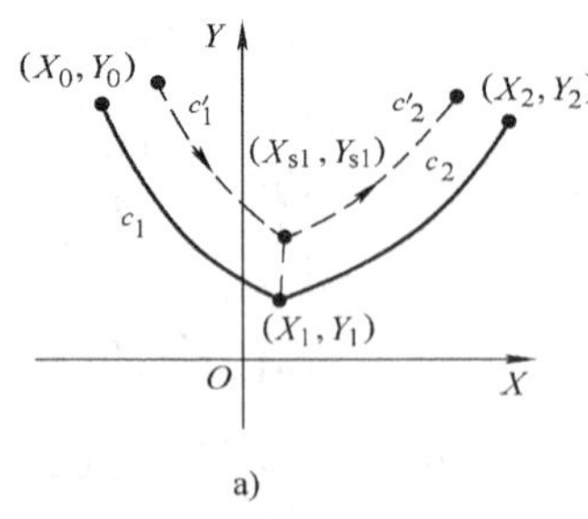

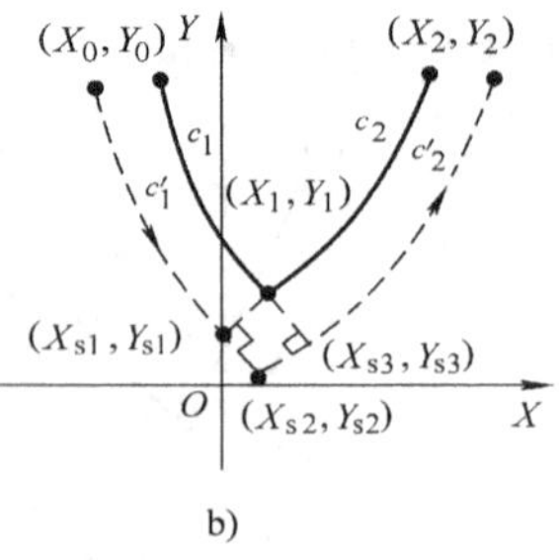

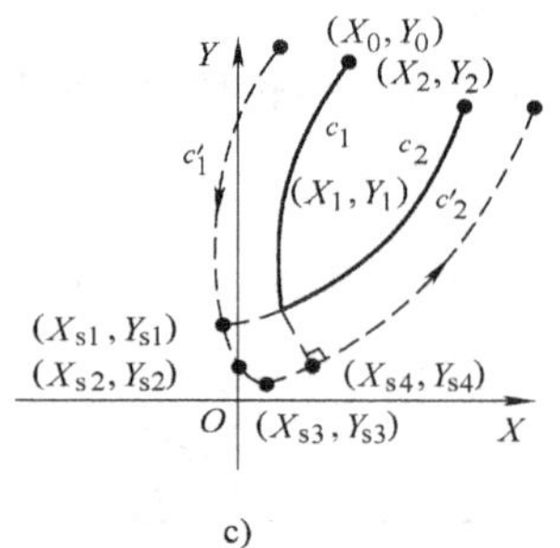

图 5-31　圆弧接圆弧刀补进行示意图

a）缩短型　b）伸长型　c）插入型

对于图5-31a所示圆弧接圆弧缩短型刀补进行情况，根据前面的定义，可求得交点（X_{s1}，Y_{s1}）的坐标值为

$$\begin{cases}X_{s1}=X_1+X_l(X_lX_{01}+Y_lY_{01})-d_2Y_l-\mathrm{sgn}(X_lX_{01}+Y_lY_{01})X_lf\\Y_{s1}=Y_1+Y_l(X_lX_{01}+Y_lY_{01})+d_2X_l-\mathrm{sgn}(X_lX_{01}+Y_lY_{01})Y_lf\end{cases}\tag{5-38}$$

式中，f、X_l、Y_l、d_1、d_2 的定义分别为

$$f=\sqrt{(\boldsymbol{R}_2+\boldsymbol{r})^2-(X_lY_{01}-Y_lX_{01}-d_2)^2}\tag{5-39}$$

$$\begin{cases}X_l=(Y_{02}-Y_{01})/d_1\\Y_l=-(X_{02}-X_{01})/d_1\end{cases}\tag{5-40}$$

$$\begin{cases}d_1=\sqrt{(X_{02}-X_{01})^2+(Y_{02}-Y_{01})^2}\\d_2=\boldsymbol{r}(\boldsymbol{R}_1-\boldsymbol{R}_2)/d_1\end{cases}\tag{5-41}$$

对于图5-31b所示圆弧接圆弧伸长型刀补进行情况，可推得三个转接点（X_{s1}，Y_{s1}）、（X_{s2}，Y_{s2}）和（X_{s3}，Y_{s3}）的坐标值为

$$\begin{cases}X_{s1}=X_1-\boldsymbol{r}Y_{l1}\\Y_{s1}=Y_1+\boldsymbol{r}X_{l1}\end{cases}\tag{5-42}$$

$$\begin{cases}X_{s2}=X_1+\dfrac{(X_{l2}-X_{l1})\boldsymbol{r}}{X_{l1}Y_{l2}-X_{l2}Y_{l1}}\\Y_{s2}=Y_1+\dfrac{(Y_{l2}-Y_{l1})\boldsymbol{r}}{X_{l1}Y_{l2}-X_{l2}Y_{l1}}\end{cases}\tag{5-43}$$

$$\begin{cases}X_{s3}=X_1-\boldsymbol{r}Y_{l2}\\Y_{s3}=Y_1+\boldsymbol{r}X_{l2}\end{cases}\tag{5-44}$$

对于图5-31c所示圆弧接圆弧插入型刀补进行情况，可推得四个转接点（X_{s1}，Y_{s1}）、（X_{s2}，Y_{s2}）、（X_{s3}，Y_{s3}）和（X_{s4}，Y_{s4}）的坐标值为

$$\begin{cases}X_{s1}=X_1-\boldsymbol{r}Y_{l1}\\Y_{s1}=Y_1+\boldsymbol{r}X_{l1}\end{cases}\tag{5-45}$$

$$\begin{cases}X_{s2}=X_{s1}+|\boldsymbol{r}|X_{l1}=X_1-\boldsymbol{r}Y_{l1}+|\boldsymbol{r}|X_{l1}\\Y_{s2}=Y_{s1}+|\boldsymbol{r}|Y_{l1}=Y_1+\boldsymbol{r}X_{l1}+|\boldsymbol{r}|Y_{l1}\end{cases}\tag{5-46}$$

$$\begin{cases}X_{s3}=X_1-\boldsymbol{r}Y_{l2}-|\boldsymbol{r}|X_{l2}\\Y_{s3}=Y_1+\boldsymbol{r}X_{l2}-|\boldsymbol{r}|Y_{l2}\end{cases}\tag{5-47}$$

$$\begin{cases}X_{s4}=X_1-\boldsymbol{r}Y_{l2}\\Y_{s4}=Y_1+\boldsymbol{r}X_{l2}\end{cases}\tag{5-48}$$

通过上述刀补计算公式可以看出，除了式（5-23）、式（5-32）和式（5-38）三个公式比较复杂外，其余公式都很容易实现。并且转接点采用直线过渡方式跟以往圆弧过渡相比，前者克服了尖角不尖和粗糙度变化的不足。

如图5-32所示。设要求加工的零件轮廓为ABCDEFGHIJA，起刀点选在 O_1 处，采用上

述刀具半径补偿处理方法后，可获得如虚线所示的刀具中心轨迹，其中$\overline{O_1A_1}$为刀补建立段，$\overline{A_2O_1}$为刀补撤消段，其他各段均为刀补进行段。

（二）插补计算

直线和圆弧是构成零件轮廓的基本线型，大多数 CNC 装置都具有直线和圆弧的插补功能，而其他轮廓可由直线和圆弧的折线来拟合、逼近。在某些高档数控装置中还具有抛物线、椭圆、双曲线、螺旋线等插补功能，下面主要介绍直线和圆弧的插补算法。

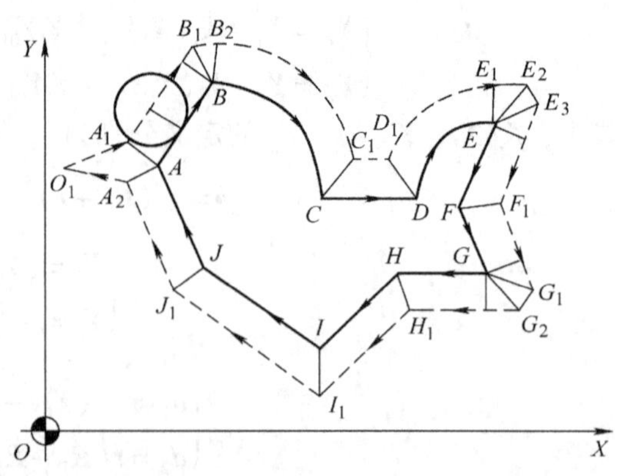

图 5-32　直线过渡型刀补零件加工实例

插补速度和插补精度是插补的两项重要指标，它直接决定了数控机床的精度和进给速度，所以插补是整个数控系统软件的核心模块之一。目前，已经提出了很多插补算法，但一般可将它们分为如下两大类。

一类是脉冲增量插补，它是根据一定算法通过向各个运动轴分配脉冲，控制机床坐标轴作相互协调的运动，从而加工出一定形状轮廓。这类算法输出是脉冲形式，并且每次仅产生一个单位的行程增量。由于算法简单，只要通过加法和移位就可完成插补，所以可以用硬件实现，以提高插补速度。当然，也可以用软件模仿硬件的处理过程来实现。一般来讲，脉冲增量插补较适合中等精度（如 0.01mm）和中等速度（如 1～3m/min）的机床数控系统，并且执行元件最好是步进电动机。下面将介绍这类算法中的逐点比较法和数字积分法。

另一类是数据采样法，它是使用一系列首尾相连的微小直线段来逼近给定曲线轮廓。由于这些线段是按加工时间来进行分割的，故也称为“时间分割法”。显然，插补输出的不再是一个脉冲，而是一个数字量，所以这类算法较适合于以直流电动机或交流电动机作为执行元件的闭环或半闭环数控系统，并且能达到较高的进给速度和控制精度。

1. 逐点比较法插补

逐点比较法插补的基本原理是，在刀具按要求轨迹运动加工零件轮廓的过程中，不断比较刀具与被加工零件轮廓之间的相对位置，并根据比较结果决定下一步的进给方向，使刀具向减小偏差的方向进给，且只有一个方向的进给。逐点比较法的特点是运算直观，输出脉冲均匀，调节方便，在两坐标联动数控机床中获得广泛应用。我国早期将其成功应用于线切割机床，取得了很大的经济效益和社会效益。

（1）逐点比较法 *I* 象限直线插补　如图 5-33 所示，第 I 象限直线$\overline{OE}$，起点 O 为坐标原点，终点为 E（X_e，Y_e），动点为 N（X_i，Y_i），现假设动点 N 正好处于直线$\overline{OE}$上，则有下式成立

$$\frac{Y_i}{X_i}=\frac{Y_e}{X_e}\text{或}\ X_eY_i-X_iY_e=0 \tag{5-49}$$

假设动点处于$\overline{OE}$下方 N'处，则直线$\overline{ON'}$斜率小于直线$\overline{OE}$斜率，从而有

$$\frac{Y_i}{X_i}<\frac{Y_e}{X_e}\text{或}\ X_eY_i-X_iY_e<0 \tag{5-50}$$

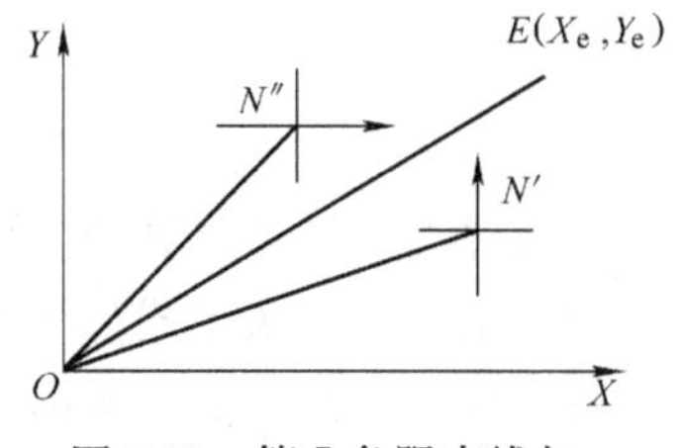

图 5-33　第 I 象限直线与动点之间的关系

假设动点处于$\overline{OE}$上方 N''处，则直线$\overline{ON''}$斜率大于直线$\overline{OE}$斜率，从而有

$$\frac{Y_i}{X_i}>\frac{Y_e}{X_e}\text{或 } X_eY_i-X_iY_e>0 \tag{5-51}$$

由以上关系式可以看出，$(X_eY_i-X_iY_e)$ 的符号就反映了动点 N 与直线$\overline{OE}$之间的偏离情况，为此取偏差函数为

$$F=X_eY_i-X_iY_e \tag{5-52}$$

在图 5-33 中，动点 N $(X_i,\ Y_i)$ 对应切削刀具的位置，当其处于直线下方区域时（$F<0$），为了更靠拢直线轮廓，则要求刀具向（$+Y$）方向进给一步；当刀具处于直线上方区域时（$F>0$），则要求刀具向（$+X$）方向进给一步；当刀具正好处于直线上时（$F=0$），理论上既可向（$+X$）方向进给，也可向（$+Y$）方向进给，但一般情况下约定向（$+X$）方向进给，从而将 $F>0$ 和 $F=0$ 两种情况归并成一类（$F\geqslant 0$）。

为了简化运算，通常采用递推法，即每进给一步后新加工点的位置偏差值通过前一点的偏差递推算出。为此假设第 i 次插补时，动点坐标为 N $(X_i,\ Y_i)$，偏差函数为 $F_i=X_eY_i-X_iY_e$。若 $F_i\geqslant 0$，则向（$+X$）方向进给一步，新的动点坐标值为

$$X_{i+1}=X_i+1,\quad Y_{i+1}=Y_i \tag{5-53}$$

因此新的偏差函数为

$$F_{i+1}=X_eY_{i+1}-X_{i+1}Y_e=X_eY_i-X_iY_e-Y_e$$

故

$$F_{i+1}=F_i-Y_e \tag{5-54}$$

同样，若 $F<0$，则向（$+Y$）方向进给一步，新的动点坐标值为

$$X_{i+1}=X_i,\quad Y_{i+1}=Y_i+1 \tag{5-55}$$

因此新的偏差函数为

$$F_{i+1}=X_eY_{i+1}-X_{i+1}Y_e=X_eY_i-X_iY_e+X_e$$

故

$$F_{i+1}=F_i+X_e \tag{5-56}$$

在这里还要说明的是，开始加工时一般采用人工方法将刀具移到刀具中心轮廓的起点，即所谓“对刀过程”，这时刀具正好处于直线上，$F_0=0$。

综上所述，第Ⅰ象限内直线插补时偏差函数与进给方向的对应关系如下：

当 $F\geqslant 0$ 时，进给（$+X$）方向，新的偏差函数为 $F_{i+1}=F_i-Y_e$；

当 $F<0$ 时，进给（$+Y$）方向，新的偏差函数为 $F_{i+1}=F_i+X_e$。

在插补计算、进给的同时还要进行终点判别，若已经到达终点，就不再进行插补，并发出停机或转换新零件轮廓段信号，否则返回继续循环插补。终点判别可以采用总步长法，也就是首先求出被插补直线在两个坐标轴方向上应走的总步数为

$$\Sigma=|X_e|+|Y_e| \tag{5-57}$$

然后每插补一次，不论哪个轴进给一步，均从总步数中减 1，这样当总步数减到零时即表示已到达终点。

在上述推导过程中，均假设所有坐标值的单位是脉冲当量，这样坐标值均是整数，每次发出一个单位脉冲，相当于进给一个脉冲当量的距离。

逐点比较法插补算法最早是在硬件数控系统中使用数字逻辑电路来实现的，但在后来的

CNC 系统中基本上都是采用软件来模拟硬件实现。最近几年，有些研究人员使用一种大规模的数字电路——现场可编程逻辑门阵列（FPGA，Field Programmable Gate Array）或复杂可编程逻辑器件（Complex Programmable Logic Device）来实现该插补功能，从而克服了原来硬件插补线路灵活性差的缺点，同时保留了硬件电路处理速度快的优点。使用这种电路实现的基于 PC 总线的插补卡（或称运动控制卡）已经可以在市场上买到。

这里根据前面的推导过程，设计出逐点比较法第Ⅰ象限直线插补的软件流程如图 5-34 所示。

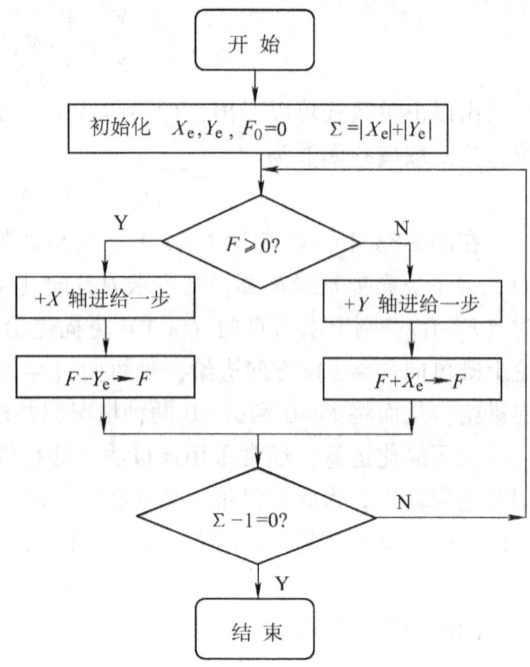

图 5-34 第Ⅰ象限逐点比较法直线插补软件流程图

（2）逐点比较法第Ⅰ象限逆圆插补 在圆弧加工过程中，要描述刀具位置与被加工圆弧之间的相对关系，可用动点到圆心的距离来反映。如图 5-35 所示。假设被加工的零件轮廓为第Ⅰ象限逆圆弧 $\overset{\frown}{SE}$，刀具在动点 $N(X_i, Y_i)$ 处，圆心为 $O(0, 0)$，半径为 R，则通过比较该动点到圆心的距离与圆弧半径之间的大小，就可反映出动点与圆弧之间的相对位置关系。

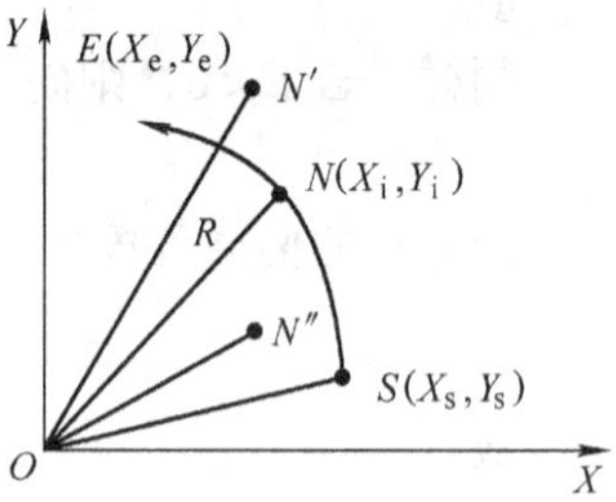

图 5-35 第Ⅰ象限逆圆与动点之间的关系

当动点 $N(X_i, Y_i)$ 正好落在圆弧 $\overset{\frown}{SE}$ 上时，有

$$X_i^2 + Y_i^2 = X_e^2 + Y_e^2 = R^2 \tag{5-58}$$

当动点 N 落在圆弧 $\overset{\frown}{SE}$ 外侧（如在 N' 处）时，有

$$X_i^2 + Y_i^2 > X_e^2 + Y_e^2 = R^2 \tag{5-59}$$

当动点 N 落在圆弧 $\overset{\frown}{SE}$ 内侧（如在 N'' 处）时，有

$$X_i^2 + Y_i^2 < X_e^2 + Y_e^2 = R^2 \tag{5-60}$$

为此，取圆弧插补时的偏差函数表达式为

$$F = X_i^2 + Y_i^2 - R^2 \tag{5-61}$$

进一步可以从图 5-35 中直观看出，当动点处于圆外时，为了减小加工误差，则应向圆内进给，即走（$-X$）轴方向一步。当动点落在圆弧内部时，则应向圆外进给，即走（$+Y$）轴方向一步。当动点正好落在圆弧上时，为了使进给继续下去，（$+Y$）和（$-X$）两个方向均可以进给，但一般情况下约定向（$-X$）轴方向进给。

综上所述，可总结出逐点比较法第Ⅰ象限逆圆弧插补的规则如下：

当 $F>0$ 时，即 $F = X_i^2 + Y_i^2 - R^2 > 0$，动点在圆外，则向（$-X$）轴进给一步；

当 $F=0$ 时，即 $F = X_i^2 + Y_i^2 - R^2 = 0$，动点正好在圆上，则向（$-X$）轴进给一步；

当 $F<0$ 时，即 $F = X_i^2 + Y_i^2 - R^2 < 0$，动点在圆内，则向（$+Y$）轴进给一步。

类似地为简化计算，进一步推导出相应的递推形式表达式。现假设第 i 次插补时，动点

坐标为 $N\ (X_i,\ Y_i)$，对应偏差函数为 $F=X_i^2+Y_i^2-R^2$。若 $F_i \geqslant 0$，则向（$-X$）轴方向进给一步，获得新的动点坐标值为 $X_{i+1}=X_i-1$，$Y_{i+1}=Y_i$，因此，新的偏差函数为

$$F_{i+1}=X_{i+1}^2+Y_{i+1}^2-R^2=(X_i-1)^2+Y_i^2-R^2$$

故

$$F_{i+1}=F_i-2X_i+1 \tag{5-62}$$

同理，若 $F_i<0$，则向（$+Y$）轴方向进给一步，获得新的动点坐标值为 $X_{i+1}=X_i$，$Y_{i+1}=Y_i+1$，因此，可求得新的偏差函数为

$$F_{i+1}=X_{i+1}^2+Y_{i+1}^2-R^2=X_i^2+(Y_i+1)^2-R^2$$

故

$$F_{i+1}=F_i+2Y_i+1 \tag{5-63}$$

至此，可总结出第Ⅰ象限逆圆弧插补的规则和计算公式如下：

当 $F_i \geqslant 0$ 时，进给（$-X$）方向，新的偏差值为 $F_{i+1}=F_i-2X_i+1$，动点坐标为 $X_{i+1}=X_i-1$，$Y_{i+1}=Y_i$；

当 $F_i<0$ 时，进给（$+Y$）方向，新的偏差值为 $F_{i+1}=F_i+2Y_i+1$，动点坐标为 $X_{i+1}=X_i$，$Y_{i+1}=Y_i+1$

和直线插补一样，圆弧插补过程中也要进行终点判别。对于仅在一个象限内的情况，则仍然可用总步数法来进行终点判别，只是公式稍有不同。

$$\Sigma=|X_e-X_s|+|Y_e-Y_s| \tag{5-64}$$

根据上述推导算法设计出第Ⅰ象限逆圆逐点比较法插补的软件流程如图 5-36 所示。

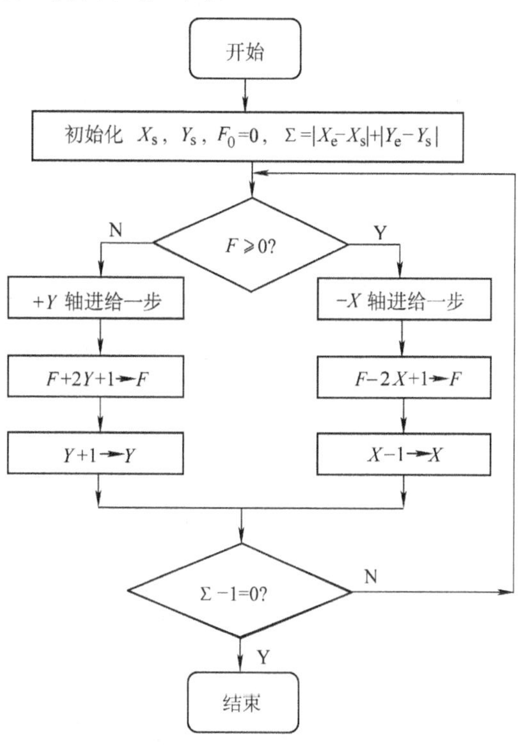

图 5-36 第Ⅰ象限逆圆逐点比较法插补流程图

（3）插补象限和圆弧走向处理 前面所讨论的逐点比较法直线和圆弧插补原理，均假设针对第Ⅰ象限直线和第Ⅰ象限逆圆的特定情况进行的。但事实上，任何机床都必须具备处理不同象限、不同走向圆弧轮廓的能力，而这时其插补计算公式和脉冲进给方向都是不同的。

不妨将第Ⅰ、Ⅱ、Ⅲ、Ⅳ象限内直线分别记为 L1、L2、L3、L4；而对于圆弧用“S”表示顺圆，用“N”表示逆圆，结合象限的划分可获得 8 种圆弧形式，四个象限顺圆可表示为 SR1、SR2、SR3、SR4，四个象限的逆圆可表示为 NR1、NR2、NR3、NR4。

①四象限直线插补

不妨假设Ⅱ象限直线如图 5-37 所示，起点在原点 O（0，0），终点为 $A\ (-X_e,\ +Y_e)$，若用坐标的绝对值参与插补运算，则仿照前面方法可推得对应的插补算法及进给方向如下：

当 $F_i \geqslant 0$ 时，进给（$-X$）方向，$F_i+1=F_i-Y_e$；

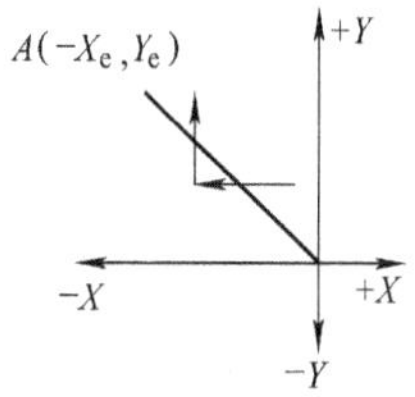

图 5-37 第Ⅱ象限直线插补

当 $F_i<0$ 时，进给（+Y）方向，$F_i+1=F_i+X_e$。

与前面进行比较后发现，当被插补直线处于不同象限时，其计算公式及处理过程完全一样，仅仅是进给方向不同而已。进一步可总结出 L1、L2、L3、L4 的进给方向如图 5-38 和表 5-4 所示，并由此设计出四个象限内直线插补的软件流程如图 5-39 所示。

表 5-4 四个象限直线插补进给方向和偏差计算

线型	偏差计算	进给	偏差计算	进给
	$F\geqslant0$		$F<0$	
L1	$F-Y_e\rightarrow F$	$+\Delta X$	$F+X_e\rightarrow F$	$+\Delta Y$
L2		$-\Delta X$		$+\Delta Y$
L3		$-\Delta X$		$-\Delta Y$
L4		$+\Delta X$		$-\Delta Y$

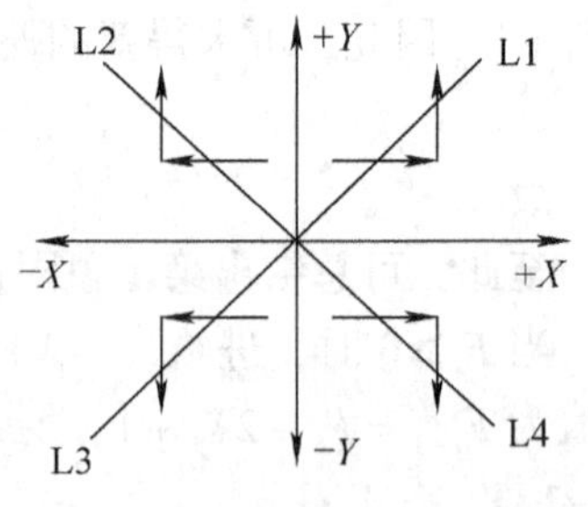

图 5-38 四个象限直线插补进给方向

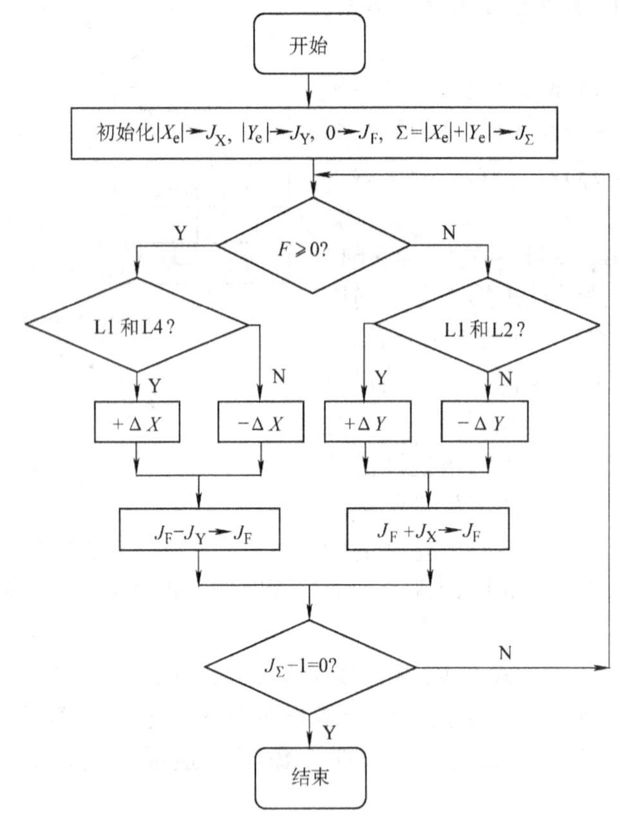

图 5-39 逐点比较法四象限直线插补流程图

② 四象限圆弧插补

现考察如图 5-40 所示，第 I 象限顺圆 SR1 的插补情况。圆弧 $\overset{\frown}{SE}$ 起点为 S（X_s，Y_s），终点为 E（X_e，Y_e），当某时刻动点 N（X_i，Y_i）处在圆弧外侧，即 $F_i\geqslant0$，显然应该向圆内

进给才能减小误差，即进给一步（$-\Delta Y$）；若动点 N 在圆弧内侧，则应向圆外进给一步（$+\Delta X$）。据此可推得第Ⅰ象限顺圆插补的规则为

当 $F_i \geqslant 0$ 时，进给一步（$-\Delta Y$），则新动点的偏差函数为

$$F_{i+1} = X_{i+1}^2 + Y_{i+1}^2 - R^2 = X_i^2 + (Y_i - 1)^2 - R^2$$

故
$$F_{i+1} = F_i - 2Y_i + 1 \tag{5-65}$$

当 $F_i < 0$ 时，进给一步（$+\Delta X$），则新动点的偏差函数为

$$F_{i+1} = X_{i+1}^2 + Y_{i+1}^2 - R^2 = (X_i + 1)^2 + Y_i^2 - R^2$$

故
$$F_{i+1} = F_i + 2X_i + 1 \tag{5-66}$$

同理，还可以推导出其余 6 种圆弧的插补公式，现将其进给情况汇总在图 5-41 和表 5-5 中。相应软件流程图如图 5-42 所示。

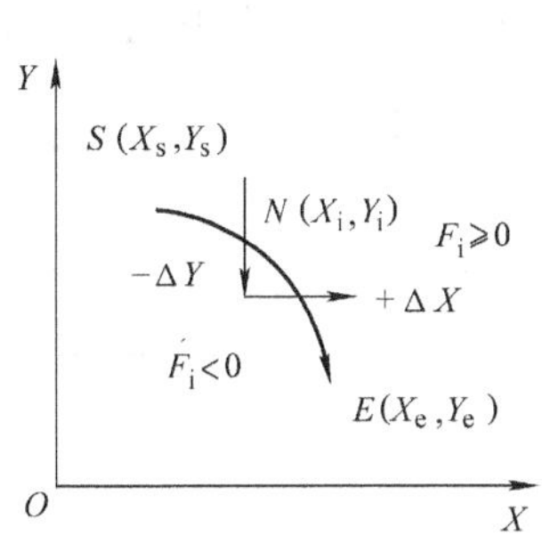

图 5-40 第Ⅰ象限顺圆逐点比较法插补示意图

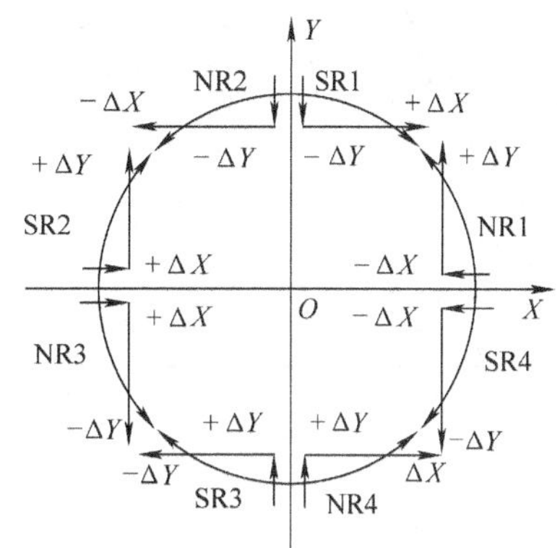

图 5-41 四象限圆弧插补进给方向

表 5-5 四象限圆弧插补进给方向和偏差计算

线型	偏差计算	进给	偏差计算	进给
	$F \geqslant 0$		$F<0$	
SR1 SR3 NR2 NR4	$F-2Y+1 \to F$ $Y-1 \to F$	$-\Delta Y$ $+\Delta Y$ $-\Delta Y$ $+\Delta Y$	$F+2X+1 \to F$ $X+1 \to X$	$+\Delta X$ $-\Delta X$ $-\Delta X$ $+\Delta X$
SR2 SR4 NR1 NR3	$F-2X+1 \to F$ $X-1 \to X$	$+\Delta X$ $-\Delta X$ $-\Delta X$ $+\Delta X$	$F+2Y+1 \to F$ $Y+1 \to Y$	$+\Delta Y$ $-\Delta Y$ $+\Delta Y$ $-\Delta Y$

③圆弧过象限

通过前面分析可以看出，直线一般处于一个象限内，不存在过象限问题。而圆弧有可能跨几个象限，这时就要进行针对性处理，以保证加工的继续进行。

当圆弧过象限时，具有如下特点。其一是过象限前后动点坐标值的符号会改变；其二是过象限前后圆弧走向不变，即逆时针圆弧过象限转换顺序是：NR1→NR2→NR3→NR4→NR1……，顺时针圆弧过象限的转换顺序是：SR1→SR4→SR3→SR2→SR1→……；其三是圆弧过

象限过程中当动点处于坐标轴上时必有一个坐标值为零，据此可以作为过象限的标志；其四是终点判别时不能直接应用前面式（5-64）进行，这时可用动点坐标和终点坐标代数值相等的原则来判断。根据上述特点再结合图 5-42 就可编写出通用的圆弧插补程序。

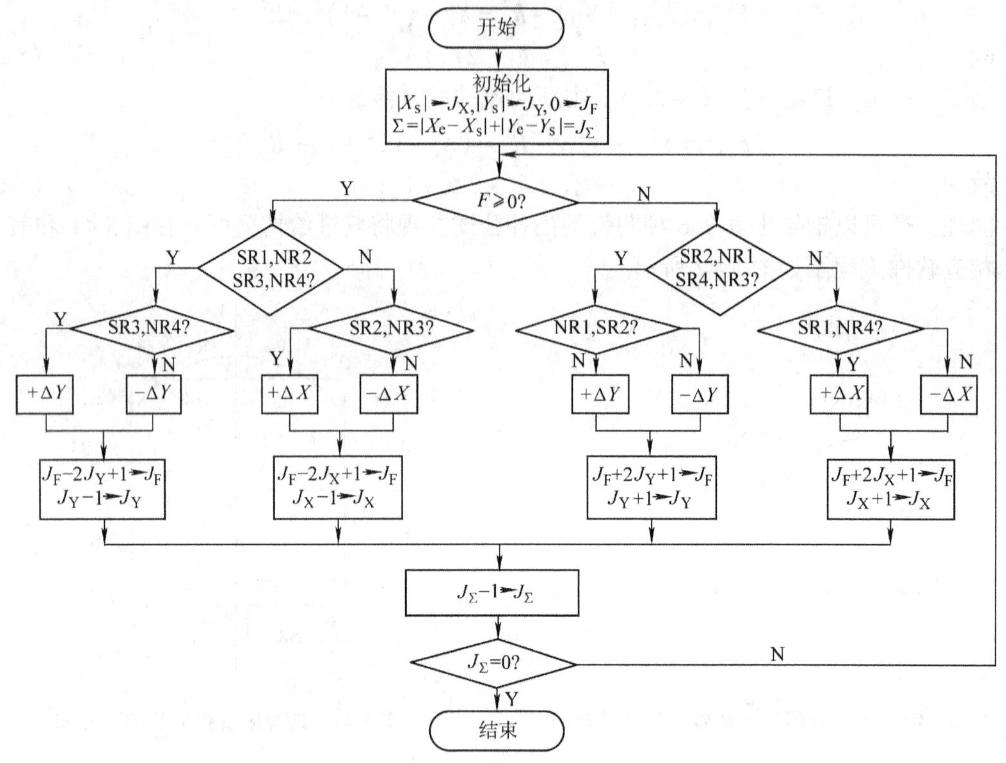

图 5-42　四象限圆弧插补流程图

2. 数字积分法插补

数字积分法也称 DDA 法（Digital Differential Analyzer），其最大优点是易于完成三个或三个以上坐标轴的插补，实现多个坐标轴联动加工。另外，它还可以较容易地实现二次曲线，甚至高次曲线的插补。

（1）数字积分法插补基本原理　从几何意义上讲，函数 $Y=f(t)$ 的积分运算就是求出此函数曲线与横轴所围成的面积，如图 5-43 所示。

$$S=\int_{t_0}^{t_n} y\mathrm{d}t=\int_{t_0}^{t_n} f(t)\,\mathrm{d}t \tag{5-67}$$

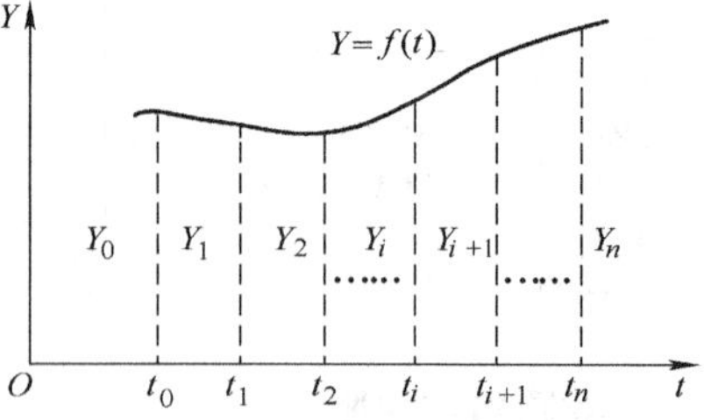

图 5-43　函数积分的几何描述

进一步如果将 $t\in[t_0, t_n]$ 的时间区段划分为间隔 Δt 的很多小区间，并且当 Δt 足够小时，上述积分可用式（5-67）来表示，事实上从几何意义上理解，就是使用一系列的小矩形面积之和来近似函数积分的整个面积。

$$S=\int_{t_0}^{t_n} y\mathrm{d}t\approx\sum_{i=0}^{n-1} Y_i\Delta t \tag{5-68}$$

如果在式（5-67）中取 Δt 为基本单位“1”，则可演化成矩形数字积分器算式

$$S = \sum_{i=0}^{n-1} Y_i \tag{5-69}$$

可见，在上述假设条件下就可将积分运算转化为式（5-68）所示的求纵坐标值的累加运算。进一步，不妨设累加器容量为一个单位面积值，当累加过程中超过一个单位面积时即产生溢出，这样，累加过程中产生的溢出脉冲总数就等于所求的总面积，也就是所求积分值。

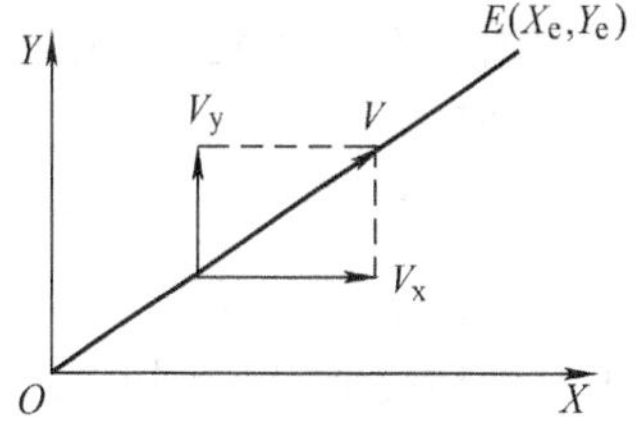

图 5-44 DDA 法直线插补

（2）数字积分法直线插补 设要加工Ⅰ象限直线$\overline{OE}$，如图 5-44 所示，其起点为坐标原点，终点为 $E(X_e, Y_e)$。假设刀具进给速度在两坐标轴上的速度分量为 v_x、v_y。从而可求得刀具在 X、Y 方向上移动距离的微小增量为

$$\begin{cases}\Delta X = v_x \Delta t \\ \Delta Y = v_y \Delta t\end{cases} \tag{5-70}$$

根据图 5-44 中的几何关系，可以看出

$$\frac{v}{\overline{OE}} = \frac{v_x}{X_e} = \frac{v_y}{Y_e} = K(\text{常数}) \tag{5-71}$$

将式 5-71 中 v_x、v_y 代入式 5-70 中，得

$$\begin{cases}\Delta X = KX_e \Delta t \\ \Delta Y = KY_e \Delta t\end{cases} \tag{5-72}$$

可见，刀具从原点 O 走向终点 E 的过程，可以看作是各坐标轴每经过一个单位时间间隔 Δt 就分别以增量 $[KX_e]$ 和 $[KY_e]$ 同时累加的结果。也可以认为，数字积分法插补实际上是利用速度分量进行数字积分来确定刀具在各坐标轴上坐标值的过程。

$$\begin{cases}X = \sum_{i=1}^{n} \Delta X_i = \sum_{i=1}^{n} KX_e \Delta t_i \\ Y = \sum_{i=1}^{n} \Delta Y_i = \sum_{i=1}^{n} KY_e \Delta t_i\end{cases} \tag{5-73}$$

取 $\Delta t_i =$ “1”（一个单位时间间隔），则上式演变为

$$\begin{cases}X = KX_e \sum_{i=1}^{n} \Delta t_i = nKX_e \\ Y = KY_e \sum_{i=1}^{n} \Delta t_i = nKY_e\end{cases} \tag{5-74}$$

现假设经过 n 次累加后，刀具正好到达终点 E（X_e，Y_e），即要求满足下式

$$nK = 1 \text{ 或 } n = 1/K \tag{5-75}$$

可见，式中比例常数 K 和累加次数 n 之间是互为倒数关系，两者相互制约，不能独立自由选择。也就是说只要选定了其中一个，则另一个也就随之确定了。另外，式中 n 是累加次数，必须取整数，这样 K 就必须取小数。为了保证坐标轴上每次分配的进给脉冲不超过 1 个单位（一般指 1 个脉冲当量），则

$$\begin{cases}\Delta X = KX_e < 1 \\ \Delta Y = KY_e < 1\end{cases} \tag{5-76}$$

另外，式中 X_e、Y_e 的最大允许值是受系统中相应寄存器的容量所限制，现不妨假设寄存器容量为 N 位，则当各位全为“1”时，对应最大允许数字量为（2^N-1），将其代入式（5-76）中 X_e、Y_e，则可得到

$$K<1/(2^N-1) \tag{5-77}$$

据此不妨选取 $K=1/2^N$，显然它满足式（5-76）和式（5-77）的条件。再据式（5-75），可得到累加次数为

$$n=1/K=2^N \tag{5-78}$$

也就是说，经过 $n=2^N$ 次累加后，动点（刀具）将正好到达终点 E。同时将 n、K 之值代入式（5-74）中也验证了这一结论。

至此可以看出，每当脉冲源发出一个控制脉冲信号 Δt，则 X 积分器和 Y 积分器各累加一次，当累加结果超出寄存器容量（2^N）时，就溢出一个脉冲 ΔX（或 ΔY），这样经过 2^N 次累加后，每个坐标轴的溢出脉冲总数就等于该坐标的被积函数值 X_e 和 Y_e，从而控制刀具到达了终点 E。

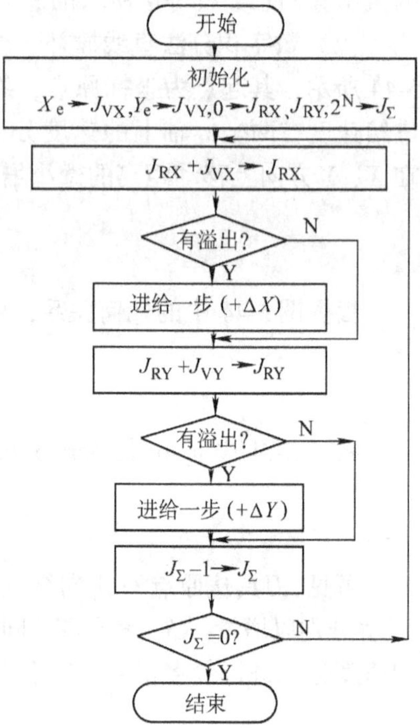

图 5-45 DDA 法直线插补软件流程图

DDA 法直线插补软件也是模拟硬件的逻辑关系完成，相应流程如图 5-45 所示。图中 J_{VX} 和 J_{VY} 分别为 X 轴和 Y 轴的累加器，J_{RX} 和 J_{RY} 分别为 X 轴和 Y 轴的余数寄存器，J_Σ 为累加过程的总步数。

在软件实现过程中，可直观地认为在余数寄存器与进位位 C_Y 之间存在着一个小数点。具体如下所示：

进位位 C_Y(1 位)	·	余数寄存器(N 位)

这样，看作小数部分的累加器一旦加满“1”后，即向整数进位。事实上，把余数寄存器当作小数部分看待后，相当于将其缩小了 2^N 倍，即每次累加之值为（$X_e/2^N$）或（$Y_e/2^N$），这正好与前面推导相符合。

（3）数字积分法圆弧插补　现以第Ⅰ象限逆圆 NR1 为例，如图 5-46 所示。设刀具沿圆弧 $\overset{\frown}{SE}$ 进行切削，轮廓半径为 R，刀具切向速度为 v，在两坐标轴上的速度分量为 v_X 和 v_Y，动点为 N（X_i，Y_i），则根据图中几何关系，有

$$\frac{v}{R}=\frac{v_X}{Y}=\frac{v_Y}{X}=K(\text{常数}) \tag{5-79}$$

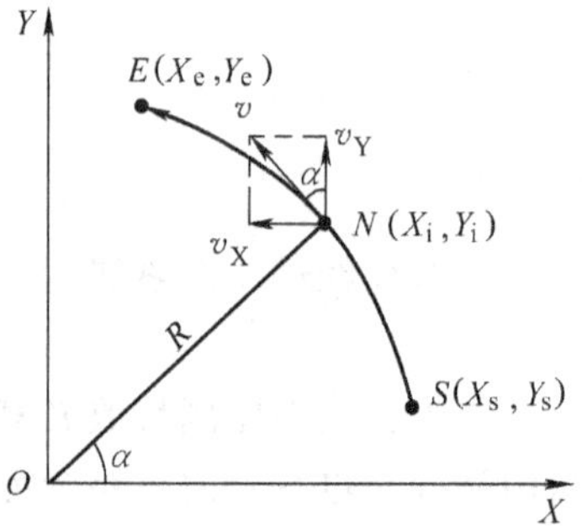

图 5-46 DDA 法圆弧插补（NR1）

对于时间增量 Δt 而言，在 X、Y 坐标轴上位移增量分别为

$$\begin{cases}\Delta X=-v_X\Delta t=-KY\Delta t\\ \Delta Y=v_X\Delta t=KX\Delta t\end{cases} \tag{5-80}$$

由于第Ⅰ象限逆圆对应 X 轴坐标值逐渐减小，所以 ΔX 表达式中取负号。也就是说，

v_X 和v_Y 均取绝对值运算。

与 DDA 法直线插补相类似，取系数 $K=1/2^N$，其中 2^N 为 N 位寄存器的容量，据此可给出第 I 象限逆圆对应的 DDA 法插补公式为

$$\begin{cases} X = \int_0^t -KY\mathrm{d}t = -\dfrac{1}{2^N}\sum_{i=1}^{n} Y_i\Delta t \\ Y = \int_0^t KX\mathrm{d}t = \dfrac{1}{2^N}\sum_{i=1}^{n} X_i\Delta t \end{cases} \tag{5-81}$$

DDA 法圆弧插补终点判别须对 X、Y 两个坐标轴同时进行。这时可利用两个终点计数器 $J_{\Sigma X}=|X_e-X_s|$ 和 $J_{\Sigma Y}=|Y_e-Y_s|$ 来实现，当 X 或 Y 坐标轴每输出一个脉冲，则将相应终点计数器减 1，当减到 0 时，则说明该坐标轴已到达终点，并停止该坐标的累加运算。只有当两个终点计数器均减到 0 时，才结束整个圆弧插补过程。

根据上述推导过程可以设计出 NR1 的 DDA 法插补软件流程如图 5-47 所示。

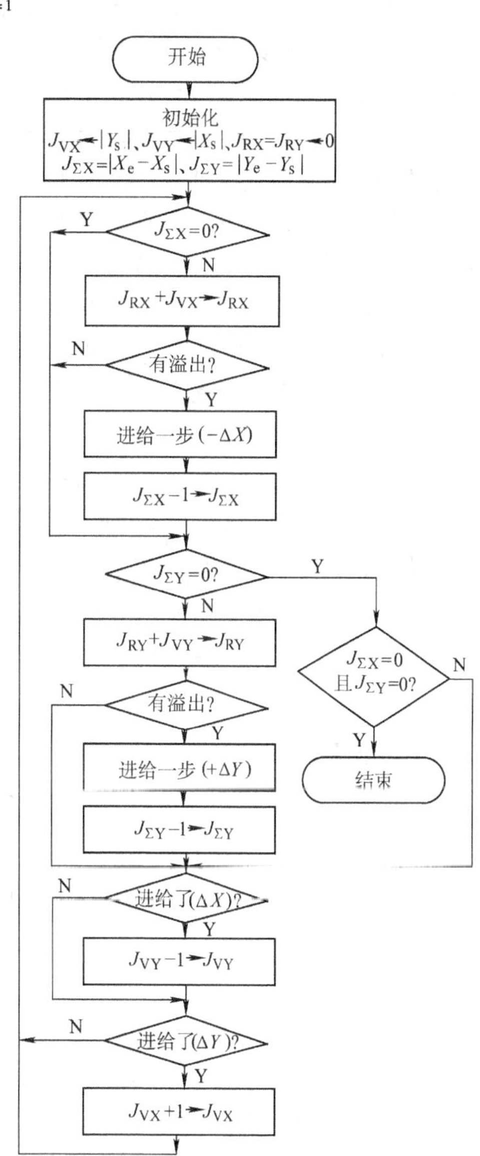

图 5-47　DDA 法圆弧插补流程图（NR1）

（4）数字积分法插补的象限处理　和逐点比较法插补一样，DDA 法插补不同象限、不同走向的圆弧时，处理方法也有所不同。当采用软件实现时，如果所有参与运算的寄存器全部采用绝对值数据，则 DDA 插补过程中累加方式是相同的（$J_R+J_V\rightarrow J_R$），不同的只是进给脉冲的分配方向及圆弧插补时对动点坐标的修正。现将所有 DDA 法插补情况汇总在表 5-6 中。

表 5-6　不同象限 DDA 法插补的脉冲分配和坐标修正

线型		L1	L2	L3	L4	NR1	NR2	NR3	NR4	SR1	SR2	SR3	SR4
动点修正	J_{VX}					+1	−1	+1	−1	−1	+1	−1	+1
	J_{VY}					−1	+1	−1	+1	+1	−1	+1	−1
进给方向	ΔX	+	−	−	+	−	−	+	+	+	+	−	−
	ΔY	+	+	−	−	+	−	−	+	−	+	+	−

（5）提高 DDA 法插补质量的措施

①左移规格化

通过前面分析已经了解到，对于 DDA 法直线插补来讲，每发出一个脉冲就进行一次累加运算，这样 X 方向的平均进给速率是（$X_e/2^N$），Y 方向的平均进给速率是（$Y_e/2^N$）。如果累加脉冲源频率为 f_{MF}，脉冲当量为 δ，故合成进给速度为

$$v=(v_x^2+v_y^2)^{1/2}=\frac{(X_e^2+Y_e^2)^{1/2}}{2^N}v_{MF}=\frac{L}{2^N}v_{MF}=\frac{L}{2^N}(60\times\delta f_{MF}) \tag{5-82}$$

式中，$L=(X_e^2+Y_e^2)^{1/2}$为被插补直线长度。

同理，对于圆弧插补时，式（5-82）中L对应被插补圆弧的半径，即

$$v=\frac{R}{2^N}v_{MF} \tag{5-83}$$

当数控加工程序中F代码一旦给定进给速度后，v_{MF}基本维持不变。这样，合成进给速度v就与被插补直线的长度L或圆弧半径R成正比。而L和R的变化范围是$0\sim2^N$，故$v=(0\sim1)\ v_{MF}$。也就是说，当L或R很小时v也很小，脉冲溢出速度很慢；反之，脉冲溢出速度加快。可见，脉冲溢出速度随插补直线长度或圆弧半径的大小成比例变化。显然，这是不理想的，为了克服这一缺点，使溢出脉冲均匀化，必须采取左移规格化措施加以改善。

所谓“左移规格化”就是将被积函数寄存器中所存放坐标数据的前零移去使之成为规格化数，然后再进行累加，从而达到稳定进给速度的目的。

直线插补时左移规格化处理方法是：将被积函数寄存器（J_{VX}、J_{VY}）中存放的非规格化数字量（X_e、Y_e）同时左移（最低位移入零），并记下左移次数，直到J_{VX}和J_{VY}中的任一个数成为规格化数为止。也就是说，直线插补的左移规格化处理就是使坐标值最大（指绝对值）的被积函数寄存器的最高有效位为1。但由于被积函数左移i位使其数值扩大2^i倍，故为了保持溢出的总脉冲数不变，就要相应地减少累加次数。在具体实现时，当J_{VX}和J_{VY}左移（最低位补零）的同时，只要将终点计数器J_Σ右移（最高位移入1）即可。直线插补时左移规格化后，最小直线长度为$L_{min}=2^{N-1}$，此时对应规格化前后数值为

$X_e=000\cdots001$，$Y_e=000\cdots000$（规格化前）

$X_e'=100\cdots000$，$Y_e'=100\cdots000$（规格化后）

故 $$L_{min}=\sqrt{X_e'^2+Y_e'^2}=2^{N-1}$$

直线插补时左移规格化后，最大直线长度为$L_{max}=\sqrt{2}\ (2^{N-1}-1)$，此时对应规格化数为$X_e=Y_e=X'_e=Y'_e=111\cdots111$（已是规格化数）

故 $$L_{max}=\sqrt{X_e'^2+Y_e'^2}=\sqrt{2}(2^N-1)\approx\sqrt{2}2^N$$

因而，合成进给速度v对应的最大值和最小值之比为

$$\left.\frac{v}{v_{MF}}\right|_{min}=\frac{2^{N-1}}{2^N}=0.5,\left.\frac{v}{v_{MF}}\right|_{max}=\frac{\sqrt{2}2^N}{2^N}=1.414$$

其变化范围为：$v=(0.5\sim1.414)v_{MF}$，即：$v_{max}/v_{min}=2.828$。

可见，经左移规格化处理后进给速度的均匀性大为改善，并且与L和R无关。

圆弧左移规格化处理方法是：同时左移被积函数寄存器中存放的二进制数，直到使坐标值最大的被积函数寄存器次高位为1（即保留一个前零）。也就是说，在圆弧插补规格化中，将J_{VX}或J_{VY}寄存器中次高位为1的数称为规格化数。这是由于在插补过程中，J_{VX}和J_{VY}中存放的动点坐标Y_i和X_i要求随插补进行而不断地进行“+1”或“-1”修正，这时，如果仍然将数据最高位为1的数当作规格化数，则可能在修正过程中溢出。

由于圆弧插补左移规格化后，扩大了J_{VX}和J_{VY}中存放的数值。这样，当Y寄存器中有溢

出脉冲时，则 J_{VX} 中存放的坐标值被修正为 $2^iY \to 2^i(Y \pm 1) = 2^iY \pm 2^i$。

可见，若圆弧插补前左移规格化处理过程中左移了 i 位，则当溢出了一个脉冲时，动点坐标修正应该是 $(\pm 2^i)$，而不是 ± 1，即相当于在累加器的第 i 位 ± 1。

总之，DDA 法直线插补和圆弧插补时左移规格化处理方法虽然不相同，但均能提高溢出脉冲的速度，并且还能使溢出脉冲变得比较均匀。

② 半加载

当刀具（动点）在两个坐标轴附近进行累加时，一个积分器的被积函数值很小，而另一个积分器的被积函数值很大，这样后者可能连续溢出，而前者几乎没有溢出，从而造成两个积分器的溢出脉冲速率相差很悬殊，致使插补轨迹偏离给定轮廓较远。

为了减小上述原因带来的误差，可采取两种措施，其一是增加寄存器的位数，但这样会造成累加次数增多，降低了进给速度。其二是采用余数寄存器半加载法，也就是在累加之前，给余数寄存器 J_{RX}、J_{RY} 预置的初始值不是零，而是 $2^N/2 = 2^{N-1}$。即置入初始值为 100…000，这样只要再累加 $(2^N/2)$ 就可以产生一个溢出脉冲，相当于使溢出提前了，改变了溢出脉冲的时间分布，达到了提高插补精度的目的。如图 5-48 所示直线 $\overline{OE}$ 的插补，当不进行“半加载”处理时，X 积分器除第一次外，每次均有溢出，而 Y 积分器只是在第 16 次累加时才有溢出脉冲，但当进行“半加载”处理后，Y 积分器的溢出提前到第 8 次累加时产生，从而提高了插补精度。可见，如此处理后插补轨迹更接近于零件轮廓。

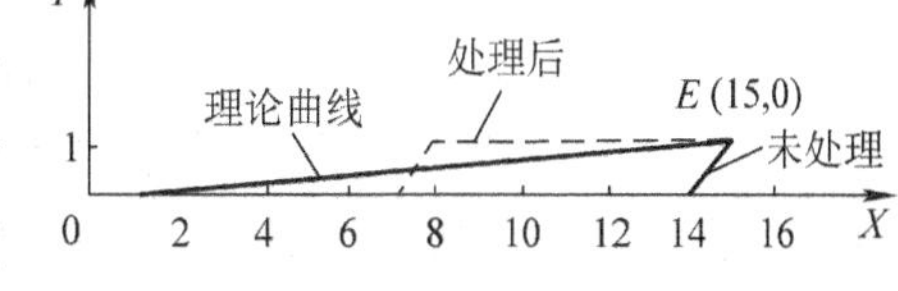

图 5-48　半加载前后 DDA 法直线插补实例

3. 数据采样法插补

数据采样法插补是直接基于计算机强大的计算能力而提出的一类插补算法，所以插补公式比脉冲增量插补要复杂一些，但目前来讲计算速度已经不再是问题了。

（1）插补周期与位置控制周期　插补周期 T_s 是两个微小直线段之间的插补时间间隔。位置控制周期 T_c 是数控系统中伺服位置环的采样控制周期。对于设计完成的数控系统而言，插补周期和位置控制周期是两个固定不变的时间常数。

通常 $T_s \geqslant T_c$，并且为了便于系统内部控制软件的处理，当 T_s 与 T_c 不相等时，则一般要求 T_s 是 T_c 的整数倍。

插补周期主要对被加工轮廓的轨迹精度有影响；而控制周期对系统稳定性和轮廓误差均有影响。因此，选择 T_s 时主要从插补精度方面考虑，而选择 T_c 时则从伺服系统的稳定性和动态跟踪误差两方面考虑。

显然，插补周期 T_s 越长，插补误差也将越大，因此，单从减小插补误差角度考虑，插补周期 T_s 应尽量选得小一些。但另一方面，T_s 也不能太短，由于 CNC 系统在进行轮廓插补计算时，其中 CPU 不仅要完成插补运算，还必须处理一些其他任务，例如位置误差计算、显示、监控、I/O 处理等，因此 T_s 不单是指 CPU 完成插补运算所需的时间，而且还必须留出一部分时间用于执行其他相关的 CNC 任务。所以，要求插补周期 T_s 必须大于插补运算时间和完成其他相关任务所需时间之和。据有关资料介绍，CNC 系统插补周期不得大于 20ms，使用较多的大都在 10ms 左右。而位置控制周期 T_c 大多在 4 ~ 20ms 范围内选择。

（2）插补周期与精度、速度之间的关系　在数据采样法直线插补过程中，由于给定轮廓本身就是直线,那么插补分割后的小直线段与给定直线是重合的,也就不存在插补误差问题。但在圆弧插补过程中,一般采用切线、内接弦线和内外均差弦线来逼近圆弧,显然,这些微小直线段不可能完全与圆弧相重合,从而造成了轮廓插补误差。下面就以弦线逼近法为例来加以分析。图5-49所示弦线逼近圆弧的情况,其最大径向误差 e_r 为

$$e_r = R[1-\cos(\theta/2)] \tag{5-84}$$

式中,R 为被插补圆弧半径;θ 为步距角,每个插补周期所走弦线对应的圆心角,且 $\theta \approx \Delta L/R = FT_s/R$。

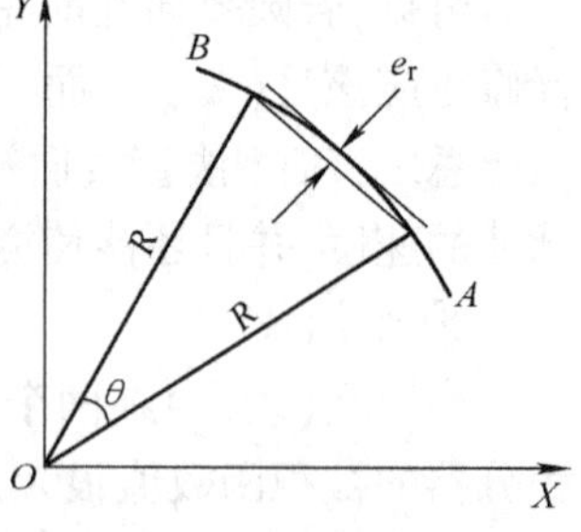

图5-49 内接弦线副近圆弧

由于 θ 很小,现将 cos($\theta/2$)按幂级数展开,并取前两项,代入上式中,得

$$e_r \approx R - R\left[1-\frac{(\theta/2)^2}{2!}\right] = \frac{\theta^2}{8}R = \frac{(FT_s)^2}{8}\frac{1}{R} \tag{5-85}$$

可见,在圆弧插补过程中,插补误差 e_r 与被插补圆弧半径 R,插补周期 T_s 以及程编进给速度 F 有关。若 T_s 越长,或 F 越大,或 R 越小,则插补误差就越大。但对于给定的某段圆弧轮廓来讲在可能的情况下,如果将 T_s 选得尽量小,则可获尽可能高的进给速度 F,提高了加工效率。同样,在其他条件相同的情况下,大曲率半径的轮廓曲线可获得较高的允许切削速度。

(3)数据采样法直线插补 现假设直线轮廓 $\overline{OE}$,起点为 O(0,0),终点为 E(X_e,Y_e),动点为 N_{i-1}(X_{i-1},Y_{i-1}),且程编进给速度为 F,插补周期为 T_s,如图5-50所示。

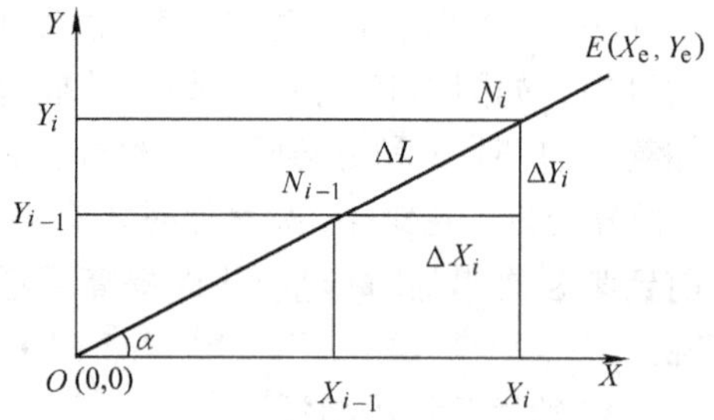

图5-50 数据采样法直线插补

在一个插补周期内进给直线长度为 $\Delta L = FT_s$,根据图5-50中几何关系,很容易求得插补周期内各坐标轴对应的位置增量为

$$\begin{cases} \Delta X_i = \dfrac{\Delta L}{L}X_e = KX_e \\ \Delta Y_i = \dfrac{\Delta L}{L}Y_e = KY_e \end{cases} \tag{5-86}$$

式中,L 为被插补直线长度(mm),$L=\sqrt{X_e^2+Y_e^2}$;K 为每个插补周期内的进给速率数 $K=\Delta L/L = FT_s/L$。

从而很容易写出下一个动点 N_i 的坐标值为

$$\begin{cases} X_i = X_{i-1} + \Delta X_i = X_{i-1} + \dfrac{\Delta L}{L}X_e \\ Y_i = Y_{i-1} + \Delta Y_i = Y_{i-1} + \dfrac{\Delta L}{L}Y_e \end{cases} \tag{5-87}$$

可见,利用数据采样法插补直线时,算法相当简单。根据式(5-86)和式(5-87)很容易编写出相应的软件。

(4)数据采样法圆弧插补 数据采样法圆弧插补是在满足加工精度的前提下,用弦线或割线来代替弧线实现进给,即用直线逼近圆弧。下面从代数角度来介绍一种二次近似插补算

法。

如图5-51所示，若要求的进给速度为F，插补周期为T_s，圆弧半径为R，则每次插补的步距角可近似为

$$\left\{\theta = \frac{FT_s}{R}\right. \tag{5-88}$$

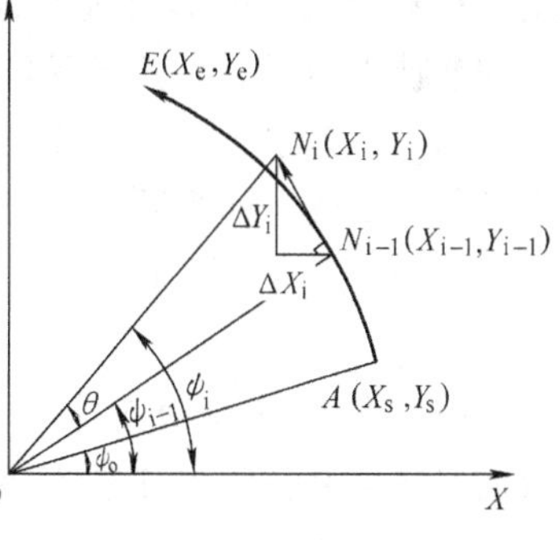

图5-51　二阶近似法圆弧插补

设动点N_{i-1}（X_{i-1}，Y_{i-1}）对应角度为Ψ_{i-1}，则下一个动点N_i（X_i，Y_i）对应的角度为

$$\Psi_i = \Psi_{i-1} + \theta \tag{5-89}$$

根据图5-52中三角关系可求得动点N_{i-1}和N_i的坐标表达式为

$$\begin{cases} X_{i-1} = R\cos\Psi_{i-1} \\ Y_{i-1} = R\sin\Psi_{i-1} \end{cases} \tag{5-90}$$

$$\begin{cases} X_i = R\cos\Psi_i = R\cos(\Psi_{i-1} + \theta) \\ Y_i = R\sin\Psi_i = R\sin(\Psi_{i-1} + \theta) \end{cases} \tag{5-91}$$

现将式（5-90）代入式（5-91）中，有

$$\begin{cases} X_i = X_{i-1}\cos\theta - Y_{i-1}\sin\theta \\ Y_i = Y_{i-1}\cos\theta + X_{i-1}\sin\theta \end{cases} \tag{5-92}$$

由于θ很小，故将式（5-92）中$\sin\theta$和$\cos\theta$按泰勒级数展开，并取二次近似，有

$$\begin{cases} \sin\theta \approx \theta = \dfrac{FT_s}{R} = K \\ \cos\theta \approx 1 - \dfrac{1}{2}\theta^2 = 1 - \dfrac{1}{2}K^2 \end{cases} \tag{5-93}$$

将式（5-93）代入式（5-92）中，可获得插补动点坐标为

$$\begin{cases} X_i = X_{i-1} - \dfrac{1}{2}K^2 X_{i-1} - KY_{i-1} \\ Y_i = Y_{i-1} - \dfrac{1}{2}K^2 Y_{i-1} + KX_{i-1} \end{cases} \tag{5-94}$$

第i次插补动点的位置增量值为

$$\begin{cases} \Delta X_i = X_i - X_{i-1} = -\dfrac{1}{2}K^2 X_{i-1} - KY_{i-1} \\ \Delta Y_i = Y_i - Y_{i-1} = -\dfrac{1}{2}K^2 Y_{i-1} + KX_{i-1} \end{cases} \tag{5-95}$$

式（5-94）和式（5-95）即为NR1的二阶近似法插补公式。实际上，对于四个象限的逆圆来讲，Ψ_i是连续增大的，因此，当采用带符号的代数值进行运算时，这两组算式对于所有逆圆的插补均是适用的。但对于顺圆来讲，随着动点的移动，Ψ_i向减小的方向变化，仿照前面的推导过程，则很容易获得相应的插补公式。通过比较发现，只要将式（5-94）和式（5-95）中K用（$-K$）来代替，则可得到二次近似法顺圆插补公式。

根据上述推导过程可设计出二次近似法软件流程如图5-52所示。

（5）终点判别　任何轮廓曲线的插补过程均要进行终点判别，以便顺利转入下一个零件轮廓段的插补与加工。对于数据采样法插补而言，由于动点坐标和位置坐标增量均采用带符号的代数值形式进行运算。显然利用当前插补点（X_i，Y_i）与该零件轮廓段终点（X_e，Y_e）之间的距离 S_i 来进行终点判别是最简单明了的，即判断到达终点的条件为

$$S_i=(X_i-X_e)^2+(Y_i-Y_e)^2\leqslant(FT_s)^2 \tag{5-96}$$

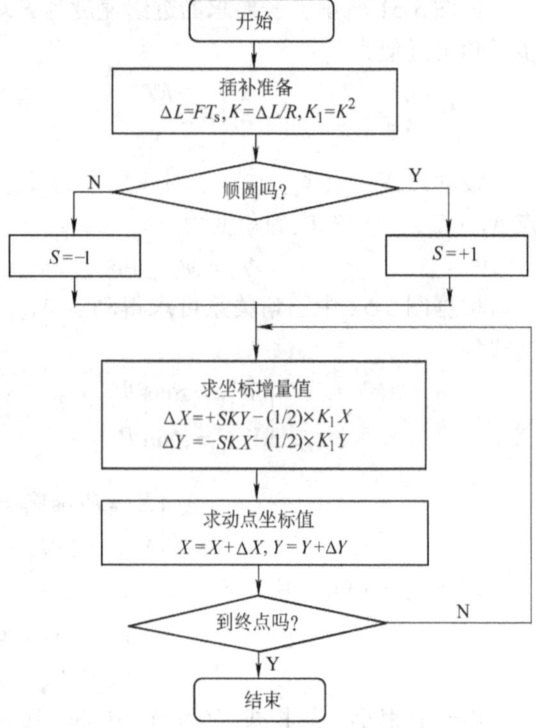

图 5-52　二阶近似法圆弧插补软件流程图

（6）粗插补与精插补　前面已经介绍，数据采样插补仅将给定轮廓曲线按一定算法分割成一系列微小直线段，并且这个过程可分成如下三步完成：

第一步——插补准备。预先计算插补过程中可能用到的一些常量，为下面的插补运算作好准备。例如 $\Delta L=FT_s$、$L=\sqrt{X_e^2+Y_e^2}$、$K=FT_s/R$、$K_1=K^2$ 等，并且这些常量对于某一个给定轮廓段来讲，只要计算一次，以后在该程序段的插补过程中可以重复使用。

第二步——插补计算。根据零件轮廓类型的相应插补算法，插补出一系列动点坐标值和相应的位置增量值。主要包括 ΔX_i、ΔY_i、X_i 和 Y_i 四个值。这个插补计算过程在每一个插补周期均要执行一次，并将输出送给位置环软件使用，然后控制刀具进给到该插补点处。

第三步——终点判别。在每次插补计算完成后，必须进行终点判别，并且在到达终点后，还必须在相应单元设置该数控加工程序段插补完成的标志，便于 CNC 系统软件作相应的处理。

按上述步骤粗插补出的一系列微小直线段，相对于 CNC 系统的脉冲当量来讲仍然是很大的，因此有必要再进一步进行细化，即在粗插补出的相邻两个插补点之间再插入一些中间点，使轮廓误差减小。最直观最典型的一种粗/精插补思路是，在粗插补的输出处再设置一个脉冲增量式插补器，它将每次粗插补得到的位置增量值 ΔX_i 和 ΔY_i 看作起点为（0，0），终点为（ΔX_i，ΔY_i）的微小直线段进行脉冲增量插补，然后将此插补结果以脉冲形式提供给位置控制环，作为给定量来控制刀具完成进给，如图 5-53 所示。图中用于精插补的脉冲增量插补器（这里使用 DDA 法插补）既可用软件实现，也可用硬件实现，这要根据 CNC 系统的具体情况来折衷选择。

另外，还可采用图 5-54 所示的原理框图来完成数据采样法的插补输出控制。此时，位置控制软件将粗插补输出结果即位置命令值 D_C 与实际反馈位置值 D_F 相比较，获得跟踪误差 $\Delta D=D_C-D_F$，然后进行位置环的增益放大和零漂处理后，经过 D/A 转换，形成速度环的给定值；再与实际反馈的速度值相综合，形成控制量，经功率放大驱动电动机带动刀具进给到所要求的位置。

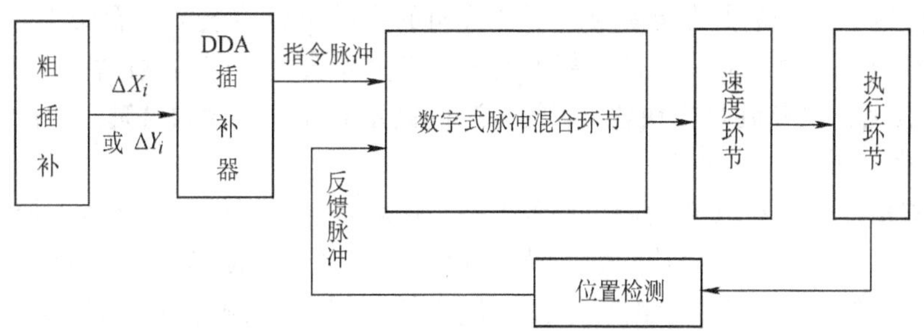

图 5-53　数据采样法插补控制原理框图（Ⅰ）

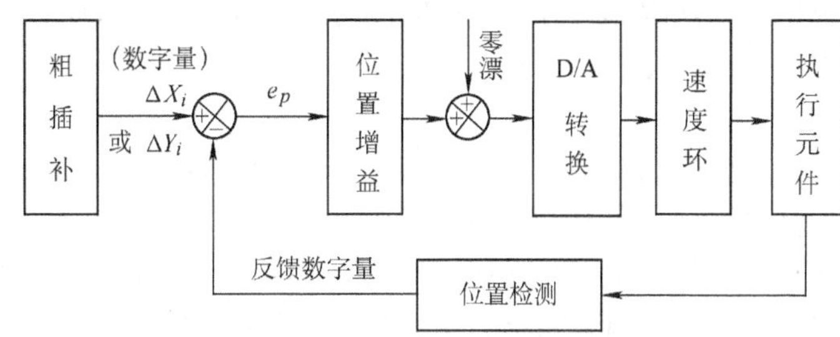

图 5-54　数据采样法插补控制原理框图（Ⅱ）

第三节　开放式数控系统

一、开放式数控系统的基本特征

根据 IEEE 的定义：具有下列特性的系统可以称之为开放系统，符合系统规范的应用可以运行在多个销售商的不同平台上，可以与其他的系统应用互操作，并具有一致风格的用户界面。也可以通俗地理解开放式数控系统的实质，就是数控系统的开发可以在统一的运行平台上，面向机床厂家和最终用户，通过改变、增加或剪裁结构对象（数控功能），形成系列化，并方便地将用户的特殊应用和技术诀窍集成到控制系统中，快速实现不同品种、不同档次的开放式数控系统，形成具有鲜明个性的名牌产品。可见，开放式数控系统至少具有如下基本特征。

1. 模块化

开放式数控系统首先应当具有高度模块化的特征，具体包括数控功能模块化和系统体系结构模块化，前者是指用户可以根据自己的要求选装所需的数控功能，后者是指数控系统内部实现各功能的算法是可分离的、可替换的，例如可以单独替换数控系统的核心插补算法或操作界面等。系统体系结构模块化是功能模块化的基础，也是系统配置、重组的基础。只有模块化的数控系统才能谈得上开放。

2. 标准化

数控装置的开放是在一定的标准化约束下进行，而不是没有限制，毫无约束的。一般先由数控机床领域的多家公司和研究机构组成联盟，全面制定控制器的标准，包括硬件和软件的各种接口，然后在行业内公布这些标准。此后，各公司可以根据该标准和自己的技术特长，开发控制器中的部件或功能模块。不同公司的产品可以拼装成一台集多家公司智慧的、功能完整的控制器。对于同一功能的部件也可以有多家公司的产品供选择，可以实现“互操作性”。“标准化”的基础是模块化，因为标准的制定要建立在模块合理划分的基础上。

3. 移植性

软件的移植性体现在软件运行与平台无关，也就是说数控软件的运行不依赖于特定的硬件平台和操作系统平台，这为功能软件模块的裁剪、替代和重组创造了条件。当然，与平台无关也不是绝对的，因为跨平台的程序移植总是有许多工作要做，就如同 Mac 机的应用程序不能直接应用于 PC 机，而 NT 下的应用程序不能直接应用于 UNIX 下一样。开放式数控装置的平台无关性一般可以通过具体平台的 API（应用程序接口）来编写接口程序，这样只要在支持 API 的编程环境中重新编译就可以实现软件的跨平台移植，从而将大大缩短控制器及其应用程序的研制进程。

4. 可再次开发性

开放式数控装置应当允许用户进行二次开发。所谓“二次开发”就是指用户可以根据数控装置应用场合的具体要求（如机床结构、工艺约束和环境条件等）来自行定制其硬件资源、软件功能和各种参数等。二次开发具有不同的层次性，比较简单的二次开发包括用户界面的重新设计、参数设置等，而更深层的二次开发应当允许用户将自己按照规范设计的标准功能模块集成到开放式系统中去。所以系统应当提供接口标准，包括访问和修改系统参数的方法以及开放系统提供的 API 和其他工具。

5. 网络化

作为开放式控制器，应当考虑到迅速发展的网络技术及其在工业生产领域的应用。目前，比较简单的网络应用尚停留在通过网络向数控系统传送数控加工程序、加工指令或进行一些远程监控的工作，网络技术尚没有有机地融合入控制器的体系结构中。随着网络控制技术实时性的提高，正在逐步渗入各种集散控制系统中，取得了很好的成效。例如在数控系统中应用得比较成功的包括 MAP 网络协议和各种现场总线协议等。可以预见，未来的开放式数控装置可能是在网络技术支持下的多微处理器并行计算的控制器。

二、开放式数控系统体系结构

开放式数控系统目前没有统一的标准，而世界上比较成熟的体系结构形式有美国的 SOSAS，欧共体的 OSACA 和日本的 OSEC 等，下面对此进行分别介绍。

1. 美国的 NGC 计划和 SOSAS

美国是开放式数控系统的发起人，并于 1987 年提出了 NGC（Next Generation Workstation/Machine Controller）计划，企图通过实现基于相互操作和分级式软件模块的“开放式系统体系结构标准规范”（SOSAS，Specification for an Open System Architecture Standard），找到解决传统数控系统存在的“专用、封闭”的问题。在 NGC 计划中提出了“开放式系统体系结构”的新一代数控的概念，一个开放式系统体系结构能够使供应商为实现专门应用选择最佳方案去定制控制系统。

NGC 计划是由美国国家制造科学中心（NCMS，Nation Center for Manufacturing Science）参与，并经美国空军制造技术委员会（Air Force Manufacturing Technology Directorate，AFMTD）授权给 MARTIN MARIETTA 公司的“先进自动化技术开发部”，于 1989 年的秋天开始实施。

NGC 计划正在为基于开放式系统体系结构的下一代机械制造控制器提供一个标准，这种体系结构允许不同的设计人员开发可相互交换和相互操作的控制器部件（硬件和软件）。一个完全合格的 NGC 包括开发的可能性，多个装置间的协调，装置的全独立编程，基于模型的处理，自适应路径策略、大范围工作站及实时特性等。

SOSAS 是 NGC 计划可首先交付使用的“开放式系统体系结构标准规范"。SOSAS 定义了 NGC 系统、子系统和模块的功能及相互间的关系。为控制机床、机器人所需要的功能和服务，以及对现有工厂硬件基础的支撑装置也是 SOSAS 可交付使用的一部分。NGC 标准将为供货商定制控制系统，建立支撑软件和开发集成工具提供市场机会。

另外，美国的汽车工业为解决自身发展过程中碰到的一系列问题，由克莱斯勒、福特和通用三大汽车公司于 1994 年开始了一项名为“开放式、模块化体系结构控制器”（OMAC，Open Modular Architecture Control）的计划。该计划的目标是降低控制系统的投资成本和维护费用，缩短产品开发周期，提高机床利用率，提供软硬件模块的“即插即用”和高效的控制器重构机制，简化新技术到原有系统的集成，从而使系统易于更新换代，尽快跟上新的发展，并适应需求的变化。

NGC 被看作是一项计划、一种规范、一种产品和一种基本原理。这个计划的目标是产生、制造并批准一个能够成为工业标准的开放式系统控制器的规范。SOSAS 将最终实现这个目标。如下九个功能设计概念代表了控制要求，这对于实现 SOSAS 是极为重要的：

1）分级式的控制结构，指出了功能性的分解。

2）分级式的控制适应在单个工作站的多机控制。

3）按系统，子系统和模块进行分类。

4）虚拟技术方便了模块间的相互交换和相互操作的能力。

5）控制程序由三级设计表示。

6）信息通过中性制造语言（NML，Neutral Manufacturing Language）传递。

7）公共的 Look 和 Feel 是人机接口的一部分。

8）信息库管理所需要的信息，并包括实时数据。

9）传感器/操作部件的操作按照标准协议进行。

以上九个功能设计概念对理解 SOSAS 很重要，但绝不是 SOSAS 的全部内容。NGC 的系统体系结构是在虚拟机械的基础上建立起来的，通过虚拟机械把子系统的模块连接到计算机平台上。如图 5-55 所示。

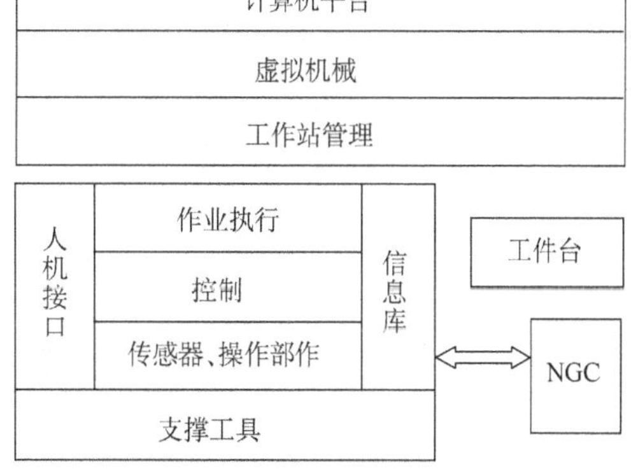

图 5-55 NGC 系统体系结构

在众多研究机构进行大规模研究计划的同时，有些控制器厂商已按照自己对开放式的理解，推出了“开放式”控制器。美国 Deta Tau 公司就是这方面的代表。该公司 20 世纪 90 年代初推出的 PMAC（PMAC，Programmable Multiple Axis Controller）系列产品就是基于 DSP 和专用的门阵列芯片，遵循了开放式体系结构标准开发的可编程多轴运动控制器，主要提供了机床功能、机器人特性、计时检测及通用自动化的性能，可实现运动控制、逻辑控制、资源管理及主机的交互工作。全球已有 16 万块 PMAC 在稳定运行。该产品针对不同的用户，提供了不同程度的开放：对于一般用户，PMAC-NC 提供了配置软件，可以配置控制轴数、联动轴、伺服参数和 I/O 表；对于高级用户，Deta Tau 公司提供了关于 PMAC-NC 支持的动态连接库（DLL），可供用户使用 VC ++、VB 等开发工具自行开发菜单和基本操作界面；对于数控装备 OEM 厂商，Deta Tau 公司提供了关于 PMAC-NC 的全部 C ++ 代码。

当然，PMAC-NC 还只是开放式数控系统的一种雏形，但这并不影响数控系统开放的发展趋势。新一代的数控系统，只要在结构上向趋于裁剪、扩展和升级的方向发展；形式上向可灵活组成不同档次、不同类型的方向迈进；技术上向多 CPU 总线体系、高速通信联网和智能化方向努力，那么在任何方向取得的突破，都将是向系统结构整体开放的总目标迈进了坚实的一步。

2. 欧洲的 OSACA 计划

OSACA（OSACA，Open System Architecture for Control within Automation）是 1990 年由欧共体国家的 22 家控制器开发商、机床生产商、控制系统集成商和科研机构联合发起的，并于 1992 年 5 月正式得到欧盟的认可，纳入欧盟 ESPRIT-Ⅲ项目计划。这实际上是第一阶段的 OSACA-Ⅰ，它于 1994 年结束，完成了 OSACA 规范和应用指南的制定。其第二期工程 OSACA-Ⅱ（ESPRIT9115）于 1996 年 4 月结束，主要完成依照 OSACA 规范为其系统平台开发工作标准、通用的软件模块和通用的 OSACA 系统平台。OSACA 第三阶段为 IDA-SOSACA（Information Dissemination and Awareness Action），于 1997 年 1 月开始，历时 18 个月，主要推广 OSACA 思想及前期工作的技术成果。

OSACA 对开放式的定义为：开放式系统应包括一组逻辑上可分的部件，部件间的接口及部件与执行平台间的接口要定义完备，并可实现不同开发商开发的部件可协调工作并组成一个完整的控制器。该控制器可运行于不同的平台，并实现对用户和其他自动化系统一致的接口。图 5-56 是 OSACA 的体系结构示意图。

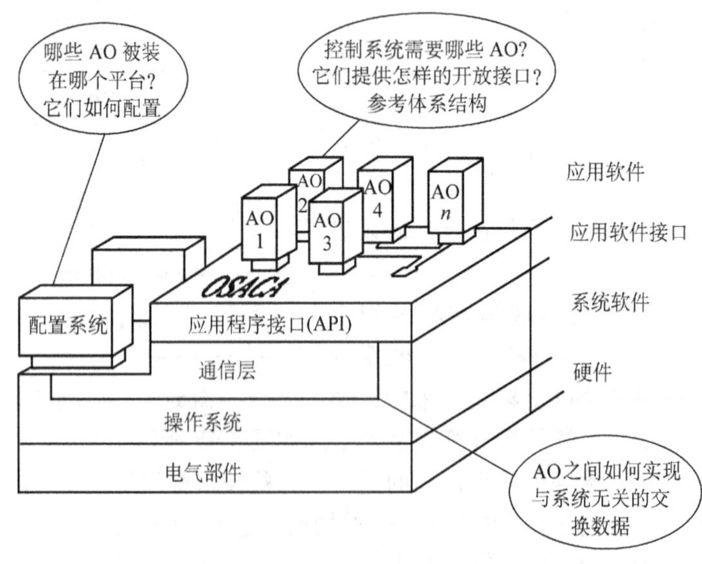

图 5-56　OSACA 系统平台结构（AO：结构对象）

从图中可以看出体系结构中的三个关键问题：

(1) 参考体系结构 (Reference Architecture)　参考体系结构是指全面描述控制器组织结构的模型，包括控制器功能模块的划分，控制器软件功能模块的划分和模块之间的接口定义。参考体系结构应当是具有平台无关性的，它通过系统平台的 API 与系统交换信息。

(2) 通信系统 (Communication System)　通信系统将支持控制器中各模块间的数据交换。通信系统将控制器软件同计算机平台隔离，使数据交换与系统无关。

(3) 配置系统 (Configuration System)　配置系统将记录控制系统组成，描述系统启动自举所需要的信息和操作。配置系统和开放式控制器的关系与 Windows 操作系统和系统注册表的关系相同。

3. 日本的 OSEC 计划

日本作为世界机床出口的第一大国，其开放式研究机构主要有两家：通产省的外围组织 IROFA (国际机器人及工厂自动化技术中心) 下属的 NC 开放化政策委员会和 OSE 研究会。

IROFA 的 NC 开放化政策委员会成立于 1994 年 2 月，属于政府支持的委员会。事实上，在此之前，IROFA 已经开始了对开放化的研究。NC 开放化政策委员会共有 11 家企业参加，主要课题是“开放型 NC 装置的定义”及“参考模型 (含接口等) 的制作”。1995 年 7 月，NC 开放化政策委员会下属的技术机构“NC 开放化工作组”完成了一份报告，全面描述了开放式控制器的形象，成为日本开放化研究的重要文件。

OSE 研究会成立于 1994 年，发起者为东芝机械、丰田工机、山崎、日本 IBM、三菱电机和 SML。截止到 1995 年底，已有 18 家企业和一个研究所加入到 OSE 研究会中。OSE 研究会的研究行为属于志愿的自立行为，它与 NC 开放化政策委员会在组织上无任何关系，但在其文件中要充分尊重 NC 开放化政策委员会的意见。OSE 的研究目的如下：

1) 制定开放式控制器的体系结构和安装规约。

2) 进行实验验证和标准化活动。

OSE 研究会对 OSEC (OSE for Controller) 的研究分两步进行：第一步是 OSEC-Ⅰ设计的研究，议论的中心问题是开放控制器的意义和方向，但是，作为其体系结构是比较抽象的；第二步是进行 OSEC-Ⅱ设计的研究，目标是达到能实际安装的、完成度高的体系结构。OSEC-Ⅰ设计主要就以下几个问题进行了研究：

1) 开放式 NC 的基本体系结构。

2) 使用 FA 记述语言 FADL (Factory Automation Description Language)。

3) 伺服控制的函数程序库。

OSEC-Ⅰ设计的开放式控制器的体系结构及各层次之间的连接方法如图 5-57 所示。

4. 我国的发展情况

目前为止，我国虽然还没有制定出开放式数控系统的标准规范，但从“八五”开始也对此作了一些有益的探索工作，并开发出具有我国自主知识产权的数控系统，特别是提出开发中华 I 型和航天I型两个基本系统 (平台) 及系列产品。并利用基本系统发挥我国的软件优势，实施平台战略，发展我国的数控软件的指导思想。在此指导思想下，珠峰公司和华中科技大学，利用 IPC 和数控卡构成硬件平台，开发出了中华 I 型和华中 I 型数控系统。与此同时，航天数控集团公司 (简称“航天数控”) 利用通用 PC 机的体系结构设计了与通用 PC 机兼容的微机，加上数控通用/专用模板构成了单机数控系统，作为普及型推向市场。并以此为基础与通用 PC 机相互构成了典型前、后台结构的多机系统，为今后的发展奠定了基础。

图 5-57 OSEC-Ⅰ体系结构参照模型

蓝天是在原 7500 系列的基础上，通过二次集成缩小化设计后与通用 PC 互联构成 8500 系列多机系统。另外，我国还基于美国 Deta Tau 公司的 PMAC 卡或 SERCOS 现场总线协议等构造出了自己的开放式数控系统。

三、开放式数控系统的关键技术

目前，开放式数控系统的体系结构规范、通信规范、配置规范、运行平台、数控系统功能库以及数控系统功能软件开发工具等是研究和开发的核心。

1. 开放式数控系统体系结构的研究

开放式数控系统的体系结构是全面描述控制器组织结构的模型，包括控制器功能模块的硬件和软件划分。在建立此模型的过程中要充分考虑到各种机床控制器的共性和可能具有的个性。其中共性部分应当成为开放式体系结构的主体，个性部分应当成为体系结构中可扩展的主要因素。此外，在考虑数控系统体系结构时，还要充分考虑到相关技术的发展，特别是计算机和网络技术的发展。在研究方法上可以采取两种技术路线，一种是以欧洲 OSACA 为代表，从建立理想模型入手，逐步保证新开发的控制器产品遵循理想模型；另一种技术路线是以日本的 OSEC 为代表，试图建立中性语言，在现有数控系统的基础上，通过这种机制使数控系统部分地向用户开放。其中第一种属于理想化的技术路线，第二种相比之下更加现实，但都不是最完美的解决方法。

2. 开放式数控系统标准的研究

无论采用 OSACA 的技术路线还是 OSEC 的技术路线，都需要确定严格的标准接口，即确定开放式的标准。关于开放式的标准首先应当是科学合理，而且还要具有一定的前瞻性。标准应当详细地定义软件模块和硬件结构的接口。只有详细定义了标准，才能够谈得上互操作性，才能将多家公司开发的软硬件模块集成一台自己的控制器。关于标准，最重要的是业界的支持和严格遵守。当然，形成开放式标准也需要政府部门的支持和参与。

总之，数控系统开放的趋势代表着机床行业的长远利益，已在全球制造业中形成了一股不可逆转的潮流，所以不能完全依靠市场驱动。另外，开放式控制器不可能在短期取代传统控制器，还有很长一段路要走，因此我们要借此机会迎头赶上去。

第四节 并联机床的控制技术

一、概述

为了提高数控机床对生产环境和各种产品的适应性，满足快速多变的市场需求，近年来全球机床制造业都在积极探索和研究新型的制造设备和制造模式，并涌现出了多种新颖的设计理念，其中在数控机床方面的突破性进展当属于 20 世纪 90 年代中期问世的并联机床（Parallel Machine Tool），也称虚拟轴机床（Virtual Axis Machine Tool）或并联运动学机器（Parallel Kinematics Machine）。

并联机床实质上是机器人技术与数控机床技术相结合的产物，是学科交叉的结果。与实现等同功能的传统五坐标数控机床相比，并联机床具有如下优点：

(1) 刚度重量比大　因采用并联闭环静定或非静定杆系结构，且在准静态情况下，传动构件理论上为仅受拉压载荷的二力杆，故传动机构的单位重量具有很高的承载能力。

(2) 响应速度快　运动部件惯性的降低有效地改善了伺服系统的动态性能，减小了伺服滞后和轮廓误差，允许动平台获得很高的进给速度和加速度，可适用于各种高速数控加工。

(3) 环境适应性强　便于可重组和模块化设计，且可构成形式多样的布局和自由度组合。在动平台上安装刀具可进行多轴联动的铣、钻、磨、抛光以及异型刀具刃磨等加工。如果装备机械手腕、高能束源或 CCD 摄像机等末端执行器，还可完成精密装配、特种加工与测量等作业。

(4) 技术附加值高　并联机床具有“硬件”简单，“软件”复杂的特点，是一种技术附加值很高的机电一体化产品，因此可望获得高额的经济回报。

目前，国际上对研究与开发并联机床非常重视，并于 20 世纪 90 年代中期相继推出结构形式各异的样机。1994 年在芝加哥国际机床博览会上，美国 Ingersoll 铣床公司、Giddings&Lemis 公司和 Hexal 公司首次展出了称为“六足虫”（HexaPod）和“变异型”（VARIAX）的数控机床与加工中心，引起轰动。此后，英国 Geodetic 公司，俄罗斯 Lapik 公司，挪威 Muticraft 公司，日本丰田、日立、三菱等公司，瑞士 ETZH 和 IFW 研究所，瑞典 Neos Robotics 公司，丹麦 Braunschweig 公司，德国亚琛工业大学、汉威大学和斯图加特大学等单位也研制出不同结构形式的数控铣床、激光加工和水射流机床、坐标测量机和加工中心等。

我国已将并联机床的研究列入国家“九五”攻关计划、863高技术发展计划、国家自然科学基金和国家攀登计划。1997年12月，第一台镗铣类虚拟机床原型样机VAMT1Y在清华大学研制成功，其照片如图5-58所示。其主要技术指标如下：机床总高3500mm，机床总重3000kg，机床最大外接圆直径ϕ4490mm，最大加工直径ϕ500mm，最大垂向行程700mm，最大刀具姿态角±25℃。

图5-58 镗铣类虚拟轴机床原型样机

再如图5-59所示为某并联机床的结构示意图，采用了6-3-3的结构形式，也就是它具有6个自由度，并且将其中3个球铰链安装在刀架上平面，余下3个球铰链安装在刀架下平面，这样安排有利于刀具位姿的更灵活控制。

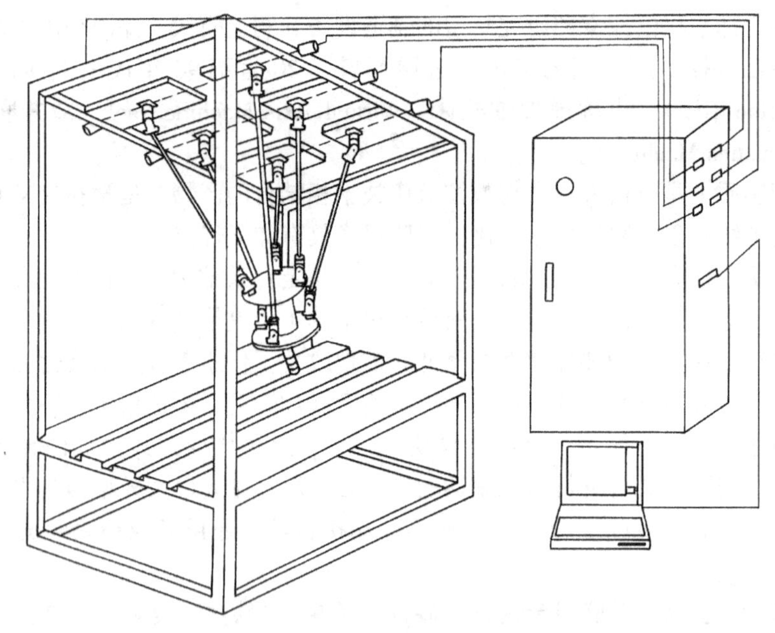

图5-59 六自由度并联机床结构示意图

二、并联机床设计理论

1. 方案设计

并联机床的方案设计是在给定所需自由度的条件下，寻求一个主刚体（动平台）的并联机构杆副配置、驱动方式和总体布局的各种可能组合。

按照支链中所含伺服驱动器数目不同，并联机床可大致分为并联、串并联和混联三种类型。前两者在一条支链中仅含一个或一个以上的驱动器，以直接生成3~6个自由度；而后者则通过两个或多个少自由度并联或串联机构的串联组合生成所需的自由度。按照驱动器在支链中的位置不同，并联机床可采用内副和外副驱动，且一般多采用线性驱动单元，如伺服电动机-滚珠丝杠螺母副或直线电动机等。

像机器人一样通过更换末端执行器便可在单机上实现多种数控加工。然而由于受到铰约束、支链干涉、特别是位置与姿态耦合等因素的影响，致使动平台实现姿态能力有限，这是各种六自由度纯并联机构的固有缺陷，难于适应大倾角多坐标数控加工的需要。目前并联机床一个重要的发展趋势是采用混联机构分别实现平动和转动自由度。这种配置不但可使平动与转动控制解耦，而且具有工作空间大和可重组等优点。

2. 运动学设计

并联机床运动学设计包括工作空间定义与描述、工作空间分析与综合两大内容。合理地定义工作空间是并联机床运动学设计的首要环节。与传统机床不同，并联机床的工作空间是各支链工作子空间的交集，一般是由多个空间曲面围成的闭包。为了适合多坐标数控加工的需要，通常将灵活（巧）度工作空间的规则内接几何形体定义为机床的编程工作空间。对于纯六自由度并联机床，动平台实现位置和姿态的能力是相互耦合的，即随着姿态的增加，工作空间逐渐缩小。因此，为了实现动平台位姿能力的可视化，往往还需用位置空间或姿态空间进行降维描述。

工作空间分析与综合是并联机床运动学设计的核心内容。所谓工作空间分析是指在已知尺度参数和各关节变化范围的条件下，评价动平台实现位姿的能力；所谓尺度综合则是指根据编程空间内预先给定的位姿能力，通过相应解耦算法，确定各关节变量的变化范围和尺度参数。上述分析与综合就相当于机器人学中的正向运动学和逆向运动学的处理过程。

3. 动力学设计

刚体动力学逆问题是并联机床动力分析、整机动态设计和控制器参数整定的理论基础。这类问题可归结为已知动平台的运动规律，求解铰内力和驱动力。相应的建模方法可采用几乎所有可以利用的力学原理，如牛顿—尤拉法、拉格朗日方程、虚功原理、凯恩方程等。由于极易由雅可比和海赛矩阵建立操作空间与关节空间速度和加速度的映射关系，并据此构造各运动件的广义速度和广义惯性力，因此虚功原理是首选的建模方法。

动态性能是影响并联机床加工效率和加工精度的重要指标。并联机器人的动力性能评价完全可以沿用串联机器人的相应成果，即可用动态条件数、动态最小奇异值和动态可操作性椭球半轴长几何均值作为指标。与机器人不同，金属切削机床动态特性的优劣主要是基于对结构抗振性和切削稳定性的考虑。动态设计目标一般可归结为：提高整机单位重量的静刚度，通过质量和刚度的合理匹配使低阶主导模态的振动能量均衡，改善抵抗切削颤振的能力。

4. 精度设计

精度问题是并联机床能否投入工业运行的关键。并联机床的误差来源包括静态误差和动态误差。其中静态误差主要体现在零部件制造与装配、铰链间隙、伺服控制、稳态切削载荷、热变形等引起的误差；动态误差主要体现为系统动特性与切削过程耦合引起振动而产生的误差。由于尚无有效的手段检测动平台位姿信息，因而在无法实现全闭环控制的条件下，通过精度设计与运动学标定改善机床的精度就显得格外重要。

精度设计可概括为精度预估与精度综合两类互逆问题。精度预估的主要任务是：按照某一精度等级设定零部件的制造公差，根据闭链约束建立误差模型，并在统计意义下预估刀具在整个工作空间的位姿方差，最后通过灵敏度分析修改相关工艺参数，直到达到预期的精度指标。精度综合是精度设计的逆问题，也就是指预先给定刀具在工作空间中的最大允许位姿误差（或体积误差），反求应分配给零件的制造公差，并使它们达到某种意义的均衡。

运动学标定的目的是为了补偿系统中的某些误差，从而提高并联机床的精度。其基本原理是：利用闭链约束和误差可观性，构造实测信息与模型输出之间的误差泛函，并采用非线性最小二乘算法识别模型参数，根据识别结果修正控制器中的逆解模型参数，从而达到精度补偿的目的。

5. 数控系统

从机床运动学的观点看，并联机床与传统机床的本质区别在于动平台在笛卡尔空间中的运动是关节空间伺服运动的非线性映射（又称虚实映射）。因此，在进行运动控制时，必须通过位置正解模型，将事先给定的刀具位姿及速度信息变换为伺服系统的控制指令，并驱动并联机构实现刀具的期望运动。由于结构参数不同，导致不同并联机床虚实映射的方法也不同，因此采用开放式体系结构建造数控系统是提高系统实用性的理想途径。

为了实现对刀具的高速高精度轨迹控制，并联机床数控系统需要高性能的控制硬件和软件。系统软件通常包括用户界面、数据预处理、插补计算、虚实变换、PLC 控制等模块，并需要简单、可靠、可作底层访问、且可完成多任务实时调度的操作系统。

友好的用户界面是实现并联机床运行的重要因素。由于操作者已习惯传统数控机床操作面板及有关术语和指令系统，故为了方便用户的使用，在开发并联机床数控系统用户界面时，必须将其在传动原理方面的特点隐藏在系统内部，而使提供给用户的信息尽可能与传统机床一致。这些信息通常包括操作面板的显示、数控程序代码和坐标定义等。

实时插补计算是实现刀具高速、高精度轨迹控制的关键技术。在以工业 PC 和开放式多轴运动控制卡为核心搭建的并联机床数控系统中，常用的插补算法是：根据精度要求在操作空间中离散刀具轨迹，并根据硬件所提供的插补周期，按时间轴对离散点作粗插补，然后通过虚实变换将数据转换到关节空间，再送入控制器进行精插补。还要说明的是，操作空间中两离散点间即便是简单的直线匀速运动，也将被转化为关节空间中各轴的变速运动；反过来，若使关节空间中各轴作匀速运动，则将在操作空间中合成复杂的曲线轨迹。

三、并联机床控制技术

1. 运动学方程的建立

虚拟轴机床运动学方程是并联机床控制的基础，利用基础平台（以后简称定平台）和运动平台（简称动平台）的八参数虚拟轴机床机构模型建立具有一般意义的并联机构运动学方程。

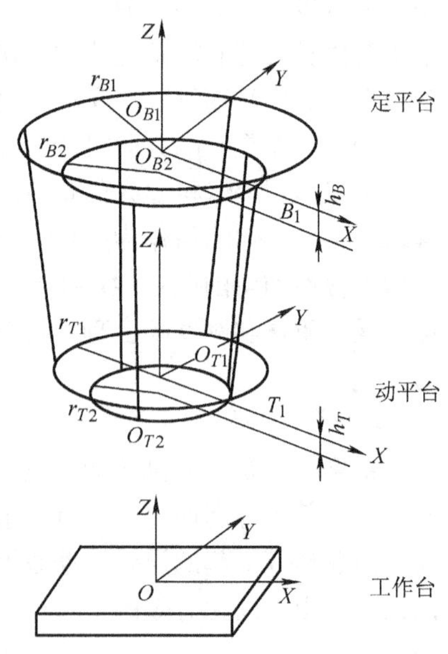

图 5-60　并联机床的八参数模型

VAMT1Y 的结构采用静平台和动平台水平旋转，每个平台上的六个铰链点构成两个正三角形，以满足数控机床工作空间的对称性要求（即机床在水平的各个方向要尽可能地具有相同的加工能力)。对构成两个平台的四个三角形的结构参数进行优化设计，使该原型样机具有较大的作业空间，并使作业空间中不出现奇异位形。图 5-60 所示为 VAMT1Y 的结构模型。刀具安装在动平台上，由主轴电动机驱动。在伸缩杆伺服进给电动机驱动下，动平台及刀具可实现六自由度的空间运动。

定平台和动平台的俯视图如图 5-61 所示。六根可主动伸缩的支链（简称腿）分别通过虎克铰和球铰与定平台和动平台相连。定平台的六个虎克铰（$B_1 \sim B_6$）分布在两个平行平面上，并构成两个正三角形。两个正三角形中心连线垂直于这两个平面。$\triangle B_1B_3B_5$ 外接圆中心为 O_{B1}点，$\triangle B_2B_4B_6$ 外接圆中心为 O_{B2}点。现定义以下定平台结构参数：

r_{B1}——$\triangle B_1B_3B_5$ 外接圆半径；

r_{B2}——$\triangle B_2B_4B_6$ 外接圆半径；

h_B——两个正三角形所在平面的距离；

α_B——直线 $O_{B1}B_1$ 与 $O_{B2}B_2$ 的夹角。

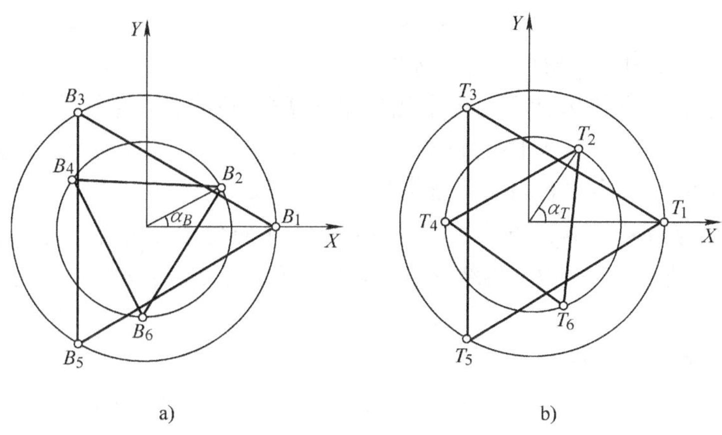

图 5-61　并联机床的平台俯视图
a) 定平台　b) 动平台

类似地，动平台的六个球铰（$T_1 \sim T_6$）也分布在两个平行平面上，并构成两个正三角形。两个正三角形中心连线垂直于这两个平面。$\triangle T_1T_3T_5$ 外接圆中心为 O_{T1}点，$\triangle T_2T_4T_6$ 外接圆中心为 O_{T2}点。同样定义以下动平台结构参数：

r_{T1}——$\triangle T_1T_3T_5$ 外接圆半径；

r_{T2}——$\triangle T_2T_4T_6$ 外接圆半径；

h_T——两个正三角形所在平面的距离；

α_T——直线 $O_{T1}B_1$ 与 $O_{T2}B_2$ 的夹角。

基本参数 r_{B1}、r_{B2}、h_B、α_B、r_{T1}、r_{T2}、h_T、α_T从机构学上完全定义了该模型。通过适当地设置这八个参数，可以得到许多研究论文中讨论的一些常见 Stewart 平台模型。

建立如图 5-61 所示定平台坐标系 $O_{B1}XYZ$ 和运动坐标系 $O_{T1}xyz$。运动坐标系原点 O_{T1} 在基础坐标系中的位置矢量为

$$r_T = [X_T, Y_T, Z_T]^T \tag{5-97}$$

虚拟轴机床动平台坐标系在机床坐标系中的描述方法很多，可以用球面旋矢、PRY 角或欧拉角来描述。由于在该机床的设计与控制中均采用欧拉角描述，所以下面对此作简单介绍。

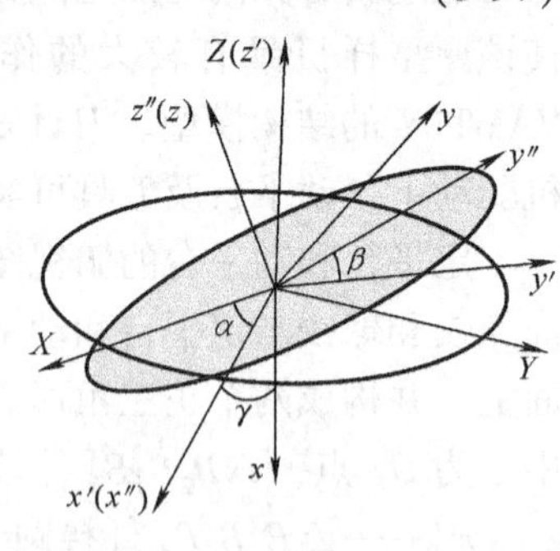

图 5-62 并联机床终端姿势描述

根据机器人学有关知识可知，姿势变换矩阵可以通过连续的三次旋转来实现：首先绕 $O_{B1}XYZ$ 的 Z 轴转 α 角，到达 $x_1y_1z_1$ 的姿势；再绕当前的 z_2 轴转 γ 角，到达 $x_2y_2z_2$ 的姿势；最后绕 x_1 轴转 β 角，到达最终姿势 $O_{T1}xyz$，如图 5-62 所示。

根据上述坐标旋转过程可以写出旋转矩阵为

$$\begin{aligned} \boldsymbol{R} &= \boldsymbol{R}(Z,\alpha)\boldsymbol{R}(X,\beta)\boldsymbol{R}(Z,\gamma) \\ &= \begin{pmatrix} \cos\alpha\cos\gamma - \sin\alpha\cos\beta\sin\gamma & -\cos\alpha\sin\gamma - \sin\alpha\cos\beta\cos\gamma & \sin\alpha\sin\beta \\ \sin\alpha\cos\gamma + \cos\alpha\cos\beta\sin\gamma & -\sin\alpha\sin\gamma + \cos\alpha\cos\beta\cos\gamma & -\cos\alpha\sin\beta \\ \sin\beta\sin\gamma & \sin\beta\cos\gamma & \cos\beta \end{pmatrix} \end{aligned} \tag{5-98}$$

式中，α 为进动角；β 为章动角；γ 为自转角。

由于插补误差分析和机床标定过程中经常采用 RPY 角描述，它是借用了船舶在海中航行时姿态的一种表示方法。定义船的行驶方向为 Z 轴，则绕 Z 轴的旋转称为滚动（Roll），把绕 Y 轴的旋转称为俯仰（Pitch），而把铅直方向取为 X 轴，绕 X 轴的旋转称为偏转（Yaw）。这种描述坐标系 $O_{T1}xyz$ 方位的法则为：$O_{T1}xyz$ 的初始方位与参考坐标系 $O_{B1}XYZ$ 重合；首先将 $O_{T1}xyz$ 绕 X_{B1} 转 α 角，再绕 Y_{B1} 转 β 角，最后绕 Z_{B1} 转 γ 角。从而得到相应的旋转矩阵为

$$\begin{aligned} \boldsymbol{R} &= \boldsymbol{R}(Z_A,\gamma)\boldsymbol{R}(Y_A,\beta)\boldsymbol{R}(X_A,\alpha) \\ &= \begin{pmatrix} \cos\gamma\cos\beta & \cos\gamma\sin\beta\sin\alpha - \sin\gamma\cos\alpha & \cos\gamma\sin\beta\cos\alpha + \sin\gamma\sin\alpha \\ \sin\gamma\cos\beta & \sin\gamma\sin\beta\sin\alpha + \cos\gamma\cos\alpha & \sin\gamma\sin\beta\cos\alpha - \cos\gamma\sin\alpha \\ -\sin\beta & \cos\beta\sin\alpha & \cos\beta\cos\alpha \end{pmatrix} \end{aligned} \tag{5-99}$$

如图 5-62 所示，可以得到定平台上各铰接点在基础坐标系中的坐标为

$$\begin{cases} X_i = r_{B1}\cos\theta_i \\ Y_i = r_{B1}\sin\theta_i \\ Z_i = H \end{cases} \tag{5-100}$$

记为 $\boldsymbol{B}_i$，其中($\theta_i = (i-1)\pi/6, i = 1,3,5$)。

$$\begin{cases} X_j = r_{B2}\cos(\theta_j + \alpha_B) \\ Y_j = r_{B2}\sin(\theta_j + \alpha_B) \\ Z_j = H - h_B \end{cases} \tag{5-101}$$

记为 $\boldsymbol{B}_j$，其中($\theta_j = (j-2)\pi/6, j = 2,4,6$)。

类似地可以得到动平台上各铰接点在运动坐标系中的坐标为

$$\begin{cases} x_i = r_{T1}\cos\theta_i \\ y_i = r_{T1}\sin\theta_i \\ z_i = 0 \end{cases} \tag{5-102}$$

记为 $\boldsymbol{T}_i$，其中$(\theta_i=(i-1)\pi/6, i=1,3,5)$。

$$\begin{cases} x_j = r_{T2}\cos(\theta_j+\alpha_T) \\ y_j = r_{T2}\sin(\theta_j+\alpha_T) \\ z_j = h_T \end{cases} \tag{5-103}$$

记为 $\boldsymbol{T}_j$，其中 $(\theta_j=(j-2)\pi/6, j=2, 4, 6)$。

根据旋转变化，动平台坐标系中动平台各铰链位置矢量在基础坐标系中为

$$\boldsymbol{s}_i = \boldsymbol{R}\boldsymbol{T}_i \qquad (i=1,2,\cdots,6) \tag{5-104}$$

动平台上各铰接点在基础坐标系中坐标为

$$\boldsymbol{T}_i^B = \boldsymbol{R}\boldsymbol{T}_i + \boldsymbol{r}_T \qquad (i=1,2,\cdots,6) \tag{5-105}$$

于是支链矢量为

$$l_i\boldsymbol{l}_i = \boldsymbol{r}_T + \boldsymbol{R}\boldsymbol{T}_i - \boldsymbol{B}_i \qquad (i=1,2,\cdots,6) \tag{5-106}$$

式中，l_i 为第 i 支链长度；$\boldsymbol{l}_i$ 为第 i 支链单位方向矢量；$\boldsymbol{B}_i=[X_i, Y_i, Z_i]^T$；$\boldsymbol{T}_i=[x_i, y_i, z_i]^T$。

此式即为运动学逆解方程。可见，并联机构的逆解具有唯一性，只要知道了刀具的空间位姿，就可以唯一确定六条腿的长度，通过伺服系统实现各条腿的位置控制。

2. 数控系统设计

如图 5-63 所示为并联机床数控系统的一种硬件结构图，采用了多 CPU 的开放式结构体系。图 5-63 中 PC 工控机作为主计算机进行系统的核心管理，基于 DSP 的 PMAC 运动控制卡完成伺服电动机的实时控制，开关量的逻辑控制由嵌入式 PLC 实现，多 CPU 之间通过双口 RAM 和串行通信进行数据交换。

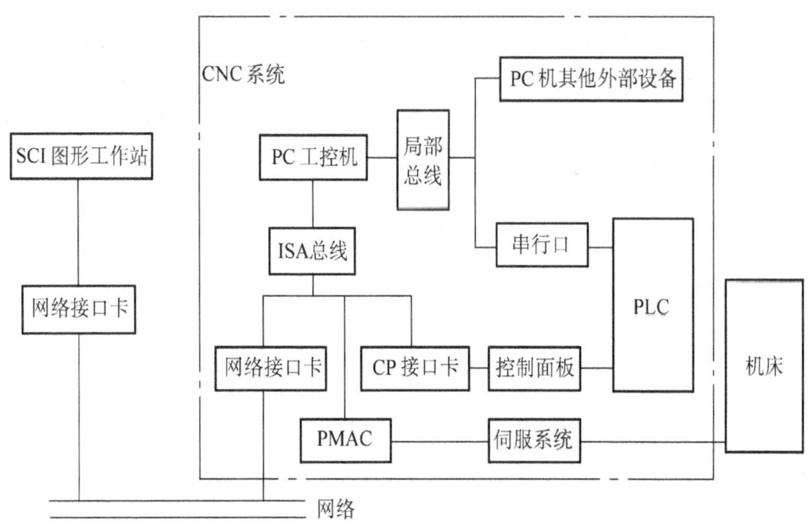

图 5-63　并联机床用 CNC 装置硬件体系结构

该并联机床数控装置软件结构如图 5-64 所示。由人机界面模块、预处理模块、指令解释执行模块以及其他功能模块构成。其中人机界面模块包括人机对话、刀具轨迹仿真和加工状态显示等功能；预处理模块包括 NC 代码编译、刀位轨迹及速度和加速度规划；指令解释

执行模块完成内部指令的分析和执行，完成轴控制模块、辅助控制模块和控制面板管理模块的协调；轴控制模块包括坐标变换、生成多轴控制的 PMAC 运动指令、实现与 PMAC 卡的通信；辅助控制模块包括 PLC 程序、控制数据生成、PLC 通信管理等模块；控制面板（Control Panel）管理模块包括 CP 指令解释和 CP 通信管理等子模块；其他功能模块包括状态检测、诊断等子模块。

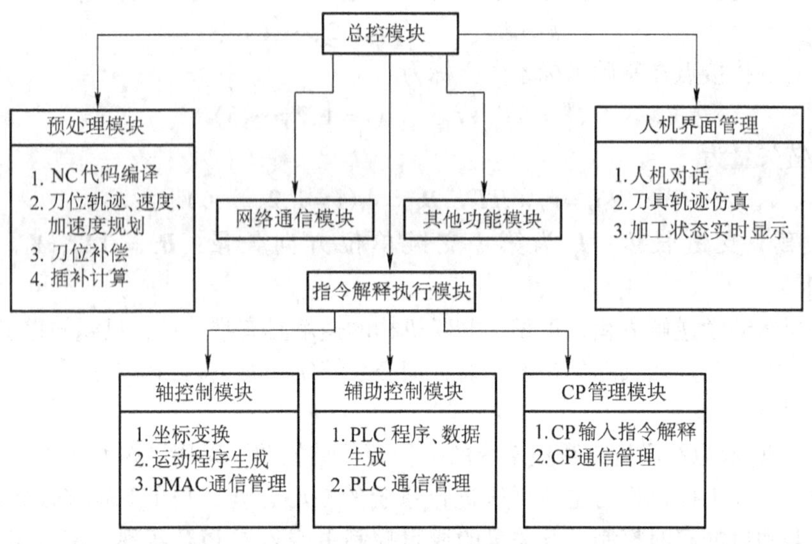

图 5-64　并联机床用 CNC 装置软件体系结构

该并联机床 CNC 系统采用粗、精结合的两级插补算法，实现了直线和圆弧轮廓的加工。首先由主计算机按给定的插补周期，完成速度规划和粗插补计算，得到下一个插补点的坐标位置，经过虚实映射的坐标更换，得出各个可控伸缩轴的位置增量和速度，送给 PMAC 卡进行连续轨迹控制，从而驱动刀具加工出合格的零件。

思考题与习题

5-1　试简述计算机数控系统组成及其各部分的作用。

5-2　试简述计算机数控装置的组成及其工作过程。

5-3　试简述计算机数控装置硬件结构分类及其主要特点。

5-4　计算机数控装置的接口电路有哪些？它们分别对应实现数控机床的哪些功能？

5-5　试简述 OSI/RM 的七层结构模型。

5-6　请结合某公司的数控机床，谈谈现场总线技术在其中的具体应用。

5-7　试简述计算机数控系统中 PLC 承担的任务、分类及其主要特点。

5-8　试简述计算机数控装置内部信息流处理过程。

5-9　试分析计算机数控装置控制软件的主要特点。

5-10　试简述计算机数控装置软件结构类型及其特点。

5-11　请列举 10 个计算机数控装置内部控制软件模块，并按中断级别高低进行大致排序。

5-12　请结合实例说明为什么要进行刀具补偿计算？

5-13　刀具长度补偿的基本原理是什么？

5-14　请作图说明 $\alpha=0°$和 $\alpha=180°$情况下，刀具半径补偿进行的示意图，并给出相应计算公式。

5-15　请推导教材中公式（5-23），并且在联立求解过程中会出现两个解，但其中只有一个是合理的，请说明取舍的原则。

5-16　请说明刀具半径补偿计算过程中，定义刀具半径矢量和圆弧半径矢量的作用。

5-17　请用 VC++高级语言编写直线接直线刀具半径补偿计算程序，并验证书中公式的正确性。

5-18　请问能否将教材中的约定修改如下

$$R=\begin{cases}|R| & (\text{逆圆弧})\\ -|R| & (\text{顺圆弧})\end{cases},\quad r=\begin{cases}|r| & (\text{右刀补})\\ -|r| & (\text{左刀补})\end{cases}$$

如果这样约定后会有什么影响？

5-19　请自行给出一个零件，画出刀具半径补偿后相应的刀具中心轨迹。要求含有直线轮廓和圆弧轮廓，刀补建立、刀补进行和刀补撤消，缩短型、伸长型和插入型等情况。

5-20　在一台经济型数控铣床上铣削下面零件，铣刀直径为 20mm，选择加工路线为 ABCDEA，O 为起刀点，BLU = 0.01mm。要求作出直线过渡型刀补后刀具中心轨迹，并给出转接点坐标值（包括刀补建立、刀补进行和刀补撤消三种情况以及有关的计算过程）（图 5-65 中坐标单位为 mm）。

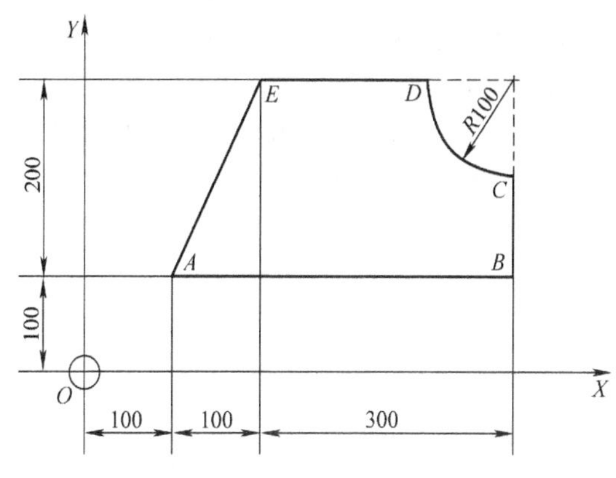

图 5-65　题 5-20 图

5-21　何谓插补？在数控机床加工过程中，刀具能否严格沿着零件的轮廓轨迹运动？为什么？

5-22　若直线轮廓的起点为 O（0，0），终点 E 的坐标分别为：

（1）E（9，4）　（2）E（−3，7）　（3）E（5，−8）

试用逐点比较法进行插补，并绘出其插补轨迹。

5-23　若顺圆的圆心为 O（0，0），起点 S 和终点 E 分别如下：

（1）S（8，6）、E（0，10）　（2）S（−10，0）、E（0，10）

试用逐点比较法对这些圆弧进行插补，并绘出其插补轨迹。

5-24　试简述数字积分（DDA）法插补的基本思路，并比较与逐点比较法之间的异同。

5-25　如何提高数字积分法的插补质量（包括插补速度和插补精度两个方面）？

5-26　设直线轮廓的起点为 O（0，0），终点为 E（5，7），被积函数寄存器和余数寄存器位数均为 3，坐标值单位为 BLU。试用数字积分法插补该直线，并绘出插补轨迹。

5-27　设用数字积分法插补顺圆弧$\overset{\frown}{SE}$，圆心在原点上，起点为 S（0，7），终点为 E（7，0）。若被积函数寄存器和余数寄存器位数均为 4。试在下列条件下完成圆弧插补，并绘出插补轨迹。坐标值单位为 BLU。

（1）X、Y 向的余数寄存器初值为零，即 $J_{RX}=J_{RY}=0$。

（2）X、Y 向的余数寄存器初值为 8，即 $J_{RX} = J_{RY} = 8$。

（3）X、Y 向的余数寄存器初值为 7，即 $J_{RX} = J_{RY} = 7$。

5-28　设被积函数寄存器和余数寄存器均为 8 位，请采用数字积分法插补顺圆弧 $\widehat{SE}$，圆心在原点上，起点为 S（0，10），终点为 E（10，0）。要求进行半加载和左移规格化处理。坐标值单位为 BLU。

5-29　数据采样法中插补周期的选择依据有哪些？进一步插补周期与位置控制周期之间有何联系？

5-30　设某闭环数控系统采用数据采样法插补圆弧零件轮廓 NR4，圆心为 O（0，0），起点为 S（6mm，-8mm），终点为 E（8mm，-6mm），插补周期为 8ms，程编进给速度为 400mm/min，进给倍率为 120%。试分别用直接函数法、一次近似法和二次近似法从起点开始插补，并比较三者之间插补误差的大小。要求完成 10 个插补周期。

5-31　试简述数据采样法插补中粗插补和精插补相结合的基本思路。

5-32　请基于 MCS-51 系列单片机编写出逐点比较法直线插补软件（设采用三字节联合运算）。

5-33　请基于 VC++ 高级语言设计二次近似法圆弧插补软件，并验证算法的正确性。

5-34　试简述开放式数控系统产生的背景及其基本特征。

5-35　试简述美国的 SOSAS、欧州的 OSACA 和日本的 OSEC 三种体系结构的基本含义。

5-36　请以 PCI 总线为平台构建一个经济型开放式数控系统，并给出硬件配置和软件设计思路。

5-37　试简述传统数控机床和并联机床的显著区别是什么？

5-38　试简述并联机床的显著特点有哪些？

5-39　请说明并联机床运动学分析（正向运动学）和综合（逆向运动学）问题的基本含义。

5-40　请结合机构运动学的有关知识说明并联机床的控制技术。

第六章 数控机床伺服系统

数控机床伺服系统是以机床移动部件的位移和速度作为控制对象的自动控制系统，也称为位置随动系统，简称伺服系统。它接收数控装置输出的插补结果，如指令脉冲或数字量，通过功率放大控制电动机驱动机床的移动部件，完成预期的直线或转角位移。高性能的闭环或半闭环伺服系统还由检测元件反馈实际输出，并由位置调节器构成闭环控制。

伺服系统作为数控机床的输出执行部件，不仅要稳定地保证所需的进给速度和切削力矩，而且要准确地完成指令规定的定位控制和复杂型面的轮廓加工。为了更好地设计和使用伺服系统，本章详细地对此进行介绍。

第一节　数控机床伺服系统概述

一、伺服系统基本要求和特点

1. 基本要求

(1) 稳定性好　稳定是自动控制系统正常工作的前提条件，不稳定的系统是没有意义的。所谓稳定是指控制系统在给定输入或外界干扰作用下，能在短暂的调节过程后达到新的稳定平衡状态，或者恢复到原有的平衡状态。数控机床要求伺服系统具有较强的抗干扰能力，保证进给速度平稳。伺服系统的稳定性将直接影响数控加工的精度和表面粗糙度。

(2) 准确度高　控制系统准确度是指系统输出量能够复现输入量的精确程度，一般用稳态误差来表示。作为精密加工的数控机床，要求具有很高的定位和重复定位精度，例如允许的定位误差一般都在 0.01 ~ 0.001mm 左右，甚至 0.1μm。当多轴联动加工时，还要求协调控制各个坐标轴，这样可减小零件轮廓误差。

(3) 快速性好　快速性是伺服系统动态品质的重要指标，它反映了系统快速响应的能力，决定了数控机床的加工效率和表面粗糙度。伺服系统的响应时间一般在 200ms 以内，甚至小于几十毫秒。另一方面在过渡过程中还要求超调量很小，甚至没有超调，否则在定位或进给过程中有可能碰撞刀具或工件而发生刀具干涉现象。但快速性和超调量之间往往是矛盾的，设计和应用中必须根据工艺要求进行折衷选择。

可见，上述“稳、准、快”是控制系统和伺服系统最基本的要求，是静、动态性能的高度概括。

2. 主要特点

数控机床伺服系统的控制对象是机床主轴、进给刀具或工作台等。根据其组成原理和工作过程，可以看出具有以下主要特点：

（1）精确的位置检测　自动控制系统中反馈检测元件的精度将直接影响整个系统的精度，所以必须按照实际加工的性质和精度要求，选择适当类型和规格的位置传感器，才能构成足够精确的位置闭环控制。

（2）多种反馈比较原理　按照检测元件实现位置反馈的原理不同，伺服系统反馈比较的方法也不相同。目前，进给伺服系统常用的有脉冲比较、相位比较、幅值比较、模拟电压或数字量比较等多种位置闭环系统。

（3）高性能的伺服电动机　用于高效和复杂型面加工的数控机床，伺服系统将经常处于频繁的启动和制动过程中。要求电动机输出转矩与转动惯量的比值大，以产生足够的加速度或制动转矩。还要求伺服电动机在低速时有足够大的输出转矩且运转平稳，以便在与机械运动部分联接中尽量减少减速箱等中间环节。

（4）宽的调速范围　由于数控机床加工零件的材料和工艺指标有很大差别，因此为了适应不同场合的加工需要，就要求伺服系统具有较宽的调速范围。同时，根据不同工况选择相应的运行速度，还可以提高数控机床的工作效率。

（5）能长时间连续可靠运行　由于数控机床的使用效率较高，在加工复杂轮廓零件时，经常要求 24 小时连续运行。而伺服系统集中了错综复杂的强电与弱电、数字电路和模拟电路，并且工作环境中电磁干扰比较严重，往往容易发生故障。因而在伺服系统设计和应用中特别要重视其可靠性。

二、伺服系统控制原理

数控机床伺服系统的基本组成如图 6-1 所示，图中虚线表示闭环或半闭环的情况。但不管是哪种类型，功率驱动及执行元件都必不可少。功率驱动的作用是将进给指令转化为执行元件所需的信号形式，执行元件则将该信号转化为相应的机械位移，控制对象都是机床的工作台或刀具。

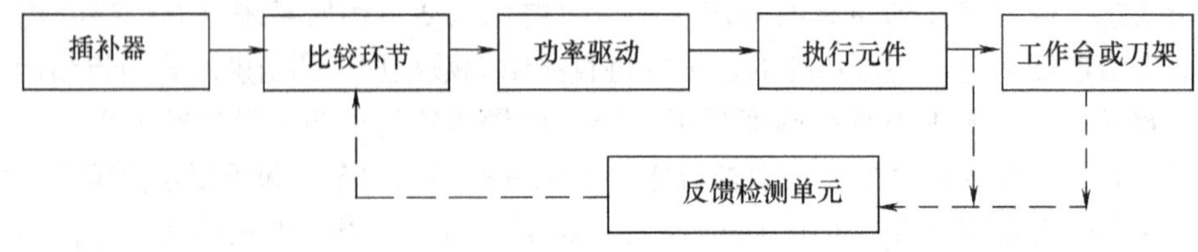

图 6-1　数控机床伺服系统的基本组成

开环伺服系统由功率驱动、执行元件和机床组成。通常，执行元件选用步进电动机，它对系统的特性具有重要的影响。

闭环伺服系统由功率驱动、执行元件、机床以及反馈检测单元、比较环节等组成。反馈检测单元将工作台或刀具的实际位置检测后反馈到输入端，比较环节将指令信号和反馈信号进行比较，以两者的差值作为伺服系统的跟随误差经功率放大后，控制执行元件带动工作台或刀具朝着减小误差的方向运动。

三、伺服系统分类

数控机床伺服系统按其用途和功能分为主轴伺服系统和进给伺服系统；按其控制原理和有无位置反馈环节分为开环伺服系统、闭环伺服系统和半闭环伺服系统；按驱动执行元件的工作原理分为电液伺服系统和电气伺服系统，电气伺服系统又分为步进伺服系统、直流伺服系统、交流伺服系统和直线式伺服系统。在闭环或半闭环伺服系统中，按反馈与比较控制方式分为脉冲伺服系统、相位伺服系统、幅值伺服系统和全数字伺服系统。

1. 主轴伺服系统和进给伺服系统

主轴伺服系统控制机床主轴的旋转运动，为机床主轴切削提供所需的动力，控制量一般是主轴转速，并且与数控加工程序中的 S 功能相对应。因此，它主要关心主轴是否具有足够的功率、较宽的恒功率调节范围及速度调节范围等。

进给伺服系统用于控制数控机床工作台或刀具的移动，并提供切削过程所需的力矩，控制量一般是角度或直线位移量，并与数控加工程序中的 F 功能相对应。因此，它主要关心各轴转矩大小、调速范围的大小、调节精度的高低以及动态响应的快慢等。

2. 开环伺服系统、闭环伺服系统和半闭环伺服系统

开环伺服系统只有从指令位置输入到位置输出的前向控制通道，而没有检测实际位置的反馈通道。这样，前向通道中伺服执行元件对于每个指令脉冲的控制进给误差、传动机构中齿隙误差、丝杠螺距误差、在导轨上滑动时摩擦力的不均衡等，都将直接影响控制精度，而且也不能得到完全补偿。因此，开环伺服系统控制精度不太高。开环伺服系统中广泛采用步进电动机作为执行元件，这样当负载力矩和惯量增加时，步进电动机连续运行矩频特性和起动矩频特性都存在着明显下降的趋势，并且噪声大，在低频段还会出现颤动现象，如果输入脉冲频率等于步进电动机的固有频率时，还将产生共振。当然，步进电动机驱动的开环伺服系统结构简单，实现与调试比较容易。

闭环伺服系统中指令信号与反馈信号通过比较环节的综合分析得到位置误差信号，再通过功率放大，控制执行电动机驱动工作台（或刀具）向指令位置进给。只要适当地设计伺服放大器的结构与参数，就能实现数控系统所要求的精确定位控制和轮廓切削控制。一般情况下，闭环伺服系统反馈量是移动部件的直线位移值，并且整个系统的定位或跟随精度主要取决于位置检测元件的测量精度。根据自动控制理论分析可知，凡是被反馈通道所包围的前向通道中各环节误差都能被补偿，所以闭环伺服系统的综合精度很高。但由于系统中增加了位置检测、反馈比较及伺服放大等环节，使系统变得复杂化，特别是机械传动链中的齿隙将会影响到整个系统的稳定性，导致闭环伺服系统易振荡，调试较困难。

半闭环伺服系统中通过旋转变压器或脉冲编码器检测电动机或丝杠的转角，来间接获得数控机床移动部件位置量（转角和位移量之间是线性关系），从而形成等效反馈信号。在这种由等效信号构成的半闭环伺服系统中，反馈通道将不包含从旋转轴到工作台直线位移之间的机械传动链，因此，这部分传动误差将不能被反馈补偿。但由于齿隙非线性环节没有被反馈通道所包含，所以系统稳定性容易得到保证，当然综合精度略低于全闭环系统。

在中高档数控机床中，普遍采用闭环或半闭环伺服系统。这两种系统除了反馈信号所包围的环节有一定的差别外，整个系统的组成原理和控制方法基本相同，所以本章主要以闭环伺服系统为讨论对象，其中的基本原理与方法也适用于半闭环伺服系统。

3. 步进伺服系统、直流伺服系统、交流伺服系统和直线式伺服系统

步进伺服系统选用的执行元件是步进电动机，多用于开环的经济型数控系统。由于没有反馈控制机制，系统的精度和速度都不太高。

直流伺服系统常用的伺服电动机有小惯量直流伺服电动机和永磁直流伺服电动机（也称为大惯量宽调速直流伺服电动机）。小惯量伺服电动机最大限度地减少了电枢的转动惯量，一般呈细长形，所以能获得很好的快速性。永磁直流伺服电动机能在较大过载转矩下长时间工作以及电动机的转子惯量较大，能直接与丝杆相连而不需中间传动装置，并且它还可在低速下平稳运行。

交流伺服系统使用交流异步电动机（一般用于主轴驱动）和永磁同步伺服电动机（一般用于进给驱动）。交流伺服电动机转子惯量比直流电动机小，使得动态响应性能好。另外在同样体积下，交流电动机的输出功率可比直流电动机提高 10% ~70%。还有交流电动机的容量可以比直流电动机做得大，实现更高的输出转矩和转速。

直线式伺服系统中使用的执行元件是直线电动机，由于它没有旋转运动，而是直线移动，可以不需要滚珠丝杠螺母副，直接驱动数控机床的刀具或工作台移动到所要求的位置。一般可以获得比传统伺服系统更高的精度和速度，目前在高速切削数控机床中获得了广泛的应用。

4. 脉冲伺服系统、相位伺服系统、幅值伺服系统和全数字伺服系统

在脉冲伺服系统中，由数控插补器给出以数字脉冲形式的指令信号（也称指令脉冲），由位置检测器产生反馈脉冲，在比较环节中通过逆计数器直接对两种脉冲进行比较，以产生位置偏差信号，据此对机床移动部件实行控制，直到消除其间偏差。当位置检测器选用直光栅和感应同步器时，可实现全闭环伺服控制。当采用旋转变压器和脉冲编码器时，则构成半闭环伺服系统。可见，采用脉冲比较的伺服系统结构简单，容易实现。

在相位伺服系统中，位置检测装置采取相位工作方式，指令信号与反馈信号都变换成某个载波的相位，然后通过两者相位的比较，获得实际位置与指令位置的偏差，据此实现位置闭环控制。由于这种系统中载波信号频率高，响应快，抗干扰能力强，较适合于连续控制的伺服系统。

在幅值伺服系统中，利用位置检测信号的幅值大小来反映机床移动部件的位置，并以此作为位置反馈信号，同时还要将此幅值信号转换成数字信号才能与指令数字信号相比较，从而获得位置偏差信号构成闭环控制系统。

全数字伺服系统是伺服控制技术从模拟方式、混合方式走向全数字方式的结果，它是随着微电子技术、计算机技术和自动控制理论的发展，将位置、速度和电流构成的三环反馈系统全部数字化，通过软件实现数字 PID，并采用了许多新的控制技术和改进伺服性能的措施，使控制品质大大提高。目前，在中、高档数控机床中已经大量选用高速、高精度的全数字伺服系统。所以，后面主要介绍全数字伺服系统的详细情况，而其他三种伺服系统就不再涉及。

第二节 常用执行元件及其控制

一、步进电动机

(一) 工作原理

开环数控系统中使用的执行元件是步进电动机，它将数控装置插补器送来的进给脉冲转换为具有一定方向、大小和速度的机械转角位移，并通过齿轮和丝杠带动工作台移动。进给脉冲的频率代表了进给速度，进给脉冲的个数代表了位移量。

如图6-2所示为三相反应式步进电动机工作原理图。定子上有六个磁极，分成A、B、C三相，每个磁极绕有励磁绕组，按串联（或并联）方式连接，使电流产生的磁场方向一致。转子是带齿的无绕组铁心，当定子绕组按顺序轮流通电时，A、B、C三对磁极就依次产生磁场，并对转子的某一对齿产生电磁转矩，吸引过来使它转动。每当转子某对齿的中心线与定子磁极中心线对齐时，磁阻最小，转矩为零，每次就在此时按一定方向切换定子绕组各相电流，使转子按一定方向一步步转动。步进电动机每步转过的角度称为步距角。

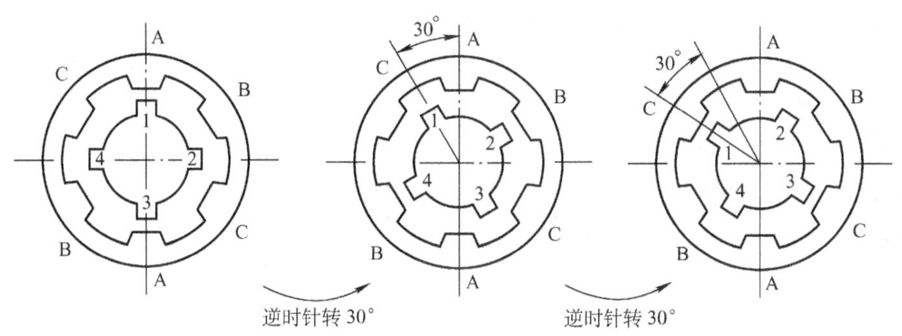

图6-2 三相反应式步进电动机工作原理

现设A相通电，转子1、3齿被磁极A产生的电磁转矩吸过去，当1、3齿与A对齐时，转动停止；此时，B相通电，A相断电，磁极B又把距它最近的一对齿2、4吸过来，使转子按逆时针方向转过30°；接着C相通电，B相断电，转子又逆时针旋转30°，依此类推，定子按A→B→C→A…顺序通电，转子就按逆时针方向转动，每步转30°。如果改变通电顺序，按A→C→B→A…使定子绕组通电，步进电动机就按顺时针方向转动，同样每步转30°。上述控制方式叫单三拍方式，由于每次只有一相绕组通电，在切换瞬间失去自锁转矩，容易失步，并且一相绕组通电吸引转子，容易在平衡位置附近产生振荡。因此，较多采用双三拍控制方式，即通电顺序按AB→BC→CA→AB…（逆时针方向）或AC→CB→BA→AC…（顺时针方向）进行。由于双三拍控制每次有二相绕组通电，而且切换时总保持一相绕组通电，所以工作较稳定。如果按A→AB→B→BC→C→CA→A…的顺序通电，就是三相六拍工作方式。每切换一次，步进电动机按逆时针方向转过15°。同样，若按A→AC→C→CB→B→BA→A…的顺序通电，则步进电动机每步按顺时针方向转过15°。三相六拍控制方式比三相三拍控制方式步距角减小一半。

控制步进电动机的转动是由绕组的电流脉冲决定的，即由指令脉冲决定的。指令脉冲数决定它的转动步数，即角位移的大小；指令脉冲频率决定它的转动速度；只要改变绕组的通电顺序，就可以改变它的旋转方向。可见，步进电动机控制十分方便，但缺点是效率低，带惯性负载能力差，尤其在高速时容易失步。

步进电动机结构形式及分类方式很多。按转矩产生的原理分反应式、永磁式和永磁反应式（也称混合式）。按输出转矩大小分为伺服式和功率式。按各相绕组分布分为径向式和轴向式。按相数分为二相、三相、四相和五相步进电动机。目前，数控机床中使用较多的是混合式步进电动机。

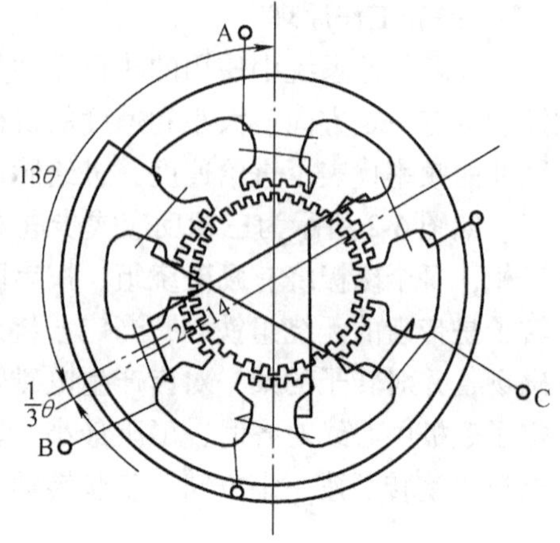

图 6-3 三相反应式步进电动机定子与转子磁极

如图 6-3 所示的三相反应式步进电动机结构，定子上有六个均布磁极，在直径相对两个极上线圈串联，构成了一相控制绕组。极与极之间的夹角为 60°，每个定子极上均布 5 个齿，齿槽距相等，齿间夹角为 9°。转子上无绕组，均布有 40 个齿，齿槽等宽，齿间夹角也为 9°。三相（A、B、C）定子磁极和转子上相应的齿依次错开了 1/3 齿距。这样，若按三相六拍方式给定子绕组通电，即可控制步进电动机以 1.5°步距角作正向或反向旋转。

（二）主要特性

1. 步距角和静态步距误差

步距角 θ（°）是步进电动机定子绕组通电状态每改变一次，转子转过的角度。它取决于电动机结构和控制方式。其计算公式如下

$$\theta=\frac{360}{mzk} \tag{6-1}$$

式中，m 为定子相数；z 为转子齿数；k 为与通电方式有关的系数，当通电方式为单拍时 $k=1$，单双拍时 $k=2$。

理论上步距角 θ 应是圆周 360°的等分值，而实际步距角往往存在误差。称每转内各步距误差的最大值为步距误差。它的大小是由制造精度、齿槽的分布不均匀和气隙不均匀等因素决定的。步进电动机的静态步距误差通常在 10′以内。

2. 静态矩角特性

当步进电动机不改变通电状态时，转子处于静止不动。如果在电动机轴上外加一个负载转矩，使转子按一定方向转过一个角度 θ，此时转子所受的电磁转矩 M 称为静态转矩，角度 θ 称为失调角。描述静态时 M 与 θ 的关系叫矩角特性，如图 6-4 所示。该特性上的电磁转矩最大值称为最大静转矩。在静态稳定区内去除外加转矩时，转子在电磁转矩作用下仍能回到稳定平衡点位置（$\theta=0$）。

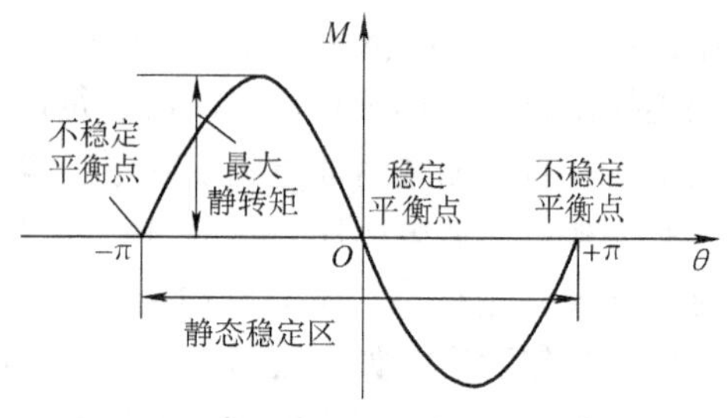

图 6-4 步进电动机静态矩角特性

3. 起动频率

步进电动机在空载条件下由静止状态突然起动，并进入不丢步的正常运行最高频率，称

为起动频率或突跳频率。送给步进电动机的指令脉冲频率如大于起动频率，就不能正常起动。步进电动机在带负载（尤其是惯性负载）下的起动频率比空载低，而且随着负载加大(在允许范围内)，起动频率还会进一步降低。

4. 连续运行频率

步进电动机起动以后，其运行速度能跟踪指令脉冲频率连续上升而不丢步的最高工作频率，称为连续运行频率。其值远大于起动频率，并且随着电动机所带负载的性质和大小而异，与驱动电源也有很大的关系。

5. 矩频特性曲线与动态转矩

矩频特性曲线是描述步进电动机输出转矩与运行频率之间的关系，一般可分为起动矩频特性曲线和运行矩频特性曲线，如图 6-5 所示为日本三洋公司 103H7523—7051 型步进电动机的矩频特性曲线。

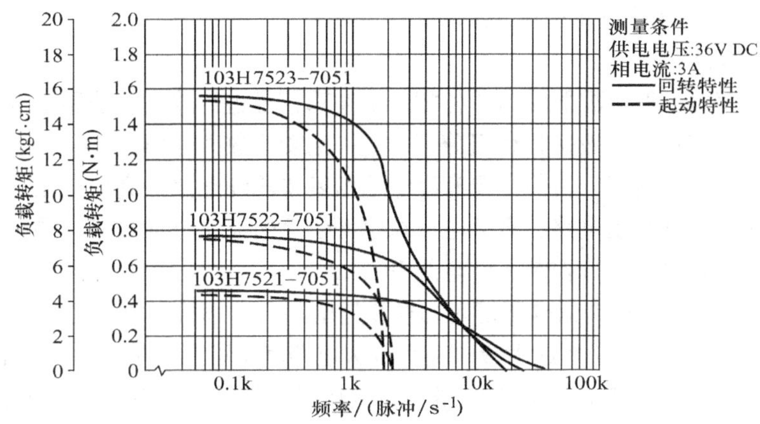

图 6-5 103H7523—7051 型步进电动机矩频特性曲线频率（脉冲/s）

（三）驱动控制

步进电动机驱动控制电路是由环形分配器和功率放大电路组成，如图 6-6 所示。图中外部输入的一系列脉冲经过环形分配器转换成各相绕组的控制信号，然后通过功率放大电路获得电动机所需的电流脉冲。

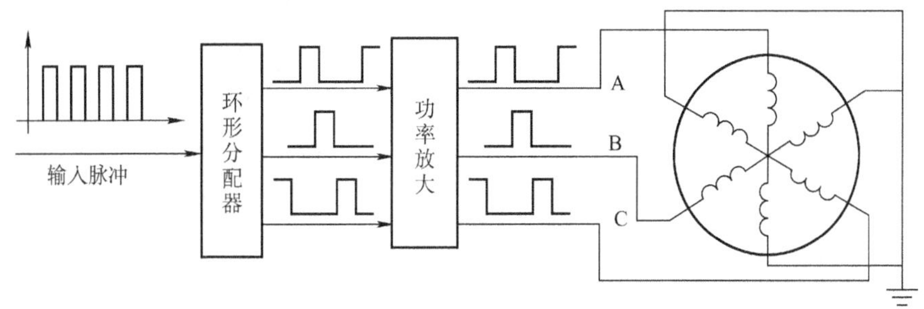

图 6-6 步进电动机控制电路

1. 环形分配器

环形分配器输入端的指令脉冲来自数控装置插补器的输出，通常还要经过加减速处理，使脉冲频率平滑上升或下降，以适应步进电动机的运行特点，防止失步或过冲。

环形分配器的实现方式很多，既可以硬件实现，也可以软件实现。如图 6-7 所示为三相六拍环形分配器的原理电路图，它采用与非门和 D 触发器实现。当方向控制信号 X = “1”时，每来一个进给脉冲 CP，则步进电动机正向走一步；当 X = “0”时，每来一个进给脉冲 CP，则步进电动机反向走一步。

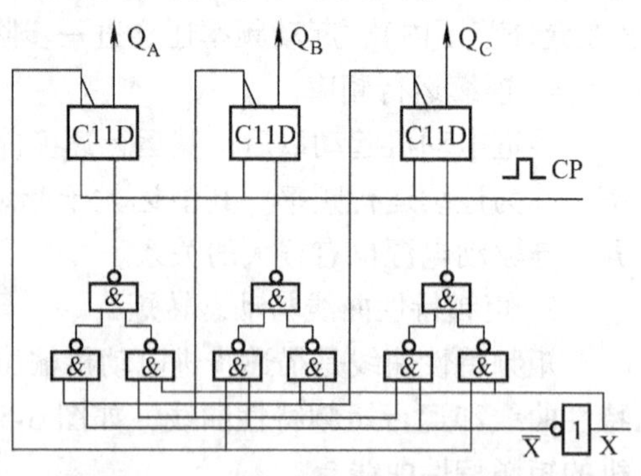

图 6-7　三相六拍环形分配器电路

另外，也可采用专用集成电路完成环形分配功能。例如 PM03、PM04、PM05、CH250、PMM8713、PPMC101B 等，甚至采用小规模可编程逻辑器件 GAL 也可固化环形分配逻辑。

2. 功率放大电路

功率放大电路将环形分配器输出的各相通电逻辑信号进行放大，控制步进电动机各相绕组电流按一定顺序切换，一般每相绕组分别对应一组功率放大电路。

功率放大电路形式很多，目前主要有串电阻型基本驱动电路、高低电压双电源型驱动电路、单电源恒流斩波型驱动电路、高低电压双电源恒流斩波型驱动电路、调频调压型驱动电路、正余弦型驱动电路和细分控制驱动电路等。

这里介绍如图 6-8 所示高低电压定时切换步进电动机功率放大电路工作原理。该电路包括由功率管 VT_g、VT_d 组成功率放大级、前置放大电路和单稳延时电路。二极管 VD_d 用作高低电压隔离，VD_g 和 VR_g 是高压放电回路。高电压导通时间由单稳延时电路整定，通常为 100～600μs，对功率型步进电动机可达几千微秒。

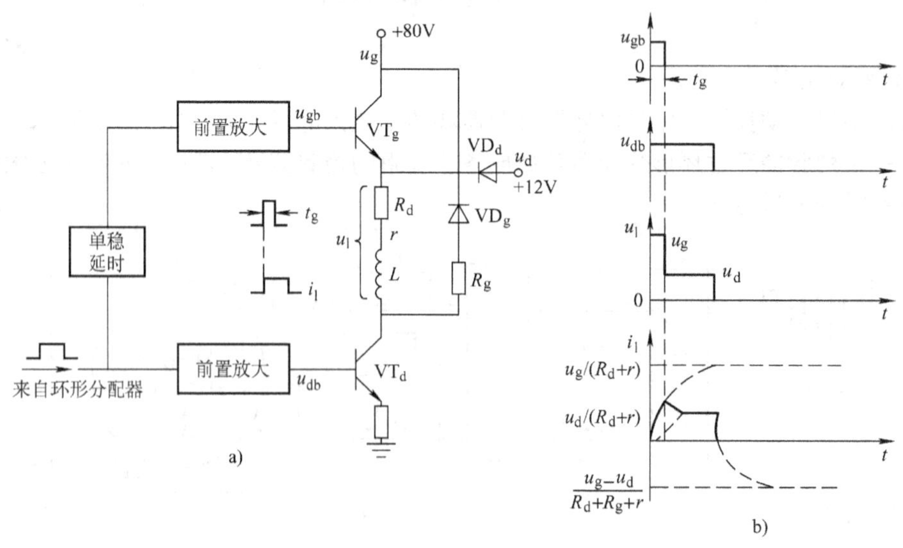

图 6-8　高低电压定时切换步进电动机功率放大电路
a）原理框图　b）波形图

当环形分配器输出高电平时，两只功率放大管 VT_g、VT_d 同时导通，电动机绕组以 +80V 供电，绕组电流按 $L/(R_d+\gamma)$ 的时间常数向电流稳态值 $u_g/(R_d+\gamma)$ 上升，当达到单稳延时时间时，VT_g 管截止，改由 +12V 供电，维持绕组额定电流。若高低电压之比为 u_g/u_d，则电流上升率也提高 u_g/u_d 倍，波形前沿变陡，上升时间明显减小。当低压断开时，电感 L 中储能通过 R_gVD_g 及 u_gu_d 构成的回路放电，电流稳态值为 $(u_g-u_d)/(R_g+R_d+r)$，因此也加快了放电过程，有利于提高步进电动机的起动频率和最高连续工作频率。由于额定电流是由低电压维持的，只需较小的限流电阻，效率较高。

目前，数控机床中越来越多采用性能更好的恒流斩波型、调频调压型、正余弦型和细分型驱动电路。特别是细分型驱动电路可以改善其低速运行性能，减小低频振荡，提高系统精度。因为它将原来的一个整步距再细分成若干细步实行进给，控制方法是：在步进电动机各相之间进行切换时，使由导通变为截止的那一相不是一下子截止，而是使电流分步降到零；相反，使由截止变为导通的那一相不是一下子导通，而是使电流相应地分步增加到额定值。这样，在一个整步距之间就会增加若干个新的稳定点，从而达到细分的目的。

二、交流伺服电动机

交流调速克服了直流伺服电动机在结构上存在机械整流子、电刷维护困难、造价高、寿命短、应用环境受到限制等缺点，同时又发挥了坚固耐用、经济可靠及动态响应性能好等优点。随着新型开关功率器件及控制算法的发展，交流伺服系统在数控机床中的应用日益普及，已逐步取代了直流伺服系统。

交流伺服系统可采用异步交流电动机和同步交流伺服电动机。同步交流电动机的转速与所接电源的频率之间存在严格的关系，即在电源电压和频率固定不变时，它的转速稳定不变。若采用变频电源给同步电动机供电，就可方便地获得与频率成正比的速度，同时，可以得到较硬的机械特性及较宽的调速范围。

（一）交流异步电动机

交流异步伺服系统一般情况下采用了不带换向器的三相感应电动机，其结构为定子上装有对称三相绕组，在圆柱体转子铁心上嵌有均匀分布的导条，导条两端分别用金属环把它们联接成一个整体。当对称三相绕组接通对称三相电源以后，由电源供给励磁电流，在定子和转子之间的气隙内建立起以同步转速旋转的旋转磁场，依靠电磁感应作用，在转子导条内产生感应电动势。因为转子上导条已构成闭合回路，转子导条中就有电流通过，从而产生电磁转矩，实现由电能到机械能的能量转换。

交流异步电动机在数控机床中多用于主轴驱动控制。其转子惯量小于直流电动机，动态响应性能较好，具有重量轻、结构简单、容量大、转速高等特点，价格仅为直流电动机的 1/3 左右。其缺点是必须从电网吸收滞后的励磁电流以实现范围较宽的无级调速，因而会使电网功率因素减小。

（二）永磁交流同步电动机

目前永磁式同步电动机多用于数控机床的进给驱动系统，转子采用永久磁铁。由于采用电子换向器取代直流电动机的换向器和电刷的机械换向，其寿命主要由轴承决定，无需进行电刷及换向器的维护保养工作，可靠性大大提高。永磁交流同步电动机采用多磁极对结构，一般由定子、转子和检测元件三部分组成。定子具有齿槽，内有三相绕组，其外形呈多边形，利于散热。转子由多块永久磁铁和铁心组成，具有较高的气隙磁场密度。

如图 6-9 所示永磁交流伺服电动机，当定子三相绕组通上交流电源以后会产生一个旋转磁场，该磁场将以同步转速 n_s 旋转，旋转磁极与转子的永磁磁极相互吸引，并带着转子以同步速度 n_s 一起旋转。当转子加上负载转矩之后，将造成定子与转子磁场轴线的不重合，其夹角为 θ。θ 角随负载的增大而增大，并在一定限度内，转子始终跟着定子的旋转磁场以恒定的同步转速 n_s 旋转。转子速度 $n_r = n_s = 60f/p$，也就是说，转子速度 n_r 取决于电源频率 f 和极对数 p。

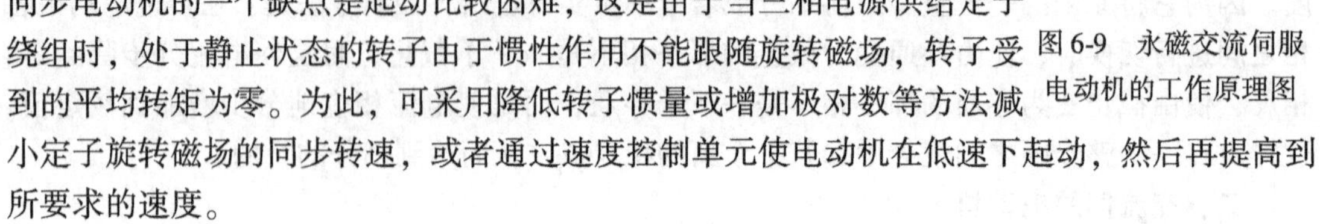

图 6-9　永磁交流伺服电动机的工作原理图

当负载超过一定极限后，转子不能按同步转速旋转，甚至停止，即造成同步电动机“失步”现象，此极限负载称为最大同步转矩。永磁同步电动机的一个缺点是起动比较困难，这是由于当三相电源供给定子绕组时，处于静止状态的转子由于惯性作用不能跟随旋转磁场，转子受到的平均转矩为零。为此，可采用降低转子惯量或增加极对数等方法减小定子旋转磁场的同步转速，或者通过速度控制单元使电动机在低速下起动，然后再提高到所要求的速度。

（三）SPWM 变频调速

变频器是永磁同步电动机调速的关键部件之一，它可分为“交-直-交”型和“交-交”型两种。数控机床上普遍使用“交-直-交”型变频器，它首先将工频交流电变换为直流电，再将直流电逆变为可调频率和可调电压的交流电，输出给交流电动机使用。近年来，交流调速系统变频技术得到了快速发展，由普通晶闸管构成的方波型逆变器被全控型高频开关器件组成的脉宽调制（PWM）逆变器所取代，并且 SPWM（正弦波脉宽调制）、磁通跟踪型 PWM、电流跟踪型 PWM 技术被广泛采用。

正弦波脉宽调制（SPWM）变频器是使用最广泛的“交-直-交”型变频装置。它是用脉冲宽度不等的一系列矩形脉冲逼近正弦波电压或电流信号。这种方法总是中间脉冲宽而两边脉冲窄，各个脉冲的面积和与正弦波下的面积成正比，所以脉宽基本上按正弦分布。这是一种最基本、也是应用最广泛的调制方法。

如图 6-10 所示为双极型 SPWM 变频器的典型主电路。它将 50Hz 交流电经变压器变换到所需电压，然后利用二极管整流和电容滤波，形成恒定直流电压，再送给六个大功率开关管构成的逆变器主电路，输出三相频率和电压均可调整的等效于正弦变化的交流电源供电动机使用。

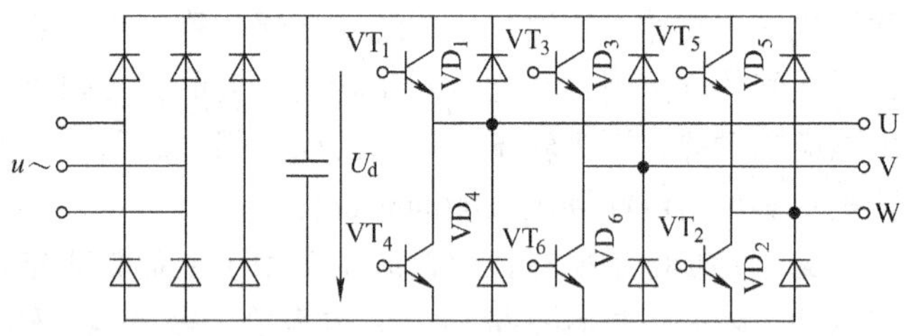

图 6-10　双极型 SPWM 变频器的典型主回路

SPWM 逆变器产生正弦波主要是通过三角波调制原理产生的，如图 6-11 所示。图中 u_T 为三角载波信号，u_S 为某相（如 U 相）正弦控制波。通过比较器对两个信号比较后，输出脉宽与正弦控制波成比例的方波。这两种波形的交点（如图 6-11 所示的数字位置）决定了逆变器某相元器件（如 VT_1 和 VT_4）的通断时刻（如 U 相）。当 VT_1 处于导通状态时，VT_4 处于截止状态，U 相绕组的相电压为 $(1/2)/U_d$。而当 VT_1 截止时，电动机绕组中的电流通过 VD_4 二极管续流，使该相绕组承受 $-(1/2)/U_d$ 的相电压，从而实现双极性 SPWM 调制。

SPWM 逆变器输出基波电压大小和频率均取决于正弦控制波。当改变其幅值时，脉宽随之变化，从而改变输出电压的大小；当改变其频率时，输出电压频率随之改变。因此，逆变器要求实现调频和调压的双重任务。

SPWM 变频器结构简单，电网功率因素接近 1，并且不受逆变器负载大小的影响，系统动态响应快，输出波形好，使电动机可在近似正弦波的交变电压下运行。转矩脉动小，扩展了调速范围，提高了调速性能，因此在数控机床的交流驱动中被广泛应用。

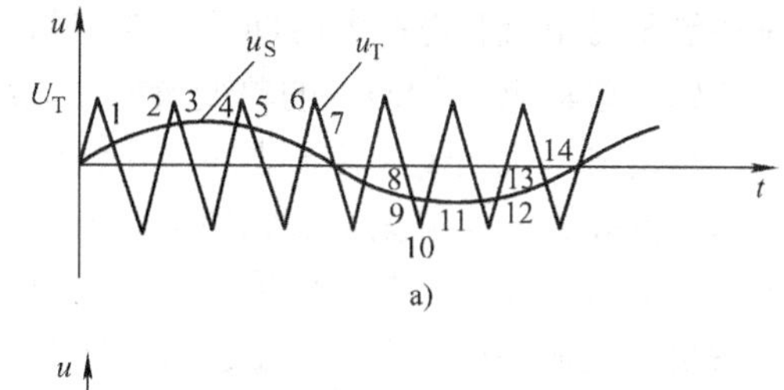

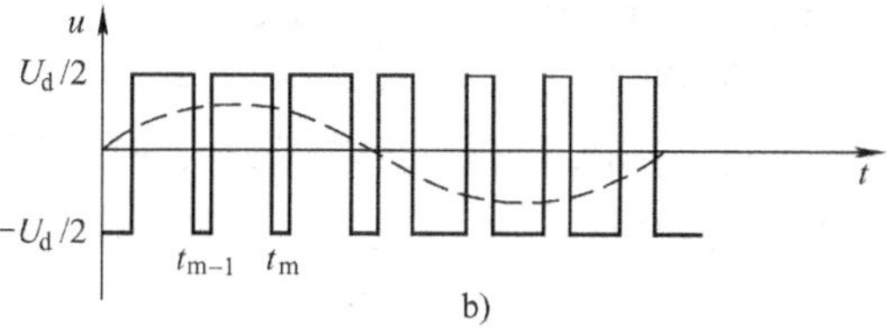

图 6-11　三角波调制原理

如图 6-12 所示为一种永磁同步电动机 SPWM 控制系统的基本组成。这种控制系统也是由速度外环和电流内环组成，类似一个直流调速系统。速度指令和速度反馈信号经比较后，通过速度控制输出转矩指令 T_M^*，而 T_M^* 与电流幅值指令 I^* 成比例，指令 I^* 在交流电流指令发生器里与对应于旋转位置 θ_r 的单位正弦波相乘，输出交流电流指令 i_a^*、i_c^*，再经过电流控制得到 U_a^*、U_c^* 电压指令，而 $U_b^* = -(U_a^* + U_c^*)$，然后根据 SPWM 控制规律确定各相电压对应逆变器功率管的开关状态。

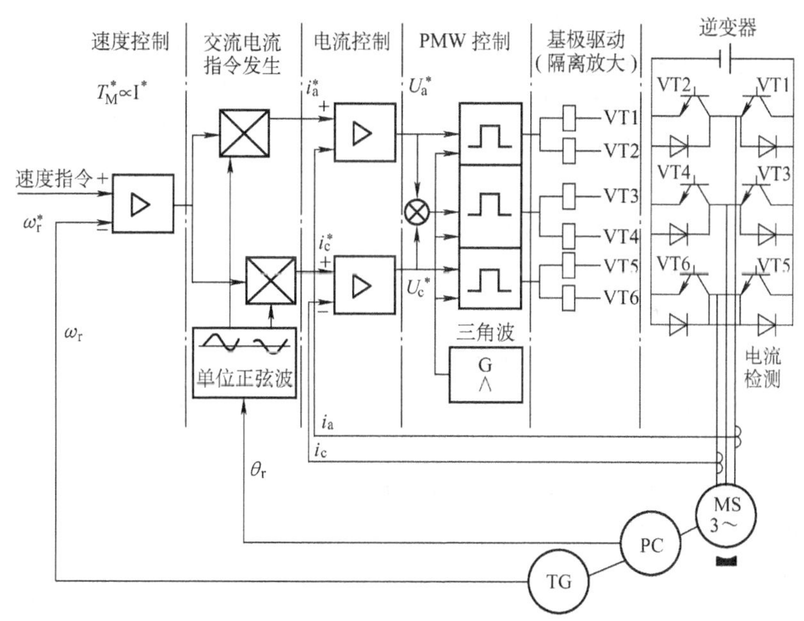

图 6-12　同步电动机速度控制系统基本构成

要得到交流电流指令，可将旋转位置 θ_r 的数据输送到存有单位正弦波的 ROM 地址中，然后输出到 D/A 变换器。而电流幅值指令 I^* 作为 D/A 变换器的参考电压，从而使两者相乘，得到交流电流的指令值。

(四) 矢量变换控制

直流电动机能获得优异的调速性能在于电动机电磁转矩相关的两个变量 Φ 和 I_d 是相互完全独立的，当补偿绕组完全补偿了电枢反应，由直流电动机电磁转矩表达式可知，只要分别控制励磁电流和电枢电流即可线性控制转矩和转速。从控制角度看，直流电动机控制是一个单输入单输出（SISO）的单变量控制系统，适用于经典控制理论。

交流电动机定子和转子之间存在强烈的电磁耦合关系，而电动机结构上又没有补偿这种强耦合的装置，使得无法形成如直流电动机的独立变量。由交流伺服电动机电磁转矩表达式可知，交流电动机的两个变量不再相互独立，而且其输入的定子电压和电流均为随时间交变的矢量，磁通是空间交变矢量，从控制角度分析，交流电动机是一个高阶、非线性、强耦合的多变量控制系统，其数学模型由电压转矩方程、磁链矩阵方程、转矩方程和运动方程构成。矢量变换控制调速系统可应用处理多变量系统的现代控制理论、坐标变换及反变换，建立交流电动机的等效模型。通过对该模型的控制，实现对交流电动机的控制，并得到与直流电动机相近的良好控制性能。

1971 年德国学者首先提出了按磁场定向的矢量变换控制原理，并应用于同步电动机调速系统中。

近几年来，由于三相永磁电动机的发展，很多数控机床中都采用了矢量法来控制这种电动机，并形成了交流伺服系统的一种主要形式。为了突出永磁电动机的本质，简化运算，便于推导，现对电动机做了如下的假设：①忽略了磁路饱和、磁滞和涡流的影响，即假定磁路是线性的；②所有磁密波和磁动势波在空间上都是按正弦分布的，即忽略了磁场高次谐波分量；③转子结构对纵轴和横轴都是对称的。

1. 三相永磁同步伺服电动机矢量变换方程式

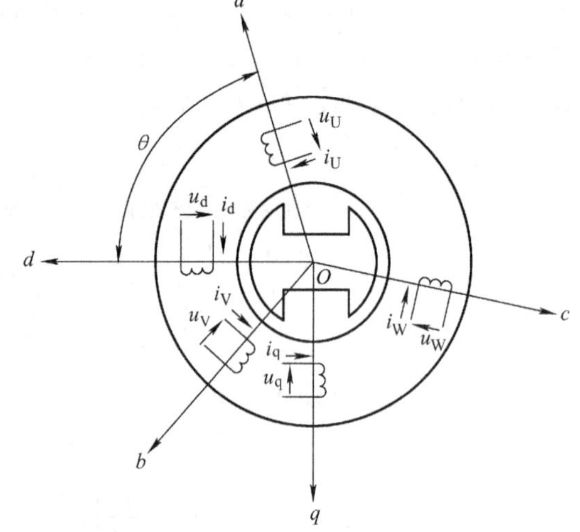

图 6-13　三相永磁同步伺服电动机轴系间关系

如图 6-13 所示，三相定子绕组 U、V、W 在空间上相差 120°，d 轴是直轴，q 轴是交轴。dq 坐标系绑在转子上，与转子一起旋转。

在轴系变换过程中要求功率不变，也就是变换前后电动机中各种功率和电磁转矩应与原轴系相同。根据这个原则可把三相坐标轴 abc 上的电流、电压、磁通密度等变换到 dqO 坐标系上去。应该注意到这些物理量既是时间变量，又是空间变量，而且这些矢量也是旋转相量。下面对电枢电压瞬时值 $\boldsymbol{u}_a$、$\boldsymbol{u}_b$、$\boldsymbol{u}_c$ 及电枢电流的瞬时值 $\boldsymbol{i}_a$、$\boldsymbol{i}_b$、$\boldsymbol{i}_c$ 进行旋转变换，可得到在 dqO 在坐标系上的电压瞬时值 $\boldsymbol{u}_d$、$\boldsymbol{u}_q$ 和电枢电流 $\boldsymbol{i}_d$、$\boldsymbol{i}_q$ 的瞬时值。

$$\begin{pmatrix}\boldsymbol{u}_d\\ \boldsymbol{u}_q\end{pmatrix}=\sqrt{\frac{2}{3}}\begin{pmatrix}\cos\theta & \cos\left(\theta-\frac{2}{3}\pi\right) & \cos\left(\theta+\frac{2}{3}\pi\right)\\ \sin\theta & \sin\left(\theta-\frac{2}{3}\pi\right) & \sin\left(\theta+\frac{2}{3}\pi\right)\end{pmatrix}\begin{bmatrix}\boldsymbol{u}_a\\ \boldsymbol{u}_b\\ \boldsymbol{u}_c\end{bmatrix}\tag{6-2}$$

$$\begin{pmatrix} i_d \\ i_q \end{pmatrix} = \sqrt{\frac{2}{3}} \begin{pmatrix} \cos\theta & \cos\left(\theta - \frac{2}{3}\pi\right) & \cos\left(\theta + \frac{2}{3}\pi\right) \\ \sin\theta & \sin\left(\theta - \frac{2}{3}\pi\right) & \sin\left(\theta + \frac{2}{3}\pi\right) \end{pmatrix} \begin{bmatrix} i_a \\ i_b \\ i_c \end{bmatrix} \tag{6-3}$$

式中，θ 为 U 相绕组轴线对 d 轴的电角度。

在随转子旋转的 dqO 坐标系中，可得三相永磁同步电动机的电压平衡方程式为

$$\boldsymbol{u}_q = R_q \boldsymbol{i}_q + p\boldsymbol{\Psi}_q + \omega_1 \boldsymbol{\Psi}_d \tag{6-4}$$

$$\boldsymbol{u}_d = R_q \boldsymbol{i}_d + p\boldsymbol{\Psi}_d - \omega_1 \boldsymbol{\Psi}_q \tag{6-5}$$

式中，$\boldsymbol{\Psi}_q = L_q \boldsymbol{i}_q$、$\boldsymbol{\Psi}_d = L_d \boldsymbol{i}_d + \boldsymbol{\Psi}_f$；$R_q$ 为折算到 dqO 坐标系上的等效电阻值；ω_1 为 dqO 坐标系的旋转角频率；$\boldsymbol{\Psi}_f$ 为永久磁铁对应转子的磁链；p 为微分算子，即 $\mathrm{d}/\mathrm{d}t$。

如图 6-14 所示的电动机矢量图，横轴电压由三部分平衡。第一部分是 $R_q \boldsymbol{i}_q$，也就是三相等效绕组的电阻压降。第二部分是横轴磁通对横轴的变化率，亦即在横轴绕组中产生的感应电动势。第三部分是横轴绕组在旋转的直轴磁通作用下产生的旋转电动势。直轴情况的分析也与横轴（或称之为交轴）相类似。

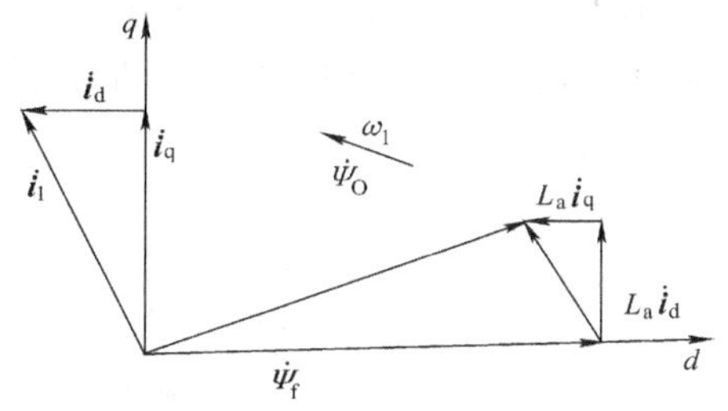

图 6-14　三相永磁同步伺服电动机矢量图

横轴的磁通（或准确地称之为“磁链”）是横轴电流自己产生的，而直轴（或称之为纵轴）的磁通不仅是由直轴电流产生的，还与转子上永久磁铁的磁通有关。交轴磁链对交轴绕组产生的电动势实际上就是自感电动势，自感电动势只有磁通是变化的，才会产生。而直轴对交轴的绕组没有互感电动势，这是因为交轴与直轴正好是垂直的。但是由于直轴旋转，所以，可在交轴绕组中产生旋转电动势。

现假设 $L_d = L_{ad} + L_\sigma$、$L_q = L_{aq} + L_\sigma$，L_σ 是定子绕组的纵轴、横轴的漏磁电感，L_{ad}是纵轴电枢反应电感，L_{aq}是横轴电枢反应电感。L_d 是纵轴同步电感，L_q 是横轴同步电感。

输出的电磁转矩

$$T_m = \frac{3}{2} p [\Psi_f i_q + (L_d - L_q) i_d i_q] \tag{6-6}$$

式中，p 为磁极对数。

事实上，根据功率不变原则，永磁交流同步电动机输入的总瞬时功率为

$$\begin{aligned} p_1 &= u_a i_a + u_b i_b + u_c i_c = u_d i_d + u_q i_q \\ &= (p\psi_d - \omega\psi_q + R_a i_a) i_d + (p\psi_q + \omega\psi_d + R_a i_q) i_q \\ &= (i_d p\psi_d + i_q p\psi_q) + (\psi_d i_q - \psi_q i_d)\omega + R_a (i_d^2 + i_q^2) \end{aligned} \tag{6-7}$$

现求出一个周期内的平均功率，也就是通过气隙磁场传输到转子上的电磁功率为

$$P = \frac{3}{2}(\psi_d i_q - \psi_q i_d)\omega = \frac{3}{2}(\psi_d i_q - \psi_q i_d) p\omega_n \tag{6-8}$$

根据电角角速度 ω 和机械角角速度 ω_m 之间的关系 $\omega = p\omega_m$，可得

$$T_m = \frac{p}{\omega_n} = \frac{3}{2} p [(L_d i_q + \psi_f) i_q - i_q L_q i_d] = \frac{3}{2} p [\psi_f i_q + (L_d - L_q) i_d i_q] \tag{6-9}$$

再考虑到三相永磁同步电动机驱动负载 T_L 时的方程式为

$$T_m = T_L + B\omega_n + J\frac{d\omega_m}{dt} \tag{6-10}$$

式中，B 为粘滞摩擦系数；J 为折算到电动机转子上的总转动惯量。

因此得到永磁同步电动机的状态方程为

$$p\begin{bmatrix} i_d \\ i_q \\ \omega_m \end{bmatrix} = \begin{pmatrix} -R_a/L_a & p\omega_m & 0 \\ -p\omega_m & -R_a/L_q & -p\psi_f/L_q \\ 0 & \frac{3}{2}p\psi_f/J & -B/J \end{pmatrix}\begin{bmatrix} i_d \\ i_q \\ \omega_m \end{bmatrix} + \begin{bmatrix} u_d/L_d \\ u_q/L_q \\ -T_L/J \end{bmatrix} \tag{6-11}$$

可见，上式中存在有 ω_m 和 dq 坐标中 $i_q i_d$ 乘积的耦合关系，所以不能实现线性控制，也无法获得很高的性能指标。

另外，上式中求 T_m 时，假定 $L_d - L_q = 0$，即纵轴与横轴电感是相同的。事实上，由于气隙是均匀的，气隙内磁场的分布是正弦的，转子是一个圆柱体，所以基本能够满足 $L_d = L_q = L_a$ 的条件。

2. 三相永磁同步伺服电动机矢量解耦控制

现令，$B=0$，$T_m = \frac{3}{2}p\psi_f i_q$ 代入状态方程（6-11）中，可得

$$p\begin{bmatrix} i_d \\ i_q \\ \omega_m \end{bmatrix} = \begin{pmatrix} -R_a/L_a & p\omega_m & 0 \\ -p\omega_m & -R_a/L_q & -p\psi_f/L_q \\ 0 & \frac{3}{2}p\psi_f/J & 0 \end{pmatrix}\begin{bmatrix} i_d \\ i_q \\ \omega_m \end{bmatrix} + \begin{bmatrix} u_d/L_d \\ u_q/L_q \\ -T_L/J \end{bmatrix} \tag{6-12}$$

通过上述公式可以看出产生转矩的电流是 i_q，而励磁电流 i_d 的作用如下：

1）$\psi_d = L_d i_d + \psi_f$，可以看出它会增加纵轴磁链或减小纵轴的磁链。特别是当 $i_d < 0$ 时，会使磁链减少，这当然是不希望的。

2）由于 i_d 在定子绕组中流动，那么就必然会在绕组电阻中产生铜耗，使电动机的定子铜耗增加，而使电动机温度上升，损失了能量。

3）由于 i_d 的存在会对定子绕组端电压及视在功率有影响。

事实上

$$u_q = R_a i_q + p\psi_q + \omega_1\psi_d = R_a i_q + p i_q \mathrm{L}_a + \omega_1 L_a i_d + \omega_1\psi_f$$

$$u_d = R_a i_d + p\psi_d + \omega_1\psi_q = R_a i_d + p(i_q L_a + \psi_f) - \omega_1 i_q L_a$$

$$u_q^2 = (R_a i_q + \omega_1 L_a i_d + \omega_1\psi_f)^2 + (\omega_1 L_a i_q)^2$$

$$u_d^2 = (R_a i_d - \omega_1 L_a i_q)^2 + (L_a i_d + \psi_f)^2\omega_1^2$$

$$u_q^2 + u_d^2 = [R_a^2 + 2(L_a\omega_1)^2][i_d^2 + i_q^2] + 2\omega_1\psi_f(L_a i_d\omega_1 + R_a i_d + \psi_f\omega_1)$$

因此,$u_{max} = \sqrt{2}\sqrt{u_d^2 + u_q^2}$。可见,当 $i_d > 0$ 时,电枢电压比 $i_d = 0$ 时要高;而当 $i_d < 0$ 时,$-\frac{L_a\omega_1\psi_f}{R_a^2 + (\omega_1 L_a)^2} < i_d < 0$,逆变器输入电压可以降低。所以,为了获得最大的输出转矩,i_d 应该为 0,或者最好设法使其为负值。

若要使 $i_d = 0$,那么状态方程可化简变为下式

$$p\begin{pmatrix} i_q \\ \omega_m \end{pmatrix} = \begin{pmatrix} -R_a/L_a & -p\psi_f/L_a \\ p\psi_f/J & 0 \end{pmatrix}\begin{pmatrix} i_q \\ \omega_m \end{pmatrix} + \begin{pmatrix} u_q/L_a \\ -T_L/J \end{pmatrix} \tag{6-13}$$

可见，i_d 与 i_q 无耦合关系，并且 $u_d = p\omega_m L_a i_q$。

要实现 $i_d = 0$ 的解耦控制，通常可以采用电压前馈解耦控制和电流反馈解耦控制两种方法，而更深入的详细介绍可参阅有关书目。

三、直线电动机

前面讨论的电动机所产生的机械运动均是旋转方式，当应用到数控机床进给伺服系统中时必须在传动链中增设滚珠丝杠，将旋转运动转换成直线运动，但丝杠会限制进给速度和传递力矩的提高，并且丝杠的间隙会影响系统精度和稳定性。为此，下面介绍一种新型的执行元件——直线电动机。它可以将电能直接转换成直线运动的机械能，从而消除了旋转到直线运动的中间机构，能够获得高速度（80～180m/min）、大加速度（2～10g）和很高的定位精度（0.1～0.01μm）。

直线电动机早在1845年就提出来了，但直到最近一、二十年才在交通运输、工业生产和仪器设备中得以推广和应用。在1993年德国汉诺威欧洲机床展览会上，德国Ex-cell-O公司展出了第一台采用直线电动机驱动的HSC-240型高速加工中心，采用德国Indramat公司开发成功的感应式直线电动机，该机床最高主轴转速为24000r/min，工作台最大进给速度为60m/min。与此同时，美国Ingersoll公司在HVM-800型加工中心上，采用了美国Anorad公司开发成功的永磁式直线电动机，最高主轴转速为20000r/min，工作台最大进给速度为76.2m/min。此后，直线电动机像雨后春笋般在世界各工业发达国家蓬勃发展起来。

（一）工作原理

直线电动机的主要类型有：直流直线电动机、交流永磁同步直线电动机、交流感应异步直线电动机、步进式直线电动机、磁阻式直线电动机、压电式直线电动机等。其中前面三种在高速加工机床中应用较多。

直线电动机可以认为是旋转电动机在结构上的一种演变，设想将一台传统旋转式电动机沿着如图6-15a所示转轴的直径方向切开、拉平，就成了如图6-15b所示直线电动机。图中不动的部件仍称为定子，运动的部件称之为动子。旋转电动机中的转矩变成了沿直线方向的力，交流旋转电动机中的旋转磁场变成了平移磁场。旋转电动机的行程可以说是无限的，而直线电动机的行程则是有限的。

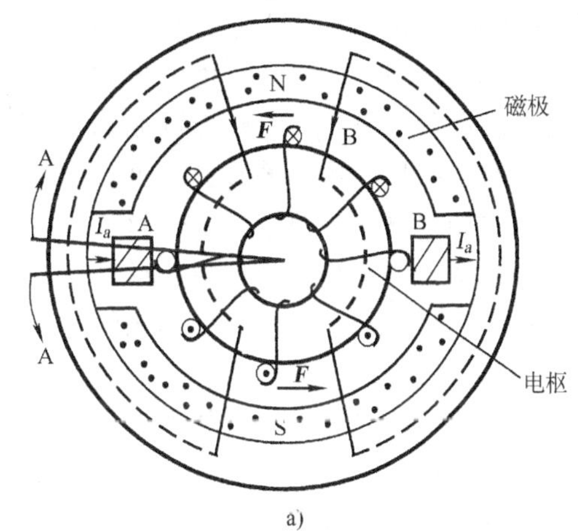

a)

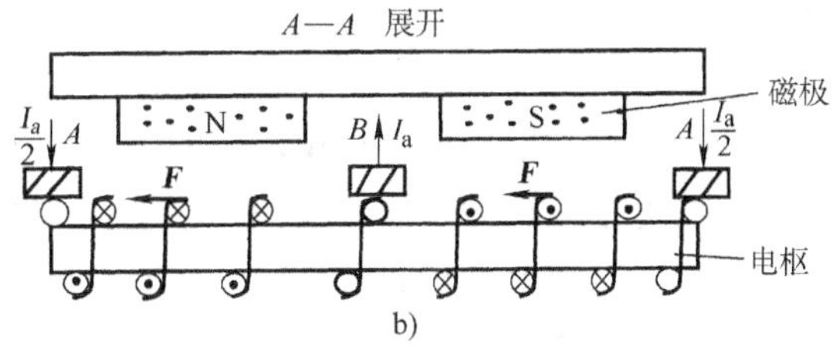

b)

图6-15　直线电动机工作原理

在图6-15中，将电源的正极加到电刷A，电源的负极加到电刷B，则电枢绕组各导体中电流的流向如图中矢头⊙和矢尾⊗所示。根据右手定则可以判断这时绕在电枢上的各绕组均要受到电磁作用力，它的方向是从右向左，因为绕组是固定在电枢上的，所以电枢将在电磁力F的作用下向左作直线运动。显然，无论是改变磁极的极性，或是改变加到电刷A、B上电源的极性，均可改变电磁力F的方向。

对于如图 6-15b 所示的原理结构图具有两个缺点:①磁极对电枢铁心有单边磁拉力,有把电磁铁心紧紧地吸附在磁极表面的趋势;②电枢在电磁力 F 的作用下产生移动后,将移出磁极的作用范围,F 力会逐步消失。所以,真正具有实用价值的直线电动机结构如图 6-16 所示。这种结构的特点是在电枢铁心的上、下两边均有电磁铁,它们对铁心的磁拉力互相抵消;同时,电枢长度远大于磁铁的长度,电枢在铁心中运动时,只要不移出磁极的作用范围,电磁力 F 的大小不受影响。

(二) 控制方法

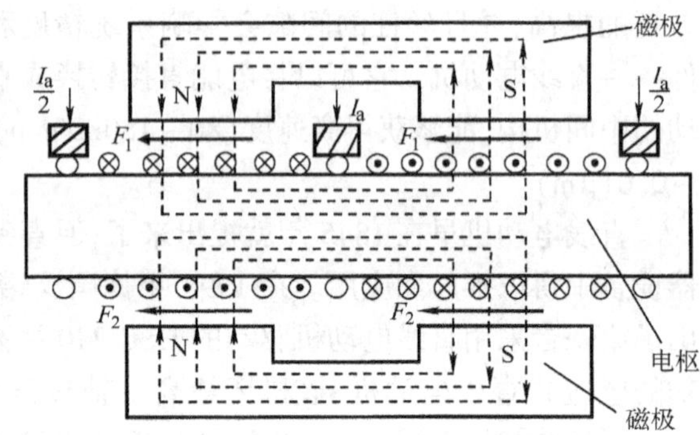

图 6-16 长电枢型直流直线电动机结构

如图 6-17 所示是 IDC 公司生产的一种专利型 LD 系列直流直线电动机,它可以直接取代滚珠丝杠完成数控机床的进给驱动,避免了旋转电动机与直线运动之间的转换环节。这种电动机的独特之处在于其作为定子的管状永磁导杆(tubular magnetic rod)和作为动子的方形拖板(rectangular thrust block)的设计。其圆柱形导杆包含永磁材料,产生如图 6-17c 所示的沿导杆径向分布的磁场,这个磁场完全被内含换向线圈的拖板所捕获。拖板里的线圈完全包含导杆,并且其电流方向与导杆圆周相切。因此导杆的径向磁场总是与电流方向垂直相交,由电流和磁场的矢量积(叉积)产生最大可能的电磁力驱动拖板及其负载(如刀架)。电磁力的方向可根据右手定则来获得。因为 LD 系列电动机内部的磁场是沿圆周均匀分布的,因此在拖杆与导板之间既无吸力也无斥力,这样就大大减少了直线导杆支承所承受的力量,从而延长了支承的寿命。电动机的绕组安装在作为运动部件的拖板内部,拖板外部制成散热片形状以改善散热条件,使得这种电动机无须强迫通风。

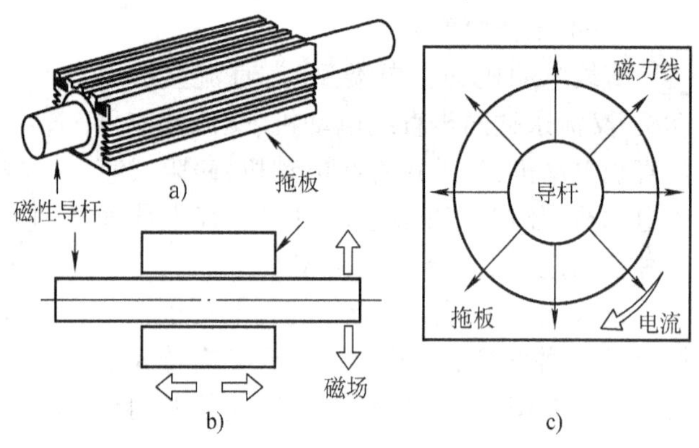

图 6-17 LD 系列直线电动机

由于直线电动机的定子、动子结构的特殊性,使直线电动机的磁场存在“进口端”和“出口端”两个纵向边端,因此直线电动机的磁场分析较为特殊,此处不再详细讨论。

直线电动机因为行程有限,一般多用在往复运动的场合,因此在运行中总是处在暂态过程中。所以对直线电动机通常只讨论它的动态特性及其参数。直线电动机的特性也是在理想化条件下分析其基本方程式,然后求出其动态解。

现列出直流直线电动机的电压方程为

$$u = L_\alpha \frac{\mathrm{d}i}{\mathrm{d}t} + R_\alpha i + K_e v \tag{6-14}$$

相应的运动方程为

$$m\frac{\mathrm{d}v}{\mathrm{d}t}+K_{\mathrm{d}}v+F_{\mathrm{f}}=BLi=k_{\mathrm{e}}i \tag{6-15}$$

如果忽略式(6-15)中第二、三项所代表的阻尼和摩擦,求解式(6-14)和式(6-15),可得速度方程式为

$$\frac{\mathrm{d}^2v}{\mathrm{d}t^2}+\frac{1}{T_{\mathrm{e}}}\frac{\mathrm{d}v}{\mathrm{d}t}+\frac{v}{T_{\mathrm{e}}T_{\mathrm{m}}}=\frac{v_{\mathrm{m}}}{T_{\mathrm{e}}T_{\mathrm{m}}} \tag{6-16}$$

式中,v_{m} 为不计摩擦及阻尼时的最大运动速度,$v_{\mathrm{m}}=u/Bl$;T_{e} 为电气时间常数,$T_{\mathrm{e}}=L_{\mathrm{a}}/R_{\mathrm{a}}$;$T_{\mathrm{m}}$ 为机械时间常数,$T_{\mathrm{m}}=R_{\mathrm{a}}/(Bl)^2$;$m$ 为运动物体的质量;l 为运动工作的行程;K_{e} 为电动势常数,,$K_{\mathrm{e}}=Bl$。

如果忽略电气时间常数,则直线电动机的速度方程式可简化为

$$T_{\mathrm{m}}\frac{\mathrm{d}v}{\mathrm{d}t}+v=v_{\mathrm{m}} \tag{6-17}$$

从式(6-17)求得速度的时间函数为

$$v(t)=v_{\mathrm{m}}(1-\mathrm{e}^{-t/T_{\mathrm{m}}})+v_0\mathrm{e}^{-t/T_{\mathrm{m}}} \tag{6-18}$$

式中,v_0 为初始速度。

从上面分析可以看出,直流直线电动机的动态特性和普通直流电动机的动态特性完全类似,它的参数也可以用直流电动机的参数来等效。例如,直流直线电动机的 Bl 可等效于直流电动机的电动势常数,直流直线电动机的动子总质量(含负载运动质量)等效于直流电动机的转子总惯量,直流直线电动机的速度等效于直流电动机的转速等。

以上主要对直流直线电动机的基本工作原理进行了介绍,关于交流永磁同步直线电动机、交流异步直线电动机和步进式直线电动机的工作情况请参阅有关文献。

四、电主轴

随着变频调速技术、电动机矢量控制技术的迅速发展和日趋完善,高速数控机床主传动的机械结构也得到极大简化,基本上取消了带传动和齿轮传动,机床主轴改由内装式电动机直接驱动,从而把机床主传动链的长度缩短为零,实现了机床的"零传动链"。这种主轴电动机与机床主轴"合二为一"的传动结构形式,使主轴部件从机床的传动系统和整体结构中相对独立起来,因此可做成"主轴单元",俗称"电主轴"(Electrospindle、Motor Spindle 或 Motorized Spindle)。由于当前电主轴主要采用的是交流高频电动机,故也称为"高频主轴"(High Frequency Spindle)。由于没有中间传动环节,有时又称它为"直接传动主轴"(Direct Drive Spindle)。电主轴是一种智能型功能部件,不但转速高、功率大,还有一系列控制主轴温升与振动等机床运行参数的功能,以确保其高速运转的可靠性与安全性。

图 6-18 所示的电主轴的典型结构中,电动机转子用压配合的方法安装在机床主轴上,处于前后轴承之间,由压配合产生的摩擦力来实现大转矩的传递。由于转子内孔与主轴配合面之间有很大的过盈量,因此,在装配时必须在油浴中将转子加热到 200℃ 左右,迅速进行热压装配。电动机的定子通过一个冷却套固装在电主轴的壳体中。这样,电动机的转子就是机床的主轴,电主轴的套筒就是电动机座,成为一种新型主轴系统。在主轴的后部安装有齿盘,作为电感式编码器,以实现电动机的全闭环控制。主轴前端外伸部分的内锥孔和端面,用于安装和固定加工中心可更换的刀柄。

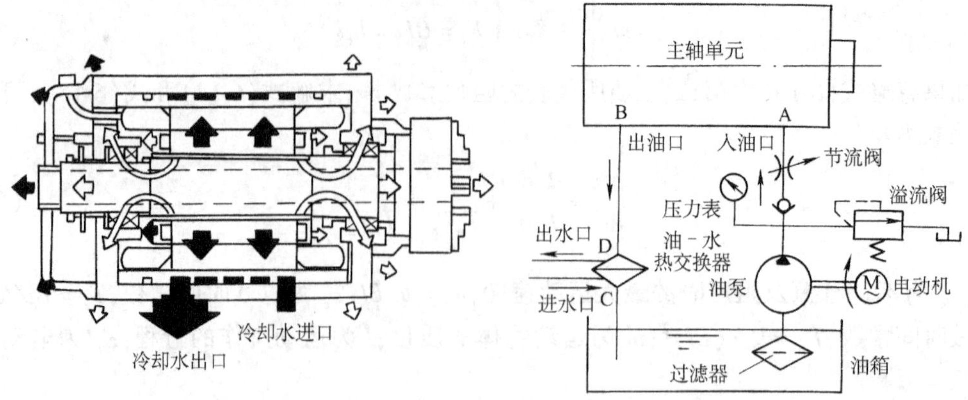

图6-18　电主轴的曲型结构

如图6-18所示电主轴结构包含有如下几部分：①各种联接装置，它可以使电源、数据线、冷却水、润滑剂、压缩空气等的安装和更换极为方便。二为滚珠套，它使得主轴可自由向后方膨胀。三为冷却水套，它保证有限均匀温升，绕组中的温度传感器进一步保证安全可靠。四为电动机，可以采用矢量控制技术，确保低速大转矩，使得刚性攻丝得以实现。五为 μm 级位移传感器，可用于数控系统进行位移补偿。六为 HSK-E 刀具接口，其径向和轴向重复精度小于1μm，BT、SK、CAT、SKI 接口均为选件，切削液从刀具中喷出也是选件。七为陶瓷珠混合轴承，其精度小于3μm，大尺寸轴颈保证了径向和轴向刚度，最小量的润滑油直接喷向轴承，延长了轴承的寿命。

电主轴是高速机床的“心脏部件”，是高速、精密且承受较大径向和轴向切削负荷的旋转部件。其轴承首先必须满足高速运转的要求，并且具有较高的回转精度和较低的温升；其次，必须具有尽可能高的径向和轴向刚度。此外，还要具有较长的使用寿命，特别是保持精度的寿命。因此，轴承的性能对电主轴的合理使用极为重要。目前，电主轴采用的轴承主要有滚动轴承、液体静压轴承和磁悬浮轴承。

滚动轴承具有刚度高、高速性能好、结构简单紧凑、标准化程度高、品种规格繁多、便于维修更换和价格适中等优点，因而在电主轴中得到最广泛的应用。电主轴一般采用适应高速且可同时承受径向和轴向负荷的精密角接触球轴承。

液体静压轴承为直接触式轴承，具有磨损小、寿命长、旋转精度高、阻尼特性好（振动小）等优点，用于机床电主轴上，在加工零件时可使刀具寿命长、加工表面质量高。另外还有气体静压轴承，其电主轴的转速可高达100000～200000 r/min，但缺点是刚度差，承载能力低，在机床上一般只限于小孔磨削和钻孔。

磁悬浮轴承依靠多副在圆周上互为180°的电磁铁产生径向方向相反的吸力（或斥力），将主轴悬浮在空气中，轴颈与轴承不接触，其间径向间隙为1mm左右。当承受载荷后，主轴在空间位置发生微弱变化，由位置传感器测出其变化值，通过反馈装置和自动控制的作用，改变相应磁极的吸力（或斥力）值，使其迅速恢复到原来的位置，控制主轴始终围绕其惯性轴作高速回转。磁悬浮轴承电主轴最高线速度可达200m/s（陶瓷球轴承为80m/s）。由于不接触、在空气中回转，因此没有磨损，无需润滑，寿命很长，并且轴承温升低，回转精度高（可达0.1μm），是一种很有发展前途的电主轴。

目前,电主轴中的电动机均采用交流异步感应电动机,并且可以通过普通变频器技术和矢量变换技术实行控制,获得主轴所要求的恒转矩特性。当然,最近一个新的发展趋势是在电主轴中采用交流永磁同步电动机,其优点如下:

1) 转子用永磁材料制造,工作过程中转子不发热。而当采用交流异步电动机时,定子虽然可以用水进行冷却,但转子发热却无法得到充分的冷却。

2) 功率密度更高,即可用较小尺寸获得较大功率和转矩,有利于缩小电主轴的体积。

3) 转子的转速严格与电源频率同步,因此功率因数高,效率也高。

4) 也可以采用矢量控制技术,并且电路比异步电动机简单。

总之,电主轴是最近发展起来的一个高度机电一体化的精密智能型主轴系统,虽然已经有许多品种投入使用,效果很好,但仍有不少的技术难题有待于解决,前景是乐观的。

第三节 数控检测元件

一、基本要求

检测元件是闭环数控系统的重要组成部分。它的作用是检测位移和速度,发送反馈信号,构成闭环控制。闭环数控机床的加工精度主要取决于检测系统的精度。位移检测系统能够测量出的最小位移量称为分辨率。分辨率不仅取决于检测装置本身,也取决于测量线路。因此,研制和选用性能优越的检测装置是很重要的。

数控机床对检测装置的基本要求有:工作可靠,抗干扰能力强;使用维护方便,适应机床的工作环境;满足精度和速度的要求;成本低。

根据测量原理和测量要求的不同,数控机床中检测方式可分成如下几类:

(1) 直接测量和间接测量　如果对机床的直线位移采用直线型检测装置(如直光栅和感应同步器等)来测量叫直接测量。如果对机床的直线位移采用回转型检测装置(如旋转变压器和脉冲编码器等)来测量叫间接测量。

(2) 增量式测量和绝对式测量　增量式测量方式单纯测量位移的增量,移动一个测量单位即发出一个测量信号,然后通过累加方式求得实际绝对位置。绝对式测量方式中,被测量的任一点位置都以一个固定的零点作为基准,每一个被测点都有一个相应的测量值相对应。

(3) 模拟式测量和数字式测量　模拟式测量是将被测量用连续的变量来表示,如用相位的变化、电压的变化等,这样数控装置在使用这些信号时还要进行 A/D 转换才行。数字式测量是将被测量用测量单位量化后的数字形式来表示,如光栅和脉冲编码器等,并可以直接送给数控装置使用。

下面主要介绍数控机床中使用较多的旋转变压器、脉冲编码器、光栅、感应同步器和磁栅等检测装置及元件。

二、旋转变压器

旋转变压器可用作角度检测元件,其输出电压与转子的角位移有固定的函数关系。它的结构简单、坚固,对工作环境的要求不高,信号输出幅度大,抗干扰能力强。但普通旋转变压器的测量精度较低,为角分数量级,一般用于精度要求不高的或大型机床的粗测量或中等精度测量系统。

(一) 工作原理

如图6-19所示为使用较广泛的正、余弦旋转变压器结构原理，它和线绕转子异步电动机相似，也由定子和转子组成。在定子和转子上各有两个互相垂直的绕组。定子绕组中一个是励磁绕组L，另一个是补偿绕组K，两者匝数相等。L接到励磁电源，产生主磁通Φ；K可自行短接，或接入一个不大的阻抗Z_K，其作用是补偿转子电流对主磁通的影响。在转子上也有两个互相垂直的匝数相等的绕组，如果一个是正弦绕组S，另一个就是余弦绕组C。

设将励磁绕组接到励磁电源U_L，则在定子和转子气隙中产生按正弦规律分布的脉动磁场Φ。当某一转子绕组，例如S绕组处于与定子绕组L相垂直位置（即$\alpha=0$）时，两绕组之间无磁通交链，因此，S绕组中产生感应电动势$U_S=0$。当转子旋转到$\alpha=90°$位置时，S绕组中产生的感应电动势达到最大值U_{Smax}。

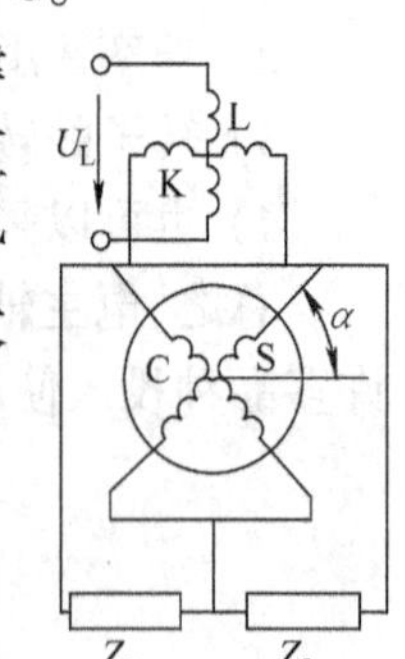

图6-19 旋转变压器结构原理

如果L绕组和S绕组之间实现理想的变压器耦合，则

$$U_{Smax}=kU_L \tag{6-19}$$

式中，$k=N_S/N_L$；N_S、N_L为正弦绕组和励磁绕组的匝数$U_L=U_m\sin\omega t$为励磁电压，频率通常使用400Hz、500Hz、1000Hz、5000Hz等。

当S绕组与L绕组之间处于任意角度α时，其感应电势为

$$U_S=U_{Smax}\sin\alpha=kU_L\sin\alpha=kU_m\sin\omega t\sin\alpha \tag{6-20}$$

同理，当余弦绕组C和L绕组之间处于任意角度α时，其感应电势为

$$U_C=U_{Cmax}\cos\alpha=kU_L\cos\alpha=kU_m\cos\omega t\cos\alpha \tag{6-21}$$

由式（6-20）和式（6-21）可见，旋转变压器正、余弦绕组的输出电压是角位移α的函数。因此，可将其用作角位移检测元件。

（二）角位移检测原理

1. 鉴相式工作方式

这是一种利用旋转变压器转子绕组中感应电动势的相位关系来确定被测角位移大小的检测方式。如果给旋转变压器定子上励磁绕组和补偿绕组分别施加幅值相等、频率相同、相位相差90°的正弦交变电压，即$U_L=U_m\sin\omega t$和$U_K=U_m\cos\omega t$。则在转子余弦绕组中会产生感应电势分别为$U_{CL}=kU_m\sin\omega t\cos\alpha$和$U_{CK}=kU_m\cos\omega t\sin\alpha$。

根据线性叠加原理，转子绕组中总的感应电势为

$$U_C=U_{CL}-U_{CK}=kU_m\sin(\omega t-\alpha) \tag{6-22}$$

可见，旋转变压器转子绕组中的感应电势U_C与定子绕组中励磁电压同频率，但相位差为α。所以，只要测量转子绕组输出电压中的相位角α，即可求得转子相对于定子的空间转角位置。

2. 鉴幅式工作方式

这是通过旋转变压器转子绕组中感应电势幅值的检测来实现位移测量的。在这种工作方式中，定子上励磁绕组和补偿绕组分别施加频率相同、相位相同，而幅值成正交关系的交变电压，即加到励磁绕组的电压为$U_L=U_m\sin\Phi\sin\omega t$，加到补偿绕组的电压为$U_K=U_m\cos\Phi\sin\omega t$。则这两个励磁电压在转子余弦绕组中感应出的电势分别为$U_{CL}=kU_m\sin\Phi\sin\omega t\cos\alpha$，$U_{CK}=kU_m\cos\Phi\sin\omega t\sin\alpha$

同理，转子绕组中总输出电势为

$$U_C = U_{CL} - U_{CK} = kU_m\sin(\Phi - \alpha)\sin\omega t \tag{6-23}$$

可见，旋转变压器转子绕组中的感应电势 U_C 是以 ω 为角频率的交变信号，其幅值为 $kU_m\sin(\Phi-\alpha)$。如 Φ 角已知，那么只要测出 U_C 的幅值，就可间接地求出 α 值，即可知被测角位移大小。

三、脉冲编码器

脉冲编码器也是一种常用的旋转式角度测量传感器，它将机械旋转角度转换成电脉冲形式，在半闭环数控系统中应用非常广泛。按其不同的读数方法，可分为增量式编码器和绝对式编码器两种；按其不同的工作原理，又可分为接触式、光电式和电磁感应式等几种。其中增量式光电脉冲编码器应用最多。在数控机床中一般采用2000脉冲/上和2500脉冲/上等型号。脉冲编码器除了用作角度测量外，还可以用作速度检测。

（一）增量式光电脉冲编码器

增量式光电脉冲编码器工作原理如图6-20所示，由光源、聚光镜、光电盘、光栏板、光敏元件、整形放大电路和数字显示装置等组成。它在一个圆盘的边缘上开有间距相等的缝隙，在开缝圆盘的两边分别安装有光源与光敏元件。当圆盘随工作轴一起转动时，每转过一个缝隙就发生一次光线的明暗变化。经过光敏元件变换成一次信号的强弱变化（近似于正弦信号），然后对它进行整形、放大后，获得脉冲输出信号。脉冲数就等于转过的缝隙数。如将上述脉冲信号送到计数器中进行计数，则计数值就反映了圆盘转过的角度。

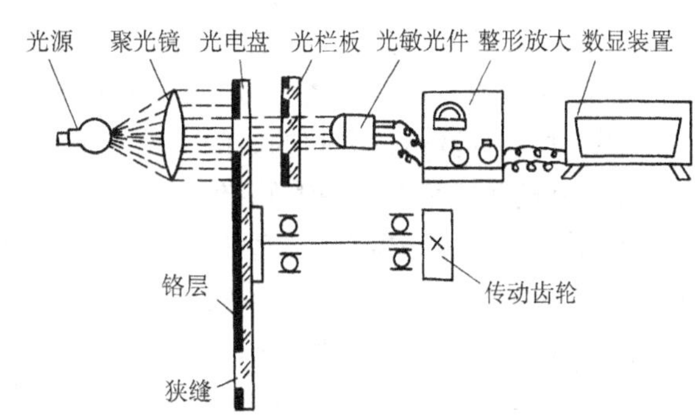

图6-20　增量式光电脉冲编码器工作原理

为了辨别旋转方向，可以采用两套光电转换装置，使它们的相对位置能保证两者所产生的电信号在相位上相差四分之一周期（相当于90°），从而获得了两个信号A和B。如图6-21所示输出的波形图中，如果A相超前B相对应电动机正转，那么B相超前A相就对应电动机反转。数控装置正是利用这一相位关系来判断电动机的旋转方向。

此外，增量式光电脉冲编码器的里圈还有一条透光条纹C，它每转产生一个零位脉冲信号。在数控机床进给驱动所用的编码器上，零位脉冲可用于精确确定机床的参考点，而在主轴伺服系统的电动机上，则可用于主轴准停及螺纹加工等。

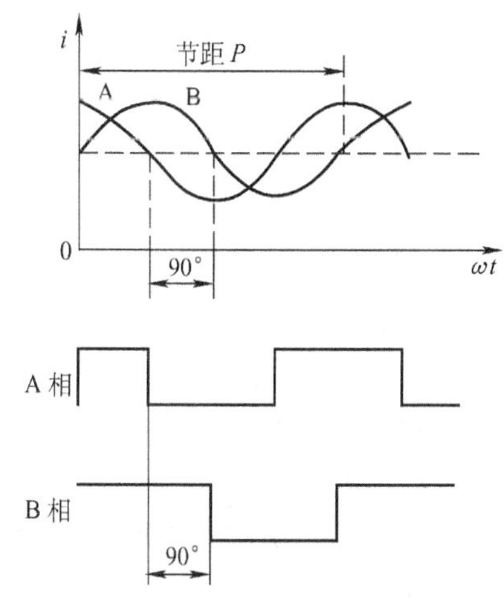

图6-21　增量式光电脉冲编码器辨向波形图

在实际应用过程中，增量式光电脉冲编码器输出信号有A和经反相后的$\overline{A}$、信号B和经反相后的$\overline{B}$、信号C和经反相后的$\overline{C}$。为了提高抗干扰能力和长距离传输，输出信号种类有差动输出、电平输出和集电极开路（OC门）输出等形式，其中差动输出方式应用较多。增量式光电脉冲编码器的典型输出波形如图 6-22 所示。

在数控装置中一般还对上述增量式光电脉冲编码器的输出信号进行倍频处理，以进一步提高其分辨率（也称电细分），从而提高位置检测精度。如果数控装置的接口电路从信号 A 的上升沿和下降沿各取一个脉冲，则每转所检测的脉冲数提高了一倍，称之为二倍频。同样，如果从信号 A 和信号 B 的上升沿和下降沿各取一个脉冲，则每转所检测的脉冲数为原来的四倍，称之为四倍频。例如，如果选用配置了每转 2000 脉冲光电编码器的电动机直接驱动 8mm 螺距的丝杠，则经数控装置的四倍频处理后，可以达到 8000 脉冲/上的角度分辨率，对应工作台的分辨率为 0.001mm。

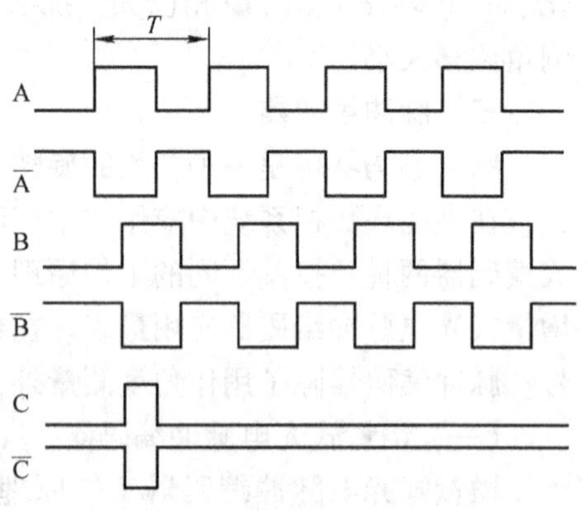

图 6-22 增量式光电脉冲编码器典型输出波形

当利用增量式光电脉冲编码器的输出信号进行速度反馈测量时，可通过频率—电压转换器（F/V）变成正比于频率的电压信号，作为速度反馈供给模拟式伺服驱动装置。对于数字式伺服驱动装置则可通过测定相邻计数脉冲之间的时间间隔，来测出工作轴的转速，直接用于速度闭环。

（二）接触式绝对脉冲编码器

绝对式脉冲编码器是一种直接编码和直接测量的检测装置，可以直接将被测转角或位移转换成相应的代码，没有累积误差，电源切除后，位置信息不丢失。但其结构复杂、价格较贵，且不易做到高精度和高分辨率。

如图 6-23 所示为一个四位接触式绝对编码器，每个码道上有一个电刷与之接触，最里面一层有一导电公用区，与各码道导电部分连在一起，而与绝缘部分分开。导电公用区接到电源负极。当被测对象带动码盘一起转动时，与电刷串联的电阻上将会出现有电流流过或没有电流流过两种情况，代表数字量的“1”或“0”。若码盘顺时钟转动，就可以依次获得按规定编码的数字信号输出。

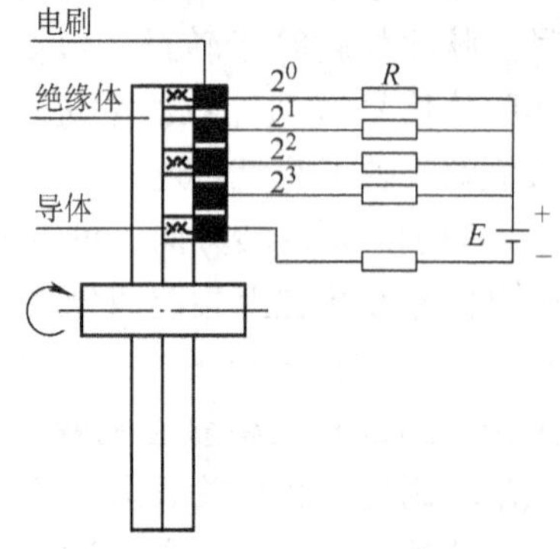

图 6-23 接触式绝对脉冲编码器原理

如图 6-24a 所示为纯二进制编码盘，盘上涂黑部分是导电区并且互相连通，空白部分是绝缘区，盘上的 4 个同心圆环区为码道，代表了某种计数制的一位，根据不同的编码规则获得了相应的图案。对于每一个径向，若干同心圆组成的图案代表了某一绝对计数值。当二进制码盘每转过一个角度，计数图案的改变按二进制规律变化。但对于如图 6-23 所示安装电刷时不一定完全准确，有可能会使个别电刷偏离原来的位置，从而造成较大的测量误差。为此，编码盘可以改用循环码（也称格雷码）的计数图案，其特点是相邻两个代码之间只有一位数发生变化，也就是误差可以控制在一个单位脉冲内，循环码编码盘如图 6-24b 所示。

四、光栅

光栅一般作为高精度数控机床的位置检测装置，是将机械位移或模拟量转变为数字脉冲，反馈给数控装置，实现闭环位置控制。光栅的种类可分为物理光栅和计量光栅、透射光栅和反射光栅、圆光栅和直光栅等。目前光栅制作精度可通过激光技术达到微米级，再通过细分电路可以做到0.1μm，甚至更高分辨率。但光栅怕振动和怕油污，高精度光栅的制作成本高，比较贵。这里主要介绍透射式玻璃直光栅的有关情况。

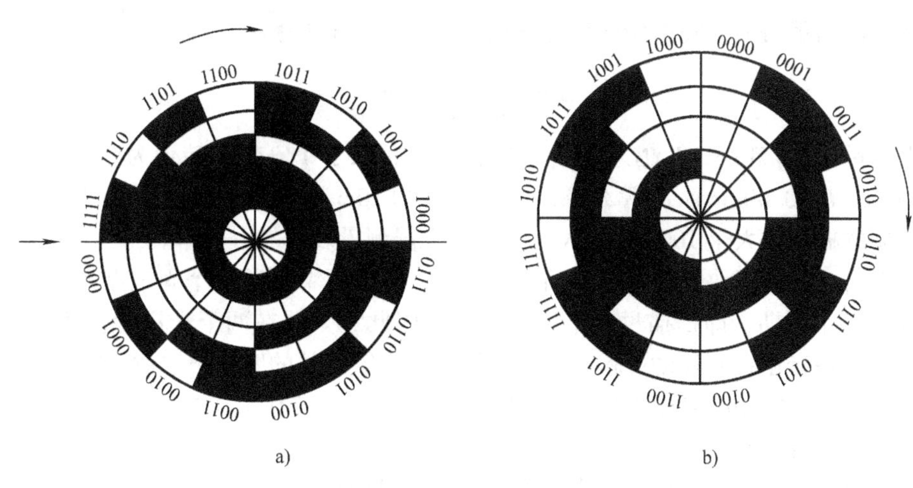

图 6-24　绝对式编码盘

a）二进制编码盘　b）循环码编码盘

（一）工作原理

光栅是一条上面刻有一系列平行等间隔密集线纹的透明玻璃片，其主要特点是：光源可以采用垂直入射光，光电元件能够直接接受，因此信号的幅值比较大，信噪比高，光电转换器（读数头）的结构简单。常用透射直光栅的条纹密度有 25 条/mm、50 条/mm、100 条/mm 和 250 条/mm 等，某些特殊用途的光栅可达 1000 条/mm。

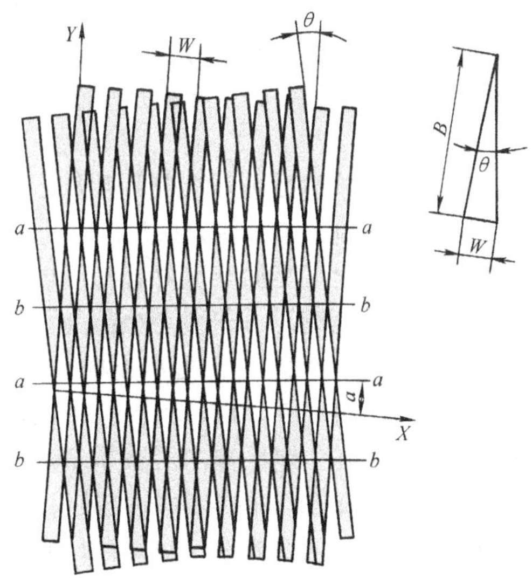

图 6-25　摩尔条纹的产生

不难理解，光栅实际上是一根刻线很密很精确的“尺”，每根刻线的间隔代表一个准确的微小尺寸。如果用它测量位移，只要数出测试对象上某一个确定的点相对于光栅移过的纹线数即可。实际上，由于线纹过密，直接对线纹计数很困难，因而利用光栅的摩尔条纹现象进行计数。

以前，法国的丝绸工人发现将两块薄绸子叠合在一起会产生绚丽的花纹，称之为“摩尔”(Moire)，并将这种现象应用于装饰。在测量科学中则将此现象应用于光栅的计数。

现将两块具有相同栅距的光栅，取有刻线的一面叠合在一起。中间保持 0.01 ~ 0.1mm 的间隙，并使它们的刻线之间保持一个很小的夹角 θ（见图 6-25），于是在 a—a 线上两块光栅的刻线彼此重合，存在透光间隙。在 b—b 线上，两块光栅的条纹互相错开，形成不透光区。如果在光栅正面用平行光垂直投射，则在光栅背面将形成明暗相间的条纹。在 a—a 线的背后是亮带，在 b—b 线的背后是暗带，两条暗带或两条亮带之间的距离叫摩尔条纹的间距 B。

设光栅的栅距为 W，则由于两块光栅刻线之间的夹角 θ 很小，所以

$$B=\frac{W}{2\sin\left(\theta/2\right)}\approx\frac{W}{\theta} \tag{6-24}$$

由上式可见，θ 越小，B 越大。等于把栅距 W 扩大了 $1/\theta$ 倍，转化为摩尔条纹。例如，$W=0.01\text{mm}$，$\theta=0.001\text{rad}$，则摩尔条纹的宽度 B 为 10mm。这样，不需要复杂的光学系统，就能把光栅的栅距放大了 1000 倍，大大提高了光栅测量装置的分辨率。

不难理解，如果两块光栅相对移动一个栅距，则光栅背面某一个固定点的光强“明-暗-明”地变化一个周期，即扫描过一个摩尔条纹。因此，只要在两个光栅的背面安装一个光敏元件，在两块光栅相对移动过程中，数出扫描过光敏元件的摩尔条纹数，即可知道两根光栅相对移动了多少栅距。光栅作反向移动时，摩尔条纹的移动方向亦相反。

（二）辨向与细分

设使用时两块光栅相对移动一个栅距 W，摩尔条纹的亮度就变化一个周期 2π。通过光敏元件将摩尔条纹亮度的变化转变为相应的电信号。亮度弱的电压小，亮度强的电压高。其电压波形可视为在直流分量上叠加了一个交流分量，可表示为

$$U=U_0+U_m\sin\left(\frac{x}{W}2\pi\right) \tag{6-25}$$

式中，x 为两个光栅之间的相对位移量；U_0 为电信号中直流分量的大小；U_m 为电信号中交流分量的幅值，(U_0+U_m) 对应于摩尔条纹的亮带，(U_0-U_m) 对应于摩尔条纹的暗带。

如果去除光敏元件输出信号中的直流分量，则光栅每移动一个栅距，光敏元件输出一个正弦波。反之，只要数出光敏元件输出了多少个正弦波，就可以知道两块光栅之间的相对位移量。

但这种简单的做法不能辨别两块光栅相对移动的方向，并且读数太粗。前面已经介绍普通光栅每毫米刻线数最多 250 条，即其读数精度最高只能达到 4μm。为了克服此缺点，在光敏元件的输出之后要加设辨向与细分电路。

如图 6-26 所示，光栅读数装置由光源 Q、聚光镜 L、标尺光栅 G_1、指示光栅 G_2 和硅光电池（光敏元件）P_1、P_2、P_3、P_4 组成。在实际应用中只需在一定区域内观察摩尔条纹，由光敏元件数出通过它的摩尔条纹数目。因此，形成摩尔条纹的两块光栅，只是标尺光栅需要有足够长度，而指示光栅可做成较短长度。

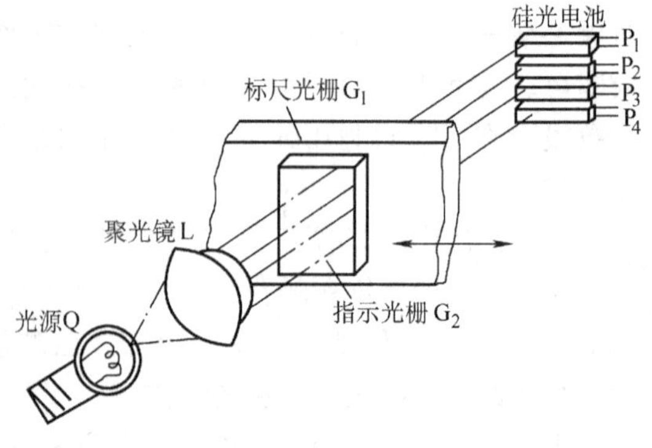

图 6-26　直光栅读数装置的结构

在一个摩尔条纹宽度内每间隔 90°安放一个光敏元件，共有四个光电元件。它们输出信号中的直流分量大小相同，而其交流分量 P_1 与 P_3 相差 180°，P_2 与 P_4 相差 180°，如图 6-27 所示。

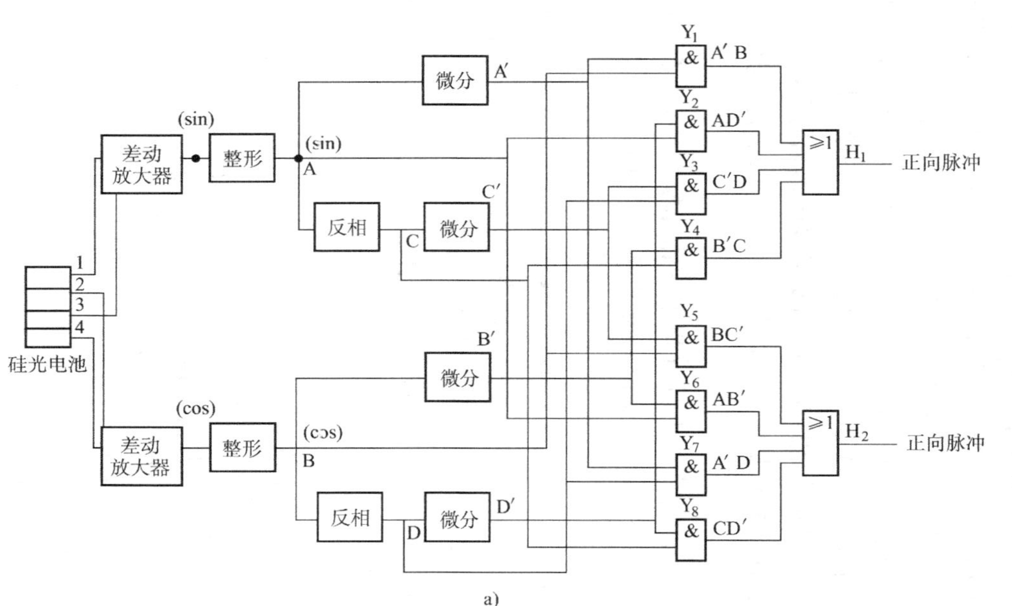

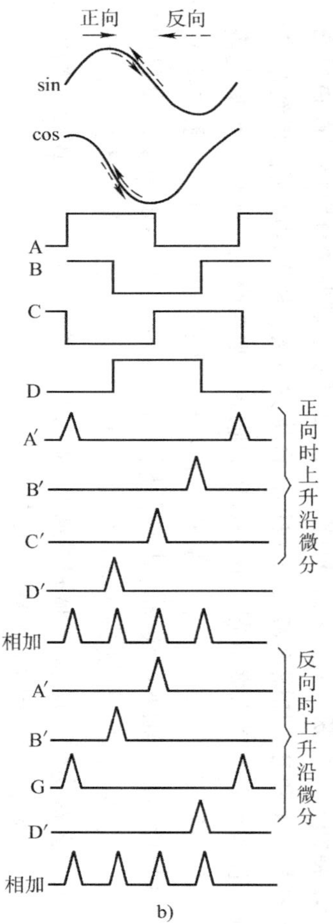

图 6-27　直光栅辨向和四倍频细分电路

a) 电路图　b) 波形图

现将 P_1 与 P_3 的输出信号接入一个差分放大器，则其直流分量在输出端互相抵消，交流分量互相叠加，从而得到一个正弦信号。同理，将 P_2 与 P_4 的输出信号送入另一个差分放大器，则在其输出端得到一个余弦信号。然后将此正、余弦信号经过斯密特整形电路得到对应的两个相差90°的方波A和B，如图6-27所示波形。再将方波A、B送入反相器得到方波C、D，将A、B、C、D四个方波送入微分器，并去除反向脉冲，则在摩尔条纹的一个周期内得到四个正向脉冲A′、B′、C′、D′。设指示光栅相对于标尺光栅作正向运动时亮条纹按 $P_1 \to P_2 \to P_3 \to P_4 \to P_1$ 的顺序扫描，则四个尖脉冲出现的顺序是 $A' \to D' \to C' \to B' \to A'$。设置四个与门 Y_1、Y_2、Y_3、Y_4，使其输出分别是A′B、AD′、C′D、B′C。由波形图不难看出，当A′脉冲出现时，方波B是高电位，所以A′脉冲可从 Y_1 输出。同理可知D′、C′、B′可分别由与门 Y_2、Y_3、Y_4 输出，最后此四个脉冲由或门 H_1 输出。

反之，当光栅作反向运动时亮条纹按 $P_4 \to P_3 \to P_2 \to P_1 \to P_4$ 的顺序扫描，则四个尖脉冲出现的顺序是 $C' \to D' \to A' \to B' \to C'$，注意反向运动时四个尖脉冲出现的位置与正向运动时出现的位置相差180°，因为在正向运动时方波的上升沿到反向运动时就成了下降沿。同样设置 $Y_5 \sim Y_8$ 四个与门，由波形图中不难看出当C′脉冲出现时B方波是高电位，因此C′脉冲可从 Y_5 输出。总之，光栅反向移动时，每出现一个摩尔条纹，从或门 H_2 输出四个脉冲。

通过前面分析表明，采用上述四倍频电路既可以区别光栅运动的方向，又可以将读数精度提高为原来的四倍，还将模拟量位移转化为数字量，可以直接与数控装置进行接口。

五、感应同步器

由于光栅不能承受大的冲击与振动（以玻璃作光栅材料），不耐污染（如油与灰尘），从而限制了它在恶劣工作环境中的应用。为了寻求光栅的替代品，可以采用感应同步器（又称电栅）。

感应同步器是一种电磁感应式的高精度位移检测元件，实质上它由多极旋转变压器演变而来。它利用两个平面形印刷绕组，其间保持均匀气隙（0.25mm ± 0.05mm），当励磁绕组和感应绕组相对平行移动时，电磁耦合会发生强弱变化，从而根据相应的电信号实现检测。感应同步器分直线式和旋转式两种，分别用来测量长度和角度。这里主要介绍直线式感应同步器的基本工作原理。

（一）工作原理

直线式感应同步器由定尺和滑尺两部分组成，如图6-28所示。其中定尺较长，滑尺较短。使用时定尺安装在固定部件（如机床床身）上，滑尺安装在运动部件（如工作台）上。定尺和滑尺的材料、结构和制造工艺相同，仅长短不同。它们均由基板、绝缘粘合剂、平面绕组和保护屏蔽层等部分组成。基板材料多选用导磁系数高、矫顽磁力小的优质碳素钢、硬铝合金或玻璃等。平面绕组多用厚度较小的电解铜箔，以绝缘粘合剂将它粘贴到基板上后，腐蚀出矩形曲折绕

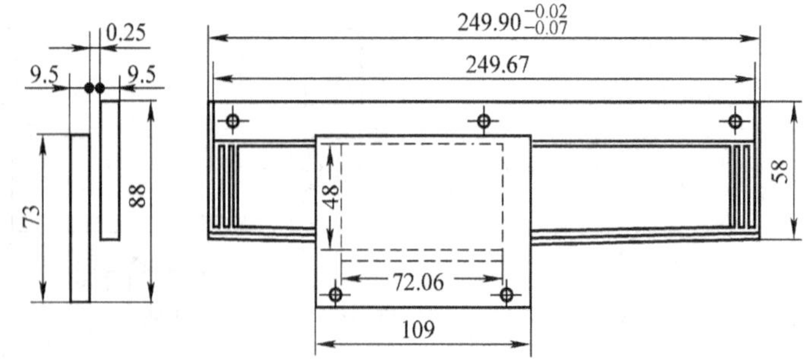

图6-28　标准型直线感应同步器的外形尺寸

组。再在其表面上覆以保护屏蔽层。定尺绕组表面涂敷耐切削液涂层，滑尺绕组表面贴一层带绝缘层的铝箔起静电屏蔽作用。

定尺和滑尺绕组的结构示意如图 6-29 所示。它们均为矩形绕组，其中定尺上的绕组是连续的，而滑尺上分布着两个励磁绕组，分别称为正弦绕组（sin 绕组）和余弦绕组（cos 绕组），这两个绕组在长度方向上相差 1/4 节距。绕组在长度方向的分布周期称为节距 T，又称极距，一般为 2mm，用 2τ 表示。当对滑尺上某一绕组施加给定频率的交流电压时，由于电磁耦合作用，在定尺绕组中会产生感应电动势。定尺绕组中感应的总电动势是滑尺上正弦绕组和余弦绕组所产生的感应电动势的矢量和。

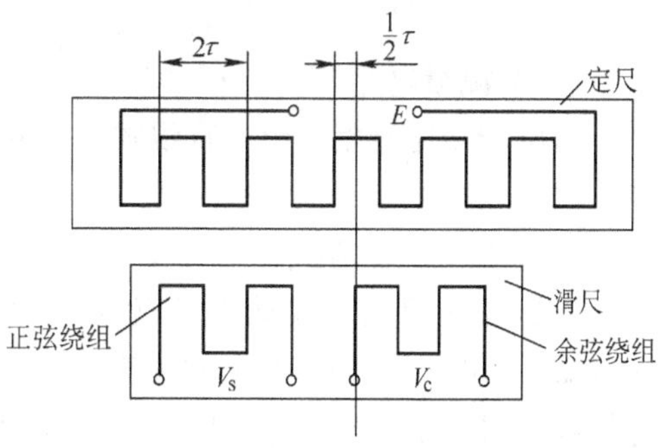

图 6-29　直线式感应同步器绕组示意图

现讨论滑尺处于如图 6-30 所示不同相对位置时定尺绕组中感应电动势的变化情况。当处于 A 点时，滑尺绕组（设为正弦绕组）与定尺绕组正好互相叠合，两者磁通正好全部交链，定尺绕组内感应电动势达到最大值。当滑尺相对定尺作平行移动时，感应电动势就慢慢减小，在滑尺绕组刚好移动了 1/4 节距时，即移到 B 点位置，定尺绕组中感应电动势为零。如果滑尺绕组再继续移动到 1/2 节距，即到 C 点位置，获得的感应电动势大小与 A 点相等，但极性相反。其后，移到 3/4 节距，即 D 点位置时，定尺绕组中的感应电动势又变为零。如此循环，当滑尺在移动了一个节距的过程中，感应电动势（按余弦波形）变化了一个周期。

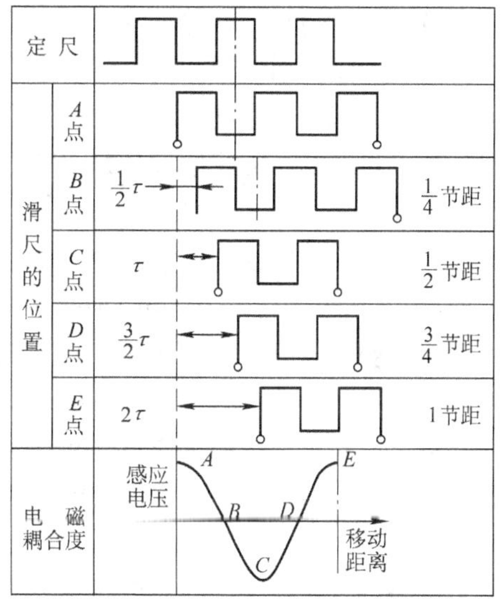

图 6-30　直线式感应同步器感应电势的变化情况

可见，定尺绕组中感应出的电动势和定、滑尺绕组的相对位置有关。如果把如图 6-30 所示 A 点位置设定为位移 x 的 0 点，一个节距是 2τ，它对应于感应电动势的变化周期 2π，则定尺绕组中感应电动势 U_{0C} 与位移 x 的关系可表示为

$$U_{0C}=U'_{m}\cos\theta,\ \theta=\frac{x}{2\tau}\times 2\pi=\frac{x}{\tau}\pi \tag{6-26}$$

式中，U'_{m} 为定尺绕组中感应电动势的幅值；θ 为与位移 x 对应的角度，定、滑尺相对移动一个节距 2τ，θ 从 0 变到 2π。

由上述分析可知，直线式感应同步器本质上是一个互感系数可变的变压器。其一次侧有两个绕组，即滑尺上的正、余弦绕组；二次侧只有一个绕组，即定尺绕组。定尺绕组中的感应电动势是正、余弦绕组各自在定尺绕组中产生的感应电动势的矢量和。

因为正弦绕组相对于余弦绕组有 $(m+1/4)T$ 的位移，$m=0$、1、2、3 …。所以，如果余弦绕组相对于零点移动了距离 x，则正弦绕组相对于零点的位移就是 $x+(m+1/4)T$，代入

式（6-26）可得正弦绕组在定尺绕组中的感应电动势为

$$U_{0S}=U'_{m}\cos\frac{x+(m+1/4)T}{2\tau}\times 2\pi=U'_{m}\cos\left(\frac{x}{\tau}\pi+\frac{1}{2}\pi\right)=U'_{m}\sin\theta \tag{6-27}$$

（二）测量电路

与旋转变压器相类似，直线式感应同步器测量电路也可以工作于鉴相式和鉴幅式两种工作方式。

1. 鉴相式工作方式

设施加于滑尺上正弦绕组的励磁电压为 $U_S=U_m\sin\omega t$，余弦绕组的励磁电压为 $U_C=U_m\cos\omega t$，式中 U_m 和 ω 分别是励磁电压的幅值和频率。则由式（6-26）和式（6-27）可知，它们在定尺绕组中产生的总感应电动势为

$$U_0=U_{0C}+U_{0S}=kU_m\sin\omega t\cos\theta+kU_m\cos\omega t\cos(\theta+\pi/2)=kU_m\sin(\omega t-\theta) \tag{6-28}$$

式中，k 为直线式感应同步器滑、定尺的电压变换系数。

可见，通过鉴别定尺输出感应电动势中的相位 θ，然后由 $\theta=\pi x/\tau$ 即可求得所移动的位移值。例如，设定尺输出感应电动势与滑尺之间的相位差为 1.8°，在 $T=2\text{mm}$ 的情况下，$x=0.01\text{mm}$，它表明滑尺相对定尺上节距为零的位置移动了 0.01mm。

2. 鉴幅式工作方式

这种方式在感应同步器滑尺的两个绕组上分别施加频率相同、幅值不同的正弦电压，并且这两个正弦电压的幅值又分别与相角 Φ 成正、余弦关系。即

$$U_S=U_m\sin\Phi\sin\omega t,\quad U_C=U_m\cos\Phi\sin\omega t$$

相应地，它们在定尺绕组中产生的感应电动势分别为

$$U_{0C}=kU_m\sin\Phi\sin\omega t\cos\theta,\quad U_{0S}=kU_m\cos\Phi\sin\omega t\cos(\theta+\pi/2)$$

根据叠加原理，定尺绕组上总的感应电动势为

$$U_0=U_{0C}+U_{0S}=kU_m\sin(\Phi-\theta)\sin\omega t \tag{6-29}$$

可见，定尺上总的感应电动势幅值随指令给定的位移量（对应于 Φ）与工作台实际位移量（对应于 θ）的差值成正弦规律变化。

事实上，比较式（6-22）、式（6-23）和式（6-28）、式（6-29）可以看出，感应同步器测量电路的工作原理与旋转变压器完全相似，这也说明了它们之间的演变关系。

六、磁栅

磁栅也是一种高精度位置检测装置，特别适合较长位移的测量场合，它由磁性标尺、磁头和检测电路组成，如图 6-31 所示。首先，用录磁磁头将一定波长的方波或正弦波信号录制在磁性标尺上，然后根据与磁性坐标尺相对移动的拾磁磁头所拾取的信号，对位移进行检测。

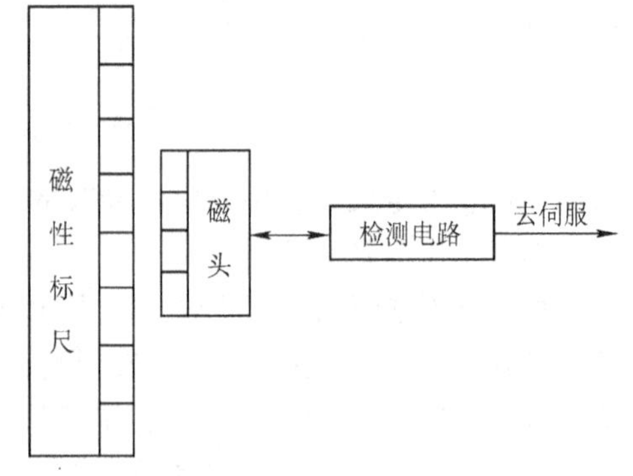

图 6-31　磁栅工作原理

（一）磁性标尺和拾磁磁头

磁性标尺可分为磁性标尺基体和磁性膜两部分。基体由非导磁材料（如玻璃、不锈钢、铜及其他合金材料）制成。磁性膜是涂敷、化学沉积或电

镀在磁性标尺基体上，且成薄膜状，故称磁性膜，其厚度为 10～20μm。磁性膜上有录制好的磁波，波长一般为 0.05、0.10、0.20、1mm 等几种。为了提高磁性标尺的寿命，一般在磁性膜上均匀地涂敷一层 1～2μm 的耐磨塑料保护层。

拾磁磁头是进行磁电转换的器件，它将磁性标尺上的磁信号检测出来，并转换成电信号。应用在磁栅上的磁头与一般录音机上用的单间隙速度响应式磁头不同，它不仅在磁头与磁性标尺之间有一定相对速度时能拾取信号，而且在它们相对静止时也能拾取信号。这种磁头叫磁通响应型磁头，其结构如图 6-32 所示。该磁头有两组绕组，绕在磁路截面尺寸较小横臂上的励磁绕组和绕在磁路截面较大的竖杆上的拾磁绕组（输出绕组），当对励磁绕组施加励磁电流 $i_a = i_0\sin\omega_0 t$ 时，在 i_a 的瞬时值大于某一数值以后，横臂上的铁心材料饱和，这时磁阻很大，磁路被阻断，磁性标尺的磁通 Φ_0 不能通过磁头闭合，输出绕组不与 Φ_0 交链。当 i_a 的瞬时值小于某一数值时，i_a 所产生的磁通 Φ_0 也随之降低。两横臂中磁阻也降低到很小，磁路开通，Φ_0 与输出线圈交链。由此可见，励磁绕组的作用相当于磁开关。

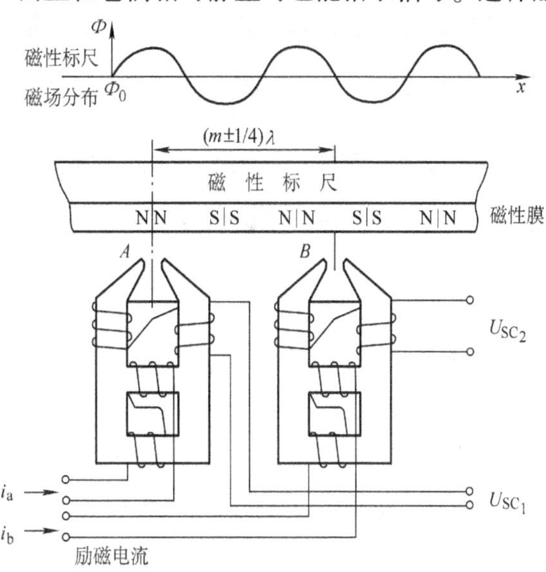

图 6-32 拾磁磁头结构及工作原理

（二）工作原理

励磁电流在一个周期内两次过零、两次出现峰值，相应地磁开关也通断两次。磁路由通到断的时间内，输出绕组中交链磁通量由 $\Phi_0\to 0$；磁路由断到通的时间内，输出绕组中交链磁通量由 $0\to\Phi_0$。Φ_0 是由磁性标尺中磁信号所决定，由此可见输出绕组中输出感应电势 U_{SC} 的是一个调幅信号。即

$$U_{SC} = U_m\cos\left(\frac{2\pi x}{\lambda}\right)\sin\omega t \tag{6-30}$$

式中，U_m 为输出感应电势幅值；λ 为磁性标尺节距；x 为选定某个 N 极作为位移零点，x 为磁头对标尺的位移量；ω 为输出绕组感应电势的角频率，它比励磁电流 i_a 的频率 ω_0 高一倍。

由上式可见，磁头输出信号的幅值是位移 x 的函数。只要测出 U_{SC} 过零次数，就可以知道位移 x 值的大小。

由于使用单个磁头的输出信号弱，而且对磁性标尺上磁化信号的节距和波形要求比较高。所以在实际使用时，总是将几十个磁头以一定方式串联，构成多间隙磁头使用。

为了辨别磁头移动方向，通常采用间距为 $(m+1/4)\lambda$ 的两组磁头（$m=0, 1, 2, 3\cdots$），并使它们的励磁电流相位相差 45°，这样两组磁头输出电动势信号相位相差 90°。如果第一组磁头输出信号为

$$U_{SC_1} = U_m\cos\left(\frac{2\pi}{\lambda}x\right)\sin\omega t \tag{6-31}$$

则第二组磁头输出信号必然为

$$U_{SC_2}=U_m\sin\left(\frac{2\pi}{\lambda}x\right)\cos\omega t \tag{6-32}$$

（三）检测电路

磁栅检测电路由磁头励磁电路、滤波及辨向电路、细分内插电路、显示及控制电路等部分组成。

比较感应同步器和磁栅这两种传感器的输出信号，很显然地看出它们的相同之处。两者都是与位移 x 有关的调制波，前者的调制信号是 $\cos\frac{\pi}{\tau}x$、$\sin\frac{\pi}{\tau}x$，后者的调制信号是 $\cos\frac{2\pi}{\lambda}x$、$\sin\frac{2\pi}{\lambda}x$，除了节距表示方式不同（感应同步器节距表示为 2τ，磁栅节距表示为 λ）以外，其余的均相同。所以，磁栅的检测电路也可以分为幅值检测法和相位检测法两种，其中相位检测法应用较多。

现将两组磁头输出信号，即式（6-31）和式（6-32）求和，则得到总的输出电动势为

$$U_{SC}=U_{SC1}+U_{SC2}=U_m\sin\left(\omega t+\frac{2\pi}{\lambda}x\right) \tag{6-33}$$

显然，这是一个相位调制信号。其载波是 $U_m\sin\omega t$，其调制信号是 $\theta=\frac{2\pi}{\lambda}x$。所以，采用相位反调制法测出角度 θ，就可以得到对应的位移 x 的大小。

第四节　主轴伺服系统

一、基本要求

随着数控技术的不断发展，现代数控机床对主轴伺服系统提出了越来越高的要求：

1）数控机床主传动要有较宽的调速范围，以保证加工时选用合理的切削用量，从而获得最佳的生产率、加工精度和表面质量。特别对于多道工序自动换刀的数控机床和数控加工中心，为了适应各种刀具、工序和各种材料的要求，对主轴的调速范围要求更高。

2）数控机床主轴的变速是依指令自动进行的，要求能在较宽的转速范围内进行无级调速，并减少中间传递环节，简化主轴箱。目前主轴驱动装置的调速范围已经达到 1∶100，这对中小型数控机床已经够用了。但对于中型以上的数控机床，如果要求调速范围超过1∶100，则需通过齿轮换档的方法解决。

3）要求主轴在整个速度范围内均能提供切削所需功率，并尽可能提供主轴电动机的最大功率，即恒功率范围要宽。由于主轴电动机与驱动的限制，其在低速段均为恒转矩输出，为满足数控机床低速强力切削的需要常采用分段无级变速的方法，即在低速段采用机械减速装置，以提高输出转矩。

4）要求主轴在正、反向转动时均可进行自动加减速控制，即要求具有四象限驱动能力，并且加减速时间短。

5）为满足加工中心自动换刀（ATC）以及某些加工工艺的需要，要求主轴具有高精度的准停控制。

6）在车削中心上，还要求主轴具有旋转进给轴（C 轴）的控制功能。

主轴变速分为有级变速、无级变速和分段无级变速三种形式，其中有级变速仅用于经济型数控机床，大多数数控机床均采用无级变速或分段无级变速。

为满足上述要求，数控机床开始时经常采用直流主轴驱动系统。但由于直流电动机受机械换向的影响，其使用和维护都比较麻烦，并且其恒功率调速范围小。进入20世纪80年代后随着微电子技术、交流调速理论和电力电子技术的发展，交流驱动进入实用阶段，现在绝大多数数控机床均采用笼型感应交流电动机配置矢量变换变频调速的主轴伺服系统。这是因为一方面笼型交流电动机不像直流电动机有机械换向带来的麻烦和在高速、大功率方面受到的限制，另一方面交流伺服系统的性能已达到直流驱动的水平，加上交流电动机体积小、重量轻，采用全封闭罩壳，对灰尘和油有较好防护，交流电动机彻底取代直流电动机的时代已经来临。

二、工作原理

由于数控机床主轴驱动系统不必像进给驱动系统那样，需要较高的动态性能和调速范围。而笼型感应异步电动机结构简单、价格便宜、运行可靠，配上矢量变换控制的主轴驱动装置则完全可以满足数控机床主轴的要求。因此，主轴电动机大多采用笼型感应电动机。

过去由于交流调速的性能无法与直流电动机相比，因而大大限制了其在需要准确调速领域的应用。矢量变换控制是1971年德国Felix Blaschke等人提出的，是对交流电动机调速控制的较理想方法。其基本思路是通过复杂的坐标变换，把交流电动机等效成直流电动机并进行控制，采用这种方法处理后交流电动机与直流电动机的数学模型极为相似，因而可得到同样优良的调速性能。

典型的主轴驱动伺服系统工作特性曲线如图6-33所示。由曲线可见，在基速n_0以下保持励磁电流I_f不变，通过改变电枢电压的方法来实现调速，从而获得恒转矩调速特性，并且输出的最大转矩M_{max}取决于电枢电流最大值。基速n_0以上采用弱磁升速的方法调速，即通过减小励磁电流I_f来获得恒功率调速特性。

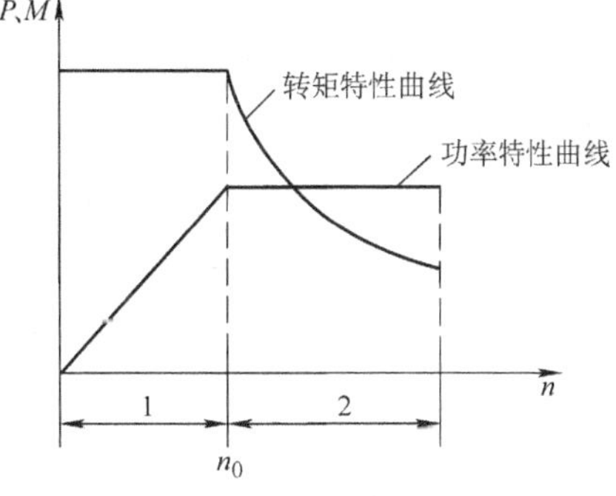

图6-33　主轴伺服系统工作特性曲线

如图6-34所示为日本YASKAWA VS-626MT主轴伺服系统内部的工作原理框图，这是一个典型的交—直—交变频电路。数控装置可以通过模拟电压给定、12位二进制给定、2位BCD码给定和3位BCD码给定等四种方式对其转速进行控制。内部微处理器根据与电动机相连的光电式脉冲编码器和电枢电流等输入信息，通过相应的一系列处理运算后，输出合适的基极控制信号，控制整流器和逆变器中功率器件的开关，从而在电动机内部形成相应的旋转磁场，驱动主轴旋转，从而获得所要求的转速和转矩。

三、主轴分段无级变速

采用无级调速主轴机构，主轴箱虽然得到大大简化，但其低速段输出转矩常常无法满足机床强力切削的要求。如果单纯追求无级调速，势必要增大主轴电动机的功率，从而使主轴电动机与驱动装置的体积、重量及成本大大增加。因此，数控机床可以采用1～4档齿轮变速与无级调速相结合（分段无级变速）的方式来解决这个矛盾。

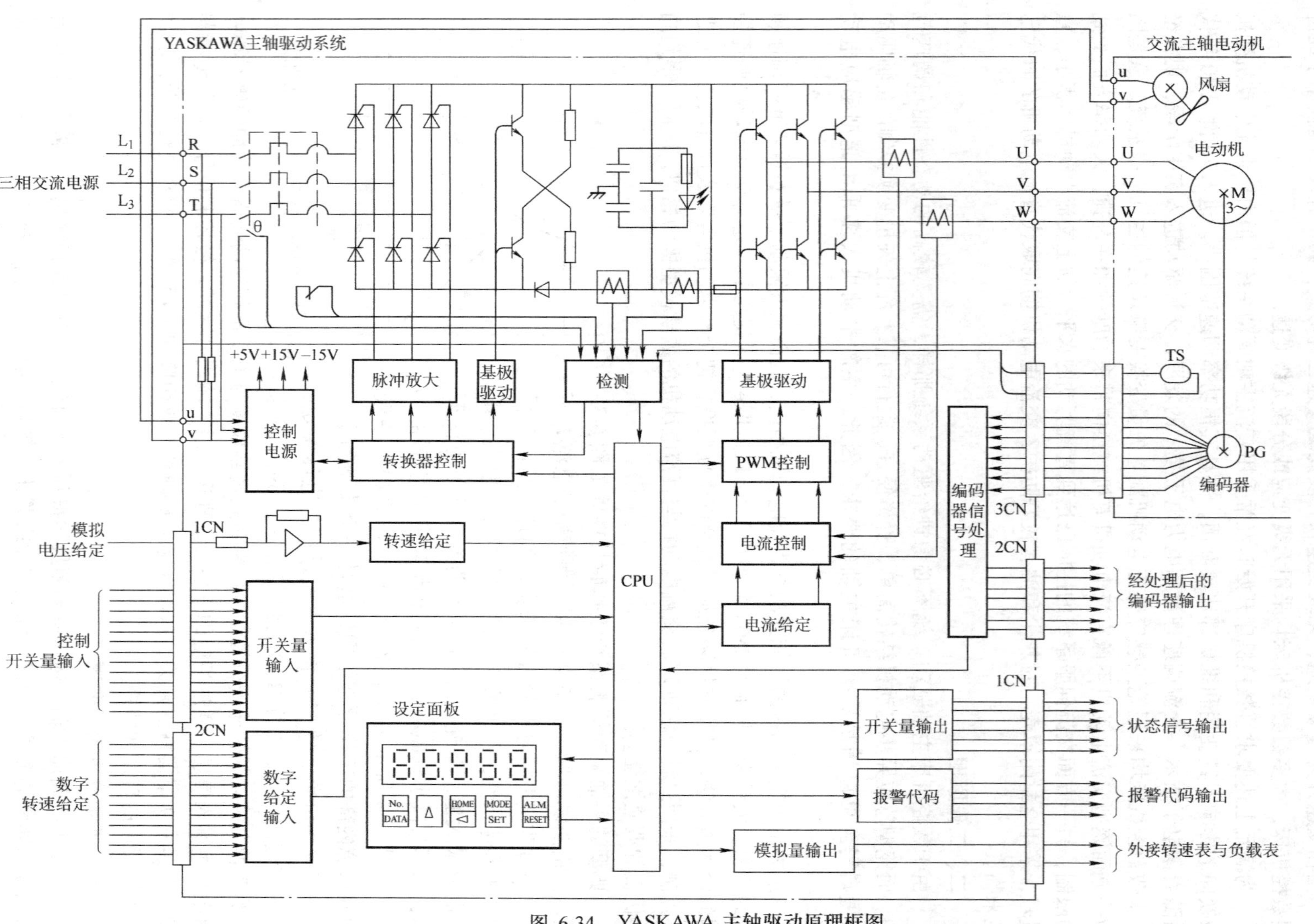

图 6-34 YASKAWA 主轴驱动原理框图

如图 6-35 所示为是否采用齿轮减速的主轴输出特性比较，当采用齿轮减速时虽然增大了低速的输出转矩，但降低了最高主轴转速。因此，通常采用齿轮的自动换挡，来达到同时满足低速转矩和最高主轴转速的要求。一般来说，数控系统提供 4 档变速功能，而数控机床通常使用两档即可满足要求。

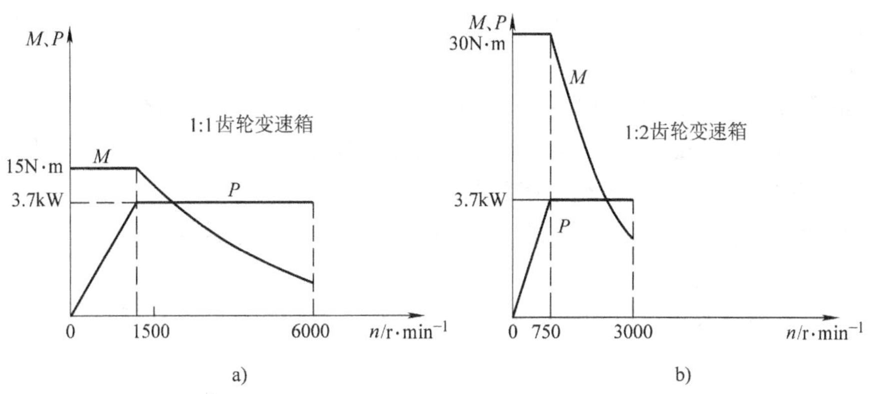

图 6-35 二档齿轮变速的 M-n、P-n 曲线

数控系统具有使用 M41 ~ M44 代码进行齿轮自动换挡的功能。首先需要在数控系统参数区设置 M41 ~ M44 四档对应的最高主轴转速，这样数控系统会根据当前 S 指令值，判断所处的档位，并自动输出相应的 M41 ~ M44 指令给可编程控制器（PLC）更换到相应的齿轮档，数控装置输出相应的模拟电压。例如 M41 对应的主轴最高转速为 1000r/min，M42 对应的主轴转速为 3500r/min，主轴电动机最高转速为 3500r/min，如图 6-36 所示。

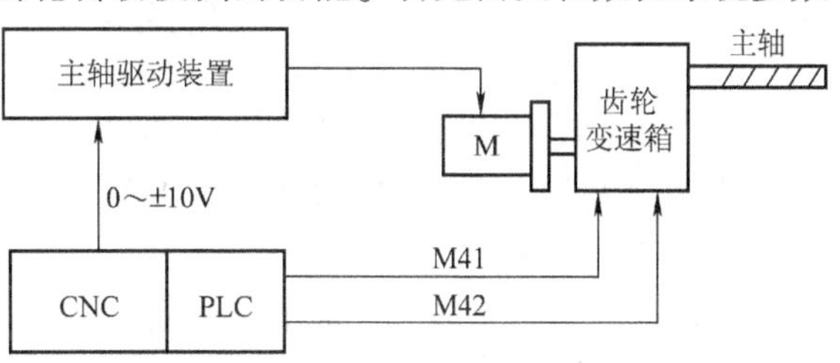

图 6-36 主轴分段无级变速结构示意图

当 S 指令在 0 ~ 1000r/min 范围时，M41 对应的齿轮应啮合，S 指令在 1001 ~ 3500r/min 范围时，M42 对应的齿轮应啮合。不同机床主轴变档所用的方式不同，控制的具体实现可由可编程控制器来完成。目前常采用液压拨叉或电磁离合器方式来带动不同齿轮的啮合。显然，该例中 M42 对应的主轴齿轮传动比为 1:1，而 M41 对应的齿轮传动比为 1:3.5，此时主轴输出的最大转矩为主轴电动机最大输出转矩的 3.5 倍。

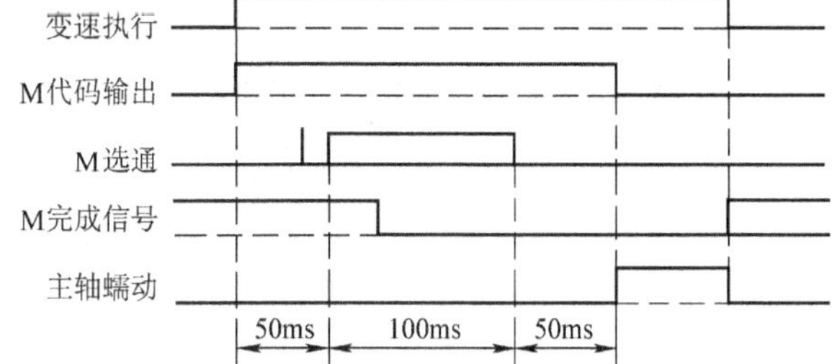

图 6-37 主轴自动变速时序示意图

对于换挡过程中出现的顶齿现象，现代数控系统均采用在换挡时，由数控装置控制主轴电动机低速摆动或振动的方法来实现齿轮的顺序啮合。而换挡时主轴电动机低速摆动或振动的速度可在数控系统参数区中进行设定。

在主轴分段无级变速过程中自动换挡动作的时序如图 6-37 所示。

1）当数控系统读到有速度档变化的 S 指令时，则输出相应的 M 代码（M41、M42、M43、M44），该代码采用 BCD 码形式还是二进制形式进行输出可通过数控系统的参数设定，输出信号送至可编程控制器。

2）50ms 后，数控装置发出 M 选通信号，指示可编程控制器可以读取并执行 M 代码，并且选通信号将持续 100ms。之所以 50ms 后读取是为了让 M 代码稳定，保证读取数据正确。

3）可编程控制器接收到 M 选通信号后，立即使 M 完成信号变为无效，告诉数控装置 M 代码正在执行。

4）可编程控制器开始对 M 代码进行译码，并执行相应的换挡控制逻辑。

5）M 代码输出 200ms 后，数控装置根据系统参数设置输出一定的主轴蠕动量，从而使主轴慢速摆动或振动，以解决齿轮顶齿问题。

6）可编程控制器完成换挡后，置 M 完成信号有效，并告诉数控装置换挡工作已经完成。

7）数控装置根据参数设置的每档主轴最高转速，自动输出新的模拟电压，使最终获得的主轴转速为给定的 S 值。

另外，有些主轴伺服系统如 YASKAWA Varispeed-626MT 具有电动机绕组选择功能，从而不需要齿轮也可完成提升低速转矩的功能。从本质上说，提高低速转矩，也就是增大主轴恒功率区，因为主轴伺服系统的恒功率区与恒转矩区的比是其性能的重要指标。YASKAWA 主轴电动机内部有两组绕组，即低速绕组与高速绕组，通过对绕组的自动选择（使用接触器切换），可方便地使恒功率区与恒转矩区之比达到 1∶12，低速转矩可提高两倍以上。

现代数控机床经常采用“主轴电动机→变档齿轮传递→主轴”的结构，当然变档齿轮箱比传统机床主轴箱要简单得多。液压拨叉和电磁离合器是两种常用的变档方法。

四、主轴准停

主轴准停功能又称为主轴定位功能（Spindle Spcecified Position Stop）。即当主轴停止时，控制其停于某固定位置，这是自动换刀所必须的功能。在自动换刀的镗铣加工中心上，切削的扭矩通常是通过刀杆的端面键来传递的。这就要求主轴具有准确定位于圆周上特定角度的功能，如图 6-38 所示。当加工阶梯孔或精镗孔后退刀时，为了防止刀具与小阶梯孔碰撞或拉毛已精加工的孔表面必须先让刀，再退刀，而让刀时也要求刀具必须具有准停功能，如图 6-39 所示。主轴准停功能的实现可分为机械准停和电气准停两种方法。

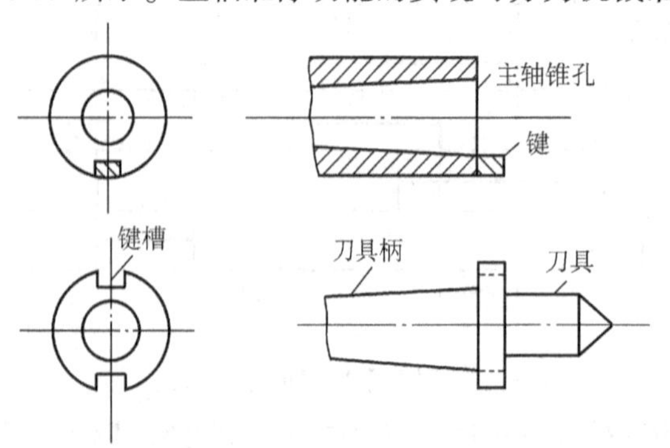

图 6-38　主轴准停换刀示意图

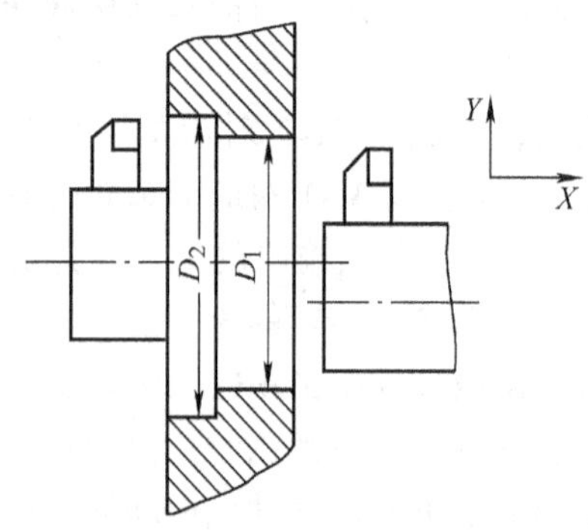

图 6-39　主轴准停镗背孔示意图

（一）机械准停控制

如图 6-40 所示为典型的 V 形槽轮定位盘准停结构。带有 V 形槽的定位盘与主轴端面保持一定的关系，以确定定位位置。当指令准停控制 M19 时，首先使主轴减速至某一可以设定的低速转动，然后当无触点开关有效信号被检测到后，立即使主轴电动机停转并断开主轴传动链，此时主轴电动机与主轴传动链因惯性继续空转，同时准停油缸定位销伸出并压向定位盘。当定位盘 V 形槽与定位销正对时，由于油缸的压力，定位销插入 V 形槽中，LS_2 准停到信号变为有效，表明准停动作完成。这里 LS_1 为准停释放信号。采用这种准停方式，必须有一定的逻辑互锁，即当 LS_2 有效时，才能进行后面诸如换刀等动作。而只有当 LS_1 有效时才能启动主轴电动机正常运转。上述准停功能通常可由数控系统所配的可编程控制器完成。

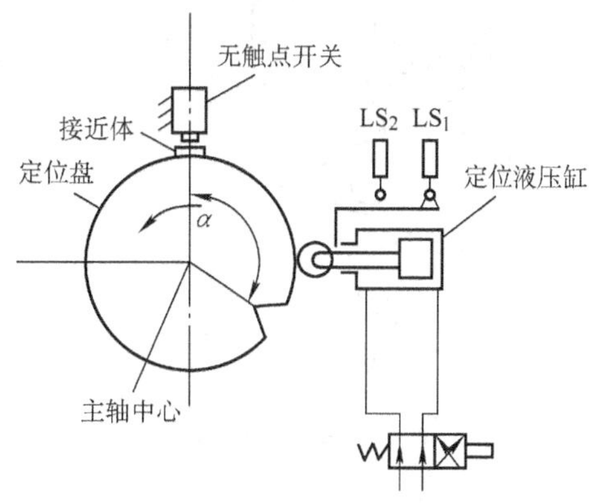

图 6-40 机械准停原理示意图

除此以外，机械准停还有其他的方式，例如端面螺旋凸轮准停等，但工作过程和基本原理都是相似的。

（二）电气准停控制

目前国内外中高档数控系统均采用电气准停的控制方法，因为与机械准停相比，前者可以简化机械结构、缩短准停时间、增加可靠性、提高性能价格比。而电气准停控制通常有以下三种方式：

1. 磁传感器主轴准停方式

安川 YASKAWA 主轴伺服系统 VS-626MT 使用不同的选件可实现三种主轴电气准停方式，即磁传感器型、编码器型以及数控系统控制完成的主轴准停。YASKAWA 主轴驱动加上可选定位卡（orientation card）后可具有磁传感器主轴准停控制功能。磁传感器主轴准停控制由主轴驱动自身完成。当执行 M19 时数控系统只需发出主轴启动命令 ORT，主轴驱动完成准停后会向数控装置回答完成信号 ORE，然后数控系统再进行后面的工作。其基本结构如图 6-41 所示。

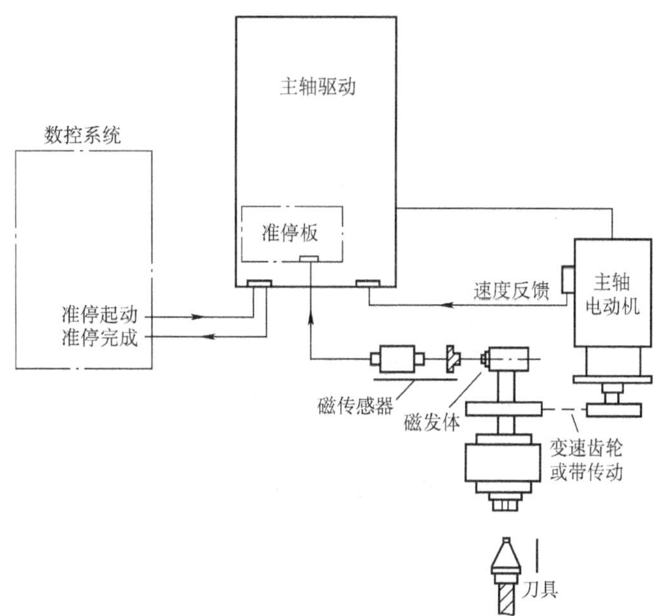

图 6-41 磁传感器准停控制系统构成

由于采用了磁传感器，故应避免产生磁场的元件如电磁线圈、电磁阀等与磁发体和磁传感器安装在一起。另外，旋转主轴上的磁发体和固定不动的磁传感器，安装精度要求较高。如图 6-42 所示为磁传感器和磁发体在主轴上安装方式示意图。

采用磁传感器实现主轴准停的时序如图 6-43 所示，相应的步骤叙述如下：

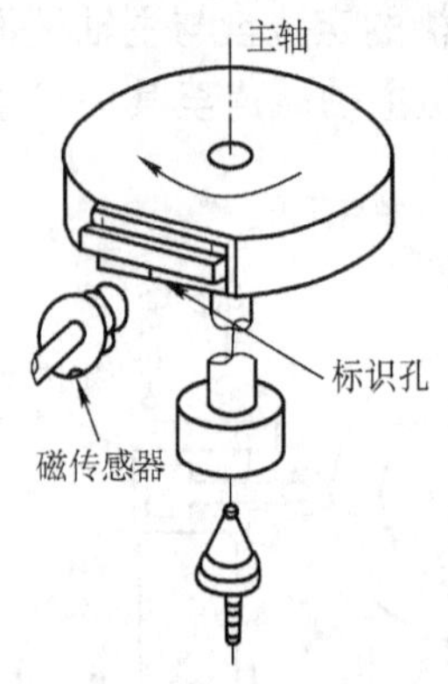

图 6-42　磁发体与磁传感器安装示意图

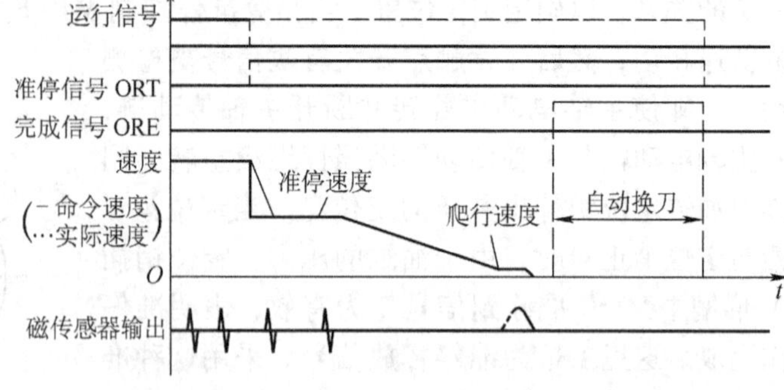

图 6-43　磁传感器主轴准停时序图

当主轴转动或停止时，如果接收到数控装置发来的准停信号 ORT，主轴立即加速或减速至某一准停速度（可在主轴驱动装置中设定）。主轴达到准停速度并且准停位置也到达时（即磁发体与磁传感器对准），主轴立即减速至某一爬行速度（可在主轴驱动装置中设定）。然后当磁传感器信号出现时，主轴驱动立即进入磁传感器作为反馈元件的位置闭环控制，目标位置为准停位置。准停完成后，主轴驱动装置输出准停完成 ORE 信号给数控装置，从而可进行自动换刀（ATC）或其他动作。

2. 编码器主轴准停方式

安川 YASKAWA 主轴驱动 VS-626MT 通过配置选件板可以实现编码器主轴准停功能。这种 准停功能也是由主轴伺服系统完成的，数控装置只需发出 ORT 命令即可，主轴驱动完成准停后回答准停完成 ORE 信号。

如图 6-44 所示为编码器主轴准停控制结构图。既可以采用主轴电动机内部安装的编码器信号（来自于主轴驱动装置），也可以在主轴上直接安装另外一个编码器。采用前一种方式要注意传动链对主轴准停精度的影响。主轴驱动装置内部可自动转换，使其处于速度控制或位置控制状态。准停角度可由外部开关量（十二位）设定，这一点与磁传感器主轴准停方法不同，磁准停的角度无法随意设定，要想调整准停位置，只有调整磁发体与磁传感器的相对安装位置。编码器主轴准停控制时序如图 6-45 所示，其实现步骤与磁传感器主轴准停过程相类似。

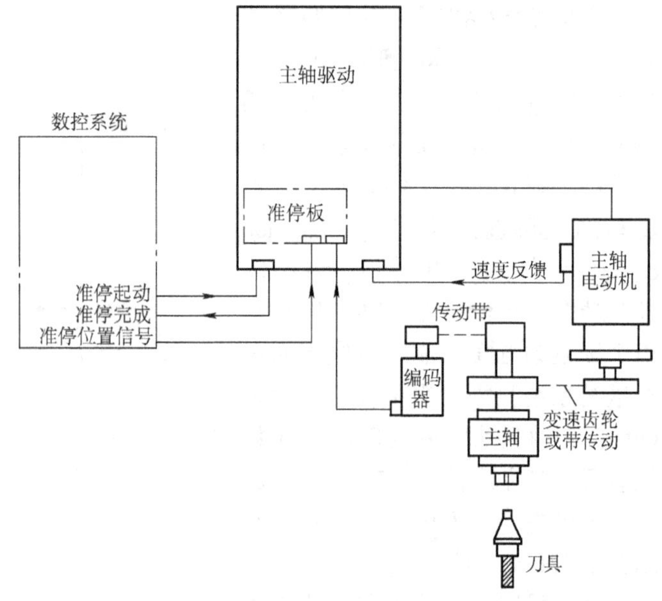

图 6-44　编码器主轴准停控制结构图

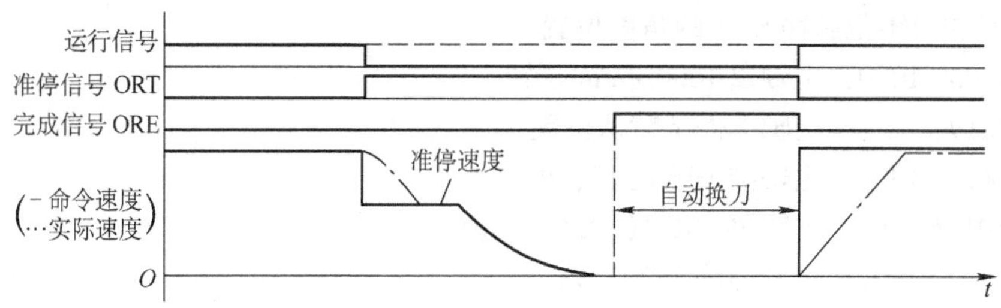

图 6-45　编码器主轴准停控制时序图

无论采用何种主轴准停方案（特别是对于磁传感器主轴准停方式），当需要在主轴上安装元件时应注意动平衡问题，因为数控机床精度很高，转速也很高，因此对动平衡要求严格。一般对于中等速度以下的主轴来说，有少量不平衡还不至于有太大的问题。但对于高速主轴来讲，这个不平衡量会导致主轴振动，影响系统精度。为了适应主轴高速化的需要，国外已经开发出整环式磁传感器主轴准停装置，由于磁发体是整环，动平衡性能好。

3. 数控系统准停方式

这种主轴准停控制方式是由数控系统完成的，采用这种方式需要注意以下问题：

1）数控系统必须具有主轴闭环控制功能。通常为避免冲击，主轴驱动都具有软启动功能，但这对主轴位置闭环控制将产生不良影响。此时，位置增益过低则准停精度和刚度（克服外界扰动的能力）不能满足要求，而位置增益过高则会产生严重的定位振荡现象。因此，必须使主轴进入伺服状态，此时其特性与进给伺服系统相近，才可进行位置控制。

2）当采用电动机轴端编码器信号反馈给数控装置进行准停时，主轴传动链精度可能对准停精度产生影响。

数控系统控制主轴准停的原理与进给位置控制的原理非常相似，如图 6-46 所示。

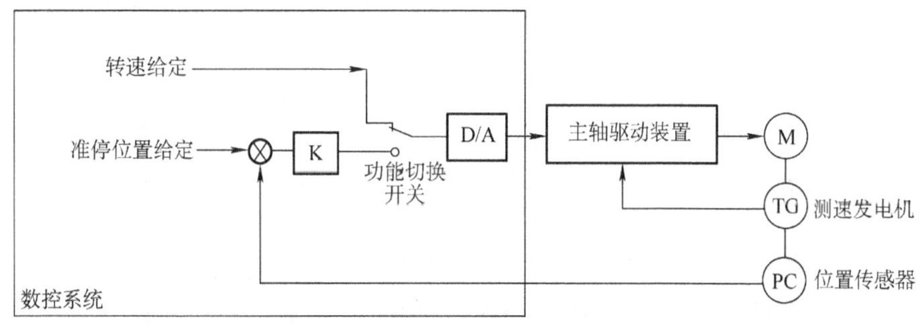

图 6-46　数控系统控制主轴准停结构

采用数控系统控制主轴准停时，角度指定由数控系统内部设置，因此准停角度可更方便的设定。准停步骤如下：

数控系统执行 M19 或 M19　S ** 　时，首先将 M19 送至可编程控制器，可编程控制器经译码送出控制信号使主轴驱动进入伺服状态，同时数控系统控制主轴电动机降速并寻找零位脉冲 C，然后进入位置闭环控制状态。如执行 M19，无 S 指令，则主轴定位于相对于零位脉冲 C 的某一缺省位置（可由数控系统设定）。如执行 M19　S ** 指令，则主轴定位于指定位置，也就是相对零位脉冲 S ** 的角度位置。

例如：M03 S1000；主轴以 1000r/min 正转
M19；　　　　主轴准停于默认位置
M19 S100；　主轴准停转至 100°处
S1000；　　　主轴再次以 1000r/min 正转
M19 S200；　主轴准停至 200°处

第五节　进给伺服系统

一、基本要求

数控机床进给伺服系统主要接收数控装置送来的命令，驱动控制机床工作台或刀具运动到所要求的位置（点位系统）或者按要求的几何轨迹移动（轮廓系统）。所以，进给伺服系统在“稳、准、快”一般要求的基础上，特别关心定位精度和快速性，因为这将直接影响到加工零件的轮廓误差。当然，进给伺服系统的负载一般不太大，对电动机出力要求不高，功率较小，这有利于整个系统性能的提高。

数控机床用进给伺服系统分为开环和闭环两大类，闭环型驱动按检测量的不同可分为半闭环和全闭环两种。

开环控制采用步进电动机作为驱动元件，线路简单，设备投资低，调试维修都很方便，由于它没有位置反馈回路和速度控制回路，所以进给速度和精度都不太高，被广泛应用于经济型数控机床及普通机床的数控改造中。

闭环型采用直流或交流伺服电动机驱动。从整个系统来看，数控机床进给伺服系统是一个“位置—速度—电流”的三环结构。目前一般将位置环设计在数控装置内部，利用软件实现，是一个全数字式位置环。而进给伺服装置只含有速度环和电流环，可以是全模拟式、全数字式或者模拟数字混合式等多种形式。今后的发展趋势将是基于光纤和现场总线的全数字式进给伺服单元。

半闭环位置检测方式一般将位置检测元件安装在电动机轴上（一般由电动机生产厂家装好），用以精确控制电动机的角度，然后通过滚珠丝杠等传动机构，将角度转换成工作台的直线位移。如果滚珠丝杠精度足够高，间隙小，精度一般是可以满足要求的。加之传动链上有规律的误差（如间隙及螺距误差等）可以由数控软件加以补偿，进一步提高精度，因此在精度要求适中的中小型数控机床上，半闭环控制得到广泛应用。

半闭环方式的优点是其闭环环路短（不包括传动机构），因而系统容易达到较高的位置增益，不发生振荡现象。且其快速性好，动态精度高，传动机构的非线性因素对系统的影响小。但如果传动机构的误差过大或其误差不稳定，则数控系统难以补偿。如由传动机构的扭曲变形所引起的弹性间隙，因其与负载力矩有关，故很难补偿。由制造与安装所引起的重复定位误差以及由于环境温度与丝杠温度变化所引起的丝杠螺距误差也是不能补偿的。因此要进一步提高精度，只有采用全闭环控制方式。

全闭环方式直接从机床的移动部件上获取位置实际移动值，因此其检测精度不受机械传动链的影响。但不能认为全闭环方式可以降低对传动机构的要求，因闭环环路包括了机械传动机构，其闭环动态特性不仅与传动部件的刚性、惯量有关，还取决于阻尼、油的粘度、滑动面摩擦系数等因素。而且这些因素对动态特性的影响在不同条件下还会发生变化，这给位置闭环控制的调整和稳定带来了许多困难。这些困难使调整闭环环路时不得不降低位置增益，从而对跟随误差与轮廓加工误差产生不利影响。所以采用全闭环方式时必须提高机床刚性，改善滑动面摩擦特性，减小传动间隙，这样才有可能提高位置增益。全闭环控制方式被大量应用在精度要求较高的大型数控机床上。

二、开环进给伺服系统

（一）控制原理

以下结合前面介绍的开环数控系统控制结构来分析开环进给伺服系统基本工作原理。

1. 工作台位移量的控制

数控装置发出的 N 个进给脉冲，经驱动线路放大后，变换成步进电动机定子绕组通电/断电的电流变化次数 N，使步进电动机定子绕组的通电状态改变了 N 次，因而也就决定了步进电动机的角位移量 ψ，然后再经减速齿轮、丝杠、螺母后转变为工作台的位移量 L。可见，这种对应关系可表示为：进给脉冲的数量 N→定子绕组通电状态变化次数 N→步进电动机转子角位移 ψ→机床工作台位移量 L。据此可推得开环系统的脉冲当量（一个进给脉冲对应的工作台位移量）δ（mm/脉冲）为

$$\delta=\frac{\theta h}{360i} \tag{6-34}$$

式中，θ 为步进电动机步距角（°）；h 为滚珠丝杠螺距（mm）；i 为减速齿轮的减速比。

需要指出的是，增设减速齿轮的目的一方面可协调上式中各参数之间的比例关系，另一方面可调整速度，放大力矩，降低了电动机功率。

2. 工作台进给速度控制

系统中进给脉冲频率 f 经驱动放大后就转化为步进电动机定子绕组通电/断电状态变化的频率，因而就决定了步进电动机转子的转速 ω，该 ω 经减速齿轮、丝杠、螺母之后，体现为工作台的进给速度 v（mm/min）。可见，这种对应关系可表示为：进给脉冲频率 f→定子绕组通电/断电状态的变化频率 f→步进电动机转速 ω→工作台的进给速度 v。即为

$$v=60\delta f \tag{6-35}$$

式中，f 为输入到步进电动机的脉冲频率（Hz 或 pps）。

3. 工作台运动方向的控制

改变步进电动机输入脉冲信号的循环顺序，就可改变步进电动机定子绕组中电流的通断循环顺序，从而使步进电动机实现正转和反转，相应的工作台进给方向也被改变。

综上所述，在步进电动机驱动的开环数控系统中，输入的进给脉冲数量、频率、方向经驱动控制线路和步进电动机后，可以转换为工作台的位移量、进给速度和进给方向，从而满足了数控系统对位移控制的要求。

（二）步进电动机的控制

下面在介绍步进电动机软件环形分配（简称环分）的基础上，说明步进电动机的速度控制及自动升降速方法。

1. 软件环分设计

步进电动机软件脉冲分配形式又分查表法、比较法、移位法等。一般来讲，硬件分配法速度较快，但缺乏灵活性；而软件分配法方便灵活，但要占用时间资源。现以三相六拍步进

电动机为例来说明查表法软件脉冲分配的方法，并且假设正转时分配脉冲顺序为：A→AB→B→BC→C→CA→A→…，反转时分配脉冲顺序为：A→AC→C→CB→B→BA→A→…。

软件环分的基本思路是：结合电动机的驱动电路，按步进电动机励磁状态转换表求出脉冲分配器输出状态字组成的状态表，并将其存入程序存储器中，然后根据步进电动机运转方向按表地址正向或反向地取出单元中状态字进行输出，即可控制步进电动机正向或反向地旋转起来。

现假设计算机可编程并行接口芯片 8255 的 PA0、PA1、PA2 分别与步进电动机的 A、B、C 三相对应，并且程序存储器中环分表格首地址为 2000H，则写出脉冲分配见表 4-1。

表 4-1 三相步进电动机脉冲分配表

序号	C	B	A	存储单元		方向
	PA2	PA1	PA0	地址	内容	
1	0	0	1	2000H	01H	反转
2	0	1	1	2001H	03H	↑
3	0	1	0	2002H	02H	
4	1	1	0	2003H	06H	
5	1	0	0	2004H	04H	↓
6	1	0	1	2005H	05H	正转

在进行查表法的程序设计时是根据步进电动机当前励磁状态和旋转方向的要求，找到下一个单元地址，并取出其中的内容输出。显然，采用指针方式结合变址寻址就可完成，但在地址指针作 ±1 修正后必须判断是否到达表首（2000H）或表底（2005H），因为指针在这里要进行相应调整。也就是说，当电动机正转并且取到表底时，要将指针变换为表首地址；而当电动机反转并且取到表首时，要将指针变换为表底地址，只有这样才能构成环形脉冲分配链。为此给出相应程序流程如图 6-47 所示。这里将电动机正转和反转控制编写在一个程序中，当然也可以将正转和反转编写成两个独立子程序完成。

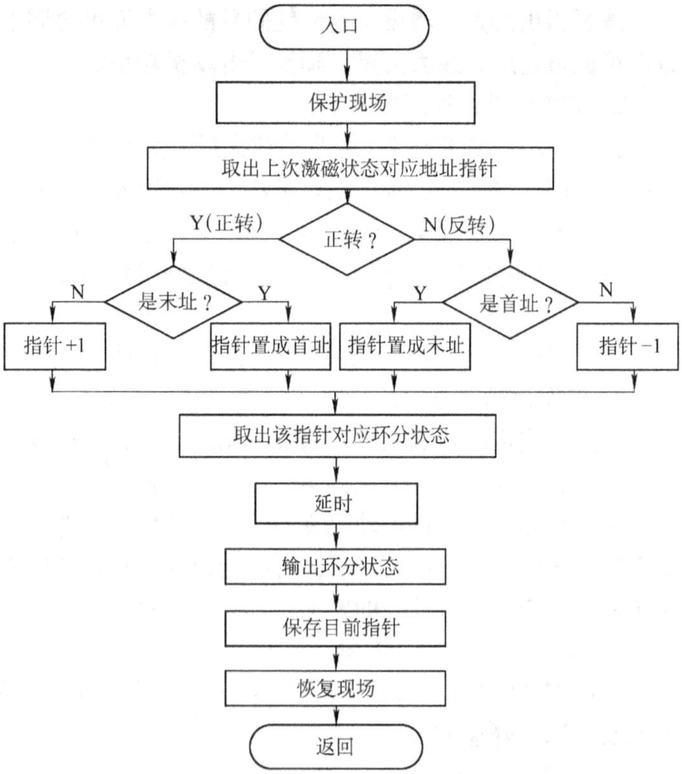

图 6-47 步进电动机软件环分流程图

2. 速度控制

对于任何一个伺服系统来讲，都要求能够对速度实行控制，特别在数控系统中，这种要求就更高。在开环进给系统中，对进给速度的控制就是对步进电动机速度的控制。

由前面步进电动机原理分析可知，通过控制步进电动机相邻两种励磁状态之间的时间间隔即可实现步进电动机速度的控制。对于硬件环分来讲，只要控制 CP 的频率就可控制步进电动机的速度。对于软件环分来讲，只要控制相邻两次软件环分输出状态之间的时间间隔，也就是控制如下循环流程中延时时间的长短。

A—延时—AB—延时—B—延时—BC—延时—C—延时—CA—延时

(01H)　(03H)　(02H)　(06H)　(04H)　(05H)

← 正转　　反转 →

其中，实现延时的方法又分为两种，一种是纯软件延时；另一种是定时中断延时。显然，从充分利用时间资源来看，后者更理想一些。

3. 自动升降速控制

在机床加工过程中，由于进给状态的变化，要求步进电动机能够实现起动、停止或改变运行速度，这也就要求步进电动机的脉冲频率作相应变化。但为了防止电动机在变速过程中出现过冲或失步现象，则要求步进电动机每次频率变化量小于其突跳频率值。这也就是说，当步进电动机速度变化较大时，必须按一定规律完成一个升速或降速的过程。

在早期硬件数控系统中，都是使用可逆计数器、振荡器和同步器等硬件电路来实现，线路较复杂。在后来的数控系统中由于计算机的引入，使得自动升速或自动降速的实现变得相当方便易行。

在计算机控制的步进伺服系统中，只要按一定规律改变延时子程序中延时常数的大小或定时器中定时常数的大小即可完成步进电动机速度的改变。在具体实现时，可按直线规律或指数规律进行加减速控制。如图 6-48 所示，当按直线规律升/降速时，其加速度值理论上为恒定，但实际上由于电动机转速升高时输出转矩有所下降，从而导致加速度有所变化。对于按指数规律进行升/降速时，加速度是逐渐下降的，这比较接近于步进电动机输出转矩随转速变化的规律。

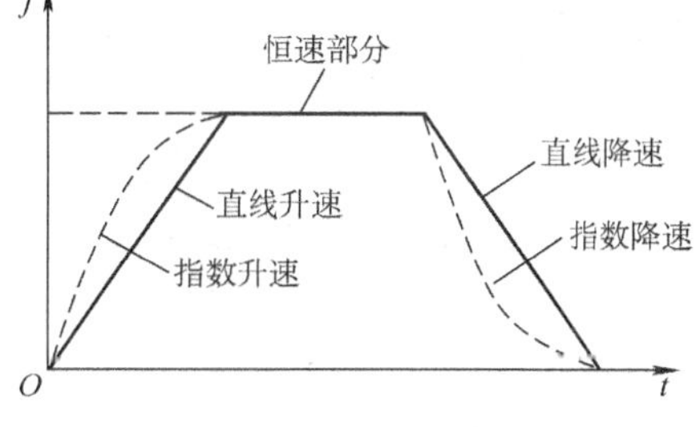

图 6-48　步进电动机升降速过程

步进电动机自动升降速方法又分定时法和定步法两种。定时法就是按一定的时间间隔（Δt）来改变步进电动机的运行频率，从而实现升降速控制；而定步法就是按一定的步数间隔（Δp）来改变步进电动机的运行频率，也就是当步进电动机每走完一定步数就改变一次频率，从而实现升降速控制。不管是定时法还是定步法，在选择（Δt）和（Δp）时所遵循的原则都是保证每次频率的变化量（$\Delta f_i = f[(i+1)\Delta t] - f(i\Delta t)$ 或 $\Delta f_i = f[(i+1)\Delta p] - f(i\Delta p)$）均小于步进电动机所允许的突跳频率值。

现以定步法为例来阐述步进电动机快速进给（正转）过程中自动升降速的处理过程。假设 $\Delta p = 100$ 步，电动机突跳频率为 15Hz，要求电动机正向进给总步数为 N，升速或降速的离散化区间数为 n，即 $N = n\Delta p$。则可以给出自动升降速控制软件流程，如图 6-49 所示。其中当总步数小于（$2\Delta p$）时就不必进行升降速处理，而仅按合适的较低速度走完全程即可；进一步当总步数大于（$2\Delta p$）时，则按升速段、恒速段和降速段的方式走完全程，并且升速段对称于降速段。

（三）开环进给伺服系统精度分析

由于开环进给系统中没有反馈检测装置，其前向通道中的各种误差就无法通过反馈信息来加以补偿，从而直接导致了输出位置误差。因此，对开环进给系统的精度进行分析，然后采取一些必要的措施来加以改善，对提高系统性能是大有好处的。

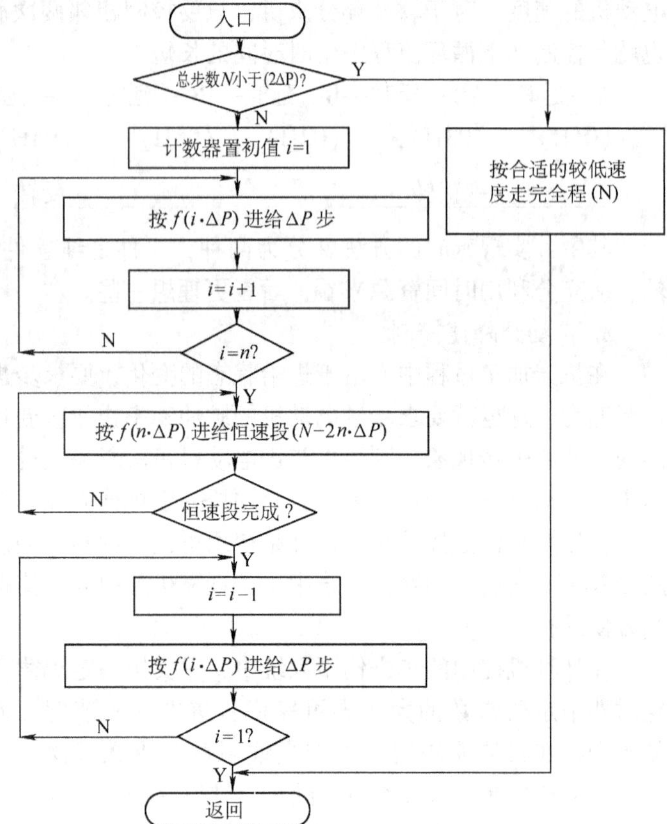

图 6-49　步进电动机定步法自动升降速流程图

1. 精度分析

开环进给系统中影响工作台位移精度的主要因素包括如下几个方面：

1）步进电动机的步距误差。对于伺服式步进电动机来讲为 ±10 ~ ±30 角秒[⊖]；对于功率式步进电动机来讲为 ±20 ~ ±25 角秒。

2）步进电动机的动态误差。当步进电动机进行单步运行时，存在明显的振荡现象，其超调量约为步距角的 20% ~30%。进一步当工作于较低频率区时（300 ~ 500Hz），还会出现共振现象。

3）步进电动机的起停误差。在步进电动机起动和停止过渡过程中，电动机的转动总是滞后于控制脉冲。

4）齿隙误差。例如减速齿轮的传动间隙，滚珠丝杠和螺母副之间的传动间隙等。

5）滚珠丝杠的螺距累积误差。

6）滚珠丝杠、螺母支架、轴承等机械部件的受力变形和热变形引起的误差。

7）工作台导轨的误差。

由以上各项误差的统计构成了开环数控系统的综合误差。

2. 提高精度的几个措施

针对上述误差的来源，也可以采取一些措施来加以改善。首先是从各个环节入手，在可能的情况下，尽量选择性能较好，精度较高的零部件实现进给驱动。例如选择步距角较小的步进电动机，采用精密传动副，减小传动链中的间隙等。另外，还可利用硬件电路和软件方法来进一步提高系统的综合性能。

（1）从驱动电路入手　尽量选择更理想的驱动电路实现电动机的控制。例如采用细分驱动电路后相当于减小了系统的脉冲当量，显然对提高系统精度大有好处；还有采用调频调压

⊖ 1 角秒 $=2.77778\times10^{-4}$（°）

驱动电路可减弱低频振荡现象，并且还可以减小其动态误差。

(2) 从软件入手 根据齿隙误差的特点，当工作台运动方向改变时可利用软件对齿隙进行补偿。另外，对滚珠丝杠的螺距累积误差也可利用软件进行校正。

(3) 从控制原理方面入手 对于精度要求较高的大型数控机床，针对开环系统的不足，可在此基础之上增设一套工作台位移检测装置，如直光栅或感应同步器等，用以监视并补偿前向通道的误差。例如，当系统中没有传动误差时，反馈电路部分相当于不工作，只有开环部分工作；当出现传动误差时，根据位移检测电路发出一定数目的附加脉冲，用以补偿步进电动机多走或少走的步数。可见，在该系统中机床本身并不含在定位伺服系统中，而是处于补偿回路中，使系统易于调试，类似于开环，但系统精度又接近于闭环。所以，也有人称这种系统为混合步进系统。

三、闭环进给伺服系统

数控系统位置控制的任务是准确控制数控机床各坐标轴的位置，半闭环与全闭环位置控制的基本原理相同，其控制是由数控系统中的计算机来完成的。

安装在工作台上的位置传感器（在半闭环中为安装在电动机轴上的角度传感器）将机械位移转换为数字脉冲，该脉冲送至数控装置的位置测量接口，由计数器进行计数。计算机以固定的时间周期对该反馈值进行采样，该采样值与插补程序所输出的结果进行比较，得到位置误差。该误差经软件增益放大，输出给数模转换器（D/A），从而为伺服装置提供控制电压，驱动工作台向减少误差的方向移动。如果插补程序不断的有进给量产生，工作台就不断地跟随该进给量运动，只有在位置误差为零时，工作台才停止在所要求的位置上。

(一) 位置控制回路

数控装置上位置控制（以 X 轴为例）的接口如图 6-50 所示，电动机同轴连接的光电脉冲编码器作为反馈元件。光电脉冲编码器每转一圈能输出数千个均匀的脉冲信号，它通过计数器的计数即可反映出工作台的位置。位置闭环控制程序和插补程序一样，都是在计算机的中断服务程序中实现的，其位置控制的软件流程如图 6-51 所示。

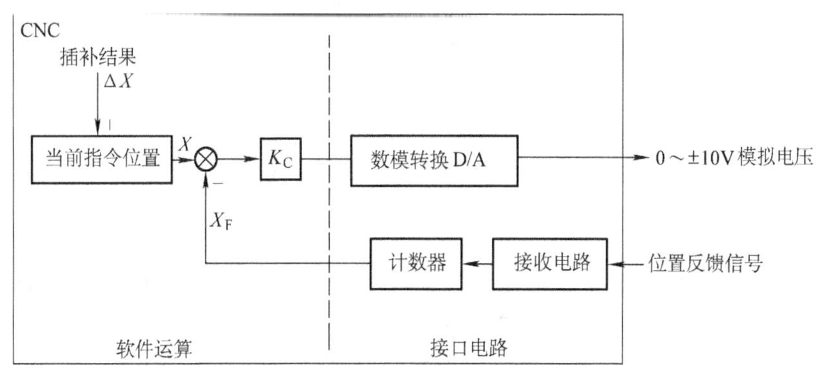

图 6-50 数控装置位置控制接口

中断服务程序：

当运行停止时，插补程序被禁止执行，因此每次中断时对应插补程序输出的值为零。但每次中断过程中，位置闭环控制照常执行一遍，此时 $X = X_F$，因此所输出的模拟电压为零。当进给轴需要运动时，插补程序输出的结果为 ΔX，则（$X+\Delta X$）就是新的指令位置，此时计算机将（$X+\Delta X$）指令位置与计数器中反映的实际位置进行比较，当不相等时，其差值 E 经 K_C 增益放大（软件完成）后，由数模转换器输出一定的模拟电压，控制电动机带动工作台向减小误差的方向移动，也就是使工作台向指令位置处移动，直至指令值与实际值相等为止。

需要指出的是，这种闭环控制当电动机停止运动时，实质上是一种动态定位，即位置闭环控制仍处于工作状态。无论何种干扰（如电网电压波动、伺服装置漂移、负载力矩扰动等）使电动机偏移了指令位置，位置闭环控制立即输出一定的电压给伺服装置，驱动电动机力图维持原来的指令位置。实际上，由于各种扰动的存在，电动机停止运动时，在定位位置上始终存在着闭环修正。因此，动态定位本质上是由电磁转矩维持的定位。

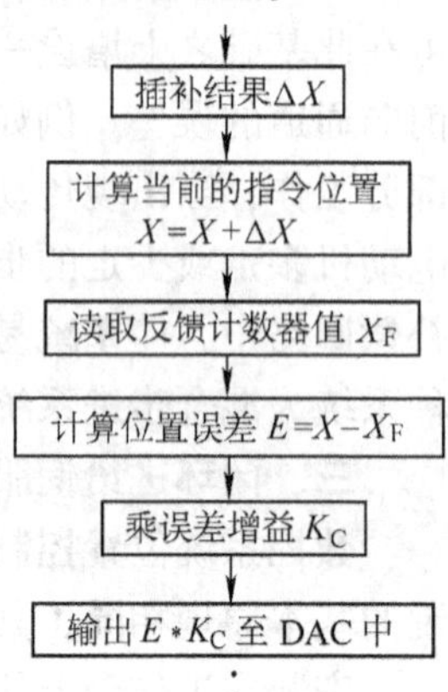

图 6-51　闭环位置控制软件流程

（二）控制特性分析

1. 位置控制回路数学模型

根据前述位置控制的基本原理，不难画出位置控制回路的数学模型。如图 6-52 所示为半闭环位置控制结构的数学模型，如图 6-53 所示为全闭环位置控制结构的数学模型。

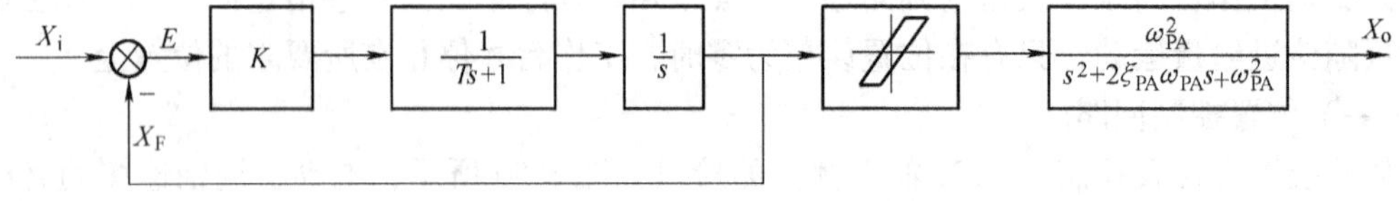

图 6-52　半闭环位置控制数学模型

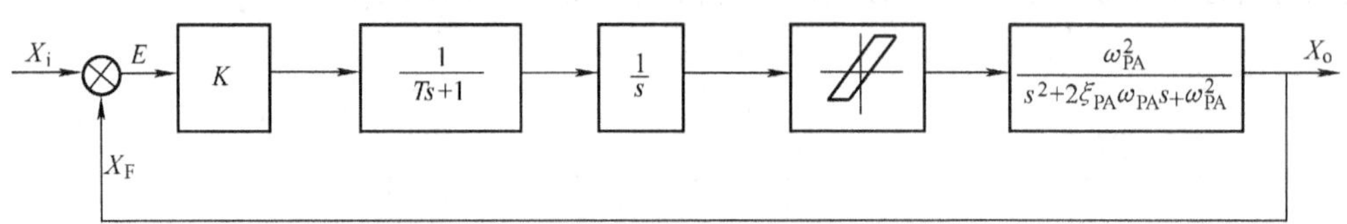

图 6-53　全闭环位置控制数学模型

以下对上述数学模型进行详细说明：

1）如图 6-52 和图 6-53 所示跟随误差 E 实际上就是指令位置 X 与实际位置 X_F 的差。K 为整个系统的开环增益，并且由以下四部分构成：

①K_C 软件增益。实质上是由计算机内部参数设置的，可通过设置 K_C 值来调整整个回路的开环增益，单位为（数字/数字）。

②K_{da} 数模转换系数。数控装置通过 D/A 数模转换器输出 −10 ~ +10V 的电压来控制伺服电动机的运动。单位为（V/数字），它描述了计算机内每一个数值“1”对应的电压值。

③K_m 伺服装置的放大倍数。单位为（r/s/V）。它描述了在伺服装置的控制端加 1V 电压信号时电动机对应的输出转速。

④K_a 位置传感器的转换系数。单位为（数字/r），它描述了电动机每转一圈，数控装置通过位置传感器所检测到的数值。

$$K = K_C K_{da} K_m K_a \quad (1/s) \tag{6-36}$$

开环增益 K 是决定整个回路品质的重要参数，在机床调试时需进行调整。由以上分析可以看出，当设备选定后，调整开环增益的唯一方法就是调整软件增益 K_C。

2）如图 6-52 和图 6-53 所示，将伺服驱动装置简化为一个惯性环节，以便突出主要参数开环增益 K 和时间常数 T。当需要考虑伺服装置二阶振荡特性时，可将其简化为

$$F(s) = \frac{\omega_{PA}^2}{s^2 + 2\zeta_{PA}\omega_{PA}s + \omega_{PA}^2} \tag{6-37}$$

当需要考虑计算机内部 D/A 转换以及驱动死区特性时，则可使用

$$F(s) = \frac{e^{-\tau s}}{Ts + 1} \tag{6-38}$$

$$F(s) = \frac{\omega_{PA}^2 e^{-\tau s}}{s^2 + 2\zeta_{PA}\omega_{PA}s + \omega_{PA}^2} \tag{6-39}$$

在上面数学模型中，T 作为一阶系统的时间常数，而 ζ_{PA}、ω_{PA} 则作为二阶系统阻尼比和自然振荡角频率（或称标称角频率），τ 为延时时间常数。伺服系统是一个复杂的双闭环系统，当进行位置闭环特性分析时对其进行必要的简化是必不可少的，这样才能突出关键参数。这种工程中的简化是十分常见的。

3）积分环节描述了伺服驱动输出的速度量经位置反馈计数转换成为位置量的过程，也就是对应于速度对时间的积分，相当于工作台的位移量。

4）间隙非线性环节描述了典型的机械传动反转间隙对整个系统的影响。

5）如图 6-52 和图 6-53 所示最后一个环节描述了机械传动机构的动力学模型。如图 6-54 所示，传动机构承受的外力有电动机的输出力矩 M_m 以及等效至电动机轴端的负载力矩 M_l（它包括切削力矩、摩擦力矩等）。设 k_l 为等效轴的传输扭转刚度，J_l 为等效至电动机轴端的转动惯量，B_l 为粘性阻尼系数，θ_m 和 θ_l 为输入与输出角度。

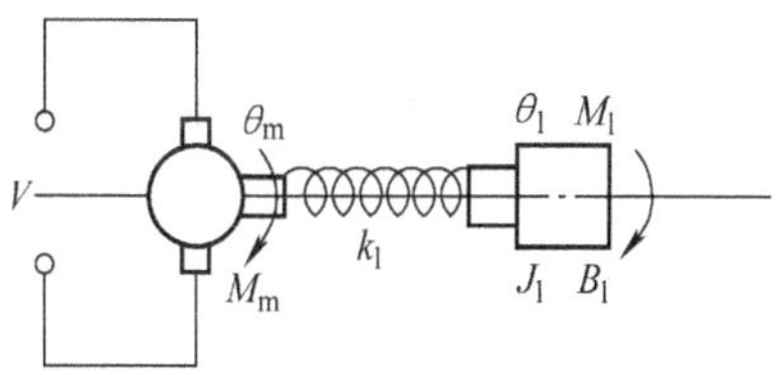

图 6-54 机械传动等效动力学模型

根据转矩平衡方程可得

$$M_m - M_l = J_l \frac{d^2\theta_l}{dt^2} + B_l \frac{d\theta_l}{dt} \tag{6-40}$$

根据弹性变形方程

$$M_m = k_l(\theta_m - \theta_l) \tag{6-41}$$

对式（6-45）和式（6-46）进行拉氏变换可得

$$M_m(s) = [J_l s^2 + B_l s]\theta_l(s) + M_l(s)$$
$$M_m(s) = k_l[\theta_m(s) - \theta_l(s)]$$

整理后可得

$$\theta_l(s) = \frac{k_l\theta_m - M_l}{J_l s^2 + B_l s + k_l}$$

当外部扰动 $M_1=0$ 时，传递函数为

$$G(s)=\frac{\theta_1(s)}{\theta_m(s)}=\frac{k_1}{J_1s^2+B_1s+k_1} \tag{6-42}$$

令 $\sqrt{k_1/J_1}=\omega_{PA}$、$B_1/(2\sqrt{J_1/k_1})=\zeta_{PA}$ 则

$$G(s)=\frac{\omega_{PA}^2}{s^2+2\zeta_{PA}\omega_{PA}s+\omega_{PA}^2}$$

这里 ω_{PA} 即为机械传动机构的振荡角频率，ζ_{PA} 为阻尼比。

6）位置控制回路是典型的采样控制系统，但考虑到现代数控系统位置采样控制周期很短（一般为 1～10ms 左右），故可将其简化为连续系统分析。

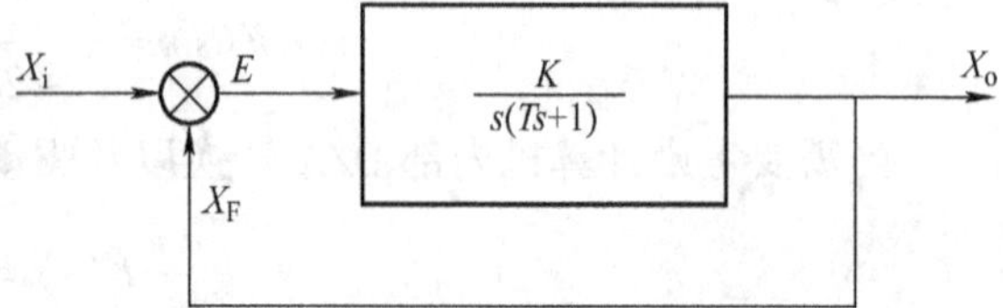

图 6-55 简化的位置闭环控制数学模型

7）考虑到驱动死区以及数字化死区很小，同时，机械传递刚度引起的误差一般也很小，所以后面的分析主要以图 6-55 所示的简化模型进行。

2. 系统误差分析

简化的位置闭环控制数学模型的开环传递函数为

$$G_k(s)=\frac{K}{s(Ts+1)} \tag{6-43}$$

由此可知该系统为典型 I 型系统，因此不存在位置定位稳态误差。其闭环传递函数为

$$G_B(s)=\frac{1}{\frac{T}{K}s^2+\frac{1}{K}s+1} \tag{6-44}$$

根据典型二阶振荡环节的特性，其阻尼比与振荡角频率如下

$$\zeta=\frac{1}{2}\sqrt{\frac{1}{KT}},\ \omega_n=\sqrt{\frac{K}{T}}$$

如图 6-56 所示，当伺服系统的时间常数一定时，增加 K 会引起位置响应曲线什么样的变化。如图 6-57 所示，当 K 一定时，伺服系统时间常数的变化会引起位置响应曲线什么样的变化。通过计算机仿真计算，曲线是很容易得到的，并且这两个图中 $\omega_0=1/T$。

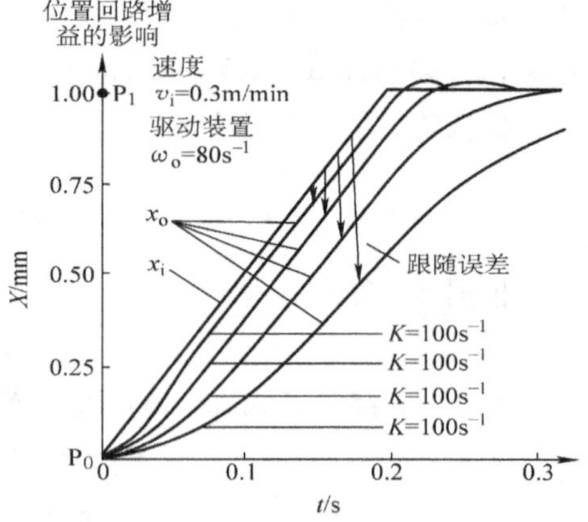

图 6-56 定位过程位置响应曲线一

由图可以看出，当 $T=0.0125$s 时，如果开环增益 K 超过 $20s^{-1}$，则位置响应曲线就会产生超调。这与理论上二阶系统当 $\zeta\geqslant1$ 时无超调是相符的。同理当 $K=20s^{-1}$ 时，如果伺服驱动系统的时间常数过大，则位置响应曲线就会产生超调。

由此可以得到以下结论：

1）要想取得较高的位置调节器增益（较高的位置增益会明显减小跟随误差，减小过渡过程时间，在后面的内容中可以看出较高的位置增益对减小轮廓误差也是重要的），所使用

驱动装置的时间常数必须较小，也就是说伺服驱动装置的快速性要好。否则提高位置增益会产生超调，而在数控机床上超调就意味着过切，是不允许的。

2）如果选择了快速性很好的伺服驱动，但没有相应提高位置增益，那么整个位置控制回路的瞬态响应并不能得到明显改善，因此 K 与 T 的配合是很重要的。一般来说取 $KT=0.2\sim0.3$ 是比较合适的，这样既可以保证很小的超调，又可以保证良好的快速性。

3）由于位置控制环为Ⅰ型系统，因此在轮廓插补和加工过程中（即恒速运动时）存在一个恒定的跟随误差。

$$E(s)=X_i(s)-X_0(s) \tag{6-45}$$

跟随误差对输入的传递函数为

$$G_e(s)=\frac{E(s)}{X_i(s)}=1-\frac{X_0(s)}{X_i(s)} \tag{6-46}$$

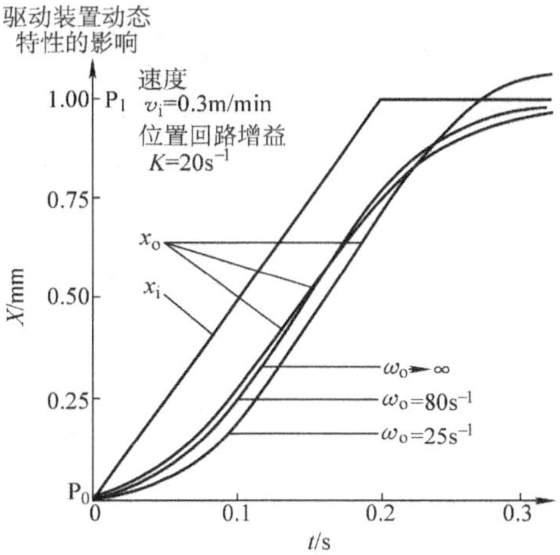

图 6-57　定位过程位置响应曲线二

而闭环传递函数为

$$\frac{X_0(s)}{X_i(s)}=\frac{G_k(s)}{1+G_k(s)}$$

因此

$$G_e(s)=\frac{1}{1+G_k(s)} \tag{6-47}$$

对应恒速运动（轮廓插补和加工过程），其相当于斜坡输入，假定为单位斜坡输入，则

$$X_i(s)=\frac{1}{s^2}$$

$$e(\infty)=\lim_{s\to0}\frac{sX_i(s)}{1+G_k(s)}=\lim_{s\to0}\frac{1}{s[1+G_k(s)]}=\lim_{s\to0}\frac{1}{sG_k(s)}=\frac{1}{K} \tag{6-48}$$

因此，当以进给速度 v 作恒速运动时，跟随误差 $E=v/K$。例如，当某轴开环放大倍数为 $30\mathrm{s}^{-1}$，以 200mm/min 的速度运动时，在任一时刻命令位置与实际位置的差为 $E=v/K=0.11\mathrm{mm}$。

3. 直线插补轮廓误差分析

由于不存在无限大功率的电动机，而且驱动对象总存在负载，因此跟随误差是无法避免的。但单个轴的跟随误差会对轮廓插补和加工误差产生什么影响呢？

当数控机床进行 XY 轴直线联动插补时，其 X 轴和 Y 轴分别对应进行恒速运动，即如图 6-58 所示。

此时轮廓误差 E 与各轴跟随误差 E_X、E_Y 的关系如图 6-59 所示。$E_X=v_X/K_X$、$E_Y=v_Y/K_Y$，A 为指令位置，B 为由于两轴存在跟随误差导致的实际位置。根据图 6-59 可以推得

$$\begin{aligned}E&=E_Y\cos\theta-E_X\sin\theta=\frac{v_Y v_X}{K_Y v}-\frac{v_X v_Y}{K_X v}\\&=\frac{v\cos\theta v\sin\theta}{K_Y v}-\frac{v\sin\theta v\cos\theta}{K_X v}=\frac{v\sin2\theta}{2}\left(\frac{1}{K_Y}-\frac{1}{K_X}\right)\end{aligned}$$

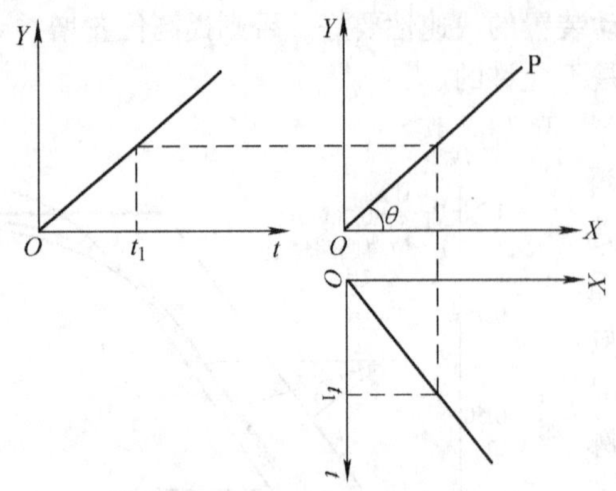

图 6-58　直线插补运动示意图

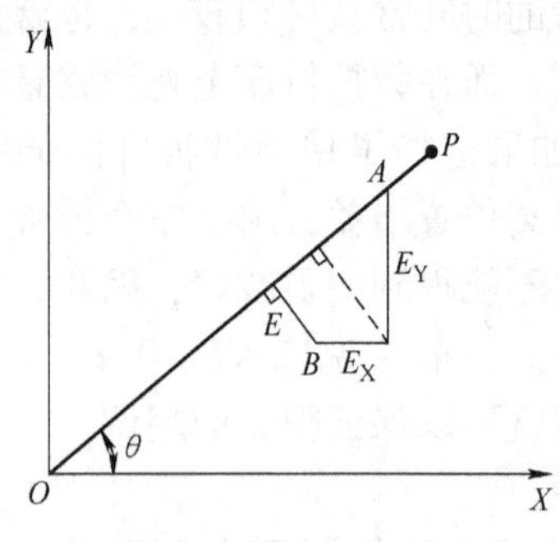

图 6-59　直线插补轮廓误差与跟随误差的关系

由此可见：

1）当 $K_X = K_Y$，即两轴位置环增益相同时，由于两轴的跟随误差互相抵消，所以轮廓误差 $E = 0$。

2）当 $\sin 2\theta = 0$，即 $\theta = 0°$或$90°$时，$E = 0$。其物理意义很明显，即当沿着 X 轴或 Y 轴运动时，不存在轮廓误差。

3）实际系统中很难保证 K_X 与 K_Y 完全相等，由下式可以看出

$$E = \frac{v\sin 2\theta}{2}\frac{K_X - K_Y}{K_X K_Y} \tag{6-49}$$

只要 K_X 和 K_Y 足够大，所产生的轮廓误差很小。因此，使两轴位置环增益匹配并尽可能提高它们是很有必要的。需要注意的是，由于暂态过渡过程在数百毫秒内迅速完成，这里仅讨论的是稳态误差，与定位过程中分析道理相同，过高的位置环增益会对暂态过程产生不利影响。

4）轮廓误差与数控加工程序编程进给速度成正比。

4. 圆弧插补轮廓误差分析

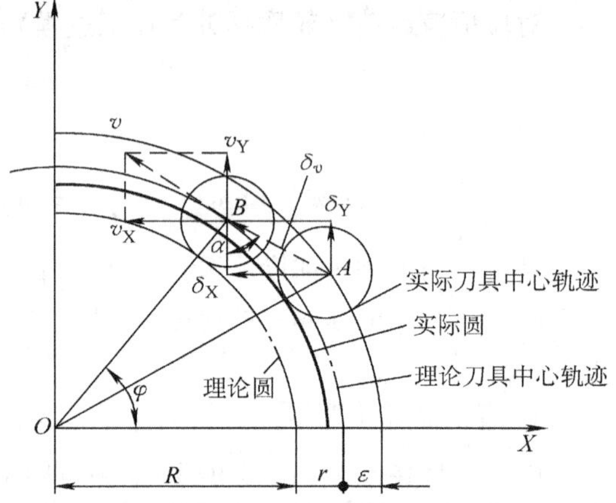

图 6-60　圆弧插补轮廓误差示意图

圆弧插补轮廓误差分析如图 6-60 所示，图中各参数含义如下：R 为工件半径；r 为刀具半径；ε 为圆弧加工误差；v 为切削进给速度；δ_X、δ_Y 为 X、Y 轴跟随误差；δ_y 为合成跟随误差；α 为 δ_v 与 δ_v 的夹角；φ 为 OB 与 X 轴的夹角。

根据如图 6-60 所示的几何关系可知

$$v_Y = v\cos\varphi,\ v_X = v\sin\varphi$$

因此

$$\delta_X = \frac{v_X}{K_X} = \frac{v\sin\varphi}{K_X},\ \delta_Y = \frac{v_Y}{K_Y} = \frac{v\cos\varphi}{K_Y}$$

式中，K_X、K_Y 为 X、Y 轴位置增益；

由三角形$\triangle AOB$可得

$$(R+r+\varepsilon)^2=(R+r)^2+\delta_v^2-2(R+r)\delta_v\cos(90°-\varphi+\alpha)$$

因为 $$\delta_v^2=\delta_X^2+\delta_Y^2=v^2\left[\left(\frac{\sin\varphi}{K_X}\right)^2+\left(\frac{\cos\varphi}{K_Y}\right)^2\right]$$

故 $$(R+r)^2+2\varepsilon(R+r)+\varepsilon^2=(R+r)^2+\delta_v^2+2(R+r)\delta_v\sin(\alpha-\varphi)$$

由于ε很小，ε^2为高级小量，故

$$\varepsilon=\frac{v^2\left[\left(\frac{\sin\varphi}{K_X}\right)^2+\left(\frac{\cos\varphi}{K_Y}\right)^2\right]}{2(R+r)}+\delta_v\sin\alpha\cos\varphi-\delta_v\cos\alpha\sin\varphi$$

$$=\frac{v^2\left[\left(\frac{\sin\varphi}{K_X}\right)^2+\left(\frac{\cos\varphi}{K_Y}\right)^2\right]}{2(R+r)}+\delta_X\cos\varphi-\delta_Y\sin\varphi$$

因为 $$\delta_X\cos\varphi-\delta_Y\sin\varphi=\frac{v\sin\varphi}{K_X}\cos\varphi-\frac{v\cos\varphi}{K_Y}\sin\varphi=\frac{v\sin\ (2\varphi)}{2}\left(\frac{1}{K_X}-\frac{1}{K_Y}\right)$$

故

$$\varepsilon=\frac{v^2\left[\left(\frac{\sin\varphi}{K_X}\right)^2+\left(\frac{\cos\varphi}{K_Y}\right)^2\right]}{2(R+r)}+\frac{v\sin(2\varphi)}{2}\left(\frac{1}{K_X}-\frac{1}{K_Y}\right) \tag{6-50}$$

分析式（6-50）可得到如下结论：

1）当$K_X=K_Y$时，式（6-50）可简化为 $\varepsilon=\dfrac{v^2}{2\ (R+r)\ K^2}$，$K_X=K_Y=K$。

由此可见，当两轴增益匹配时，所加工出的实际轮廓仍为圆弧，ε为一恒定值，与φ无关，误差在于圆弧半径的大小不同。当加工精度要求较高时，可通过编程时修正圆弧半径的方法来解决。同时可看出ε与进给速度成正比，与位置环增益成反比，因此提高位置增益对减小圆弧加工误差也是很重要的。

2）当$K_X\neq K_Y$时，ε随着φ发生变化，所加工的圆弧将产生形状误差。由式（6-50）可知，当K_X与K_Y差别不很大时，可忽略第一项中φ对ε的影响。而第二项的大小与$\sin2\varphi$成正比。因此当$K_X\neq K_Y$时，所加工的圆弧将变成长轴位于45°或135°处的椭圆，如图6-61所示。同时可明显看出，当$K_X\neq K_Y$时，提高K_X和K_Y对减小误差ε有很大益处。

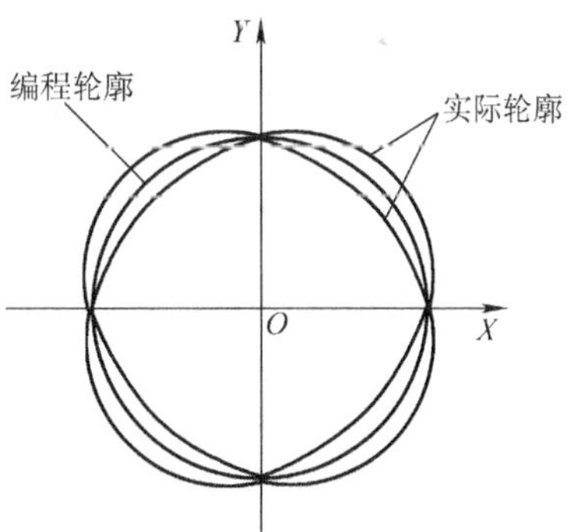

图6-61 增益不匹配时圆弧轮廓误差示意图

5. 拐角误差分析

数控机床加工过程中，在两个轮廓（直线或圆弧）的交接处会产生误差，此误差称为拐角轮廓误差。最简单和最容易理解的例子是沿着两个正交坐标轴加工拐角为直角的零件，如图6-62所示。当X轴的位置指令到达后，另一轴Y立即开始从零加速至指定速度。但是由于X轴实际位置与指令位置之间有v/K_X的滞后量，所以当Y轴开始运动时，X尚在B点，从而形成了如图6-62所示的拐角误差。

当位置环增益较低时，若加工外拐角则会切去一个小圆弧；若加工内拐角则会出现欠切削。当位置环增益过高时，若加工外拐角则会在拐角处留下鼓包；若加工内拐角则会出现过切削。

轮廓拐角交接的情况是很复杂的，但只要注意以下几点，就可以有效地控制拐角误差的大小。

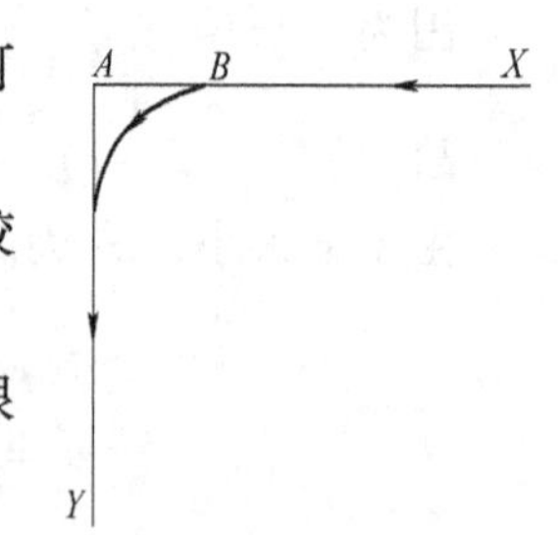

图 6-62　直角加工拐角轮廓误差

1）选取动态性能尽可能好的伺服驱动装置，这样就可以选取较高的位置环增益，而不致于产生超调。

2）如果对拐角误差要求较高，要尽可能降低切削速度，因为跟随误差与切削进给速度是成正比的。

3）可在精度要求较高的轮廓交接处，加入一条 G04 的延时指令，延时数十至数百毫秒，在这段时间里前段轮廓加工时的跟随误差会迅速得以修正。

4）采用尖角过渡指令（有些数控系统的指令为 G07）。此指令通常为模态指令，执行后，数控系统在每个轮廓转接点处，均要检查上个轮廓段的跟随误差是否小于一定的值（该值可由用户在参数区中设置）。只有当跟随误差足够小以后，数控系统才会认为该段轮廓进给结束（即到位），下段轮廓的插补进给才能进行。

5）使用数控系统的自动升降速功能有利于在较高的增益时，减小超调量，即使用动态性能较差的驱动装置也可以达到使用动态性能较好的驱动装置的精度。除改善轮廓交接点处的精度外，自动升降速还降低了加速度值，从而减小了对精密机械传动部件的冲击，有利于机床精度的保持。

四、进给运动的误差补偿

数控机床在加工时，指令的输入、译码、计算直至控制电动机运动都是由数控系统统一控制完成的，从而避免了人为误差。但是，在一台普通机床上，存在一个智能误差补偿源，那就是操作者。一个高水平的机床操作者能够巧妙地对误差加以补偿，加工出比机床自身精度还要高的工件。但在数控机床上，其整个加工过程是自动进行的，人工几乎不能干预，所以就不能实现这种基于操作者的补偿。因此，数控机床要求有更高的精度和刚性，同时需要数控系统提供各种补偿功能，以便在加工过程中自动地补偿一些有规律的误差，提高加工零件的精度。

数控机床上零件加工误差的来源非常复杂，以下分析主要误差来源及其解决方法。

（一）齿隙误差补偿

在进给传动链中，齿轮传动、滚珠丝杠螺母副等均存在反转间隙，这种反转间隙会造成在工作台反向运动时，电动机空走而工作台不运动，从而造成半闭环系统的误差和全闭环系统的位置环振荡不稳定。

解决方法：采取调整和预紧的方法，减小间隙。对剩余间隙，在半闭环系统中可将其间隙值测出，作为参数输入数控系统，那么此后每当数控机床反向运动时，数控系统会控制电动机多走一段距离，这段距离等于间隙值，从而补偿了间隙误差。需注意的是对全闭环数控系统不能采取以上补偿方法（通常数控系统要求将间隙值设为零），因此必须从机械上减小或消除间隙。有些数控系统具有全闭环反转间隙附加脉冲补偿，以减小其对全闭环稳定性的影响。也就是说，当工作台反向运动时，对伺服系统施加一个一定宽度和高度的脉冲电压

(可由参数设定)，以补偿间隙误差。

(二) 螺距误差补偿

在半闭环系统中，定位精度很大程度上受滚珠丝杠精度的影响，尽管采用了高精度的滚珠丝杠，但制造误差总是存在的。要想得到超过滚珠丝杠精度的运动精度，则必须采用螺距误差补偿功能，利用数控系统对误差进行补偿与修正。采用该功能的另一个原因是，数控机床经过长时间使用后，由于磨损，精度可能下降。这样，采用该功能定期测量与补偿可在保持精度的前提下，延长机床的使用寿命。

螺距误差补偿的基本原理就是将数控机床某轴的指令位置与高精度位置测量系统所测得的实际位置相比较，计算出在全行程上的误差分布曲线，将误差以表格的形式输入数控系统中。以后数控系统在控制该轴运动时，会自动考虑到该差值并加以补偿，其实施步骤如下：

1) 安装高精度位移测量装置。

2) 编制简单的数控系统程序，在整个行程上进行顺序定位。所选择定位点的数目及距离受数控系统的限制。

3) 记录运动到这些点的实际精确位置。

4) 将各点处的误差标出，形成相应指令位置处的误差表。

5) 测量多次，经数据处理后取其平均值。

6) 将该表输入数控系统，让其按此表进行自动补偿。

例如，如图 6-63 所示为 X 轴七个定位点的误差曲线，如图 6-64 所示为输入至数控系统的螺距误差补偿表。

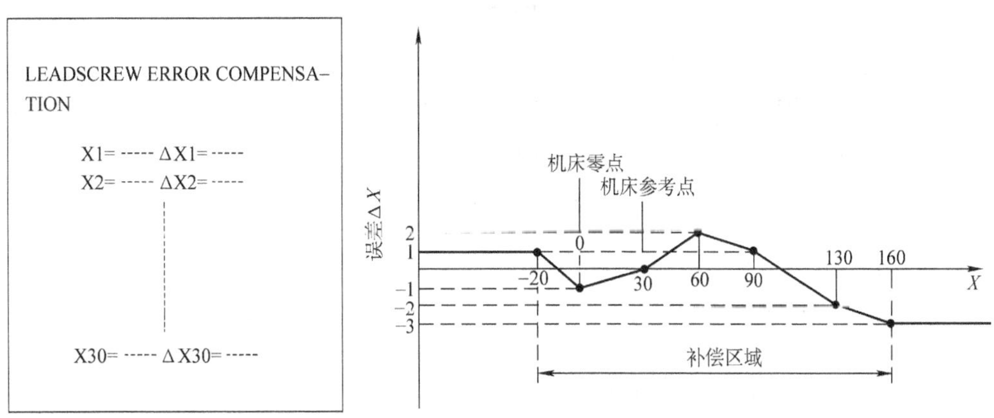

图 6-63 X 轴螺距误差曲线举例

使用螺距误差补偿功能应注意以下几点：①对重复定位精度较差的轴，因无法准确确定其误差曲线，螺距误差补偿功能无法使用，也就是说该功能无法补偿重复定位误差；②只有建立机床坐标系后，螺距误差补偿才有意义；③由于机床坐标系是靠返回参考点而建立的，因此在误差表中参考点的误差要为零，换句话说机床回参考点要准确；④必须采用比滚珠丝杠精度高至少一个数量级的检测装置来测量误差分布曲线，否则没有意义。一般常用激光干涉仪来进行测量。

(三) 其他误差补偿

1. 摩擦力与切削力所产生的弹性间隙

由于机械传动链具有有限刚度，因此摩擦力与切削力可能引起传动链的弹性变形，从而形成弹性间隙。由于这种间隙与外部负载有关，因此无法进行补偿，只有靠增大传动链的刚性，减小摩擦力来解决。

由上可见，补偿功能并不是万能的，由机械制造与安装中造成的重复定位误差无法补偿，加上丝杠的螺距误差与环境温度有关并不断磨损改变所造成的误差。因此进一步提高机床的精度只有采用全闭环系统。在全闭环结构中，上述误差均在闭环之内，可以得到闭环修正，因此全闭环可以达到较高的定位与重复定位精度。

LEADSCREW ERROR COMPENSA-
TION

X1=-20.000	ΔX1=0.001
X2=0.000	ΔX2=-0.001
X3=30.000	ΔX3=0.000
X4=60.000	ΔX4=0.002
X5=90.000	ΔX5=0.001
X6=130.000	ΔX6=-0.002
X7=160.000	ΔX7=-0.003
X8=0.000	ΔX8=0.000
	⋮
X30=0.000	ΔX30=0.000

图 6-64　X 轴螺距误差补偿表

2. 位置环跟随误差

前面已对位置环的特性进行了详细的讨论，解决它所形成的误差可以采用如下措施：①选用动态特性好的驱动装置；②减小负载惯量；③提高位置开环增益；④使各轴位置开环放大倍数尽量相等。

3. 伺服刚度

不仅机械传动有刚性的问题，实际上伺服驱动也有刚性问题。伺服刚度 K_s（N/μm）描述了在电动机外部施加一个力矩负载可使位置环产生多大的位置误差，即

$$K_s=\frac{M}{E}$$

式中，M 为外加负载（N）；E 为位置误差（μm）。

显然，伺服刚度越高表示抗负载扰动的能力越强。换句话说，加工时切削力对位置控制精度的影响越小。因此，伺服刚度也是位置控制性能的重要指标。

思考题与习题

6-1　试简述机床伺服系统的基本要求和工作原理。

6-2　试简述机床伺服系统的分类及其主要特点。

6-3　试列表比较步进电动机、直流伺服电动机、交流伺服电动机和直线电动机的主要特点。

6-4　试简述 PWM 控制的基本工作原理及其优点。

6-5　试简述电动机矢量变换控制的基本概念。

6-6　为什么称电主轴是“零传动”链？

6-7　试列表比较旋转变压器、光电编码器、光栅、感应同步器和磁栅的基本工作原理、主要特点及其应用场合。

6-8　试选用美国 Analog Devices 公司专用集成电路 RDC（旋转变压器—数字量转换器）设计一个旋转变压器调制解调电路（AD 公司技术网站 www. analog. com）。

6-9　试设计一个增量式光电脉冲编码器的四倍频电路，并画出主要的波形图。

6-10　试说明光栅传感器中摩尔条纹的形成和作用。

6-11　试说明磁栅传感器中所使用的磁头有什么特别要求？有什么作用？

6-12　数控机床对主轴驱动伺服系统的要求有哪些？

6-13　请以某公司的主轴伺服系统为例，分析其主要工作原理。

6-14　主轴分段无级变速的作用是什么？具体如何实现？

6-15　主轴准停的作用是什么？如何用机械方式实现？

6-16　请画出磁传感器主轴准停控制的结构图及其相应的实现过程。

6-17　请设计一个单电源恒流斩波式步进电动机驱动电路，并说明其工作原理。

6-18　请用 GAL20V8 设计一个三相六拍式步进电动机脉冲分配器。

6-19　请参照教材如图 6-54 所示流程图，利用 MCS—51 系列 8031 单片机汇编语言设计出步进电动机正、反转控制程序。

6-20　请给出步进电动机定时法自动升降速控制软件流程图、并说明其实现思路。

6-21　开环数控系统传动链中是否设置减速箱？如果设置的话，其作用是什么？

6-22　试简单分析开环数控系统的精度，并说明提高精度的措施。

6-23　试简述闭环数控系统中位置控制的基本原理。

6-24　试分析数控机床加工过程中零件轮廓误差产生的原因及减小的途径。

6-25　试分析数控机床进给运动主要误差来源有哪些？其中哪些可以补偿，哪些无法补偿？

6-26　设某步进电动机转子有 80 个齿，采用三相六拍驱动方式，与滚珠丝杠直连，工作台做直线运动。丝杠导程为 5mm，工作台最大移动速度为 6mm/s，求：

（1）步进电动机的步距角 $\theta=?$

（2）系统的脉冲当量 $\delta=?$

（3）步进电动机的最高工作频率 $f_{max}=?$

6-27　设某数控系统脉冲当量为 0.005mm，步进电动机步距角为 0.75°，滚珠丝杠基本导程为 4mm，试求减速箱的传动比为多少？

6-28　某步进电动机从频率 200Hz 加速至 1000Hz，设加速时间为 0.25s，每档速度的脉冲数为 20。求步进电动机加速所需脉冲总数及速度档数。

6-29　在某闭环数控系统中，用 X、Y 两轴联动铣削某零件的一个平面。若两轴进给速度相同，系统增益为 $25s^{-1}$，两轴增量失配量不大于 20%，要求由跟随误差所引起的轮廓误差最大不超过 5μm。试求最大的允许进给速度。

第七章 数控机床的故障诊断

第一节 数控机床故障诊断基础

一、机床故障诊断技术发展

数控机床在运行过程中，一方面，其电子设备和内部零件受到力、摩擦和磨损等原因，运行状态会不断发生变化，另一方面，产品和设备随时间的推移而性能衰退并最终会导致失效。现代机床故障诊断技术运用对数控机床的故障征兆识别技术、故障预测技术以及运行工况监测技术，使得在故障发生前能够发现原因并加以排除。

一个机床设备经过设计、制造、安装和调试最后投入运行，其性能指标在使用开始能够达到设计要求，但是系统的运行环境条件可能和设计条件不完全相同，在实际运行中包含了各种的随机因素，这些因素也会导致机床系统的寿命和其性能指标的随机变化。因此建立机床系统的可靠性和设备维修模型、故障诊断系统也是数控机床设备管理中非常重要的技术。

故障诊断技术作为一门学科，则是二十世纪六十年代以后才发展起来的。设备监测与故障诊断系统作为现代先进制造技术与系统的一个重要环节，其研究已经取得了很大的进展。数控设备状态监测与故障诊断是一门涉及多学科的综合性学科问题，随着相关技术的发展，它大致经历了以下三个发展阶段：

（1）FFT 分析仪离线监测诊断阶段　20 世纪 80 年代初期和中期，人们通过现场仪器监测设备的振动信号，用磁带记录仪进行记录，再输入专用的 FFT 分析仪进行频谱分析，从而实现设备的监测与故障诊断。此方法属于离线监测，分析、诊断方法也比较单一。

（2）计算机辅助监测诊断阶段　20 世纪 80 年代末期至 90 年代中期，随着计算机技术和信号处理技术的飞速发展，故障诊断技术的现场实施更多地依赖于计算机。从设备状态信息采集、信号分析、数据库管理，甚至包括诊断结论的获得均由计算机来完成。监测方式既有离线监测，也有在线监测。分析、诊断方法也得到了很大的扩展，出现了多种多样的信号分析处理方法和故障诊断技术，且注重状态信息的全面综合利用。

(3) 网络化监测诊断阶段 20世纪90年代末以来，设备的监测诊断系统的一个重要发展方向就是网络化。基于Web的远程监测与诊断是设备诊断技术和计算机网络技术的有机融合，是设备监测与故障诊断技术发展的崭新阶段。采用远程监测，对设备状态的监测更及时、更精确。诊断方式既有在线诊断又有离线诊断，更可通过网络进行多方面的专家会诊，使诊断更全面，更准确。

从设备状态监测与故障诊断技术发展中，首先在状态监测功能中人们已开发出许多数控设备的监测仪器，小型化的便携式数据采集器的监测系统也有了很大的发展，一些基于微机的在线监测与故障诊断系统，大多具有较完善的信息采集、数据处理及事故追忆功能，特别是具有多种分析手段和诊断方法已在企业中得到了越来越多的应用，这些系统在监测设备工作状况，保障设备的安全运行，避免事故的发生方面起到了很大的作用，且经济效益也很显著，有资料表明，投入的经济效益可为投入费用的5~8倍，累计效益则更为可观。

其次在故障诊断功能上，传统的机械状态分析方法有相关分析、时域、圆心轨迹、AR谱分析、FFT谱分析等，人们又不断地将一些新的分析方法应用于故障诊断领域，如时频分析、全息谱理论、小波分析方法等，并取得了很好的应用效果。近年来，人工智能领域的一些最新研究成果也被应用于故障诊断领域，大大提高了数控机床诊断的智能化水平和诊断速度。

二、机床故障诊断特点和类型

(一) 机床故障诊断的特点

故障诊断的任务是根据状态监测所获得的信息，结合已知的结构特性和参数以及环境条件，结合该机床的运行历史，对机床可能要发生的或已发生的故障进行预报和分析、判断，确定故障的性质、类别、程度、原因、部位，指出故障发生和发展的趋势及其后果，提出控制故障继续发展和消除故障的调整、维修、治理的对策措施，并加以实施，最终使机床复原到正常状态。

机床监测与故障诊断的任务是对加工及调试过程中机床产生的各种信息进行获取、传输、处理、分析和应用。具体地说就是对机床运行过程中出现的各种物理量（如声、电、热、力、振动等）用先进的传感器接收，进行信息传输和信号处理，从分析处理的结果来对机床的工况及产品质量进行监测，对其发展趋势进行预报，并对所发生的故障进行诊断和报警，确定故障所在部位及故障原因，并提出维护决策与建议，以便采取有效的措施迅速排除故障。状态监测的任务是了解和掌握机床的运行状态，包括采用各种检测、测量、监视、分析和判别方法，结合系统的历史和现状，考虑环境因素，对机床运行状态进行评估，判断其处于正常或非正常状态，并对状态参数进行显示和记录，对异常状态发出报警，以便操作人员及时加以处理，并为机床的故障分析、性能评估、合理使用和安全工作提供信息和准备基础数据。机床在运行过程中获得信息除了直接观察运行状态之外，其他诊断方法及特点有：

振动和噪声的测量：机床在运行状态的振动和噪声是诊断的重要信息，反映了机床的运行状态，振动的测量可以先依据总的噪声或者振动强度，用来判断机床的运行是否存在问题，进一步可以使用频谱分析，判断机床中的问题发生在什么环节上。

磨损残余物的测量：通过测定设备零件磨损残余物在润滑油中的含量也可获得设备信息。根据润滑油中残余物含量、润滑油的混浊度变化及油样分析等结果，可以获取设备失效的有关信息。

（二）故障诊断类型

一般来说，机床的故障诊断类型可以分成以下几种类型：

（1）功能诊断和运行诊断　功能诊断是针对新安装或者刚刚维修过的机床，检查它们的工况是否正常，并按照检验结果对机床进行调整。

（2）定期诊断和连续监控　定期维修和诊断是每隔一段时间对工作状态下的机床进行常规检验；连续监控是采用传感器及计算机数据处理系统对机床的运行状态进行不间断的测试和控制。

（3）直接诊断和间接诊断　直接诊断是直接确定关键零件的状态，如主轴轴承的间隙，各个机床关键件的磨损和破损。间接诊断是通过二次诊断信息间接判断机床中关键部件状态的变化。一般地，直接观察法依赖于操作人员的经验，准确性不容易得到保证。磨损残余物分析法存在设备昂贵、从采样到取得分析结果有较长的滞后时间，不能满足远程监测的实时性。随着现代传感器技术的飞速发展，使得对设备运行状态的参数的测量变得更加简便、快捷。另外计算机技术的发展，能快速地对这些参数值进行各种时域、频域的分析处理，所以对机床状态信息的采集采用参数测定法。

（4）机床精度诊断　一般的机械设备的故障诊断，重点是由于部件和零件的破损、磨损、接触不良、泄漏等原因引起的工作异常。机床是工作的母机，其工作能力是由加工精度和加工粗糙度来衡量的，而加工精度和表面粗糙度是由零件的运动精度来保障和实现的。因此所谓的精度诊断是指通过对机床运转的动态物理量的测试，对各种模拟量做出数学处理分析，找出特征参数，从而确定系统的故障类型，评价实际的工作能力。

数控机床的可靠性和故障诊断研究显得越来越重要，随着数控机床的占有率不断提高，在生产中已经占据很高的地位，另外，现代数控系统的复杂化要求平均无故障时间更长，产品容易维护，维修费用少，因此，提高数控机床的可靠性将对数控机床是关键而迫切的任务。我国数控机床的可靠性经过市场竞争以及科研单位和企业的开发和改进，加工中心的平均无故障时间达到400小时以上，数控车床提高到了450小时以上，CNC系统的平均无故障时间达到了10000小时以上。随着远程故障诊断系统的发展，通过局域网、Internet网等将现场监测数据传送到远程故障诊断中心，利用故障诊断中心软件系统实现数据处理、工况分析，进而诊断出故障的性质、程度、位置，并对维修、维护操作进行远程指导。现代故障诊断方法也在不断地得到丰富，越来越全面。早先远程故障诊断系统只能对一些信号进行一些简单的分析，如时域分析，频域分析，后来发展对信号进行详细的、多方面的分析，如频谱分析、小波分析等，并通过传统的专家系统、故障树分析法进行故障诊断。现在一些最新的故障诊断技术不断地充实到远程故障诊断系统中，智能故障诊断技术在远程故障诊断系统中的应用是一种必然趋势。在故障诊断可靠性中，随着故障诊断专家系统知识库的不断扩充，一些新的故障诊断技术的应用，故障诊断结果越来越可靠，远程故障诊断可以实现多方专家的异地会诊，更是大大地提高了远程故障诊断系统的可靠性。

第二节　可靠性及故障分析

一、可靠性

可靠性是指产品在规定的条件下和规定的时间内，完成规定的功能的能力。规定的条件包括使用的环境条件和工作条件，例如对数控机床操作人员的等级要求。规定的时间是指规定了任务时间，随着产品任务时间的增加，产品出现故障的概率增加，因此了解数控机床的可靠性离不开任务的时间。规定的功能是指产品应具备的功能及其技术指标。

产品或者产品的部分达不到预定的功能事件或者状态称为故障，对于不可维修的产品称为失效。故障的表现形式称为故障模式。产品的故障可以分成两个大类：偶然故障和渐变故障。其中偶然故障可以通过统计分析的办法来预测；渐变故障是通过事前的检测或者监测可以预计到的故障。

一般可靠性的几个指标有：

（1）平均无故障时间（Mean Time Between Failure）MTBF　是指可修复的产品在两次故障之间能正常工作的平均时间。

$$\mathrm{MTBF}=\frac{\text{总工作时间}}{\text{总故障次数}}$$

（2）平均修复时间（Mean Time to Restore）MTTR　在寿命范围内，从故障开始维修，直到能正常工作所用的平均时间。

$$\mathrm{MTTR}=\frac{\text{总故障时间}}{\text{总故障次数}}$$

（3）有效度（Availability）　指一台可维修的设备在一段时间内，维持其性能的概率。

$$\mathrm{A}=\frac{\mathrm{MTBF}}{\mathrm{MTBF}+\mathrm{MTTR}}$$

二、可靠度和失效率

（一）基本定义

一般来说，产品的可靠度是时间的函数，用 $R(t)$ 来表示，且 $0\leqslant R(t)\leqslant 1$，它是在预期寿命内无故障工作的概率。假设有 N 个零件，在预定的时间范围 t 内，累计有 N_f 个零件失效，剩下的 N_p 个零件仍能正常工作，则该零件至 t 时的可靠度 $R(t)$ 为

$$R(t)\approx\frac{N_p(t)}{N}=\frac{N-N_f(t)}{N}=1-\frac{N_f(t)}{N}$$

不可靠度是指产品在规定条件下，规定的时间内产品功能失效的概率，通常称为失效分布函数，用 $F(t)$ 表示为

$$F(t)\approx\frac{N_f(t)}{N}=1-R(t)$$

失效率，即故障率，它表示产品在工作到某个时刻，在单位时间内发生故障的概率，用 $\lambda(t)$ 表示。设 N 为总件数，N_f 为工作到时间 t 的失效件数，当在延长 Δt 后，存活件数中产生功能失效的件数和正在工作的件数比值为失效率，则有

$$\lambda(t)=\frac{NR(t)-NR(t+\Delta t)}{(N-N_f)\Delta t}=\frac{N}{N-N_f}\frac{R(t)-R(t+\Delta t)}{\Delta t}$$

当工件的数量足够多的时候，$R(t)$ 可以作为连续函数处理，则有

$$\lim_{\Delta t\to 0}\frac{R(t)-R(t+\Delta t)}{\Delta t}=-R'(t)$$

由于 $N-N_f=NR(t)$，有

$$\lambda(t) = -\frac{R'(t)}{R(t)}$$

由累积失效概率

$$\int_0^t \lambda(t) = \int_0^t -\frac{R'(t)}{R(t)}dt = -\ln R(t)$$

因此

$$R(t) = e^{-\int_0^t \lambda(t)dt}$$

上式为可靠度 $R(t)$ 的一般表达式。

可靠度是累计分布函数，它表示为在该时间内圆满完成工作的产品占全部工作产品累积起来的百分比。那么

$$R(t) = 1 - F(t) = 1 - \int_0^t f(t)dt = \int_t^{\infty} f(t)dt$$

$$F(t) = \int_0^t f(t)dt$$

其中 $f(t)$ 是故障密度函数。

根据失效率的定义有：

$$\lambda(t) = \int_t^{t+1} \frac{f(t)}{R(t)}dt,$$

因为 $dt = 1$ 个时间单位，所以，$\lambda(t) = \dfrac{f(t)}{R(t)}$；当失效率 $\lambda(t) = \lambda$ 为常数的时候，$R(t) = e^{-\int_0^t \lambda(t)dt} = e^{-\lambda t}$；

故障密度函数：

$$f(t) = \lambda(t)R(t) = \lambda e^{-\lambda t}$$

上式为指数分布的概率分布密度。

（二）浴盆曲线

故障率随时间的变化曲线形似浴盆，称之为浴盆曲线。由于数控机床是机电一体化产品，CNC 系统本身是电子元器件，因此统计数据表明数控机床的故障特性符合曲线的特点。浴盆曲线表述的故障率随时间的变化大致可以分成三个阶段，如图 7-1 所示。

1）区域Ⅰ是产品投入使用的初期，故障率较高，而且会存在迅速下降的趋势。在早期失效期间，失效率由开始的很高的数值急剧地下降到某一个稳定的值。引起失效的原因主要是设计错误、制造工艺上的问题和装配缺陷。一般地，产品的跑合阶段就相当于这个时期。

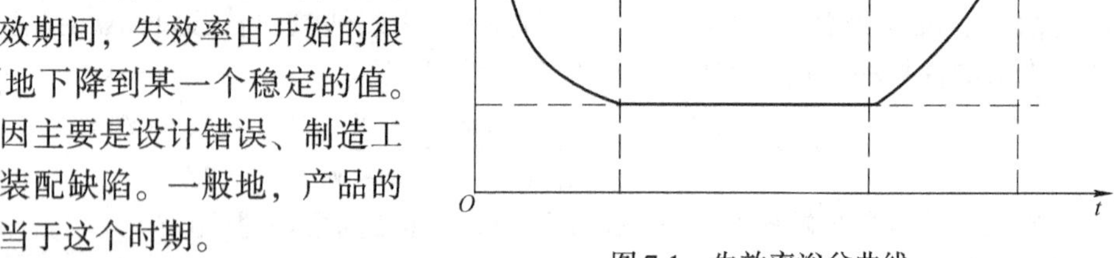

图 7-1 失效率浴盆曲线

2）区域Ⅱ是偶然失效期，是由零件和部件中某些无法排除的缺陷导致的失效。这个期间的失效率基本保持不变，设备处于不可预测的缺陷造成的故障，失效以一定的比例随机的发生。在偶然失效期间，高可靠性的产品要求，失效率

要求尽可能的低，并且希望使用寿命持续时间较长，这个阶段可以根据系统失效的特点，有意识地采用适当的维修方案，减少故障的发生。数控机床的设计者和生产者，也可以通过对这个阶段优化设计，提高制造工艺的水平，从而降低失效率，得到高质量高可靠性的产品。

3）区域Ⅲ是产品的损耗失效区间，产品已经逐渐老化，疲劳和磨损的故障逐渐增加，失效率随时间快速上升。损耗失效区代表零部件面临报废的开始期间，这个阶段要及时地更换老化的零件，进行设备的大修，以延长设备的使用周期。

表 7-1　失效率 λ 的概率值

零部件名称	$\lambda(t)$（失效率/10^5h）		
	上限	平均值	下限
机床铸件	0.7	0.175	0.015
普通轴承	1.0	0.5	0.02
高速、重载球轴承	3.53	1.8	0.072
离合器	1.1	0.4	0.06
电磁离合器	0.93	0.6	0.45
弹性联轴器	1.348	0.687	0.027
刚性联轴器	0.049	0.025	0.001

三、失效分布函数

数控机床产品的寿命分布函数常见的有：指数分布、正态分布、对数正态分布和威布尔分布。这些分布代表了机床零件部件的失效信息数据，可以根据上述数据对机床的寿命进行预测和制定维修计划。可靠性设计和故障诊断的问题是能够准确反映产品的失效机制，失效数据分析的分布函数 $F(t)$，均具备如下的特征

$$F(-\infty)=0;$$

$$F(+\infty)=1;$$

$$\text{若 } x_1>x_2\text{，则 } F(x_1)\geqslant F(x_2);$$

$$\lim_{\Delta x->0}F(x+\Delta x)=F(x);$$

分布函数满足上述条件性质，就可以做为可靠度函数。

在数控机床机械部分的可靠性分析中，表征产品工作能力的功能参数，是多个基本随机变量的随机函数。推导多维变量的概率分布函数，数学上比较复杂，在工程实践中，解决这个问题的简单方法是根据已知的失效理论和实验结果分析，直接选用已有的分布函数。

（一）指数分布

指数分布是一种单参数的分布类型，在工程实际中得到了广泛的应用，指数分布的故障率为常数，特别适用于大量的电子类产品的寿命估计。对于机械产品，一般来说，高可靠性的复杂部件才属于这种分布形式。这种分布在机床的整机和部件的失效分析中也可以采用。在使用各项分布函数的时候，必需满足假设检验要求才能进行可靠性寿命分析。如果没有在事前收集足够的失效信息分析处理，采用指数分布做系统的推断，将导致明显的错误。

指数分布的失效密度函数 $f(t)$ 和累积失效概率函数 $F(t)$ 分别为

$$f(t)=\lambda(t)R(t)=\lambda e^{-\lambda t}$$

$$F(t)=1-R(t)=1-\mathrm{e}^{-\int_0^t \lambda(t)\mathrm{d}t}=1-\mathrm{e}^{-\lambda t}$$

指数分布的均值和方差

$$E(t)=\frac{1}{\lambda};V(t)=\frac{1}{\lambda^2};$$

指数分布失效率 $\lambda(t)=\lambda$ 为常数，均值是其倒数。

指数分布的曲线如图 7-2 所示：

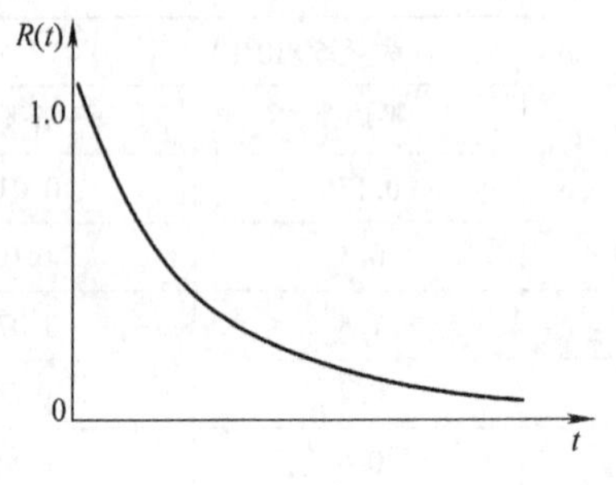

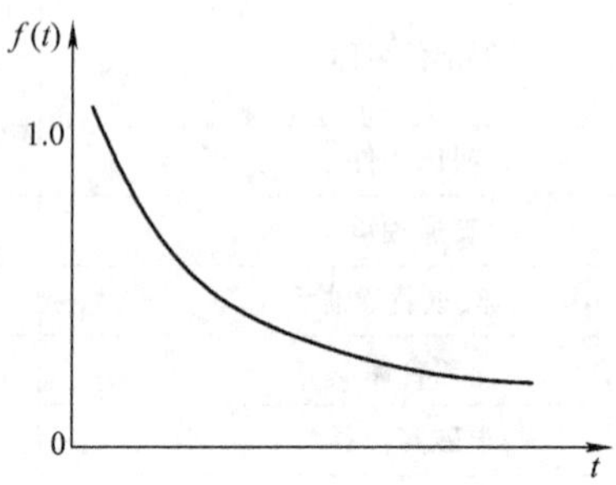

图 7-2　指数分布曲线

例：某公司生产的机床附件标准失效率的平均值为 9×10^{-6}h，上限为 16.1×10^{-6}h，求该设备到可靠度数值为 0.95 时的平均工作时间和最短工作时间。

可用指数分布来述设备的失效分布，则：

平均工作时间：$t_m=\dfrac{\ln R}{-\lambda}=\dfrac{\ln 0.95}{-9\times10^{-6}}\text{h}=5699\text{h}$；

最短工作时间：$t_m=\dfrac{\ln R}{-\lambda}=\dfrac{\ln 0.95}{-16.1\times10^{-6}}\text{h}=3185\text{h}$

（二）威布尔分布

威布尔分布是可靠性理论中的基本分布之一，许多器件的寿命，例如机床的轴承、元件、器件均服从这个分布函数。威布尔分布对各种实验数据有很强的拟合能力，它能充分反映材料的缺陷和应力集中源对材料疲劳寿命的影响。

威布尔分布失效密度函数和失效分布函数分别是

$$f(t)=\frac{\beta}{\eta}\left(\frac{t-\gamma}{\eta}\right)^{\beta-1}\exp\left[-\left(\frac{t-\gamma}{\eta}\right)^{\beta}\right]\quad(\beta>0,\eta>0,\gamma\leqslant t)$$

$$F(t)=1-\exp\left[-\left(\frac{t-\gamma}{\eta}\right)^{\beta}\right]\quad(\beta>0,\eta>0,\gamma\leqslant t)$$

式中，β 为形状参数，称为威布尔斜率，η 为尺度参数，γ 为位置参数。

位置参数 γ 表示产品在时间 γ 之前是可靠的，失效是从 γ 之后开始的，所以威布尔分布有最小的安全寿命，这是与机械零件的强度、寿命的概念相一致的。

尺度参数 η，当 $\gamma=0$、$t=\eta$ 的时候，威布尔失效概率 $F(t)=1-\mathrm{e}^{-1}=0.632$，把 η 为 63.2% 的试件已经失效的寿命称为特征寿命。

在计算数控机床机械部件的疲劳强度中，威布尔分布函数中的随机变量 t 用疲劳寿命 N，即循环次数代替，这时威布尔分布的概率密度函数 $f(t)$ 和失效分布函数 $F(N)$ 如下

$$f(t)=\frac{\beta}{N_a-N_0}\left(\frac{N-N_0}{N_a-N_0}\right)^{\beta-1}\exp\left[-\left(\frac{N-N_0}{N_a-N_0}\right)^{\beta}\right]$$

$$F(t)=1-\exp\left[-\left(\frac{N-N_0}{N_a-N_0}\right)^{\beta}\right]$$

N_0 是最小寿命，N_a 是特征寿命，即失效概率为 63.2% 的寿命，β 为形状参数。

例：对于数控机床的某重要机械部件，其工作总承受的循环应力 $\sigma_{-1}=379\text{N/mm}^2$，根据实验该零件的疲劳强度服从威布尔分布，并测得形状参数 $\beta=2.65$，最小应力 $\sigma_{\min}=344.5\text{N/mm}^2$，尺度参数 $\sigma_{-1a}=531\text{N/mm}^2$，计算该零件的可靠度，若要求可靠度 $R=0.99$ 时，其工作应力 σ'_{-1}是多少？

根据疲劳强度可靠性公式，该零件在工作状态下的可靠度是

$$R(t)=1-F(t)=\exp\left[-\left(\frac{\sigma_{-1}-\sigma_{\min}}{\sigma_{-1a}-\sigma_{\min}}\right)^{\beta}\right]=\exp\left[-\left(\frac{379-344.5}{531-344.5}\right)^{2.65}\right]=0.988$$

当要求零件的可靠度为 0.99 时，零件承受的工作应力是

$$0.99=\exp\left[-\left(\frac{\sigma'_{-1}-\sigma_{\min}}{\sigma_{-1a}-\sigma_{\min}}\right)^{\beta}\right]=\exp\left[-\left(\frac{\sigma'_{-1}-344.5}{531-344.5}\right)^{2.65}\right]$$

$$\sigma'_{-1}=358.2\text{N/mm}^2$$

当产品的失效分布未知的时候，便要判断产品的失效分布类型及估计有关参数，可以通过可靠性实验来获得产品故障失效的数据。分析数据的分布规律。估计分布函数可以使用数值分析的方法和概率纸的图分析法。

四、数控机床的故障树分析

（一）故障分类

任何一个数控机床都是机、电、液合为一体的设备，找到故障产生的原因，确认故障的部位、排除故障使其正常运行是机床故障诊断的重要任务。在故障诊断的时候采取分步诊断的方法，确定故障发生的位置是主机部分、CNC 系统、伺服部分、主电动机驱动系统部分、机床电器部分或者是机床液压系统部分。有时故障的现象发生在机床的某个部分，而其故障原因却在机床的另外部分。一般数控机床的故障判别框图如图 7-3 所示。

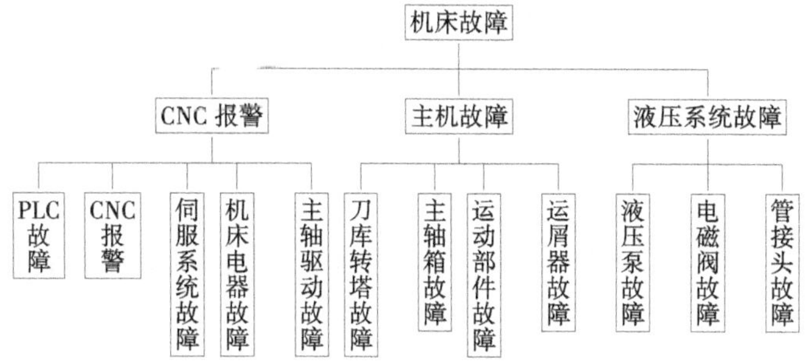

图 7-3　机床故障结构图

（二）故障树概念

故障树（fault tree）是用来表明产品组成部分的故障、外界事件或它们的组合将导致产品发生故障的一种逻辑图。它通过对数控机床造成故障的各种原因进行分析，由总体到部分

按倒立树状逐级细化分析，画出逻辑框图。故障树的分析可以让人们知道哪些事件的组合可以导致损害数控机床安全的故障，根据故障树做出的分析结论可以计算故障发生的概率，进行有效的故障维修和检测，并可以通过设计改进减小故障发生的概率。该方法在系统安全、可靠性分析中发挥了重要的作用。

故障树是倒立树状逻辑因果关系图。图中有专用的事件符号、逻辑门符号和转移符号等描述系统中各种事件之间的因果关系。构图的元素是事件和逻辑门，其中事件用来描述系统和元器件的故障状态，逻辑门把事件连接到一起，表示事件之间的逻辑关系。逻辑门的输入事件是输出事件的“因”，逻辑门的输出事件是输入事件的“果”。

通常把最不想发生的事件定义成顶事件，而一般地，不用在深究的事件称为底事件。处于底事件和顶事件之间的事件被称作中间事件。这种图形化的方法使得人们对事件之间的逻辑关系非常清晰，便于进行系统的定性和定量分析。

故障树常用的事件和逻辑符号如表 7-2 所示。

表 7-2　事件和逻辑符号

序　　号	符　　号	事件符号含义
1	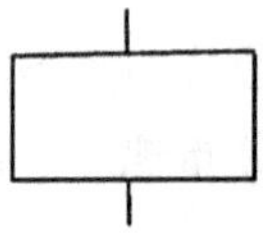	顶事件或者中间事件,在矩阵框内注明故障的类型,其下与逻辑门相接,再分解成底事件或者中间事件
2	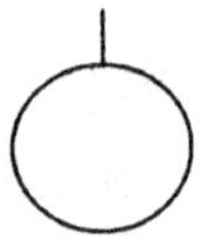	代表基本故障底事件,它不能再被分解,是设计运行条件下所发生的固有随机故障事件,一般它的故障分布是已知的
3	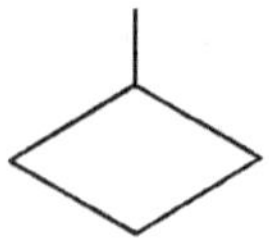	省略事件,发生概率小,一般不能进一步分析的事件,这些故障事件在定性、定量分析中忽略不计
4	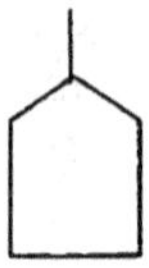	条件事件,是可能出现也可能不出现的事件

故障树中事件之间的关系是由逻辑门表示的，它们与事件一同构成了故障树。故障树中常用的逻辑门是逻辑“与门”和逻辑“或门”，其他的逻辑门可以简化称为这两种形式。故障树中常见的逻辑门和符号表示如表 7-3 所示。

表 7-3 逻辑门符号

序 号	符 号	逻辑门符号含义
1	A B_1 B_2 … B_n	逻辑与，只有输入的事件 $B_i(i=1,2,\cdots,n)$ 同时全部发生，输出的事件 A 才能发生
2	B_1 B_2 … B_n	逻辑或，在输入事件中，至少有一个输入事件 $B_i(i=1,2,\cdots,n)$ 发生，就有输出事件 A 发生
3	A 条件 B	禁门：当条件事件成真，输入事件 B 直接引起输出事件 A 的发生，否则 A 不发生
4	A 任意 m B_1 B_2 … B_n	表决门：如果任意个输入事件 $B_i(i=1,2,\cdots,n)$ 中有 m 个发生，则输出事件发生

逻辑门的相应的逻辑关系表达式可以归纳为：

与门的逻辑关系式：$A=B_1\cap B_2\cap...\cap B_n$

或门的逻辑关系式：$A=B_1\cup B_2\cup...\cup B_n$

（三）故障树建立

1. 故障树建立过程

故障树建造的步骤是一个多次反复，逐步深入的过程。故障树分析方法的特点是：

1）它是一种图形的方法，直观形象地表述出数控系统故障间的逻辑关系。

2）多目标、可计算，进行定性和定量分析。

一般在建立故障树之前要收集分析系统的故障资料，包括设计信息，说明书、系统原理图、结构图和设计说明等，实验资料、报告故障记录、维修记录等。建立的步骤如下：

（1）选择和确定顶事件 顶事件的选取根据分析的目的不同，可以分别考虑对系统的技术性能、经济性能、可靠性影响非常显著的重大故障事件。例如机床失去精度，将直接影响加工生产，因此做机床的故障分析时候，就可以选择这个事件做为顶事件进行故障分析。其中顶事件有明确的定义，并且是可以分解的，有的时候，重大的故障状态不止一个，顶事件不唯一，因此一个系统需要建立几个故障树。

（2）自上而下地创建故障树　确定顶事件之后，把它做为第一行，找出导致顶事件所有可能的直接原因，做为下一级中间事件，绘制事件的符号，使用适合它们的逻辑关系符号连接，然后逐级向下发展，一直处理到基本故障的底事件为止。

（3）简化故障树　在明确定义系统的故障合理假设的前提下，可以对故障树做必要的简化，复杂系统的故障树也很庞大，应用的方法有模块分解方法、逻辑化简方法等。

2. 故障树建立的规则

（1）合理假设、边界一致　故障树的表述应该严格定义，并且与系统的边界相一致。

（2）逐级建树　故障树的建立必需按照系统的层次逐级展开，避免遗漏和重复。

（3）正确连接　故障树的建立应从中间事件发展子树，即不允许有逻辑门和逻辑门直接相连的情况。

在对数控机床电机的故障诊断中，选择电机过热做为顶事件，则一个故障树将构造如图 7-4 所示：

图 7-4 中的底事件说明见表 7-4。

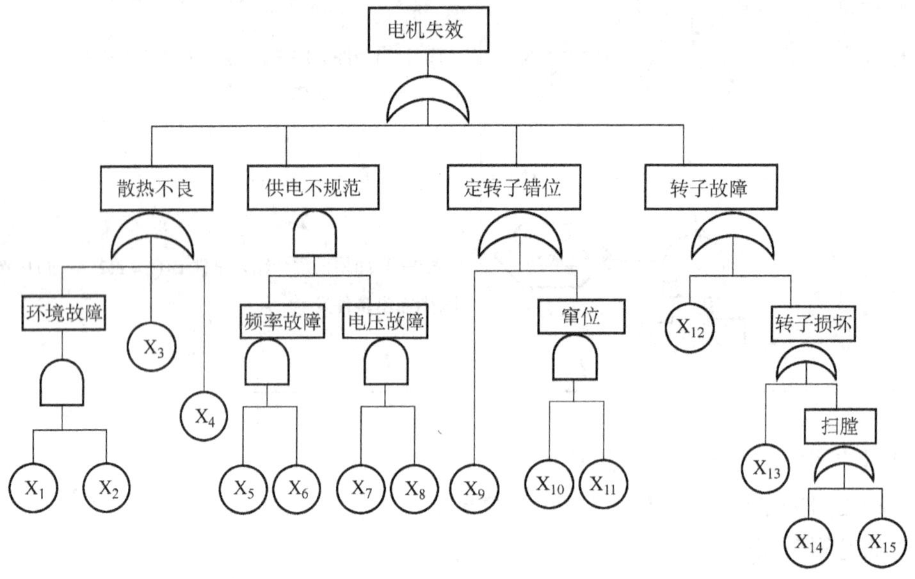

图 7-4　故障树实例 1

表 7-4　符号说明

序号	内容	序号	内容
X_1	环境温度过高	X_9	钉子压装故障
X_2	未及时降温	X_{10}	冲击过大
X_3	风路堵塞	X_{11}	定子锁定松动
X_4	风扇停转	X_{12}	发现异响未停车
X_5	无频率监视信号	X_{13}	转子断条
X_6	频率过低	X_{14}	气隙有异物
X_7	无电压监视信号	X_{15}	轴承损坏
X_8	电压不平衡		

（四）故障树的定性分析

事实上前面讨论的可靠性逻辑框图也是使用与门和或门来描述系统可靠性的状态，可以证明不可靠度的逻辑框图与故障树的系统失效概率是完全一致的。故障树的定性分析的目的是确定故障顶事件发生的所有可能的失效模式，即寻找顶事件发生的原因以及故障原因的组合，它可以用来识别故障的所有模式集合。通过故障树的分析，设计者能够改进设计，优化系统薄弱环节；维修人员根据故障树可以制定维修计划、确定故障的表象和故障起因的关系。

（1）割集　故障树中底事件的集合，当这些底事件同时发生的时候，顶事件必然发生。一个割集代表了系统故障的一种可能性，即一种失效模式。

（2）最小割集　如果割集中的任一个底事件不发生，顶事件也不发生。它是包含最小数量，而所有必需的割集。由于最小割集发生，顶事件必然发生，所以最小割集的完整集合代表了系统故障的所有可能性。故障树的定性分析的任务之一就是寻找全部最小割集。

（3）路集　故障树中一些底事件的集合，当这些底事件不发生时，顶事件必然不发生。

（4）最小路集　当路集中所含的底事件任意去掉一个就不再成为路集，这样的路集就是最小路集。

图 7-5 是具有一个顶事件和中间事件，三个底事件的故障树。

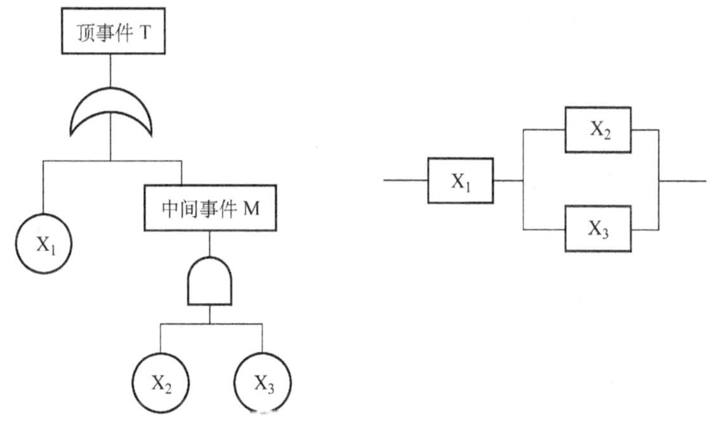

图 7-5　故障树实例 2

对于图中共有三个底事件：x_1，x_2，x_3；根据前述定义，可以找出这个故障树的割集是：$\{x_1\}$，$\{x_2, x_3\}$，$\{x_1, x_2, x_3\}$，$\{x_1, x_2\}$，$\{x_1, x_3\}$。其中的最小割集分别是：$\{x_1\}$，$\{x_2, x_3\}$

故障树的路集是：$\{x_1, x_2, x_3\}$，$\{x_1, x_2\}$，$\{x_1, x_3\}$。其中的最小路集分别是：$\{x_1, x_2\}$，$\{x_1, x_3\}$。

最小割集的意义：

1）在最小割集中，如果均有一个底事件以小概率发生，则顶事件的发生概率就很小，因此，最小割集对降低复杂系统潜在事故的风险具有一定的意义，在设计和维护数控机床的过程中就可以使事故的发生率降低。

2）如果最小割集中的底事件是 1 个，就被称为一阶最小割集。这样的割集中底事件发生，系统就出现故障。在可靠性设计中原则上要消除单点故障。

3）在数控机床的维修中，一旦发生故障，修复最小割集中的全部故障部件，就可以恢复系统可靠性水平。

根据故障树求解最小割集的方法有很多，本章介绍一种简单易行的下行法。

下行法根据故障树的实际结构，从顶事件开始，逐层向下，找出割集。方法如下：构建下行法表格如表 7-5 所示。

1）遇到与门，增加割集所包含的底事件的个数，即升高割集的阶数。将输入事件取代输出事件排列在表格的同一行下一列内。

2）遇到或门，增加割集的个数，将输入事件在下一列纵向依次展开。

3）到故障树的底部，表格的最后一列的每行即为故障树的割集，通过割集的合并，就可以得到最小割集。

下面使用下行法求出图 7-6 故障树的割集。

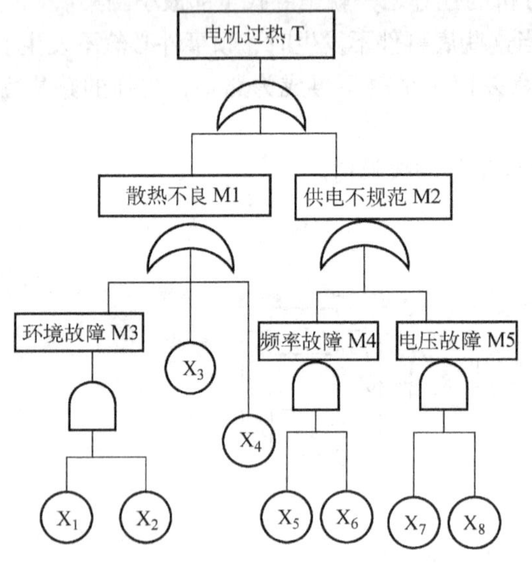

图 7-6　故障树实例 3

表 7-5　故障树割集

步骤	1	2	3	4	5
	M1	X3	X3	X3	X3
	M2	X4	X4	X4	X4
		M3	X1, X2	X1, X2	X1, X2
		M2	M2	M4	X5, X6
				M5	X7, X8

根据上表，得到 5 个割集，它们不相交，因此均为最小割集。$\{x_3\}$，$\{x_4\}$，$\{x_1, x_2\}$，$\{x_5, x_6\}$，$\{x_7, x_8\}$。这里面存在单点事件，因此在设计和维修中要考虑解决或者降低这些点的故障概率。

还可以把最小割集的分析总结如下：阶数越少的最小割集比较重要；在低阶中出现的底事件比在高阶中出现的底事件重要；在最小割集中出现的次数多的底事件应该注意维修和进行可靠性设计。

（五）故障树的定量分析

故障树的数学描述：

对于一个由 n 个底事件构成的故障树，有如下假设：底事件之间是相互独立的，元器件和系统之间只有两种状态，故障和正常。元器件的寿命分布为指数分布。

设 x_i 表示底事件的状态变量，故障发生概率。根据以上假设，如果 x_i 有 0，1 两种状态，Φ 表示顶事件的状态变量，也同样有 0，1 两种状态。定义如下：

$$\Phi=\begin{cases}1 & \text{顶事件发生，系统产生故障}\\0 & \text{顶事件不发生，系统正常}\end{cases}$$

$$x_i=\begin{cases}1 & \text{底事件发生，元件产生故障}\\0 & \text{底事件不发生，元件正常}\end{cases}$$

顶事件的状态完全由故障树中底事件的状态决定，即：

$\Phi=\Phi(X)$ 式中：$X=(x_1,x_2,x_3,\ldots,x_n)$ 为输入事件

$\Phi=\Phi(X)$ 是故障树的结构函数，是表示系统状态的布尔函数，其自变量为该系统组成的单元的状态。

常见典型故障形式的结构函数：

与门结构：根据与门的定义，只有输入事件全部发生的时候，输出事件才会发生，因此有：

$$\Phi=\bigcap_{i=1}^{n}x_i\quad(i=1,\ 2,\ \cdots,\ n)$$

式中，n 为与门连接的输入事件的个数。当 x_i 仅取 0，1 的时候，结构函数可以写成：

$$\Phi=\prod_{i=1}^{n}x_i\quad(i=1,\ 2,\ \cdots,\ n)$$

或门的结构：根据或门定义，输入事件只要有一个发生，输出事件就发生，即元件或者部件发生故障，系统失效。因此有

$$\Phi=\bigcup_{i=1}^{n}x_i\quad(i=1,\ 2,\ \cdots,\ n)$$

式中 n 为与门连接的输入事件的个数。当 x_i 仅取 0，1 的时候，结构函数可以写成：

$$\Phi=1-\prod_{i=1}^{n}(1-x_i)\quad(i=1,\ 2,\ \cdots,\ n)$$

利用上面的两个公式就可以求解一般故障树的中顶事件的概率。

（六）故障树的简化

在进行故障树的运算和分析中，计算量将随着系统的复杂程度会变得非常庞大。故障树的分析计算量将随着故障逻辑门和底事件的数目增加呈指数增加。数控机床是一个复杂系统，因此根据逻辑关系实施简化是非常重要的。一般来说，简化的方法如表 7-6 所示。

表 7-6　故障树的简化

简化原理	原始故障树	简化故障树
结合率 I $(x_1\cup x_2)\cup x_3=x_1\cup x_2\cup x_3$	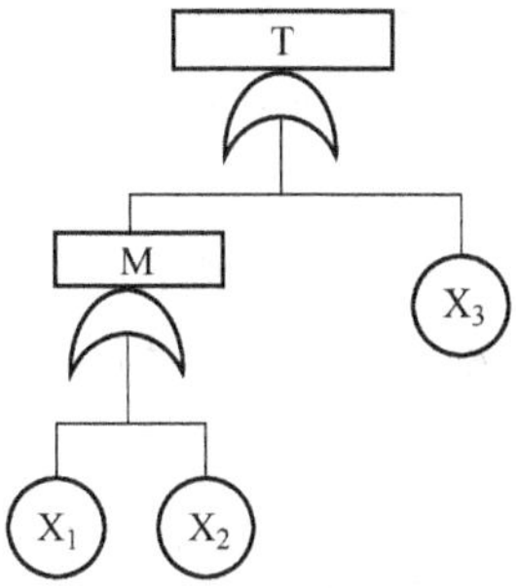 T M　X3 X1　X2	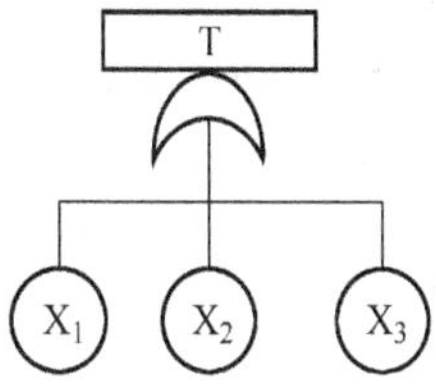 T X1　X2　X3

(续)

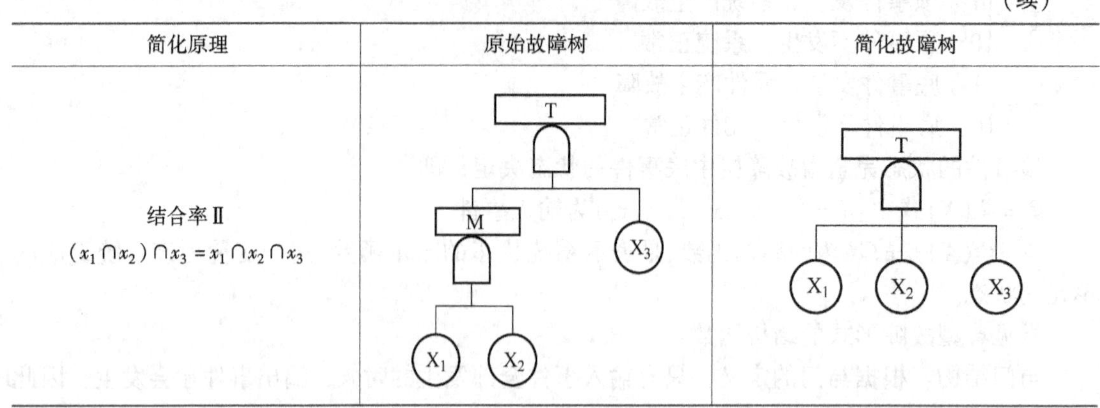

简化原理	原始故障树	简化故障树
结合率Ⅱ $(x_1 \cap x_2) \cap x_3 = x_1 \cap x_2 \cap x_3$		

第三节　人工智能在机床故障诊断技术中的应用

一、数控故障诊断专家系统

专家系统是一种智能的计算机程序，这种计算机程序是通过实用知识与推理过程，求解那些需要杰出人物的专家知识才能求解的高难度问题。根据这个定义可知，专家系统本质上是一个（或一组）计算机程序，它能借助人类的知识采取一定的搜索策略并通过推理的手段去解决某一特定领域的困难问题。所谓系统故障诊断技术，就是在系统运行中或基本不拆卸的情况下，即可掌握系统现行状态的信息，查明产生故障的部位和原因，或预知系统的异常和故障的动向，采取必要的措施和对策技术。数控故障诊断的专家系统就是要利用数控专家的知识帮助用户确定数控机床（包括数控系统）故障的原因和部位，以便尽快进行故障修复。

一般地说，专家系统是一个具有大量专门知识与经验的程序系统。专家系统存储有某个专门领域中经过事先总结分析并按照某种模式表示的专家知识（组成知识库），以及拥有类似领域专家解决实际问题的推理机制（构成推理机）。系统能对输入信息进行处理，并运用知识进行推理，做出决策和判断，其解决问题的水平达到或接近专家的水平，因此能起到专家或专家助手的作用。专家系统的开发和研究是人工智能中一个活跃的应用领域。

为了完成专家系统最基本的功能，一个专家系统至少包含三个组成部分：知识库、推理机及人机接口。一方面用户和专家系统之间进行交互，内部由推理机根据用户提交的信息以及知识库中的知识进行推理，诊断出产生故障的部位和原因，反馈给用户；另一方面，知识工程师通过和数控领域专家交流以及查阅相关文献，获取数控故障诊断方面的知识，再借助专家系统进行交互，内部由知识管理模块对知识库中的知识进行管理。

二、数控故障诊断知识库的建立

专家系统的核心是知识，要建立数控故障诊断的专家系统，首先要解决数控故障诊断知识的获取和表示的问题，在此基础上建立知识库，然后才能实现基于数控故障诊断知识的诊断推理。

（一）数控故障诊断知识的获取方式

拥有知识是专家系统有别于其他计算机软件系统的重要标志，而知识的质量和数量又是决定专家系统性能的关键因素。知识从外部知识源（人类专家、书籍文献等）到计算机内部的转换过程通常称为知识获取。数控故障中以数控系统故障和数控机床故障为例，其中数控系统故障又可以分为软件故障和硬件故障，而数控机床的故障按照其组成包括机械、液压、气动、润滑、电气、数控驱动电机、可编程机床控制器、检测反馈等方面的故障。这里知识获取就是依靠知识工程师，将从数控专家及有关文献中获得的关于数控故障方面的诊断知识，以合适的知识表示方法输入到知识库中，供专家系统进行诊断推理。

（二）数控故障诊断知识的表示

将诊断知识输入到知识库中，涉及到另一个问题即诊断知识的表示。目前，用得较多的表示方法主要有以下几种：

第一种是传统的知识表示法，包括逻辑表示法，语义网络表示法，产生式表示法，框架表示法等；第二种是面向对象的知识表示法；最后一种是不确定性知识的表示法。

数控故障诊断领域中的知识一般具有经验性、因果性的特点，其中很多问题可以使用简单的产生式方法分析。产生式表示法又称为规则表示法，产生式（即规则）通常用于表示具有因果关系的知识。在产生式规则表示知识的系统中，领域的知识被分成两个部分：把凡是静态的知识以所谓事实来表示，而把推理和行为的过程以产生式规则来表示。通常，每个规则均由前项和后项两部分组成。前项表示前提条件，各条件由逻辑联结词组成不同的组合。后项表示前提条件为真时所应采取的行为或所得出的结论。这种以孤立的事实和孤立的规则集来表示知识的系统，又称为基于规则的系统，具有简单、表示形式单一且模块化和容易添加及修改的特点，适合于数控故障远程诊断中知识的表示。产生式规则有固定的格式，任何一个产生式都由前提和结论两部分组成，这种统一格式易于设计、控制和检测。这种表示方法模块化、结构化特点强，它为知识的增加、删除、修改带来了方便；为规则库的建立与扩展提供了可管理性。

（三）专家系统推理

常用的推理方式有：正向推理、反向推理和混合推理。正向推理是由已知征兆事实到故障结论的推理，其主要优点是：用户可以主动提供与诊断对象有关的已知征兆事实，系统可以很快地对用户所输入的征兆事实做出反应。在产生式系统中，每一次推理循环中的触发规则不止一条，这就需要按某种准则从中选择一条规则作为启用规则。可以采用以下竞争消解策略：

1）按规则的优先级别选取优先权最高的；优先权自己设定，系统执行后，按使用率进行改变。

2）将所有规则进行排序，选取最先匹配成功的一条规则。

3）将规则按执行过的次序排序，选取最近执行过的规则。

三、专家系统的模糊推理机制

这里以一台数控磨床为例说明专家系统的模糊推理机制，数控磨床主要包括机械、电气、液压等子系统，每一部分均有可能产生故障，从而影响整个系统的工作，各个子系统的故障均由各部件引起。上层故障为下层故障的症状，下层故障为上层故障的原因，而且故障多样，原因复杂，当系统发生故障时，常常不容易找出故障的部位和原因。由于有关液压系统故障的分析和理论相对较为成熟，因此仅以液压系统部分发生故障为例，说明模糊推理机制的应用。

(一) 液压系统故障的模糊诊断原则

首先，液压系统是由若干个元件和基本回路组成，基本的单元被划成相应的子系统，所以故障诊断分层分段进行是必然的，即以寻找深层原因为线索，分层分段深入搜索。在寻找故障原因过程中利用模糊方法逐步完成定性、定位与定量。其次，组成液压系统的各子系统，及组成各子系统的许多零部件，它们之间是有机联系的。对于每个故障现象，其产生原因不止一个，同样，一种原因所引起的故障现象也不止一个，形成症状之间和原因之间的重叠。因此，故障现象和其产生原因之间存在着一种模糊关系，正确的诊断必须以多个相关因素做出综合考虑，这就是综合评判。综合评判可以是一个模糊变换。应用模糊综合评判理论，可以迅速有效地确定故障位于某一子系统，缩小了进一步诊断的搜索空间。

(二) 模糊综合评判

1. 基本方法

设 Y 是被评判的对象构成的集合，称为对象集，在故障综合评判中可以归纳为故障发生的部位；X 是由这些对象的指标（因素）构成的集合，称为因素集或者故障症状集

$$X=[x_1,x_2,...,x_m]$$
$$Y=[y_1,y_2,...,y_n]$$

对象集 Y 中的每个元素与因素 X 中的各元素之间构成模糊关系 R，$R=\{r_{ij}\}$，即 $X\times Y$ 的模糊子集 R 称为 X 到 Y 的模糊关系，r_{ij}取 0 ~ 1 之间的实数，反映了各项症状和故障之间的关系。这个矩阵称为模糊矩阵。例如若对于系统故障分析，对象 y_j 故障一定造成因素 x_i 产生，则 $r_{ij}=y_j=1$，否则 $r_{ij}=y_j=0$。因此 r_{ij}表示的是故障和症状之间的相关程度，被称作可能度或者隶属度。

在故障诊断中，难于准确确定故障原因，只能从可能发生的故障情况中选择可能性最大的故障。在实际中各个指标对故障的贡献不同，因此按评判目标对因素集 X 的各元素加权，权向量为

$$W=\{w_1, w_2, ..., w_m\}$$

则综合评判是模糊集 $B=R\times W^T$

根据最大隶属度原则：若 max $[b_1, b_2, ..., b_n]=b_k$，则 y_k 为优选对象。

2. 评判实例

液压系统故障的模糊诊断：

机床的液压系统的故障因素不外乎由压力不足、流量不足、爬行、发热、噪声、振动、泄漏 m 个组成，由此就可确定因素集 X。对于对象集 Y，可把各子系统作为对象集，即由供油子系统、调压子系统、控制子系统、执行与反馈子系统 n 个元素组成。对象集 Y 与因素集 X 中之间构成的模糊关系用一个模糊矩阵 $R=\{r_{ij}\}$ 表示。表 7-7 中给出了以上简化的模糊关系。

表 7-7 液压系统故障的模糊关系表

X / R / Y	压力不足 x_1	流量不足 x_2	爬行 x_3	发热 x_4	噪声 x_5	振动 x_6	泄漏 x_7
供油系统 y_1	0.5	0.5	0.3	0.4	0.5	0.5	0.3
调压子系统 y_2	1	0.7	0.2	0.8	0.8	0.1	0.2

（续）

R \ X / Y	压力不足 x_1	流量不足 x_2	爬行 x_3	发热 x_4	噪声 x_5	振动 x_6	泄漏 x_7
控制子系统 y_3	0.1	0.3	0.1	0.1	0.3	0.2	0.1
执行与反馈子系统 y_4	0.3	0.1	0.7	0.2	0.2	0.3	0.6

如果工作出现故障表现为推力或转矩不够产生的压力不足和流量不足（表现为速度下降）两种故障现象，权向量 W 的各分量可简单取为0或1，则：

$$W = [1,\ 1,\ 0,\ 0,\ 0,\ 0,\ 0]$$

如采用加权平均的方法进行故障诊断，则诊断结果向量为

$$B = R \times W^T = \begin{bmatrix} 0.5 & 0.5 & 0.3 & 0.4 & 0.5 & 0.5 & 0.3 \\ 1 & 0.7 & 0.2 & 0.8 & 0.8 & 0.1 & 0.2 \\ 0.1 & 0.3 & 0.1 & 0.1 & 0.3 & 0.2 & 0.1 \\ 0.3 & 0.1 & 0.7 & 0.2 & 0.2 & 0.3 & 0.6 \end{bmatrix} \begin{bmatrix} 1 \\ 1 \\ 0 \\ 0 \\ 0 \\ 0 \\ 0 \end{bmatrix} = \begin{bmatrix} 1 \\ 1.7 \\ 0.4 \\ 0.4 \end{bmatrix}$$

取 B 中最大值 $b_2 = 1.7$，所对应的对象集元素 y_2（调压子系统）为引起故障的主要原因。

当然，有了以上综合诊断评判结果，也可以按 B 的元素的大小进行排队分析，依次查询各子系统规则，得出综合诊断结论。

专家系统的基本特征可概括为：启发性、透明性、灵活性、智能性。故障诊断领域的问题非常复杂，往往需要人类专家的经验知识才能解决，而表达和处理这种启发性的经验知识正是专家系统的特长，所以专家系统在故障诊断领域得到了广泛的应用。

专家系统与传统诊断技术相比具有如下的特点：

1）通过对各种诊断的经验性专门知识形式化描述，不仅可以使这些知识突破专家个人的局限性而广为传播，而且也是对科学方法论的一个发展。

2）克服人类诊断专家供不应求的矛盾。

3）故障诊断专家系统可以结合其他诊断方法，综合利用各类专家的知识、经验，实现在线监测故障、离线诊断与分离故障。

4）故障诊断专家系统具有人机联合诊断功能，可充分发挥人的主观能动性。

5）专家系统具有知识获取功能，它能在使用过程中日趋完善。

第四节　现场故障诊断技术

一、机床监测参数的确定

（一）检测量和特性

为了准确快捷地监测出机床的工况状态，必须从众多信号中选择出能敏感地反应工况状

态变化且能实时采集的信号作为监测参数。常用的监测参数有以下几种：①电磁参数：电压、电流、功率和磁场强度；②振动参数：位移、速度、加速度、频率、振幅、相位；③噪声参数：声压、噪声频率；④力学参数：力、力矩、转矩；⑤运行参数：转速、速度、位移；⑥液压参数：流量、压力；⑦其他参数：温度、元素成分及含量。

机床的机械结构主要由机床基础件，如床身、底座等；主传动系统；进给系统；实现工件回转、定位的装置和附件；刀架；尾座；辅助装置，如液压、气动、润滑、冷却、排屑、防护等装置组成。总的说来，机床可分为旋转机械、往复机械、液压装置、冷却系统、润滑系统、电气装置几大部分。对于机床的旋转部件主要有如下状态参数信号：振动信号、轴心位置、转子转速等；对往复部件的表面振动及温度进行监测可以判断往复部件的磨损状况；对液压装置、冷却系统及润滑系统的监测参数有：压力、流量、液位、温度、振动等；对电气系统通常进行电压、电流、功率和磁场强度的监测。

（二）传感器的选择及安装

监测的参数一般由相应的传感器来测量，传感器将机械量，包括位移、速度、加速度、温度和动力等的变化转换成电流、电压等电量或电感、电容等电参量的变化。由于传感器的频率特性、灵敏度、线性度、信噪比等都会影响到监测的精度，因此合理选用传感器十分重要。在对传感器进行选择时必须考虑以下几个方面：

1）依据监测参数的类型及大小选择传感器的类型、量程及灵敏度。

2）安装的可行性，传感器在设备上的安装方案必须可行。例如：一般不通过在轴承壳体上钻孔安装热电偶来监测轴承温度。

3）安装位置，测点位置、方向对监测的精度有很大影响，测点的位置应尽可能选在敏感点上。另外安装位置必须便于传感器的安装与拆卸。

一般采用声级计来测量噪声，主要测量量是声压级。机床的噪声主要有电机、齿轮变速箱等，通常将机床、电机的转速及变速箱等的结构作为噪声级计选择的依据。

测量振动的传感器比较多，可以分别通过测量位移、速度和加速度来测试振动。它们分别用于低频、中频和高频振动测量中。加速度传感器的频度上限一般都在几千赫兹以上，频率过低不宜采用加速度传感器，如果测点为旋转的，则只能采用非接触式传感器，即电容位移传感器。转速测量可采用光电传感器或位移传感器，转子每旋转一周，传感器发出一个脉冲信号，单位时间内的脉冲数即为实际转速。温度、压力的测量分别采用温度传感器与压力传感器。

二、监测数据的分析与处理方法

监测到的机床信号数据蕴含了机床运行状态的重要信息。但人们很难直接从这些数据中观察出机床是处于正常还是异常状态，而必须采用各种分析方法对这些数据进行处理，才能识别出机床的运行状态。下面主要介绍机床振动与噪声信号及温度、压力、流量等缓变信号的处理。

（一）时域分析

时域分析是一种简单快捷的振动信号分析法，对机床的振动信号进行时域分析能够快速地对机床状态进行识别，即判断出机床处于正常还是异常状态。下面详细地介绍一下机床振动信号的时域分析。

用振动传感器监测到机床的状态信号经模数转换，得到离散信号即时间序列，时间序列中蕴含了机床状态的重要信息，是进行机床分析与故障诊断的基础。

所谓时域分析就是指对时间序列进行统计学意义上的处理与分析，是监测与故障诊断最简单、最直接的方法，当信号中含有简谐信号、周期信号或短脉冲信号时，利用波形分析或直接就能识别出一些故障现象。

时域分析有统计分析法、时域模型分析法等方法。时域模型分析法就是实时地为系统建立数学模型，当系统中存在故障时，系统的输入、输出关系就会改变，这些变化反映在数学模型中。因此，当系统的数学模型的参数变化较大时，系统就有可能存在故障。目前研究和应用较广的模型有线性时序模型如自回归滑动平均模型（简称 ARMA 模型）和非线性时序模型如双线性模型、门限自回归模型、指数自回归模型、状态依赖模型等。由于模型分析法参数估计时间长，往往不能满足在线建模的要求。且机床的振动信号往往包含非平稳趋势，这就需要建立非线性时序模型，那样参数的估计就更为复杂。

统计分析法是很早就开始应用的方法，其优点是计算简单，便于实时监测，在工况监测中，常用于判别工况正常与异常。所以，对机床振动信号的时域分析主要采用统计分析法。

由于机床的复杂性，采集的振动数据在大多数情况下随机性较强，所以对机床的状态判识的第一步是通过对这些随机数据进行快速统计计算，通常这些统计参数指标包括有量纲量和无量纲量两种。有量纲参数指标依赖历史数据及对机床运行的条件变化比较敏感，如机床的转速，载荷等，而用无量纲参数指标监测机床运行状态时，不受机床运行条件的影响，无须考虑相对标准值或与以前的数据进行比较，另外无量纲值不受信号绝对水平的影响，所以即使测点位置略有不同，对参数的计算结果不会产生明显的影响。

（二）频域分析法

对机床振动信号进行频域分析，可以得出不同频率上的振动情况，根据机床的振动机理可以判别出机床的状态及故障位置及程度。用它可分析信号在各个频率成分中的分布情况。随着设备向着复杂、精密等方向的发展，频谱分析技术已是处理振动信号的最普通、最常用的方法，也是设备故障诊断的重要手段。

（三）小波分析法

小波变换是一种独特的时频分析方法，在时频分析中应用很广泛。由于小波分析在时域和频域的局部化和可变分辨率的特点，使得用它在分析机床振动信号中的瞬变信号具有显著的优点。小波分析是克服傅里叶分析不能作局部分析的缺点而提出来的，小波分析为加窗傅里叶变换，且时窗宽度可调，从而实现对低频信号采用宽时窗，高频信号采用窄时窗，提高了谱线分辨率。小波分析是目前国际上公认的最新时间-频率分析工具，由于其“自适应性”和“数学显微镜性质”而成为一种有力的分析工具，对于信号处理起着至关重要的作用。

（四）噪声和其他信号的处理

1. 噪声

机床的噪声声源主要有电机、变速箱等。噪声一般包含有多种频率成分，并占据相当宽的频带，常用声级计测量噪声声压级。对于噪声也可以进行时域、频率的分析，这里只介绍对机床四周噪声的声级的计算处理。

沿机床周边选择若干点作为测量点，对每个测点进行多次测量，并以各测点中测得的最大读数值作为该机床噪声声压级。

在噪声的实际测量中，除了被测声源发出的噪声外，还会有其他声源的噪声存在。通常把某一噪声列为被测对象时，与该被测对象存在与否无关的干扰噪声的总和称为相对于被测对象的本底噪声，或称前景噪声。本底噪声会影响噪声测量的准确性。本底噪声声压级应比机床空运转时的噪声声压级至少低10dB。若相差小于3dB时，测量结果无效。

2. 其他信号的处理分析

机床液压箱与润滑箱中油液的温度及液压系统的压力、冷却液的流量等都影响到机床正常运行，所以温度、压力、流量是机床常用的监测信号。由于这些信号值的变化是一个缓变过程，常用平均值来表示它们的监测值。

$$X_{av}=\frac{1}{N}\sum_{i=1}^{N}X_i$$

式中，X_{av}为平均值；X_i 为第 i 个采样点的值；N 为采样点数。

(五) 故障诊断推理方法

对机床状态进行监测，对监测数据进行处理提取出特征值后，还必须通过一定的推理方法，才能诊断出机床的具体故障。对机床进行故障诊断的方法有很多种，如前面章节中的故障树法、专家系统等，这些方法都需要长期的故障知识积累。下面介绍几种现场诊断中简易快速的方法。

1. 上、下限值比较判别法

通过将机床监测信号如油温、振动有效值、压力值、流量等进行分析处理后，将所得的数据与上、下限值进行比较，若超过上、下限时，就称机床具有故障。

2. 距离函数故障诊断法

通过将机床运行状态的特征量与标准样本特征量进行比较，将它们之间的距离作为判别函数来识别机床的运行状态及故障的严重程度，这种方法就是距离函数故障诊断法。

采用欧氏贴近度作为距离判别函数，其表达式如下

$$N(P,Q)=1-\frac{1}{\sqrt{n}}\left(\sum_{i=1}^{n}(P_i-Q_i)^2\right)^{\frac{1}{2}}$$

式中，P_i 为欲进行故障诊断信号的特征值（$i=1, 2, \cdots, n$）；Q_i 为已知标准状态信号的特征值（$i=1, 2, \cdots, n$）；N（P，Q）为 P 与 Q 的欧氏贴近度。

在机床故障诊断中，可以将机床多种监测信号如主轴的振动、油温、油压、油泵噪声进行分析处理，提取出特征值，将这组特征值与标准状态信号的特征值进行比较，若标准信号表示机床处于正常工作状态，通过距离函数值与某一阈值的比较，可以判断机床工作状态是否异常。若标准信号表示机床处于某一种故障状态时，则可以通过距离函数值，判断机床是否具有这种故障。由此可见，通过一组表示不同故障的标准信号组，可以简易地诊断出机床具有哪些故障。故障的标准信号组可以在日常生产过程中不断积累获得，也可以在实验室通过模拟的方法获得。

三、数控内圆磨床的监测和诊断

(一) 主要部件结构及性能

本例中的MK2110是高精度数控内圆磨床，适用于零件类型多变、磨削范围较宽的单件、小批量生产的高精度磨削需要，此机床主要用于磨削直孔、锥孔，同时也可磨削内端面和外端面。

MK2110 数控内圆磨床主要由床身、床头箱、砂轮架、工作台、工件主轴系统和砂轮主轴系统、液压系统、冷却系统、润滑系统、电气系统及数控系统等组成。

机床采用砂轮架作纵向往复和横向进给的布局形式，工件既能回转又能横向移动，机床最大磨削直径为 100mm，最大磨削深度：125mm，最大旋径：240mm，砂轮架（X 轴）最大行程：220mm，砂轮架（X 轴）最高速度：5m/min，砂轮架（X 轴）进给速度：0 ~ 240mm/min，砂轮转速范围：24000 ~ 36000r/min，工件主轴转速范围：100 ~ 800r/min，回转角度：-15° ~ 45°。砂轮主轴轴承为高精度滚动轴承，工件主轴采用滚子轴承，工作台采用平 V 型贴塑滑动导轨，砂轮架采用双 V 形滚针导轨。砂轮轴 X、Z 轴及工件主轴均由数字伺服驱动，经挠性联动器驱动滚珠丝杠，实现进给。工作台用液压传动，工作台（Z 轴）最大行程：450mm，工作台最高速度：10m/min，工作台磨削速度：0.1 ~ 5mm/min，液压系统工作压力为 1MPa，液压泵流量为 25L/min。冷却泵流量：50L/min。MK2110 型数控内圆磨床结构示意图如图 7-7 所示。

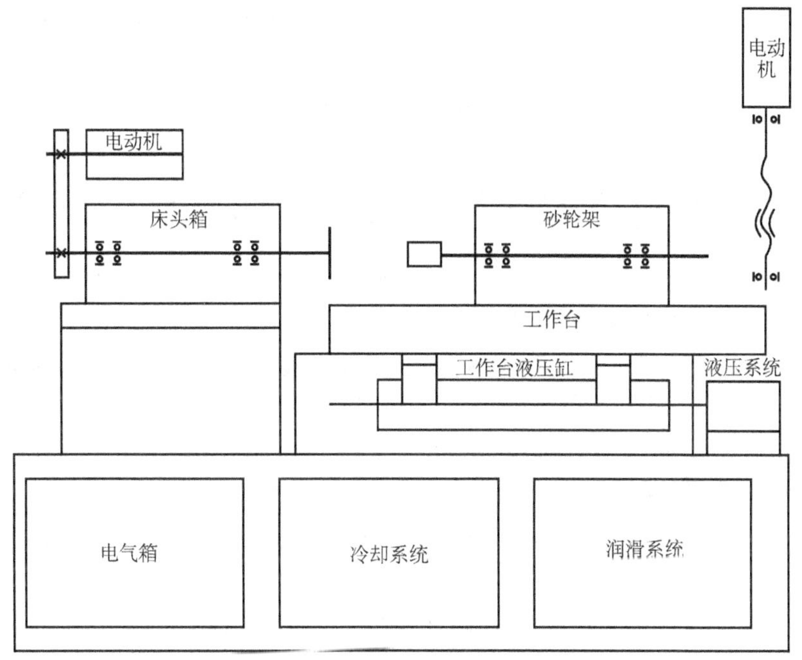

图 7-7 MK2110 数控内圆磨床结构示意图

（二）磨床噪声的监测

噪声既影响操作者的工作环境，又是机床发生故障的征兆，所以本例对磨床四周的噪声进行监测。噪声测量的位置：如图 7-8 所示在距机床轮廓线 1 米处放置四个测点，测点高 1.5 米。磨床的噪声源主要有电机、变速箱等，磨床的最大转速为 36Kr/min，且人耳能听到的频率范围为 20Hz ~ 20kHz，所以采用频率范围达到 20kHz 的声级计即可。

（三）砂轮架的监测

砂轮架属于旋转机械，旋转机械的故障常在振动状况方面体现出来（见表 7-8），因此，可根据振动信号进行砂轮架的监测与故障诊断。对振动信号进行时域分析，求出其振动有效值、振动烈度，通过振动有效值、振动烈度是否超过一定的阈值可以判别砂轮轴工作是否异常。

在对旋转机械故障进行精确诊断方面，许多专家学者应用转子动力学理论对旋转机械的故障机理进行了研究，实际中可以借鉴这些成果进行砂轮架的故障诊断。旋转机械的振动信号在频域内的能量分布具有比较明显的特点，因此对砂轮架的故障诊断以振动信号的频域特征作为主要的故障征兆。采用加速度传感器采集砂轮架的振动信号，进行频谱分析，包括幅值及相位特征分析，同时对轴心轨迹，转子的转速及负荷进行检测，辅以振动信号的时域波形特征来进行故障。

砂轮架振动测量的位置，如图7-9所示，将加速度传感器固定在砂轮轴上。因砂轮轴的最高转速为36Kr/min，采样频率应大于2×36000/60＝1200Hz。

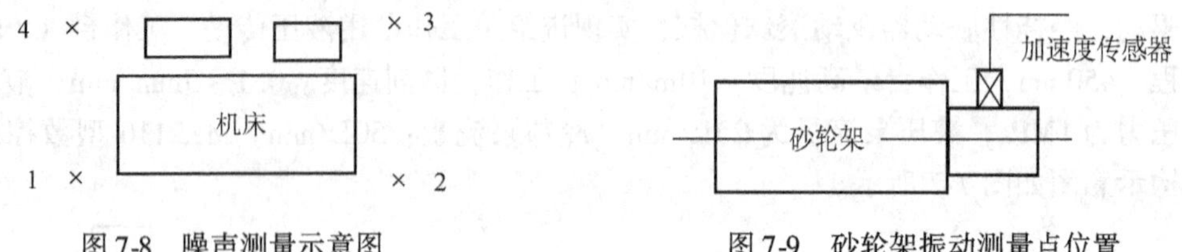

图7-8　噪声测量示意图　　图7-9　砂轮架振动测量点位置

表7-8　旋转机械故障与信号特征

故　障	信号特征
不平衡(转子质量偏心)	振动稳定;振动方向为径向;相位特征稳定;转子轴心轨迹为椭圆;振动随转速变化明显;随负荷变化不明显
不平衡(转子部件缺损)	振动突发性增大;振动方向为径向;相位特征突变后稳定;转子轴心轨迹为椭圆;振动随转速变化明显;随负荷变化不明显
转子永久弯曲	振动稳定;振动主向为径向、轴向;相位特征稳定;轴心轨迹为椭圆;振动随转速变化明显;随负荷变化不明显
转子临时弯曲	振动稳定;振动方向为径向;相位特征稳定;轴心轨迹为椭圆;振动随转速变化明显;随负荷变化不明显
转子不对中	振动稳定;振动方向为径向、轴向;相位特征较稳定;轴心轨迹为双环椭圆;振动随转速变化明显;随负荷变化不明显
转轴横向裂纹	常伴有高频谐波;振动不稳定;振动方向为径向、轴向;轴心轨迹为双椭圆或不规则;振动随转速变化而变化,随负荷不规则变化
转子与支承联接松动	特征频率为基频及分数谐波,常伴有倍频;振动不稳定,工作转速达到某值时,振幅突然增大或减小;松动方向的振动大;相位特征不稳定;轴心轨迹为椭圆或紊乱;振动对转速很敏感,不随负荷变化
转子与静止件摩擦	振动不稳;振动方向为径向;轴心轨迹紊乱;振动随转速与负荷变化不明显;时域波形有削波形象
油膜涡动	振动较稳定;振动方向为径向;轴心轨迹为双环椭圆;振动随转速、油温变化明显,随负荷变化不明显

(四) 工作台的监测

工作台作往复运动。磨损是往复机械中常见的故障，过大的磨损间隙会导致振动和噪声，加重运行副的磨损，影响机床的寿命。一般情况下，采用油液分析法来判别部件的磨损状况，由于在机械运动中，各摩擦零件产生的金属磨粒都要进入润滑油中，通过油液分析，了解油液中金属磨粒的成分、数量、大小、尺寸分布和形状，能够了解机械各零件的磨损程度和磨损性质，从而判断机械的技术状态和故障趋势。由于油液分析法诊断速度慢、精确度不高，且不易监测，所以本例采用振动诊断法。

当工作台发生磨损后，工作台与导轨间隙增大，冲击力增大，使工作台振动特征幅值增大，峰值指标、脉冲指标、裕度和峭度指标能够很好地反映这些故障特征。所以对于作往复运动的工作台，监测其振动，并将振动信号进行时域分析，求取其无量纲参数：峰值指标、脉冲指标、裕度和峭度指标，通过观察这些参数是否超过某阈值来判断是否存在故障。

（五）滚动轴承的监测

砂轮主轴的支承为滚动轴承，滚动轴承的运行状态是否正常，往往直接影响到整台机床的性能，所以对滚动轴承进行状态监测与故障诊断十分重要。

滚动轴承由外圈、内圈、滚动体与保持架四部分组成，外圈与固定的轴承座或机座相联接，内圈与旋转轴相联接。由于轴承本身结构特点、加工及装配误差、轴承发生故障等原因，当旋转轴以一定速度、在一定载荷下旋转时，对轴承、轴承座组成的系统产生激励，使系统振动，所以对滚动轴承的振动进行监测与分析可以诊断出轴承的故障。

对滚动轴承的振动数据进行时域统计分析，如求振动有效值，当这些量大于阈值时，说明滚动轴承振动过大，有发生故障的趋势或已经存在故障。

当滚动轴承发生故障时，如磨损严重，还会产生噪声，出现滚动轴承发热现象，所以对滚动轴承还可以通过监测其噪声、温度，进而诊断其故障。

（六）液压系统、冷却系统、润滑系统的监测

工作台采用液压传动，液压系统工作压力为 1MPa，液压泵流量为 25L/min。液压传动系统依靠密闭容器中液体的压力来传递能量或动力。一般由液压泵、控制阀、油箱等组成。液压装置的主要故障有工作油故障、振动、噪声故障，压力失调、系统发热、严重磨损、动作失灵。液压装置工作异常主要根据压力变化、噪声、振动等进行判断。本磨床采用的是小型叶片泵，正常工作状态下，噪声为 70 ~ 75dB，轴前端的振动 0.02mm 以下，当泵表面温度比油温高 5 ~ 10℃时，工作效率降低。液压介质粘度对温度变化非常敏感，液压传动装置工作温度或环境温度的变化容易引起节流量和泄漏量的变化，造成工作机械运动的不稳定。

冷却系统供给大量的冷却液，以带走磨削时产生的热量。冷却液的温度及流量直接关系到能否对磨头及工件进行冷却，监测时，观察冷却液的温度不得高于 60 度，且其流量不得低于 25L/min，否则就发出报警信号。

磨床的工件移动滑台、砂轮架滑台、砂轮主轴及各活动支承都需要进行润滑，当供油压力不足时，易发生润滑不足或干燥现象，引起部件的磨损及运动不平衡。对于润滑系统采用压力及油位监测，当润滑油油位不足及压力达不到设定值时，进行报警。

综上所述，对于液压系统，监测的信号有油温、油压、泵的噪声、轴与泵的振动。对温度、压力监测数据进行时域分析，对噪声及振动进行频域分析，将分析结果与正常工作状态下的值相比较，即可判别出液压装置的故障及严重程度。对于冷却系统监测冷却液的温度、流量，以保证工件及磨头得到充分的冷却。润滑系统的监测参数有压力、油位，确保各部件得到充足的润滑。

（七）电气系统

磨床的电气系统由电机、继电器、开关等电气元件组成。对电气系统进行监测的参数有电流、电压、功率等。例如磨头的电流对磨削加工质量影响较大，因此对磨头电流进行监测，观察电流的波动是否超过某一范围。

随着计算机的应用和信息处理技术的发展，可用的参数越来越多。通常，对于诊断参数的要求是：1. 易于测量和计算；2. 能敏锐地反应和预报系统的早期故障；3. 具有相对的稳定性；4. 能够指示故障的原因，以便于排除。

思考题与习题

7-1 简述机床故障诊断技术的发展和特点。

7-2 假设某数控机床附件标准失效率的平均值为 8.6×10^{-6}h，上限为 13.5×10^{-6}h，求该设备到可靠度数值为 0.9 时的平均工作时间和最短工作时间。

7-3 数控机床的某机械部件，其工作总承受的循环应力 $\sigma_{-1}=509\text{N/mm}^2$，根据实验该零件的疲劳强度服从威布尔分布，并测得形状参数 $\beta=2.65$，最小应力 $\sigma_{\min}=395\text{N/mm}^2$，尺度参数 $\sigma_{-1a}=630\text{N/mm}^2$，计算该零件的可靠度，若要求可靠度 $R=0.99$ 时，其工作应力 σ'_{-1} 是多少？

7-4 简述机床故障诊断的故障树建立的过程，试根据图 7-7 中的结构建立一个简单的故障树。

7-5 说明在模糊综合评判一节示例中 $W=[1, 1, 0, 0, 0, 0, 0]$ 的含义，当 $W=[1, 0, 0, 0, 1, 0, 1]$ 时故障的主要原因是什么？

7-6 简述现场故障诊断技术的应用和特点。

第八章 自动编程和 CAM 技术

前面几章介绍的手工编程的内容是面向机床的，需要人直接指定机床的具体动作及每一段程序给出动作的具体尺寸。这对比较简单的工具来说是可以的，也还是方便的。但当工件比较复杂时，手工编程就很麻烦，要用很长的时间，而且所编程序是否有误，也很难检查出来。至于加工三维曲面模具，用手工编程，则几乎是不可能的。因此，快速、准确地编制各种零件的加工程序就成为数控技术发展和应用中的一个重要环节。自动编程就是针对这个问题而产生和发展起来的。

为了更好地掌握自动编程技术和使用 CAD/CAM 软件，本章将进行相关介绍。第一节介绍自动编程的有关概念。第二节介绍语言方式自动编程系统，包括前置处理与后置处理、APT 语言。第三节介绍 CAM 技术的原理和内容。第四节介绍常用的 CAD/CAM 软件，并以 Pro/E 软件为例介绍 CAM 系统的应用。

第一节　概　　述

一、自动编程的原理

手工编程中的刀具相对于零件的走刀轨迹计算、加工程序单编写、纸带穿孔直至程序校验等，都可以由计算机辅助的方法来自动完成。我们把它称为自动编程或计算机辅助编程。它是利用通用计算机及其外围设备（打印机、穿孔机、绘图仪等）来完成大部分或全部程序编制内容。它具有编程速度快、周期短、质量高、使用方便等一系列优点。与手工编程相比，可提高编程效率数倍乃至数十倍，零件愈是复杂，其技术、经济效果愈是显著，特别是能编制用手工编程无法完成的程序（如自由曲面）。因此，一些先进工业国家早就在大力发展自动编程技术，并已获得广泛应用。

自动编程的一般过程是：编程人员首先将被加工零件的几何图形及其有关工艺过程用计算机能够识别的信息作为计算机的输入；计算机经过输入翻译，首先形成机内零件几何元素的数据，然后进行工艺处理（如刀具选择、走刀分配、工艺参数选择等）与刀具运动轨迹的坐标计算，便自动生成一系列的刀位数据（包括每一次走刀运动的坐标数据和工艺参数），这一过程称为主信息处理或前置处理，最后经后置处理便能输出具体机床所要求的加工程序单和数控带。

整个系统处理过程是在系统程序的控制下进行的。系统程序包括主信息处理程序和后置处理程序两大模块。每个模块又由多个子模块及子处理程序组成。这些程序是系统设计人员根据系统输入信息、输出信息及系统的处理过程，事先用计算机高级语言开发的一种系统软件。计算机有了这套处理程序，才能识别、转换和处理全过程，它是系统的核心部分。

上述处理过程所得的计算机及其外设等硬件与系统软件即构成了自动编程系统，简称编程系统。

二、自动编程的分类

编程系统的类型，主要决定于系统的输入方式。根据编程信息输入方式的不同，分为三类：

（1）语言方式自动编程　加工零件的几何尺寸、工艺要求、切削参数以及辅助信息等是用数控语言编写成源程序后输入到计算机中，再由计算机进一步处理得到零件加工程序单和穿孔纸带。老式语言输入系统无图形显示，不直观、易出错。现有的图形显示功能只能做到对语言输入方式得到的机床程序进行图形显示校验。语言编程系统出现最早，也是迄今数量最大、形式最多、应用面最广的一种编程系统。

（2）图形交互式自动编程　又称人机对话式自动编程系统。这种系统利用图形编程，编程人员按菜单提示内容反复与计算机对话，以图形交互方式进行零件描述。利用系统推荐的工艺数据，根据自己的生产经验进行选择和优化修正，系统就能自动生成数控加工程序。图形交互编程系统于20世纪70年代微处理机问世以后，才进入实用阶段。主要用于CAD/CAM系统中。它具有操作简单、直观性强、有错可及时修正、不需使用抽象的语言等优点。

（3）语音方式自动编程　它采用语言识别器把操作员发出的加工指令声音转变为加工程序。语音编程系统是以编程人员的口语作为系统的输入，由于技术难度较高，尚未进入实用阶段。

第二节　语言方式自动编程系统

一、前置处理与后置处理

语言方式自动编程的整个过程是由输入零件源程序开始的。所谓“零件源程序”，就是根据所要加工的零件图和零件工艺过程，用专为数控机床加工用的语言和符号来描述零件图纸上的几何形状及刀具相对零件运动的轨迹、顺序和其他工艺参数等。零件源程序编好后，输入给计算机。为了使计算机能够识别和处理由相应的数控语言编成的零件源程序，事先必须针对一定的加工对象，将编好的一套编译程序存放在计算机内，这个程序通常称为“数控程序系统”或“数控软件”。一个完整的“数控程序系统”，由前置处理和后置处理两部分组成，前置处理又称为前处理、主处理、主信息处理或信息处理，这部分工作与具体的数控系统关系不大，通用性强，可独立于具体的数控机床进行工作。而后置处理（又称后处理）多随数控机床控制系统而异，专业性强，必须根据具体的数控系统来进行。图8-1为前置处理和后置处理的结构框图。

（一）前置处理

前置处理是对用数控语言所编制的源程序进行翻译、运算、刀具中心轨迹计算，输出刀位数据（CLD），Cutter Location Data 即运动轨迹。前置处理的工作有以下几部分，在控制系统的控制下进行。

1）输入与翻译　输入零件源程序，阅读并通过编译程序翻译为通用计算机能够处理的形式，同时进行语言错误检查。

2）运算单元　进行节点运算，曲线、曲面拟合运算，刀位轨迹的规划与计算等。

3）刀位偏值计算　数控加工最终得到的应该是零件的轮廓，但在加工时是要控制刀具中心的轨迹，所以隐含要进行刀位偏值计算。由于所选刀具尺寸不同，刀具重磨后尺寸变化，因此刀位偏值计算有时是比较频繁的。

4）输出刀位数据　将输出的刀位数据存储在刀位文件中，可进行加工仿真，以检验刀具运动轨迹的正确性。

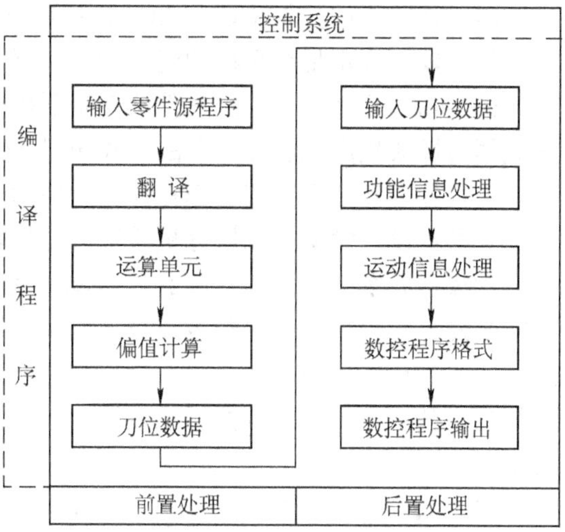

图 8-1　前置处理和后置处理结构框图

（二）后置处理

后置处理按数控机床控制系统的要求来设计，它以前置处理的输出为输入，把刀位数据、刀具命令及各种功能转换成该数控机床控制系统能够接受的指令字集，并以该数控机床的信息载体形式输出。后置处理的工作有以下几部分，在控制系统的控制下进行。

1）输入刀位数据　输入刀具移动点的坐标值、运动方向，所用数控机床的各种功能，数控系统的技术性能参数等。

2）功能信息处理　主要指处理有关数控机床的准备功能、辅助功能等信息。如准备功能中的点定位、直线插补、圆弧插补、刀具偏移、运动坐标、进给量、主运动速度选择、刀具选择及换刀等；辅助功能中的主轴启停、主轴转向、冷却液启停等。此外，还有在前置处理中不能处理的数控机床的一些特殊功能指令。随着数控机床的发展，特殊功能越来越多，后置处理的工作量也越来越大。

3）运动信息处理　其工作有从零件坐标到机床坐标的转换、行程极限校验、间隙校验、进给速度码计算、超程与欠程、线性化处理、插补处理、数据变换单位并圆整化、绝对尺寸与相对尺寸、进给速度的自动控制、工作时间计算等。

4）输出数控程序　将功能、运动信息处理的结果转换为符合数控机床控制系统所要求的程序格式，通过编辑输出数控程序，并记录在相应的信息载体上。

为完成上述工作，每一个后置处理系统包括以下五个主要元件：

(1) 控制元件：为上述元件和程序流程安排后置处理时间，同时控制数据流至外部输出和接受新的后置处理数据。它在后置处理系统中起到主控制的作用，包括控制刀具路径数据文件的输入，适时调用数控辅助功能以及将控制转移到刀具运动处理部分，并在完成某一阶段处理后控制输出 NC 程序文件。

(2) 输入元件：阅读前置处理的输出，并作一定的可靠性检查。

(3) 运动元件：这是后置处理器的主要部分，它主要处理工件坐标系/机床坐标系的变换、刀具运动坐标计算及转换等。通常包括：①刀具空走（无切削的空行程）程序段；②刀具走直线程序段（有刀补或无刀补）；③刀具走圆弧程序段（有刀补或无刀补）；④刀具上升（抬刀）程序段；⑤刀具下降（下刀）程序段。

(4) 辅助元件：将特定的 NC 装置可用预备功能和其他各种功能与从输入元件中接受的要求相比较，决定是否每种功能用于该控制装置。

(5) 输出元件：在控制元件的控制下接受运动元件和辅助元件送来的指令和数据，将这些数据转换成机床控制能接受的格式输出 NC 程序文件。

前置处理和后置处理工作在计算机辅助 NC 编程中占有很大的比重，前置处理与工艺分析加工参数设置模块、几何分析模块、刀位轨迹生成模块有关，如能采用现成的 CAM 软件或自动编程系统，则二次开放的工作量不大。而后置处理是数控系统的一个功能模块，需要自行开发。后置处理软件随数控机床控制系统的不同而不同，专业性很强，研究开发由模块组成的通用后置处理软件是十分迫切和有前途的。随着数控机床的发展，数控系统的功能越来越强，各厂家生产的数控系统差异性有变大的趋势，从而增加了开发通用后置处理软件的难度。

二、APT 语言简述

现在数控语言系统有美国 APT（Automatically Programmed Tools）、德国 EXAPT、日本 FAPT 等，这些都是自动编程系统，以 APT 系统最为著名。APT 系统是一种功能非常丰富、通用性非常强的系统，应用最为广泛，许多系统都是在它的基础上发展起来的，但它需要性能好的大型计算机，编程费用大。因此，美国在发展 APT 系统的同时，又开发了一些针对性强、范围窄的小型语言系统，以适应中、小企业的要求，如用于轮廓控制的 ADAPT 系统，用于点位控制的 AUTOSPOT 系统等。图 8-2 是 APT 系统的结构框图，它由 4 个功能模块组成，通过系统总控部分进行控制。德国的 EXAPT 系统除具有几何、运动和后置处理等必备功能外，还有很强的工艺处理功能，适合铣镗加工中心和数控车床的程序编制，很有特色。此外日本的 FAPT 语言系统、中国的 ZCX 和 ZBC 等系统都具有车、铣等多种功能，应用广泛。

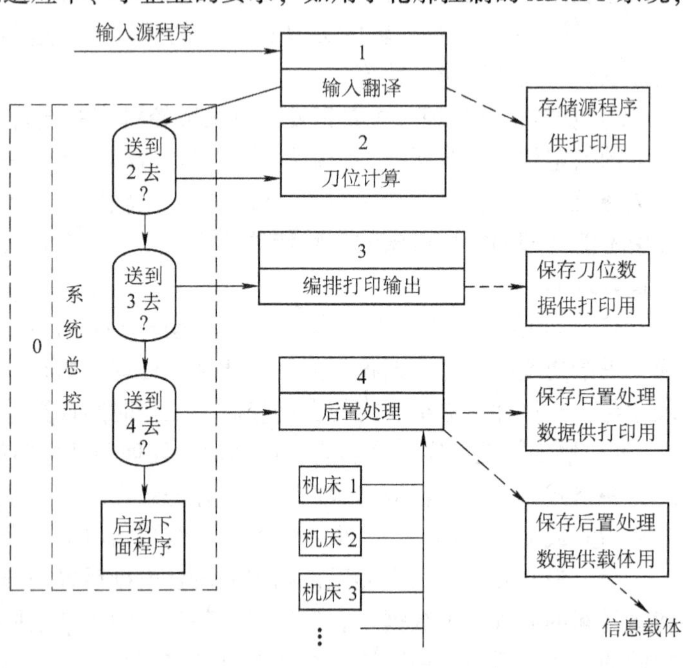

图 8-2　APT 系统结构框图

下面以 APT 语言为例对数控语言进行简单介绍。APT 语言不仅是一种 NC 语言，还是在 APT 状态下完成刀具位置计算的计算机程序。

APT 语言有四种语句：

（1）几何语句　用于定义组成零件的几何元素，所以有时也称为定义语句。

（2）运动语句　用于描述刀具运动轨迹。

（3）后置处理语句　用于特定的机床和控制装置，可以用来详细说明机床的进给和转速以及其他实际性能。

（4）辅助语句　用于标识零件、刀具、公差等的其他多种语句。

第三节　CAM 技术的原理

计算机辅助制造（CAM），Computer Aided Manufacturing 是指应用计算机来进行产品制造的统称。有广义 CAM 和狭义 CAM 之分。广义 CAM 是指利用计算机辅助完成从原材料到产品的全部制造过程；而狭义 CAM 是指制造过程中的某个环节应用计算机，在计算机辅助设计和制造（CAD/CAM）中，通常是指计算机辅助机械加工（Computer Aided Machining），更明确地说，是指数控加工。它的输入信息是零件的几何信息和工艺信息（包括工艺路线和工序内容），输出信息是刀具加工时的运动轨迹和数控程序，图 8-3 表示了它与 CAD 及 NC 的关系。本节所阐述的 CAM 技术主要是狭义 CAM 的内容。

根据目前 CAD/CAM 软件系统的流派，自动编程技术可分为两种主要模式：基于特征的自动编程技术和基于曲面模型的自动编程技术。由于目前 CAM 系统在 CAD/CAM 中仍处于相对独立状态，这两种自动编程技术都需在引入零件 CAD 模型中几何信息的基础上，由人工交互添加被加工的具体对象、约束条件、刀具与切削用量，因而其编程过程基本相同。其过程可归纳如下：

1）在 CAD/CAM 集成环境中建立被加工对象的曲面模型或特征组合。

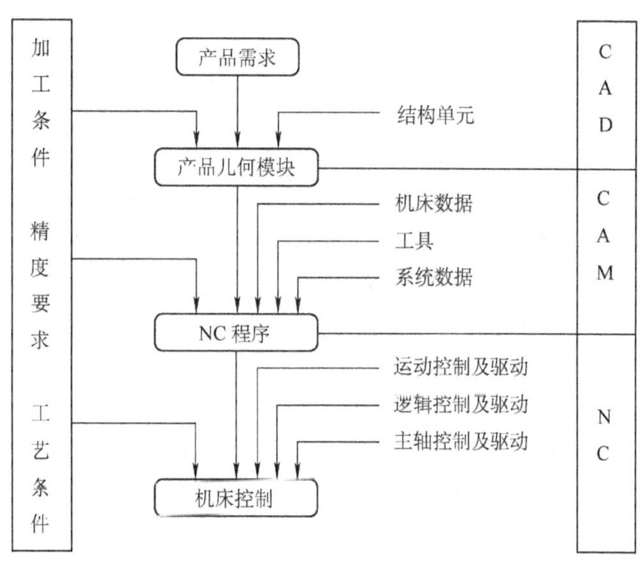

图 8-3　CAD、CAM 和 NC 关系示意图

2）确定加工时的定位基准面，基于特征的自动编程方法还需设定毛坯的大小与尺寸。

3）设置刀具类型与参数（如刀具直径、刀尖半径、切削高度、刀具长度等）。

4）选择毛坯的切除方式。

5）设置刀具的切削用量（包括主轴转速、进给速度、刀具快进快退速度引入速度等）。

6）设置机床控制参数（包括容差、步长、行距、残余高度、刀具补偿）。

7）确定刀具的初始位置和下刀位置。

8）由 CAM 系统生成相应的刀具走刀轨迹。

9）刀具路径的校验与仿真。

10）生成中性刀位文件。

11）由与数控系统相对应的后置处理模块或系统生成所需的加工指令程序。

12）将生成的指令程序传输至加工中心或数控机床。

其中，第一个步骤由 CAD 部分完成，后续部分由 CAM 技术实现。CAM 的主要工作内容见图 8-4 所示的软件功能图。它由 6 个功能模块组成。

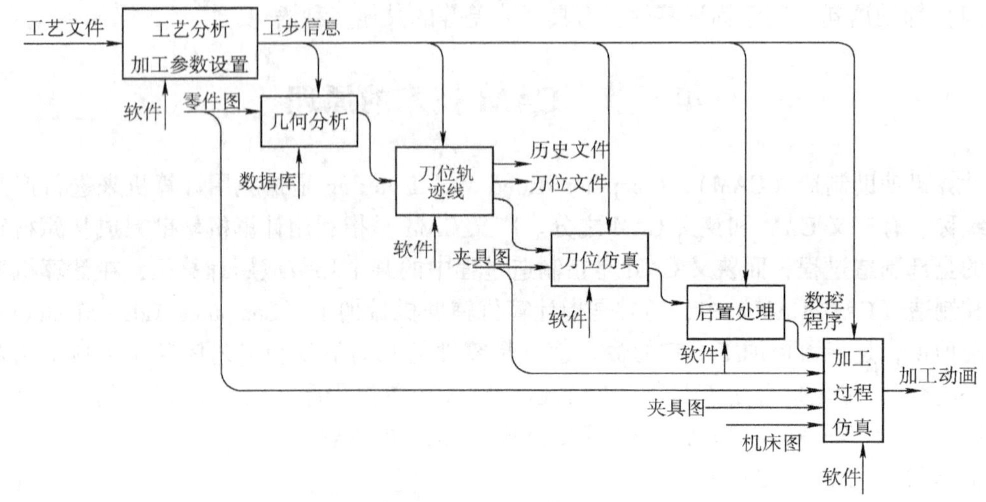

图 8-4　CAM 软件功能图

（1）工艺分析和加工参数设置模块　它是根据所输入的零件工艺过程设计的工艺文件，对各工序设定切削用量、刀具补偿、加工坐标原点（刀具起点）等，其所需原始数据均取自工艺文件，按实际所选数控机床的情况进行设置。

（2）几何分析模块　其作用是分析零件的图形文件，得到图形的一些特征参数，并将这些参数传递给需要它的加工子程序，用以协助加工的自动完成。

（3）刀位轨迹生成模块　其作用是设计刀具的运动轨迹，产生历史文件和刀位文件。根据加工工艺调用相应加工子程序，自动产生该加工的详细描述，这些描述及零件的图形被记录为历史文件（类似数控 APT 语言的描述），同时也产生了刀位文件（二进制或 ASCII 格式）。加工子程序是各种加工方法的处理程序，它是对各种加工方法的具体描述，所提供的加工方法越多，软件应用的范围越广。

（4）刀位仿真模块　其作用是检验刀位轨迹，避免刀具与工件被加工轮廓的干涉，优化刀具行程路径等。

（5）后置处理模块　产生所用具体数控机床的数控程序。

（6）几个加工过程仿真模块　检查数据程序编制的正确性和刀具、夹具、机床、工件之间的运动干涉碰撞仿真。

一、刀位轨迹的生成方式

加工轮廓时，数控系统控制刀具中心轨迹（也称刀位轨迹）的运动。而编程时使用的是工件轮廓数据，相差一个刀具半径。刀位轨迹为工件轮廓的等距线。另外，刀具在加工两个几何元素过渡棱角时，为了防止干涉、过切，或者得到圆角、锐角，需要将刀位轨迹延长、缩短，或插入圆弧、直线过渡段。早期的数控系统受计算机速度的限制，没有刀具偏移运算功能，必须计算刀位轨迹。现代数控系统具有刀具补偿功能和各种棱角过渡功能，编程人员不必进行计算，只要合理选择即可。

数控编程的核心工作是生成刀具轨迹，然后将其离散成刀位点，经后置处理产生数控加工程序。刀位轨迹的生成大致可分为四种情况：点位加工、平面轮廓加工、槽腔加工和曲面加工。

1. 点位加工时的刀位轨迹

刀具在此类加工中，从一点运动到另一点时不进行切削，各点的加工顺序一般也没有特定要求，所以其刀位轨迹的生成就比较简单。一般通过指点菜单或输入命令激活刀位轨迹生成的功能后，按屏幕提示在图形上用光标指点出编程原点、选择好加工目标图形、输入相应的加工参数，刀位轨迹就会自动生成并显示在屏幕上，同时生成刀位轨迹文件。

2. 轮廓加工时的刀位轨迹

生成此类刀位轨迹的方法有两种：

1）采用交互绘图的方法，使用造等距线的指令，将加工轮廓线按实际情况左偏或右偏一个刀具半径，直接在屏幕上生成加工刀位轨迹，然后按此刀位轨迹交互编程。这种方法在编程中已考虑了刀补问题，所以更适合于不具备刀补功能的控制系统的编程。

2）直接对零件的轮廓图形进行编程。在编程过程中除了要按提示输入相应的加工参数，并用光标指定绕程原点、起刀点、起切线或走刀方向及退刀点之外，还要根据提示指定刀补方式并选择零件轮廓作为加工目标，软件将按此轮廓编制出加工程序，并在程序中自动加入刀补指令。这种方法要求机床的控制系统具备刀补功能。

3. 槽腔零件加工时的刀位轨迹

生成此类加工刀位轨迹的方法也有两种：

1）把槽腔加工作为轮廓加工的一种特例来处理。采用交互绘图的方法，使用造等距线的指令及其他图形编辑修改指令交互绘制生成环形或之字形刀位轨迹。然后按此刀位轨迹进行交互编程，其交互过程和轮廓加工一样。

2）在激活刀位轨迹生成命令后，对照图形用光标交互地指定槽腔的边界图形及中间的孤岛图形，并指定编程原点、起刀点、退刀点、交互地输入加工参数、刀具半径、起刀方式（环形走刀或之字形走刀），软件将自动生成加工刀位轨迹。

4. 曲面加工时的刀位轨迹

曲面加工比较复杂，所以具有曲面加工编程功能的软件通常采用多重菜单的方式进行编程。在曲面造型完成之后，进入刀位轨迹生成的分菜单，选取相应的菜单项，并根据屏幕提示输入相应参数，软件便自动生成刀位轨迹文件。

二、数控代码的自动生成

现有的许多CAD/CAPP/CAM集成系统自动生成NC代码时，依靠将加工零件分为最基本的加工单元特征，对每一种加工特征的每一加工工步设计固定的NC程序库，根据CAPP的加工工步排序结果、刀具选择、切削参数选择，生成对特定零件进行加工的NC程序。

与语言方式自动编程系统相同，这部分工作由后置处理完成。同前所述，由于各种机床使用的控制系统不同，所以，所用的数控指令文件的代码及格式也有所不同。因此，软件通常设置一个后置处理文件。在进行后置处理前，编程人员需要对该文件进行编辑，按文件规定的格式定义数控指令文件所使用的代码、程序格式、圆整化方式等内容。软件在执行后置处理命令时将自动按设计文件定义的内容，输出所要的数控指令文件。另外，由于某些软件采用固定的模块化结构，其功能模块和控制系统是一一对应的，后置处理过程已固化在模块中，所以在生成刀位轨迹的同时便自动进行后置处理生成数控指令文件，而无需再单独进行后置处理。

三、加工过程的仿真实现

数控机床加工零件是靠数控指令程序控制完成的。为确保数控程序的正确性，防止加工过程中干涉和碰撞的发生，在实际生产中，常采用试切的方法进行检验。但这种方法费工费料，代价昂贵，使生产成本上升，增加了产品加工时间和生产周期。后来又采用轨迹显示法，即以划针或笔代替刀具，以着色板或纸代替工件来仿真刀具运动轨迹的二维图形（也可以显示二维半的加工轨迹），有相当大的局限性。对于工件的三维和多维加工，也有用易切削的材料代替工件（如，石蜡、木料、改性树脂和塑料等）来检验加工的切削轨迹。但是，试切要占用数控机床和加工现场。为此，人们一直在研究能逐步代替试切的计算机仿真方法，并在试切环境的模型化、仿真计算和图形显示等方面取得了重要的进展，目前正向提高模型的精确度、仿真计算实时化和改善图形显示的真实感等方向发展。

数控加工过程仿真模拟的意义在于利用计算机图形的手段，对实际加工过程进行快速有效的模拟。随着高速计算机和图形显示设备及算法的不断研究发展，仿真模拟的技术逐渐广泛地应用在生产中，虚拟加工的实际过程，通过控制加工过程的进行，不断改变观察方向和位置，并利用其他一些必要的图形手段，在虚拟的加工环境中及早地发现问题，以求替代或大幅度地减少试切加工，从而达到降低生产成本、提高产品质量的目的。

在加工仿真的动态模拟时，刀具可以实时在屏幕上移动，刀具与工件接触之处，工件的形状就会按刀具移动的轨迹发生相应的变化。由于加工过程中刀具的移动及工件形状的变化采用位移增量法，每隔30ms左右就显示一次，因此对观察者来说，在屏幕上看到的是连续的、逼真的加工过程。利用这种视觉检验装置，就可以很容易发现刀具和工件之间的碰撞及其他错误的程序指令。

从试切环境的模型特点来看，目前NC加工切削过程仿真分几何仿真和力学仿真两个方面。几何仿真不考虑切削参数、切削力及其他物理因素的影响，只仿真刀具、工件几何体的运动，以验证NC程序的正确性。它可以减少或消除因程序错误而导致的机床损伤、夹具破坏或刀具折断、零件报废等问题；同时可以减少从产品设计到制造的时间，降低生产成本。切削过程的力学仿真属于物理仿真范畴，它通过仿真切削过程的动态力学特性来预测刀具破损、刀具振动、控制切削参数，从而达到优化切削过程的目的。

几何仿真技术的发展是随着几何建模技术的发展而发展的，包括定性图形显示和定量干涉验证两方面。目前常用的方法有直接实体造型法、基于图像空间法和离散矢量求交法。基于实体造型的方法中几何模型的表达与实际加工过程相一致，使得仿真的最终结果与设计产品间的精确比较成为可能；但实体造型的技术要求高，计算量大，在目前的计算机实用环境下较难应用于实时检测和动态模拟。基于图像空间的方法速度快得多，能够实现实时仿真，但由于原始数据都已转化为像素值，不易进行精确的检测。离散矢量求交法基于零件的表面处理，能精确描述零件面的加工误差，主要用于曲面加工的误差检测。

根据在仿真过程中的数据驱动是采用CL（Cutter Location，即刀位）数据还是采用NC代码，数控加工仿真可分为两类：一类是基于后置处理前的数据（CL数据）所进行的仿真，即基于CL数据的数控加工过程仿真。另一种是基于后置处理所产生的NC程序而进行的仿真，即基于NC程序的数控加工过程仿真。

基于CL数据的仿真通过读取刀位数据文件检查刀具位置计算是否正确，加工过程是否发生过切，所选刀具、走刀路线、进退刀方式是否合理，刀位轨迹是否正确，刀具与约束面是否发生干涉与碰撞。它不考虑切削参数、切削力及其物理因素的影响，只仿真工件刀具的运动，主要目的是检验刀位轨迹的正确性，以保证零件的加工质量。这类仿真方法开展得比较早，到目前为止已有一些比较成熟的思想和商品化软件，应用比较普遍。

基于NC程序仿真的主要用途则可以概括为三方面：NC程序的正确性检验与优化，操作工培训，碰撞检验。由于驱动数控机床运动的是NC指令，所以基于NC程序的加工过程仿真比基于CL数据的加工过程仿真更接近实际，但也由于在仿真过程中考虑了加工环境，从而增加了仿真难度。它主要解决加工过程中的实际加工环境、工艺系统间的干涉碰撞和运动关系。工艺系统是一个复杂的系统，由刀具、机床、工件和夹具组成。由于加工过程是一个动态的过程，刀具与工件、夹具、机床之间的相对位置是变化的，工件从毛坯开始经过若干道工序的加工，在形状和尺寸上均在不断变化，因此基于NC程序仿真是在各组成环节确定的工艺系统上进行动态仿真。

目前数控加工仿真的研究大量集中在刀具轨迹方面，对于三坐标以下的零件加工来说，效果是令人满意的。但是对于三坐标以上的数控设备来讲，仅仅检查刀具轨迹是不够的，还需对机床加工过程进行仿真，以检验加工过程中刀具过切、刀具与夹具及机床的碰撞等。此外，在机床应用效率方面，也需考虑刀具加工文件的优化问题，以便在保证产品质量的情况下，提高零件加工效率和机床的利用率。

国内对于数控机床加工仿真的研究主要在具体应用对象方面，在具体的技术实现上也主要是应用OpenGL显示动画技术，也有很少是应用部分CAD/CAM系统的仿真模块实现的，如UG系统的Unisim模块。但在机床加工仿真的通用性方面，做的研究相对较少。

第四节 CAD/CAM软件及应用基础

一、CAM系统概述

CAD/CAM技术经过几十年的发展，先后走过大型机、小型机、工作站、微机时代，每个时代都有当时流行的CAD/CAM软件。现在，工作站和微机平台CAD/CAM软件已经占据主导地位，并且出现了一批比较优秀、比较流行的商品化软件。下面我们将简单介绍国内外一些流行的软件。

1. Pro/Engineer

Pro/Engineer系统是美国参数技术公司（PTC，Parametric Technology Corporation）的产品。PTC公司提出的单一数据库、参数化、基于特征、全相关的概念改变了机械CAD/CAE/CAM的传统观念，这种全新的概念已成为当今世界机械CAD/CAE/CAM领域的新标准。利用该概念开发出来的第三代机械CAD/CAE/CAM产品Pro/Engineer（简称Pro/E）软件是一个全参数化和基于特征的崭新系统，它能将设计至生产全过程集成到一起，把所有的功能模块在统一的数据库下联系起来，使其在同一数据结构下工作，提供了所有工程项目之间的全关联，让所有的用户能够同时进行同一产品的设计制造工作，为并行工程打下了基础，真正实现了集成化系统。

Pro/E 系统主要功能如下：

1）真正的全相关性，任何地方的修改都会自动反映到所有相关地方。

2）具有真正管理并发进程、实现并行工程的能力。

3）具有强大的装配功能，能够始终保持设计者的设计意图。

4）容易使用，可以极大地提高设计效率。

Pro/E 系统用户界面简洁，概念清晰，符合工程人员的设计思想与习惯。整个系统建立在统一的数据库上，具有完整而统一的模型。Pro/E 建立在工作站上，系统独立于硬件，便于移植。由于 Pro/E 的 CAE 和 CAM 功能较弱，因而提供了与主导 CAM 软件、主导 CAE 软件、主导文件/信息管理软件、主导基于知识系统软件等各种应用软件的直接专业接口，便于用户建立自己的“混合搭配”的 CAD/CAE/CAM 系统。

2. UG（Unigraphics）

UG 是 UnigraphicsSolutions 公司的拳头产品。该公司首次突破传统 CAD/CAM 模式，为用户提供一个全面的产品建模系统。在 UG 中，优越的参数化和变量化技术与传统的实体、线框和表面功能结合在一起，这一结合被实践证明是强有力的，并被大多数 CAD/CAM 软件厂商所采用。

UG 最早应用于美国麦道飞机公司。它是从二维绘图、数控加工编程、曲面造型等功能发展起来的软件。20 世纪 90 年代初，美国通用汽车公司选中 UG 作为全公司的 CAD/CAE/CAM/CIM 主导系统，这进一步推动了 UG 的发展。1997 年 10 月 UnigraphicsSolutions 公司与 Intergraph 公司签约，合并了后者的机械 CAD 产品，将微机版的 SOLIDEDGE 软件统一到 Parasolid 平台上。由此形成了一个从低端到高端，兼有 UNIX 工作站版和 Windows NT 微机版的较完善的企业级 CAD/CAE/CAM/PDM 集成系统。

在 UG 的基础上，EDS/Unigraphics 公司开发了 UGⅡ系统，该系统是一个综合性的设计、分析、制造一体化集成系统，除了 CAD/CAE/CAM 功能外，还具有计算机辅助质量控制 CAQ，计算机辅助测试 CAT，计算机辅助工艺规划 CAPP 等功能，是目前市场的主导竞争者之一。UGⅡ系统的显著特点是其工程背景具有很强的设计制造功能，是混合建模技术的提倡者和首先使用者，也是第一个将 CAPP 和 CAQ 智能 CAD（ICAD）集成到系统中的软件。UGⅡ系统的混合建模技术领先，CAM、CAQ、CAT、CAPP 独到，统一的数据库真正实现了 CAD、CAE、CAM 各模块之间无数据交换的自由切换，便于实施并行工程。UGⅡ系统采用 Fortran、C 和 C++语言混合编程，支持所有主导工作站硬件平台，采用 Motif 用户界面。在 CAD、CAE、CAM 三个方面，不但提供了较强的功能模块，还提供了供选择的主导专业应用系统的接口，特别在动态装配过程仿真、无网络有限元分析、尺寸测量接口技术规范等方面功能独特，开发工具功能强大，产品数据管理系统内容丰富。UGⅡ系统的软件结构开放性优良，但软件集成框架功能较弱，数据管理尚待进一步提高，从用户角度而言，菜单文字太小，影响方便使用。

3. SolidWorks

SolidWorks 是生信国际有限公司推出的基于 Windows 的机械设计软件。生信公司是一家专业化的信息高速技术服务公司，在信息和技术方面一直保持与国际 CAD/CAE/CAM/PDM 市场同步。该公司提倡的“基于 Windows 的 CAD/CAE/CAM/PDM 桌面集成系统”是以 Windows 为平台，以 SolidWorks 为核心的各种应用的集成，包括结构分析、运动分析、工程数据管理和数控加工等，为中国企业提供了梦寐以求的解决方案。

SolidWorks 是微机版参数化特征造型软件的新秀，该软件旨在以工作站版的相应软件价格的 1/4 ~ 1/5 向广大机械设计人员提供用户界面更友好，运行环境更大众化的实体造型实用功能。

SolidWorks 是基于 Windows 平台的全参数化特征造型软件，它可以十分方便地实现复杂的三维零件实体造型、复杂装配和生成工程图。图形界面友好，用户上手快。该软件可以应用于以规则几何形体为主的机械产品设计及生产准备工作中，其价位适中。

4. IDEAS

IDEAS 是美国 SDRC 公司开发的 CAD/CAM 软件。该公司是国际上著名的机械 CAD/CAE/CAM 公司，在全球范围享有盛誉，国外许多著名公司，如波音、索尼、三星、现代、福特等公司均是 SDRC 公司的大客户和合作伙伴。

IDEAS 软件是一个综合性的集成化 CAD/CAE/CAM 系统，除了 CAD、CAE 和 CAM 功能外，还具有测试数据分析、仿真、项目管理、开放结构等功能。IDEAS 把强大的前后设计与相应的分析紧密地联系在一起，以单一的"Master Modeling"为中心将整个软件所有模块有机地集成一体，辅以数据管理功能，使并行工程的概念变成了真正的现实。IDEAS 软件采用 Fortran、C 和 C + + 语言混合开发，具有良好的软件结构和集成框架，用户界面为 Motif 环境，采用基于特征的实体建模技术。IDEAS 软件以工程分析功能丰富强大而见长，测试数据分析功能独到，变量设计和草图功能先进。系统采用的设计语法、软件结构和框架、应用集成等在行业居领先地位。

1993 年 SERC 公司发行了经过精心改进而重构的 Master 系统，提供了用户动态引导器和模型编辑能力，使该系统更易于使用；由于设计工程师参与软件开发，使得软件的工程背景渐厚，在某些领域嵌入专家系统，使软件具有了智能化功能。IDEAS 软件发展到 Master Series 时，CAM 功能有了很大提高，IDEAS Master Series5 于 2002 年 6 月 20 日在美国首次展示，引起了广泛的注意。该软件是高度集成化的 CAD/CAE/CAM 软件系统。它帮助工程师以极高的效率，在单一数字模型中完成从产品设计、仿真分析、测试直至数控加工的产品研发全过程。IDEAS 是全世界制造业用户广泛应用的大型 CAD/CAE/CAM 软件。

IDEAS 在 CAD/CAE 一体化技术方面一直雄居世界榜首，软件内含诸如结构分析、热力分析、优化设计、耐久性分析等真正提高产品性能的高级分析功能。

SDRC 也是全球最大的专业 CAM 软件生产厂商。IDEAS CAMAND 是 CAM 行业的顶级产品。IDEAS CAMAND 可以方便地仿真刀具及机床的运动，可以从简单的 2 轴、2.5 轴加工到以 7 轴 5 联动方式来加工极为复杂的工件表面，并可以对数控加工过程进行自动控制和优化。

表 8-1 简单介绍了其他一些常用的 CAD/CAM 软件。

表 8-1　几种常用 CAD/CAM 软件

软件名称	公司	软件功能	主要功能特点
CADDS	Computer Vision	CAD/CAM/PDM	● 企业产品数据管理 ● 并行装配模型应用
MDT	Autodesk	CAD/CAE/CAM/PDM	● 基于特征的参数化实体建模 ● 基于 NURBS 的曲面造型 ● 提供 DWG、STEP、STL 等 12 种数据交换格式，可以方便地与其他软件进行数据交换

（续）

软件名称	公司	软件功能	主要功能特点
CimatronCAD/CAM	Cimatron	CAD/CAM/PDM	● 三维造型 ● 工程绘图 ● 全面的数控加工 ● 通用、专用数据接口 ● 集成化的产品数据管理
Catia	Dassault	CAD/CAE/CAM	● 曲面设计 ● 工程分析 ● NC 加工
Master CAM	CNC Software	CAD/CAM/NC	● 二维、三维图形设计、三维复杂曲面设计 ● 铣削、车削、线切割、钣金、冲压等多种数控加工 ● 可直接连接 300 多种数控机床

二、CAM 系统的应用基础

下面以 PRO/NC 的制造过程为例，说明基本的 CAM 系统的应用。Pro/Engineer 在规划 NC 加工制造流程上提供了功能强大的辅助工具——PRO/NC 机床加工制造模块。利用 PRO/NC 加工制造模块可将产品的计算机几何模型（CAD）与计算机辅助加工制造（CAE）进行集成，

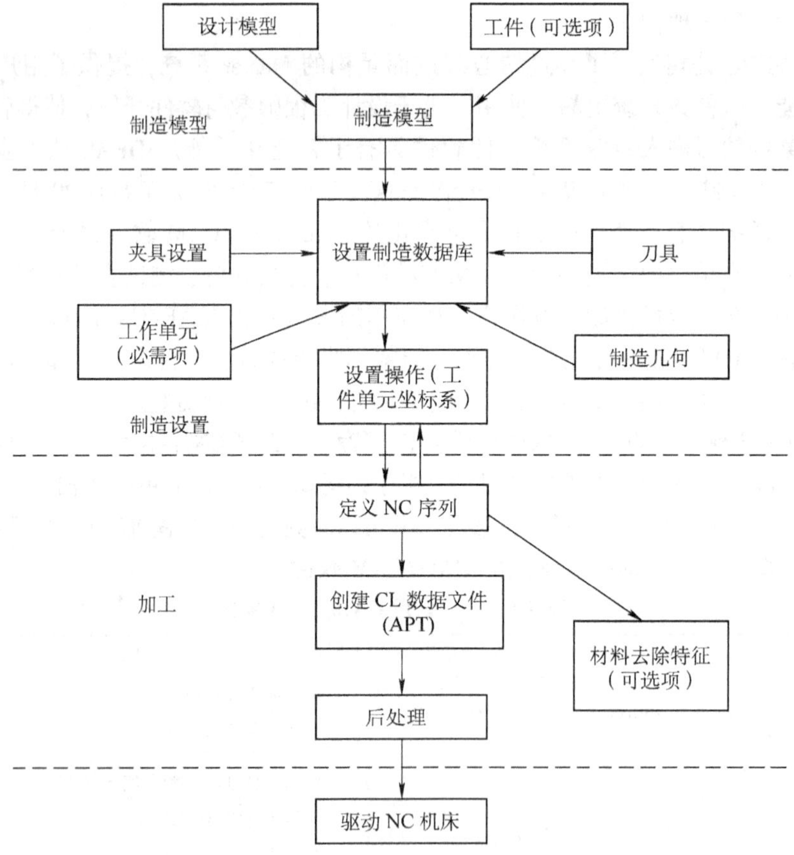

图 8-5　PRO/NC 工作流程

利用加工制造过程上所使用的各项加工数据，如产品模型、工件坯料、夹具、切削刀具、工作机床以及各种加工参数数据，进行产品的加工制造流程规划。在进行产品的加工制造流程规划后，根据所设置的制造过程数据、加工目标以及制造参数，计算出加工刀具相对于加工坐标的刀具轨迹数据，然后经过后处理器转换成加工机器码，再驱动机床进行实际加工。另外还可利用 PRO/NC CHECK 或者 Vericut 系统进行加工仿真。

使用 PRO/NC 进行加工制造流程如图 8-5 所示。

系统的设计基本原理过程如下：

1. 设计模型

设计模型即参考模型，它是实际加工制造的基础。首先用 Pro/E 的设计模块将欲加工零件的几何图形准确地绘制在计算机内，这些图形数据是下一步刀具路径计算的依据。在自动编程的过程中，计算机根据加工要求自动提取这些数据，进行判断和必要的数学处理，以形成加工的刀具路径数据。图 8-6 中的 1 表示要钻的孔，2 表示要铣削的面。

2. 毛坯工件

毛坯工件代表从未加工的毛坯到最后的零件成品的中间状态。大多数情况下也需要 Pro/E 的设计模块中设计完成，可以方便地获得毛坯造型。使用工件的好处是，首先，生成 NC 工序可以自动定义加工范围；其次，可以动态加工模拟和干涉检查。通过拷贝设计模型和修改尺寸，或者删除，或者隐藏特征。图 8-7 所示毛坯模型中，1 的部分为要去除的孔，2 和 3 分别是考虑去除材料而增大和减少的尺寸。

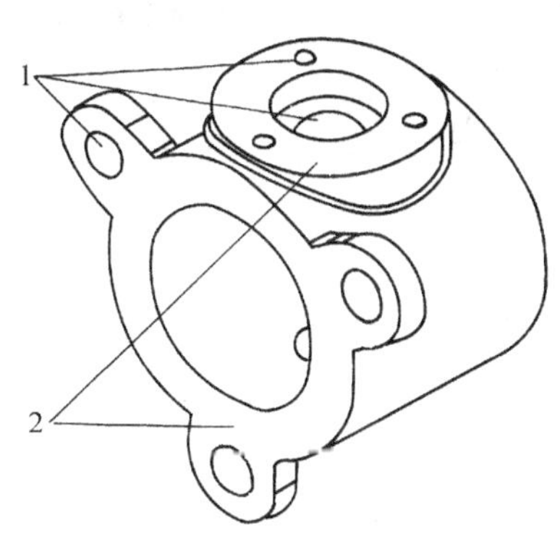

图 8-6　设计模型—阀壳

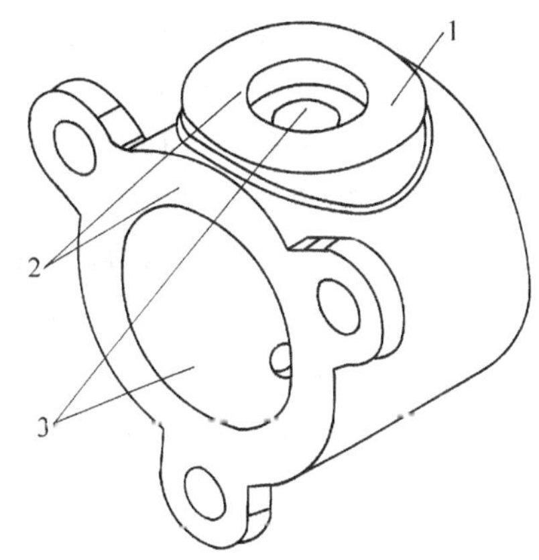

图 8-7　毛坯模型—阀壳

3. 制造模型

一个制造模型至少由一个设计模型（也称为参照模型）和一个装配在一起的毛坯工件组成，某些情况下该工件不是必需的，制造模型可以是一个有零部件的装配体，并可包含任何数量的独立工件或设计模型。随着制造工序的定义，可对工件进行模拟材料去除的操作。在最后的一道工序，工件几何应与设计模型的几何一致。创建后的制造模型由以下文件组成：设计模型（. prt）、工件（. prt）、制造组件（. asm）以及制造过程文件（. mfg）。一般地考虑去除材料，工件模型将包容设计模型。

4. 建立制造数据库

通过定义工件单元、刀具、夹具配置、位置文件和刀具表，可以建立制造数据库。其中包含三个部分。工作单元是对机床进行详细说明和定义部分，在这里定义一组包含机床信息的参数。工作单元的类型决定使用它可创建的 NC 工序的类型。例如，“铣削”工作单元类型可执行 3 到 5 轴的铣削和孔加工。

接下来的夹具定义和设置的过程中设置在制造操作中帮助定向和夹紧工件的零件或组件。在 CAM 系统中使用夹具的优点是首先相对于加工步骤和刀具运动，可形象地表示夹具的位置；其次可根据夹具执行过切检测。

最后必须为每个 NC 序列定义相应的刀具，可从刀具表中选取与 NC 序列一致的刀具类型或创建新刀具。

5. 设置操作和定义 NC 序列

设置操作是在上述工作单元上执行，包含以下信息：要使用的工作单元 的一组制造参数、CL 数据输出的坐标系、退刀曲面。NC 序列类似加工的工步，表示单个刀具轨迹的工件特征。NC 序列中要定义进入、退出和联合运动、进给率、“起始”点和“终止”点等参数。

退刀曲面用来定义切削后大局要退到的级。根据加工需要，可指定退刀曲面为平面、圆柱面、球面或定制曲面。可创建材料去除特征来表示由单个 NC 序列从制造模型的工件中去除的材料。在 PRO/NC 中，可创建不同“铣削”序列，如表 8-2 所示。

表 8-2　NC 序列的类型

方　式	说　明
体积块	2.5 轴按层切面铣削，用于从指定的体积块去除材料
局部铣削	用于去除“体积块”、“外形加工”、“常规曲面”或“轮廓曲面”铣削或另一个局部铣削 NC 序列之后剩下的材料（通常用较小的刀具）。也可将其用于清除指定拐角的材料
曲面铣削	3 到 5 轴任意曲面的铣削。有数种定义切削的方法可供选择
面铣削	朝向垂直于 Z 轴的平面
轮廓	3 到 5 轴垂直或倾斜曲面铣削
腔槽加工	2.5 轴水平、垂直或倾斜曲面铣削。腔槽侧壁的铣削类似于“轮廓铣削”中侧壁的铣削，腔槽底部的铣削类似于“体积块”铣削中底部的铣削
轨迹	3 到 5 轴铣削，刀具沿指定轨迹移动
孔加工	钻孔、镗孔、攻螺纹
螺纹	3 轴螺旋铣削
刻模	3 到 5 轴铣削，刀具沿“凹槽”修饰特征移动
陷入	2.5 轴深型腔铣削，使用平底刀具连续重叠插入到材料中

NC 序列可利用 PRO/NC CHECK 或者 Vericut 系统进行加工仿真。

6. 创建 CL 数据文件和后处理 CL 数据

每个 NC 序列或一组序列生成一个 CL 文件。也可对整个操作创建单个文件。然后，可将这些 CL 数据文件传送到机器特定的或普通的后处理中，以生成 NC 带或用于 DNC 通讯。

PRO/NC 生成 ASCⅡ格式的切刀位置（CL）数据文件，在进行任何加工操作之前这些文件需要进行后处理以创建“加工控制数据（MCD）”文件。

PRO/NC 包括一组标准的 NC 后处理器，您可以直接执行它们或使用可选模块对其进行修改。可通过设置配置文件选项 ncpost-type 来控制要使用的后处理模块。

7. 制造模型的后处理

在实际加工过程中，机床控制器不能识别 Pro/E 创建的刀具运动轨迹文件，需要将该类文件转换成机床能识别的文件。机床能识别的文件称为机床控制器数据文件。Pro/NC 自动编程系统包括主处理程序（Main Processor）和后置处理程序（Post Processor）两部分。主处理程序完全独立于具体的数控机床，其输出的一般为刀具轨迹文件（即 CL DATA），而后置处理程序是按数控机床的功能以及数控加工编程格式的要求生成的程序，它将主处理程序产生的位置数据和功能信息转换成能被某种数控机床控制单元所接受的数控加工程序代码。

思考题与习题

8-1　简述自动编程的特点及分类。

8-2　为什么要进行后置处理？

8-3　简述刀位轨迹的生成方法。

8-4　比较三种以上市场主流 CAD/CAM 软件的特点。

参考文献

1 KUNWOO LEE, Principles of CAD/CAM/CAE Systems, Addison Wesley Longman, Inc, 1999
2 范炳炎编著．数控加工程序编制．北京：航空工业出版社，1990
3 杨有君主编．数字控制技术与数控机床．北京：机械工业出版社，1999
4 焦振学主编．微机数控技术．北京：北京理工大学出版社，2000
5 朱晓春主编．数控技术．北京：机械工业出版社，2001
6 吴祖育主编．数控机床．上海：上海科技出版社，2000
7 曹琰主编．数控机床应用与维修．北京：电子工业出版社，1994
8 全国数控培训网络天津分中心编．数控机床．北京：机械工业出版社，1999
9 全国数控培训网络天津分中心编．数控原理．北京：机械工业出版社，1997
10 潘宝俊，唐文献编．数控机床加工程序编制及设计制造一体化．北京：中国标准出版社，1998
11 孟宪铎编．机械可靠性设计．北京：冶金工业出版社，1999
12 曾声奎，赵廷弟，张建国．系统可靠性设计分析教程．北京：北京航空航天大学出版社，2001
13 夏庆观主编．数控机床故障诊断与维修．北京：高等教育出版社，2002
14 任建平．现代数控机床故障诊断及维修．北京：机械工业出版社，2002
15 沈爱群．基于 Internet 面向机床的远程监测与故障诊断系统的研究与开发：[硕士论文]．东南大学，2004
16 杨俊宇．面向制造单元的远程监控和诊断系统研究：[硕士论文]．东南大学，2004
17 任秉银，唐余勇．数控加工中的几何建模理论及其应用．哈尔滨：哈尔滨工业大学出版社，2001
18 王爱玲，沈兴全，吴淑琴等．现代数控编程技术及应用．北京：国防工业出版社，2002
19 龚仲华．数控技术．北京：机械工业出版社，2004
20 徐元昌，陈婵娟，薛强．数控技术．北京：中国轻工业出版社，2004
21 孙家广．计算机图形学．北京：清华大学出版社，2000
22 苏步青，华宣积．应用几何教程．上海：复旦大学出版社，1990
23 刘雄伟等．数控加工理论与编程技术．北京：机械工业出版社，1994
24 唐余勇．机械工程中常用的几何模型．北京：国防工业出版社，1989
25 吴锡英编．计算机辅助机械制造．南京：东南大学出版社，1998
26 刘文剑，常伟，金天国，柏合民编著．CAD/CAM 集成技术．哈尔滨：哈尔滨工业大学出版社，1995
27 孔庆复编著．计算机辅助设计与制造．哈尔滨：哈尔滨工业大学出版社，1998
28 蔡青，高光焘主编．CAD/CAM 系统的可视化、集成化、智能化、网络化．西安：西北工业大学出版社，1998
29 王先逵．计算机辅助制造．北京：清华大学出版社，1998
30 CAM 关键技术，http：//www. e－works. net. cn/ewkArticles/Category31/Article8208. htm
31 段广洪，雷年胜，刘丹，王君英．虚拟制造环境下的 CAM 集成技术研究，清华大学学报
32 惠延波，沙杰，刘战术，陈国防编著．加工中心的数控编程与操作技术．北京：机械工业出版社，1998
33 李军锋，李剑，席平．数控机床加工仿真技术及应用，http：//www. icad. com. cn/icad/writeol/20024/a4－100013. htm
34 汪木兰主编．数控原理与系统．北京：机械工业出版社，2004
35 叶蓓华主编．数字控制技术．北京：清华大学出版社，2002
36 李宏胜主编．机床数控技术及应用．北京：高等教育出版社，2001
37 冯勇编著．现代计算机数控系统．北京：机械工业出版社，1996
38 孙汉卿编著．数控机床维修技术．北京：机械工业出版社，2000

39 任玉田，焦振学，王宏甫编著．机床计算机控制技术．北京：北京理工大学出版社，1996
40 王永章主编．机床的数字控制技术．哈尔滨：哈尔滨工业大学出版社，1998
41 林其骏主编．机床数控系统．北京：机械工业出版社，1991
42 王爱玲，张吉堂，吴雁编著．现代数控原理及控制系统．北京：国防工业出版社，2000
43 张崇巍，李汉强主编．运动控制系统．武汉：武汉理工大学出版社，2002
44 张曙，U. Heisel 著．并联运动机床．北京：机械工业出版社，2003
45 张伯霖主编．高速切削技术及应用．北京：机械工业出版社，2003
46 阳宪惠主编．现场总线技术及其应用．北京：清华大学出版社，1999
47 毕承恩等编．现代数控机床：上、下册．北京：机械工业出版社，1991
48 李诚人等编．机床计算机数控．西安：西北工业大学出版社，1998
49 王润孝等编．机床数控原理与系统．西安：西北工业大学出版社，1998

信息反馈表

尊敬的老师：

您好！感谢您多年来对机械工业出版社的支持和厚爱！为了进一步提高我社教材的出版质量，更好地为我国高等教育发展服务，欢迎您对我社的教材多提宝贵意见和建议。另外，如果您在教学中选用了《数控技术》（易红　主编），欢迎您提出修改建议和意见。

一、基本信息

姓名：__________　性别：__________　职称：__________　职务：__________

邮编：__________　地址：____

任教课程：________________　电话：__________-__________（H）__________（O）

电子邮件：____　手机：__________

二、您对本书的意见和建议

（欢迎您指出本书的疏误之处）

三、您对我们的其他意见和建议

请与我们联系：

100037　机械工业出版社·高教分社　邓编辑　收

Tel：010－8837 9711，6831 1394（O），6899 7455（Fax）

E-mail：happyDHP@ sohu. com